中共昌乐县委主办

# 2016 中共昌乐年鉴

方志出版社

**图书在版编目（CIP）数据**

中共昌乐年鉴. 2016 / 中共昌乐县委党史研究室编. -- 北京：方志出版社，2017.12
ISBN 978-7-5144-2917-6

Ⅰ. ①中… Ⅱ. ① 中… Ⅲ. ①中国共产党—工作—昌乐县—2016—年鉴 Ⅳ. ①D235.524-54

中国版本图书馆 CIP 数据核字（2018）第 014675 号

**中共昌乐年鉴（2016）**

| | |
|---|---|
| **编　　者**： | 中共昌乐县委党史研究室 |
| **责任编辑**： | 李志瑜 |
| **出 版 人**： | 冀祥德 |
| **出 版 者**： | 方志出版社 |
| | 地址 北京市朝阳区潘家园东里 9 号（国家方志馆 4 层） |
| | 邮编 100021 |
| | 网址 http://www.fzph.org |
| **发　　行**： | 方志出版社图书经销中心 |
| | 电话（010）67110500 |
| **经　　销**： | 各地新华书店 |
| **印　　刷**： | 山东新华印刷厂潍坊厂 |
| **开　　本**： | 889×1194　　1/16 |
| **印　　张**： | 27 |
| **字　　数**： | 872 千字 |
| **版　　次**： | 2017 年 12 月第 1 版　　2017 年 12 月第 1 次印刷 |
| **印　　数**： | 001 ～ 500 册 |

ISBN 978-7-5144-2917-6　　**定价：298.00 元**

# 《中共昌乐年鉴》（2016）编审委员会

# 编辑说明

一、《中共昌乐年鉴》（2016）收录时限为2015年1月1日至12月31日。收录的内容主要是2015年度县委的重大决策、重点工作和重要活动，以及全县各级党组织带领广大干部群众贯彻落实科学发展观，大力建设“三个昌乐”事业中所取得的成绩和新做法、新经验。

二、本卷共设12个部类：大事记、组织机构与领导班子、中共昌乐县委、纪检监察、县委各部门、人民团体、武装、镇（街道、区）党（工）委、机关党建、重要领导讲话、先进工作经验、光荣榜，另设图片资料。

三、本卷收录的内容由各镇（街道、区）、县直各部门、各单位提供基础材料。“中共昌乐县委工作”“重要领导讲话”“先进工作经验”“光荣榜”等分别由县委办公室、县委政策研究室提供；“组织机构与领导班子”由各单位提供；“大事记”由县传媒集团提供；“纪检监察工作”“县委各部门工作”“人民团体工作”“武装工作”“镇（街道、区）党（工）委工作”“机关党建工作”由各级党组织、县委各部门、各人民团体撰写。为确保资料的准确无误、真实可靠，本书所收录的资料由各镇（街道、区）、县直部门、单位的党史联络员负责供稿，单位主要负责人审核把关，县委党史研究室进行了全面的审核、修改、编辑、校对，并征求了收录单位党组织的意见。

四、本卷年鉴所收录图片均为县传媒集团提供。

五、在稿件修改过程中，县委政策研究室、县政府研究室给予了支持和帮助，县委组织部干部科对组织机构与领导班子情况进行了认真审核。年鉴编审委员会成员认真审阅书稿，提出了许多指导性意见。在此，谨向支持参与本书编纂出版的单位和同志表示诚挚的谢意。

2015 年 5 月 15 日，山东省委书记姜异康（前排左四）到昌乐县调研。昌乐县委书记张新强（前排右一）陪同调研

2015 年 1 月 19 日，山东省委常委、省纪委书记李法泉（右四）带领省督导组到昌乐县督导检查安全生产工作。昌乐县委书记张新强（左三）陪同

2015 年 6 月 29 日，全省推进健全维稳应急处置机制建设工作专题会议在昌乐县召开。山东省委常委、政法委书记张江汀（左五）到昌乐县应急维稳中心检查指导工作。昌乐县委书记张新强（左四）陪同

2015 年 5 月 6 日，潍坊市委书记杜昌文（右一）到昌乐县调研。昌乐县委书记张新强（右二）陪同调研

2015年7月6日，潍坊市委副书记、市长刘曙光（前排左四）到昌乐县检查指导抗旱工作。昌乐县委书记张新强（前排左三）陪同

2015年1月9日，潍坊市委常委、组织部部长刘炳国（左四）到昌乐县调研社区运行工作。昌乐县委书记张新强（左三）陪同调研

2015年5月6日至7日，中国计划生育协会党组书记、常务副会长杨玉学（右二）到昌乐县检查指导工作。昌乐县委书记张新强（左二）陪同

2015年11月30日，中共中央政策研究室副主任潘盛洲（左二）到昌乐县检查指导工作。昌乐县委书记张新强（左三）陪同

# 目　录

## 大　事　记



## 组织机构与领导班子

## 中共昌乐县委工作



## 纪检监察工作



## 县委各部门工作



## 人民团体工作



## 武装工作



## 镇（街道、区）党（工）委工作



## 机关党建工作

## 重要领导讲话

## 先进工作经验



## 光荣榜

# 大事记

## 1月

**昌乐县获全市2014年度群众满意度测评第二名** 潍坊市委、市政府对全市12个县、市、区2014年度科学发展综合考核群众满意度进行电话测评，测评内容包括中小学教育、看病就医、社会治安、居住环境、群众文化生活、干部工作六个方面。通过对600位随机抽取的受访者进行电话访问，昌乐县取得全市第二名的好成绩。

**《高崖水库五十五年》首发式举行** 6日上午，《高崖水库五十五年》首发式在城关商务社区举行，县政协主席周保进出席仪式并讲话，县政协副主席王泳亮主持仪式。《高崖水库五十五年》由县政协组织编撰，中国文史出版社出版发行，全书共分为水库修建、南水北调、魅力风采、文献史料四部分，从多视角、多时段、多层次，以图文并茂的形式客观真实地记录了全县广大人民群众艰苦奋斗修建高崖水库的整个历史过程。

**张新强调研社区建设和运行工作** 8日上午，县委书记张新强到五图街道、红河镇调研社区建设和运行工作。他强调，搭建社区服务平台，推进干部力量下沉，全力推动“四化”同步发展。县领导肖建华、孙春雷、田永全、石汝祥等参加。

**昌乐县荣获山东省国土资源节约集约模范县称号** 近年来，昌乐县探索科学规划“控地”、内涵挖潜“生地”、综合整治“造地”、立体发展“要地”等土地利用模式，大力拓展用地空间，走出了一条节约集约用地、切实保障发展的新路子，1月被授予“山东省国土资源节约集约模范县”称号。

**全县政协界别工作座谈会召开** 13日上午，全县政协界别工作座谈会在县委党校召开，县政协主席周保进出席并讲话，县政协副主席张宝峰、滕建勋出席。会议还听取了部分县直活动组和镇（街、区）政协工作室的交流发言。县直委员活动组常任召集人、县政协各委室主任，各镇（街、区）政协工作室主任参加。

**县十六届人大常委会“三八六”环保行动专题询问会召开** 15日上午，县十六届人大常委会“三八六”环保行动专题询问会在县委党校第一报告厅召开。县委副书记、县长高立伯，县人大常委会党组书记、第一副主任王备，县人大常委会领导刘保泽、周晓玲、刘坚、田本义，副县长丁进全，县法院院长杨培锋，县检察院检察长郑爱之，县政协副主席王泳亮参加主会场会议。县人大常委会党组副书记、副主任王少鹏主持会议。专题询问分为指定询问和申请询问两部分，以一问一答的形式进行，县人大常委会委员和人大代表围绕工业异味、农业面源污染、养殖污水气味及地下水污染、淘汰黄标车、“煤改气”、城区扬尘污染、农村秸秆综合利用等群众关注的16个问题，分别向相关部门一一展开询问。县住房和城乡建设局、县城管执法局、县交通运输局、县农业局、县环保局、县畜牧兽医局、县环卫局、县公安局8个部门的主要负责人针对询问，坦诚直言，严肃认真，准确明白地回答了询问，把解决问题的思路、措施、时限要求讲的清晰明白，并作出了郑重承诺。

**市人口责任目标考核调查队到昌乐检查考核** 16日上午，市人口责任目标考核调查队到昌乐县检查考核2014年度人口和计划生育目标执行情况。考核调查队一行在昌乐鸢飞大酒店召开汇报座谈会，县委副书记、县长高立伯主持，副县长陈香萍代表县委、县政府汇报工作，县领导刘坚、张宝峰，县人口计生工作齐抓共管部门主要负责人参加会议。汇报座谈会上，考核调查队一行听取了昌乐县2014年度人口计生工作情况汇报和33个部门履行人口计生齐抓共管职责的情况汇报，并详细查阅相关资料，对昌乐县的人口计生工作给予充分肯定。

**县政协主席会议召开** 16日上午，县政协九届十九次主席会议在县政协机关会议室召开。县政协主席周保进主持会议并讲话，县政协副主席滕恩禄、王泳亮、滕建勋、刘树铭出席会议，县政协各委室主任列席会议。会议审议关于召开县政协九届四次会议的决定（草案）、会议日程（草案）；推举县政协常委会工作报告和提案工作报告报告人；审议县政协常委会工作报告（征求意见稿）和提案工作报告（征求意见稿）；审议列席人员范围（草案）、讨论组召集人名单（草案）。会议对县政协九届十四次常委会议等事宜进行了讨论审议。

**省领导到昌乐督导检查安全生产工作** 19日，根据省委、省政府的统一安排，省委常委、省纪委书记李法泉带领省督导组，在市领导杜昌文、邹庆忠、孙起生陪同下，到昌乐县督导检查安全生产工作。县领导张新强、高立伯、张建伟、田永全等陪同活动。李法泉一行先后到山东铭基中慧食品有限公司、育才双语学校、潍焦集团PBT项目等地进行了实地督导检查，详细了解企业、学校安全生产情况，对昌乐县安全生产工作给予充分肯定。

**张新强到部分企业调研** 21日，县委书记张新强到企业调研，副县长丁进全及有关单位主要负责人陪同。张新强一行到盛泰药业、日科化学、矿机集团、西水自动化设备公司、立阳新材料公司、弘祥机床设备公司等进行了调研听取了企业2014年生产经营情况和2015年工作计划，并协调解决企业在生产经营过程中遇到的困难和问题。

**昌乐县组织收听收看市委理论学习中心组暨全市领导干部理论学习辅导报告会** 21日下午，市委理论学习中心组暨全市领导干部理论学习辅导报告会召开，昌乐县在县委党校第一报告厅设立分会场组织收听收看。高立伯、王备、周保进、肖建华等县级领导班子成员，县检察院检察长在分会场参加报告会。

**县政府安委会全体（扩大）会议召开** 23日上午，县政府安委会全体（扩大）会议在县委党校第一报告厅召开。县委副书记、县长高立伯出席并讲话。县委常委、副县长张建伟主持，县领导高登友、石汝祥、李培进、丁进全、姜俊刚、高延鹏出席。会上，高立伯代表县政府与各镇（街、区）、县政府安委会各成员单位签订了2015年度安全生产目标责任书，县安监局主要负责人通报了2014年全县安全生产工作情况，有关单位作了典型发言。

**市国土资源局调研组到昌乐调研** 23日下午，市国土资源局主要负责人带领调研组一行，到昌乐县调研国土资源管理工作。县委书记张新强，县委副书记、县长高立伯，县委常委、副县长张建伟，县委常委、办公室主任田永全等分别陪同活动。调研组一行实地察看了大沂路城区段改线、万山集团、淮河湿地生态修复工程现场，听取相关情况介绍，对昌乐县国土资源管理工作特别是土地节约集约利用的经验做法给予肯定。

**全县农村（社区）党组织书记培训班开班** 24日上午，全县农村（社区）党组织书记培训班开班式在潍坊市委党校会议厅举行。县委书记张新强出席并为农村（社区）党组织书记授课。他要求，广大农村（社区）党组织书记要积极适应新常态、谋求新作为，以农村新型社区建设为统领，全面做好“三农”工作。县委副书记肖建华主持，县委常委、组织部部长孙春雷出席。

**市领导到昌乐调研** 26日上午，市委常委、常务副市长邹庆忠，带领市直有关部门、单位主要负责人一行14人，到昌乐县就推动重点项目建设、促进经济发展进行专题座谈调研。县委书记张新强，副县长崔全华、丁进全陪同。邹庆忠在县委党校第一教室主持召开座谈会，听取了昌乐县县域经济发展和英轩集团、阳光纸业、潍焦集团等10家企业当前生产经营及发展态势等情况的汇报，对昌乐在经济发展新常态下，引导企业创新发展、转型发展，实现经济平稳健康发展的做法给予充分肯定。

**省委巡回督导组到昌乐调研督导** 29日，省委第三巡回督导组副组长、省司法厅副厅长冯军一行，在市委组织部有关负责同志的陪同下，到昌乐县调研督导村“两委”换届工作。县委书记张新强，县委常委、组织部部长孙春雷分别陪同。冯军一行先后深入到鄌郚镇泉头村、高崖村，宝都街道贵和社区，朱刘街道都昌村和北庄社区，进村入户、走访群众，召开座谈会，听取村“两委”换届工作情况汇报，对昌乐县村“两委”换届选举和干部力量下沉工作给予高度评价。

**县政协九届十四次常委会议召开** 29日上午，县政协九届十四次常委会议在县委党校召开。县政协主席周保进出席并讲话，县政协副主席张宝峰、滕恩禄、王泳亮、滕建勋、刘树铭出席。会议听取县知识产权局和县金融工作办公室的工作情况汇报并进行了民主评议；审议通过增补和免去委员名单；审议通过关于召开县政协九届四次会议的决定；审议通过列席人员范围；审议通过讨论组召集人名单；审议通过县政协常委会工作报告和提案工作报告，推举周保进代表县政协常委会向大会作工作报告，推举刘树铭代表县政协常委会向大会作提案工作报告。

**县十六届人大常委会第二十三次会议召开** 30日上午，县十六届人大常委会第二十三次会议在县委党校报告厅召开。县人大常委会党组书记、第一副主任王备，县人大常委会党组副书记、副主任王少鹏分别主持会议。县人大常委会领导刘保泽、周晓玲、刘坚、田本义和常委会委员出席会议。县委常委、副县长张建伟，县检察院检察长郑爱之，县政协副主席张宝峰列席会议。会议作出了关于召开昌乐县第十六届人民代表大会第四次会议的决定，表决通过了县人大常委会工作报告、县十六届人大四次会议主席团和秘书长建议名单、常务主席建议名单、副秘书长建议名单、议案审查委员会组成人员建议名单、列席人员范围和关于代表变动情况的报告，审议通过了县人大常委会2015年度工作计划。会议还表决通过县政府、县法院人事任免事项，王备向被任命人员颁发了任命书。

## 2月

**市委落实党风廉政建设责任制检查组来昌乐检查指导工作** 2日，市委常委、潍坊军分区政委郝树东带领检查组一行，到昌乐县对落实党风廉政建设责任制情况进行检查。县委书记张新强汇报情况，县委副书记、县长高立伯主持汇报会，县委副书记肖建华参加。汇报会上，县纪委作了落实党风廉政建设监督责任的书面汇报。汇报会结束后，检查组还召开座谈会，查阅相关资料，实地到县教育局、鄌郚镇进行了检查。

**县委召开2014年镇（街、区）党（工）委书记抓基层党建工作述职评议会议** 3日上午，县委召开2014年镇（街、区）党（工）委书记抓基层党建工作述职评议会议，县委书记张新强主持并作点评。县委副书记、县长高立伯，县委副书记肖建华出席。省委巡回督导组、市委组织部和市委督导组有关领导到会指导。

**政协昌乐县第九届委员会第四次会议召开** 3日下午～5日下午，中国人民政治协商会议第九届昌乐县委员会第四次会议在潍坊市委党校会议厅召开。233名政协委员出席会议。4日上午，大会开幕。张新强代表县委作了重要讲话，周保进代表政协第九届昌乐县委员会常务委员会作了工作报告，刘树铭向大会作了提案工作报告。张宝峰主持会议。5日上午，全体与会委员列席了县十六届人大四次会议。下午，县政协九届四次会议举行闭幕式。会议通过提案审查情况报告；通过会议决议。

**县十六届人民代表大会第四次会议召开** 4日下午～6日下午，昌乐县第十六届人民代表大会第四次会议在潍坊市委党校会议厅召开。235名人大代表出席会议。5日上午，大会开幕。张新强主持会议。县委副书记、县长高立伯代表县人民政府向大会作政府工作报告。会议书面印发关于昌乐县2014年国民经济和社会发展计划执行情况与2015年国民经济和社会发展计划（草案）的报告、关于昌乐县2014年财政预算执行情况和2015年财政预算（草案）的报告，表决通过大会选举办法。6日上午，大会举行第二次全体会议。会议听取县人大常委会党组书记、第一副主任王备作的昌乐县人大常委会工作报告，县人民法院代院长韩昆亮作的昌乐县人民法院工作报告，县人民检察院检察长郑爱之作的昌乐县人民检察院工作报告。在充分审议的基础上，大会投票补选了县人民法院院长、县十六届人大常委会委员，依次表决通过了关于政府工作报告的决议、关于昌乐县2014年国民经济和社会发展计划执行情况与2015年国民经济和社会发展计划的决议、关于昌乐县2014年财政预算执行情况和2015年财政预算的决议、关于昌乐县人大常委会工作报告的决议、关于昌乐县人民法院工作报告的决议、关于昌乐县人民检察院工作报告的决议。

**昌乐县对各镇（街、区）科学发展情况观摩交流** 7日，昌乐县组织对各镇（街、区）科学发展情况进行观摩交流。县领导肖建华、田元君、张建伟、高登友、徐玉山、包艳伦、刘艳芳、田永全、崔全华、石汝祥、李培进、丁进全、魏林卿、姜俊刚，各镇（街、区）和县直相关部门负责人参加。参加观摩人员分成三个小组，实地查看各镇（街、区）农村新型社区建设、工作力量下沉及社区运行、“三托管”工作、工业园区和现代农业园区建设发展、“六河”生态修复等工作情况。

**县纪委十三届五次全体会议召开** 9日上午，中共昌乐县纪委十三届五次全体会议召开。县委书记张新强出席会议并讲话。他强调，要严格纪律规矩，持续改进作风，深入推进党风廉政建设和反腐败斗争，努力营造风清气正、奋发有为、干事创业的政治生态。王备、周保进、肖建华等县级领导班子成员出席。县委常委、县纪委书记田元君主持并代表县纪委常委会作工作报告。

**全县创建全国绿化模范县推进会议暨2015年春季植树造林动员大会召开** 9日上午，全县创建全国绿化模范县推进会议暨2015年春季植树造林动员大会在县委党校第一报告厅召开，县委书记张新强出席并讲话。省林业厅造林绿化处处长周庆明、市林业局副局长韩瑞东应邀到会并分别讲话。县委副书记、县长高立伯主持。王备、周保进、肖建华等县级领导班子成员，县法院院长、县检察院检察长出席。

**县政府职能转变和机构改革动员大会召开** 9日下午，县政府职能转变和机构改革动员大会在县委党校报告厅召开。县委副书记、县长高立伯出席会议并作动员讲话，县委常委、副县长张建伟主持会议，县委常委、组织部部长孙春雷就有关情况作了说明。

**县市场监督管理局组建大会召开** 10日上午，县市场监督管理局组建大会在县委党校第一报告厅召开。县委副书记、县长高立伯出席会议并讲话，县委副书记肖建华主持会议，县委常委、组织部部长孙春雷宣读县市场监督管理局组建方案和县委决定，副县长丁进全出席。

**县拥军优属慰问团走访慰问驻潍部队** 12日上午，县委书记张新强率昌乐县拥军优属慰问团走访慰问驻潍坊部队，同叙军地共建情谊，向驻潍坊广大官兵致以新春的诚挚问候和良好祝愿。县领导高立伯、王备、周保进、包艳伦、田永全、丁进全一同慰问。

**张新强到营丘镇部分企业调研** 12日上午，县委书记张新强到营丘镇部分企业进行调研。他强调，要加快转型升级步伐，推动企业高端高质高效发展。县委常委、办公室主任田永全，营丘镇主要负责人参加调研。张新强先后到恒雅包装、浩顺机械、永新纸业等企业，进车间、看展品、听介绍，详细了解企业生产经营情况。

**县领导走访慰问老党员和相对困难群众** 12日上午，县委书记张新强到营丘镇看望并慰问新中国成立前老党员高文杰、相对困难党员王益生和相对困难群众张守孝，给他们送去新春祝福和诚挚问候。县委常委、办公室主任田永全，营丘镇和县直有关部门主要负责人陪同。同日上午，县委副书记、县长高立伯走访慰问了经济开发区新中国成立前入党的87岁老党员刘永德、生活困难党员赵显庆、企业困难职工滕世才和农村困难群众张德安、赵玉明、潘清山，给他们送去了慰问金和部分生活用品。

**全县经济社会发展情况通报会召开** 15日上午，全县经济社会发展情况通报会召开。县委书记张新强出席并讲话，县委副书记、县长高立伯主持，县人大常委会党组书记、第一副主任王备，县政协主席周保进，县委副书记肖建华等出席。会上，老干部代表郝雨东、张怀安、杜介祥、王洪义、滕建军、张德政，企业代表英轩控股集团、潍焦集团，镇（街、区）代表县经济开发区（宝城街道），县直部门代表县发改局、教育局先后发言。

**高立伯检查春节食品安全和市场供应情况** 15日下午，县委副书记、县长高立伯到部分酒店、超市、市场检查春节食品安全和市场供应情况。县领导张建伟、李培进、丁进全陪同检查。

**张新强高立伯亲切看望老干部** 17日上午，县委书记张新强，县委副书记、县长高立伯亲切看望离退休老干部，通过他们向全县老干部、老同志致以新春的祝福。县委常委、组织部部长孙春雷，县委常委、办公室主任田永全一同看望。张新强一行看望了郑在美、郝雨东、张怀安、杜介祥、王洪义、滕建军、张德政等老干部。

**张新强高立伯看望慰问春节期间坚守岗位的一线职工** 17日下午，县委书记张新强到英轩实业、县公安局110指挥中心亲切看望慰问春节期间坚守岗位的一线职工。县领导肖建华、张建伟、田永全、石汝祥、滕建勋一同看望。同日下午，县委副书记、县长高立伯到实康水业城南水厂、世纪阳光纸业集团，看望慰问了春节期间坚守在工作岗位上的一线职工。县领导田元君、王少鹏、魏林卿、刘树铭一同看望。

**张新强到县养老中心看望慰问"五保"老人** 17日下午，县委书记张新强到县养老中心看望慰问"五保"老人。县领导肖建华、张建伟、田永全、石汝祥、滕建勋一同看望。

**全县党政联席会召开** 25日上午，县委、县政府召开党政联席会，安排部署当前工作。县委书记张新强主持会议并讲话。他强调，要迅速收拢过节思想，瞄准任务目标，全力以赴抓好落实，确保各项工作开好局起好步。县领导高立伯、王备、周保进、肖建华等参加。

**昌乐代表团认真审议市政府工作报告** 27日下午，参加市十六届人大四次会议的昌乐代表团，认真审议刘曙光市长作的政府工作报告。市人大常委会副主任毛秀凤，市委党校常务副校长丁志伟，县委书记、县人大常委会主任张新强，县委副书记、县长高立伯，县人大常委会党组书记、第一副主任王备，县人大常委会副主任周晓玲、田本义，副县长魏林卿，县检察院检察长郑爱之参加审议。

## 3月

**全县农口部门工作调度会议召开** 3日下午，全县农口部门工作调度会议召开，县委副书记肖建华、副县长魏林卿出席会议并分别讲话。肖建华在讲话中对上年以来农口各部门工作成绩给予充分肯定，并对下步工作提出要求。

**全县大型企业座谈会召开** 4日上午，全县大型企业座谈会在世纪阳光纸业集团公司召开。县委书记张新强在会上强调，要坚定转型发展的信心和决心，积极发现和培育新的经济增长点，推动企业高质高效发展。县领导高立伯、王备、周保进、张建伟、田永全出席。与会人员首先检查了潍焦集团、比德文控股集团、矿机集团、英轩重工、阳光概念包装产业园等企业。随后召开座谈会，部分大型企业代表围绕转型发展，结合自身企业特点和实际，畅所欲言、坦诚交流。

**全县经济工作会议召开** 6日上午，全县经济工作会议在县委党校召开。县委书记张新强出席会议并讲话。他强调，要积极适应新常态，坚定不移推进转型升级，着力发现和培育新的经济增长点，鼓励大众创业、万众创新，全力保持经济稳定增长，努力在更高水平上建设富强昌乐、生态昌乐、幸福昌乐。县委副书记、县长高立伯主持。县人大常委会党组书记、第一副主任王备，县政协主席周保进出席。县委副书记肖建华宣读县委、县政府《关于表彰2014年度科学发展综合考核先进单位的通报》，县委《关于表彰"十佳社区党组织书记"和"十佳'第一书记'"的通报》。

**张新强到部分单位和街区调研** 10日，县委书记张新强到县市场监督管理局、首阳山旅游度假区和宝都街道调研时强调，要加强团结，狠抓落实，创先争优，努力在新起点上实现新作为。县领导孙春雷、田永全、丁进全参加调研。

**全县社区建设调度会议召开** 11日，全县社区建设调度会议在县级机关综合办公楼召开。县委书记张新强强调，要进一步完善规划，整合资源，全力以赴加快社区建设。县领导高立伯、肖建华、张建伟、高登友、孙春雷、田永全参加。张新强认真听取了各镇（街、区）社区规划建设情况汇报和县直有关部门加快推进社区建设的发言。

**省发改委调研组来昌乐调研深化医改工作** 11日下午，省发改委党组成员、省医改办主任魏建强带领调研组，在市直有关部门负责同志陪同下，到昌乐县调研深化医改工作。县委副书记、县长高立伯，县委常委、副县长张建伟陪同调研。调研组在鸢飞大酒店召开座谈会，听取了昌乐县深化医改工作情况汇报，与县直有关部门、县人民医院、镇街卫生院负责人进行了深入交流，对我县深化医改工作给予充分肯定。

**高立伯现场调度城乡建设用地增减挂钩项目** 12日上午，县委副书记、县长高立伯现场调度城乡建设用地增减挂钩项目。县委常委、副县长张建伟，有关镇街、部门主要负责人一同参加活动。高立伯实地检查了五图街道前后池子村、西上疃村，乔官镇大山村，郚部镇沙埠沟村、辛庄村，红河镇理稼庄子村城乡建设用地增减挂钩项目现场，随后在红河镇召开会议，听取有关部门、镇街的发言，最后作了讲话。

**高立伯现场调度春季造林绿化工作** 14日上午，县委副书记、县长高立伯现场调度春季造林绿化工作。副县长魏林卿，县直有关部门主要负责同志、各镇（街、区）镇长（主任）一同参加活动。高立伯一行实地检查五图街道卧虎山、乔官镇黑山、郚部镇前孔村、高崖水库库区东白塔湿地等造林绿化现场和全国绿化模范县验收路线情况，随后在高崖水库库区召开会议，听取县林业部门的通报和各镇（街、区）的发言。

**潍坊市中级人民法院领导来昌乐调研** 16日下午，潍坊市中级人民法院院长姜树政一行到昌乐县调研，县委书记张新强，县委副书记、县长高立伯，县委常委、政法委书记徐玉山，县法院院长韩昆亮分别陪同。姜树政一行到世纪阳光纸业集团进行实地调研，详细了解企业产品和生产工艺、技术等情况，并听取了企业相关情况介绍和县法院工作情况汇报，对昌乐县经济社会发展和县法院工作给予充分肯定。

**人民银行潍坊市支行调研组到昌乐调研** 20日，中国人民银行潍坊市中心支行行长刘福毅一行到昌乐县调研。县委书记张新强，县委常委、副县长张建伟分别陪同。刘福毅一行先后到英轩重工、矿机集团、比德文公司进行实地检查，认真听取昌乐县经济社会发展情况和企业生产经营情况介绍，对昌乐县积极应对经济形势变化、加快转型升级、推动经济健康平稳运行的做法给予高度评价。

**全县现代农业暨造林绿化工作现场推进会议召开** 20日，全县现代农业暨造林绿化工作现场推进会议召开，县委副书记肖建华、副县长魏林卿出席会议并讲话。会议观摩了宝都街道、郚部镇、红河镇、营丘镇相关工作现场，部分镇街和部门主要负责人作了交流发言。

**县委政法工作会议召开** 24日上午，县委政法工作会议在县委党校第二报告厅召开。县委书记张新强会前听取有关情况汇报，提出明确要求。县委副书记肖建华，县委常委、政法委书记徐玉山分别讲话；县政府党组成员、县公安局局长石汝祥传达市委政法工作会议精神；县检察院检察长郑爱之出席。

**高立伯调度推进城区部分重点项目拆迁工作** 24日下午，县委副书记、县长高立伯调度推进城区部分重点项目拆迁工作。县委常委、副县长高登友，有关部门、街区主要负责人参加。高立伯一行先后实地检查了盛唐御园二期、鲁昱绿城、方山路南端东侧片区、蓝宝石小镇等项目现场，详细了解项目拆迁进展情况。

**省供销社领导到昌乐调研** 25日上午，省供销社党组副书记、监事会主任史进在市供销社主要负责人的陪同下，到昌乐县调研供销社工作。县委副书记肖建华、副县长魏林卿分别陪同。史进一行先后到五图农民合作社联合社、南郝供销社为农服务中心、昌乐职业农民讲习所等地进行实地调研，深入了解有关情况，对昌乐县的供销社工作给予充分肯定。

**县政协主席会议召开** 26日上午，县政协主席会议在县级机关综合办公楼召开，县政协主席周保进主持会议并讲话，副主席张宝峰、滕恩禄、王泳亮、滕建勋、刘树铭出席，县政协各委室主任列席会议。会议传达学习市政协十二届十七次常委会议精神，研究县政协九届十六次常委会议有关事宜和《政协昌乐县委员会2015年工作要点》（讨论稿），各专委会汇报2015年工作计划。

**张新强到五图街道调研** 26日下午，县委书记张新强到五图街道调研社区建设、造林绿化、道路建设和工业发展等工作。他强调，要突出重点，奋勇争先，真抓实干，努力推进各项工作实现新突破。张新强先后到九龙湖社区、卧虎山和五虎山造林绿化现场、昌五路改线工程现场、五图光电科技特色产业园、中慧农牧等进行了实地调研。

**省林业厅领导到昌乐检查森林防火工作** 28日上午，省林业厅副厅长亓文辉一行在市有关部门负责人陪同下，到昌乐县检查森林防火工作。县委副书记、县长高立伯，副县长魏林卿等陪同活动。亓文辉一行先后到县级森林防火物资储备库、方山护林房、方山林区二萁山子等地进行了现场检查，听取了昌乐县有关情况汇报。

**市人大常委会调研组到昌乐调研** 30日上午，市人大常委会调研组到昌乐县对老年人关爱服务体系建设情况进行调研。县人大常委会党组书记、第一副主任王备，县人大常委会副主任刘坚，副县长丁进全陪同活动。调研组一行先后到12349养老便民服务中心、县养老中心等地实地调研，听取了县政府关于全县老年人关爱服务体系建设情况的汇报，并进行了座谈讨论。调研组对昌乐县老年人关爱服务体系建设工作给予充分肯定。

**肖建华出席宝都街道大中型企业座谈会** 31日上午，宝都街道召开大中型企业座谈会，县委副书记肖建华出席并讲话。座谈会上，与会企业负责人结合各自实际，介绍了当前的生产经营情况，并就发展中遇到的困难和问题进行了交流。县直有关部门主要负责人就企业转型发展、科技创新、招商引资、合资合作等方面，提出了意见建议。

## 4月

**县政协召开九届十六次常委会议** 1日上午，县政协九届十六次常委会议在县委党校报告厅召开，县政协主席周保进出席并讲话，县政协副主席张宝峰、滕恩禄、王泳亮、滕建勋、刘树铭参加。各镇（街、区）政协工作室主任、县政协各委室主任列席会议。会议传达学习全国政协十二届三次会议和市政协十二届十七次常委会议精神；审议通过《政协昌乐县委员会2015年工作要点》；听取县发改局、民政局和审计局工作情况并进行民主评议，评议结果均为满意。

**张新强现场调度春季造林绿化工作** 2日，县委书记张新强现场调度春季造林绿化工作。他强调，要突出重点，统筹推进，高标准完成造林绿化任务，为成功创建全国绿化模范县奠定坚实基础。县领导高立伯、王备、周保进、肖建华、高登友、魏林卿参加。张新强等先后到郝家沟林带植树现场、小白塔植树造林现场、庵泉村植树造林现场进行了观摩，听取乔官镇、高崖水库库区和红河镇造林绿化情况汇报，找问题、查不足、促工作。观摩结束后，在县委党校召开会议，对造林绿化工作进行总结部署。

**昌乐县“宝都清风大讲堂”开讲** 2日下午，昌乐县“宝都清风大讲堂”活动在县委党校第一报告厅举行，第一课邀请市纪委宣传部部长王怀瑞作《守纪律、讲规矩，争做勤廉表率；转作风、谋发展，敢当创业标兵》的报告。张新强、高立伯、王备、周保进、肖建华等县级领导班子成员，县法院院长、县检察院检察长，各镇（街、区）党（工）委书记、镇长（主任）、纪（工）委书记，县直各部门主要负责人，县纪委监察局副科级以上干部等聆听报告。县委常委、县纪委书记田元君主持。

**张新强调度“十个一”工程、道路建设及部分重点项目** 3日上午，县委书记张新强现场检查调度“十个一”工程、道路建设及鲁昱绿城片区、盛唐御园片区拆迁、南流泉社区改造等推进情况。他强调，要进一步强化责任担当，积极主动作为，迅速掀起大干快干、热火朝天的项目建设新高潮。县委副书记、县长高立伯，县人大常委会党组书记、第一副主任王备，县政协主席周保进等参加。张新强一行实地到利民街西延伸工程、大德·国际医疗中心、企业总部基地公园、县文化中心、全福元城市综合体、九龙湖改造暨新型社区建设等项目施工现场进行了检查，听取有关情况汇报，查找问题不足，相互学习借鉴，共同促进工作。现场检查结束后，在县委党校召开会议，对加快项目建设进行安排部署。

**市领导到昌乐调研** 8日上午，市人大常委会党组书记、第一副主任胡岗到昌乐县调研企业转型与创新情况。县委书记、县人大常委会主任张新强，县人大常委会党组书记、第一副主任王备分别陪同。胡岗一行先后到雷丁新能源汽车、矿机集团、梦金园、英轩重工和阳光概念包装产业园等企业和项目现场，实地查看有关产品、生产线，详细了解企业生产经营情况以及遇到的困难和问题，并听取有关情况汇报。对昌乐在新常态下，积极引导企业创新发展、转型发展，实现经济平稳健康发展的做法给予充分肯定。

**市住房和城乡建设局调研组到昌乐调研** 8日下午，市住房和城乡建设局调研组一行到昌乐县调研。县委书记张新强，县委常委、副县长高登友分别陪同。调研组一行先后到巴夫利建材、潍昌房屋、盛唐御园、大德·国际医疗中心、九龙湖社区、贵和社区等企业和项目建设现场进行了实地检查，详细了解有关情况，对昌乐县城市建设所取得的成绩给予高度评价。

**住昌省市政协委员视察春季造林绿化和社区建设工作** 8日下午，县政协组织部分住昌乐县的省、市政协委员对昌乐县造林绿化和社区建设工作进行视察，县政协主席周保进参加。委员们先后到乔官镇、高崖水库库区春季造林绿化现场和东篱湖畔社区实地视察。

**市领导到昌乐调研** 10日，市委常委、政法委书记苏立科一行到昌乐县调研警民联调、信访听证、律师参与矛盾化解三项工作机制建设情况。县委书记张新强，县委常委、政法委书记徐玉山，县政府党组成员、县公安局局长石汝祥分别陪同。苏立科一行先后到贵和社区、雷丁新能源汽车、英轩重工、阳光概念包装产业园、大德·国际医疗中心、红河综治维稳中心等地进行了调研，听取有关情况汇报，对昌乐县在推进三项机制建设方面所取得的成绩给予充分肯定。

**全县政银企交流合作推介会议召开** 10日上午，全县政银企交流合作推介会议在县委党校报告厅召开。县委副书记、县长高立伯出席并讲话，县委常委、副县长张建伟主持会议。高立伯在讲话中指出，2014年以来，全县金融系统不断加大工作力度，有力支持了地方经济运行和结构调整。2015年是全面深化改革的关键之年，是全面完成“十二五”规划任务的收官之年。要完成今年发展目标，迫切需要政银企三方更加紧密地携起手来，深化认识、搞好对接，扩大合作、共同努力，把政银企合作搞得更加卓有成效，更好地推动经济社会发展。

**全县电子商务暨资本市场培训会议召开** 10日上午，全县电子商务暨资本市场培训会议在县委党校第一报告厅召开。会议邀请了潍坊学院讲师刘林林、齐鲁证券场外市场业务部挂牌七部总经理田晓博分别授课。高立伯、王备、周保进、肖建华等县级领导班子成员出席，副县长丁进全主持。会上，刘林林、田晓博分别就《电子商务与县域经济的思考》《后金融危机时代的机遇与挑战》做了专题讲座。刘林林深入浅出地剖析当前电子商务发展的背景，从正确看待电子商务、电子商务背景下的产业体系、电子商务在各行业的应用模式等8个层面做了详细解读。

**全县社区建设运行暨城乡环卫一体化工作调度会议召开** 10日下午，全县社区建设运行暨城乡环卫一体化工作调度会议召开。县委副书记肖建华主持并讲话，县领导孙春雷、刘艳芳、丁进全分别讲意见。会上，播放了全县环卫一体化工作督查视频资料，各镇（街、区）和有关部门分别发言。

**省委第三巡回督导组到昌乐调研** 14日，省委第三巡回督导组副组长、省司法厅副厅长冯军一行，在市委常委、潍坊军分区政委郝树东陪同下，到昌乐县调研督导教育实践活动整改落实情况。县委书记张新强，县委常委、组织部部长孙春雷分别陪同。冯军一行在县级机关综合办公楼召开座谈会，听取了昌乐县教育实践活动整改落实情况汇报，并到大德·国际医疗中心、高崖水库库区东篱湖畔社区等进行了实地督导，对昌乐县群众路线教育实践活动整改落实工作给予充分肯定。

**高立伯调度县实验中学新校建设** 14日上午，县委副书记、县长高立伯调度县实验中学新校建设情况。他要求，要加快建设进度，保证工程质量，确保县实验中学新校按期完工并交付使用。县委常委、副县长高登友，副县长崔全华，县直有关部门和项目施工、监理等单位负责同志参加。高立伯一行首先现场检查学校建设情况，随后在县级机关综合办公楼召开会议，听取有关部门、单位的情况汇报和有关县领导的意见，最后作了讲话。

**县政府全体（扩大）会议暨县政府廉政工作会议召开** 15日上午，市政府全体（扩大）会议暨市政府廉政工作会议召开，昌乐县在县委党校第一报告厅设立分会场组织收看，收看结束后，召开县政府全体（扩大）会议暨县政府廉政工作会议，县委副书记、县长高立伯讲话，县委常委、副县长张建伟主持，县领导高登友、崔全华、石汝祥、丁进全、高延鹏参加。

**省人大检查组到昌乐检查** 17日上午，省人大常委会委员、城建环资委副主任委员张秋波率领检查组，在市人大常委会副主任毛秀凤陪同下，到昌乐县对《大气污染防治法》贯彻实施情况进行执法检查。县委副书记、县长高立伯，县人大常委会党组书记、第一副主任王备，县委常委、副县长张建伟，县人大常委会副主任刘坚分别陪同。检查组一行实地到潍焦集团、雷丁新能源汽车、盛世热电、英轩重工、英轩实业、大德·国际医疗中心等企业和项目现场进行了检查，并在鸢飞酒店会议室召开座谈会，听取了昌乐县贯彻实施《中华人民共和国大气污染防治法》工作情况汇报，对我县在大气污染防治方面所取得的成绩给予充分肯定。

**昌乐县组织收看全市支持企业发展政策解读会议** 17日下午，全市支持企业发展政策解读会议召开，昌乐县在县委党校第一报告厅设立分会场组织收看，县委副书记、县长高立伯，副县长姜俊刚出席分会场会议。在全市会议上，市财政局、市经信委、市金融办分别对《市级财政支持经济发展的重点措施》《认真贯彻中央和省有关政策规定支持企业转型发展的意见》《进一步提高金融机构服务企业水平解决融资难问题的意见》等3个文件进行解读，介绍政策出台的背景、措施及注意事项。

**全县环境保护工作会议召开** 20日上午，全县环境保护工作会议在县委党校第一报告厅召开。县委副书记、县长高立伯出席并讲话，县委常委、副县长张建伟主持。县委常委、副县长高登友，县政府党组成员、县公安局局长石汝祥出席。会上，高立伯代表县政府与部分镇（街、区）、县直有关部门签订《昌乐县2015年度环境保护目标责任书》，朱刘街道、县建设局、县环保局、潍坊英轩实业有限公司作口头表态发言，县经济开发区（宝城街道）、乔官镇、县水利局、县农业局、县公安局作书面发言。

**昌乐火山国家地质公园规划编制汇报会召开** 21日，昌乐火山国家地质公园规划编制汇报会在县级机关综合办公楼召开。县委书记张新强出席会议并讲话。他要求，高标准完善规划设计，加快推进项目建设。县领导高立伯、周保进、张建伟、高登友、丁进全等出席。汇报会上，北京一彩空间展览展示有限公司汇报了昌乐火山国家地质公园规划编制情况，与会人员进行了讨论。

**全县城市建设管理现场调度会议召开** 22日，城市建设管理现场调度会议在县级机关综合办公楼召开。县委书记张新强强调，要提升境界提高标准，严格落实责任，推动城市建设管理上档升级。县领导高立伯、张建伟、高登友、刘艳芳、刘坚等参加。与会人员先后到昌盛街、方山路、流泉街等绿化、管护、建设及改造现场进行实地检查，现场研究解决城市建设管理问题，并在县级机关综合办公楼召开调度会议。

**2015年县委党校主体班次开班仪式举行** 22日上午，2015年县委党校主体班次开班仪式举行。县委副书记肖建华出席并讲话。他指出，学习是做好一切工作的前提和基础。广大党员干部要把学习作为适应形势发展的必然要求、加强个人修养的重要途径、提升工作能力的重要保障，切实强化学习意识，主动学习，善于学习，学以致用。

**高立伯检查调度首阳山旅游度假区矿产和违法建设管理工作** 23日上午，县委副书记、县长高立伯检查调度首阳山旅游度假区矿产和违法建设管理工作。他要求，有关部门和单位要加强面上监管，实施重点整治，切实解决好首阳山旅游度假区及周边乱采乱挖、乱搭乱建问题，努力将首阳山旅游度假区打造成为生态宜居新城。副县长丁进全，县直有关部门主要负责人参加活动。高立伯实地检查了西南庄养殖场、东南庄粉碎厂、孤山林场等乱搭乱建和鲁供物流、东南庄石坑等乱采乱挖现场，随后在县级机关综合办公楼主持召开会议，听取有关部门、单位的情况汇报和有关县领导的意见，最后作了讲话。

**六大新兴产业、社区建设、道路建设等工作情况调度会议召开** 23日下午，六大新兴产业、社区建设、道路建设等工作情况调度会议在县委党校召开。县委书记张新强主持并讲话。他强调，要强化措施，狠抓落实，确保各项工作扎实有效推进。县领导高立伯、王备、肖建华等参加。

**昌乐县组织部分县级离退休干部观摩经济社会发展情况** 23日，昌乐县组织部分县级离退休干部对全县经济社会发展情况进行观摩。县委副书记肖建华，县委常委、组织部部长孙春雷分别陪同。与会同志先后到英轩重工、阳光概念包装产业园、雷丁新能源汽车、贵和社区、红河市民服务中心、东篱湖畔社区、大德·国际医疗中心等，进行现场参观指导，详细听取有关情况介绍，对全县经济社会发展取得的成绩给予充分肯定。

**省水利厅领导到昌乐检查指导工作** 24日下午，省水利厅副厅长马承新一行在市水利局主要负责同志陪同下，到昌乐县调研雨洪资源利用工作。县领导高立伯、肖建华、魏林卿分别陪同活动。马承新一行到昌乐县南寨水库扩建工程项目现场进行了检查，听取了昌乐县关于该工程建设内容、投资来源、移民安置等方面的情况汇报，对昌乐县有关工作给予充分肯定。

**县十六届人大常委会第二十四次会议召开** 28日上午，县十六届人大常委会第二十四次会议在昌乐县委党校报告厅召开。县人大常委会党组书记、第一副主任王备，副主任周晓玲分别主持会议。县人大常委会领导刘保泽、王少鹏、刘坚、田本义和常委会委员出席会议。县政府党组成员、公安局局长石汝祥，县政府副县长丁进全，县法院院长韩昆亮，县检察院检察长郑爱之，县政协副主席张宝峰列席会议。会议听取审议县公安局社会治安管理工作情况报告，并进行专项工作评议，评议分数为96.2分，评议结果为满意。

**全县关心下一代工作会议召开** 28日上午，全县关心下一代工作会议在县传媒集团演播厅召开。县委副书记肖建华讲话，县委常委、组织部部长孙春雷主持，县“关工委”副主任张怀安、杜介祥、任光明出席。

**全县民兵预备役工作暨镇（街、区）党（工）委书记党管武装工作述职会议召开** 30日上午，全县民兵预备役工作暨镇（街、区）党（工）委书记党管武装工作述职会议在县委党校第二报告厅召开。潍坊军分区参谋长郇敏，县委书记、县人武部党委第一书记张新强出席并分别讲话；县人武部部长张立俊作工作报告；县委常委、县人武部政委包艳伦主持；县领导田本义、丁进全、滕建勋，潍坊军分区有关负责人出席会议。

**高立伯调度环卫一体化工作** 30日下午，全县环卫一体化现场调度会议召开。县委副书记、县长高立伯讲话，他要求，提高认识，解决问题，落实责任，全力提高城乡环卫一体化工作成效。县委副书记肖建华主持。县委常委、副县长高登友，县委常委、宣传部部长刘艳芳出席。会议召开前，高立伯带领与会人员观摩了朱刘街道山坡村、朱刘西村等20多个村的环卫一体化现场，随后在朱刘街办会议室召开会议，听取有关镇（街、区）、单位的典型发言，与会县领导讲了意见。

## 5月

**县政府防汛抗旱指挥部成员（扩大）会议召开** 5日上午，省、市政府防汛抗旱指挥部成员（扩大）会议召开，昌乐县在县防汛抗旱指挥调度中心设立分会场组织收看。省、市会议结束后，召开了县政府防汛抗旱指挥部成员（扩大）会议，县委副书记、县长高立伯讲话，县委常委、副县长张建伟，副县长魏林卿参加。

**市委书记杜昌文到昌乐调研** 6日，市委书记杜昌文到昌乐县调研时强调，要准确把握“四个全面”的战略布局，坚定信心，勇于探索，深入推进转调攻坚战，积极创新基层治理，努力推动更高层次新发展，为建设富裕文明新潍坊做出新的贡献。县委书记张新强，县委常委、副县长张建伟，县委常委、组织部部长孙春雷分别陪同。杜昌文重点对如何打好转调攻坚战进行了调研，他深入巴夫利建材、日科化学、铭基中慧、英轩重工、阳光概念包装产业园、潍昌房屋、矿机集团智能机器人等企业车间、项目现场，仔细了解企业转调发展情况及困难问题，共同探讨解决问题的办法和措施。

**中国计生协机关党团到昌乐开展深入乡村学习实践活动** 6日～7日，中国计生协党组书记、常务副会长杨玉学一行52人，到昌乐县开展以生育关怀携手行——深入乡村学习实践为主题的党团活动。省卫生计生委主任刘奇，市政府党组成员刘建国，县委书记张新强，县委副书记、县长高立伯，县委副书记肖建华分别陪同。杨玉学一行先后到英轩重工、蔡辛村宝城瓜菜专业合作社、宝都街道三和社区、西瓜科技示范园进行了参观检查，并在鸢飞大酒店召开座谈会，听取了市卫生计生委、县计生协会、县公益志愿者协会的情况介绍，观看了昌乐县生育关怀电视片。

**省卫生计生委领导到昌乐调研** 7日上午，省卫生计生委主任刘奇一行，在市卫生计生委主要负责同志陪同下，到昌乐县人民医院调研。县委副书记、县长高立伯陪同活动。刘奇一行现场查看了县人民医院重症医学科、肿瘤科和药物配置中心，详细了解各科室硬件配置、医疗环境等情况。随后在县人民医院会议室召开座谈会，听取县人民医院情况汇报。

**市人大常委会领导到昌乐调研** 7日上午，市人大常委会副主任李世光带领调研组，到昌乐县对发挥侨务资源优势推进经济转型发展情况进行调研，县人大常委会党组书记、第一副主任王备，县政府副县长李培进参加活动。调研组一行先后到潍坊合本食品有限公司、潍坊乔新农业发展有限公司、实康水业实地调研，听取县政府及相关部门工作情况汇报并进行座谈讨论。

**市领导到昌乐调研政法综治工作** 7日下午，市委常委、政法委书记苏立科到昌乐县调研政法综治工作。县委副书记肖建华，县政府党组成员、县公安局局长石汝祥，县人民法院院长韩昆亮，县检察院检察长郑爱之等分别陪同活动。苏立科先后到县公安局、县人民法院、潍坊市驾驶人考试中心等地进行了现场察看，并听取有关情况汇报，对昌乐县政法综治工作取得的成效给予充分肯定。

**昌乐县组织收看全市“三严三实”专题教育党课** 11日下午，昌乐县在县委党校第一报告厅组织收看市委书记杜昌文“三严三实”专题教育党课。县委副书记、县长高立伯，县人大常委会党组书记、第一副主任王备，县政协主席周保进，县委副书记肖建华等县级领导班子成员，县法院院长、县检察院检察长出席分会场会议。

**县委书记张新强到营丘镇调研** 12日，县委书记张新强到营丘镇调研农村新型社区建设。他强调，要积极稳妥推进社区建设，全面提高为民服务水平，让群众尽快享受到改革发展成果。张新强到崖头社区及部分村庄进行了调研。每到一处，他都与群众亲切交谈，认真听取他们对农村新型社区建设的意见建议。

**昌乐县组织收看全国推进简政放权放管结合职能转变工作电视会议** 12日上午，全国推进简政放权放管结合职能转变工作电视电话会议召开，昌乐县在县委党校第一报告厅设立分会场组织收听收看。县领导高立伯、崔全华、石汝祥、李培进、丁进全、姜俊刚、高延鹏出席会议。

**张新强带队赴高密考察学习** 13日，县委书记张新强带队赴高密市考察学习工业经济转型发展方面的先进经验和做法。县领导高立伯、王备、周保进、张建伟及各镇（街、区）党（工）委书记、县直有关部门主要负责人，2014年度纳税前21名企业及相关企业主要负责人参加。张新强一行在高密市委书记范福生等陪同下，先后到孚日城北工业园、孚日家纺专用高档纱线配套项目、永和装备产业园、豪迈装备产业园和豪迈高等级子午线轮胎模具项目考察学习。现场考察结束后，在县委党校召开会议，张新强就下步工作作了安排部署。

**姜异康到昌乐调研** 按照省委常委会议要求，省委常委每人联系一个县，深入调研指导经济社会发展各项工作。省委书记姜异康把昌乐县作为联系点，15日专程到昌乐县进行调研。他强调，在经济新常态下，企业要积极应对经济下行压力，坚持创新驱动发展战略，加快技术改造和科技研发，在转型升级上争取主动、走出新路。省委常委、秘书长雷建国，省有关部门负责人；市领导杜昌文、刘曙光、孙明亮，县领导张新强、高立伯、张建伟等分别陪同。上午，姜异康到山东铭基中慧食品有限公司调研。该企业为消除安全隐患，2014年投资3600万元，实施了为期三个月的停产改造。姜异康详细了解企业生产经营和安全生产整改情况，他指出，该企业通过停产整顿，不仅加强了安全生产，还拉长了产业链条，促进了业态创新，实现了逆势增长。实践证明，转型升级越早越主动，效果就越好，经济发展的质量和效益就能得到有效提高。在山东世纪阳光纸业集团，姜异康仔细询问企业生产工艺、经营业态创新情况，对企业从传统造纸向包装整体解决方案服务商转型升级的做法给予肯定。下午，姜异康实地考察大德·国际医疗中心在建项目进展情况，肯定了企业经营模式、管理模式和诊疗模式等方面的创新，对发展健康养老产业提出明确要求。

**昌乐县创建全省双拥模范城工作会议召开** 18日上午，昌乐县创建全省双拥模范城工作会议在县委党校第一报告厅召开。县委副书记、县长高立伯出席会议并讲话，副县长丁进全主持，县双拥工作领导小组成员单位主要负责人及联络员参加会议。会上，丁进全传达全市“双拥”工作会议精神，并宣读《昌乐县双拥工作领导小组关于做好迎接全省双拥模范城考评工作的通知》。

**昌乐县与山东水务发展（集团）有限公司签署基础设施与公共服务民生项目合作框架协议** 20日，县政府与山东水务发展（集团）有限公司签署了基础设施与公共服务、民生项目合作框架协议。山东水务发展（集团）有限公司董事长王振钦、总经理郭秀生，县委书记张新强，县委副书记、县长高立伯出席签约仪式，县委常委、副县长张建伟代表县政府在协议书上签字。

**县人大“三严三实”专题教育党课举行** 20日上午，县人大“三严三实”专题教育党课在县级机关综合办公楼人大机关会议室举行。县人大常委会党组书记、第一副主任王备讲专题教育党课，县人大常委会领导刘保泽、王少鹏、周晓玲、刘坚、田本义以及县人大机关全体干部参加。

**高立伯作“三严三实”专题教育党课** 20日下午，县委副书记、县长高立伯在县委党校第一报告厅作“三严三实”专题教育党课。他强调，要认真践行“三严三实”，凝聚正能量，激发新动力，为建设“三个昌乐”贡献更大力量。县委常委、副县长张建伟主持。

**市领导到昌乐调研** 21日上午，潍坊市副市长、市公安局局长于永生到昌乐县调研公安及安全生产工作。县委书记张新强，县政府党组成员、县公安局局长石汝祥分别陪同。于永生一行先后到铭基中慧、英轩重工、阳光概念包装产业园、雷丁新能源电动汽车等企业实地调研，听取了安全生产措施落实和隐患排查治理情况汇报，对昌乐县坚守安全底线，积极化解各类社会矛盾，确保安全发展的做法给予充分肯定，并就下一阶段安全生产工作提出明确要求。

**县领导调度推进道路建设及有关项目拆迁工作** 21下午，县委副书记、县长高立伯调度推进道路建设及有关项目拆迁工作。县委常委、副县长高登友一同参加。高立伯一行先后实地检查了盛唐御园二期、方山路南段东侧地块、蓝宝石小镇、昌五路改线、宝盈路改造及潍昌路改造等项目和道路拆迁现场，详细了解项目和道路拆迁进展情况。现场检查结束后，高立伯在县政府常务会议室主持召开会议，听取有关街区、部门的汇报和县政府分管负责人的意见，最后作了讲话。

**县政协“三严三实”专题教育党课举行** 21日下午，县政协主席周保进在县级机关综合办公楼作“三严三实”专题教育党课，县政协副主席张宝峰、滕恩禄、王泳亮、滕建勋、刘树铭及政协各委室主任、机关工作人员参加。

**远古火山口群文化旅游景区规划汇报会召开** 22日上午，远古火山口群文化旅游景区规划汇报会议在县级机关综合办公楼召开。县委书记张新强主持会议并讲话。他要求，要加快景区规划设计和建设步伐，全力打造独具特色的魅力景区。县领导高立伯、王备、周保进、肖建华等出席。会议听取山东新兴旅游规划设计研究院关于景区的规划汇报。

**首届昌乐西瓜节开幕** 22日上午，首届昌乐西瓜节在昌乐西瓜科技示范园开幕，县委副书记肖建华致辞，副县长崔全华主持开幕式。国家和省市有关科研机构的领导、专家出席。与会嘉宾分别为国家蔬菜工程技术研究中心昌乐县西瓜科技示范园开发有限公司联合研发中心和潍坊学院实践教学基地揭牌。各镇（街、区）、县直有关部门负责人员参加开幕式。

**全县城乡环卫一体化工作现场调度会议召开** 22日下午，全县城乡环卫一体化工作现场调度会议在鄌郚镇召开。县领导肖建华、高登友、刘艳芳出席会议并分别讲话。会议观摩了鄌郚镇相关工作情况，鄌郚镇、首阳山旅游度假区、红河镇、高崖水库库区作交流发言。

**张新强“六一”儿童节前夕看望慰问少年儿童** 26日下午，县委书记张新强到县经济开发区小学，亲切看望慰问少年儿童，代表县委、县政府向全县少年儿童祝贺节日，向全县广大少年儿童工作者致以亲切问候，并为两名贫困学生发放了春蕾助学金。

**县委常委（扩大）会议召开** 27日上午，县委常委（扩大）会议在县级机关综合办公楼召开。县委书记张新强出席会议并讲话。他强调，要认真贯彻落实省委姜异康书记、市委杜昌文书记指示精神，进一步提高发展定位、提升标准境界，凝心聚力、创新突破，拼搏实干、奋勇争先，推动昌乐走上更加文明的发展道路，开启昌乐发展新的历程。县委副书记、县长高立伯，县人大常委会党组书记、第一副主任王备，县政协主席周保进，县委副书记肖建华出席。

**农村饮水安全工作现场会与会人员到昌乐观摩** 28日上午，水利部副部长李国英率领2015年全国农村饮水安全工作现场会与会人员，在副省长赵润田，市委书记杜昌文，市委副书记、市长刘曙光，市政府党组成员刘建国等陪同下，到昌乐县观摩农村饮水安全集中供水工程高崖水库水厂运行情况。县委副书记、县长高立伯，副县长魏林卿陪同活动。李国英一行实地察看高崖水库水厂自动化中控室、水质监测室等，听取有关情况汇报，对昌乐县的农村饮水安全工作给予高度评价。

**张新强率团赴浙江省桐庐县和安吉县考察学习** 27日～29日，县委书记张新强率团赴浙江省桐庐县、安吉县考察学习农村新型社区建设等方面的先进经验和做法。县领导王备、周保进、肖建华等，各镇（街、区）党（工）委书记、县直有关部门主要负责人一同参加。在桐庐县，张新强率团实地到美丽乡村示范点荻浦村和环溪、城市展示中心、滨江商住综合体进行了重点考察学习。在安吉县，张新强率团实地到高禹村、荷花塘村、横山坞村进行了考察学习。

**高立伯“六一”儿童节前夕看望慰问少年儿童** 29日上午，县委副书记、县长高立伯到红河镇中心小学、红河镇中心幼儿园，看望慰问少年儿童，为他们送去节日礼物和温馨祝福，并为两名贫困学生发放了春蕾助学金。

**高立伯现场检查农产品质量安全工作** 29日上午，县委副书记、县长高立伯到红河镇、营丘镇现场检查农产品质量安全工作。副县长魏林卿、县直有关部门负责人陪同活动。高立伯先后到红河镇的农产品质量检测站、周家成官村大姜种植区和营丘镇的前店子村大姜种植区、庆亮农资超市进行现场检查。

**国家海洋局领导到昌乐考察** 31日上午，国家海洋局副局长王飞到昌乐县考察。县委书记张新强，县委常委、办公室主任田永全分别陪同。王飞一行到中国蓝宝石博物馆、蓝天首饰有限公司等进行了考察，对昌乐县经济社会发展所取得的成绩给予高度评价。

## 6月

**中船集团客人到昌乐考察洽谈** 1日下午，中船第九设计研究院工程有限公司总经理李明宝一行到昌乐县考察洽谈。县领导张新强、高立伯、王备、张建伟分别陪同。张新强等在县委党校与李明宝一行进行了座谈，向客人介绍了昌乐县经济社会发展情况，并就九龙湖改造暨新型社区建设进展情况进行了交谈。

**全县领导干部会议召开** 2日上午，全县领导干部会议在县委党校第一报告厅召开。县委书记张新强出席会议并讲话。他强调，要深入贯彻落实省委姜异康书记到昌乐调研指示精神和市委杜昌文书记对昌乐的指示要求，凝心聚力、创新突破，干在实处、走在前列，推动昌乐走上更加文明的发展道路，开启昌乐发展新的历程。县委副书记、县长高立伯主持。县人大常委会党组书记、第一副主任王备，县政协主席周保进，县委副书记肖建华出席。

**市委基层治理工作调研组来昌乐调研** 3日，市委基层治理工作调研组一行到昌乐县，围绕联系服务群众机制、农村新型社区建设、健全完善村民自治机制等进行调研。县委书记张新强，县委副书记肖建华分别陪同。调研组还将通过到部分镇（街）、社区（村）实地调研和召开座谈会等形式，对昌乐县基层治理工作进行全面剖析总结。

**住鄂全国政协委员考察团到昌乐考察** 5日下午，湖北省政协主席杨松率住鄂全国政协委员考察团一行25人，在省政协副主席许立全，市政协主席崔建平，市政协副主席、市工商联主席李传恒等领导的陪同下，到昌乐县考察循环经济发展情况。县领导张新强、高立伯、周保进、王泳亮分别陪同。考察团一行先后到杰富意苯酐项目、雷丁新能源电动汽车、英轩重工、阳光概念包装产业园考察。

**全县食品安全工作暨“食安昌乐”集中整治行动动员会议召开** 8日上午，全县食品安全工作暨“食安昌乐”集中整治行动动员会议在县委党校第一报告厅召开。县委副书记、县长高立伯出席会议并讲话。他强调，要迅速行动，齐抓共管，全面提升全县食品安全监管水平，为推动昌乐走上更加文明的发展道路、开启昌乐发展新的历程提供有力保障。县委常委、副县长张建伟主持。副县长魏林卿出席。

**昌乐县召开推进工业企业循环经济发展工作会议** 8日上午，全县推进工业企业循环经济发展工作会议在县委党校第一教室召开。县委副书记、县长高立伯出席并讲话，县委常委、副县长张建伟主持，副县长姜俊刚参加。会议听取县经信局关于全市工业企业循环经济现场会议暨节能环保产业发展动员会议精神和昌乐县贯彻落实意见建议的汇报，县政府分管负责人讲了意见，高立伯最后讲话。

**市领导到昌乐调研社区卫生服务工作** 8日下午，副市长王桂英带领调研组，到昌乐县调研社区卫生服务工作。县委副书记、县长高立伯，副县长崔全华分别陪同。王桂英一行先后到乔官镇梁家庄社区卫生室、下坡社区卫生室，郝部中心卫生院、前泉社区卫生室调研。

**全市工业企业推进腾笼换鸟和制造服务化专题现场会在昌乐召开** 9日，全市工业企业推进腾笼换鸟和制造服务化专题现场会在昌乐县召开。市委常委、常务副市长邹庆忠，县领导张新强、张建伟、田永全出席。邹庆忠带领与会人员观摩潍焦集团PBT项目、杰富意苯酐项目、世纪阳光集团50万吨涂布白面牛卡纸项目、阳光概念包装产业园等企业和项目现场，结束后在鸢飞大酒店集中召开会议。会上，潍焦集团、世纪阳光纸业集团、矿机集团先后发言，介绍企业转型发展的有关经验做法。

**省农业厅领导到昌乐调研农村产权制度改革工作** 9日上午，省农业厅厅长、省扶贫开发办主任王金宝一行，在市政府党组成员刘建国陪同下，到昌乐县调研农村产权制度改革工作。县委书记张新强，县委常委、办公室主任田永全，副县长魏林卿分别陪同。王金宝一行实地察看了宝都街道蔡辛村、县经济开发区（宝城街道）四图村，听取了有关情况汇报，详细了解农村集体经济组织股份制改革、农村产权交易平台建设等情况，对昌乐县农村产权制度改革工作给予充分肯定。

**高密市考察团到昌乐考察学习** 9日下午，高密市委副书记、市长杨建华率领考察团一行44人，到昌乐县考察学习工业经济转型发展情况。县领导张新强、张建伟、田永全分别陪同。杨建华一行实地到杰富意苯酐项目、雷丁新能源汽车、蓝天首饰、英轩重工、阳光概念包装产业园等考察学习，听取了企业转型发展情况介绍，对昌乐县以“腾笼换鸟”、转型升级促进企业平稳健康发展的做法给予高度评价。

**省民政厅领导到昌乐检查** 10日，省民政厅副厅长王建东一行在市民政局负责人员陪同下，到昌乐县检查民政福利事业单位安全工作。县委书记张新强，县委常委、副县长张建伟，县委常委、办公室主任田永全分别陪同。王建东一行到大德·国际医疗中心、县养老中心、县中医院康乐园老年护理院、乔官敬老院等检查，听取有关情况介绍，对昌乐县健康养老和民政福利事业单位安全工作给予高度评价。

**肖建华带队赴江浙考察学习** 8日～11日，县委副书记肖建华带领县委农工办、县经管局、宝都街道的负责人，赴江浙地区就新型社区建设、农村产权制度改革等进行考察学习。考察团一行先后到浙江省德清县、安吉县和江苏省苏州市吴中区考察学习，认真听取各地相关情况介绍，深入了解他们工作中的经验做法。

**昌乐县举行“三严三实”专题教育第一次集中学习研讨** 根据中央和省、市、县委“三严三实”专题教育安排，12日下午，昌乐县举行第一专题集中学习研讨，进一步理解和领会“三严三实”的深刻内涵，强化党性修养，把牢思想和行动的“总开关”，把学习和践行“三严三实”贯穿于工作当中，奋力推动各项任务落实。县委书记张新强主持。县领导高立伯、王备、周保进、肖建华等参加。此次学习采取轮流领读的方式，原原本本、原汁原味地学习《习近平谈治国理政》《习近平总书记系列重要讲话读本》中的部分篇目，并交流学习体会和感受。

**潍坊市中级法院领导到昌乐调研** 15日上午，潍坊市中级人民法院院长姜树政到昌乐县调研，县委书记张新强，县委常委、政法委书记徐玉山，县法院院长韩昆亮分别陪同。姜树政一行到县法院新建审判法庭调研，详细了解各庭及科室分布和设施配备情况。

**张新强到红河镇调研** 根据县委统一安排，县委常委每人联系一个镇（街、区），深入调研指导经济社会发展各项工作。17日，县委书记张新强专程到联系点红河镇进行调研，重点对社区建设、环卫一体化和企业转型升级工作进行调研指导。他强调，要加快社区建设和企业转型升级，扎实推进环卫一体化工作，努力让群众得到更多实惠。县委常委、办公室主任田永全参加。张新强先后深入到红河镇凤凰岭果蔬专业合作社基地、埠南头村、红河社区、乐化漆业、乐港食品、德福高档生活用纸、恒源丝制品等地进行了调研。

**高立伯率团赴浙江省桐庐县安吉县考察学习** 为深入学习浙江省桐庐县和安吉县农村新型社区建设等方面的成功经验和做法，15日～17日，县委副书记、县长高立伯率团赴浙江省桐庐县和安吉县考察学习。县领导周晓玲、田本义、崔全华、李培进、魏林卿、姜俊刚、高延鹏、张宝峰、滕恩禄、王泳亮、滕建勋、刘树铭，各镇（街、区）镇长（主任）、县直有关部门负责人员等一同参加。

**杜昌文在红河镇调研** 18日，市委书记杜昌文专程到联系点红河镇调研。他强调，要认真落实领导干部联系点制度，转变工作作风，密切联系群众，坚持问题导向，接地气、找路子，推动经济社会持续健康发展。县委书记张新强，县委常委、办公室主任田永全陪同。上午，杜昌文到红河镇埠南头村调研，还到自己的联系户王群芝家进行了走访，鼓励王群芝树立信心，叮嘱有关部门要对困难群众制定针对性帮扶措施，帮助他们早日致富。下午，杜昌文调研了红河社区，与社区服务大厅、警务室、卫生室的工作人员进行详细交流。同时到德福高档生活用纸项目现场、乐港食品股份有限公司、山东乐化漆业股份有限公司进行调研。调研中，杜昌文还到埠南头村老党员吴百兰和生活困难党员李德光家中走访慰问，在“七一”前夕给他们送去了党组织的温暖和关怀。

**市领导到昌乐调研新型城镇化等工作** 19日下午，副市长夏芳晨带领市直有关部门负责人员到昌乐县调研新型城镇化等工作。县领导张新强、高登友、田永全分别陪同。夏芳晨一行先后到红河镇市民服务中心、红河社区、德福纸制品、红河镇埠南头村沼气综合利用项目、大德·国际医疗中心、盛唐·御园、金伟达钢构等地查看，听取有关情况介绍，对昌乐县城镇化工作所取得的成绩给予充分肯定。

**县委书记张新强检查指导抗旱工作** 20日下午，县委书记张新强到乔官镇、红河镇检查指导抗旱工作。他强调，要高度重视，切实把抗旱作为当前工作的重中之重，精心组织、迅速行动、多措并举，优先确保人畜饮水安全，全力打赢抗旱攻坚战、持久战。县委常委、办公室主任田永全参加。张新强先后到乔官镇小善地打机井抗旱现场和红河镇大宅科村西岭浇水抗旱现场，与当地干部群众深入交流，关切询问农户受灾和抗旱进展情况，现场研究抗旱自救措施。

**高立伯调度抗旱工作** 23日下午，县委副书记、县长高立伯调度抗旱工作。他强调，要提高认识，强化措施，迅速掀起全民抗旱热潮。副县长魏林卿一同参加。高立伯首先到谢家山朱孔路段、乔官镇高家阳阜村、鄌郚镇西杨庄村、营丘镇周家辛牟村等受灾、抗旱现场及引黄入昌施工现场进行现场检查，随后在县级机关综合办公楼召开会议，听取有关部门的汇报，最后作了讲话。

**全市乡村文明行动城乡环卫一体化现场推进会观摩组到昌乐观摩** 24日上午，市人大常委会副主任毛秀凤带领全市乡村文明行动城乡环卫一体化现场推进会议观摩组一行，到昌乐县观摩城乡环卫一体化工作开展情况。县领导张新强、王备、肖建华、高登友、刘艳芳、田永全分别陪同。观摩组实地到红河镇理稼庄子村、埠南头村、清泉村、红河村，乔官镇苗埠村，五图街道大解召村、庵上胡村，首阳山旅游度假区西南庄村，朱刘街道圈子村、山坡村等村进行了观摩，听取了昌乐县城乡环卫一体化工作情况汇报，对昌乐县取得的成绩给予高度评价。

**省司法厅领导到昌乐检查指导工作** 24日上午，省司法厅副厅长、省监狱管理局局长王立军到昌乐县检查昌潍监狱新场所建设情况。县委副书记、县长高立伯陪同。王立军一行实地察看了昌潍监狱监舍楼等建设情况，随后到昌乐县中国宝石城、梦金园珠宝首饰、英轩重工、阳光概念包装产业园等检查指导，听取有关情况介绍。

**县委常委（扩大）会议召开** 26日上午，县委常委（扩大）会议在县级机关综合办公楼召开。县委书记张新强主持并讲话，他要求，要提高认识、全民动员，创造清洁优美环境，共建美丽幸福家园。县委副书记、县长高立伯讲意见；县人大常委会党组书记、第一副主任王备，县政协主席周保进参加；县委副书记肖建华传达全市乡村文明行动城乡环卫一体化现场推进会议精神。

**市领导到昌乐调研应急处置机制建设开展情况** 27日上午，市委常委、政法委书记苏立科，副市长、市公安局局长于永生到昌乐县调研应急处置机制建设开展情况。县领导张新强、徐玉山、包艳伦、田永全、石汝祥分别陪同。苏立科一行实地到县人武部综合训练场、县应急管理指挥中心、梦金园珠宝首饰公司、昌乐二中等进行了检查，听取有关情况汇报，对昌乐县应急处置机制建设工作给予充分肯定。

**县委书记张新强走访慰问老党员** 27日，县委书记张新强到鄌郚镇看望慰问抗日战争胜利前入党的老党员李桂英，为她送去党和政府的关怀和温暖，共同庆祝中国共产党成立94周年。县委常委、办公室主任田永全陪同。

**全省推进健全维稳应急处置机制建设工作专题会议在昌乐召开** 29日，全省推进健全维稳应急处置机制建设工作专题会议在昌乐县召开。省委常委、政法委书记张江汀出席并宣布演练开始；中央维稳办副主任于复岑，市委常委、政法委书记苏立科分别致辞；市委书记杜昌文，副市长、市公安局局长于永生，县领导张新强、肖建华、徐玉山、田永全、石汝祥等出席。17市维稳办主任（副主任）、公安局分管局长和维稳、公安部门从事应急处置机制建设的具体工作人员参加会议。

**县十六届人大常委会第二十六次会议召开** 29日上午，县十六届人大常委会第二十六次会议在县委党校报告厅召开。县人大常委会党组书记、第一副主任王备，副主任刘坚分别主持会议。县人大常委会领导王少鹏、周晓玲、刘坚、田本义和常委会委员出席会议。县委常委、副县长张建伟，副县长丁进全，县法院院长韩昆亮，县检察院检察长郑爱之，县政协副主席张宝峰列席会议。会议听取审议县检察院检务公开工作情况报告、县经信局工业转型升级工作情况报告，并进行专项工作评议，评议分数分别为97.2分、96.2分，评议结果均为满意。会议还组织对部分住昌潍坊市人大代表进行述职评议，表决通过县人大常委会、县政府有关人事任免事项，王备向被任命人员颁发任命书，被任命人员代表作了供职发言。

**高立伯肖建华分别看望慰问老党员** 30日上午，县委副书记、县长高立伯走访慰问了抗日战争胜利前入党老党员宋桂卿。县委组织部、乔官镇党委负责人员一同看望。高立伯到锦伦天地小区老党员宋桂卿家中，送上慰问金和慰问品，向她以及全县的老党员表示慰问。同日，县委副书记肖建华看望慰问抗日战争胜利前入党的老党员于德泉，代表县委、县政府向他致以深切的慰问和节日的祝福。

**全县庆“七一”老干部书画作品展开幕** 30日上午，在中国共产党94华诞之际，全县庆“七一”老干部书画作品展在县老年大学开幕，县委副书记肖建华出席开幕仪式并讲话，县委常委、宣传部部长刘艳芳主持。该次书画展共展出作品180余幅，作品内容丰富、形式多样，生动展现了昌乐县近年来在政治、经济、文化、社会等领域取得的巨大成就，显示了昌乐县书画艺术的蓬勃生机，表达了对党的94岁生日的美好祝福。

## 7月

**省考评组到昌乐检查考评双拥模范城创建工作** 1日～2日，省交通厅副厅长于洪亮带领考评组一行6人，在市民政局有关负责人的陪同下，到昌乐县检查考评省级双拥模范城创建工作。县领导张新强、高立伯、包艳伦、丁进全分别陪同。考评组一行在县委党校第一报告厅召开会议，听取了昌乐县双拥工作情况汇报。会上，驻昌部队、县发改局、县经信局负责人员分别汇报了各自双拥工作情况。考评组一行还观看了昌乐县双拥工作纪实专题片，查阅了双拥档案资料，到新城中学、县光荣院、驻昌部队营区、县人武部、五图街道南郝社区、宝都街道三和社区等进行了实地检查，并看望部分优抚对象，对昌乐县双拥工作给予充分肯定。

**张新强现场调度部分重点道路建设** 2日下午，县委书记张新强现场调度推进部分重点道路建设工作。他强调，要加快进度、保证质量，确保早建成、早通车、早受益，进一步改善群众出行环境，促进经济社会更好更快发展。县领导高立伯、高登友、田永全参加。张新强一行察看青年路贯通、流泉街西延伸、永福路、凤凰街、昌五路、潍昌路、科技街、营丘街等九条道路工程施工现场。

**高立伯到县经济开发区（宝城街道）调研** 3日上午，县委副书记、县长高立伯到县经济开发区（宝城街道）调研。他强调，开发区（宝城街道）要开拓创新、拼搏实干，全力推动各项工作提速提效提升。高立伯一行先后到西徐社区、潍昌房屋、赛普电气、管庄社区、尚和国际、开发区中心小学、佳诚数码等进行现场调研，并沿路检查西徐、东徐村环卫一体化工作情况。

**县政协教育提案办理“面对面”答复座谈会召开** 3日上午，县政协教育提案办理“面对面”答复座谈会在县委党校召开，会议对2015年有关教育方面的政协提案办理情况进行集中答复，并有针对性地提出促进全县教育发展的意见和建议，共同推动现代教育名城建设，努力办好人民满意教育。县政协主席周保进出席会议并讲话，副县长崔全华参加，县政协副主席刘树铭主持。

**肖建华到宝都街道调研** 3日上午，县委副书记肖建华到宝都街道调研新型社区建设、农村产权制度改革、城乡环卫一体化及包靠项目建设，县直有关部门和宝都街道负责人员一同调研。肖建华一行先后实地察看了埠头社区、尧沟社区、永康社区、郭家庄、东南村、润泽·龙凤苑项目等，详细听取有关情况汇报，对下步工作提出了具体要求。

**市委副书记、市长刘曙光到昌乐调研** 6日下午，市委副书记、市长刘曙光一行到昌乐县调研企业运行和产业体系建设情况，并检查指导抗旱工作。县领导张新强、高立伯、张建伟、高登友、魏林卿分别陪同。刘曙光到鄌郚镇调研电声乐器产业发展情况，到英轩实业、潍昌绿色房屋产业园、巴夫利化学建材有限公司、矿机集团、金丝达新能源进行了调研。刘曙光高度关注当前抗旱工作，深入到乔官镇郝家沟村田间地头，实地察看了解农田灌溉、抗旱打井和节水工作等情况，对昌乐县面对严峻旱情，积极作为，多方筹措资金、调配人力物力，及时组织开展抗旱减灾工作的做法给予充分肯定。

**县委理论学习中心组举办"三严三实"专题教育辅导报告会** 7日上午，县委理论学习中心组在县委党校第一报告厅举办"三严三实"专题教育辅导报告会，邀请中央党校党建部党的领导与领导科学室主任蔡志强作"加强党性锻炼，推进'三严三实'"专题辅导报告。县委书记张新强主持，县领导高立伯、王备、周保进、肖建华参加。蔡志强结合理论研究和工作实践，系统地讲解"三严三实"的提出背景、基本内涵，深入分析加强党性锻炼、推进"三严三实"面临的问题与挑战，明确提出新时期推进"三严三实"的基本路径和对策，报告引用了很多珍贵的党史资料和最新的研究成果，对准确把握"三严三实"的重大意义和丰富内涵，推动各方面工作都具有重要指导意义。

**高立伯到五图街道调研** 8日上午，县委副书记、县长高立伯到五图街道调研。他强调，五图街道要乘势而上、奋勇争先，争做全县干事创业加快发展的表率。高立伯一行先后到金都世纪城、金都社区、西上疃土地增减挂钩、庵上湖农业采摘园、九龙湖社区、中慧饲料、华忠金属、远华塑料等项目、社区和企业现场调研，并沿路检查东上疃村、庵上湖村、大解召村环卫一体化工作情况，最后在五图街道机关办公楼进行座谈，听取五图街道工作情况汇报。

**县政协召开"加强食品安全监管"专题协商座谈会** 9日上午，县政协组织召开"加强食品安全监管"专题协商座谈会，县政协主席周保进主持并讲话，副县长丁进全、县政协副主席滕建勋出席。会议首先听取县市场监督管理局关于全县食品安全监管工作情况的汇报，随后相关部门和政协委员进行交流发言。

**市关工委领导到昌乐调研** 10日上午，市关工委副主任王秀河一行到昌乐县调研，县委副书记肖建华陪同。王秀河一行先后到经济开发区小学、宝都街道三和社区、昌乐第二实验小学、昌乐育才双语学校，实地察看了昌乐县"希望乐园""四点半学校"、国学特色教育和中小学厨房提升等工作情况。

**县全民普法依法治县工作领导小组全体会议召开** 10日下午，县全民普法依法治县工作领导小组全体会议在县委党校召开。县委副书记肖建华出席并讲话，县委常委、政法委书记徐玉山主持，县人大常委会副主任刘坚、县检察院检察长郑爱之、县政协副主席滕建勋出席。

**高立伯现场检查指导县文化馆工作** 13日上午，县委副书记、县长高立伯现场检查指导县文化馆工作，县文广新局主要负责同志参加。高立伯一行实地察看县非物质文化遗产综合传习中心、文化馆各类创作室、文艺活动室等，听取县文广新局关于文化馆评估定级自查自评情况的汇报。

**省调研组到昌乐调研权能改革试点工作** 13日～14日，省委农工办副主任杨炳平带领调研组一行4人，在市有关部门负责人员陪同下，到昌乐县调研积极发展农民股份合作赋予农民对集体资产股份权能改革试点工作。县领导高立伯、肖建华、魏林卿分别陪同。杨炳平一行先后到宝都街道东南村、蔡辛村，县经济开发区（宝城街道）四图村，朱刘街道朱刘西村，五图街道庵上湖村，鄌郚镇王家河洼村、金山村、善庄村，高崖水库库区东前韩村进行了实地调研，最后在鸢飞酒店会议室进行了座谈交流。

**潍坊学院领导到昌乐调研** 15日下午，潍坊学院党委书记孙文亮、原院长王守伦一行到昌乐县调研。县委副书记、县长高立伯，副县长高延鹏陪同。孙文亮、王守伦一行先后到梦金园黄金加工、中国蓝宝石博物馆、中国宝石城等进行实地查看，听取有关情况介绍，对昌乐县经济社会发展特别是千亿级黄金珠宝加工交易产业所取得的成绩给予充分肯定。

**高立伯调度迎接创建全国绿化模范县检查验收工作** 16日上午，县委副书记、县长高立伯调度迎接创建全国绿化模范县检查验收工作。副县长魏林卿参加。高立伯沿路查看创建全国绿化模范县验收路线，并实地检查乔官镇黑山绿化管护现场，最后在县级机关综合办公楼召开会议，在听取县林业局关于创建全国绿化模范县检查验收线路中存在问题的通报、有关县领导的意见和有关部门、镇（街、区）表态发言后，高立伯作了讲话。

**市委书记杜昌文到昌乐专题调研困难群众生活保障工作** 17日，市委书记杜昌文到昌乐县专题调研困难群众生活保障工作。他强调，要认真贯彻落实中央和省、市关于保障和改善民生的一系列重要决策部署，时刻把困难群众装在心里，建立规范完善社会救助体制，扎实做好困难群众生活保障工作，千方百计兜住民生底线。县领导张新强、高立伯、张建伟、田永全、丁进全分别陪同。杜昌文非常牵挂困难群众生活，利用一整天的时间深入鄌郚镇和高崖水库库区，先后召开两次座谈会并走访8户困难群众，每到一户都详细了解家庭的实际困难。在鄌郚镇北村，他到空巢老人刘志先家，仔细询问老人身体状况、收入来源、生活保障等，叮嘱有关部门落实好上级有关救助政策，解决老人晚年生活之忧。杜昌文还到所联系企业世纪阳光纸业集团进行调研，对企业充分利用互联网思维、积极推进互联网＋发展模式，不断延长产业链条、培育新增长点的做法给予高度评价，并现场协调解决企业发展遇到的困难和问题。

**张新强现场调度推进流泉街西延伸工程建设** 17日上午，县委书记张新强深入到流泉街西延伸工程施工场地，现场调度推进工程规划建设情况。他强调，要进一步完善规划，加快进度，全力推进工程建设，确保尽快建成通车。县领导高登友陪同。张新强实地察看了项目施工现场，听取有关情况汇报，详细了解项目规划、设计等情况。

**全省城乡环卫一体化群众满意度昌乐位列全市第二** 山东省文明办组织开展全省城乡环卫一体化群众满意度电话抽样调查，昌乐县群众满意度大幅度提升，以9.67分的成绩位列全市第2名。成绩的取得来自于实功夫、大力气。在推进环卫一体化进程中，昌乐县将其视为重要的民生工程、民心工程，围绕实现全域覆盖、精细化管理和基本公共服务均等化，在扩面提质、完善机制、常态长效上狠下功夫。

**县人大常委会举办全县人大代表学习班** 22日上午，县人大常委会举办全县人大代表学习班，县领导高立伯、王备、周保进、肖建华等参加，王少鹏主持。这次学习班在县委党校第一报告厅设主会场，通过县电视台新闻综合频道直播，在乔官、营丘、红河、鄌郚和高崖水库库区设分会场。学习班上，潍坊市人大常委会副秘书长、人事代表室主任毛洪涛就贯彻落实《中华人民共和国代表法》及代表履职方面的有关问题作了专题辅导报告。

**全县新型社区建设调度会召开** 27日，新型社区建设调度会议在县级机关综合办公楼召开。县委书记张新强主持会议并讲话。他强调，要认真践行“三严三实”要求，以积极作为的姿态、求真务实的精神，加快新型社区建设步伐。县领导高立伯、肖建华、张建伟、高登友、田永全、崔全华、石汝祥等参加。张新强在听取有关情况汇报后，就当前和今后的新型社区建设、运行及干部力量下沉等工作讲了意见。

**县政协主席会议召开** 27日下午，县政协九届二十一次主席会议在县级机关综合办公楼召开，县政协主席周保进主持并讲话，县政协副主席张宝峰、滕恩禄、王泳亮、滕建勋、刘树铭出席，县政协各委室主任列席会议。会议传达学习市政协十二届十八次常委会议精神，研究县政协九届十七次常委会议相关事宜和拟增补九届县政协委员事宜，讨论审议《关于全县工业企业转型升级情况的调研报告》。

**省委第四巡视组专项巡视昌乐县工作动员会召开** 28日，省委第四巡视组专项巡视昌乐县工作动员会召开。省委第四巡视组组长李平瑞出席会议并讲话，潍坊市委常委、秘书长孙明亮出席会议并就配合做好巡视工作提出要求，昌乐县委书记张新强主持会议并作表态发言。根据安排，巡视组在昌乐县的工作时间，从2015年7月28日开始，至9月2日结束。根据有关要求和巡视工作职责，省委巡视组主要受理反映昌乐县委和人大、政府、政协党组领导班子及其成员的问题以及与巡视工作有关的来信来电来访，重点是关于党风廉政建设、作风建设、执行政治纪律和选拔任用干部方面的举报和反映。其他不属于巡视受理范围的信访问题，将按规定交有关部门处理。

**昌乐县拥军优属慰问团走访慰问驻潍部队** 31日上午，县委书记张新强率领昌乐县拥军优属慰问团，带着全县人民的深情厚谊，走访慰问驻潍部队。县领导高立伯、周保进、包艳伦、王少鹏、丁进全一同慰问。

**全县城乡环卫一体化工作调度会议召开** 31日下午，全县城乡环卫一体化工作调度会议在县级机关综合办公楼召开。县委副书记、县长高立伯讲话，他要求，再接再厉，持续用力，扎扎实实抓好城乡环卫一体化工作。县委副书记肖建华主持，县委常委、副县长高登友，县委常委、宣传部部长、统战部部长刘艳芳参加。在听取了县环卫局负责人员有关情况通报和与会县领导的意见后，高立伯作了讲话。

## 8月

**县委常委（扩大）会议召开** 4日，县委常委（扩大）会议在县级机关综合办公楼召开，主要任务是传达贯彻全市领导干部会议和全市“三八六”环保行动调度会议精神。县委书记张新强主持并讲话。他强调，要认真学习全市会议精神，突出重点，凝心聚力，狠抓落实，确保各项工作走在前列，努力推进昌乐走上更加文明的发展道路。县领导高立伯、王备、周保进、肖建华参加。

**县领导调度创建全国绿化模范县迎验工作** 4日，县委副书记、县长高立伯调度创建全国绿化模范县迎验工作。副县长魏林卿、县直有关部门主要负责同志参加。高立伯沿路查看创建全国绿化模范县迎验路线，并实地检查西湖公园、乔官镇黑山义务植树基地、高崖水库库区东篱湖畔社区等停车现场，最后在县级机关综合办公楼召开会议，就迎验工作进行安排部署。

**九龙湖社区建设调度会议召开** 4日上午，九龙湖社区建设调度会议在五图街道党工委会议室召开。县人大常委会党组书记、第一副主任王备主持会议并讲话。县委常委、副县长高登友就项目建设讲了意见。县人大办、五图街道、县财政局、国土局、规划局、住建局、九龙湖旅游度假区开发办负责同志，昌乐中船阳光发展有限公司负责人参加会议。会议听取开发企业关于九龙湖社区建设工作情况的汇报，五图街道和与会部门就项目建设有关情况作了发言。

**市联合督查组督查昌乐加强和改进人大工作情况** 4日上午，市联合督查组到昌乐县就全市人大工作会议精神和进一步加强和改进人大工作意见贯彻落实情况进行专项督查。县委副书记肖建华，县人大常委会党组副书记、副主任王少鹏分别陪同。督查组一行实地察看了昌乐县人大代表参与检察院检务公开相关情况，并在县委党校召开座谈会。在听取县委和部分镇街、住昌乐县市人大代表情况汇报后，督查组对昌乐县贯彻落实全市人大工作会议和市委《关于进一步加强和改进人大工作的意见》的具体做法给予充分肯定。

**县政协九届十七次常委会议召开** 5日上午，县政协九届十七次常委会议在县委党校召开，县政协主席周保进出席并讲话，县委常委、副县长高登友，县政协副主席张宝峰、滕恩禄、王泳亮、滕建勋、刘树铭及县政协常委出席。各镇（街、区）政协工作室主任、县政协委员活动组召集人、县政协机关副科级以上干部列席会议。会议传达学习市政协十二届十八次常委会议精神；听取县政府关于全县上半年经济运行情况的通报；听取县农业局和环保局工作情况并进行民主评议；审议通过《关于全县工业企业转型升级情况的调研报告》；审议通过拟增补九届县政协委员名单（草案）。

**全县“慈心一日捐”动员会议召开** 6日下午，全县2015年“慈心一日捐”动员会议在县委党校召开，县委副书记肖建华讲话，县领导张建伟、丁进全参加。会议还通报了2014年“慈心一日捐”活动情况，宣读了2015年活动实施方案。

**高立伯出席全县“三八六”环保行动调度会议** 7日上午，全县“三八六”环保行动调度会议在县委党校第一教室召开，县委副书记、县长高立伯出席会议并讲话。他要求，要认清形势，突出重点，压实责任，加快攻坚，全力以赴打好“三八六”环保行动收官战。县领导张建伟、高登友、石汝祥、魏林卿参加。在听取了县环委会办公室关于前期“三八六”环保行动进展情况的通报，有关部门、镇（街、区）情况汇报和有关县领导的意见后，高立伯作了讲话。

**创建全国绿化模范县检查验收组到昌乐检查验收** 7日～8日，创建全国绿化模范县检查验收组，在市林业局负责人员陪同下，到昌乐县检查验收全国绿化模范县创建工作。县委副书记、县长高立伯，副县长魏林卿陪同。7日下午，检查验收组在县委党校第一教室召开会议，观看了昌乐县创建全国绿化模范县专题片，听取了昌乐县工作情况汇报，并查阅了相关档案资料。8日，检查验收组先后到西湖公园、方山古树名木保护教育基地、乔官镇黑山、高崖水库库区东篱湖畔社区、红河镇幸福广场、鄌郚镇王家河洼村、市委党校等绿化现场进行了实地检查。

**九龙湖综合开发项目推进会议召开** 9日，九龙湖综合开发项目推进会议在县级机关综合办公楼召开。县委书记张新强主持并讲话。他强调，要加强沟通，密切配合，全力加快九龙湖综合开发项目建设。省水利厅、中船阳光投资发展有限公司有关负责人员，县领导高立伯、王备、张建伟、田永全、崔全华、魏林卿参加。

**中小学建设改造调度会议召开** 9日，县委书记张新强主持召开中小学建设改造调度会议。他强调，要认真细致研究，科学合理布局，搞好规划设计，加快推进全县中小学建设改造，为广大学生创造良好的学习环境。县领导高立伯、王备、张建伟、田永全、崔全华参加。

**北大公学国际双语学校暨部分道路规划建设调度会召开** 10日，北大公学国际双语学校暨部分道路规划建设调度会在县级机关综合办公楼召开。县委书记张新强主持并讲话。他强调，要进一步完善规划，加快进度，确保项目早日建成投用。县领导高立伯、周保进、张建伟、高登友、田永全、王少鹏、刘坚、崔全华参加。会上，分别听取了北大公学国际双语学校以及永福路、旅游路等部分道路规划建设情况汇报。

**高立伯现场调度推进重点道路建设工程** 11日上午，县委副书记、县长高立伯现场调度推进重点道路建设工程。县委常委、副县长高登友，县直有关部门和部分街（区）主要负责人员参加。高立伯一行先后到青年路、东村街、永福路、凤凰街、南丁路、昌五路、潍昌路、劳教所北路、科技街等道路建设工程拆迁和施工现场进行了现场检查。

**高立伯调度汶河流域综合开发和危化品企业安全生产工作** 13日，县委副书记、县长高立伯调度汶河流域综合开发和危化品企业安全生产工作。上午，高立伯调度汶河流域综合开发工作，县领导肖建华、魏林卿参加。下午，高立伯调度危化品企业安全生产工作，县领导张建伟参加。

**昌乐县组织观看“三严三实”专题教育影片《王伯祥》** 14日下午，昌乐县在县传媒集团演播厅组织观看了“三严三实”专题教育影片《王伯祥》。县领导张新强、高立伯、王备、周保进、肖建华等观看影片。影片聚焦王伯祥担任寿光县委书记期间的先进事迹，以王伯祥创建寿光“蔬菜王国”等为叙事线索，生动再现了王伯祥书记“百姓为天、人民至上、务实苦干、鞠躬尽瘁”的精神，是一部反映基层党员干部勇于担当、艰苦创业的主旋律影片，被国家广电总局列入2014年度全国17部重点影片之一。

**全县安全生产工作会议召开** 17日下午，收听收看全市安全生产工作会议后，昌乐县立即召开全县安全生产工作会议。县委书记张新强出席并讲话，他要求，要高度重视，落实责任，坚决杜绝安全责任事故发生。县委副书记、县长高立伯讲话，县委常委、副县长张建伟主持，县政府党组成员、县公安局局长石汝祥参加。会上，观看了部分典型事故视频，通报了全县近期安全生产事故情况。

**市“六五”普法依法治理检查验收组到昌乐检查验收** 18日，市中级人民法院院长姜树政带领验收组到昌乐县检查验收“六五”普法依法治理工作。县领导张新强、肖建华、徐玉山、石汝祥分别陪同。验收组一行先后实地到昌乐一中、县供电公司、三和社区、宝都街道普法办、县公安局等进行了检查，并在县委党校召开会议，观看了昌乐县《“六五”普法依法治县工作纪实》专题片，听取昌乐县“六五”普法依法治县工作情况汇报。

**高立伯现场调度部分重点项目** 21日上午，县委副书记、县长高立伯现场调度部分重点项目进展情况。他强调，要强化问题导向，主动靠上服务，全力推动项目加快建设。县领导张建伟、高登友、刘艳芳、李培进参加活动。高立伯一行先后实地察看了大德·国际医疗中心、金丝达新能源、曹西楼村拆迁现场、新二中·美加国际学校、兰天纺织高档纺织面料、海关综合监管区、赛普电气、佳诚数码铸造级PVC等项目。

**全县特殊困难群体关爱救助工作动员大会召开** 24日，全县特殊困难群体关爱救助工作动员大会在县委党校第一报告厅召开。会议主要是践行党的群众路线和贯彻落实“三严三实”要求，动员各级各部门、各行业各领域迅速行动起来，积极主动关爱救助特殊困难群体，坚决兜住民生底线，加快推进“幸福昌乐”建设。县委书记张新强、市民政局局长吴海源分别讲话。县委副书记、县长高立伯主持会议并与红河镇、县教育局、潍焦集团分别签订责任书。县领导王备、周保进、肖建华出席；副县长丁进全宣读县委、县政府《关于健全完善特殊困难群体关爱救助体系的意见》。

**城北污水处理厂中水南调工程建设情况现场调度会召开** 24日，县委书记张新强深入城北污水处理厂中水南调工程现场，协调解决项目建设有关问题。县领导高立伯、张建伟、高登友参加。张新强查看工程建设进展情况，认真听取建设部门和施工单位关于工程建设情况及存在的困难和问题。

**全县消防安全工作调度会议召开** 24日上午，全县消防安全工作调度会议在县委党校第一教室召开。县委副书记、县长高立伯主持并讲话，县政府党组成员、县公安局局长石汝祥参加。会上，石汝祥通报了全县2015年以来的消防安全工作情况，对下步工作提出了明确具体的要求。

**县委常委开展“三严三实”专题教育第二专题第一次集中学习研讨** 25日，县委常委“三严三实”专题教育第二专题第一次集中学习研讨会议在县级机关综合办公楼召开，研讨主题是“自觉维护中央权威、坚决做到‘五个必须’”。县委书记张新强主持并讲话，县委副书记、县长高立伯，县委副书记肖建华参加，市委组织部、市委宣传部有关人员列席指导了研讨。会前，根据“三严三实”专题教育总体安排认真进行了自学，做了充分的准备。会上，县委常委分别领学《习近平谈治国理政》《习近平关于党风廉政建设和反腐败斗争论述摘编》《领导干部违纪违法典型案例警示录》有关篇目，并围绕研讨主题，结合自身实际，依次进行发言，达到凝聚共识、共同提高的效果。

**全县安全生产大检查督查暗访工作会议召开** 26日，全县安全生产大检查督查暗访工作会议在县级机关综合办公楼召开。县委书记张新强出席并讲话。他要求，要高度重视安全生产工作，从严从实搞好督查，坚决杜绝安全责任事故发生，确保人民群众生命财产安全。县委副书记、县长高立伯讲话，县委常委、副县长张建伟主持，县政府党组成员、县公安局局长石汝祥参加。

**县十六届人大常委会第二十七次会议召开** 26日上午，县十六届人大常委会第二十七次会议在县委党校报告厅召开。县人大常委会党组书记、第一副主任王备，副主任田本义分别主持会议。县人大常委会领导刘保泽、王少鹏、周晓玲、刘坚和常委会委员出席会议。县委常委、副县长张建伟，县法院院长韩昆亮，县检察院检察长郑爱之，县政协副主席张宝峰列席会议。会议听取审议县十六届人大四次会议代表建议办理情况、2015年上半年国民经济和社会发展计划执行情况、2014年财政决算（草案）和2015年上半年财政预算执行情况、2014年县级预算执行和其他财政收支审计工作情况报告，并对上述专项工作进行评议，评议分数分别为96.5分、96.4分、96.4分、96.2分，评议结果均为满意。

**高立伯到经济开发区（宝城街道）调度检查安全生产等工作** 26日下午，县委副书记、县长高立伯到经济开发区（宝城街道）调度检查安全生产工作，并就社区党组织建设进行了调研。副县长李培进参加活动。高立伯深入到现代塑胶、金泽利化工、中慧农牧预混饲料和普瑞特纺织等企业进行了检查。并在任疃社区与社区、村负责人座谈交流，听取了社区、村党组织建设及软弱班子转化情况的汇报。

**新型社区建设规划汇报会召开** 27日，新型社区建设规划汇报会在县委党校第一教室召开。县委书记张新强主持并讲话。他强调，要进一步完善规划，加快实施，从严从实推进新型社区建设。县领导高立伯、王备、周保进、肖建华等参加。会上，观摩了红河镇和高崖水库库区的新型社区规划汇报。

**县委常委开展“三严三实”专题教育第二专题第二次集中学习研讨** 28日，县委常委“三严三实”专题教育第二专题第二次集中学习研讨会议在县级机关综合办公楼召开。县委书记张新强主持并讲话，县委副书记、县长高立伯，县委副书记肖建华参加。上午，县委常委认真学习了中共中央《关于印发中国共产党巡视工作条例的通知》，市委组织部《不担当不作为问题的具体表现》，以及刘云山、高晓兵在“三严三实”专题教育工作座谈会上的讲话等材料，分别领学了《习近平关于全面依法治国论述摘编》有关篇目等。下午，围绕严守政治纪律和政治规矩，坚决杜绝“七个有之”进行了交流发言，紧扣主题谈工作、谈认识、谈体会，深入查摆问题，明确下步措施。通过学习研讨，大家交流了思想、凝聚了共识，进一步深化了对严以律己内涵实质、重要作用的理解把握，增强了践行“三严三实”的思想自觉和行动自觉。

**县委常委（扩大）会议召开** 31日，县委常委（扩大）会议在县级机关综合办公楼召开。县委书记张新强主持并讲话。他要求，要高度重视，认真履职，严肃追责，真正把安全生产的各项要求落到实处，坚决防止安全生产责任事故发生。县领导高立伯、王备、周保进、肖建华等参加。会上，县委书记张新强传达了省委书记姜异康到潍坊调研及与县委书记就安全生产工作集体谈话精神，听取全县安全生产大检查督查暗访组各组工作情况汇报，并与镇（街、区）党（工）委书记、有关部门负责人进行安全生产工作谈话。

**县政协举行“三严三实”专题教育第二专题第二次集中学习研讨** 31日下午，县政协召开“三严三实”专题教育第二专题第二次集中学习研讨会议，县政协主席周保进主持会议并发言。县政协副主席张宝峰、滕恩禄、王泳亮、滕建勋、刘树铭出席。与会人员集体学习习近平总书记关于党风廉政建设和反腐败斗争的重要论述，并围绕杜绝“七个有之”进行了研讨发言。

## 9月

**昌邑市考察团到昌乐参观考察** 1日，昌邑市委书记马跃启一行到昌乐县参观考察。县委书记张新强，县委常委、办公室主任田永全分别陪同。马跃启一行先后实地考察了雷丁新能源汽车、梦金园珠宝首饰、英轩重工、阳光概念包装产业园、金丝达新能源等项目和企业，听取有关情况介绍，对昌乐县经济社会发展及重点项目建设取得的成绩给予高度评价。

**县政府领导班子开展“三严三实”专题教育第二专题第一次集中学习研讨** 1日，县政府领导班子“三严三实”专题教育第二专题第一次集中学习研讨会议在县级机关综合办公楼召开。县委副书记、县长高立伯主持会议并讲话。县政府领导班子成员、有关县级领导参加。会上，县政府领导班子成员分别领学《习近平谈治国理政》等有关篇目。与会人员围绕“自觉维护中央权威，坚决做到‘五个必须’”主题，紧密联系实际，开展了坦诚交流、充分讨论，亮明了态度，剖析了问题，明确了努力方向。

**县人大常委会开展“三严三实”专题教育第二专题第二次集中学习研讨** 1日，县人大常委会“三严三实”专题教育第二专题第二次集中学习研讨会议在县级机关综合办公楼召开。县人大常委会党组书记、第一副主任王备主持并发言，县人大常委会领导刘保泽、王少鹏、周晓玲、刘坚、田本义，分组到县人大常委会学习研讨的县法院院长韩昆亮、县检察院检察长郑爱之以及有关县级干部参加。与会人员认真学习了习近平总书记关于党风廉政建设和反腐败斗争的重要论述、《领导干部违纪违法典型案例警示录》、市委组织部要求学习的领导讲话材料等有关篇目。围绕严守政治纪律和政治规矩、杜绝“七个有之”进行了交流发言。通过学习研讨，大家联系实际，触及灵魂，达到了预期效果。

**县政协举办纪念抗战胜利70周年暨人民政协成立66周年书画展** 1日上午，县政协举办的“纪念中国人民抗日战争胜利70周年暨人民政协成立66周年书画展”在城关商务社区举行。县政协主席周保进出席开幕式并讲话，县委副书记肖建华致辞，县领导刘坚、崔全华、张宝峰、滕恩禄、王泳亮、滕建勋、刘树铭出席开幕式。

**张新强高立伯王备周保进肖建华分别走访慰问抗战老干部和老战士** 8月31日～9月1日，在中国人民抗日战争暨世界反法西斯战争胜利70周年来临之际，县领导张新强、高立伯、王备、周保进、肖建华分别走访慰问了抗日战争期间参加工作的老干部、老战士，为他们送去慰问金，颁发纪念章，向他们致以亲切问候和崇高敬意。县委书记张新强到五图街道边下村走访慰问了抗战老战士刘化昌，县委副书记、县长高立伯到盛港府第小区走访慰问了抗战期间参加工作的老干部于德泉，县人大常委会党组书记、第一副主任王备走访慰问了抗战期间参加工作的乔官镇原妇联主任宋桂卿，县政协主席周保进到宝都明珠小区看望抗战期间参加工作的原体委主任刘风仪，县委副书记肖建华到南苑小区看望抗战期间参加工作的原北岩镇供销社办事员王洪梅。

**全县社区“一厅两室”建设运行现场推进会议召开** 1日下午，全县社区“一厅两室”建设运行现场推进会议召开。会议观摩了宝都街道永康社区、首阳山旅游度假区贵和社区和乔官镇下庄社区、梁家庄社区“一厅两室”建设及运行情况，并在乔官镇集中开会。县委副书记肖建华出席并讲话。

**昌乐县举行纪念抗日战争胜利七十周年《遥远**

**的丹河》首发式** 2日，昌乐县在县委党校第一报告厅举行纪念抗日战争胜利七十周年《遥远的丹河》首发式。省文联党组书记、副主席于钦彦，省作协创联部主任陈文东，省摄影家协会常务副主席田凤仙，市委宣传部常务副部长丁汉邦，县领导张新强、高立伯、王备、周保进、刘艳芳出席，副县长崔全华主持。

**高立伯现场调度部分道路和市政设施建设部署推进汶河流域综合开发工作** 7日，县委副书记、县长高立伯现场调度部分道路和市政设施建设，部署推进汶河流域综合开发工作。上午，高立伯对部分道路和市政设施建设情况进行了现场调度，县领导高登友参加。下午，高立伯在县委党校第一教室召开会议，安排部署昌乐县汶河流域综合开发工作。县委副书记肖建华主持，副县长魏林卿讲具体意见，高登友、刘艳芳、崔全华、李培进等县领导参加。

**全县危险化学品生产企业主要负责人谈话会议和安全生产大检查调度会议召开** 7日下午，全县危险化学品生产企业主要负责人谈话会议和安全生产大检查调度会议在县委党校第一教室召开。县委副书记、县长高立伯出席并讲话。县领导张建伟、石汝祥参加会议。

**市领导到昌乐调研** 9日，市委常委、组织部部长林红玉一行到昌乐县调研。县委书记张新强，县委副书记肖建华分别陪同。林红玉一行实地到首阳山旅游度假区贵和社区、乔官镇下庄社区检查“一厅两室”暨新型社区建设情况，与服务大厅、警务室、卫生室的工作人员进行详细交流，了解社区的运行情况；到五图街道庵上湖村检查了“党支部+合作社”情况，听取村主要负责人员的情况汇报，走进种植示范棚内查看农作物生长情况，对村党支部作用发挥和合作社经营理念给予了充分肯定。

**2015年教师节庆祝大会召开** 10日上午，2015年教师节庆祝大会在县实验中学召开。县委书记张新强讲话。他要求，深化教育教学改革，努力培养“四有”教师，打造一流教育品牌，全力建设现代教育名城。县委副书记、县长高立伯主持。县人大常委会党组书记、第一副主任王备，县委副书记肖建华出席。会议还表彰了第二届“昌乐名师”和“昌乐县教改先锋”，第二届“昌乐名师”代表发了言。

**省化工企业安全发展调研组到昌乐调研** 10日上午，省安监局副局长罗新军带领省化工企业安全发展第三调研组一行，在市安监局主要负责人员陪同下，到昌乐县调研化工企业安全管理工作。县委副书记、县长高立伯，副县长姜俊刚陪同活动。调研组一行先后到潍坊振兴日升化工有限公司、昌乐石大昌盛化工有限公司、潍坊英轩实业有限公司进行了实地调研，详细了解企业发展和安全管理情况。随后，在县委党校第一教室召开座谈会，听取昌乐县安全生产工作汇报，与县直有关部门、与会企业负责人员进行了深入交流。

**省委统战部领导来昌乐调研** 10日下午，省委统战部副部长牟强在市直有关部门负责人员陪同下到昌乐县调研统战工作，县领导肖建华、刘艳芳分别陪同。牟强一行先后到部分企业和单位进行了实地调研，详细听取有关情况介绍，对昌乐县统战及相关工作给予充分肯定。

**全县转型发展重点项目调度会议召开** 11日下午，昌乐县转型发展重点项目调度会议在县级机关综合办公楼召开。县委书记张新强出席会议并讲话。他要求，要提高认识，突出重点，全力加快项目建设，推动经济社会转型发展、科学发展。县领导高立伯、王备、肖建华等参加会议。

**全县安全生产大检查督查暗访工作汇报会召开** 14日，全县安全生产大检查督查暗访工作汇报会在县级机关综合办公楼召开。县委书记张新强主持并讲话。他强调，要时刻绷紧安全生产这根弦，真正做到督查全覆盖，整改全到位，坚决杜绝安全责任事故发生。县领导高立伯、肖建华等参加。

**高立伯深入一线调度乐港公司安全生产隐患整改工作** 14日下午，县委副书记、县长高立伯深入一线，调度乐港公司安全生产隐患整改工作。县委常委、副县长张建伟，县直有关部门和红河镇主要负责同志参加。高立伯深入乐港公司第三冷藏厂生产车间和液氨制冷机房，检查了乐港公司安全生产隐患整改情况，随后在乐港公司会议室召开会议，听取县安监局、公安消防大队、市场监管局等县直有关部门和企业主要负责人的汇报及有关县领导的意见，最后作了讲话。

**省人社厅领导到昌乐调研** 16日上午，省人社厅副厅长刘杰一行，在市人社局负责人员陪同下，到昌乐县调研中泰宝石学院申办高等职业教育学校办学资格有关情况。县委副书记、县长高立伯，副县长丁进全分别陪同。刘杰一行到中泰宝石学院部分实训车间进行实地查看，并在学院会议室召开座谈会，听取有关情况汇报。

**全县中小学建设改造和部分重点项目建设工作现场调度会议召开** 17日，县委书记张新强现场检查调度中小学建设改造和部分重点项目建设工作。他要求，主动服务，加快进度，全力推动项目早日建成投用。县委副书记、县长高立伯，县委常委、副县长高登友参加。张新强一行实地到九级小学检查了学校建设改造工作，到潍昌路朱刘段、昌五路、金丝达新能源、九龙湖综合开发、大德·国际医疗中心、企业总部基地公园等，现场调度项目拆迁和建设工作。

**团中央组织部领导到昌乐调研** 17日，团中央组织部副部长吕伟在团省委、团市委有关负责人员的陪同下，到昌乐县调研。县委书记张新强，县委常委、宣传部部长、统战部部长刘艳芳分别陪同。吕伟一行实地到朱刘街道九级小学、梦金园珠宝首饰公司等进行了调研，认真听取了有关情况介绍，对昌乐县的特殊困难群体关爱救助等工作给予充分肯定。

**县委常委（扩大）会议召开** 18日上午，县委常委（扩大）会议在县级机关综合办公楼召开。县委书记张新强出席会议并讲话。他强调，要悉心研究、精心组织，统筹谋划、全面动员，全力打好抗旱节水攻坚战，确保城乡居民基本生活用水安全、经济社会运行安全和生态基础安全。县委副书记、县长高立伯，县人大常委会党组书记、第一副主任王备，县委副书记肖建华等参加。会议传达学习全市抗旱工作专题调度会精神，并就如何贯彻落实会议精神、更好地抗旱节水进行研究讨论。

**全县农民股份权能改革现场推进会议召开** 18日下午，全县农民股份权能改革现场推进会议召开。与会人员先后观摩了经济开发区四图村、朱刘街道朱刘西社区、鄌郚镇王家河洼村和善庄汶盛土地股份合作社等改革推进情况，并在鄌郚镇集中开会。县委副书记肖建华、副县长魏林卿分别讲话。

**全县安全生产大检查督查暗访工作调度会议召开** 21日上午，全县安全生产大检查督查暗访工作调度会议在县委党校第一教室召开。县委副书记、县长高立伯主持并讲话。县领导张建伟、石汝祥参加会议。在听取全县安全生产大检查总体情况汇报和督查暗访组各组工作的情况汇报以及有关县领导的意见后，高立伯就下步工作讲了意见。

**张新强现场调研榆横—潍坊特高压变电站项目** 21日下午，县委书记张新强现场调研榆横——潍坊特高压变电站项目。潍坊市供电公司总经理孙华、党委书记于金涛，县领导王备、张建伟、田永全、张宝峰参加。张新强实地到工程建设现场进行了查看，听取工程建设情况汇报，现场研究解决项目建设过程中遇到的困难和问题。

**昌乐县举行消防灭火疏散演练暨车辆装备授车仪式** 22日上午，昌乐县在县委党校北侧举行消防灭火疏散演练暨车辆装备授车仪式。县领导张新强、王备、张建伟、徐玉山、刘艳芳、田永全、张宝峰等出席。市公安消防支队负责人员，县委副书记、县长高立伯分别讲话，县政府党组成员、县公安局局长石汝祥主持。活动现场，驻城关商务社区县直部门、单位工作人员进行消防应急疏散、室外柴草火灾扑救等演练；消防官兵现场演示液化气罐火灾初期扑救等项目；与会领导对公安消防大队、派出所进行了授车，并观摩消防车辆、装备等。

**县党政班子成员向县纪委全委会述廉会议召开** 22日下午，县党政班子成员向县纪委全委会述廉会议在县委党校第一教室召开。县委书记张新强主持会议，并就做好下步党风廉政建设工作提出要求。县委副书记、县长高立伯，县委副书记肖建华等参加。潍坊市纪委有关领导到会听取述廉情况。会上，县党政班子成员依次进行述廉，并就县纪委委员提出的问题分别进行解释说明。县纪委委员对党政班子成员进行民主评议。

**全县卫生和计划生育工作会议召开** 22日下午，全县卫生和计划生育工作会议在县委党校第一报告厅召开。县委书记张新强出席并讲话。他要求，各级各部门要增强定力、精准发力、深处着力、执行有力，按照“三严三实”的要求，推动人口计生工作向更高水平发展，为“三个昌乐”建设创造良好的人口环境。县委副书记、县长高立伯主持。县领导王备、肖建华、张宝峰出席。副县长崔全华宣读《全县人口和计划生育工作情况通报》。会上，张新强、高立伯代表县委、县政府与镇（街、区）和县直齐抓共管部门代表签订《2015年度人口和计划生育目标管理责任书》；印发《中共昌乐县委、昌乐县人民政府关于开展向王庆华同志学习活动的通知》。

**省委第四巡视组向昌乐反馈专项巡视情况** 根据省委巡视工作领导小组部署，24日，省委第四巡视组组长李平瑞、副组长徐青向昌乐县委书记张新强反馈了专项巡视情况。随后，李平瑞代表巡视组向昌乐县领导班子进行了反馈，潍坊市委副书记王献玲出席反馈会并就落实巡视反馈意见提出要求，张新强主持会议并作表态发言。2015年7月28日至9月2日，省委第四巡视组对昌乐县开展了专项巡视。巡视组按照中央和省委要求，聚焦党风廉政建设和反腐败工作这个中心，把发现问题、形成震慑作为主要任务，广泛开展个别谈话，受理群众来信来访，调阅有关文件资料，深入了解情况，顺利完成了专项巡视任务。巡视结束后，省委巡视工作领导小组听取巡视情况汇报，并向省委报告了有关情况。

**昌乐县两个重点项目在中日韩产业博览会上签约** 24日下午，中日韩产业博览会招商项目签约仪式在潍坊富华国际会议中心举行，昌乐县铭基食品、新二中·美加国际学校两个重点项目在仪式上签约。县委副书记、县长高立伯出席签约仪式。

**农业部调研组到昌乐调研** 25日，农业部经管司政策法规处调研组一行，在省、市有关部门负责人员陪同下，到昌乐县调研新型农业经营体系建设情况。县委副书记肖建华、副县长魏林卿分别陪同。调研组一行先后到五图街道兴科农技服务专业合作社、华安瓜菜专业合作社，鄌郚镇伟圣现代农业有限公司、鄌郚石家河黄烟专业合作社、善庄村汶盛土地股份合作社等进行了实地调研，并与部分镇街、部门、合作社负责人进行座谈，听取相关工作情况汇报，对昌乐县新型农业经营体系建设工作给予充分肯定。

**市政府党组成员到昌乐调研** 26日上午，市政府党组成员刘建国一行到昌乐县调研指导扶贫开发建档立卡“回头看”工作。县委副书记、县长高立伯，副县长魏林卿陪同。刘建国一行在营丘镇党委会议室召开座谈会，听取昌乐县扶贫开发精准识别、建档立卡等工作情况汇报，现场查看营丘镇扶贫开发有关档案资料，对昌乐县扶贫开发工作给予充分肯定。

**全县安全生产大检查督查暗访工作调度会议和2015中国（昌乐）国际宝石博览会筹备工作调度会议召开** 28日下午，全县安全生产大检查督查暗访工作调度会议和2015中国（昌乐）国际宝石博览会筹备工作调度会议在县委党校第一教室召开，县委副书记、县长高立伯出席并讲话。县领导张建伟、刘艳芳、石汝祥、丁进全分别参加相关会议。

**县委常委召开“三严三实”专题教育第三专题第一次集中学习研讨会议** 按照“三严三实”专题教育的总体安排，29日，县委常委“三严三实”专题教育第三专题第一次集中学习研讨会议在县级机关综合办公楼召开，研讨主题是“自觉遵守党纪国法，按规则、按制度、按法律行使权力”。县委书记张新强主持并讲话，县委副书记、县长高立伯，县委副书记肖建华参加，市纪委、市委宣传部有关人员到会指导。

**市老领导到昌乐参观** 29日，潍坊市政协原副主席张文玉、赵俭等老领导到昌乐县参观。县领导张新强、高立伯、周保进、田永全等分别陪同。张文玉、赵俭等一行先后参观了实验中学新校、贵和社区、企业总部基地、大德·国际医疗中心、阳光概念包装产业园、英轩重工、梦金园珠宝、雷丁新能源汽车等企业和项目，听取有关情况介绍，对昌乐县经济社会发展取得的成果给予高度评价。

**昌乐县举行烈士公祭仪式 缅怀先烈悼念英灵** 30日是烈士纪念日。为了弘扬烈士精神，缅怀烈士功绩，昌乐县在县烈士陵园举行烈士公祭仪式。县委书记张新强和驻昌乐部队领导出席并整理了花篮缎带，县委副书记、县长高立伯主持，县领导王备、周保进、肖建华等与驻昌乐部队官兵、社会各界代表共计1000余人参加。上午10时50分，公祭仪式在奏唱《中华人民共和国国歌》中开始。参加仪式的人员通过唱国歌、献花圈、默哀等方式表达对烈士的哀悼之情，对他们为革命事业所作出的牺牲表示崇高的敬意。仪式结束后，所有人员跟随烈士陵园工作人员的讲解，瞻仰烈士墓碑和烈士墓区，缅怀先烈做出的巨大贡献。

**张新强对转型发展重点项目进行现场调度** 30日，县委书记张新强对转型发展重点项目进行现场调度，他要求，要抢抓当前施工黄金时机，千方百计加快项目建设进度，确保项目早建成、早投用、早受益。县领导高立伯、王备、周保进、肖建华等参加。张新强先后实地到九龙湖改造暨新型社区建设、企业总部基地、大德·国际医疗中心等项目进行了调度，听取了有关情况汇报，现场协调解决项目建设过程中遇到的困难和问题。

## 10月

**市委书记杜昌文到昌乐调研抗旱秋种和精准扶贫工作** 7日，市委书记杜昌文到昌乐县调研抗旱秋种和精准扶贫工作，要求各级各有关部门要克服困难、创造条件，积极组织好农田灌溉，抓紧抓好抗旱秋种工作；要创新思路、同心协力、综合施策，切实把精准扶贫这件大事抓实、抓出实效。市委常委、秘书长孙明亮，市政府党组成员刘建国，县领导张新强、高立伯、田永全、魏林卿分别陪同。

**县委常委（扩大）会议召开** 8日，县委常委（扩大）会议在县级机关综合办公楼召开。县委书记张新强主持并讲话。他强调，要彻底摒弃厌战发愁思想，认真抓好问题排查整改，坚决杜绝安全责任事故发生；要把关爱救助与精准扶贫有机结合，扎扎实实地为群众办实事办好事。县领导高立伯、王备、周保进、肖建华等出席。会议分别听取全县安全生产大检查督查暗访工作、全县特殊困难群体关爱救助工作和全县农村扶贫开发工作情况汇报。

**昌乐县转型发展重点项目及2015中国（昌乐）国际宝石博览会筹备工作现场调度会召开** 10日，县委书记张新强对转型发展重点项目及2015中国（昌乐）国际宝石博览会筹备工作进行现场调度。他强调，要提高标准，加快进度，推动项目早日建成投用；要注重细节，落实责任，确保博览会圆满成功。县领导高立伯、王备、周保进等参加。张新强先后到九龙湖改造暨新型社区建设项目、企业总部基地、大德·国际医疗中心、雷丁新能源汽车、中国蓝宝石博物馆等进行了现场调度，听取有关情况汇报，协调解决项目推进中遇到的问题，进一步鼓劲加压，推动项目建设实现新的更大突破。

**2015中国（昌乐）国际宝石博览会隆重开幕** 16日上午，2015中国（昌乐）国际宝石博览会在中国宝石城隆重开幕。商务部流通产业促进中心副主任周强宣布2015中国（昌乐）国际宝石博览会开幕。中国珠宝玉石首饰行业协会专职副秘书长沙拿利，市委常委、副市长孙起生，县委书记、县人大常委会主任张新强分别致辞。中国珠宝玉石首饰行业协会副会长、专职副秘书长史洪岳，中国摄影家协会副主席张桐胜，省政协常委、人口资源环境委员会主任郑金兰，市政协原主席、市关工委主任赵兴涛，梧州学院党委书记唐耀华，县领导王备、周保进、肖建华等出席。县委副书记、县长高立伯主持。

**商务部流通产业促进中心领导到昌乐指导宝石博览会** 16日上午，商务部流通产业促进中心主任路政闽一行，到昌乐县指导2015中国（昌乐）国际宝石博览会。县委副书记、县长高立伯，副县长李培进陪同活动。路政闽一行参观了中国蓝宝石博物馆和博览会主展馆，观看了5D电影《让火山爆发》，对昌乐县相关工作给予高度评价。

**高立伯现场调度转型发展重点项目** 17日上午，县委副书记、县长高立伯现场调度转型发展重点项目。他要求，要抓住当前施工黄金时机，集中时间、集中精力，全速全力推进项目拆迁建设。县领导张建伟、刘艳芳、田永全参加活动。高立伯一行先后实地察看了九龙湖新型社区、南寨水库扩容、企业总部基地、大德·国际医疗中心、昌乐一中·英才实验学校、北大公学等重点项目拆迁或建设现场。每到一处，高立伯都详细询问项目拆迁建设进展情况和存在的问题，对下一步工作提出具体要求。

**张新强现场检查调度转型发展重点项目** 18日，县委书记张新强现场检查调度转型发展重点项目。他强调，要强化服务，密切协作，全力加快进度，确保圆满完成年初制定的各项任务目标。县领导张建伟、刘艳芳、田永全、丁进全、魏林卿参加。张新强先后到九龙湖片区综合开发项目、企业总部基地、雷丁新能源汽车等项目和企业建设生产现场进行了检查调度。

**县委书记张新强走访慰问百岁老人** 18日，县委书记张新强到朱刘街道山坡村走访慰问百岁老人张太友，祝愿老人心情愉快、健康长寿，并代表县委、县政府向全县的老年人致以节日的祝福和亲切的问候。县委常委、办公室主任田永全陪同。

**省社会救助专项治理督查组到昌乐督查** 19日，省住房和城乡建设厅总规划师齐鹏带领省社会救助专项治理督查组一行，在市民政局主要负责人员陪同下，到昌乐县督查社会救助专项治理工作。县委副书记、县长高立伯，副县长丁进全分别陪同活动。上午，督查组在县民政局会议室召开座谈会，听取了昌乐县社会救助专项治理工作情况汇报，查阅了相关档案资料；下午，到朱刘街道服务大厅、山坡村部分低保对象家庭和县经济开发区服务大厅、龙角村部分低保对象家庭，对昌乐县“一门受理、协同办理”情况和低保救助政策落实情况进行实地检查。

**高立伯王备肖建华等走访慰问百岁老人** 20日，县委副书记、县长高立伯，县人大常委会党组书记、第一副主任王备，县委副书记肖建华，副县长丁进全，分别走访慰问了百岁老人刘腾氏、高杰民、吴秀芳和孙中英，向他们送去党和政府的关怀及节日的祝福。

**市政协老领导到昌乐参观考察** 20日上午，市政协原主席迟昭厚一行到昌乐县参观考察，县政协主席周保进，县政协副主席张宝峰陪同活动。迟昭厚一行先后到比德文控股集团、阳光概念包装产业园、英轩重工、山东梦金园珠宝首饰有限公司、中国蓝宝石博物馆等地参观考察，听取了有关情况介绍，对昌乐县经济社会发展取得的成绩表示赞赏。

**昌乐二中被确定为省军区军队院校和国防生招生优秀生源基地** 20日上午，昌乐二中“军队院校和国防生招生优秀生源基地”授牌仪式举行。县委副书记肖建华讲话，县委常委、县人武部政委包艳伦主持，副县长丁进全出席。授牌仪式上，潍坊军分区政治部主任姜波代表省军区向昌乐二中颁发了“军队院校和国防生招生优秀生源基地”牌匾。

**全国工会女职工工作座谈会与会领导到昌乐观摩** 20日下午，全国总工会副主席、书记处书记范继英，带领全国工会女职工工作座谈会与会人员，在省总工会党组书记、常务副主席刘赞杰，市政协副主席、总工会主席吴建民陪同下，到昌乐县现场观摩女职工专项集体合同工作。县领导高立伯、刘艳芳陪同。范继英一行到比德文控股集团，观看昌乐县女职工专项集体合同“七种模式”展板和“七种模式·关爱女工”专题片，检查女职工权益维护工作档案资料，详细了解昌乐县女职工权益维护工作情况。范继英对昌乐县女职工专项集体合同等工作给予充分肯定。

**省人大调研组来昌乐调研** 20日下午，省人大城环委主任委员杨焕彩一行8人在市人大常委会副主任毛秀凤的陪同下，到昌乐县对固体废弃物污染环境防治法贯彻实施情况进行执法调研。县领导王备、张建伟、刘坚分别陪同。调研组一行到潍坊金丝达新能源有限公司进行实地调研，听取企业负责人的相关汇报，并现场查看生产线运行情况，对昌乐县固体废弃物处理情况给予肯定。

**全市转型发展观摩交流会议与会人员到昌乐观摩** 21日，全市转型发展观摩交流会议的与会人员到昌乐县观摩转型发展情况，重点观摩2014年以来转型升级的新增长点，主要是对转型升级有带动或支撑作用的高新技术、新兴产业、现代服务业、传统产业改造提升项目，以及创新创业服务平台项目。县领导张新强、高立伯、王备、周保进分别陪同。与会人员先后到九龙湖片区综合开发项目、企业总部基地、雷丁新能源汽车等进行了现场检查，听取有关情况介绍，观看昌乐县转型发展工作汇报片。观摩交流团成员一路看、一路听、一路议，对我县坚持绿色引领、创新驱动、安全倒逼、以改促转，全力打好稳增长调结构主动仗的做法给予充分肯定。

**省统计局领导来昌乐调研统计工作** 22日上午，省统计局副局长左振华一行2人，在市统计局负责人员陪同下，到昌乐县调研经济开发区统计工作。县委副书记、县长高立伯，县委常委、副县长张建伟分别陪同。左振华一行首先到县统计局实地察看办公条件，并亲切看望了工作人员。随后，到经济开发区管委会召开座谈会，听取了昌乐县和经济开发区统计工作情况汇报。左振华对昌乐县经济社会发展特别是统计工作给予充分肯定。

**县人大常委会组织开展集中联系代表活动** 按照县人大常委会年度工作计划，12日～22日，县人大常委会党组书记、第一副主任王备，以及县人大常委会领导刘保泽、王少鹏、周晓玲、刘坚、田本义分别参加县人大常委会组成人员集中联系县人大代表活动，广泛听取和征求代表对全县各方面工作的建议意见。

**高立伯现场调度引黄入昌延伸工程建设和抗旱秋种工作** 23日下午，县委副书记、县长高立伯现场调度引黄入昌延伸工程建设和抗旱秋种工作。副县长魏林卿参加。高立伯一行首先到营丘镇淮沟村英轩供水管道处，详细了解引黄入昌及延伸工程进展情况。高立伯一行随后到营丘镇付家河岔村和孟家洼村，查看土壤墒情和抗旱、秋种现场。他向营丘镇和县农业部门的负责人员详细询问小麦播种面积、播种成本和预期收入等情况，与正在播种的农机手亲切交谈，了解其农机购置、使用等情况。

**县委常委（扩大）会议召开** 24日，县委常委（扩大）会议在县级机关综合办公楼召开。县委书记张新强主持并讲话。他强调，要突出重点，强化责任，狠抓落实，奋力决战第四季度，确保圆满完成全年任务目标。县领导高立伯、王备、周保进、肖建华等出席。

**昌乐新二中·美加国际学校项目开工奠基** 24日上午，省级重点项目昌乐新二中·美加国际学校项目开工奠基，这是昌乐县现代教育产业发展的又一重大成果。县委书记张新强，县人大常委会党组书记、第一副主任王备，县政协主席周保进，潍坊市教育局负责同志出席；县委副书记、县长高立伯致辞；副县长崔全华主持；山东福鑫集团、昌乐二中负责人介绍情况。

**中央电视台新闻中心领导来昌乐调研** 25日上午，中央电视台新闻中心经济部主任肖振生一行，在市委宣传部和市广播影视集团负责同志陪同下，到昌乐县调研。县领导高立伯、刘艳芳陪同。

**张新强走访特殊困难群体关爱救助对象和扶贫对象** 27日，县委书记张新强到红河镇走访特殊困难群体关爱救助对象和扶贫对象。他强调，要突出重点，精准帮扶，扎实做好困难群体关爱救助工作。县委常委、办公室主任田永全陪同。在宅科社区留守儿童王宇豪家中，张新强亲手将特殊困难群体关爱救助暨精准扶贫结对包靠联系卡交到他的手中，并详细了解了他的学习和生活情况。随后，张新强来到埠南头村，走访扶贫对象王群芝。在王群芝租种的育苗大棚里，张新强与王群芝及村干部进行了亲切交谈。

**高立伯带队赴寒亭、高新、奎文、诸城、高密考察学习** 27日，县委副书记、县长高立伯带队，到寒亭区、高新技术产业开发区、奎文区、诸城市、高密市考察学习。县领导张建伟、李培进，各镇（街、区）镇长（主任），县直有关部门、相关企业负责同志参加活动。考察团一行先后实地考察寒亭区潍坊总部基地、高新技术产业开发区潍柴动力林德液压、奎文区中国（潍坊）纺织服装电商产业园、诸城市迈赫机器人大世界与工业4.0体验中心及智能信息产业量产基地、高密市山东晟绮港储国际物流有限公司外贸综合服务平台等项目现场，认真听取有关介绍，并就有关问题进行深入交流。

**县十六届人大常委会第二十八次会议召开** 27日上午，县十六届人大常委会第二十八次会议在县委党校报告厅召开。县人大常委会党组书记、第一副主任王备，党组副书记、副主任王少鹏分别主持会议。县人大常委会领导刘保泽、周晓玲、刘坚、田本义和常委会委员出席会议。县政府副县长崔全华，县法院院长韩昆亮，县检察院检察长郑爱之，县政协副主席滕恩禄列席会议。会议听取审议农村义务教育学校标准化建设、贯彻实施《环境保护法》、道路交通建设、基层医疗机构建设和运行工作情况报告，并对上述专项工作进行评议，评议分数分别为95.7分、94.9分、96.3分、94.9分，评议结果均为满意。

**县政协召开九届二十二次主席会议** 27日上午，县政协召开九届二十二次主席会议，县政协主席周保进主持，县政协副主席张宝峰、王泳亮、滕建勋、刘树铭参加。会议传达学习省委政协工作会议精神、市政协十二届十九次常委会议精神，研究县政协九届十八次常委会议有关事宜。

**省委改革办领导到昌乐调研县域经济发展情况** 28日，省委改革办专职副主任杨占辉一行在市委办公室有关负责人员陪同下，来昌乐县调研县域经济发展情况。县委书记张新强，县委常委、副县长张建伟，县委常委、办公室主任田永全分别陪同。调研组一行在县级机关综合办公楼召开座谈会，听取昌乐县经济发展运行情况和部分企业运行情况汇报，到潍昌集成房屋、昌乐二中、山东矿机集团、雷丁新能源汽车、贵和社区、九龙湖片区综合开发、西瓜科技示范园等进行实地调研。调研组对昌乐县经济发展情况给予高度评价。

**诸城市党政考察团到昌乐参观考察** 28日上午，诸城市委副书记刘峰梅带领党政考察团，到昌乐县参观考察。县委副书记、县长高立伯，县委常委、副县长张建伟陪同活动。刘峰梅一行重点参观了昌乐县九龙湖片区综合开发项目新型社区和南寨水库扩容工程建设、拆迁现场，听取了项目有关情况介绍，对昌乐县转型发展特别是融合发展取得的成效给予高度评价。

**高立伯现场调度安全生产大检查工作** 28日下午，县委副书记、县长高立伯现场调度安全生产大检查工作。县委常委、副县长张建伟，县政府党组成员、县公安局局长石汝祥及县安监局、消防大队负责人参加。高立伯一行采取一听、二查、三评议、四看企业现场的方式，先后到宝都街道、五图街道、朱刘街道，听取街道主要负责人员和督查暗访组组长的情况汇报，查阅街道安全生产大检查台账，现场对街道建档情况进行评议并提出改进意见，深入合本食品、润海化工、元利化工等企业，对企业安全生产应急预案和隐患整改台账及整改情况进行现场检查。

**县政协九届十八次常委会议召开** 30日上午，县政协九届十八次常委会议在县委党校第二报告厅召开，县政协主席周保进、副主席张宝峰分别主持会议，县委常委、副县长张建伟与会通报了县政府关于县政协九届四次会议以来提案办理情况。县政协副主席滕恩禄、王泳亮、滕建勋、刘树铭出席会议。会议传达学习省委政协工作会议和市政协十二届十九次常委会议精神；听取县水利局和行政服务局工作情况并进行了民主评议。

## 11月

**高立伯到经济开发区看望特殊困难群众暨扶贫对象** 2日上午，县委副书记、县长高立伯到县经济开发区（宝城街道）龙角村，看望结对包靠的特殊困难群众暨精准扶贫对象刘世龙。县民政、农业部门和县经济开发区（宝城街道）主要负责人员参加活动。

**高立伯现场调度安全生产大检查工作** 2日下午，县委副书记、县长高立伯现场调度安全生产大检查工作。县委常委、副县长张建伟，县政府党组成员、县公安局局长石汝祥及县安监局、消防大队负责人参加。高立伯一行先后到乔官镇和鄌郚镇，听取镇负责人员和督查暗访组组长的情况汇报，查阅安全生产大检查台账，现场对镇建档情况进行评议并提出改进意见，并深入德润化工、信雅达乐器等企业，对企业安全生产应急预案和隐患整改台账及整改情况进行了现场检查。

**市委书记杜昌文到昌乐调研** 3日，市委书记杜昌文到昌乐县调研。市委常委、秘书长孙明亮，县领导张新强、高立伯、王备等分别陪同。杜昌文一行实地到昌乐新二中·美加国际学校、九龙湖片区综合开发项目、月亮湾社区、世纪阳光集团海关综合监管区等进行检查，听取项目、社区和企业有关负责同志情况汇报，对昌乐县产业转型升级、项目建设、新型社区建设、保水抗旱、特殊困难群体关爱救助和精准扶贫等工作，并给予充分肯定。

**县委常委（扩大）会议召开** 4日，县委常委（扩大）会议在县级机关综合办公楼召开。县委书记张新强主持会议并讲话。他强调，要认真学习贯彻党的十八届五中全会和市委书记杜昌文到昌乐县调研讲话精神，坚持问题导向，加强研究，精准施策，着力解决突出问题，确保顺利完成全年任务目标。县委副书记、县长高立伯，县人大常委会党组书记、第一副主任王备，县政协主席周保进参加。会上，张新强带领学习了中共十八届五中全会精神，传达了市委书记杜昌文到昌乐县调研讲话精神。

**张新强现场调度部分重点道路建设** 4日下午，县委书记张新强现场调度推进部分重点道路建设。他强调，要科学合理安排，全力加快进度，确保道路早日建成通车。县委副书记、县长高立伯，县委常委、副县长高登友参加。张新强实地到劳教所北路、旅游路等进行了检查，听取有关情况汇报，现场协调解决道路建设过程中遇到的困难和问题。

**昌乐县召开智慧城市建设推进协调工作会议** 7日下午，昌乐县在县委党校召开智慧城市建设推进协调工作会议。县委副书记、县长高立伯主持会议并讲话。县领导高登友、石汝祥，县直有关部门、街区负责人参加会议。会议听取了昌乐县智慧城市承建企业泰华智慧产业集团公司、县智慧城市建设办公室的情况汇报，与会部门、街区分别发言，县级领导同志讲了意见。

**高立伯主持召开专题会议传达贯彻全市经济运行调度会议精神** 9日上午，县委副书记、县长高立伯主持召开专题会议，传达全市经济运行调度会议精神，研究部署贯彻落实意见。县领导张建伟、高登友、崔全华、石汝祥、李培进、丁进全、魏林卿、姜俊刚等参加。

**高立伯现场调度安全生产大检查工作** 9日下午，县委副书记、县长高立伯现场调度安全生产大检查工作。他强调，要强化隐患排查整改，着力夯实基层基础，推动安全生产监管走上法治化、规范化、信息化轨道。县领导张建伟、石汝祥，县安监局、消防大队负责人员参加。高立伯一行采取听取汇报、查阅档案、综合评议、查看企业现场的方式，先后到红河镇、营丘镇，听取镇负责同志和督查暗访组组长的情况汇报，查阅安全生产大检查有关档案，现场对两镇建档情况进行了评议，并深入山东乐化漆业、潍坊中创文化用品等企业，对安全隐患整改情况进行了现场检查。

**高立伯现场调度创建国家食品安全城市工作** 10日下午，县委副书记、县长高立伯现场调度潍坊市创建国家食品安全城市昌乐县相关工作。县领导丁进全、魏林卿，县直有关部门负责同志参加。高立伯一行先后实地检查了昌乐农贸城、潍坊睿鑫食品公司、五图街道庵上湖瓜菜合作社、佳乐家昌盛店、山东铭基中慧食品有限公司，详细了解食品安全城市创建工作情况以及存在的问题，并对下步工作提出要求。

**市政府法制办公室调研组到昌乐调研** 11日下午，市政府法制办公室调研组到昌乐县调研政府依法行政工作。县委副书记、县长高立伯，县政府党组成员、县公安局局长石汝祥分别陪同。调研组一行，首先到县公安局就公安法治队伍建设、办案中心和应急管理指挥中心运行等进行实地调研，随后在县公安局会议室进行座谈，详细了解了昌乐县依法行政工作情况。

**昌乐县组织收听收看市委学习贯彻党的十八届五中全会精神宣讲报告会** 12日，潍坊市委举办学习贯彻党的十八届五中全会精神宣讲报告会，邀请省委宣讲团成员、省委组织部副部长、省人社厅厅长韩金峰作宣讲报告。昌乐县在县委党校第一报告厅设立分会场组织收听收看。县领导张新强、高立伯、王备、周保进、肖建华等参加。

**张新强现场调度部分重点民生工程** 12日，县委书记张新强对部分重点民生项目进行了现场检查调度。他强调，要抢抓有利时机，加快建设进度，确保项目早日投用，群众早得实惠。县委常委、副县长高登友参加。张新强先后到市民文化体育公园、流泉街、青年路、旅游路等施工现场进行了检查，听取项目建设进度情况汇报，现场研究解决项目建设过程中存在的困难和问题。

**昌乐县组织收看全省安全生产工作会议** 13日，全省安全生产工作会议召开，昌乐县在县委党校第一报告厅组织收看，各镇（街、区）设分会场组织收看。县领导张新强、高立伯、王备、周保进、肖建华等参加。全省会议结束后，高立伯就贯彻落实会议精神进行了安排部署。

**全县创建国家卫生县城动员大会召开** 14日，全县创建国家卫生县城动员大会在县委党校第一报告厅召开，县委书记张新强出席会议并做动员讲话。他强调，要奋发有为、敢于担当、众志成城、决战决胜，全力打赢“创卫”攻坚战。县委副书记、县长高立伯主持。全国爱卫办创卫评审委员会核心专家、临沂市爱卫办主任杨俊山作专题讲座，潍坊市爱卫会有关负责人员到会指导。王备、周保进、肖建华等出席。会上，张新强、高立伯代表县委、县政府分别与镇（街、区）和县直部门代表签订《昌乐县创建国家卫生县城工作目标责任书》。会议还印发了中共昌乐县委、昌乐县人民政府《关于印发〈昌乐县创建国家卫生县城工作实施方案〉的通知》《关于成立昌乐县创建国家卫生县城工作领导小组的通知》。

**昌乐县“宝都清风大讲堂”再次开讲** 14日，“宝都清风大讲堂”在县委党校第一报告厅再次开讲，邀请省纪委审理室副处级检查员朱颖作报告。县领导张新强、高立伯、王备、周保进等参加。县委常委、县纪委书记田元君主持。朱颖深入分析了当前反腐倡廉工作的形势，系统总结了中共十八大以来违纪违法案件的特点，对如何推进反腐倡廉工作和提高党员干部拒腐防变能力作了有针对性地讲授，对进一步推动全县党风廉政建设、提高党员干部的廉政勤政水平具有重要意义。

**昌乐县组织收听收看全市精神文明建设工作会议** 14日，潍坊市精神文明建设工作会议召开，隆重表彰精神文明建设工作先进单位和先进个人。昌乐县在县委党校第一报告厅设立分会场组织收听收看。县委书记张新强参加。

**全县抗旱节水工作调度会议召开** 18日上午，全县抗旱节水工作调度会议召开，县委副书记、县长高立伯出席会议并讲话。他强调，要提高认识，加大力度，强化领导，确保居民基本生活用水、生态基础和经济社会运行安全。县领导张建伟、高登友、贺玉洁、李培进、魏林卿参加。

**高立伯带队赴青州市考察学习** 18日下午，县委副书记、县长高立伯带队，到青州市考察学习创建国家卫生城市经验做法。县领导肖建华、高登友、崔全华，有关街区、部门主要负责人员参加。高立伯一行实地考察了青州市黄楼街道东坝社区、云门山街道红庙小区、东阳市场、四〇二市场等创卫工作现场，听取有关情况介绍。随后在青州市进行座谈，听取青州市政府和有关部门、街道关于迎接国家卫生城市复审工作的经验介绍，并就有关问题进行深入交流。

**张新强现场调度道路建设和城市绿化工作** 19日，县委书记张新强现场调度道路建设和城市绿化工作。他强调，要严格标准质量，提升品位档次，全力以赴打造精品工程。县委常委、副县长高登友，县委常委、组织部部长、统战部部长王勇参加。张新强先后到流泉街、永福路、凤凰街、旅游路、潍昌路、大沂路改线等道路施工和绿化现场进行实地查看，认真听取有关情况汇报，现场研究解决项目建设中存在的困难和问题。

**市领导到昌乐调研经济运行情况** 20日下午，市委常委、常务副市长邹庆忠带领市直有关部门负责同志，到昌乐县调研经济运行情况并帮助企业协调解决问题。县委书记张新强，县委副书记、县长高立伯，县委常委、副县长张建伟分别陪同。邹庆忠听取了昌乐县经济运行、帮助企业解决问题情况汇报，并就比德文控股集团、万山集团等企业发展过程中遇到的有关问题进行了协调调度。

**高立伯现场调度安全生产大检查工作** 23日下午，县委副书记、县长高立伯现场调度安全生产大检查工作。县委常委、副县长张建伟，县安监局、公安消防大队负责人员参加。高立伯一行采取听取汇报、查阅档案、综合评议、查看企业现场的方式，到县经济开发区，听取经济开发区负责人员和督查暗访一组组长的情况汇报，查阅安全生产大检查有关档案，现场对县经济开发区的建档情况进行评议，并深入家友油脂、新迈纸业等企业，对安全隐患整改情况进行现场检查。

**五莲县政协到昌乐考察集中供水工作** 24日下午，五莲县政协主席郝善双一行28人到昌乐县考察集中供水工作。县政协主席周保进，县领导田本义、魏林卿分别陪同。考察组一行先后到九龙湖扩建暨综合开发项目、实康城南水厂进行了实地考察，详细了解了昌乐县城乡集中供水情况，对昌乐县扎实推进城乡供水一体化工作取得的成绩给予充分肯定。

**周保进到朱刘街道联系政协委员** 25日上午，县政协主席周保进到朱刘街道联系政协委员，听取了朱刘街道政协委员活动组2015年工作汇报、政协委员个人工作和履职情况汇报及政协委员对全县经济社会发展和县政协工作的意见建议。

**市领导到昌乐调研** 26日，市委副书记王献玲一行到昌乐县调研积极发展农民股份合作赋予农民对集体资产股份权能改革试点工作。县委书记张新强，县委副书记肖建华，县委常委、组织部部长、统战部部长王勇，副县长魏林卿分别陪同。王献玲一行先后到朱刘街道朱刘西村、五图街道庵上湖村、宝都街道东南村进行了实地检查，现场查阅有关资料，认真听取情况汇报，对昌乐县积极发展农民股份合作赋予农民对集体资产股份权能改革试点的做法和成效给予充分肯定。

**全国义务教育发展基本均衡县督导评估团来昌乐检查指导工作** 26日，全国义务教育发展基本均衡县督导评估团一行4人，在省教育厅、市教育局负责人员陪同下，到昌乐县实施检查认定工作。县委副书记、县长高立伯，副县长崔全华陪同。国家督导评估团在鸢飞大酒店召开汇报答辩会，观看了昌乐县推进义务教育均衡发展专题片，听取了工作汇报，询问了有关问题，并查阅了档案资料。然后，召集部分县人大代表、政协委员、校长及教师、家长代表，分组召开座谈会，了解昌乐县推进义务教育均衡发展各项政策措施落实情况。最后，分组到昌乐县部分学校进行了实地督导检查。

**市领导到昌乐调研** 27日，市委常委、统战部部长张小梅一行到昌乐县调研。县委书记张新强，县委常委、组织部部长、统战部部长王勇分别陪同。张小梅一行先后到贵和社区、九龙湖片区综合开发项目、大德·国际医疗中心、企业总部基地、雷丁新能源汽车、英轩重工等进行了检查，详细了解了项目建设进展情况和企业生产经营状况，对昌乐县经济社会发展和统战工作所取得的成绩给予充分肯定。

**全县安全生产大检查大整改工作调度会议召开** 30日下午，全县安全生产大检查大整改工作调度会议在县委党校第一教室召开。县委副书记、县长高立伯主持并讲话。县领导张建伟、石汝祥参加会议。会议传达了省政府办公厅《关于邹平县山东富凯不锈钢有限公司“11·29”重大煤气泄漏中毒事故的通报》，原原本本学习《山东省安全生产行政责任制规定》，听取县安监局关于全县重点安全隐患和各级挂牌督办隐患整改情况汇报，最后高立伯讲了意见。

## 12 月

**昌乐县举办学习贯彻党的十八届五中全会精神宣讲报告会** 按照市委统一安排，3日，昌乐县在县委党校第一报告厅举办学习贯彻中共十八届五中全会精神宣讲报告会，邀请市宣讲团成员、市文明办副主任田秀霞作宣讲报告。县委书记张新强主持，县政协主席周保进出席。田秀霞围绕“树立新的发展理念，决胜全面建成小康社会”这一主题，对党的十八届五中全会精神进行解读，重点从“十三五”时期的国际国内形势，“十三五”时期国家发展的指导思想、主要目标、基本理念、重大决策部署，以及提高党领导发展的能力和水平等方面作了深入浅出地讲解，对全县广大党员干部深刻领会把握十八届五中全会精神，进一步做好各项工作，必将产生重要的启示、指导和推动作用。

**市人大常委会领导到昌乐联系市人大代表** 3日，市人大常委会党组副书记、副主任刘明珂到昌乐县联系市人大代表。刘明珂先后到潍焦集团、盛泰药业、矿机集团等代表所在企业进行实地调研，并与部分代表进行座谈。县人大常委会党组书记、第一副主任王备陪同活动。每到一处，刘明珂都与代表进行悉心交谈，详细了解代表履职情况和企业、单位运行情况，听取代表关于企业转型升级和医疗卫生体制改革等方面的建议意见。

**高立伯带队赴泰安市高铁新区考察学习** 4日，县委副书记、县长高立伯带队，到泰安市高铁新区考察学习。县委常委、副县长高登友，有关街区、部门主要负责人员参加。考察团一行先后实地考察高铁新区南片区堰北、堰西、堰东等棚户区改造回迁、英雄山小学、开元河生态景观走廊等项目现场，听取有关情况介绍，随后在高铁新区建设指挥部召开座谈会，听取泰安市城市发展投融资管理中心关于片区规划、改造和开发建设、拆迁及融资工作的经验介绍，并就有关问题进行了深入交流。

**市委书记杜昌文到昌乐调研** 5日，市委书记杜昌文到昌乐县调研，认真听取基层干部群众对全市“十三五”发展、全面建成小康社会以及精准扶贫的意见和建议，详细了解基层群众的生产生活需求，强调要按照“三严三实”要求，问需于民、问计于民，把党委政府的工作做到群众心坎上。县委书记张新强，县委常委、组织部部长、统战部部长王勇陪同。

**阿里巴巴代表到昌乐洽谈农村淘宝项目** 5日，阿里巴巴潍坊区经理毕祥明到昌乐县洽谈农村淘宝项目。县委书记张新强，县委常委、组织部部长、统战部部长王勇，副县长李培进参加。座谈会上，毕祥明详细介绍了农村淘宝项目的发展背景、规划思路、实施方案及其他县市区的成功经验。

**县政协视察全县社会治安防控体系建设情况** 8日上午，县政协组织部分省、市、县政协委员对昌乐县公安系统社会治安防控体系建设工作情况进行视察，县政协主席周保进，县政府党组成员、县公安局局长石汝祥，县政协副主席滕建勋参加活动。视察组一行先后到三和社区、巡特警驻梦金园中队、城关派出所、县公安局南侧广场、县公安局办公楼网安大队、指挥大厅等场所进行参观视察，并详细听取有关工作情况汇报。

**全市两河流域综合开发现场经验交流会与会人员来昌乐观摩** 8日下午，全市两河流域综合开发现场经验交流会与会人员一行40人，到昌乐县现场观摩两河流域综合开发工作。县委副书记、县长高立伯，副县长魏林卿陪同活动。与会人员先后到红河镇幸福广场、红河镇市民服务中心、鄌郚镇综合文化中心、高崖水库库区白塔社区等进行了现场观摩，听取情况汇报，对昌乐县工作给予充分肯定。

**省综治委督导检查组到昌乐检查指导工作** 11日，省新闻出版广电局副局长钟华带领省综治委督导检查组一行，在市委常委、政法委书记苏立科陪同下，到昌乐县实地检查综治暨平安建设工作。县领导张新强、徐玉山、王勇、石汝祥等分别陪同。督导检查组一行先后实地到梦金园首饰公司、昌乐一中、县综治维稳指挥调度中心、县公安局应急管理指挥中心分别检查了公安特警派驻企业情况、平安校园建设、县级综治网格信息化建设、视频监控和应急管理等工作，听取有关情况汇报，对昌乐县综治暨平安建设工作给予充分肯定。

**昌乐县举行学习贯彻《准则》《条例》专题辅导报告会** 18日上午，昌乐县在县委党校第一报告厅举行学习贯彻《中国共产党廉洁自律准则》《中国共产党党纪处分条例》专题辅导报告会，县领导高立伯、肖建华等，各镇（街、区）、县直单位主要负责人员等参加报告会。

**全县安全生产大检查大整改工作调度会议召开** 21日下午，全县安全生产大检查大整改工作调度会议在县委党校第一教室召开。县委副书记、县长高立伯主持会议并讲话。县领导张建伟、石汝祥参加会议。在听取县安监局关于上级安全生产大检查隐患整改工作要求及全县安全生产大检查大整改活动开展和县公安消防大队关于全县彩钢板建筑安全专项整治工作以及各镇（街、区）重点安全隐患整改的情况汇报后，高立伯讲了意见。

**省科协领导到昌乐调研** 22日上午，省科协党组书记、副主席王春秋一行，在市科协主要负责同志陪同下，到昌乐县对山东省校园流动科技馆昌乐馆运行和助力创新驱动发展工程示范区项目实施情况进行调研。县委副书记、县长高立伯，县委常委、宣传部部长贺玉洁陪同活动。王春秋一行先后到县实验中学校园流动科技馆、山东喜威电驱车辆有限公司、山东比德文动力科技有限公司进行了现场调研，随后在比德文公司召开座谈会，听取了山东汽车工程学会、昌乐县、比德文公司、喜威公司关于助力创新驱动发展工程项目实施情况的汇报，对昌乐县校园流动科技馆运行和助力创新驱动发展工程示范区项目实施情况给予充分肯定。

**县十六届人大常委会第二十九次会议召开** 25日上午，县十六届人大常委会第二十九次会议在县委党校报告厅召开。县人大常委会党组书记、第一副主任王备，副主任周晓玲分别主持会议。县人大常委会领导刘保泽、刘坚、田本义和常委会委员出席会议。县委常委、副县长张建伟，县法院院长韩昆亮，县检察院检察长郑爱之，县政协副主席张宝峰列席会议。会议听取审议了法院执行工作，税收征收管理工作情况报告，并对上述专项工作进行评议，评议分数分别为94.5分、95.3分，评议结果均为满意。

**高立伯到营丘镇调研工业企业运行情况** 25日下午，县委副书记、县长高立伯到营丘镇山东浩顺机械有限公司、山东大华环境节能科技有限公司、潍坊华恒动力有限公司、山东三友电力设备有限公司、山东中铁华盛机械有限公司调研工业企业运行情况。县委常委、副县长张建伟，有关部门负责人员一同参加。

**企业总部片区滨水景观带规划设计方案汇报会召开** 30日，企业总部片区滨水景观带规划设计方案汇报会在县委党校第一教室召开。县委书记张新强主持并讲话。他强调，要进一步提升设计方案，加快推进实施，努力打造生态优美的丹河景观带。县领导高立伯、王备、周保进、肖建华等参加。会上，上海同宽规划建筑设计公司就项目规划设计方案进行了详细介绍，与会领导对该方案给予认可，并对方案的修改完善提出一些具体意见和建议。

**潍坊军分区领导到昌乐检查调研** 30日，潍坊军分区司令员万伟锋到昌乐县进行年度工作检查调研。县委书记张新强，县委常委、县人武部政委包艳伦，副县长丁进全等分别陪同。万伟锋一行先后到及第中学、乔官镇响水崖村、高崖水库库区等检查了“军民融合”工作，走访看望困难户，对昌乐县改革发展和党管武装制度落实、国防动员、军民融合及民兵预备役建设取得的成绩给予充分肯定。

# 组织机构与领导班子

# （2015）

## 中共昌乐县委员会

书　　记：张新强
副 书 记：高立伯　肖建华
常　　委：张新强　高立伯　肖建华　田元君
张建伟　高登友　徐玉山
扈本溪（12 月任职）　包艳伦
孙春雷（5 月离职）
刘艳芳（女，11 月离职）
田永全（11 月离职）
贺玉洁（女，11 月任职）
王　勇（11 月任职）
委　　员（按姓氏笔画为序）：
丁进全　王　备　王　勇(11 月任职)
王东兴　王永信　石汝祥　田元君
田本义　田永全（11 月离职）
包艳伦　刘树铭
刘艳芳（女，11 月离职）　刘清涛
刘德利　孙春雷（5 月离职）
李培进　杨培锋（2 月离职）
肖建华　张　彬　张义增　张正民
张志强（1 月离职）　张金涛
张建伟　张新强
陈香萍（女，2 月离职）　周保进
郑爱之　孟令杰　孟庆峰
贺玉洁（女，11 月任职）　赵中国
钟　杰　段洪祥　秦春军　徐玉山
高立伯　高立德　高明胜　高登友
郭曙光　唐文宁　葛凤杰
候补委员（按姓氏笔画为序）：
刘培升　张卫昌　张君玉　周广田
赵长忠　赵业民　崔永新　臧锡平

## 县委办公室

主　　任：田永全（11 月离职）
副 主 任：纪国梁　薛永亮

## 县委政策研究室

主　　任：秦光兴

## 县委机要局

局　　长：刘海明
副 局 长：高海军

## 县委县政府督查局

局　　长：黄金海
副 局 长：王庆圣　张继群

## 县委县政府接待办公室

主　　任：杜　鹏

副 主 任：张立军

## 县委保密委员会办公室（县政府保密局）

主　任（局长）：赵　健
副主任（副局长）：徐　涛

## 县委组织部

部　　长：孙春雷（6月离职）
　　　　　王　勇（11月任职）
副 部 长：段洪祥（兼）　卢继海　刘海清
　　　　　赵华泉

## 县委组织员办公室

主　　任：刘海清（兼）
副 主 任：郑洪兴（2月任职）

## 县机构编制委员会办公室

主　　任：段洪祥（兼）
副 主 任：李玉贵　唐树才

## 县委宣传部

部　　长：刘艳芳（女，11月离职）
　　　　　贺玉洁（女，11月任职）
副 部 长：任瑞成　刘贵德　李志刚

## 县委精神文明建设委员会办公室

主　　任：（空职）
副 主 任：卢　伟

## 县委统一战线工作部

部　　长：滕建勋（兼，7月离职）
　　　　　刘艳芳（女，兼，7月任职，11月离职）
　　　　　王　勇（兼，11月任职）
副 部 长：张建华　李和功（4月任职）

## 县委政法委员会

书　　记：徐玉山
副 书 记：刘学俊　毕立新

## 县社会管理综合治理委员会办公室

主　　任：刘学俊（兼）
副 主 任：王海涛

## 县委党校

党委书记：葛凤杰
委　　员：高瑞江　王胜源　秦　婷（女）
　　　　　张同安　王桂先　秦润玲（女）
纪委书记：王胜源
校　　长：张新强（兼）
常务副校长：葛凤杰
副 校 长：高瑞江　秦　婷（女）　张同安

## 县委县直机关工作委员会

书　　记：臧西光
副 书 记：高明亮
委　　员：刘炳国　刘志强

## 县委县政府信访局

局　　长：秦维胜
副 局 长：庞春洲　冯长春（4月任职）

## 县委农村工作领导小组办公室

主　　任：李宪军
副 主 任：张世波（4月离职）
　　　　　宫晓亮（4月任职）

## 县委党史研究室

主　　任：韩德平（4月离职）
　　　　　李学涛（4月任职）
副 主 任：王青林　徐桂銮（女）

## 县档案局（馆）

支部书记：鞠　良
委　　员：孙秋英（女）
局　　长：鞠　良
副 局 长：孙秋英（女）
馆　　长：鞠　良
副 馆 长：亓新洲　孙秋英（女）

## 县委台湾工作办公室

主　　任：刘奎利
副 主 任：张树军

### 县委县政府机关事务管理局

支部书记：李前进（4 月离职）
委　　员：钟庆华　李师伟　解晓强
局　　长：李前进（4 月离职）
副 局 长：钟庆华　李师伟　解晓强

### 县委老干部局

局　　长：赵华泉（兼）
副 局 长：闫光顺　孙奎汉

### 县委群众工作委员会办公室

主　　任：黄军清（4 月离职）
副 主 任：秦新生（4 月离职）
　　　　　赵永胜（4 月任职）

## 中共昌乐县纪律检查委员会

书　　记：田元君
副 书 记：刘家和　于建民
常　　委：田元君　刘家和　于建民　刘世鼎
　　　　　宋云峰（女）　高永幸　田成祥
委　　员（按姓氏笔画为序）：
　　　　　于云海　于建民　王永宝　王安堂
　　　　　王建书　王瑞兴　田元君　田本刚
　　　　　田成祥　刘玉娟（女）　刘世鼎
　　　　　刘学禄　刘家和　杨明杰
　　　　　吴传平(女)　沈孝奎　宋云峰(女)
　　　　　宋源清　张同良　张骏逸
　　　　　孟　红（女）　孟令杰　赵华泉
　　　　　赵忠华　赵铁军　秦卓堂　高永幸
　　　　　窦学岗　鞠　良

### 县纪委县监察局派驻第一纪检组（监察室）

书　　记（主任）：田本刚
副书记（副主任）：李兰瑞
副组长（副主任）：孙玉洁（女）

### 县纪委县监察局派驻第二纪检组（监察室）

书　　记（主任）：夏景玉
副书记（副主任）：刘学森
副组长（副主任）：孙希太

### 县纪委县监察局派驻第三纪检组（监察室）

书　　记（主任）：王瑞兴
副组长（副主任）：赵兴发　孙　涌（2 月任职）

### 县纪委派驻第四纪检组

书　　记：张骏逸
副 书 记：周兴文
副 组 长：刘恒贵（2 月任职）

### 县纪委派驻第五纪检组

书　　记：窦学岗
副 组 长：葛传礼（4 月任职）
副 书 记：高玉霞（女）

## 昌乐县人大常委会

党组书记：王　备
副 书 记：刘保泽　王少鹏
成　　员：刘　坚　田本义　吴玉强
　　　　　刘东兴
主　　任：张新强
第一副主任：王　备
副 主 任：王少鹏　周晓玲（女）　刘　坚
　　　　　田本义
县十六届人大常委会委员（按姓氏笔画为序）：
　　　　　于俊峰（女）　孔凡升　卢继海
　　　　　任瑞成　刘东兴　刘　伟　刘秀德
　　　　　刘良玉　刘保泽　李世勇
　　　　　吴玉强（2 月任职）　吴传平（女）
　　　　　沈孝业　张桂荣（女）　赵中洋
　　　　　赵笃学　秦润帅　隋树国

### 办公室

主　　任：刘东兴

### 调查研究室

主　　任：（空职）
副 主 任：李英强

### 人事代表工作室

主　　任：隋树国
副 主 任：刘旭平　张　鹏（6 月离职）

### 教育科学文化卫生人口委员会

主　　任：秦润帅
副 主 任：李　伟

### 财政经济委员会

主　　任：赵中洋
副 主 任：赵新丰

### 法制委员会

主　　任：刘　伟

## 昌乐县人民政府

党组书记：高立伯
副 书 记：张建伟　高登友
成　　员：石汝祥　陈香萍（女，2 月离职）
李培进　丁进全
魏林卿（女，2 月任职）
赵世军　张继军
县　　长：高立伯
副 县 长：张建伟　高登友　崔全华
陈香萍（女，1 月离职）
李培进　丁进全
魏林卿（女，1 月任职）
姜俊刚（挂职）
高延鹏（挂职，9 月离职）

## 县政府工作部门

### 县政府办公室

党组书记：张继军
成　　员：李广顺　刘西强（4 月离职）
王秀彬　李玉军　赵保昌
张树海　孟　伟
主　　任：张继军
副 主 任：张树海　孟　伟

### 县发展和改革局

党组书记：张正民
成　　员：江尔玉　贾桂娟（女）
局　　长：张正民
副 局 长：江尔玉　贾桂娟（女）

### 县经济和信息化局

党委书记：刘清涛
委　　员：高维国　郑学峰　刘红军
局　　长：刘清涛
副 局 长：郑学峰　张连明　刘红军

### 县教育局

党委书记：赵长忠
副 书 记：郭新光
委　　员：赵忠华　刁华玉　刘际贵　秦君临
局　　长：赵长忠
副 局 长：赵忠华　刁华玉

### 县科学技术局

党组书记：肖学平
成　　员：韩振兴　党永红（女）
局　　长：肖学平
副 局 长：刘宝忠　韩振兴

### 县公安局

党委书记：石汝祥
副 书 记：张先涛　张志利
委　　员：解瑞华　刘德贤　初学宁　秦明邦
周洪宪　苗新起　于德欣（女）
张永刚（12 月任职）
纪委书记：秦明邦
局　　长：石汝祥
政　　委：张先涛
副 局 长：解瑞华　刘德贤　初学宁

### 县监察局（与中共昌乐县纪律检查委员会合署办公）

局　　长：刘家和
副 局 长：刘文峰（5 月离职）　刘乐增
杨明杰（5 月任职）

## 县民政局

党委书记：刘瑞刚
副 书 记：沈孝奎
委　　员：杨　玲（女）　张欣亮　于海波
纪检组长：张欣亮（2月离职）
局　　长：刘瑞刚
副 局 长：杨　玲（女）　于海波

## 县司法局

党组书记：刘贵学
副 书 记：李静红（女，4月任职）
成　　员：李静红（女，4月离职）　魏学启
　　　　　陈庆华　吴帅国　付廷强(4月任职)
局　　长：刘贵学
副 局 长：李静红（女）　王　凯　魏学启

## 县财政局

党委书记：汪立波
副 书 记：刘子坤（4月任职）
委　　员：刘子坤（5月离职）　滕肖华
　　　　　李卫国　张　继　刘学亮　周海刚
局　　长：汪立波
副 局 长：刘子坤（5月离职）　滕肖华
　　　　　刘学亮（5月任职）
　　　　　周海刚（5月任职）

## 县人力资源和社会保障局

党委书记：段洪祥
副 书 记：李玉贵
委　　员：张庆科（2月任职）　钟　霞(女)
　　　　　王琪华（2月离职）　马永顺
　　　　　常梅五　李安忠　宋元民
局　　长：段洪祥
副 局 长：张庆科（4月任职）　钟　霞(女)
　　　　　王琪华（4月离职）　马永顺

## 县国土资源局

党委书记：钟　杰
副 书 记：夏增杰（女）
委　　员：孙国瑞　王印书　张　勇　亓朝晖
　　　　　王　伟　宋其峰　张永海
纪委书记：王　伟
局　　长：钟　杰
副 局 长：夏增杰（女）　张　勇　亓朝晖

## 县住房和城乡建设局

党委书记：郭曙光
副 书 记：刘文峰（4月任职）
委　　员：田国军　徐洪刚　张重华　刘延国
　　　　　孙国顺　宋振国　田利强
局　　长：郭曙光
副 局 长：田国军　徐洪刚　张重华

## 县交通运输局

党委书记：唐文宁
副 书 记：赵绪涛
委　　员：张永利　郭凤利　李晓辉　王凌云
局　　长：唐文宁
副 局 长：张永利　郭凤利　李晓辉

## 县水利局

党委书记：臧锡平
委　　员：毛福利　宋乐昌　张荣国　张来臣
　　　　　秦相江
纪委书记：张来臣（2月离职）
局　　长：臧锡平
副 局 长：张荣国　秦相江（5月任职）

## 县农业局

党委书记：刘　军
副 书 记：孙建东
委　　员：付天成
局　　长：刘　军
副 局 长：付天成　李代玲（女）

## 县林业局

党组书记：刘培升
成　　员：刘宝太　田恒耀
　　　　　李三国（4月任职）
　　　　　王金宝（4月任职）
局　　长：刘培升
副 局 长：刘宝太　田恒耀
　　　　　李三国（5月任职）

## 县商务局

党委书记：张君玉
副 书 记：赵东光
委　　员：王　红（女）　冯　剑　王仁生
局　　长：张君玉
副 局 长：王　红（女）　冯　剑　王仁生

## 县文化广电新闻出版局

党委书记：朱英平
委　　员：邱新华　杨恒金
局　　长：朱英平
副 局 长：邱新华　杨恒金

## 县卫生和计划生育局

党委书记：崔永新
副 书 记：赵良增（2月任职）
委　　员：李　健（2月任职）
　　　　　王庆华（女，2月任职）
　　　　　孙业新（2月任职）
　　　　　张庆梅（女，2月任职）
　　　　　郭　琳（2月任职）
局　　长：崔永新
副 局 长：李　健（4月任职）
　　　　　王庆华（女，4月任职）
　　　　　孙业新（4月任职）
　　　　　林　艳（女，4月任职）
　　　　　郭　琳（4月任职）

## 原县卫生局

党委书记：（空职）
委　　员：李　健（2月离职）
　　　　　赵良增（2月离职）
局　　长：（空职）
副 局 长：李　健（4月离职）
　　　　　林　艳（女，4月离职）
　　　　　赵良增（4月离职）

## 原县人口和计划生育局

党组书记：（空职）
副 书 记：张庆梅（女，2月离职）
成　　员：王庆华（女，2月离职）
　　　　　孙业新（2月离职）
　　　　　郭　琳（2月离职）
局　　长：崔永新
副 局 长：王庆华（女，4月离职）
　　　　　孙业新（4月离职）
　　　　　郭　琳（4月离职）

## 县审计局

党组书记：周广田
成　　员：杜凌浩　许　宏（女）　侯曰义
　　　　　赵登华
纪检组长：侯曰义（2月离职）
局　　长：周广田
副 局 长：杜凌浩　许　宏（女）　赵登华

## 县环境保护局

党组书记：赵业民
成　　员：王安堂　刘　艳（女，4月任职）
　　　　　刘　宇　郝承利
局　　长：赵业民
副 局 长：王安堂　刘　艳（女，5月任职）

## 县统计局

党组书记：刘培臣
成　　员：庞明一　刘　环（女）　刘　凯
局　　长：刘培臣
副 局 长：刘　环（女）　刘　凯

## 县安全生产监督管理局

党组书记：崔德军
成　　员：李庆安　万邦成
局　　长：崔德军
副 局 长：李庆安

## 县市场监督管理局

2015年2月10日，根据中共潍坊市委办公室、潍坊市人民政府办公室批准的《昌乐县人民政府职能转变和机构改革方案》（潍办字〔2014〕59号）和中共昌乐县委、昌乐县人民政府印发的《关于昌乐县人民政府职能转变和机构改革的实施意见》（乐发〔2014〕14号），组建县市场监督管理局（挂昌乐县食品药品监督管理局牌子），将县工商行政管理局、县质量技术监督局、县食品药品监督管理局的职责，整体划入县市场监督管理局。不再保留县工商行政管理局、县质量技术监督局、县食品药品监督管理局。成立中共昌乐县市场监督管理局委员会，同时撤销中共昌乐县工商行政管理局委员会、中共昌乐县质量技术监督局党组、中共昌乐县食品药品监督管理局委员会。

党委书记：张　彬（2月任职）
副 书 记：宋洪波（2月任职）
委　　员：冯常成（2月任职）
高希涛（2月任职）
鞠福恩（女，2月任职）
王　平（女，2月任职）
于　波（2月任职）
马　宁（女，2月任职）
孙希宝（2月任职）
徐永强（2月任职）
亓树田（2月任职）
局　　长：张　彬（4月任职）
副 局 长：宋洪波（4月任职）
冯常成（4月任职）
高希涛（4月任职）
鞠福恩（女，4月任职）
王　平（女，4月任职）
于　波（4月任职）
马　宁（女，4月任职）
孙希宝（4月任职）

## 原县食品药品监督管理局

党委书记：刘芳生（2月离职）
副 书 记：宋洪波（2月离职）
委　　员：高希涛（2月离职）
马　宁（女，2月离职）
潘金光（2月离职）
局　　长：刘芳生（2月离职）
副 局 长：宋洪波（4月离职）
高希涛（4月离职）
马　宁（女，4月离职）

## 原昌乐县工商行政管理局

党委书记：郑凯彬（2月离职）
副 书 记：冯常成（2月离职）
委　　员：王　平（女，2月离职）
于　波（2月离职）
徐永强（2月离职）
纪委书记：徐永强（2月离职）
局　　长：郑凯彬（2月离职）
副 局 长：冯常成（4月离职）
王　平（女，4月离职）
于　波（4月离职）

## 原昌乐县质量技术监督局

党组书记：张世兴（2月离职）
成　　员：鞠福恩（女，2月离职）
孙希宝（2月离职）
亓树田（2月离职）
纪检组长：亓树田（2月离职）
局　　长：张世兴（2月离职）
副 局 长：鞠福恩（女，4月离职）
孙希宝（4月离职）

## 县金融工作办公室

2015年6月，县委组织部下发《关于成立中国共产党昌乐县金融工作办公室（县地方金融监督管理局）党组的通知》（乐组通字［2015］11号），决定撤销中国共产党昌乐县金融工作办公室（县地方金融监督管理局）支部委员会，成立中国共产党昌乐县金融工作办公室（县地方金融监督管理局）党组。

支部书记：周冠峰（4月离职）
刘西强（4月任职，6月离职）
副 书 记：周思新（6月离职）
委　　员：徐仕京（6月离职）
秦新生（4月任职，6月离职）
党组书记：刘西强（6月任职）
副 书 记：周思新（6月任职）
成　　员：徐仕京（6月任职）
秦新生（6月任职）
主　　任：周冠峰（5月离职）
刘西强（5月任职）
副 主 任：徐仕京　秦新生（5月任职）

## 县民族宗教事务局（与县委统一战线工作部合署办公）

局　　长：（空职）
副 局 长：李和功（4 月离职）

## 县行政服务局

党委书记：李广顺
副 书 记：张文华
委　　员：肖东方　闫存全
局　　长：李广顺
副 局 长：肖东方　闫存全

## 县政务服务中心管理办公室

主　　任：李广顺（4 月任职）

## 县农村经济管理局

支部书记：崔忠国
委　　员：徐培生（4 月离职）
　　　　　孙垂礼
局　　长：秦卓堂（5 月离职）
　　　　　黄军清（5 月任职）
副 局 长：徐培生（5 月离职）　孙垂礼

## 县体育局

党组书记：李学涛（4 月离职）
　　　　　王福强（4 月任职）
成　　员：吴玉梅（女）　张春明
局　　长：李学涛（5 月离职）
　　　　　王福强（5 月任职）
副 局 长：吴玉梅（女）　张春明

## 县旅游局

总支书记：王在山（4 月离职）
　　　　　程晓鹏（4 月任职）
委　　员：刘治法
局　　长：钟绵堂
副 局 长：刘治法　吴少军

## 县知识产权局

支部书记：闫继安
局　　长：闫继安
副 局 长：郑　港

## 县招商局

支部书记：王秀彬
副 书 记：吴亮启　宫晓亮（4 月离职）
委　　员：刘明丰
局　　长：王秀彬
副 局 长：吴亮启　刘明丰

## 县规划局

党组书记：王福强（4 月离职）
　　　　　孙洪亮（4 月任职）
成　　员：王　盛
局　　长：王福强（5 月离职）
　　　　　孙洪亮（5 月任职）
副 局 长：路　伟　王　盛

## 县人民防空办公室

支部书记：张　雷
副 书 记：陈安军
委　　员：潘　军
主　　任：张　雷
副 主 任：潘　军

## 县地震局

党组书记：田志贤（4 月离职）
　　　　　李前进（4 月任职）
成　　员：高新峰　孙建利
纪检组长：高新峰
局　　长：田志贤（5 月离职）
　　　　　李前进（5 月任职）
副 局 长：孙建利

## 县供销合作社联合社

党委书记：赵玉刚
委　　员：张传勋（4 月任职）　陈献春
　　　　　王金宝
主　　任：赵玉刚
副 主 任：张传勋（5 月任职）　陈献春
　　　　　王金宝

## 昌乐中国宝石城开发建设管理委员会

党工委书记：崔永新（兼）

副　书　记：刘文涛
委　　　员：唐振虎　程晓鹏（4月离职）
　　　　　　徐爱玲（女）
纪工委书记：程晓鹏（4月离职）
管委会主任：赵世军
副　主　任：刘文涛　唐振虎

## 首阳山生态林场管理委员会

党委书记：张君玉（兼）
委　　员：王晓鲁　张树华
主　　任：高立德
副 主 任：王晓鲁　张树华

## 远古火山群生态林场管理委员会

党委书记：张卫昌
委　　员：肖光明　张　军
主　　任：刘培升（兼）
副 主 任：肖光明　张　军

## 县畜牧兽医局

2015年2月，县委组织部下发《关于成立中国共产党昌乐县畜牧兽医局委员会等党组织的通知》（乐组通字［2015］1号），决定撤销中国共产党昌乐县畜牧兽医局党组，成立中国共产党昌乐县畜牧兽医局委员会。

党组书记：安盛军（2月离职）
成　　员：王祥义（2月离职）
　　　　　钟京成（2月离职）
　　　　　吴继宝（2月离职）
党委书记：安盛军（2月任职）
委　　员：王祥义（2月任职）
　　　　　钟京成（2月任职）
　　　　　吴继宝（2月任职）
局　　长：安盛军
副 局 长：王祥义　钟京成

## 县农业机械管理局

党委书记：丁建法（4月离职）
副 书 记：李志远
委　　员：李世祥　张玉祥
纪委书记：张玉祥
局　　长：丁建法（5月离职）
副 局 长：李志远　李世祥

## 县物价局

2015年2月，县委组织部下发《关于成立中国共产党昌乐县畜牧兽医局委员会等党组织的通知》（乐组通字［2015］1号），决定撤销中国共产党昌乐县物价局党组，成立中国共产党昌乐县物价局总支部委员会。

党组书记：崔忠实（2月离职）
成　　员：吴理信（2月离职）
　　　　　葛传义（2月离职）
　　　　　任茂欣（2月离职）
　　　　　李　瑛（2月离职）
总支书记：崔忠实（2月任职）
委　　员：吴理信（2月任职）
　　　　　葛传义（2月任职）
　　　　　任茂欣（2月任职）
　　　　　李　瑛（2月任职）
局　　长：崔忠实
副 局 长：吴理信　葛传义　任茂欣

## 县粮食局

党委书记：孙洪亮（4月离职）
　　　　　田志贤（4月任职）
委　　员：赵秋云（女）　周立亭
　　　　　张世波（4月任职）
局　　长：孙洪亮（5月离职）
　　　　　田志贤（5月任职）
副 局 长：赵秋云（女）　周立亭
　　　　　张世波（5月任职）

## 县环境卫生管理局

支部书记：吴进光
副 书 记：刘怀国
委　　员：张冬花（女）　孟令山　刘保平
　　　　　崔　森
局　　长：吴进光
副 局 长：张冬花（女）　孟令山

## 县文化市场综合行政执法局

2015年2月，县委组织部下发《关于成立中国共产党昌乐县畜牧兽医局委员会等党组织的通知》(乐组通字［2015］1号)，决定撤销中国共产党昌乐县文化市场综合行政执法局党组，成立中国共产党昌乐县文化市场综合行政执法局支部委员会。

党组书记：刘贵德（兼，2月离职）
成　　员：高怀峰（2月离职）
　　　　　刘伟红（女，2月离职）
　　　　　高国强（2月离职）
纪检组长：高怀峰（2月离职）
支部书记：刘贵德（兼，2月任职，11月离职）
委　　员：高怀峰（2月任职）
　　　　　刘伟红（女，2月任职）
　　　　　高国强（2月任职）
纪检组长：高怀峰（2月任职）
局　　长：刘贵德（兼，12月离职）
副 局 长：刘伟红（女）　高国强

## 县园林管理局

支部书记：杜海波
副 书 记：郭明明　吴瑞林
委　　员：王云瑞
局　　长：杜海波
副 局 长：郭明明　王云瑞

## 县房产管理办公室

党委书记：赵杰芳
副 书 记：张大鹏
委　　员：赵维芳（女）　崔爱勇　张新利
主　　任：张大鹏
副 主 任：赵维芳（女）　崔爱勇　张新利

## 县农业综合开发办公室

支部书记：滕继华
副 书 记：徐培生（4月任职）
委　　员：耿锋玲（女）　杨仕昌　滕建武
主　　任：滕继华
副 主 任：耿锋玲（女）　杨仕昌　滕建武

## 昌乐传媒集团（县广播电视中心）

党委书记：任瑞成
委　　员：杨　志　王洪孝　滕秀伟（女）
　　　　　赵华峰　丰淑香（女）　赵增全
总 经 理（主 任）：任瑞成
副总经理（副主任）：杨　志　王洪孝
　　　　　滕秀伟（女）　赵华峰
　　　　　丰淑香（女）　赵增全

## 县检验检测中心

支部书记：刘贵明
委　　员：赵军普（4月任职）
主　　任：刘贵明
副 主 任：刘锡升（5月任职）
　　　　　赵军普（5月任职）

## 县智慧城市建设办公室

支部书记：胡永忠（4月任职）
主　　任：胡永忠（5月任职）
副 主 任：（空职）

# 政协昌乐县委员会

党组书记：周保进
副 书 记：张宝峰
成　　员：滕建勋　刘树铭　孟庆峰
主　　席：周保进
副 主 席：张宝峰　滕恩禄　王泳亮
　　　　　滕建勋　刘树铭
秘 书 长：孟庆峰
常务委员(按姓氏笔画排序)：
王　斌　王义善　王星营　田　勇
白淑萍（女）　冯希波　邢晓东
刘　伟　刘凤芹（女）　刘国强
刘树高　刘海清　刘家和
刘雪梅（女）　闫继安　李永红
李宏伟　李艳洁（女）　李瑞进
李静红（女）　吴　雷　吴少军
吴建平　吴瑞香（女）
张卫红（女）　张先涛
张润湘（女）　邵春昱（女）
林　艳（女）　孟凡勇　孟令华
孟庆峰　赵　燕（女）　赵丰平
赵玉刚　赵立琴（女）
秦　蕾（女）　秦国光　贾志鹏
夏瑞民　徐　军　曹晓丽（女）

路　伟　滕广亮　滕树友

### 办公室

主　　任：孟庆峰
副 主 任：曹海涛

### 科教文卫体委员会

主　　任：刘丽萍（女）

### 人口资源环境委员会

主　　任：赵兰普

### 文史资料委员会

主　　任：肖广德

### 社会法制委员会

主　　任：滕春蕾（女）

### 经济委员会

主　　任：(空职)
副 主 任：石光彩

### 提案委员会

主　　任：(空职)
副 主 任：赵延胜

### 港澳台侨和外事委员会

主　　任：(空职)

## 人民团体

### 县总工会

党组书记：张桂荣（女）
成　　员：刘志敏（女，4月任职）
田　梅（女）
李胜利（4月任职）
孙秀霞（女，4月任职）
主　　席：(空职)
副 主 席：刘志敏（女，4月任职）

### 共青团昌乐县委

书　　记：赵中国
副 书 记：田　勇（4月离职）
王秀臻（女，4月任职）

### 县妇女联合会

党组书记：吴传平（女）
成　　员：刘玲玲（女）
主　　席：吴传平（女）
副 主 席：刘玲玲（女）

### 县科学技术协会

党组书记：张成安（4月离职）
王新会（女，4月任职）
成　　员：刘进辉（4月任职）　冯希成
主　　席：周晓玲（女，兼，4月离职）
王新会（女，4月任职）
副 主 席：刘进辉（4月任职）

### 县残疾人联合会

党组书记：徐来义
成　　员：刘光明　张　丽（女，4月任职）
刘振江
理 事 长：徐来义
副理事长：刘光明　张　丽（女，4月任职）

### 县工商业联合会

党组书记：张建华
成　　员：周志远
主　　席：滕恩禄（兼，4月离职）
张建伟（兼，4月任职）
副 主 席：张建华　周志远

## 昌乐县人民武装部

党委第一书记：张新强（兼）
书　　记：包艳伦
副 书 记：张立俊
委　　员：高　原　孙文彬
政　　委：包艳伦
部　　长：张立俊
副 部 长：高　原

# 昌乐县人民法院

党组书记：杨培锋（2月离职）
　　　　　韩昆亮（2月任职）
副 书 记：王永宝
成　　员：张世明　王文凯　张　锋　秦克兴
　　　　　姚　忠　田　青　刘　斌
纪检组长：张　锋
院　　长：杨培锋（2月离职）
　　　　　韩昆亮（2月任职）
副 院 长：王永宝　张世明　王文凯

# 昌乐县人民检察院

党组书记：郑爱之
副 书 记：谭　斌（6月离职）　张志广
成　　员：谭　斌（6月任职）　邢国强
　　　　　武德昌　王利民（女）
　　　　　赵华卿　张学义
纪检组长：武德昌
检 察 长：郑爱之
副检察长：谭　斌　张志广　邢国强

# 镇、街道和开发区

## 经济开发区

党工委书记：张金涛
副 书 记：高明胜　孙　强
　　　　　赵铁军（6月离职）
　　　　　徐洪刚（挂职）
委　　员：张金涛　高明胜　孙　强
　　　　　赵铁军（6月离职）
　　　　　徐洪刚（挂职）　赵铁军
　　　　　高永全　初建军　刘瑞平
纪工委书记：赵铁军
管委会主任：张金涛
副 主 任：高永全　初建军　田珊珊（女）

## 宝城街道

党工委书记：张金涛（兼，4月离职）
　　　　　高明胜（4月任职）
副 书 记：史志军　吕增军（2月离职）
　　　　　王新会（女，2月任职，4月离职）
委　　员：张金涛（兼，4月离职）
　　　　　高明胜（4月任职）
　　　　　史志军　吕增军（2月离职）
　　　　　王新会（女，2月任职，4月离职）
　　　　　孟　红（女）　周　明
　　　　　田晓燕（女，4月离职）
　　　　　刘洁英（女，4月任职）
　　　　　吴国宗（4月离职）
　　　　　刘文利　张　磊（4月任职）
纪工委书记：孟　红（女）
人大工作室主任：张金涛（兼，4月离职）
　　　　　　　高明胜（4月任职）
副 主 任：唐守亮
办事处主任：史志军
副 主 任：周　明　田晓燕（女，4月离职）
　　　　　刘洁英（女，4月任职）　朱桂福

## 首阳山旅游度假区

党工委书记：张　彬（兼，2月离职）
　　　　　刘德利（2月任职）
副 书 记：刘海龙（4月任职）
委　　员：陈　刚（4月离职）　曹　毅
　　　　　赵延刚　贾经清（4月任职）
管委会主任：刘海龙（5月任职）
副 主 任：陈　刚（5月离职）　曹　毅
　　　　　赵延刚　贾经清（5月任职）

## 朱刘街道

党工委书记：王永信
副 书 记：张庆科（2月离职）
　　　　　郭雪梅（女，4月任职）　张永生
　　　　　张　鹏（挂职，4月离职）
委　　员：王永信　张庆科（4月离职）
　　　　　郭雪梅（女，4月任职）　张永生
　　　　　张　鹏（挂职，4月离职）
　　　　　任　丽（女）　高　鹏
　　　　　刘洁英（女，4月离职）
　　　　　田晓燕（女，4月任职）
　　　　　葛朝晖（挂职，7月任职）
　　　　　郭树东　肖荣伟　张军刚

纪工委书记：任　丽（女）
人大工作室主任：王永信
副　主　任：张玉海
办事处主任：张庆科（2月离职）
　　　　　　郭雪梅（女，4月任职）
副　主　任：高　鹏　刘洁英（女，4月离职）
　　　　　　田晓燕（女，4月任职）
　　　　　　葛朝晖（挂职，7月任职）
　　　　　　刘登伟

## 宝都街道

党工委书记：张　彬（2月离职）
　　　　　　黄省阶（2月任职）
副　书　记：赵中国　王新会（女，2月离职）
　　　　　　吕增军（2月任职）
　　　　　　宋源清（挂职）
委　　　员：张　彬（2月离职）
　　　　　　黄省阶（2月任职）
　　　　　　赵中国　王新会（女，2月离职）
　　　　　　吕增军（2月任职）
　　　　　　宋源清　张　峰　孟　有
　　　　　　王玉东　郑　涛　李　伟
纪工委书记：宋源清
人大工作室主任：张　彬（2月离职）
　　　　　　　　黄省阶（2月任职）
副　主　任：刘进辉（4月离职）
　　　　　　高希玉（4月任职）
办事处主任：赵中国
副　主　任：张　峰　孟　有
　　　　　　张顺义（挂职）

## 五图街道

党工委书记：刘德利（2月离职）
　　　　　　孔德奎（2月任职）
副　书　记：郭雪梅（女，4月离职）
　　　　　　王在山（挂职，4月任职）
　　　　　　李永金（4月任职）
　　　　　　李克鹏（4月离职）
　　　　　　杨建刚（4月任职）
委　　　员：刘德利（2月离职）
　　　　　　孔德奎（2月任职）
　　　　　　郭雪梅（女，4月离职）
　　　　　　王在山（挂职，4月任职）
　　　　　　李永金（4月任职）
　　　　　　李克鹏（4月离职）
　　　　　　杨建刚（4月任职）　隋洪涛
　　　　　　高希玉（4月离职）
　　　　　　马金涛（4月任职）　刘　磊
　　　　　　苏晨希（挂职，7月任职）
　　　　　　李永强　柴伟平（女）
　　　　　　张　磊（4月离职）
纪工委书记：隋洪涛
人大工作室主任：刘德利（2月离职）
　　　　　　　　孔德奎（2月任职）
副　主　任：杨金学
办事处主任：郭雪梅（女，4月离职）
　　　　　　李永金（4月任职）
副　主　任：高希玉（4月离职）
　　　　　　马金涛（4月任职）　刘　磊
　　　　　　苏晨希（挂职，7月任职）
　　　　　　段向飞

## 乔官镇

党委书记：王龙之
副 书 记：刘衍斌　李永金（4月离职）
　　　　　李克鹏（4月任职）
　　　　　刘　起（挂职，7月任职）
　　　　　吴国宗（挂职，4月离职）
委　　员：王龙之　刘衍斌
　　　　　李永金（4月离职）
　　　　　李克鹏（4月任职）
　　　　　刘　起（挂职，7月任职）
　　　　　吴国宗（挂职，4月离职）
　　　　　刘玉娟（女，4月离职）
　　　　　吴国宗（4月任职）　王迎宾
　　　　　葛传礼（4月离职）
　　　　　李学春（4月任职）
　　　　　刘春生（女，4月离职）
　　　　　李　镇（4月离职）
　　　　　唐宗武　李青三（4月任职）
　　　　　姬伟建（4月任职）
纪委书记：刘玉娟（女，4月离职）
　　　　　吴国宗（4月任职）
人大主席：王龙之

副 主 席：刘玉娟（女，4月任职）
镇　　长：刘衍斌
副 镇 长：王迎宾　葛传礼（4月离职）
李学春　李　镇（4月任职）

## 营丘镇

党委书记：秦春军
副 书 记：崔爱江　孙国伟
肖　华（挂职，4月离职）
刘会勇（挂职，7月任职）
委　　员：秦春军　崔爱江　孙国伟
刘会勇（挂职，7月任职）
马国莲（女，4月离职）
肖　华　陈佳军（4月离职）
卞　伟（4月任职）
王秀臻（女，4月离职）
谭宝民　孟凡波（4月离职）
郭忠辉（4月任职）　冯大勇
纪委书记：马国莲（女，4月离职）
肖　华（4月任职）
人大主席：秦春军
副 主 席：张传勋（4月离职）
马国莲（女，4月任职）
镇　　长：崔爱江
副 镇 长：陈佳军（4月离职）
卞　伟（4月任职）
王秀臻（女，4月离职）
刘　强　滕祖军（挂职）

## 红河镇

党委书记：张志强（2月离职）
刘莹有（2月任职）
副 书 记：刘莹有（2月离职）
王琪华（2月任职）　杨海强
刘延生（挂职，7月任职）
邓有峰（挂职）
委　　员：张志强（2月离职）
刘莹有　王琪华（2月任职）
杨海强　刘延生（挂职，7月任职）
邓有峰（挂职）　秦伟龙
马金涛（4月离职）
陈佳军（4月任职）
卞　伟（4月离职）
于　强（4月任职）
宋俭军　郭忠辉（4月离职）
孟凡波（4月任职）
赵　娜（女）
纪委书记：秦伟龙
人大主席：张志强（2月离职）
刘莹有（2月任职）
副 主 席：张同良
镇　　长：刘莹有（2月离职）
王琪华（2月任职）
副 镇 长：马金涛（4月离职）
陈佳军（4月任职）
卞　伟（4月离职）
于　强（4月任职）
张星梅（女，4月离职）
刘国华（4月任职）
崔德孝（挂职）

## 郈部镇

党委书记：张义增
副 书 记：刘　刚　刘海龙（4月离职）
王建书（4月任职）
田　勇（挂职，4月离职）
委　　员：张义增　刘　刚
刘海龙（4月离职）
王建书（4月任职）
田　勇　徐子坤　李　永
曹　堃（挂职，7月任职）
王　峰（4月离职）　秦文博
陈　飞　王仁卓（4月任职）
纪委书记：王建书（4月离职）
田　勇（4月任职）
人大主席：张义增
副 主 席：刘红花（女）
镇　　长：刘　刚
副 镇 长：徐子坤　李　永
曹　堃（挂职，7月任职）
于　强（4月离职）
王　峰（4月任职）
张志伟（挂职）　陈安武（挂职）

### 高崖水库库区

党工委书记：孔德奎（2月离职）
李富强（2月任职）
副 书 记：李富强（2月离职）
刘 鑫
委 员：孔德奎（2月离职）
李富强 刘 鑫
赵成军（4月离职）
张 鹏（4月任职）
李海龙
纪工委书记：赵成军（4月离职）
张 鹏（4月任职）
管委会主任：李富强（4月离职）
刘 鑫（4月任职）
副 主 任：李海龙 刘 文（5月离职）
张明春 杨晓丽（女，5月任职）

## 垂直管理行政、事业、企业单位

### 昌乐县国家税务局

党组书记：郭宝贵
成 员：张钦铭 丰传伟 王会芹（女）
郭忠春
纪检组长：丰传伟
局 长：郭宝贵
副 局 长：张钦铭 王会芹（女） 郭忠春

### 昌乐县地方税务局

党组书记：韩昆国
成 员：田玉敏（女） 陈安庆 庞洪亮
王 瑛
纪检组长：王 瑛
局 长：韩昆国
副 局 长：田玉敏（女） 陈安庆 庞洪亮

### 昌乐县公路局

党委书记：（空职）
副 书 记：周阳忠 张振峰
委 员：李占文 张瑞国 张玲玲（女）
纪委书记：张玲玲（女）
局 长：周阳忠
副 局 长：张振峰 冯现志

### 昌乐县气象局

支部书记：张爱玲（女，5月任职）
委 员：张爱玲（女，5月离职）
马英洁（女，5月任职）
于 江（5月任职）
局 长：张爱玲（女）

### 昌乐县供电公司

党委书记：宋德华
委 员：刘 巡 王寿文 杜学军
秦东昌 肖利军
纪委书记：秦东昌
经 理：刘 巡
副 经 理：王寿文 杜学军

### 昌乐县烟草专卖局（分公司）

党委书记：袁 东
委 员：王俊岩（11月任职）
李会青（11月离职）
陈永平（11月任职）
潘 华（11月离职）
刘光友（11月离职）
曹宝亮 陈延军
局 长：袁 东
副 局 长：李会青（11月离职）
陈永平（11月任职）
潘 华（11月离职）
经 理：袁 东
副 经 理：刘光友（11月离职）
王俊岩（11月任职）
曹宝亮 陈延军

### 昌乐县盐务局

支部书记：魏 波
委 员：薛光军 郭建春（女） 张同成
局 长：魏 波
副 局 长：薛光军 李铁峰（8月任职）
郭建春（女）

# 中共昌乐县委工作

## 中共昌乐县委工作概况

县委书记　张新强

2015年，在中央和省、市委的坚强领导下，团结带领全县干部群众，全面贯彻中共十八大和十八届三中、四中、五中全会以及习近平总书记系列重要讲话精神，按照省委姜异康书记到昌乐调研指示要求，主动适应经济发展新常态，经济、政治、文化、社会、生态文明和党的建设取得新进展，在加快建设“三个昌乐”征程上迈出了坚实步伐，为“十三五”顺利开局奠定了坚实基础。全县完成地区生产总值274.98亿元、增长8.3%，完成固定资产投资298.4亿元、增长14.4%；实现一般公共预算收入22.9亿元、增长13.1%。

**一、坚决贯彻落实上级部署要求，始终保持正确的政治方向**

*一是以新理论武器武装头脑。*先后举办和参加专题讲座、宣讲报告会20次。党的十八届五中全会召开以后，第一时间、系统深入学习，印发《关于认真学习贯彻党的十八届五中全会精神的通知》，组建宣讲队伍宣讲300余场次，直接受众近3万人，统一了思想，凝聚了合力。

*二是以新要求完善思路。*2014年，昌乐县被确定为省委姜异康书记、市委杜昌文书记的联系点，县委常委会认真贯彻两位领导的指示要求，丰富完善工作思路，新型社区建设、集体资产股份权能改革、安全生产、特殊困难群体救助、现代教育等重点工作，先后得到上级领导的肯定或批示。

*三是以新境界推进落实。*以“走在前列”为目标定位，带头抓督导落实。常委人员全部联系镇（街、区）和社区，包靠重点企业和项目，深入基层一线促工作、抓落实。2014年，先后调度重点项目73次，解决了一大批制约发展的突出问题。

**二、严格落实两个“主体责任”，从严从实抓好党的建设和党风廉政建设**

*一是认真组织开展“三严三实”专题教育。*组织县委常委集中学习研讨5次，常委同志为党员干部讲党课10场次。严格对照正反面典型案例查摆剖析问题，边学边改、立行立改，常委班子查摆不严不实问题7条，班子成员查摆不严不实问题60条，全部建立台账，抓好整改。广泛征求干部群众意见建议，高标准召开常委班子“三严三实”专题民主生活会，营造了良好的政治环境。

*二是认真抓好巡视反馈问题整改。*对省委巡视组反馈的巡视意见，县委高度重视，专门成立县委书记任组长的整改领导小组，针对农村基层干部队伍问题多发、干部作风不过硬等5个方面的突出问题，逐个分析研究，做到一个问题制定一套方案、一改到底。对巡视组移交的问题线索和信访案件，全部查结并上报了处理结果。

三是认真抓好基层党建工作。坚持以新型社区建设为统领，创新服务型党组织，推进干部力量下沉，打通联系服务群众“最后一公里”、依法治理“最后一公里”，推进“五化”同步发展。创新基层党组织设置模式，所有社区全部设立党委（总支）。选派75名县直机关干部到村任职第一书记，对省定贫困村和软弱涣散村全覆盖。落实3563.9万元村级组织运转经费，为1600余名离任村主职干部落实生活补贴。

四是认真抓好干部队伍建设。规范干部选拔任用工作，倡树“从基层来、到基层去”的用人导向，去年从社区一线和服务窗口提拔干部35名，占提拔重用干部的70%。注重干部教育培训，举办“宝都清风大讲堂”，培训教育干部1000多人次。

**三、坚定不移转方式调结构，加速推进经济发展提质提效**

一是传统产业加快转型。按照“敲开核桃、一业一策”的要求，推进“2121”主导产业转型升级，全县规模以上工业企业实现主营业务收入957.6亿元、增长9.4%。英轩控股集团、山东潍焦集团、阳光纸业集团、山东矿机集团、比德文控股集团等13家企业入选潍坊市工业百强。“腾笼换鸟”新上PBT工程塑料、新能源汽车等转型项目40多个。现代农业发展水平显著提升，昌乐西瓜等6个特色农产品成功注册中国地理标志证明商标。全县建设示范园区81处，建成全国第一家职业农民讲习所，国家级农民合作社达到3家。

二是新兴产业顺利“起跑”。大力培植智能制造、现代教育、健康养老、现代物流、文化旅游和总部经济六大新兴产业，出台产业发展意见，设立6000万元新兴产业引导基金，加快“十个一”工程建设，打造新的经济增长点。大力支持大众创业、万众创新，成立大众创业指导服务中心，为576名自主创业人员贷款1.15亿元。优化市场环境，降低准入门槛，新登记市场主体8790户、注册资本80.8亿元，同比分别增长23.2%和38.6%。电商产业迅速崛起，建成两处电商平台，80%的规模以上企业发展电子商务，电商交易额突破100亿元。

三是改革创新增添活力。国家积极发展农民股份合作赋予农民对集体资产股份权能改革试点取得明显成效，中央改革办和有关部委领导实地督察后给予高度评价，全省农村工作会议给予充分肯定，并要求全省学习推广昌乐县的经验做法。建立行政审批事项目录清单、权力清单、服务清单、责任清单“四张清单”，压减服务事项500多项，审批效率提高30%以上。深化投融资体制改革，南寨水库扩容、大德·国际医疗中心、昌乐一中·英才实验学校、LNG天然气调峰站等4个项目入选国家发改委PPP投资项目库。实施创新驱动战略，2个项目列入省重点研发计划，新增3家省级高新技术企业，7项科技成果获市级以上科学技术奖，获专利授权342件，高新技术产业占比达到28.1%。

**四、坚守生态、安全、稳定“三条底线”，坚定不移走更加文明的发展道路**

一是牢牢守住环保底线。持续开展“三八六”环保行动，先后关停拆除环保不达标项目152个，规模以上工业企业煤炭消费总量下降10.1%，圆满完成2015年市政府下达的总量减排目标和“十二五”减排任务。全县7处污水处理厂全部达到一级A排放标准，城市污水处理率达99%，位居全市前列。以满分成绩通过省环卫一体化全覆盖验收。对14条河流实施综合治理，绿化河流241公里，建设湿地400余公顷。新增造林3.38万公顷，森林覆盖率达到36%，顺利通过全国绿化模范县验收。建成县级生活垃圾转运服务中心和7处镇级垃圾中转站，投资2亿元建设金丝达新能源项目，建成大型联户沼气沼电工程6处，生产生活垃圾实现无害化处理、资源化利用。

二是牢牢守住安全底线。对18家有市场有效益但存在安全隐患的企业，加强整改、借机升级。对9家安全隐患大、市场效益差的企业，依法关停、倒逼转型。投资4400万元新规划建设县消防应急救援指挥中心和朱刘、乔官两处消防站。投资2000万元，购置扬程320米泡沫消防车等5辆不同类型的救援消防车及消防器材；购置10辆电动汽车分发到全县10个派出所，专门用于消防安全检查。专职消防员保障经费每人每年提高2万元。从去年8月底开始，县委、县政府主要领导每周一调度安全隐患整改工作。聘请3家专业安评公司，对全县危化品企业等逐一“诊断式”检查，成立9个工作组开展拉网式排查，累计排查安全隐患8035项，已整改6550项，其他的还在整改中，全县继续保持安全发展的良好态势。

三是牢牢守住稳定底线。坚持把稳定作为第一责任，着力维护改革发展稳定大局。常委同志带头开展“大接访”，接待来访群众1871人次，解决问题90个，化解信访积案68件。连续两年组织开展“大走访”活动，全覆盖走访社区、村和住宅小区、企业，收集的问题全部建立台账、逐一解决反馈。应急处置工作得到省、市充分肯定。

**五、坚持以新型社区建设为切入点，加快推进新型城镇化**

一是社区建设稳步推进。2012年提出建设新型社区的思路目标，经过几年的实践，初步形成了相对完善的推进体系。全县规划53个新型社区，红河社区、鄌郚社区被确定为山东省农村新型示范社区。

二是“一厅两室”全部建成。去年7月份，全县所有社区全部配齐便民服务大厅、卫生室、警务室“一厅两室”，扎实推进教育中心、文体中心、商业中心“三中心”建设，走在了全市前列。

三是干部力量下沉成效明显。深化完善“三四三”工作机制，79%的镇街干部吃住、工作、服务“三在”社区，制定一个发展计划、一套管理制度、一份信息档案、一本问题台账“四个一”管理机制，履行发展经济、治理社会、建设社区“三项职责”。创新基层管理和服务，制定即时办理、代为办理、指导办理“三个清单”，确定社区服务事项53项，社区实体化运行水平大幅度提升。

在稳步推进新型社区建设的同时，加快提升城镇建设水平。完成城市建设投入28.2亿元，城区集中供热普及率达到95%，管道燃气普及率达到88.6%，亮化率在98.5%以上。积极创建国家园林县城，新增绿化面积21.3万平方米，建成区绿化覆盖率达到41%。顺利通过全国文明县城复审，启动实施创建国家卫生县城工作。

**六、坚持以惠民生为工作落脚点，让发展成果更多地惠及广大群众**

一是以特殊困难群体关爱救助为标志，着力提升保障性民生事业建设水平。2014年，全县民生支出占比达到82.3%。创新完善“党政主导、民政牵头、部门联动、社会参与、镇街兜底”机制，在全市率先建立特殊困难群体关爱救助体系，建立联系卡制度，对2817名特殊困难群众全部落实救助措施。扎实做好精准扶贫工作，按照省定扶贫标准，识别贫困人口10924户、20226人，全部建档立卡，落实扶贫措施。截至目前，全县减少贫困人口6509户、12337人。多渠道提高群众收入水平，城乡居民人均可支配收入分别达到28250元、14850元，分别增长8.4%、10.4%。

二是以创建全国义务教育发展基本均衡县为标志，着力提升社会性民生事业建设水平。优化教育资源配置，加快中小学基础设施建设，顺利通过全国义务教育发展基本均衡县验收。将全县79所中小学整合为52所，县实验中学新校等24所已建成，通过BT模式和社会投资方式，投资23.9亿元新建、改扩建28所，其中24所今年开工建设，力争年内建成投用，4所明年建成投用。昌乐新二中·美加国际学校、昌乐一中·英才实验学校开工建设。省委副书记、省长郭树清专程到昌乐调研教育工作，给予充分肯定，并作出批示。

三是以“南寨水库扩容”“引黄入昌”工程为标志，着力提升基础性民生事业建设水平。积极搞好水利工程建设，南寨水库扩容项目列入全国中型水库建设规划，获得省级专项资金8084万元，亚行贷款1955万美元。积极搞好节水抗旱，“引黄入昌”工程全部完成，日供水能力5万立方米。积极推进路网建设，新修改造昌五路、大沂路、旅游路等道路，全面完成农村公路网化工程，形成了内畅外快的“大交通网”。

**七、充分调动各方面积极性，凝聚推进发展的强大合力**

县委常委会充分发挥统揽全局、协调各方的领导核心作用，全面推进法治昌乐建设，深入推进精神文明建设，完善社会主义民主政治建设，凝聚发展的强大合力。发挥牵头抓总作用，全力支持人大、政府、政协履行职能。出台《关于进一步加强和改进人大工作的意见》，支持和保证县人大及其常委会依法履行职责。高度重视做好人民政协工作，推进政协协商民主建设。支持和保障审判、检察机关依法独立行使审判权和监督权，促进了司法公正。重视加强党对统战工作和群团工作的领导，注重发挥各民主党派、工商联和无党派人士的作用，支持总工会、共青团、妇联等人民团体依照法律和章程独立自主开展工作。深化双拥共建，成功创建全省双拥模范县。大力弘扬社会主义核心价值观，精心组织抗战胜利70周年纪念活动，加强公共文化服务体系建设，推进文化事业与文化产业协调发展。

存在的困难和问题：一是发展形势依然严峻，应对经济下行压力的措施办法需要进一步创新。二是经济总量偏小、经济结构不优的问题还比较突出，转型发展的步伐需要加大、加快。三是面对发展新常态，一些干部的思想不解放，破解难题能力不足，推进发展的措施和办法不够多。

# 县委2015年重要文件

## 中共昌乐县委关于贯彻落实党的十八届四中全会和省委十届十次全会市委十一届七次全会精神全面推进依法治县的实施意见

乐发〔2015〕1号

（2014年12月31日中国共产党昌乐县第十三届委员会第五次全体会议通过）

为深入贯彻党的十八届四中全会和省委十届十次全会、市委十一届七次全会精神，落实全面推进依法治国、依法治省和依法治市要求，更加扎实推进依法治县和法治昌乐建设，提出如下实施意见。

**一、深入学习贯彻党的十八届四中全会和省委十届十次全会、市委十一届七次全会精神，切实增强法治昌乐建设的思想和行动自觉**

依法治国，是坚持和发展中国特色社会主义的本质要求和重要保障，是实现国家治理体系和治理能力现代化的必然要求，事关我们党执政兴国，事关人民幸福安康，事关党和国家长治久安。

党的十八届四中全会审议通过的《中共中央关于全面推进依法治国若干重大问题的决定》，提出了一系列关于全面推进依法治国的新论断、新措施、新要求，深刻回答了在当今中国建设什么样的法治国家、怎样建设社会主义法治国家、党的领导和依法治国的关系等一系列重大理论和实践问题，为坚持走中国特色社会主义法治道路、建设社会主义法治国家提供了根本遵循，指明了前进方向，是指导新形势下全面推进依法治国的纲领性文件。省委十届十次全体会议审议通过的《中共山东省委关于贯彻落实党的十八届四中全会精神全面推进依法治省的意见》，明确了全面推进依法治省的重大任务，进一步细化了加强和改进地方立法、建设法治政府、保证公正司法、增强全民法治观念、加强法治工作队伍建设、加强和改进党的领导等各项任务措施，对全面推进依法治省作出了具体部署。市委十一届七次全体会议审议通过的《中共潍坊市委关于贯彻落实党的十八届四中全会和省委十届十次全会精神全面推进依法治市的实施意见》，提出了法治潍坊建设的总体要求、重要原则和重大任务，为加快推进依法治市指明了方向、提供了重要遵循。

全县上下要把学习贯彻党的十八届四中全会、省委十届十次全会和市委十一届七次全会精神作为一项重大政治任务，深刻领会党的十八届四中全会的精神实质和丰富内涵，深刻认识在全面建成小康社会的关键阶段，在全面深化改革的攻坚时期，全面推进依法治国对于实现中华民族伟大复兴的中国梦、实现党和国家长治久安的重大意义；准确把握全面推进依法治国的指导思想、总目标、基本原则和重大任务，明确建设社会主义法治国家的性质、方向、重点、抓手，坚持依法治国、依法执政、依法行政共同推进，坚持法治国家、法治政府、法治社会一体建设。深刻理解把握依法治国和党的领导、依法治国和全面深化改革、依法治国和公平正义的关系，把党的领导贯彻到依法治国全过程和各方面，在全面深化改革总体框架内推进依法治国各项工作，在法治保障下不断深化改革，以法治守护社会公平正义，坚定不移走中国特色社会主义法治道路。

长期以来，特别是改革开放以来，全县深入贯彻落实依法治国基本方略，广泛深入开展法治宣传和法治实践，法治昌乐建设取得积极成效。宪法法律统一正确实施，法治政府建设稳步推进，司法体制改革逐步深入，全民法治意识普遍增强，全县社会大局保持和谐稳定。同时，必须清醒看到，同全面推进依法治国、依法治省和依法治市的要求相比，同广大人民群众的期待相比，我县法治建设还存在许多不适应、不符合的问题，主要表现在：规范完备的、涵盖执法、司法、守法各个方面的法治建设制度体系尚不健全，宪法法律实施监督机制不够完善；行政执法体制权责脱节、多头执法、选择性执法等现象仍然存在，执法不规范、不严格、不透明、不文明等问题较为突出；司法权运行制约监督机制不完善，人民群众对执法司法不公和司法腐败问题反映仍然比较强烈；部分社会成员尊法信法守法用法、依法维权意识不强，信权不信法、信访不信法现象比较突出，一些国家工作人员特别是领导干部依法办事观念不强、能力不足，不善于运用法治思维和法治方式解决问题、化解矛盾；公共法律服务资源分配不均衡、体系建设不完善，法治工作队伍专职化、专业化建设相对滞后，工作经费投入不足，等等。这些问题，严重影响和制约法治昌乐建设，必须引起高度重视，下大气力加以解决。

全面推进法治昌乐建设，是贯彻落实依法治国基本方略和依法治省、依法治市部署要求的重大举措，是加快建设富强生态幸福现代化新昌乐奋斗目标的重要内容和有力保障。全面推进依法治县，要深入贯彻落实党的十八大和十八届三中、四中全会和省委十届十次全会、市委十一届七次全会精神，高举中国特色社会主义伟大旗帜，以马克思列宁主义、毛泽东思想、邓小平理论、“三个代表”重要思想、科学发展观为指导，深入学习贯彻习近平总书记系列重要讲话精神，围绕建设中国特色社会主义法治体系、建设社会主义法治国家总目标，坚持中国共产党的领导，坚持人民主体地位，坚持法律面前人人平等，坚持依法治国和以德治国相结合，坚持从实际出发，搞好统筹规划，扎实推进执法、司法、守法各个环节的工作，将法治建设贯穿于经济社会发展全过程，努力促进法治建设与经济、政治、文化、社会和生态文明建设同步发展。全县各级党组织和全体党员干部要切实增强依法治县的责任感和使命感，动员和组织全县上下、各行各业，以奋发有为的精神，扎实推进法治昌乐建设，为加快推动“三个昌乐”建设提供有力法治保障。

**二、增强宪法意识，确保宪法法律全面正确实施**

坚决维护宪法和法律权威，切实增强宪法意识，推动全面贯彻实施宪法，更好发挥宪法在全面建成小康社会、全面深化改革、全面推进依法治国中的重大作用。

（一）维护宪法和法律权威。坚持以宪法为根本活动准则，一切违反宪法的行为都必须予以追究和纠正。任何组织或个人都必须自觉贯彻宪法和法律的原则、精神和规定，不得有超越宪法和法律的特权。各级党组织要牢固树立法律红线不能触碰、法律底线不能逾越的观念，始终对宪法和法律保持敬畏之心。加强宪法和法律学习、教育和宣传，积极开展国家宪法日活动，弘扬宪法精神。

（二）健全宪法法律实施和监督制度。各级党委要带头遵守宪法和法律，支持人大及其常委会依法行使职权。切实发挥宪法法律赋予各级人大的监督职责，加强对法律法规实施情况和“一府两院”执法、司法工作的监督，确保法律法规得到有效实施，确保行政权、审判权、检察权得到正确行使。改进监督方式，健全听取审议专项工作报告、工作评议、视察、执法检查、专题询问等监督制度，加大询问、质询、特定问题调查等法定监督方式的运用，增强监督工作的针对性和实效性。落实宪法宣誓制度，凡经人大及其常委会选举或者决定任命的国家工作人员正式就职时公开向宪法宣誓。

**三、深入推进依法行政，加快建设法治政府**

坚持依法履行职能，科学民主决策，公正实施法律，规范行政行为，建立权责统一、权威高效的依法行政体制，加快建设职能科学、权责法定、执法严明、公开公正、廉洁高效、守法诚信的法治政府。

（一）依法履行政府职能。全县各级行政机关必须牢固树立法治观念和法治思维，坚持法定职责必须为，法无授权不可为。加快转变政府职能，优化政府组织结构，推进机构、职能、权限、程序、责任法定化。推行政府权力清单、责任清单、市场准入负面清单制度，建立完善依法审核、发布和动态管理工作机制，坚决消除权力设租寻租空间。加快建设行政权力运行平台、政务公开平台、法制监督平台、电子监察平台，切实规范行政权力运行。深化行政审批制度改革，大力推进简政放权，加强事中事后监管，完善政府管理和服务。推动县镇政府事权规范化、法制化，推进基本公共服务均等化。

（二）健全依法决策机制。进一步完善重大行政决策程序规则，严格落实重大行政决策公众参与、专家论证、风险评估、合法性审查和集体讨论决定的法定程序。健全重大决策草案听取意见制度，扩大行政决策公众参与度。完善重大决策听证制度，发挥决策咨询机构、专业咨询机构及学术性、专业性人民团体作用。探索建立第三方参与听证制度。完善决策风险评估机制，推动风险评估制度化、程序化、规范化。建立行政机关内部重大决策合法性审查机制，强化重大行政决策合法性审查，重大决策须经政府全体会议或常务会议集体讨论决定，提请审议前必须通过政府法制机构合法性审查，未经合法性审查或经审查不合法的不得提交讨论。积极推行政府法律顾问制度，各级政府及其工作部门健全专业的法律顾问队伍，完善法律顾问参与行政决策工作机制和保障机制，防范行政决策法律风险。建立重大行政决策终身责任追究制度及责任倒查机制，对决策严重失误或者依法应该及时作出决策但久拖不决造成重大损失、恶劣影响的，严格追究行政首长、负有责任的其他领导人员和相关责任人员的法律责任。

（三）推进行政执法体制改革。按照减少层次、整合队伍、提高效率的原则，科学划分执法权限，合理配置执法力量。整合、规范县镇两级政府行政执法队伍，按照权责利相统一的原则，理顺执法管理体制。推进执法重心下移，充实和加强镇级执法力量。推进综合执法，重点推进食品药品安全、工商质检、公共卫生、安全生产、文化旅游、资源环境、农林水利、交通运输、城乡建设等重点领域综合执法。积极推进跨部门、跨行业综合执法试点，探索在镇级政府设立统一的综合行政执法机构。建立行政执法争议协调机制，理顺行政强制执行体制和城管执法体制。严格执行罚缴分离和收支两条线管理制度。健全行政执法与刑事司法衔接机制，完善案件移送标准和程序，建立行政执法机关、公安机关、检察机关、审判机关信息共享、案情通报、案件移送制度，实现行政处罚和刑事司法无缝衔接。

（四）严格规范公正文明执法。完善行政执法程序，严格执行执法全程记录制度，制定完善行政许可、行政处罚、行政强制、行政征收、行政收费、行政检查等执法行为裁量标准和操作流程。积极探索涉企检查网上报备制度，规范行政执法涉企检查活动。落实重大执法决定法制审核制度。健全行政裁量权基准制度，完善行政裁量权决定、审核、发布和动态管理机制。加强行政执法人员动态管理，严格实行执法人员持证上岗和执法资格管理制度，推行执法人员培训考试积分制管理，提高执法人员准入门槛。加强行政执法信息化建设和信息共享，加强执法流程网上管理，提高执法效率和规范化水平。严格落实行政执法责任制，进一步明确不同部门及机构、岗位执法人员执法责任，健全完善责任追究机制，加强执法监督，坚决排除对执法活动的干预。加强行政执法案件管理，建立案件统一登记编号、执法过程评议、重大执法决定备案等制度，定期或不定期开展专项执法检查活动和案卷评查活动，严厉查处重点执法领域的违法案件，及时发现和纠正行政执法存在的突出问题。

（五）强化行政权力监督制约。加强党内监督、人大监督、民主监督、行政监督、司法监督、审计监督、社会监督、舆论监督制度建设，建立优势互补、监督有力、富有实效的监督体系，形成整体监督合力。加强对政府内部权力的制约，在财政资金分配使用、国有资产监管、政府投资、政府采购、公共资源转让、公共工程建设等权力集中部门和岗位，建立健全分事行权、分岗设权、分级授权和定期轮岗等相关配套制度，强化内部流程控制，防止权力滥用。完善纠错问责机制，健全问责方式和程序。健全政府内部层级监督和专门监督，完善监督管理体制。完善审计制度，落实审计整改责任制，保障依法独立行使审计监督权。建立公共资金、国有资产、国有资源和领导干部履行经济责任情况审计全覆盖制度。充分发挥行政执法监督员作用，加强重点执法领域巡视检查。加强和改进行政复议工作，完善相对集中行政复议职权制度和行政复议委员会工作机制，创新审理模式，加大行政复议纠错力度，提高行政复议的公信力和权威性。

（六）全面深化政务公开。坚持以公开为常态、不公开为例外，推进决策公开、执行公开、管理公开、服务公开、结果公开，制定完善相关制度机制。各级政府及其工作部门向社会全面公开政府职能、法律依据、实施主体、职责权限、管理流程、监督方式等事项，重点推进财政预算、公共资源配置、重大建设项目批准和实施、社会公益事业建设等领域的政府信息公开。面向社会服务的政府部门全面推进办事公开制度，规范和监督公共企事业单位办事公开工作。涉及公民、法人或其他组织权利和义务的规范性文件，实行统一登记、统一编制登记号、统一公布制度。定期清理公布规范性文件，不断优化政策环境。建立行政执法信息公示制度，依法公开执法案件主体信息、案由、执法依据、标准、程序和结果。创新政务公开方式，推进政务公开信息化，加强互联网政务信息数据服务平台和便民服务平台建设。

**四、保证公正司法，维护社会公平正义**

坚持把公正作为法治的生命线，积极稳妥推进司法体制改革，完善司法管理体制和司法权力运行机制，加强司法规范化建设，提高司法公信力，努力让人民群众在每一个司法案件中感受到公平正义。

（一）完善确保依法独立公正行使审判权和检察权的制度。各级党政机关和领导干部要支持法院、检察院依法独立公正行使职权。建立领导干部干预司法活动、插手具体案件处理的记录、通报和责任追究制度。任何党政机关和领导干部都不得让司法机关做违反法定职责、有碍司法公正的事情，任何司法机关都不得执行党政机关和领导干部违法干预司法活动的要求。对违法干预司法机关办案的，给予党纪政纪处分；造成冤假错案或者其他严重后果的，依法追究刑事责任。健全行政机关依法出庭应诉、支持法院受理行政案件、尊重并执行法院生效裁判的制度。建立健全司法人员履行法定职责保护机制，非因法定事由，非经法定程序，不得将法官、检察官调离、辞退或者作出免职、降级等处分。按照中央和省、市统一要求，积极推进司法体制改革。

（二）健全司法权力运行机制。优化司法职权配置，健全公安机关、检察机关、审判机关、司法行政机关各司其职，侦查权、检察权、审判权、执行权相互配合、相互制约的体制机制。改革法院案件受理制度，变立案审查制为立案登记制，对人民法院依法应该受理的案件，做到有案必立、有诉必理，保障当事人诉权。完善识别、防范、审查、惩处机制，加大对虚假诉讼、恶意诉讼、无理缠诉行为的惩治力度。完善刑事诉讼中认罪认罚从宽制度。探索建立刑事案件速裁机制。完善对涉及公民人身、财产权益的行政强制措施实行司法监督制度。建立督促起诉制度，完善检察建议工作机制，督促行政机关纠正违法行使职权或者不行使职权的行为。探索建立检察机关提起公益诉讼制度。明确司法机关内部各层级权限，健全内部监督制约机制，建立司法机关内部人员过问案件的记录制度和责任追究制度。完善司法责任制，推行主审法官、合议庭、主任检察官、主办侦查员办案责任制，落实谁办案谁负责。加强职务犯罪线索管理，健全受理、分流、查办、信息反馈制度，依法严格查办职务犯罪案件。保障人民群众参与司法调解、司法听证、涉诉信访等司法活动，完善人民陪审员制度，规范人民陪审员选任条件，扩大参审范围，完善随机抽选方式，强化履职保障，提高人民陪审制度公信度。全面推进阳光司法工程，加强司法信息化建设，推进审判公开、检务公开、警务公开，落实公开审查答复制度，全面推行检察宣告制度，建立生效法律文书统一上网和公开查询制度，加强法律文书释法说理，利用好司法机关门户网站、微博、微信等平台。

（三）推进严格规范司法。坚持以事实为根据、以法律为准绳，健全事实认定符合客观真相、办案结果符合实体公正、办案过程符合程序公正的法律制度。注重发挥案例指导制度的作用，严格法律适用标准，全面推进量刑规范化和民商事、行政案件裁判标准规范化。推进以审判为中心的诉讼制度改革，确保侦查、审查起诉的案件事实证据经得起法律的检查。严格执行证据裁判规则，建立侦查机关、检察机关对所有询问活动、重要取证活动同步录音、录像制度，依法收集、固定、保存、审查、运用证据，完善证人、鉴定人出庭制度。完善案件流程监控、质量评查、考核评价体系，明确各类司法人员工作职责、工作流程、工作标准，实行办案质量终身负责制和错案责任倒查问责制，确保案件处理经得起法律和历史检验。

（四）完善人权司法保障制度。切实保证诉讼过程中当事人和其他诉讼参与人的知情权、陈述权、辩护辩论权、申请权、申诉权。健全落实罪刑法定、疑罪从无、非法证据排除等法律原则的制度。完善对限制人身自由司法措施和侦查手段的司法监督，加强对刑讯逼供和非法取证的源头预防，健全冤假错案有效防范、及时纠正机制。建立对犯罪嫌疑人、罪犯的辩解、申诉、控告认真审查、及时处理机制，完善侦查、起诉和审判环节重视律师辩护、代理意见工作机制。切实解决执行难，规范查封、扣押、冻结、处理涉案财物的司法程序，完善失信被执行人信用监督、威慑和惩戒机制，健全完善人民法院与金融、房管、工商等职能部门联动的司法查控网络平台，依法保障胜诉当事人及时实现权益。落实终审和诉讼终结制度，实行诉访分离，保障当事人依法行使申诉权利。对不服司法机关生效判决、决定的申诉，逐步实行由律师代理制度。对聘不起律师的申诉人，纳入法律援助范围。完善社区矫正制度，规范社区矫正工作标准和流程，加强专门机构、专职队伍、基础设施和经费保障机制建设，完善部门衔接配合机制，鼓励和支持社会工作服务机构、社会工作者、志愿者参与社区矫正工作。

（五）完善司法活动监督制约机制。完善侦查监督机制，探索建立重大、疑难案件侦查机关听取检察机关意见和建议的制度。完善刑事审判监督机制，规范检察长列席人民法院审判委员会会议的职责、范围和程序，推进刑事申诉案件办理程序改革。完善羁押、监管活动和刑罚执行监督机制，加强对刑罚变更执行的法律监督。健全民事行政检察工作机制，完善对民事执行活动、行政诉讼法律监督的范围、方式和程序。完善人民监督员制度，重点监督检察机关查办职务犯罪的立案、羁押、扣押冻结财物、起诉等环节的执法活动。健全司法机关和社会公众有效沟通机制，及时回应社会关切。规范媒体对案件的报道，防止舆论影响司法公正。依法规范司法人员与当事人、律师、特殊关系人、中介组织的接触、交往行为，对因违法违纪被开除公职的司法人员、吊销执业证书的律师和公证员，终身禁止从事法律职业，构成犯罪的依法追究刑事责任。健全司法人员惩戒制度，明确惩戒标准和责任承担方式，对司法领域的腐败零容忍，坚决清除害群之马。

**五、增强全民法治观念，提升社会建设法治化水平**

坚持把全民普法和守法作为法治昌乐建设的长期基础性工作，深入开展法治宣传教育，培育法治理念，弘扬法治精神，建设社会主义法治文化，形成守法光荣、违法可耻的社会氛围，推动全社会崇尚法治、厉行法治。

（一）健全社会普法教育机制。各级党委和政府加强对普法工作的领导，强化普法领导小组及其办公室职能，发挥好宣传、文化、教育部门和人民团体在普法教育中的作用。落实“谁主管谁普法、谁执法谁普法”普法责任制，建立法官、检察官、行政执法人员、律师等以案释法制度，加强普法办公室专职队伍和法学会、普法讲师团、普法志愿者队伍建设。深入实施普法依法治县规划，突出抓好以宪法为核心的中国特色社会主义法律体系宣传教育，积极开展主题法治宣传教育活动，每年12月4日集中开展国家宪法日宣传活动，在全社会形成办事依法、遇事找法、解决问题用法、化解矛盾靠法的法治环境。深化法律进机关、进乡村、进社区、进学校、进企业、进单位，加强重点对象学法用法，突出抓好国家工作人员特别是领导干部的法治宣传教育，完善国家工作人员学法用法制度，把宪法法律列入党委（党组）中心组学习内容，纳入党校必修课程。建立并实行公务员岗前考法和新任职领导干部任前考法制度。突出抓好青少年的法治宣传教育，把法治教育纳入国民教育体系，完善“法治进校园”工作机制，在中小学普遍设立法治知识课程，建立健全“法治校长”和“法治辅导员”队伍。加强法治宣传阵地建设，充分发挥传统媒体和新媒体的作用，健全媒体公益普法制度，拓展法治公园、法治广场等法治阵地。坚持法治与德治相融合，把法治教育纳入精神文明创建内容，广泛开展群众性法治文化活动。加强社会主义核心价值观宣传教育，弘扬公序良俗，引导人们自觉履行法定义务、社会责任、家庭责任。完善公民和组织守法诚信褒奖机制和违法失信行为惩戒机制，增强全社会诚信守法的思想和行动自觉，树立诚信昌乐良好形象。

（二）构建全方位多层次的依法治理体系。坚持系统治理、依法治理、综合治理、源头治理，提高社会治理法治化水平。深入开展法治县、法治镇（街、区）和民主法治示范村（社区）、依法行政示范单位等创建活动，落实“谁主管谁负责”的依法治理责任制，加强社会热点难点问题依法治理，深化基层组织和部门、行业依法治理，建立健全群众自主、自治、自我服务管理机制。发挥市民公约、乡规民约、行业规章、团体章程等社会规范在社会治理中的积极作用。建立健全社会组织参与社会事务、维护公共利益、帮教特殊人群、预防违法犯罪的机制和制度化渠道，支持行业协会商会类社会组织发挥行业自律和专业服务功能。支持和保障社会组织依法自律，发挥社会组织对其成员的行为导引、规则约束、权益维护作用。加强在昌境外非政府组织管理，引导和监督其依法开展活动。做好在昌少数民族群众服务管理工作，依法妥善处置涉及民族、宗教等因素的社会问题，促进民族关系、宗教关系和谐。

（三）建立科学完备的公共法律服务体系。把法律服务纳入全县公共服务发展总体规划，建设规模适度、结构合理、服务优良、运行有序、覆盖城乡的公共法律服务体系。落实法律援助政府责任，降低援助门槛，扩大援助覆盖面，加强援助质量监督，通过政府购买法律服务和提高法律援助办案补贴等途径，让困难群众和特定当事人获得及时有效法律保护。落实司法援助制度，健全完善对因遭受犯罪侵害或民事侵权无法获得有效赔偿、生活困难当事人的国家司法救助制度。发展律师、公证等法律服务业，统筹城乡、区域法律服务资源，实现法律服务资源区域分布合理、业务结构均衡发展。健全统一司法鉴定管理体制，优化司法鉴定机构布局，提高司法鉴定质量。规范和拓展基层法律服务，为基层组织和广大群众提供便捷高效的服务。

（四）健全依法维权机制。强化法律在维护群众权益、化解社会矛盾中的权威地位，引导和支持人们通过法定程序理性表达诉求，依靠法律手段解决纷争，运用法律武器维护权益。推动对维护群众利益具有重大作用的制度体系建设，健全完善利益表达机制、协商沟通机制、救济救助机制，畅通群众利益协调、权益保障法律渠道，解决好群众最直接最现实的利益问题。把信访纳入法治化轨道，既依法保护群众的信访权利，又改变部分群众“信访不信法，信上不信下”的不正常现象。加大对各类非正常上访行为的依法处理力度，树立“无理不能违法上访、有理也不能违法上访”的正确导向，保障合理合法诉求依照法律规定和程序就能得到合理合法的结果。建立涉法涉诉信访事项导入司法程序机制，依法完善涉法涉诉信访终结办法，建立完善律师、基层法律服务工作者参与接访和化解信访案件工作机制。以网格化管理、社会化服务为方向，健全基层综合服务管理平台，及时反映和协调群众诉求。以法治为引领，深入推进平安昌乐建设，加强社会治安综合治理，全面落实维护社会稳定责任制。依法严厉打击暴力恐怖、涉黑犯罪、邪教和黄赌毒等违法犯罪活动，依法强化危害食品药品安全、影响安全生产、损害生态环境、破坏网络安全等重点问题治理，增强人民群众安全感。

（五）完善依法化解纠纷机制。完善社会矛盾纠纷预防化解机制，开展常态化、动态化、规范化的排查调处工作。完善重大政策、重大决策和重点项目立项稳定风险评估程序和办法，把社会稳定风险评估作为决策实施前置条件和必经程序。广泛发动群众参与社会矛盾化解，推动矛盾化解与法治教育、法律服务有机融合，把社会矛盾纳入法治化轨道解决。健全人民调解“网格化”管理机制，加强医患、道路交通、劳动人事、环境保护等行业性、专业性人民调解组织建设，健全调解、仲裁、行政裁决、行政复议、诉讼等有机衔接、相互协调的多元化纠纷解决机制，完善人民调解、行政调解、司法调解联动工作体系。加强征地拆迁、环境保护、工资福利和历史遗留问题等重点领域矛盾纠纷的排查化解，增强矛盾纠纷化解的针对性和有效性。完善仲裁制度，提高仲裁公信力。加强行政调解和行政裁决工作，强化行政机关解决同行政管理活动密切相关的民事纠纷功能，真正把矛盾纠纷解决在基层，消除在萌芽状态。

**六、加强法治工作队伍建设，为法治昌乐建设提供组织和人才保障**

坚持以提高思想政治素质、业务工作能力、职业道德水准为重点，着力建设一支忠于党、忠于国家、忠于人民、忠于法律的社会主义法治工作队伍。

（一）加强法治专门队伍建设。坚持把思想政治建设摆在首位，加强理想信念教育，深入开展社会主义核心价值观和社会主义法治理念教育，坚持党的事业、人民利益、宪法法律至上，加强执法、司法等法治专门队伍建设。把领导班子建设作为关键，突出政治标准，把善于运用法治思维和法治方式推动工作的人优先选拔到执法、司法机关领导岗位上来。按照正规化、专业化、职业化建设要求，提高法治专门队伍职业素养和专业水平。畅通执法、司法部门干部和人才相互之间以及与其他部门具备条件的干部和人才交流渠道，落实从符合条件的律师、法学专家中招录法官、检察官制度和从政法专业毕业生中招录人才的规范便捷机制，畅通具备条件的军队转业干部进入法治专门队伍的通道。司法管理体制改革到位后，配合推行法官、检察官逐级遴选制度。创新法治人才培养机制，引导广大法学理论工作者坚持正确的政治方向。注重中青年法律理论人才的培养，建立优秀人才脱颖而出、人尽其才的良好机制。

（二）加强法律服务队伍建设。加强律师队伍思想政治建设，把拥护中国共产党领导、拥护社会主义法治作为律师从业的基本要求，增强广大律师走中国特色社会主义法治道路的自觉性和坚定性。积极构建社会律师、公职律师、公司律师等优势互补、结构合理的律师队伍。加强律师职业道德教育和业务能力培训，提高律师队伍素质，制定落实律师执业权利保障机制和办法。加强律师事务所管理，发挥律师协会自律作用，规范律师执业行为，监督律师严格遵守职业道德和职业操守，强化准入、退出管理，完善律师违法违规执业惩戒制度。加强律师行业党的建设，实现党的组织和工作在律师行业的全覆盖，切实发挥律师事务所党组织的政治核心作用和党员律师的先锋模范作用。各级党政机关和人民团体普遍设立公职律师，企业可设立公司律师，参与决策论证，提供法律意见，促进依法办理，防范法律风险。明确公职律师、公司律师法律地位及权利义务，理顺公职律师、公司律师管理体制机制。推动法律服务志愿者队伍建设，引导和鼓励法律服务人员主动参与社会公益法律服务活动，履行社会责任。

（三）加强基层法治队伍建设。坚持把基层法治队伍建设作为法治昌乐建设的重要基础工程，强化基层法治队伍，推进法治干部下基层活动。高度重视和切实加强党建工作，发挥基层党组织在全面推进依法治县中的战斗堡垒作用，增强基层干部法治观念、法治为民的意识，提高依法办事能力。加强各级政府法律机构专业化、职业化建设，切实发挥各级政府法制机构在推进法治政府建设中的作用。健全基层法治机构，着力抓好人民法庭、派驻检察室、公安派出所、司法所等基层单位建设，改善基层基础设施和装备条件，大力发展公证员、基层法律服务工作者、人民调解员队伍，强化社区矫正人员、公益律师的招录配备，落实经费保障和政策待遇，建立重心下移、力量下沉的法治工作保障机制。建立激励法律服务人才跨区域流动机制，逐步解决基层和农村地区法律服务资源不足和高端人才匮乏问题。

## 七、加强和改进党的领导，保障依法治县工作顺利推进

坚持党对全面推进依法治县、加快法治昌乐建设的领导，充分发挥党总揽全局、协调各方的领导核心作用，不断开创依法治县新局面。

（一）完善领导体制和工作机制。建立党委统一领导、统一部署、统筹协调，各方分工负责、齐抓共管，社会各界和人民群众广泛参与的法治工作推进机制。完善党委依法决策机制、定期听取政法机关工作汇报制度。党政主要负责人要履行推进法治建设第一责任人职责。各级党委要领导和支持工会、共青团、妇联等人民团体和社会组织在法治昌乐建设中积极发挥作用。各级人大、政府、政协、审判机关、检察机关的党组织和党员干部要坚决贯彻党的理论路线方针政策，贯彻党委决策部署，党组织要领导和监督本单位模范遵守宪法法律，坚决查处执法犯法、违法用权等行为。政法委员会是党委领导政法工作的组织形式，必须长期坚持。县委政法委要把着力点放在把握政治方向、协调各方职能、统筹政法工作、建设政法队伍、督促依法履职、创造公正司法环境上，带头依法办事，保障宪法法律正确统一实施。建立健全政法机关党组织重大事项向党委报告制度。加强政法机关党的建设，在法治建设中充分发挥党组织政治保障作用和党员先锋模范作用。建立健全依法治县工作目标责任制，完善考核评价标准，实施分类考核，加强监督检查，切实把法治建设成效作为衡量各级领导班子和领导干部工作实绩的重要内容，纳入政绩考核指标体系和领导干部任期目标管理责任制。

（二）严格执行党内法规制度。各级党组织和全体党员要坚决贯彻执行党章，做到自觉学习党章、遵守党章、贯彻党章、维护党章。提高党内法规执行力，运用党内法规把党要管党、从严治党落到实处。模范遵守国家法律，按照党规党纪以更高标准严格要求自己，坚定思想信念，践行党的宗旨，坚决同违法乱纪行为作斗争。严守政治纪律和政治规矩，确保党的团结统一。严格执行领导干部政治、工作、生活待遇方面各项规定，坚决整治各种特权行为。深入开展党风廉政建设和反腐败斗争，严格落实党风廉政建设党委主体责任和纪委监督责任，对腐败行为和腐败分子依纪依法予以坚决惩处。

（三）提高党员干部法治思维和依法办事能力。党员干部特别是领导干部作为法治昌乐建设的重要组织者、推动者、实践者，要自觉加强法治修养，提高运用法治思维和法治方式深化改革、推动发展、化解矛盾、维护稳定能力，带头敬畏法治、信仰法治、厉行法治。完善干部教育培训规划，分级分类对党政领导干部进行法治专题培训。把能不能遵守法律、依法办事作为考察干部重要内容，相同条件下优先提拔使用法治素养好、依法办事能力强的干部。对特权思想严重、法治观念淡薄的干部要批评教育，不改正的要调离领导岗位。坚持把党员干部过硬作风建设作为法治昌乐建设的重要保障，发扬敢于担当、勇于负责的精神，以踏石留印、抓铁有痕的劲头，确保全面推进依法治国决策部署落地生根。

全县各级党组织要认真贯彻落实本实施意见精神，健全党委统一领导和各方分工负责、齐抓共管的责任落实机制，制定实施方案，确保各项措施落到实处。

各级党组织和全体党员干部要紧密团结在以习近平同志为总书记的党中央周围，深入学习贯彻党的十八届四中全会、省委十届十次全会和市委十一届七次全会精神，深入扎实全面推进依法治县，为建设法治昌乐而努力奋斗！

## 中共昌乐县委　昌乐县人民政府<br>关于进一步加强安全生产工作的意见

乐发〔2015〕2号

（2015年1月17日）

为深入贯彻落实党的十八大和十八届三中、四中全会精神，有效防范生产安全事故，坚决杜绝较大及以上事故发生，维护群众切身利益，推动实现安全发展，根据新修订实施的《安全生产法》和省委办公厅、省政府办公厅《关于进一步加强安全生产工作的意见》（鲁办发〔2014〕32号）以及市委、市政府《关于进一步加强安全生产工作的意见》（潍发〔2014〕19号）要求，结合我县实际，现就进一步加强安全生产工作提出如下意见。

**一、切实把安全生产工作摆上“高于一切、先于一切、重于一切”的位置**

1. 着力强化安全生产意识。安全生产事关人民群众生命财产安全，事关改革发展稳定大局，事关党和政府形象。党的十八大明确提出，要强化公共安全体系和企业安全生产基础建设，遏制重特大安全事故。党的十八届三中全会通过的《中共中央关于全面深化改革若干重大问题的决定》，把深化安全生产管理体制改革、建立隐患排查治理体系和安全预防控制体系、遏制重特大安全事故，作为创新社会治理体制、健全公共安全体系的重要内容。习近平总书记强调指出：“发展决不能以牺牲人的生命为代价，这要作为一条不可逾越的红线”。各级各部门各单位要以对人民群众生命高度负责、对党委政府形象高度负责的态度，把安全生产摆上经济发展和社会治理体系建设的突出位置，进一步强化底线思维，坚持重在落实的要求，完善机制、强化责任、严格监管，切实把安全生产责任和任务落到实处，努力推动全县安全生产与经济社会协调发展。

2. 安全生产工作的总体要求和目标任务。牢固树立科学发展、安全发展理念，坚持“安全第一、预防为主、综合治理”的方针，以最严格的要求落实安全生产责任，以最有效的手段深化隐患排查整改，以最严明的纪律加强安全监管队伍建设，分级分类落实责任，着力解决制约安全发展的突出矛盾和问题，加快安全生产法治化进程，坚决守住“发展决不能以牺牲人的生命为代价”这条红线。力争到2020年，各类生产安全事故得到有效防范，坚决杜绝较大以上事故，事故总量明显下降，全县安全生产形势持续稳定好转。

**二、建立健全“一岗双责、齐抓共管，党政同责、常务分管，安监专责、严查促管”的责任体系**

1. 强化党委、政府对安全生产工作的领导责任。各级党委要把安全生产工作纳入党委工作总体目标，作为党委工作的重要方面，作为领导干部教育培训和宣传思想工作、精神文明建设、党风廉政建设的重要内容，与其他工作同谋划、同部署、同落实、同检查。要深入研究安全生产体制机制和干部队伍建设等重大问题，加强安监部门领导班子建设。加大安全生产工作考核力度，将考核结果作为干部选拔任用、奖励惩戒的重要依据或否决事项。支持政府及相关职能部门依法履行职责，支持人大、政协及社会组织积极推进安全生产工作，发挥社会和舆论监督作用，推动形成齐抓共管的格局。

各镇（街、区）要按照《安全生产法》等法律法规和相关要求，对辖区内安全生产工作全面负责。要把安全生产工作纳入经济社会发展总体布局，统筹研究谋划，认真组织落实。政府主要负责人是安全生产第一责任人，常务副职分管安全生产综合监管工作、承担安全生产综合监管领导责任，其他领导同志按照职责分工和“一岗双责”要求，承担分管领域安全生产工作的直接领导责任。要把抓好安全生产与促进腾笼换鸟、转型升级结合起来，充分发挥政策导向和市场机制作用，加快产业结构调整，积极推广应用新产品、新技术、新工艺，加快淘汰落后产能，提升企业安全保障能力。设立安全生产专项资金，加强安全监管体系建设，完善安全生产行政责任制、目标责任制和相关政策措施。加强安全文化建设，着力抓好安全生产教育培训，有效提升从业人员的安全意识和防范、处置能力。深入开展安全生产大检查和督查、督导活动，严厉打击违法生产经营建设行为，切实做到彻查隐患、全面整改。建立健全安全生产应急救援指挥体系，及时组织事故应急救援工作。依法组织事故调查处理，严肃追究相关人员的责任，确保防范措施和责任处理落实到位。

2. 落实行业主管部门直接监管责任。坚持“管行业必须管安全、管业务必须管安全、管生产经营必须管安全”和“谁主管、谁负责”的原则，行业主管部门要充分发挥本行业安全生产监督管理主体作用。部门主要负责人是本行业安全生产管理的第一责任人，其他负责人按照“一岗双责”要求抓好相关领域安全生产工作。要依法加强对本行业和业务范围内安全生产工作的指导和管理，组织制定本行业安全发展规划和安全标准，加强行业安全宣传教育，抓好安全生产科技攻关和新技术、新工艺的推广运用，积极组织开展隐患排查治理工作。承担行政审批职能的部门在项目审批、核准、备案过程中，要依法依规审查审核涉及安全生产的事项。负有社会管理职能的部门要认真履行本行业的安全管理职责，规范生产、经营、建设秩序。负有安全生产监督管理职责的部门要依法做好相关领域的安全生产监督管理工作，加强监督检查，严肃查处安全生产违法违规行为。国有资产监督管理部门要指导和监督相关企业做好安全生产工作。

3. 落实安监部门综合监管责任。安监部门依法对全县安全生产工作实施综合监督管理。要定期分析安全生产形势，加强工作指导和政策引导，及时组织开展安全生产检查活动，抓好安全生产宣传、教育、培训，做好生产安全事故应急救援协调工作，开展对事故查处和责任追究落实的监督检查。加强对各镇（街、区）、县直有关部门安全生产工作的协调指导、监督检查和考核评估，及时向县委、县政府报告情况。

4. 落实生产经营单位主体责任。生产经营单位是安全生产的责任主体，主要负责人对本单位安全生产和职业健康全面负责。生产经营单位要加快建立与市场机制和现代企业制度相适应的安全管理体系，切实做到安全投入到位、教育培训到位、基础管理到位。要按照《山东省生产经营单位安全生产主体责任规定》（省政府令第260号），健全安全生产规章制度，严格落实以主要负责人为核心的安全生产责任制。要深入推进安全生产标准化规范化建设，强化安全生产的计划、组织和协调，实行全员、全过程、全方位安全管控，不断提高安全生产管理水平。要依法配齐工程技术人员、注册安全工程师和安全管理人员，认真执行消防技术标准要求，按规定使用建筑和装修材料，配齐安全设施和器材，提高安全操控能力。完善安全生产工作体系，依法做好隐患排查治理和事故报告、应急救援、善后处理等工作。重视抓好对职工的安全教育培训，严格落实安全生产岗位责任，督促职工自觉遵守管理制度，以岗位安全保障单位安全。加强对外来承包和施工队伍的安全管理，明确发包方和承包方的安全责任和义务，把外来务工人员纳入使用单位统一管理。

5. 落实社会各界支持和参与安全生产工作的责任和义务。各级工会要充分发挥维护职工权益的职能作用，深入开展“查隐患、促安全”活动，鼓励广大职工踊跃参与，依法保障职工的生命安全与健康。各级共青团要发动青年员工积极参与安全生产示范岗、安全生产标兵等活动，增强员工安全生产的自觉性。各级妇联要组织妇女积极开展平安家庭、巾帼文明岗等安全生产活动。各行业协会要发挥专业特长和行业组织优势，主动参与政府及有关部门组织的安全检查、督查工作，努力为生产经营单位提供安全生产服务。各新闻媒体要担负起宣传普及安全知识、增强公众安全意识和舆论监督的责任，营造尊重生命、爱护生命的良好氛围。社会各界和广大群众都要积极参与安全生产工作，勇于举报不法行为，形成群策群力防范生产安全事故的社会环境。

三、健全隐患排查治理体系

1. 构建以生产经营单位为主体的隐患排查治理机制。生产经营单位是隐患排查、整改、消除的责任主体，要注重发挥安全管理人员、注册安全工程师、安全专家以及企业员工的作用，开展常态化的隐患排查治理，切实做到“先安全后生产，不安全不生产”。要成立专门队伍，建立安全生产24小时巡查制度。实行安全专家检查、第三方检查与企业自查自纠相结合的隐患排查治理机制，聘请技术服务机构和安全专家对复杂工艺装备及安全防护设施进行定期诊断和安全评估。依法依规建立事故隐患排查、登记、报告、整改制度，实行“闭环管理”，确保整改责任、资金、措施、时限和应急预案“五落实”。

2. 加强对隐患排查治理的监督检查。要高度重视系统性风险和安全隐患的排查治理，明确有关部门、单位的监督治理责任，提高化解风险能力。对建筑施工、油气管线、化工企业、非煤矿山以及交通运输、特种设备、人员密集场所等存在的系统性风险进行安全评估，及时修订规划、调整布局、完善措施、消除隐患。有关部门要对存在的安全隐患列出清单、制定方案、落实责任，完善重大隐患公告和整改督办制度，建立重大隐患和重大危险源管理档案，加强对生产经营单位隐患自查自纠情况的监督检查，对达不到安全生产条件的企业依法责令停产停业整顿。实行事故企业隐患排查整改责任倒查制度，对因排查治理和监督检查不到位导致生产安全事故的，严肃追究相关人员的责任。

3. 提高隐患排查治理检查职业化和专业化水平。各级各有关部门要围绕实施“诊断式”排查，加强对安全生产执法人员的技能培训，完善设施设备配置，提高发现和识别隐患的能力。注重发挥协会学会、中介机构和安全专家的作用，采取政府购买服务等方式，对生产经营单位进行抽查和“会诊”，及时发现问题、提出建议，督促生产经营单位从根本上消除隐患。鼓励生产经营单位与各类技术服务机构签订安全生产服务协议，有偿获得安全生产相关服务。

四、深入开展“打非治违”和重点行业领域专项整治

1. 保持“打非治违”高压态势。建立健全政府统一领导、行业主管部门牵头、相关单位参与的工作机制，严厉查处各种违法生产经营建设行为，规范安全生产秩序。加强对生产现场的监督检查，督促生产经营单位落实危害辨识、预判分析、预防保护、现场跟班、监督作业等制度措施，确保安全生产。强化执法监察，对违法生产经营单位依法采取停产整顿、关闭取缔、上限处罚、严厉追责等措施。加强企业安全生产诚信机制建设，建立生产经营单位安全生产违法行为记录，并通报金融、发改、财政、国土、工商等部门，构建与企业信誉、证券融资、银行贷款、项目立项等相挂钩的安全生产约束机制。建立安全生产“黑名单”信息库，将拒不整改重大隐患、拒不执行政府监察指令、拒不落实事故整改措施的单位和个人列入“黑名单”，并通过新闻媒体公开曝光，强化安全生产诚信约束。

2. 深化重点行业领域安全专项整治。定期组织开展重点行业安全隐患排查，及时发现问题，落实整改措施。深入推进瓦斯、水害等煤矿安全整治，继续做好非煤矿山整顿工作，全面提升非煤矿山的安全生产水平。深化“平安行·你我他”行动，集中解决危险路段、重点车辆等存在的突出问题。积极推进燃油助力车、机（电）三轮车安全整治工作，加强对生产销售的安全监管和使用环节的执法管理。强化危险化学品和烟花爆竹安全整治，抓好生产、经营、储存、运输、使用等各环节的安全监管。加强对锅炉、压力容器、压力管道、电梯等特种设备的安全整治。深入排查学校、幼儿园、商场、宾馆、医院等人员密集场所和高层、地下公共场所火灾隐患，扎实推动整改落实。加大油气管线专项整治力度，有效管控系统性风险。深入推进建筑施工、民爆器材、粉尘作业场所、涉氨制冷企业、农机等领域安全整治，加强对事故易发多发环节和关键部位的安全监管。做好职业卫生监管工作，有效开展高危粉尘和高毒物品职业病危害治理工作。

3. 严格安全生产资质管理。安全生产证照发证机关和有关部门要严格执行资质管理规定，认真检查本行业和领域涉及安全生产的证照资质，深入

开展安全生产资质专项检查，严厉查处无证或证照不全等行为。员工上岗前必须经过安全培训，有资质要求的作业人员必须持证上岗。

**五、加强安全生产应急救援管理**

1. 健全应急救援体系。各级各部门要加强对安全生产应急救援工作的领导，健全完善应急管理组织体系。着力加强县级、区域性和重点行业应急救援队伍建设，形成布局合理、功能完善、保障有力的应急救援体系。加强应急救援装备建设，搞好应急物资和紧急运输能力储备，提高应急救援保障能力。建立紧急医学救援体系，提升事故医疗救治能力。生产经营单位要完善应急管理制度，配备必要的应急设备。大型企业要建立安全生产应急机构，中小企业要指定专人负责应急管理工作，高危企业要建立专（兼）职应急救援队伍，搞好应急物资储备和管理。鼓励和支持各级各部门各行业依托大型企业和专业救援力量，加强应急救援能力建设。完善应急救援队伍社会化服务补偿机制，积极引导社会力量参与应急救援。

2. 加强预案管理和应急演练。建立安全生产应急预案体系，加强动态修订和完善。落实安全生产应急预案报备制度，推动企业应急预案与政府相关应急预案有效衔接。各级各有关部门要建立应急预案演练制度，坚持实地、实战演练，定期组织开展政企联合、社企联动、多部门协作的应急演练，不断完善应急预案。各生产经营单位要积极推进应急预案演练常态化，不断提高防灾避险、遇险逃生和救援实战能力。建立自然灾害预报预警与事故灾难预防联动机制，共享信息，协调动作，形成一体化防范事故灾难的格局。加快应急救援信息化建设，建立应急平台，强化应急救援信息和技术支撑。

3. 提高事故应急处置能力。加强应急值守，强化舆情监控，搞好沟通协调，及时、准确发布事故信息，有效引导社会舆论。注重事故防范日常保障工作，提高单位发生事故先行处置能力，把握现场应急处置的主动权。赋予企业生产现场带班人员、班组长和调度人员遇到险情时第一时间下达停产撤人命令的直接决策权和指挥权。加强事故现场指挥协调，落实通告、警戒和道路疏通、人员疏散等必要的应急措施，防止事故扩大和引发次生灾害。完善事故单位与政府应急救援联动机制，统筹协调各类救援力量，着力搞好专业人员和设施装备组织调度，切实增强救援能力。建立事故应急救援分级指导、总结评估和考核奖惩制度，全面提高应急管理水平。

**六、强化安全生产基层基础工作**

1. 推进安全生产法治化。以贯彻新修订的《安全生产法》为契机，认真落实安全生产法律法规和政策规定，加快安全生产地方标准建设。加大安全生产法律法规实施力度，严格依法行政，加强执法监督，形成依法生产经营、依法监督管理的法治秩序，把安全生产工作纳入法治化轨道。

2. 提高全民安全生产素质。大力宣传安全生产法律法规和政策规定，加强安全生产公益宣传，普及安全生产知识。建立领导干部安全生产轮训制度，促其提高安全生产管理能力。加大安全生产人才培养力度，将安全生产纳入国民教育范畴，各类就业培训机构要将安全生产作为培训的重要内容。加强对企业人员的安全培训，鼓励大型企业和培训机构向中小企业提供培训服务。加强安全生产警示教育，增强公民防范生产安全事故的自觉意识。

3. 强化安全生产预防控制。各镇（街、区）在制定区域发展规划时要同步明确安全生产目标和各项专业规划。规划制定必须坚持安全第一的原则，搞好风险评估，确保不留隐患。严格安全事项审核，在项目、企业、园区建设过程中，要严格落实安全生产许可制度和建设项目安全设施、职业病防护设施“三同时”制度，把好市场准入关，从源头上减少安全隐患。深化安全社区、安全文化示范企业创建活动，营造浓厚的安全文化氛围。

4. 加大安全生产投入。探索建立政府、企业和社会共同投入安全生产的长效机制，完善有利于安全生产的财政、税收、信贷政策。县级统筹安排安全生产专项资金，保障行业主管部门和负有安全生产监管职责的部门安全生产工作经费，确保安全生产工作需要。生产经营单位要依法保证必要的安全投入，不断提高员工安全素质和安全设施装备水平。全面推进安全生产责任保险制度，建立安保互动机制，有效提升安全生产社会保障化水平。

5. 提高“科技兴安”水平。完善安全生产监管执法检测、应急救援、重大危险源监控等先进设备配置，提高监管装备水平和监管信息化程度。鼓励开发、推广和应用有利于安全生产和劳动保护的新技术、新工艺、新设备、新材料。引导企业加强安全技术改造，加快淘汰落后技术、工艺和设备，提高生产机械化、自动化和信息化水平。

6. 加强安全监管机构和队伍建设。要高度重视安监机构和队伍建设，着力充实和加强基层安监执法力量。各行业主管部门和负有安全生产监督管理职责的部门要成立专门的安全监管科室，有针对性地加强安全监管力量，配备执法车辆和其他必需装备，单列安全生产监管经费。各镇（街、区）要配足配强专职安全监管人员，提升执法装备水平，实现安全监管全覆盖。各村（社区）党组织书记、主任兼任安全管理员，协助镇（街、区）党（工）委、政府（办事处、管委会）做好辖区内安全生产工作。认真落实人社部、财政部《关于实行安全生产监管监察岗位津贴的通知》（人社部发〔2012〕55号）有关要求，结合我县实际，尽快落实安全生产监管岗位津贴政策。加强安全监管人员政治素质、业务能力和思想作风建设，努力打造一支政治坚定、业务精通、作风过硬、纪律严明的安全监管队伍。各级安全监管人员要廉洁自律，依法履职，做到严格、公正、文明执法。

**七、加强对安全生产工作的组织领导**

1. 深入研究推进安全生产工作。各镇（街、区）党（工）委每年至少召开2次领导班子会议，研究解决安全生产工作中的重大问题，确保党的安全生产方针贯彻落实。各镇（街、区）政府（办事处、管委会）每季度至少召开1次领导班子会议，听取安全生产工作汇报，研究部署重点任务。组织部门要注重安监干部的选拔、培养和交流，从政治上关心他们的成长。宣传部门要加强安全生产宣传教育，发挥好舆论监督作用。综治部门要把安全生产工作纳入社会治理体系的重要内容，统筹研究部署，扎实推动落实。机构编制管理部门要根据安全保障任务需要，进一步明确有关行政管理部门的安全生产管理职责。安监部门每季度要向组织部门报送安全生产情况，作为干部选拔任用、奖励惩戒的重要依据。坚持领导干部进工地、下车间督导检查安全生产制度，县级领导每月至少1次，镇（街、区）和县直部门、单位领导班子成员每月至少2次。各级各部门领导班子及成员在年度述职时，要按照“党政同责、一岗双责”要求，对职责范围内的安全生产工作进行述职。

2. 充分发挥政府安全生产委员会的组织和协调作用。县政府主要负责人担任县政府安全生产委员会主任，其他有关负责人担任副主任，各镇（街、区）党（工）委书记担任同级安全生产委员会主任。安全生产委员会每季度召开1次安全生产例会，根据上级党委、政府关于安全生产工作的指示要求，研究制定政策措施，协调解决区域内安全生产工作难题。在重点行业和领域建立安全生产专业委员会，由镇（街、区）分管负责人任主任，组织协调和督促落实相关行业安全生产工作。县政府安全生产委员会及其办公室要加强对各镇（街、区）和县直有关部门、单位安全生产工作的协调和督查，定期通报情况，督促抓好整改，确保工作落实。

3. 全面落实安全生产监督管理责任制。各级各部门要进一步细化安全生产监督管理职责，健全安全生产行政责任体系。积极推行安全生产“网格化”管理和监管责任“实名制”，确保每个生产经营单位和生产经营区域内都有相应监管人员依法进行监督管理。严格安全生产目标管理，强化目标责任考核。县政府每年与各镇（街、区）和县直有关部门、单位签订安全生产目标责任书，各镇（街、区）、县直各行业主管部门也要与本辖区、本系统、本行业的生产经营单位签订安全生产目标责任书和承诺书。实行定性定量考核，及时通报考核结果。

4. 落实事故查处分级挂牌督办和诫勉约谈制度。坚持“科学严谨、依法依规、实事求是、注重实效”的原则，认真调查处理生产安全事故，及时查明原因，准确定性，分清责任，依法依规严肃追究相关单位和人员的责任，及时公布事故调查处理结果。要深刻汲取各类安全事故教训，坚持举一反三，完善管理措施，加强安全防范，真正做到“一地出事故，全县受警示”。对发生有人员死亡生产安全事故的，镇（街、区）和县直行业主管部门要向县委、县政府作出深刻检查。对生产安全事故的调查处理由县政府安委会实行分级挂牌督办和跟踪落实。对发生一般生产安全事故的镇（街、区）和县直行业主管部门实行警示通报，对镇（街、区）和县直行业主管部门负责人及相关企业负责人进行诫勉约谈。

5. 严格安全生产激励约束。各镇（街、区）要支持安监部门和监管人员依法履行职责，严格公正执法，保护好他们的工作积极性。对在改善安全生产条件、防止生产安全事故、参加抢险救护等方面取得显著成绩的单位和个人，要按照有关规定给予表彰奖励。强化安全生产考核，对完不成当年安全生产目标任务的党委、政府主要负责人不予提拔重用；对完不成安全生产标准化规范化建设目标任务的，严格按照相关规定进行问责。严格责任追究，对安全生产工作重视不够、区域内生产安全事故多发频发或者发生严重生产安全事故的，严肃追究相关领导的责任；进一步强化安全监管工作人员的监管责任，只要发生生产安全责任事故，必须依法追究具体责任人的责任。严格落实安全生产和重大生产安全事故风险“一票否决”制度，对发生较大以上生产安全事故或重复发生一般生产安全事故的镇(街、区)，取消其当年度评先树优资格，党委、政府主要负责人以及负直接领导责任的其他负责人1年内不予提拔重用。对发生较大以上生产安全事故或重复发生一般生产安全事故的企业，取消其当年度评先树优资格；对因发生生产安全事故受到刑事处罚或者撤职处分的企业主要负责人，按照有关禁入规定，限期内不得重新担任生产经营单位主要负责人。对发生较大以上生产安全责任事故的镇(街、区)和行业主管部门、单位，综治部门要依据有关规定给予社会管理综合治理“一票否决”。纪检监察机关要加强对安全生产履职情况的监督检查，及时发现和解决有关问题，对失职、渎职造成生产安全事故的责任人依法依规严肃处理。

## 中共昌乐县委　昌乐县人民政府关于进一步加快昌乐首阳山省级旅游度假区建设发展的决定

乐发〔2015〕3号

(2015年2月9日)

2013年4月，山东省人民政府批准设立昌乐首阳山省级旅游度假区(以下简称度假区)。建设好度假区，对推动昌乐融入潍坊中心城市群，加快富强昌乐、生态昌乐、幸福昌乐建设具有重大战略意义。为全面落实省政府批复精神，高标准、高水平推进度假区建设发展，根据上级有关政策规定，结合昌乐实际，现作出如下决定。

### 一、指导思想、基本原则和发展目标

(一)指导思想。坚持以党的十八大和十八届三中、四中全会精神为指导，全面落实国务院《关于促进旅游业改革发展的若干意见》、山东省人民政府《关于提升旅游业综合竞争力加快建成旅游强省的意见》和潍坊市委、潍坊市人民政府《关于加快发展旅游业打造区域性旅游集散中心的意见》、《关于推进新型城镇化发展的意见》等文件精神，充分发挥度假区自然禀赋突出、旅游资源丰富等优势，建设生态环境、经济效益、公共服务、生活品质俱佳的旅游度假区。

(二)基本原则。主要坚持以下4条原则：1. 生态优先。强化“生态保护是前提、开发建设是关键、协调发展是目的”的理念，正确处理生态效益与经济效益、社会效益的关系。2. 突出特色。立足地理、自然、文化资源优势，推进特色化、品牌化、差异化、可持续发展。3. 统筹推进。以度假区为载体，带动县域经济发展，增加群众收入，同步推进区域内新型社区建设，全面改善民生。4. 改革创新。探索有利于度假区建设发展的体制机制，支持度假区以新理念、新思路、新办法推进开发建设，增强发展活力和动力。

(三)发展目标。推进度假区建设发展，打造主题鲜明、交通便利、服务配套、环境优美、吸引力强的度假休闲首选地，带动提升休闲度假、健康养老、文化教育等新兴产业，带促全县现代服务业发展，利用3～5年时间建成生态文明先行区、高端居住示范区、县域经济增长极，带动和引领昌乐建设全国一流的现代教育名城和健康养老产业基地。

### 二、明确度假区管理范围

根据山东省人民政府《关于设立昌乐首阳山省级旅游度假区的批复》要求，结合潍坊市委、潍坊市人民政府《关于推进新型城镇化发展的意见》，着眼未来发展，明确度假区管理范围：东起昌乐—潍城界、西到首阳山路，北起劳教所北街(暂定名)、南至宝都街道一五图街道界。将朱刘街道所辖的刘宣家村、刘双泉村、西南庄村、东南庄村、刘坤家村，宝都街道所辖的郭齐戴家庄村、曹西楼村、郭王庄村、木田后村、潘家庄村、崔家埠村、山秦村、姜家坊子村、老庄村、三官庙村、观音庙村、郭齐店子村、半截楼村、邵家庄村、谢家山村、兴楼村、北王村、吴家庄村，共23个自然村

统一划归度假区，由度假区管委会统一管理其经济社会等事务。度假区面积 31.5 平方公里，具体边界以 23 个自然村的外围为准。

首阳山路至首阳山西麓、劳教所北街至首阳山北麓区域由度假区负责统一规划，其他仍由所属街道负责管理。

**三、完善发展规划**

1. 完善规划体系。按照《昌乐县城市总体规划》、《昌乐县旅游产业发展总体规划》要求，因地制宜，突出特色，高标准、高起点编制保护与开发利用规划。强化规划的长期性和稳定性，维护规划的法律地位和权威性，使规划的指导作用和规范作用得到充分发挥。建设发展规划经县委、县政府组织评审通过后，方能纳入实施。

2. 抓好基础配套设施建设。重点抓好道路、供排水、电力、通讯、污水及垃圾处理等基础设施建设，加快餐饮、住宿、停车场等服务设施建设，提高配套程度和综合服务功能。加强产业小镇、居民小镇和新型社区规划建设，积极推进贵和社区、首阳山社区等社区建设，加快山水·领秀城、颐和绿洲、西蒙小镇、蓝宝石小镇等重点项目建设，提高度假区综合承载能力。

3. 强化产业支撑。大力发展休闲度假、娱乐体验、文化创意、健康养老、现代教育等核心产业。加快已落户项目建设，推进潍坊文化休闲博览园、首阳文化主题公园、影视基地、汽车博览园、首阳山养老产业功能区、潍坊西部娱乐城、昌乐新二中·美加国际学校、实验中学新校等项目建设。以市委党校为龙头，建设“红色旅游”景区。加大招商引资力度，重点引进文化创意旅游、生态休闲娱乐等产业项目，广聚要素资源加快度假区开发建设。坚持节约集约用地，加快推进低丘缓坡和废弃矿坑综合治理，放大资源效应，拓展发展空间。加强新闻媒体对度假区开发建设的宣传报道，鼓励新闻媒体配合度假区的建设进行系列宣传，提高度假区的知名度和吸引力。

**四、加强组织领导**

改革完善行政管理体制，昌乐首阳山省级旅游度假区开发建设管理委员会为县政府直属的正科级管理机构，代表县政府行使经济社会管理职能，对度假区实行统一领导、统一决策、统一管理和统一开发。加强度假区领导班子和干部队伍建设，优化整合干部资源，提高专业化组织运作能力和水平。加大简政放权和管理创新力度，制定推进产业发展的优惠政策，切实增强度假区发展活力。各级各部门要从推动“三个昌乐”建设的高度认识度假区建设发展的意义，加强协调配合，加大服务力度，全力支持度假区的建设和发展，形成推进建设发展的强大合力。

## 中共昌乐县委　昌乐县人民政府<br>关于加快六大新兴产业发展的意见

乐发〔2015〕5 号

（2015 年 3 月 23 日）

为加快培育新的经济增长点，推动县域经济转型发展、创新发展、科学发展，加快建设更高水平的“三个昌乐”，结合我县产业布局及行业发展实际，现就推进现代教育、健康养老、文化旅游、现代物流、总部经济和智能制造六大新兴产业，提出如下意见。

**一、指导思想**

深入贯彻落实党的十八大和十八届三中、四中全会精神，牢牢把握转方式调结构这一主线，按照创新驱动、重点突破、市场主导、引领发展的要求，以规模化、高端化、集聚化、国际化为方向，以企业为主体，以项目为抓手，以体制创新和技术创新为动力，强化政策支持，提升企业产业自主发展能力和核心竞争力，促进科技创新成果产业化和集聚化，推动六大新兴产业逐步成为经济发展的新动力，形成县域经济新的经济增长点和支柱产业，推动全县经济持续健康稳定发展。

**二、发展目标**

（一）现代教育产业。大力实施资源优化和品牌提升两大战略，优化教育资源布局，深化教育教学改革，提升教育教学质量；全面完成中小学校舍标准化建设任务，全部达到省基本办学条件标准；加快发展民办教育，新建 3～4 处高标准、现代化民办学校，进一步扩大县外招生规模，打造成为全国知名的现代教育名城。

（二）健康养老产业。以提升全民健康水平为宗旨，以医养结合为主要特色，加强与国内、国际知名健康养老产业机构合作，构建医疗康复、养生养老等功能完善、服务全面的健康养老服务体系，到2020年每千名老年人拥有养老床位40张以上，护理型床位占养老床位总数的30%以上，打造成为全国一流的健康养老产业基地。

（三）文化旅游产业。进一步做大以火山、宝石为主的特色旅游，新创建2处国家AAAA级旅游景区、1处AAAAA级旅游景区，建成10个以上“吃、住、行、游、购、娱”旅游特色村（点）、100家以上乡村旅游经营户，旅游业综合收入占全县GDP的比重达到10%以上，打造全国一流的特色旅游名县。

（四）现代物流产业。加快构建以“三区”建设物流园为载体，电子商务交易平台为纽带，大型物流园区、专业性物流公司和电商业户协调发展的现代物流产业体系，年吞吐量突破3000万吨，成为全省乃至全国重要的物流枢纽。

（五）总部经济产业。加快构建比较完善的总部经济发展环境、政策框架和服务体系，实现总部企业数量明显增加、结构明显优化、规模效应明显增强、可持续发展能力明显提升，年实现销售收入300亿元，实现利税20亿元。

（六）智能制造产业。加快智能制造产业园建设，入园企业达到30家，年产值突破50亿元，初步形成智力密集、优势明显、特色突出、集群发展的现代化产业，实现由昌乐制造向昌乐智造的转型。

**三、推进措施**

（一）现代教育产业。一是以“自主互助学习型课堂”建设为重点，深入推广昌乐二中“271”教育模式，全面提升教育教学质量和效率，打造优质教育高地。二是优化教育资源，改善办学条件。加快教育资源优化整合和学校布局调整，推进中小学校向城区、镇区和社区集中。加快推进中小学校舍标准化建设改造，2年内新建、改扩建农村义务教育学校29处，完成实验中学新校等城区学校建设改造，创建全国义务教育发展基本均衡县，打造均衡教育高地。三是大力发展民办教育，扩大昌乐教育的品牌影响力。加快推进昌乐二中·美加国际学校、昌乐一中·英才实验学校、北大公学国际双语学校等民办新校建设，大力实施“十大企业办十大名校”工程，积极吸引社会资金发展民办教育。充分发挥民办学校机制优势，推进品牌化、特色化、集团化发展，打造品牌教育高地。四是加快教育信息化建设。按照宽带网络校校通、优质资源班班通、学习空间人人通的要求，加快教育资源公共服务平台和管理平台建设，着力提升教育信息化水平，打造智慧教育高地。五是深化教育综合改革，创新教育体制机制。深入推进办学体制、教育管理体制、学校评价机制以及人事管理机制等改革创新，充分调动各方面积极性和创造性，打造活力教育高地。

（二）健康养老产业。一是抓好重点项目建设。重点加快大德·国际医疗中心、首阳山养老产业功能区、昌乐颐康医院新院、昌乐县老年护理院、宝城养老康复中心、碧水龙庭养老服务中心等项目建设，规划建设新的县人民医院，完善提升现有硬件设施和软件服务。二是改革建设管理模式。以市场化手段推进产业发展，构建多元投资机制，鼓励社会资本通过参资入股、收购、委托管理等方式，建设运营健康、养老、医疗服务机构和设施，重点做好公立医院改革，镇街卫生院和养老机构全部改制，实行政府买服务。三是完善健康养老服务体系。以12349便民服务中心为主体，支持企业和机构运用互联网、物联网等技术手段创新居家养老服务模式，发展老年电子商务。

（三）文化旅游产业。一是大力挖掘特色资源。本着独特性、唯一性相结合的原则，充分发挥古火山、蓝宝石“两大特色资源”，打好国家自然遗产、国家地质公园“两大优势品牌”，重点围绕特色资源和西湖公园、丹河滨水景观带等城区旅游资源，进一步加强旅游产品和旅游项目的开发，积极构建集“食、住、行、游、购、娱”于一体的旅游体系，全面增强旅游产业的吸引力。二是加快推进重点项目。突出抓好九龙湖改造、远古火山口群文化旅游景区、潍坊西部娱乐城、潍坊文化休闲博览园、仙月湖生态旅游景区、五虎山现代农业旅游观光博览园等重点项目建设，完善提升中国宝石城规模和档次，加快旅游基础设施建设，做好道路、标识、网络、厕所等基础设施建设，进一步提升全县旅游产业承载力。三是大力发展乡村旅游。依托现代农业资源优势，科学编制乡村旅游发展规划，重点发展以方山观景农家乐、营丘草莓采摘游等为代表的休闲度假农业、精品采摘园等乡村旅游精品项目，大力发展庵上胡、响水崖、土埠沟、南山农场等乡村旅游特色村，加快打造仙月湖乡村旅游生态景区，全力争创国家AAAA级旅游景区。四是积极开展特色营销活动。用好高端媒体、互联网络、动车“三大宣传平台”，建立旅游电子商务营销平台，开展线上线下营销活动，加大“世界古火山奇观、中国蓝宝石之都”宣传力度，把昌乐的特色旅游推向全国、全世界。五是健全完善旅游公共服务体系。加快旅游服务中心、自驾游服务体系和安全救援体系建设，充分利用信息技术、网络技术等手段，建立旅游公共信息服务平台、公共信息数据库及电子商务系统，推进旅游业智能化发展。

（四）现代物流产业。一是完善提升园区配套。突出抓好“三区”建设物流园功能完善，进一步提升园区配套设施，重点做好铁路专线建设，加快建设物流信息交易中心，全力打造区域性货物集散中心。二是充分发挥项目带动作用。突出抓好山东鲁供（昌乐）农产品物流港、10万吨/年花生仁综合深加工、天津粮交所粮油交易中心、潍坊申易物流有限公司（海关综合监管区项目）等重点项目建设，重点引进商贸物流、电子交易等高端项目，加快园区传统项目优化升级，全面提升物流产业现代化水平。三是大力发展电子商务。积极实施“互联网+”行动计划，加快特色中国·昌乐馆等电子商务平台建设，积极搞好电商人才培训，提高电商的质量与效益。

（五）总部经济产业。一是搭建总部经济发展平台。以打造国内一流的集总部集聚、信息交流、科技研发、品牌形象打造等多种功能于一体的发展平台为重要抓手，坚持硬件建设与软件配套同步，全力加快企业总部基地公园规划建设，高标准打造一批配套完善、管理成熟的高品质商务楼宇，为总部企业的入驻创造良好环境，吸引总部企业集聚。二是积极引进企业总部。坚持市场主导与政府扶持相结合，坚持发展总部经济与调整产业结构相结合，坚持引进外来企业总部和培育本地企业总部相结合，充分发挥国际商会的作用，重点吸引高端制造、网络科技、金融、商务、文化创意等领域的总部企业落户。三是统筹制定总部经济政策。根据我县资源禀赋和产业特征，进一步梳理完善政策体系，突出重点方向和重点领域，研究制定总部经济发展的专门政策意见，设立总部经济专项扶持资金，引导本地总部企业做大做强。四是强化人才培育。采取措施吸引高端人才服务机构为我县总部企业开展人才培训、人才认定和测评等服务。鼓励和协助总部企业与境内外高校和培训机构建立人才培训渠道与平台，在重点领域积极引进境外高质量的培训机构和项目。在人才住房、家属工作、医疗保障、子女就学等方面积极为总部型人才提供优质服务，形成人才集聚高地。

（六）智能制造产业。一是加快产业园区发展。加快智能制造产业园规划建设，全面提升基础设施配套水平，积极发挥骨干企业引领作用，集聚配套企业集群发展，打造产业链整合延伸、配套分工明确的产业集群。二是发挥龙头企业带动作用。依托山东矿机集团、潍坊西水机器人科技有限公司等相关企业的新技术、新工艺、新成果，重点加快航空发动机和无人机、激光成套设备、3D打印、SR16铸锻造机器人、海洋智能型仪器仪表等项目建设。三是强化自主创新能力。积极开展招才引智、招院引所工程，引导骨干企业与科研院所建立合作关系，鼓励引进高级研发人才，加强技术工人培训，进一步提升源头创新能力。加快推进相关创新成果转化，推进工业化与信息化深度融合，尽快实现产业化。四是积极开展项目引进工作。立足产业发展实际，重点引进工业机器人生产、数控机床生产、装备制造核心零部件生产企业，进一步提升产业规模。

**四、强化组织保障**

一是加强组织领导。成立六大新兴产业发展工作领导机构和协调工作机制，组建新兴产业推进办公室，统一负责全县新兴产业推进工作的指导和综合协调。每个产业都确定县级领导具体包靠，成立产业发展推进机构，制定具体的产业发展实施意见，协调解决产业发展中存在的问题。县直各相关部门按照职能分工，牢固树立服务意识，进一步优化工作流程，建立相应工作推进机制，做到有班子、有方案、有重点项目库、有骨干企业台账，保障各项政策措施落实到位，全面提升服务水平。

二是加强政策支持。建立战略性新兴产业创投引导基金，每个产业设立1000万元专项资金，推进产业发展。加强规划指导，优先安排用地指标。推动产业龙头企业上市融资，筹集发展资金。积极推进银企合作，创新融资模式，扩大担保公司资本金、放大担保比例，解决融资难题。

三是加强宣传引导。积极开展六大新兴产业发展情况宣传活动，通过高端主流媒体、新兴媒体、公共交通广告等多种形式，对六大新兴产业进行大密度、多角度地宣传推介，努力营造全社会关心、支持产业发展的浓厚氛围。

## 中共昌乐县委　昌乐县人民政府关于创新服务型党组织全面提升新型社区建设运行水平的意见

乐发〔2015〕6号

（2015年5月5日）

为深入推进新型社区建设，进一步增强新型社区服务能力，全面提升新型社区运行水平，根据中央办公厅《关于加强基层服务型党组织建设的意见》和中央办公厅、国务院办公厅《关于深入推进农村社区建设试点工作的指导意见》，省委、省政府《关于印发〈山东省新型城镇化规划（2014—2020年）〉的通知》以及市委《关于镇（街）党（工）委转变工作方式推进农村社区服务能力建设的指导意见》等文件精神，结合我县实际，提出如下意见：

**一、指导思想**

坚持以十八大和十八届三中、四中全会精神为指导，按照以人为本原则，充分发挥新型社区在基层工作中的统领作用，积极稳妥地推进新型社区建设，大力加强服务型党组织建设，深入实施干部力量下沉，健全完善“三四三”工作机制，扎实推动社区实体化运行，全面提升社区服务功能和水平，打通服务群众“最后一公里”和依法治理“最后一公里”，推进新型工业化、信息化、城镇化、农业现代化和绿色化“五化”同步发展。

**二、积极稳妥推进新型社区建设**

1. 完善提升社区规划。综合考虑产业支撑、交通条件、生态环境、地质地貌、历史沿革等因素，结合村庄实际，在尊重群众意愿和生产生活习惯基础上，进一步完善提升社区规划，宜平房则平房、宜楼房则楼房，充分满足不同群体的入住需要，最大限度方便群众生活。认真做好规划宣传，使社区规划家喻户晓、人人明白，切实增强群众参与社区规划建设的积极性。

2. 积极推进社区建设。坚持以人为本、因地制宜，成熟一个、建设一个，不搞大呼隆、一刀切、一锅煮，并按照分类指导、示范带动、梯次推进原则，整体规划、分片推进，一栋楼一栋楼地建设，一户一户地搬迁。发挥群众主体作用，认真做好组织发动工作，引导群众主动参与新型社区建设，加快新型社区建设步伐。

3. 科学搞好社区配套。整合教育、医疗、水利、道路等各类资源向社区倾斜，完成便民服务大厅、卫生室、警务室“一厅两室”建设，加快配套完善社区服务中心、医疗中心、教育中心、警务中心、娱乐中心和商业中心“六大服务中心”，有序推进学校、幼儿园、文体娱乐、养老服务等设施建设。完善社区路、水、电、气、暖、通讯、排污等基础设施，根据实际需要建设家畜饲养场、粮食集中仓库、农机具存放中心等，进一步增强社区基本服务功能。

**三、健全社区工作体系**

1. 规范社区组织设置。根据社区规划布局情况，优化调整社区组织设置，分别设立社区党总支（党委）、社区工作委员会，选好配强社区领导班子，建立以党总支（党委）为领导核心的社区组织体系。村庄合并融合的，及时成立党组织、居民委员会，完善社区党组织领导下的居民自治管理体系。县委组织部对社区党组织书记、社区主任实行备案管理，调整前，镇（街、区）党（工）委须报县委组织部备案同意。

2. 发展壮大社区骨干队伍。按照机关保运转、社区是重点的原则，镇（街、区）除维持机关正常运转的人员外，其余人员全部下沉社区，吃住、工作、服务“三在”社区。根据社区所辖村和人口数量，科学确定下沉人员数量，细化落实发展经济、治理社会、建设社区“三项职责”，确保事事有人管、人人有事干。按照镇（街、区）编制满额配备的标准，从县直部门选派缺乏乡镇工作经历的科级以下干部到镇（街、区）任职挂职，重点参与社区工作。

3. 加强对社区干部的教育管理。以社区事务管理、村级治理、服务群众等为重点，对社区干部实施分层次、多方位、全覆盖培训，社区书记、主任的培训纳入全县干部培训计划，镇（街、区）通过多渠道实施培训，每名社区干部每年累计培训时间不少于12天。镇（街、区）制定《社区干部管理办法》，对学习、例会、考勤、请销假等提出规范化要求，并建立责任追究制度，对违反日常管理规定的，严肃追究相关人员责任。

**四、全面提升服务能力**

1. *转变服务方式*。坚持利民为本、权随事走、该放则放、能放就放的原则，梳理整合现有行政审批事项和服务资源，把与农民群众生产生活密切相关的计生、民政、社保、警务等公共服务与管理，一律延伸到社区，统一设立便民服务大厅，开设服务窗口、确定服务项目、开设服务热线，为群众提供全天候办事服务。对不能下放到社区办理的事项，可采取轮流定期进驻社区的办法，为群众提供面对面的服务。镇（街、区）以社区为单位理清为民服务事项即时办理、代为办理、指导办理“三个清单”，对能够在社区办理的，实行即时办理；对需要社区人员代为办理的，实行全程代办；对必须本人办理、不能代理的，落实“一次性告知”，指导群众办理。积极开展预约服务、上门服务、网上服务，实行服务承诺制和限时办结制，切实提高服务效能。

2. *创新服务载体*。实行社区干部包村联户，坚持全覆盖包靠、重点性联系，每名社区干部包靠1～2个村，包班子建设、包矛盾纠纷调处化解，重点联系所包村科技带头户、有反映诉求的群众、所有党员及弱势群体，每季度普遍走访一次，形成走访问题台账。根据包靠村和走访情况，梳理群众服务需求和关注重点，与村干部一起研究解决办法并跟进服务。结合包村联户工作，以服务发展、服务群众为主题，组织开展社区服务先锋行动，引导社区干部转作风、促发展，创先进、争优秀。

3. *拓展服务领域*。推行“党支部＋合作社”、“党支部＋合作社＋企业”模式，整合社区内资源支持发展各类经济组织，推动农业产业化、规模化经营，为社区群众提供生产性服务。大力发展信息、技术、托管等社会服务组织，为群众提供农资供应、土地托管、金融保险等社会化服务。积极组织开展志愿服务、邻里互助、结对帮扶，努力为优抚对象、留守老人和儿童及特困群体解决生活困难，进一步强化以群众广泛参与为基础的自我服务。

4. *健全服务机制*。围绕深化完善一个发展计划、一套管理制度、一份信息档案、一本问题台账“四个一”机制，建立社村集中议事制度，每个社区每月固定1～2天作为社村集中议事日，对村级集体资产处置、大额资金支出、土地流转、惠农政策落实等重要事项，按照支部提议、社村合议、村民决议、社区监管“三议一监管”的程序议事决策和组织实施。充分发挥社区党组织作用，以提升村级治理能力为目标，以服务型党组织建设为统领，以规范制度机制为重点，在村级班子运行、群众有效行使民主权利保障、依法依规治村、群众互帮互助自我服务、村级自我持续发展、矛盾纠纷预防化解等方面，探索创新务实管用的办法措施，努力形成以村党组织为核心、自治组织为主体、经济和社会组织为支撑、村民广泛参与、充满生机活力的村级治理机制。对一些村级复杂民事纠纷，实行民事调解公开听证制度，确保社区的事情在社区解决。

**五、落实社区运转保障**

1. *强化组织领导*。县委、县政府成立新型社区建设领导小组及工作推进小组，负责协调、调度、推进全县新型社区建设工作。县级领导统筹抓好包靠镇（街、区）的新型社区建设工作，帮助协调解决突出问题。把社区建设列为镇（街、区）“一把手”工程，党（工）委书记是第一责任人，挂职副书记是直接责任人，社区党组织书记是具体责任人，强化责任担当，全力推动落实。各相关部门发挥好职能作用，积极争取上级政策和资金，全方位进行指导、帮助和扶持，共同推动社区建设。

2. *实施政策保障*。认真落实已有的社区建设运行奖补政策，鼓励引导社会资本参与社区建设，积极构建多元化投入机制。县、镇两级把农村社区运转经费列入财政预算，根据社区规模、人员数量等，按照每个社区3000—4000元的标准，定期拨付办公经费，其中县财政每个社区每月拨付1000元。积极改善社区干部工作生活条件，让社区干部安心、舒心工作。各镇（街、区）可结合本地实际和工作考核，参照下派“第一书记”补贴标准予以适当补助。

3. *严格督查考核*。由县新型社区建设领导小组工作推进小组办公室、县下派办、县委县政府督查局采取明查与暗访相结合、昼查与夜查相结合、随机查与定期查相结合等方式，对社区建设运行情况及社区干部吃住、工作、服务“三在”社区情况进行督查；制定新型社区建设运行考核办法，督促下沉人员不仅“下得去”还要“干得好”。各镇（街、区）按照党组织班子建设好、社区服务条件好、下沉力量“三在”社区好、“四个一”工作机制运行好、各项工作任务完成好“五个好”的标准，培育1～2个党建示范社区，由县委组织部负责审核验收。

4. 建立激励机制。树立从基层一线发现培养和使用干部的用人导向，把镇（街、区）尤其是农村社区作为干部培养的重要基地，鼓励年轻干部到基层干事创业、锻炼成长。提拔重用科级干部，优先从具有镇（街、区）工作经历特别是社区工作经历的干部中选拔，缺乏镇（街、区）或社区等工作经历的，原则上不列入提拔重用对象。各镇（街、区）制定社区工作具体考核办法，年终进行总评，县委将据此表彰全县“十佳社区党组织书记”，并对后进社区的党组织书记重点管理，限期整改提升。

**附件**

## 社区服务“三个清单”基本目录

### 一、即时办理清单（13项）

（一）经济类服务项目

1. 农村土地流转的申请、复核；
2. 村级合同审核把关；
3. 村级代管资金支取审核；
4. 粮食直接补贴和农资综合补贴等各类惠农补贴的申报；
5. 居民基本养老保险、居民基本医疗保险、银龄安康保险等保险项目的参保、缴费等。

（二）社会类服务项目

1. 居住证明、死亡证明、贫困生证明、房屋产权证明等出具；
2. 出生信息登记；
3. 新婚信息登记；
4. 各类补贴等惠民政策统计上报。

（三）综合类服务项目

1. 司法调解；
2. 人民调解；
3. 来信来访受理；
4. 市长热线、民声网受理和处理。

### 二、代为办理清单（14项）

（一）经济类服务项目

1. 林木采伐证办理；
2. 小麦、玉米等政策性保险的投保及理赔服务。

（二）社会类服务项目

1. 独生子女父母光荣证、流动人口婚育证等办理；
2. 计划生育家庭奖励扶助及特别扶助的提报；
3. 五保供养审批；
4. 困难群众救助审批；
5. 医疗救助审批；
6. 90岁以上老龄补贴审批；
7. 流动人口登记、居住证办理；
8. 危房改造申报；
9. 农产品质量检测取样；
10. 测土配方土样抽取。

（三）综合类服务项目

1. 党组织关系转入；
2. 建国前老党员、困难党员等生活补贴发放。

### 三、指导办理清单（26项）

（一）经济类服务项目

1. 林权证办理；
2. 临时性建设工程规划审批管理；
3. 各类建设项目选址意见书；
4. 建设用地规划许可；
5. 建设工程规划许可；
6. 乡村建设规划许可；
7. 建筑工程施工许可；
8. 地震安全性评价工程抗震设防审批；
9. 土地确权及办理土地登记、发证；
10. 企业、个体工商户、农民专业合作社和家庭农场登记注册；
11. 税务登记；
12. 企业、个体工商户、农民专业合作社营业执照年报。

（二）社会类服务项目

1. 居民身份证申领、换领、补领和发放；
2. 户口迁入；
3. 农村房屋权属登记；
4. 育龄妇女计生关系转入；
5. 二孩生育证办理；

6. 育龄妇女计划生育健康查体；
7. 卫生许可证办理；
8. 残疾证办理；
9. 动物防疫合格证办理；
10. 新上户用电办理；
11. 兵役登记；
12. 安监、环保等事项审批。

（三）综合类服务项目

1. 党组织关系转出；
2. 其他需要到上级单位办理的事项。

## 中共昌乐县委　昌乐县人民政府<br>关于进一步加快旅游产业发展的意见

乐发〔2015〕7号

（2015年6月30日）

为进一步推动全县旅游产业健康快速发展，把旅游经济培育成为新常态下县域经济新的增长点，根据国务院《关于促进旅游业改革发展的若干意见》（国发〔2014〕31号）、省政府《关于贯彻落实国发〔2014〕31号文件促进旅游业改革发展的实施意见》（鲁政发〔2014〕21号）、市政府《关于加快乡村旅游发展的意见》（潍政字〔2015〕11号）等文件精神，结合我县实际，制定本意见。

**一、任务目标**

以《昌乐县旅游产业发展总体规划（2008—2020）》、《昌乐县乡村旅游规划》为引领，坚持“政府主导、市场主体、企业运作、全民参与”的原则，进一步整合资源，突出特色，创新机制，重点扶持，着力打造一批在国内具有一定知名度的旅游精品。力争5年内，全县新增2个国家AAAA级旅游项目、1个AAAAA级旅游项目，培育形成4个旅游强镇、10个“吃、住、行、游、购、娱”配套齐全的旅游特色村（点）、100家乡村旅游经营户，旅游产业综合收入占全县GDP的比重达到15%以上，旅游经济成为新常态下县域经济新的增长点，我县成为全省乃至全国知名的特色旅游名县。

**二、工作重点**

按照“大旅游、大市场、大产业、大发展”的思路，以火山、宝石、教育三大特色资源为切入点，以方山—九龙湖旅游度假区等10个涉旅重点项目为支撑，以乡村旅游发展为突破口，进一步完善基础配套服务设施，推进全县旅游产业健康快速发展。

（一）加快重点支撑项目建设

各镇（街、区）和县直有关部门要根据各自职责，加大对旅游项目的协调服务力度，切实解决项目建设中遇到的困难和问题，加快推进方山—九龙湖旅游度假区、火山口景区、仙月湖生态旅游风景区、五虎山现代农业旅游观光博览园、昌乐西瓜科技示范园、万发·香山溪谷、中国宝石城、金宝九鼎莲花山休闲农场、昌乐二中教育修学游和首阳山原天然狩猎场开发等重点支撑项目建设，确保我县旅游产业有重大突破。

（二）大力发展乡村旅游

1. 科学编制规划。各镇（街、区）和有条件的村要编制乡村旅游发展规划，镇级规划要结合本地的社区建设及新农村建设，与城乡发展规划、城镇化发展规划、土地利用总体规划，以及农业、林业、水利等产业规划相衔接，与全县的重大发展战略相适应。规划要突出乡村文化特色，坚持开发和保护并重，注重原生态保护，促进产业融合发展。加强规划管理，建立和落实规划前期调研、中期论证、最终评审以及政府批准等规范和程序，经批准的规划和项目享受相关扶持政策。

2. 优化产业布局。各镇（街、区）要按照差异化发展原则，开发不同特色的大众化和中、高端乡村旅游产品，规划一批观光农业、休闲度假农业、生态农业、特色产业、精品采摘园、星级农家乐等乡村旅游精品项目，促进农副产品品种、品质结构的调整和规模化、标准化、产业化、无公害发展，带动乡村种植业、农副产品加工业、乡村住宿业、乡村餐饮业等产业的发展，实现传统农业与乡村旅游业的融合发展，通过发展乡村旅游，增加农民收入。

3. 培育乡村旅游示范标杆。各镇（街、区）要充分挖掘本地文化旅游资源，重点在“山、湖、村”上实现突破，力争5年内打造出3处以上省级乡村旅游示范点，7处以上市级乡村旅游示范点。其中，重点打造以健康、科技、绿色、无公害蔬菜为主的庵上湖村，以体验火山传统村落为主的响水崖村，以体验古树、古井、古屋为主的土埠沟村，以体验小桥流水、白墙青瓦、绿色生态为主的小白塔村，以樱桃采摘、民俗参观、工艺品加工为主的沙埠沟等5个乡村旅游特色村。

4. 加强乡村旅游人才培养。人社、农业、林业、旅游等部门要将乡村旅游相关人才培养纳入培训计划，重点培养乡村旅游经营户、乡村旅游带头人、能工巧匠传承人和乡村旅游干部，着力打造一支高素质的乡村旅游实用人才队伍。要在有条件的镇（街、区）建立工作联系点，通过送教上门、办培训班、结对帮扶等方式，提供专业学习、考察交流机会。重点提高从业者在经营服务、食品卫生安全、接待礼仪、餐饮和客房服务、乡土文化讲解等方面的素质和技能，加强对当地干部和旅游业主乡村旅游项目开发、管理、促销等专业知识的培训。

（三）加强旅游基础服务工作

1. 完善旅游公共服务体系。加快旅游服务中心、自驾游服务体系和安全救援体系建设。利用信息技术、网络技术等手段，建立旅游公共信息服务平台、公共信息数据库及电子商务系统，推进旅游产业智能化发展。鼓励星级酒店（餐馆）、休闲庄园、农家乐等开通网络服务，为游客提供旅游产品和餐饮、住宿、购物、娱乐等网上预订、支付、电子认证等服务。

2. 加强旅游基础设施建设。优先解决旅游景区的道路交通建设问题，提高通往旅游景区公路的技术标准和通达性；进一步完善交通标识标牌体系，突出旅游交通标识的引导功能，增强旅游标识标牌布局密度，为游客提供直观、醒目、便捷、清晰的导识服务。加强旅游景区水电、通讯、网络设施改造和饮用水卫生监督检测，加强消防、卫生、治安等综合治理和停车、厕所、住宿、餐饮、购物、娱乐、污水垃圾无害化处理等配套设施建设。

3. 建设旅游宣传营销平台。宣传部门要把旅游作为我县公益宣传和对外宣传的重要内容，在广播、电视、报纸、网络等媒体开设旅游专题栏目，通过电视博展、中央电视台、高铁电视等高端媒体，加大对“世界古火山奇观、中国蓝宝石之都”等旅游资源的宣传力度。各镇（街、区）要深入挖掘当地资源，集中打造特色鲜明的旅游产品，纳入全县旅游品牌形象宣传营销渠道。建立旅游电子商务营销平台，扶持旅游企业开展网上宣传营销、产品预订等服务。

三、扶持政策

（一）加大资金投入。财政部门加强对1000万元文化旅游产业发展专项资金的管理，搞好对旅游规划、品牌创建、宣传促销、教育培训、农家乐改造等的扶持补助。各镇（街、区）编制乡村旅游专项规划，通过专家委员会最终评审的，给予一次性补助20万元，并由相关部门帮其争取市级规划编制奖励；获得省乡村旅游示范县（省品牌集群化发展县、国家AAAAA级旅游景区、五星级酒店）荣誉称号的，除省财政规定的资金奖励外，县财政给予相关部门、单位一次性补助100万元；获得省乡村旅游示范镇（省品牌集群化发展镇、省级旅游强镇、国家AAAA级旅游景区、四星级酒店、省级旅游度假区）荣誉称号的，除省财政规定的资金奖励外，县财政给予一次性补助50万元；获得省级乡村旅游示范村（省级旅游特色村、省级工农业旅游示范点、国家AAA级旅游景区、三星级酒店）荣誉称号的，除省财政规定的资金奖励外，县财政给予一次性补助20万元；获得省级精品采摘园、四星级以上（含四星）好客人家农家乐荣誉称号的，县财政给予一次性补助5万元；获得省级乡村旅游品牌示范户（三星级农家乐）荣誉称号的，除省财政规定的资金奖励外，县财政给予一次性补助1万元；获得市乡村旅游示范村（点）荣誉称号的，除市财政规定的资金奖励外，县财政给予一次性对应等额补助；以村为单位，集中连片发展乡村旅游经营业户改厨改厕10户以上的，县财政一次性给予每户补助1万元；在旅游强镇中以村为单位，实现与电商（如淘宝网等）合作进行产品销售的，每年择优支持5个，县财政一次性分别给予补助10万元。

（二）加大金融支持。金融机构要研究推出适应旅游发展的信贷产品和服务方式，对符合条件的诚信旅游企业，合理增加授信并切实加大信贷支持力度。拓宽旅游产业融资抵（质）押物范围，鼓励银行机构因地制宜，开展房产、土地、林木、养殖物等抵押贷款业务。积极引导大中型企业及民间资本投向旅游产业，鼓励发展面向旅游业的民间资本管理公司。鼓励保险公司开发新险种，特别是适合乡村旅游的保险产品，积极发展食品卫生安全、人身意外伤害等险种，为乡村旅游提供更好的保险服务。

（三）加大旅游项目用地支持。将旅游基础设施建设用地作为公共设施和公益事业用地，在安排旅游项目用地时，充分与土地利用总体规划相衔接。利用国有、集体林地、水面、山头兴办旅游项目的，可以通过承包、租赁等形式取得使用权或经营权。以出让方式取得土地使用权的，可以依法转让、出租和抵押。鼓励利用在依法、自愿、有偿的基础上流转出来的土地开发经营旅游项目。鼓励支持利用城乡建设用地增减挂钩和土地整理节余出来的土地用于发展旅游产业。

**四、组织保障**

（一）加强对旅游工作的组织领导。县文化旅游产业推进工作小组各成员单位要各负其责，齐抓共管，形成合力。各镇（街、区）要把旅游产业发展列入重要议事日程，强化组织领导，安排专人主抓旅游工作，并结合辖区内资源状况，制定旅游开发思路。各镇要设立旅游工作办公室，配合县旅游局做好本地旅游资源的开发利用工作。

（二）加大旅游工作监督检查力度。县文化旅游产业推进工作领导小组办公室要根据日常性和阶段性重点工作，明确各项工作的指导部门和执行部门，定期组织会议对全县旅游工作进行调度研究。各指导、执行主体要根据分工，明确工作任务、工作重点，把各项任务分解到人，落实到位。县委县政府督查局要对各项工作的实施和进展情况进行督导检查，对措施不力甚至贻误工作的，在全县范围内通报批评。

（三）加强旅游环境的执法检查。充实加强旅游市场监管执法力量，认真贯彻实施《中华人民共和国旅游法》，加强对全县旅游业户的执法检查力度。尤其是做好旅游道路交通安全、食品卫生安全、消防安全等领域问题的预防和救助工作，确保不发生旅游安全事故。加强旅游市场诚信建设，引导旅游业户进一步提高诚信意识、服务质量，对游客投诉率高、经营管理不善、破坏资源环境的旅游业户和从业人员，取消从业资格，责令退出旅游市场，情节严重的依法依规严肃处理。

**昌乐县文化旅游产业重点支撑项目配档表**

**表 1**

| 序号 | 项目名称 | 建设内容 | 建设目标 | 责任单位 | 完成时限 |
|---|---|---|---|---|---|
| 1 | 方山—九龙湖旅游度假区 | 抓好滨湖公园、田园风情、山体公园三大板块的规划建设，重点建设蓝调花港、齐都艺术、商务会展、养生康体、天伦养老、风情花卉等六大主题旅游小镇，以及滨湖休闲、郊野运动、宗教文化、矿藏游乐等项目 | 力争 3 年内争创为省级旅游度假区 | 九龙湖度假区开发建设办公室<br>五图街道 | 2020 年 12 月 |
| 2 | 火山口景区 | 重点建设地震灾害救援培训基地、火山体验馆、5D 影院、音乐广场、手工小镇、温泉度假区、休闲度假酒店、地质博物馆、体验农庄等一批特色旅游项目。加快区域道路、绿化、水电、通讯等基础配套设施建设 | 打造火山地质科普名胜之旅游目的地 | 县政协办公室<br>乔官镇<br>远古火山群生态林场管委会<br>山东矿机集团 | 2020 年 12 月 |
| 3 | 仙月湖生态旅游风景区 | 提升小白塔民俗文化村、南山农场、“桃花源”文化旅游社区、湖畔十二坊等现有特色旅游项目档次。新修建滨湖西路，加快建设停车场、卫生间等公共服务配套设施 | 打造国家 4A 级生态旅游景区 | 高崖水库库区 | 2016 年 12 月 |

续表 1

| 序号 | 项目名称 | 建设内容 | 建设目标 | 责任单位 | 完成时限 |
| --- | --- | --- | --- | --- | --- |
| 4 | 五虎山现代农业旅游观光博览园 | 建设以健康、自然、环保、生态为主题，面向中高端消费市场的现代农业休闲观光园和现代农业展示区，配套建设休闲餐饮、儿童娱乐等项目，完善停车场、卫生间、旅游标识等基础工程 | 打造现代化农业旅游观光基地 | 五图街道 | 2017 年 12 月 |
| 5 | 昌乐西瓜科技示范园 | 以建设西瓜种苗繁育、西瓜新品种新技术展示、西瓜生产采摘等功能区为主要内容，加快高档连栋智能温室以及光伏、液体保温后墙等不同结构的日光温室和钢结构连栋拱棚建设，配齐旅游元素 | 2 年内打造成为省级农业旅游示范点 | 县农业局 | 2016 年 12 月 |
| 6 | 万发・香山溪谷 | 以水疗和休闲运动为主题，重点推进时尚购物街、美容美体中心、瑜伽馆、SPA 生活理疗馆、溪水酒吧、葡萄酒坊、养生餐厅、水上音乐厅、五星级温泉酒店和果园、葡萄园为主的农业观光园等项目的建设 | 打造省内游客养生度假的首选区 | 首阳山旅游度假区管委会 | 2020 年 12 月 |
| 7 | 中国宝石城 | 加快基础设施建设步伐，进一步提升景区的接待水平和能力；创新中国（昌乐）国际宝石博览会办会思路，增进与国际国内参展商的交流、合作，提升商业文化旅游水平；搞好古火山口、蓝宝石开采现场、中国蓝宝石博物馆、中国宝石城等的整合提升，完善“探宝之旅“特色旅游产品；扩大对外宣传力度 | 争创国家 5A 级旅游景区 | 经济开发区<br>宝石城管委会 | 2020 年 12 月 |
| 8 | 金宝九鼎莲花山休闲农场 | 在前期开发的基础上，主要建设游客接待区、农林体验区、观光景区、动物园、百花园、百果园、游乐区、水景区等八大区域，高标准完善景区配套服务设施 | 打造综合性生态休闲农场 | 乔官镇 | 2019 年 12 月 |
| 9 | 昌乐二中教育修学游 | 整合宝石城、蓝宝石博物馆、火山口等特色旅游项目，创新拓展旅游思路，探索“旅游＋培训”“旅游＋探险”“旅游＋研讨”等模式，搞好教育与旅游的结合，打造昌乐二中教育修学游产品 | 打造特色教育修学游产品 | 县旅游局<br>昌乐二中<br>县教育局<br>宝石城管委会 | 2016 年 12 月 |
| 10 | 首阳山原天然狩猎场开发 | 重点开发低空旅游项目，配套建设水上游乐场、滑草场、综合游乐区、狩猎区等，满足游客游览、体验、餐饮、娱乐、住宿、购物等需求 | 打造潍坊市特色旅游度假首选地 | 县旅游局<br>县林业局<br>县国土资源局<br>县规划局 | 2020 年 12 月 |

# 中共昌乐县委　昌乐县人民政府
# 关于进一步加快健康养老产业发展的意见

乐发〔2015〕8号

（2015年6月30日）

为加快建立与我县人口老龄化进程相适应、与经济社会发展水平相协调的医疗服务和社会养老服务体系，根据国务院《关于加快发展养老服务业的若干意见》（国发〔2013〕35号）、省政府《关于加快发展养老服务业的意见》（鲁政发〔2014〕11号）和市政府《关于加快发展养老服务业的意见》（潍政发〔2014〕17号）等文件精神，结合我县实际，制定如下意见。

**一、任务目标**

以实现“老有所养、病有所医”为总目标，按照省、市发展健康养老服务业的要求，依托医养平台整合体育健身、预防保健、医疗诊治、养老服务等各方面资源建立数据库，构建起全民医疗健康管理体系，使全县人民都有自己的健康档案、家庭医生，在家就能享受远程诊疗，打造一条从生到老的完整产业链，为生命全过程提供健康服务。积极培育“银龄产业”，围绕老年人需求，研发老年人食品、老年人用品，面向社会开办老年大学，开展老年人服务，发展以老年人为目标客户的“银发经济”。

围绕“一重点”（以首阳山养老产业功能区建设为重点）、“两带动”（以县养老中心模式带动镇级敬老院公建民营、以县中医院康乐园老年护理院模式带动医养结合）、“三提升”（提升居家、社区和机构养老服务能力），大力发展以老年生活照料、老年产品用品、老年健康服务、老年体育健身、老年文化娱乐、老年金融服务、老年旅游等为主的养老服务产业集群，培育一批知名品牌，打造全国一流的健康养老产业基地。2015年，基本建成以居家为基础、社区为依托、机构为支撑的适度普惠型养老服务体系，新增养老床位400张，实现每千名老年人拥有养老床位30张；实现日间照料服务覆盖全部城市社区和半数以上农村社区，基本实现养老服务信息网络覆盖全县城乡社区。到2020年，全面建成功能完善、规模适度、覆盖城乡的养老服务体系，实现每千名老年人拥有养老床位40张以上。

**二、工作重点**

（一）全面加强养老服务能力建设

1. 加强居家养老服务能力建设。积极培育居家养老服务企业和机构，上门为居家老年人提供助餐、助浴、助洁、助急、助医等定制服务。大力发展家政服务，为居家老年人提供规范化、个性化服务。支持社区建立健全居家养老服务网点，引入社会组织和家政、物业等企业，兴办或运营老年供餐、社区日间照料、老年活动中心等形式多样的养老服务项目。支持社区利用社区公共服务设施和社会场所组织开展适合老年人的群众性文化体育娱乐活动。鼓励专业养老机构利用自身资源优势，培训和指导社区养老服务组织和人员。

2. 加强社区养老服务能力建设。在城区，增加养老设施网点，增强社区养老服务能力，打造居家养老服务平台。2015年，13个城市社区全部建成日间照料中心，向家庭日间暂时无人或者无力照护的老年人提供服务。在农村，加快镇级老年福利服务中心改造，进一步提升托养服务能力，向农村留守老年人及其他有需要的老年人提供日间照料、短期托养等服务。2015年，农村幸福院服务半数以上农村社区；到2020年，农村幸福院服务60%以上农村社区。

3. 加强机构养老服务能力建设。通过加大招商引资力度，落实包靠制度，重点推进首阳山养老产业功能区、县养老中心等公办养老机构、医养结合型养老机构、民办养老机构和重点医疗项目建设，实现示范、辐射、带动作用，促进社会养老机构快速发展，提升机构养老综合服务水平。各镇（街、区）要充分利用“五保”对象县级集中供养后闲置的敬老院房屋和设施等资源发展社会化养老，逐步形成布局合理、规模适中的社会养老产业服务体系。

4. 加强养老服务信息化建设。整合社会各类服务资源，提升养老服务信息化、规范化和社会化水平，为老年人提供更加便捷高效的服务。推动12349便民服务中心提升服务质量，为老年人提供信息咨询、服务派工、紧急救助等各类服务。支持企业和机构运用互联网、物联网等技术手段创新居家养老服务模式，发展老年电子商务。

5. 推进医养结合。大力发展养护型、医护型养老机构，提升养老机构的医疗服务功能。发挥昌乐县康乐园老年护理院的带动作用，引导有条件的医疗机构建设老年护理院、康复院，支持有条件的养老单位设置医疗机构。鼓励和引导基层医疗卫生机构转变服务模式，建立家庭医疗契约服务关系，为长期卧床、70 岁以上和独居等行动不便的老年人提供上门诊视、健康查体、保健咨询等服务，开设家庭病床。

（二）全面提升养老服务设施配套水平

将养老服务设施建设纳入城乡总体规划，按照人均用地不少于 0.2 平方米的标准合理确定布局和规模，通过新建、扩建、改建、购置等方式，因地制宜建设养老服务设施。新建居住小区按每百户不少于 20 平方米的标准配套建设社区居家养老服务用房，已建成的住宅小区按每百户不少于 15 平方米的标准调剂解决。老旧居住区没有养老服务设施或现有设施达不到建设指标要求的，在 2020 年前通过购置、置换、租赁等方式开辟养老服务设施。农村养老服务设施纳入农村公共服务设施统一规划，优先建设，农村幸福院原则上占地不少于 2 亩、建筑面积不少于 400 平方米、床位不少于 20 张。

（三）积极探索灵活多样的运行机制

1. 积极推进公建民营。按照“管办分离”的原则，在确保国有资产不流失、养老用途不改变、服务水平明显提高的前提下，积极推进公办养老机构实行公建民营。大力推广县养老中心公开招投标选定运营单位的模式，鼓励民间资本通过参资入股、收购、委托管理等方式管理运营各镇（街、区）敬老院。

2. 大力扶持民办养老机构。加强对民办养老机构的培育扶持，采取民办公助等形式，给予相应补贴，支持其发展。鼓励社会专业机构以输出管理团队、开展服务指导等方式参与养老服务设施运营，引导养老机构向规模化、专业化、连锁化方向发展。

3. 加大政府购买养老服务力度。着力构建“政府引领、社会主办、市场运作”的发展模式，推进养老方式多样化、服务对象公众化、投资主体多元化、运作机制市场化、服务队伍专业化，鼓励民办养老机构收养政府供养对象，由政府购买相关服务。

**三、扶持政策**

（一）加大资金扶持。财政部门管理和使用好 1000 万元的健康养老产业发展扶持基金，并将福利彩票公益金地方留成的 50%以上用于支持发展养老服务业，随老年人口的增加逐步提高投入比例，用于健康养老机构建设补助、运营补助和政府购买服务。

1. 建设补助。(1) 养老服务机构。对符合有关部门规定资质条件，开工建设并投入使用的养老服务机构，床位数达到 20 张以上的，按核定床位，在省财政每张床位补助 5500 元的基础上，再给予每张床位 4000 元一次性建设补助；对改造用房、租赁用房且租用期 5 年以上，以及租赁土地自建用房（土地租赁期 20 年以上），床位数达到 20 张以上，按核定床位数，在省财政每张床位补助 2500 元的基础上，再给予每张床位 1000 元一次性改造建设补助。(2) 城市社区老年人日间照料中心。对开工建设并投入使用的城市社区老年人日间照料中心，床位 10 张以上，达到《社区老年人日间照料中心建设标准》规定的一二三类建筑面积，建设配备达标，为老年人提供休闲娱乐、生活照料、保健康复、精神慰藉等服务的，在省级给予 20 万元、15 万元、10 万元补助的基础上，分别给予 15 万元、10 万元、5 万元的一次性建设补助。(3) 农村幸福院。对符合省级专项资金补助标准，开工建设并投入使用的农村幸福院，在省财政给予 6 万元建设补助的基础上，再给予 4 万元一次性建设补助。(4) 老年护理、临终关怀服务机构。对内设护理院、康复医院、社区卫生等医疗机构的养老机构，利用医院、镇卫生院等现有医疗资源兴办的老年护理、临终关怀性质的养老服务机构，专门为智力、康复期精神病人和重度残疾人（二级以上视力、听力、言语、肢体和多重残疾人）提供康复治疗、生活照料的托养服务机构，除按规定享受补助政策外，再给予 15 万元一次性开办补助。

2. 运营补助。(1) 养老服务机构。对运营半年以上、养老床位数达到 20 张（含）以上，每接收一位 60 岁（含 60 岁）以上老年人或享受城乡低保待遇、处于就业年龄段的智力、精神和其他重度残疾人（二级以上肢体、视力、听力、言语和多重残疾人），连续三年，在省财政根据自理程度补助

360元、600元和720元的基础上，再给予每人每月100元运营补助，主要用于提高养老机构护理人员的工资待遇水平和养老机构服务水平。（2）城市社区老年人日间照料中心。投入运营半年以上，为老年人提供休闲娱乐、生活照料、保健康复、精神慰藉等服务，建设配备规范、运营管理良好、服务达标，达到国家一、二、三类建设标准的，连续三年，每年给予3万元的运营补助。（3）城乡居家养老服务机构。对运营半年以上，为老年人提供助餐、助浴、助洁、助急、助医等居家养老服务，每月服务人数达20人以上的城乡居家养老服务机构，按实际服务老年人数，连续三年，每人每月给予30元运营补助。（4）农村幸福院。对投入运营半年以上，为农村老年人提供生活居住、日间照料、休闲娱乐、精神慰藉等服务的，连续三年，每年给予2万元运营补助。

3. 政府购买服务。（1）购买养老服务。生活不能自理的60岁以上（含60岁）低保家庭老年人、享受城乡低保待遇的智力、精神和二级以上视力、听力、言语肢体以及多重残疾人（不分年龄）等特殊困难群体，入住机构养老的，连续三年，按每人每月350元给予补助；实行居家托养的，连续三年，按每人每月200元给予补助。（2）购买保险服务。对购买意外责任保险和为入住老年人购买意外伤害保险的养老机构，连续三年，给予50%的参保补助。（3）购买岗位服务。通过政府购买服务的方式，在养老服务机构中开发设置社会工作者岗位，鼓励专业人才从事养老服务行业。在社区和老年人日间照料中心购买公益性岗位，充实社区养老服务队伍。

（二）加大用地支持。将养老项目建设用地纳入土地利用总体规划和年度用地计划，合理安排用地需求，可将闲置的公益性用地调整为养老服务用地。民间资本举办的非营利性养老机构与政府举办的养老机构享有相同的土地使用政策，可依法使用国有划拨土地或者农民集体所有的土地。对营利性养老机构建设用地，按照国家对经营性用地依法办理有偿用地手续的规定，优先保障供应。工业企业因不适应城市功能定位退出的土地，在符合城市规划的前提下，优先用于发展养老服务业。养老服务设施因城市建设需要依法拆迁时，优先安排同等面积的回迁或异地建设用地。

（三）加大税费优惠。认真落实《国务院关于加快发展养老服务业的若干意见》关于税费减免的有关政策，对养老服务机构提供的养老服务收入，免征营业税、城市维护建设税和教育费附加，占用耕地的免征耕地占用税。对通过非营利性组织免税资格认定的非营利性养老机构的收入，可按有关规定免征企业所得税。对其自用房产、土地，免征房产税、城镇土地使用税。对企事业单位、社会团体和个人等社会力量，通过公益性的社会团体、基金会或者县级以上政府及其部门，向福利性、非营利性的养老服务机构的捐赠，在计算所得税应纳税所得额时按规定标准予以税前扣除。各类养老服务机构免缴城市基础设施配套费、有线（数字）电视建设费（入网费），减半缴纳有线（数字）电视终端用户收视维护费。用电价格按照居民生活用电的非居民用户价格执行，用水、用气、用暖价格执行居民价格。固定电话、有线电视、宽带互联网费用按照住宅（居民）价格执行。非营利性养老服务机构免缴征地管理费、水土保持设施补偿费、水利建设基金、残疾人就业保障金。符合条件的养老机构和养老服务组织，按规定享受国家和省市对中小企业、小型微利企业、家庭服务业、健康服务业等其他相应的税费优惠政策。

**四、保障措施**

（一）健全工作机制。由县健康养老产业推进工作小组牵头，完善工作协调机制，加大项目包靠力度，研究推进健康养老服务业加快发展的政策措施，做好相关任务要求落实。工作小组办公室负责承担领导小组日常工作和工作小组交办的工作任务，督促协调各成员单位按照各自工作职能做好健康养老服务业发展工作。各镇（街、区）健康养老服务业发展情况，纳入科学发展综合考核。民政、卫生和计划生育部门要履行监督管理、行业规范、业务指导职责。发展改革部门要将健康养老服务业发展纳入经济社会发展规划、专项规划和区域规划，支持健康养老服务设施建设。财政部门要在现有资金渠道内对健康养老服务业发展给予财力保障。其他有关部门要各司其职，及时解决工作中遇到的问题，形成齐抓共管、整体推进的工作格局。

（二）强化行业监管。民政、卫生和计划生育部门要健全健康养老服务的准入、退出、监管制度，指导健康养老机构完善管理规范、改善服务质量，及时查处侵害老年人、患者人身财产权益的行为。价格主管部门要探索建立科学合理的健康养老服务定价机制，依法确定适用政府定价和政府指导价的范围。其他相关部门依照职责分工对健康养老服务业实施监督管理。积极培育和发展健康养老服务行业协会，发挥行业自律作用。

（三）加强宣传引导。宣传、民政、卫生和计划生育部门要充分利用新闻媒体，广泛宣传健康养老服务行业的政策措施，营造良好的舆论环境和社会氛围，促使全社会关注、支持、参与健康养老服务业，推动全县健康养老服务业快速健康发展。

**昌乐县健康养老产业重点项目任务分工表**

**表 2**

| 序号 | 项目名称 | 建设内容 | 责任单位 |
|---|---|---|---|
| 1 | 大德·国际<br>医疗中心 | 建设集急救、预防、保健、科学实验、疗养、体检、康复等功能于一体，重点突出各种疑难杂症、慢性病、整形整容、抗衰老等各类专科诊疗的一所大综合、强专科的三级甲等医院 | 县卫生和计划生育局<br>大德国际投资集团 |
| 2 | 首阳山养老<br>产业功能区 | 规划占地1400亩，总建筑面积120万平方米，建设医疗养老区、康复居住区和商业配套区，打造全国一流的满足老年人全方位需求的医养结合产业功能区 | 首阳山旅游度假区<br>昌乐复华养老产业<br>发展有限公司 |
| 3 | 昌乐县<br>养老中心 | 对县养老中心的独居式养老公寓、餐饮楼等进行无障碍设施改造，完善内部配套设施，实现镇区敬老院五保对象全部搬入县养老中心集中供养 | 县民政局<br>各镇（街、区） |
| 4 | 昌乐东方养老托护中心 | 占地30亩，总投资1330万元，建筑面积5420平方米，打造集养老、医疗、康复、临终关怀于一体的综合性托老康复中心 | 县民政局<br>东方医院 |
| 5 | 昌乐县康乐园老年<br>护理院 | 占地3亩，建筑面积5000平方米，依托县中医院建设医养结合型养老机构 | 县民政局<br>县中医院 |
| 6 | 昌乐县宝城<br>养老康复中心 | 占地53亩，总投资2亿元，打造集养老、医疗、康复、临终关怀于一体的综合性托老康复中心 | 县民政局<br>宝城医院 |
| 7 | 昌乐宝都<br>护理院 | 县医院依托原人力资源和社会保障大厦进行改造，建设医养结合型养老机构 | 县卫生和计划生育局<br>县人民医院 |
| 8 | 昌乐县清松<br>老年公寓二期 | 对占地18亩、建筑面积1200平方米的现公寓进行扩建，成为新增床位400张的养老托护中心 | 五图街道<br>县民政局<br>清松老年公寓 |
| 9 | 昌乐县碧水<br>龙庭养老服务中心 | 占地13亩，总投资2120万元，建筑面积6900平方米，规划床位220张的综合性老服务中心 | 县民政局<br>县城建综合开发公司 |
| 10 | 昌乐县颐康<br>医院新院 | 对原行政服务大厅进行改造，建成总面积15000平方米，集健康体检、康复理疗、老年人健康服务于一体的颐康医院新院 | 县卫生和计划生育局<br>昌乐石大昌盛化工有限公司 |

# 中共昌乐县委　昌乐县人民政府
# 关于进一步加快总部经济产业发展的意见

乐发〔2015〕9号

（2015年7月13日）

为进一步促进全县总部经济产业发展，根据市委办公室、市政府办公室《印发关于鼓励企业事业单位总部（分支机构）在我市发展的意见的通知》（潍办发〔2012〕19号）和县委、县政府《关于加快六大新兴产业发展的意见》（乐发〔2015〕5号）等文件要求，制定本意见。

**一、任务目标**

按照突出特色、发挥优势、创新模式、营造环境的思路，坚持市场主导和政府引导相结合、大力引进和重点培育相结合，立足全县现代产业体系建设，大力引进世界500强、中国500强和行业100强等区域和功能性总部，推动总部经济产业持续、健康发展。

加快推进企业总部基地公园建设，年内商务楼大部分开工建设，其中A区商务楼部分完成内部装修。2015年，全县新增企业事业单位总部（分支机构）8家以上。五年内，引进和培育企业事业单位总部（分支机构）40家以上，各类驻昌总部（分支机构）的营业收入、利润、税收等主要经济指标比2014年翻一番以上，年均增长15%以上。

**二、扶持政策**

为加快推进总部经济产业发展，县财政设立1000万元的总部经济产业发展专项资金（以下简称：专项资金）。专项资金实行政府引导、市场主导原则，主要发挥引导作用，调动企业主体的积极性，营造良好发展环境，激活市场发展活力。

企业总部基地公园是我县总部经济产业发展的主要载体，昌乐县国际商会是我县发挥市场活力、推动社会力量参与企业总部基地公园建设运营的非营利性社会组织。为充分发动社会力量发展总部经济产业，县财政以适当方式将专项资金拨付昌乐县国际商会，在约定期限内由昌乐县国际商会负责管理使用。县财政局与昌乐县国际商会就专项资金使用形式、期限、回报方式和资金安全等具体问题进行详细约定。

昌乐县国际商会要充分发挥专项资金引导作用，重点用于支持总部经济发展平台搭建，加快企业总部基地公园规划建设；吸引县内外企业入驻；引进、培训和吸收优秀人才。要积极运用市场经济手段，放大专项资金效益倍数，吸引更多的社会资本投入到总部经济产业发展中。

县财政局要会同相关部门，加强对专项资金的监管，确保既扶持了总部经济产业发展，又保障了资金安全。

**三、组织实施**

（一）明确责任分工。落实镇（街、区）、县直部门单位总部经济发展目标任务。县统计局主要负责协调总部（分支机构）的上报及认定工作。县人力资源和社会保障局主要负责事业单位、中介机构总部（分支机构）的引进及协调工作。县发展和改革局主要负责服务业类企业总部（分支机构）的引进及协调工作。县商务局主要负责商务贸易类企业总部（分支机构）的引进及协调工作。县交通运输局主要负责现代物流类企业总部（分支机构）的引进及协调工作。县金融工作办公室主要负责金融类企业总部（分支机构）的引进及协调工作。县旅游局主要负责旅游类企业总部（分支机构）的引进及协调工作。县文化广电新闻出版局主要负责文化创意类企业总部（分支机构）的引进及协调工作。县经济和信息化局主要负责工业类企业总部（分支机构）的引进及协调工作。县招商局主要负责招商引资项目企业总部（分支机构）的引进及协调工作。县住房和城乡建设局主要负责房地产、建筑类企业总部（分支机构）的引进及协调工作。县民政局主要负责社会组织总部（分支机构）的引进及协调工作，具体负责大德·国际医疗中心项目和首阳山养老产业功能区项目的申报认定工作。县教育局主要负责教育行业总部（分支机构）的引进及协调工作，具体负责昌乐二中·美加国际学校的申报认定工作。县市场监督管理局主要负责新引进的企业事业单位总部（分支机构）的注册登记及引进协调工作。各镇（街、区）主要负责做好辖区内企业事业单位总部（分支机构）的引进、培育、提报工作。

（二）纳入考核评价体系。镇（街、区）每引进一家总部（分支机构），在科学发展综合考核中加2分；县直部门单位每引进一家总部（分支机构），在工作实绩综合考核中加1分。

**2015年企业事业单位总部（分支机构）引进指导性计划**

**表3**

| 镇（街、区） | 指导性计划 |
| --- | --- |
| 经济开发区（宝城街道） | 3家 |
| 首阳山旅游度假区 | 1家 |
| 朱刘街道 | 3家 |
| 宝都街道 | 3家 |
| 五图街道 | 1家 |
| 乔官镇 | 1家 |
| 营丘镇 | 1家 |
| 红河镇 | 1家 |
| 鄌郚镇 | 1家 |
| 高崖水库库区 | 1家 |
| 总　计 | 16家 |

# 中共昌乐县委　昌乐县人民政府<br>关于进一步加快现代教育产业发展的意见

乐发〔2015〕10号

（2015年7月13日）

为适应经济社会发展的新形势，进一步加快现代教育产业发展，充分发挥教育在聚集城镇人口、拉动服务业发展等方面的作用，全力打造现代教育名城，制定本意见。

**一、指导思想**

立足昌乐教育基础较好、知名度较高、品牌影响力较强的实际，把扩大教育优势、培育教育特色、做强做大教育产业作为新常态下县域经济社会发展的重要增长点和拉动因素，进一步加大教育投入，优化教育资源，提升办学水平，释放发展活力，在更高层次上实现昌乐教育的新发展、新跨越，努力把昌乐打造成为在国内具有较强影响力和知名度的现代教育名城。

**二、主要任务目标**

按照实施素质教育的方向定位、建设现代教育名城的目标定位和优质、开放、创新的特色定位"三个定位"，着力打造优质教育、均衡教育、品牌教育、智慧教育、活力教育"五个高地"，率先实现教育现代化，创建国内一流的教育。

1. 打造"优质教育高地"。全面提升教育教学质量，保持普通高考、中考在全市领先地位并有新突破。加大课堂和课程改革力度，力争3年内打造15所课改示范学校。鼓励学校差异化发展、特色化办学，力争3年内打造20所特色办学示范学校。

2. 打造"均衡教育高地"。全力推进义务教育均衡发展，创建全国义务教育发展基本均衡县。加快教育资源优化整合和学校布局调整，2年内撤并中小学校41所（含教学点15个），新设立学校4所，全县中小学校由现在的85所（含教学点22个）调整为48所。加快校舍标准化建设改造，力争2年内全面完成2000年以前建设的不达标校舍改造任务。

3. 打造"品牌教育高地"。以"优质、开放、创新"为基本特色，整体提高昌乐教育发展水平，提升昌乐教育品牌，打造现代教育名城。加大"品牌学校"和品牌项目培育力度，力争5年内培育10所在国内有较强影响力的品牌学校，培育30所在省内外有较强影响力的"品牌项目"。实施"名师、名校长"培育工程，力争5年内培育10名在省内外有较强影响力的名校长，培育30名县级以上名师。

4. 打造"智慧教育高地"。加快"三通两平台"建设，力争2年内基本建成覆盖全县的教育资源公共服务平台和教育管理平台，实现宽带网络"校校通"、优质资源"班班通"和网络学习空间"人人通"。在普及信息化教学的同时，鼓励支持有条件的学校深度探索、创新应用，力争5年内打造10所信息技术创新应用示范学校。

5. 打造"活力教育高地"。全面深化育人制度、办学体制、教育管理体制、学校评价机制等改革创新，构建现代教育治理体系，有效释放教育发展活力，调动各方面积极性和创造性。

**三、工作重点及措施**

（一）深化教育教学改革创新，全面提升教育教学质量

以"自主互助学习型"课堂建设为重点，创新教育理念，深化课堂改革，切实转变教师的教学方式和学生的学习方式，不断提高课堂教学质量和效率。在全面落实国家课程标准和课程方案的基础

上，支持学校立足实际开发校本课程和特色课程。强化德育、体育、美育教学，把育人为本、全面发展的要求落到实处。

（二）优化整合教育资源，不断改善办学条件

1. 加快推进“三个集中”。按照“高中和街道初中向城区集中，农村初中向镇区集中，小学、幼儿园向社区集中”以及“新建小学依托社区建，新建社区依托小学建”的思路，加快推进教育资源优化整合和学校布局调整。到 2016 年，全县撤并农村中小学 41 所，基本完成农村中小学布局调整任务，实现城乡小学与城乡社区的有机融合。

2. 加快推进农村中小学校舍标准化建设和薄弱学校改造提升。新建、改建、扩建学校 24 所，其中原址重建 10 所、异地迁建 6 所、新规划建设 3 所、扩建 5 所，规划总建筑面积 14.68 万平方米，总投资 2.2 亿元。项目计划 2015 年全部开工，2016 年 9 月 1 日前全部建成投用。建设方式采取 PPP 模式与社会捐资建设相结合的方式，其中，朱刘街道小学、魏家庄小学和宝都街道小李家庄小学实行社会捐资建设，县里落实省、市、县三级奖补资金；九龙湖小学由九龙湖项目开发单位按 PPP 模式建设。其余 20 个项目由县里统一安排采取 PPP 模式建设。到 2018 年，全面完成薄弱学校改造提升，重点提高教育教学设施配套水平，同步完成旱厕改造，农村学校办学条件得到根本改善。

3. 进一步扩大城区学校办学规模。计划 2 年内在城区东南部新规划建设 1 所国办小学，办学规模 36 个班、1620 人，基本解决城区小学“大班额”问题；新规划建设 1 处办学规模 18 个班、216 人的特教中心，解决现有 2 所特教学校不达标的问题。到 2020 年，新建 5 所左右民办学校，城区学生数量占到全县学生总数的 70%左右。

（三）大力发展民办教育，培植现代教育产业增长点

1. 大力实施“十大企业办十大名校”工程，鼓励引导和支持有条件的企业投资教育，举办民办学校，力争 5 年内新举办民办学校 5 处以上，新增办学规模 1.6 万人左右，县外生源占比达到 50%左右。

2. 鼓励支持优质民办学校采取品牌输出、连锁办学等形式兴办分校，走集团化办学之路。近期重点培养打造昌乐二中、昌乐一中、外国语学校、育才双语学校 4 个教育集团。

3. 鼓励支持社会力量兴办学前教育机构，重点在城区打造一批规模较大、档次较高的民办幼儿园。

（四）加快教育信息化建设，以信息化推动教育深刻变革

把教育信息化纳入“智慧昌乐”建设的总体布局，整体规划，重点推进。围绕“三通两平台”建设，采取与大型网络企业战略合作模式，重点搭建共享优质教育资源的“云平台”和网络学习的“云空间”，提升教育信息化运作效率和整体水平。以“翻转课堂”及慕课、微课辅助教学为重点，培育一批信息教学创新应用示范学校。全面开展“一师一优课，一课一名师”活动，不断充实优质课共享资源。

（五）深化教育综合改革，全面激发教育发展活力

转变政府职能，推进政事分开、管办评分离，加快建立政府宏观管理、学校自主办学、社会广泛参与的现代教育治理体系。加大开放办学力度，完善社会参与学校决策、监督和评价机制。改革教师专业技术职务评聘和薪酬分配机制，构建具有激励功能的教师队伍管理制度。深化校长职级制改革，进一步健全完善校长任职资格制度、公开选聘制度、任期交流制度、职级薪酬制度以及后备校长选任等制度。推进“县管校聘”管理改革，建立完善教师交流机制。

（六）大力发展培训业，打造全国知名的特色培训基地

依托中泰宝石学院，对接国际最好的珠宝培训学校，积极引进知名珠宝专家，面向全国开展珠宝专业技能人才培训，提升珠宝从业人员技术标准和职业能力，打造全国知名的珠宝加工特色培训基地。依托昌乐职业农民讲习所，联合国内外知名农业专家，大力开展农业标准化生产等基础培训、合作社和家庭农场等新型农业经营主体专业培训以及青年农民等实用人才培养，不断提升职业农民知识技能培训水平，打造全国新型职业农民培训基地。

**四、政策保障**

1. 建立现代教育产业发展专项资金扶持制度。自 2015 年起，县财政每年安排 1000 万元，作为现代教育产业发展专项扶持资金，重点用于学校建设

改造奖补和品牌学校、品牌项目奖励，以及教育信息化建设扶持补助等。

2. 对社会捐资建设的学校实行财政奖补政策。对朱刘街道小学、魏家庄小学、宝都街道小李家庄小学等以社会捐资为主规划建设的学校，除兑现落实省、市奖补资金外，县财政再按建筑面积每平方米200元的标准进行奖补。

3. 落实新建民办学校政府支持师资政策。按照市委、市政府对非营利性民办中小学实行“社会投资建校、政府支持师资、收费保障运转、部门协调监管、资产学校所有”的要求，对新规划建设的民办学校，县政府按照应配师资总额35%左右的比例安排在编教师，其工资福利待遇由县财政负担。

## 五、组织领导

1. 搞好协调，加强调度。县现代教育产业推进工作小组和具体工作机构负责现代教育产业发展的总体规划、综合协调和项目组织实施，定期调度工作推进情况，协调解决遇到的困难和问题。

2. 明确分工，细化责任。对推进现代教育产业发展的主要任务和重点工作，进行细化、量化和具体化，明确责任单位、责任人和完成时限，跟上督导检查，并建立问责机制，确保各项工作落实到位。

3. 积极引导，形成合力。加强舆论宣传和政策引导，充分调动各方面积极性，广泛动员各方面力量支持和参与教育发展，形成推动现代教育产业发展的强大合力。

**昌乐县2015—2016年拟撤销学校规划表**

**表4**

| 序号 | 镇(街、区) | 拟撤销学校名称 | 撤并时间 | 备　注 |
|---|---|---|---|---|
| 1 | 经济开发区 | 马家河小学 | 2016年 | 并入开发区小学 |
| 2 | 朱刘街道 | 万庄小学 | 2016年 | 并入朱刘街道小学 |
| 3 | | 九级小学 | 2016年 | 并入魏家庄小学 |
| 4 | | 都昌小学 | 2016年 | 并入魏家庄小学 |
| 5 | 宝都街道 | 原宝城街道北寺小学 | 2016年 | 并入尧沟小学 |
| 6 | | 原宝城街道东埠郭小学 | 2016年 | 并入小李家庄小学 |
| 7 | 五图街道 | 原五图街道石人坡小学 | 2016年 | 并入邓家庄小学 |
| 8 | | 原五图街道中学 | 2015年 | 并入县实验中学 |
| 9 | | 原城南街道官庄教学点 | 2016年 | 并入五图街道小学 |
| 10 | | 原城南街道龙旺教学点 | 2016年 | 并入五图街道小学 |
| 11 | | 原城南街道边下教学点 | 2016年 | 并入九龙湖小学 |
| 12 | | 原城南街道中学 | 2015年 | 并入县实验中学 |

续表 4

| 序号 | 镇(街、区) | 拟撤销学校名称 | 撤并时间 | 备注 |
|---|---|---|---|---|
| 13 | 乔官镇 | 解家庄小学 | 2015 年 | 并入北岩小学 |
| 14 | | 南音小学 | 2015 年 | 并入乔官镇实验小学 |
| 15 | | 岳泉小学 | 2015 年 | 并入北岩小学 |
| 16 | | 小南岩小学 | 2015 年 | 并入乔官镇实验小学 |
| 17 | | 大葛小学 | 2015 年 | 并入乔官镇实验小学 |
| 18 | | 常家庄小学 | 2015 年 | 并入北岩小学 |
| 19 | | 北夏教学点 | 2016 年 | 并入乔官镇小学 |
| 20 | | 西级小学 | 2016 年 | 并入北展小学 |
| 21 | 乔官镇 | 下庄教学点 | 2016 年 | 并入乔官镇小学 |
| 22 | | 黄家洼小学 | 2016 年 | 并入北展小学 |
| 23 | | 高家阳阜小学 | 2016 年 | 并入乔官镇小学 |
| 24 | | 北岩中学 | 2015 年 | 并入县实验中学 |
| 25 | | 乔官镇中学 | 2015 年 | 并入县实验中学 |
| 26 | 营丘镇 | 大宅科教学点 | 2016 年 | 并入阿陀小学 |
| 27 | | 明河教学点 | 2016 年 | 并入阿陀小学 |
| 28 | | 营邱小学 | 2016 年 | 并入河头小学 |
| 29 | | 付河小学 | 2016 年 | 并入河头小学 |
| 30 | 红河镇 | 小阿陀教学点 | 2016 年 | 并入大宅科小学 |
| 31 | | 古疃教学点 | 2016 年 | 并入朱汉小学 |
| 32 | | 王岭小学 | 2016 年 | 并入朱汉小学 |
| 33 | | 东皋小学 | 2016 年 | 并入平原小学 |
| 34 | | 马家庄子教学点 | 2016 年 | 并入平原小学 |
| 35 | | 赵家庄教学点 | 2016 年 | 并入平原小学 |
| 36 | | 郭家埠教学点 | 2016 年 | 并入平原小学 |
| 37 | | 营子教学点 | 2016 年 | 并入红河镇小学 |
| 38 | 鄌郚镇 | 南良教学点 | 2016 年 | 并入漳河小学 |
| 39 | | 高崖小学 | 2016 年 | 并入漳河小学 |
| 40 | | 石家河教学点 | 2016 年 | 并入漳河小学 |
| 41 | 高崖水库库区 | 高崖水库库区中学 | 2016 年 | 并入鄌郚镇中学 |

## 昌乐县2015—2016年农村义务教育学校建设规划表

**表5**

| 序号 | 项目名称 | 建设内容 | 规划投资（万元） | 责任单位 | 完成时限 |
|---|---|---|---|---|---|
| 1 | 开发区尖庄小学重建 | 新建综合楼2486平方米，教学楼2500平方米 | 748 | 教育局、财政局、规划局、国土资源局、住房和城乡建设局、经济开发区管委会 | 2016年8月 |
| 2 | 朱刘街道小学迁建 | 新建教学楼(2栋)5510平方米，综合楼5392平方米，室内体育馆958平方米，餐厅1055平方米 | 1937 | 教育局、财政局、规划局、国土资源局、住房和城乡建设局、朱刘街道办事处、万山集团 | 2016年8月 |
| 3 | 朱刘街道魏家庄小学新建 | 新建教学楼5563平方米，餐厅450平方米 | 902 | 教育局、财政局、规划局、国土资源局、住房和城乡建设局、朱刘街道办事处、魏家庄社区 | 2016年8月 |
| 4 | 宝都街道小李家庄小学新建 | 新建综合教学楼4986平方米，餐厅652平方米 | 846 | 教育局、财政局、规划局、国土资源局、住房和城乡建设局、宝都街道办事处、小李家庄社区 | 2016年8月 |
| 5 | 宝都街道尧沟小学重建 | 新建教学楼6560平方米，餐厅867平方米 | 1114 | 教育局、财政局、规划局、国土资源局、住房和城乡建设局、宝都街道办事处 | 2016年8月 |
| 6 | 五图街道九龙湖小学新建 | 新建教学楼2986平方米，综合楼2000平方米，餐厅652平方米 | 846 | 教育局、财政局、规划局、国土资源局、住房和城乡建设局、五图街道办事处、九龙湖度假区开发建设单位 | 2016年8月 |
| 7 | 五图街道邓家庄小学迁建 | 在原五图街道中学校址新建教学楼3560平方米，综合楼3000平方米，餐厅867平方米 | 1114 | 教育局、财政局、规划局、国土资源局、住房和城乡建设局、五图街道办事处 | 2016年8月 |
| 8 | 乔官镇北岩小学迁建 | 新建教学楼2986平方米，综合楼2000平方米，餐厅652平方米 | 846 | 教育局、财政局、规划局、国土资源局、住房和城乡建设局、乔官镇政府 | 2016年8月 |
| 9 | 乔官镇北展小学重建 | 新建教学楼2986平方米，综合楼2000平方米，餐厅652平方米 | 846 | 教育局、财政局、规划局、国土资源局、住房和城乡建设局、乔官镇政府 | 2016年8月 |
| 10 | 乔官镇小学扩建 | 新建教学楼2000平方米 | 300 | 教育局、财政局、规划局、国土资源局、住房和城乡建设局、乔官镇政府 | 2016年8月 |
| 11 | 乔官镇青龙小学迁建 | 新建综合教学楼3862平方米，餐厅435平方米 | 644 | 教育局、财政局、规划局、国土资源局、住房和城乡建设局、乔官镇政府 | 2016年8月 |
| 12 | 营丘镇阿陀小学重建 | 新建综合教学楼3560平方米，综合楼3000平方米，餐厅867平方米 | 1114 | 教育局、财政局、规划局、国土资源局、住房和城乡建设局、营丘镇政府 | 2016年8月 |

续表 5

| 序号 | 项目名称 | 建设内容 | 规划投资(万元) | 责任单位 | 完成时限 |
|---|---|---|---|---|---|
| 13 | 营丘镇崔家庄小学重建 | 新建教学楼 2819 平方米，综合楼 2167 平方米，餐厅 652 平方米 | 846 | 教育局、财政局、规划局、国土资源局、住房和城乡建设局、营丘镇政府 | 2016 年 8 月 |
| 14 | 营丘镇河头小学迁建 | 新建教学楼 2819 平方米，综合楼 2167 平方米，餐厅 652 平方米 | 846 | 教育局、财政局、规划局、国土资源局、住房和城乡建设局、营丘镇政府 | 2016 年 8 月 |
| 15 | 营丘镇中学扩建 | 新建学生公寓楼（2 栋）8780 平方米 | 1317 | 教育局、财政局、规划局、国土资源局、住房和城乡建设局、营丘镇政府 | 2016 年 8 月 |
| 16 | 红河镇大宅科小学迁建 | 新建综合教学楼 3862 平方米，餐厅 435 平方米 | 644 | 教育局、财政局、规划局、国土资源局、住房和城乡建设局、红河镇政府 | 2016 年 8 月 |
| 17 | 红河镇平原小学重建 | 新建教学楼 2652 平方米，综合楼 2334 平方米，餐厅 652 平方米 | 846 | 教育局、财政局、规划局、国土资源局、住房和城乡建设局、红河镇政府 | 2016 年 8 月 |
| 18 | 红河镇小学扩建 | 扩建餐厅 560 平方米 | 84 | 教育局、财政局、规划局、国土资源局、住房和城乡建设局、红河镇政府 | 2016 年 8 月 |
| 19 | 红河镇中学扩建 | 新建学生公寓楼（2 栋）8700 平方米，扩建餐厅 723 平方米 | 1413 | 教育局、财政局、规划局、国土资源局、住房和城乡建设局、红河镇政府 | 2016 年 8 月 |
| 20 | 红河镇朱汉小学重建 | 新建教学楼 3838 平方米，综合楼 1800 平方米 | 846 | 教育局、财政局、规划局、国土资源局、住房和城乡建设局、红河镇政府 | 2016 年 8 月 |
| 21 | 鄌郚镇包庄小学重建 | 新建教学楼 3862 平方米 | 579 | 教育局、财政局、规划局、国土资源局、住房和城乡建设局、鄌郚镇政府 | 2016 年 8 月 |
| 22 | 鄌郚镇北鄌郚小学重建 | 新建教学楼 3862 平方米 | 579 | 教育局、财政局、规划局、国土资源局、住房和城乡建设局、鄌郚镇政府 | 2016 年 8 月 |
| 23 | 鄌郚镇漳河小学重建 | 新建教学楼 2533 平方米，综合楼 2453 平方米，餐厅 652 平方米 | 846 | 教育局、财政局、规划局、国土资源局、住房和城乡建设局、鄌郚镇政府 | 2016 年 8 月 |
| 24 | 鄌郚镇中学扩建 | 新建学生公寓楼（2 栋）9120 平方米，实验楼 3710 平方米 | 1925 | 教育局、财政局、规划局、国土资源局、住房和城乡建设局、鄌郚镇政府 | 2016 年 8 月 |
| 合计 | | 146848 平方米 | 22028 | | |

# 中共昌乐县委　昌乐县人民政府关于加快现代物流产业发展的意见

乐发〔2015〕11号

（2015年7月20日）

为全面提升我县现代物流产业发展水平，更好地为全县经济社会发展服务，根据国务院《关于印发〈物流业发展中长期规划（2014—2020年）〉的通知》（国发〔2014〕42号）、省政府《关于加快现代流通业发展的意见》（鲁政发〔2014〕3号）等文件精神，结合我县实际，制定本意见。

## 一、任务目标

初步建立起布局合理、技术先进、管理规范、节能环保、安全有序的现代物流服务体系，物流服务能力进一步增强；在“三区”建设物流园培育6～8家具有较强竞争力的大型物流企业，在各镇（街、区）蓝色经济特色产业园引进培育1～2家符合本园区产业需求的物流企业；积极引导城乡连锁经营企业采用物流网络系统和信息化技术，建设完善城乡商品配送体系，提高全县城乡商贸物流配送覆盖率和服务水平；全县物流产业的社会化、专业化水平明显提高，第三方物流比重明显增加，物流产业规模进一步扩大，物流产业增加值年均递增8%以上，物流产业整体运行效率显著提高；建立综合交通与现代物流产业协调发展的运行机制，形成联运联通、便捷高效、节能环保的大交通与物流运行体系。

## 二、基本原则

（一）立足现状，着眼长远发展。既要结合我县现状，解决当前物流产业发展面临的突出问题，搞好重点项目、重点园区建设；又要从产业长远发展出发，解决制约物流产业振兴的发展瓶颈，促进产业升级，提高产业竞争力。

（二）优化资源，营造发展环境。充分发挥市场的资源配置功能，注重投资的经济效益。着重研究制定投资、税收、融资、通关、城市车辆通行等方面的政策措施，努力创造有利于物流产业发展的市场环境，调动企业发展积极性。

（三）加强指导，注重协调联动。统筹我县与周边区域、城区与农村物流协调发展，搞好行业之间和部门之间物流基础设施建设与发展的协调和衔接，走市场化、专业化、特色化发展道路。用标准化和信息化综合集成运输、仓储、货代、包装、装卸、搬运、流通加工、配送、信息处理等多种功能，提高物流效率。

（四）打破界限，整合现有资源。坚持统一规划，分类指导，合理竞争，有序发展，打破部门间、区域间分割和封锁，促进物流服务的社会化和资源利用的市场化，合理布局重大项目，提高物流设施的利用率。

## 三、工作重点

以“三区”建设物流园和各镇（街、区）蓝色经济特色产业园区为载体，发挥我县资源、产业优势，实施“四三一三”物流工程，全力把昌乐打造成潍坊西部物流中心，助力全县经济社会发展。

（一）全力打造“四个中心”

一是打造粮油物流交易中心。依托“三区”建设物流园，充分发挥山东省粮食物流中心、山东三洲物流有限公司等现有企业作用，积极引进天津粮交所等粮食交易优势企业，全力打造集粮油仓储、交易、运输、加工于一体的粮油物流交易中心。

二是打造煤炭物流交易中心。依托潍坊中冶煤炭有限公司、山东恒坤国际物流有限公司等优势资源和铁路专线便利条件，全力打造以煤及煤化工仓储、交易、运输为主的煤炭物流交易中心，力争建成山东半岛最大的煤炭物流交易中心。

三是打造第三方物流运营中心。积极引导和扶持制造业物流业务分离外包，在“三区”建设物流园内培育一批适应现代制造业发展需要的专业化第三方物流企业，促进产业集聚，提高物流运作的规模效益，节约土地占用，缓解交通压力，加快实现与潍坊鲁东物流园的对接融合，着力打造辐射山东半岛的大型现代化第三方物流运营中心。

四是打造应急物流中心。加强应急物流设施建设，完善多层次的政府应急物资储备，建立应急物流联动机制，提高应急反应能力。选择和培育一批具有应急能力的物流企业，完善应急物流工作体系，保障应急调控需要，打造山东中部应急物流中心。

（二）重点抓好“三个一”建设

一是搭建一个平台。加快“三区”建设物流园配套设施建设，重点搞好园区道路、雨污管网和燃气管道等配套设施建设，加快相关项目拆迁进度，尽快实现园区基础设施“七通一平”，为现代物流产业发展搭建良好平台。

二是修建一条专线。加快昌盛物流铁路专用线迁建工程建设，协调昌盛物流公司加快各项手续办理进度及图纸设计、勘探等工作，推动项目尽快开工建设。力争2016年下半年一期工程铁路线开通并投入运营，2020年开工二期工程，将铁路线延伸至比德文路附近，保证我县及周边地区铁路货运发展需求。

三是打造一个窗口。依托潍坊申易物流有限公司，加快推进海关综合监管区项目，积极帮助企业通过海关、商检等部门审批，争取尽快投入运营。力争3至5年内，将潍坊申易物流海关综合监管区打造成为辐射全县乃至潍坊西部和南部的进出口贸易窗口。

（三）培植一批骨干物流企业

加大政策扶持力度，鼓励引导重点物流企业做强做大，着力培植一批骨干龙头物流企业，在全县范围内形成以“三区”建设物流园为主体，以各镇（街、区）蓝色经济特色产业园物流企业为依托的现代物流产业体系，力争3～5年内，在“三区”建设物流园内培植8家左右的骨干物流企业，每个镇（街、区）引进培强1～2家骨干物流企业。一是培强做大一批物流企业。充分挖掘“三区”建设物流园现有物流企业潜力，培强壮大一批现代物流企业，利用3～5年的时间，在现有企业中发展6家左右的骨干物流企业。二是引进落户一批物流企业。通过招商引资等有效方式，再引进1～2个大型物流企业落户“三区”建设物流园或在园区设立分公司、区域划拨中心、配送中心等。三是各镇（街、区）培植一批物流企业。各镇（街、区）充分发挥特色产业园的资源、产业优势，积极培植扶持一批符合发展实际的物流企业或引进一批物流企业在园区内设立分公司、配送中心等，建成符合各自产业特点的特色产品物流配送体系，鼓励支持有条件的骨干物流企业在各镇（街、区）设立分中心。四是扶持成立一批“冷链物流”企业。积极引导扶持企业建立“冷链物流”体系，鼓励支持乐港食品、铭基中慧、四季丰食品等生鲜食品加工企业，建立自己的“冷链物流”体系或与现有物流企业合作建立“冷链物流”体系。

（四）搭建三大信息平台

一是搭建货物运输综合信息平台。整合县内货物及各类运输信息，建立货物运输综合信息平台，及时将各种运输信息在平台上发布，鼓励引导有运输需求的企业在平台上发布运输信息，在各物流企业之间共享，为企业搞好服务。

二是搭建物流服务公共信息平台。整合金融、税务、邮政、检验检疫、交通运输、市场监管等部门管理信息，建设物流服务公共信息平台，及时发布企业信息及公共服务信息，推进物流企业与相关部门间的互动。

三是搭建企业内部物流信息平台。鼓励支持物流企业运用现代化信息技术、物流管理理念和方法，开发应用企业内部的网络信息系统，实现企业内部、企业之间信息资源的传输、交互与共享。

**四、扶持政策**

（一）政策扶持。认真贯彻落实财政部国家税务总局《关于将铁路运输和邮政业纳入营业税改征增值税试点的通知》（财税〔2013〕106号）精神，积极推进相关物流企业“营改增”工作，降低现代物流企业税负。按照省政府《关于加快现代流通业发展的意见》要求，落实好免征蔬菜、部分鲜活肉蛋产品、部分农业生产资料流通环节增值税等优惠政策。

（二）资金扶持。发挥好1000万元现代物流产业专项扶持资金的撬动作用，从人才培养、教育培训、品牌建设、科技研发、基础建设等方面，对现代物流企业进行专项扶持。对首次获评国家“AAA”“AAAA”“AAAAA”的物流企业，分别奖励30万元、50万元、70万元，之后每晋升一个等级奖励20万元。对县内物流企业引进的高端物流业人才，符合“泰山产业领军人才”申报条件的，优先予以申报。对固定资产投资1亿元以上（含1亿元）的新落户现代物流企业项目，项目注册、手续办理的相关费用，从现代物流产业发展专项扶持资金中列支资金，予以扶持。

（三）用地扶持。对符合现代物流产业发展规划和产业政策，符合土地利用总体规划的重点物流中心、配送中心、快递分拨中心和重点物流企业等项目用地，在符合集约节约用地的原则下，优先安排用地计划指标。鼓励利用工业企业旧厂房、仓库和其他存量土地、建筑资源建设物流设施。对固定资产投资1亿元以上（含1亿元）的新落户现代物流项目，项目用地按土地成本价格供给。

（四）金融扶持。鼓励金融机构结合物流企业的发展特点，创新金融产品和服务方式，通过仓单质押、保理等方式满足现代物流企业个性化资金需求，破解物流企业“融资难”问题。商务、招商等有关部门要积极引导外资、民间资本以独资、合作、联营、参股等方式投资物流领域，实现投资主体多元化。

**五、保障措施**

（一）强化组织领导。高度重视现代物流产业在经济结构调整和增长方式转变中的重要作用，把现代物流产业作为基础产业来抓。县现代物流产业推进工作小组及办公室要充分发挥综合协调、行业指导、运行调控、推动发展的职能作用，统筹推进现代物流产业发展。各级各有关部门（单位）要把加快发展现代物流业列入重要工作日程，落实责任，加强配合，齐抓共管，形成推动现代物流产业发展的强大合力。

（二）加强行业监管。商务局、“三区”建设物流园管委会等部门（单位），要切实加强对物流产业和物流企业的管理，规范竞争秩序，推进物流诚信体系建设，建立物流企业评估机制，制定物流产业信用等级评估标准，引导物流产业健康发展。

（三）加大执法力度。各级各有关部门要进一步强化服务意识，提高服务效能，为现代物流产业发展创造良好条件。要严厉查处、坚决打击“三乱”行为，依法取消不符合国家规定的各种收费项目，对破坏现代物流业发展环境的违法行为坚决依法打击。

## 中共昌乐县委　昌乐县人民政府<br>关于加快智能制造产业发展的意见

乐发〔2015〕12号

（2015年7月27日）

为加快我县智能制造产业发展，依据国家和省、市有关政策规定以及市政府办公室《关于印发推进智能装备产业发展实施方案的通知》（潍政办字〔2015〕63号）要求，结合我县实际，提出如下意见。

**一、发展目标**

坚持以工业转型升级、提质增效为原则，以实现制造过程的智能化和绿色化为目标，进一步整合资源、突出特色、创新机制、重点扶持，着力打造科技含量高、竞争力强的智能制造产业。2015年，全县智能制造产业实现主营业务收入2亿元，工业机器人、无人机、数控机床等产品产业化实现新突破，规划建设智能制造产业园区。到2020年，全县智能制造产业实现主营业务收入30亿元，培育一批“专、精、特、新”的专业化骨干企业，建成特色明显的优势产业集群和特色产业园区，逐步形成创新活跃、结构优化、规模领先、配套完善、服务发达的智能制造产业体系。

**二、扶持范围**

纳入扶持范围的企业（项目）须同时满足以下条件：

（一）符合产业要求。是国家发改委《产业结构调整指导目录（2011年本）（修正）》鼓励类项目，主要包括自动化控制产品、工业机器人研发和生产、智能制造产业链配套项目、高端数控机床、软件开发应用与服务。

（二）拥有人才、技术、研发平台。具有一定数量的专业技术人才或研发团队；或拥有市级以上科技创新研发平台（企业技术中心、工程研究中心、工程技术研究中心、企业实验室、工程实验室等）的企业、省级产业联盟会员企业；或在智能制造方面有独立知识产权、与科研院所和高等院校有长期稳定产学研合作关系、高新技术企业。

（三）在我县注册。在我县注册成立公司，总部设在我县，税务登记在我县。

（四）较高投资强度。单个新征地项目总投资不低于5000万元，其中，固定资产初始投资不低于2000万元。投资强度原则上不低于300万元/亩或虽然投资强度未达到300万元/亩，但税收超过5万元/亩。

**三、扶持政策**

除享受市政府《关于认真落实中央和省有关政策规定支持企业转型发展的意见》（潍政发〔2015〕4号）、市政府办公室《关于印发市级财政支持经济转型发展的重点措施的通知》（潍政办发〔2015〕7号）、《关于进一步提高金融机构服务企业水平解决融资难问题的意见》（潍政办发〔2015〕8号）外，还享受以下扶持和激励政策：

（一）资金扶持。县政府每年设立1000万元智能制造产业发展专项资金，对重点扶持企业进行专项资金扶持，包括提供过桥资金、政策性扶持和补助等；也可按照总投资5%～20%的额度直接投资参股，并通过资金收益无偿转让的方式予以支持。

（二）融资担保。县财政专门成立担保公司，为企业提供增信服务，并提供不高于总投资额20%（一次融资金额不超过500万元）的融资性担保。

（三）供地优惠。按照政府不受益的原则，以成本价供应土地。根据企业需要，土地供应可以采取“先租后让”、“长期租赁”和“弹性年期出让”等方式，具体办法另行确定。

（四）费用减免。产业内新建项目免除城市基础设施配套费，其他行政事业性收费和经营服务性收费按照最低标准由企业依法依规交纳，视情况给予一定补助。

（五）研发支持。对产业内企业开展核心技术攻关、创新能力提升、产业链关键环节培育等研发创新的，通过产业发展专项资金给予一定补助。

（六）租购厂房补贴。购买厂房的，按购房款的10%进行一次性补助，每个企业补助金额最高不超过50万元。租赁厂房的，按年租赁费的50%进行补助，补助期限为5年，每个企业租赁补助最高不超过30万元/年；租赁期内又进行购买的，只享受购买补助政策。

（七）鼓励挂牌、上市。对产业内企业完成股改，并到齐鲁股权交易中心或同级别市场挂牌的，通过产业发展专项资金给予一次性补助30万元；到“新三板”挂牌的，通过产业发展专项资金给予一次性补助100万元；到国内主板上市的，通过产业发展专项资金给予一次性补助150万元。

（八）营销补助。对产业内企业所生产的智能制造设备，在昌乐县其他本地企业实施“机器换人”项目的，通过产业发展专项资金按照设备成本价的8%给予生产企业补助，单个企业补助不超过100万元。

（九）总部激励。与产业内企业相关联、配套、协作的县外智能制造企业，在我县设立研发、设计、销售中心，并在我县缴纳税收的，享受我县总部经济发展扶持政策。

（十）我县原有智能制造企业享受以上同等扶持政策。

**四、有关要求**

（一）投资要求。项目建成后，以项目立项文件或土地出让合同规定的投资数额、投资强度、投资密度作为项目竣工验收条件，投资数额以审计部门审计确定的实际数额为准。

（二）进度要求。项目建设手续办结后，一年内未开工建设的，收回优惠政策并收取土地闲置费；两年内未开工建设的，无偿收回土地。未按照项目申请报告确定的建设期限建成投产的，收回优惠政策并收取土地闲置费，延期后仍未建成投产的，无偿收回土地。

（三）税收要求。正式投产后每年总税收不低于5万元/亩。投产第2年起，未达到年亩均最低税收标准的，不再享受投产后期的产业发展专项资金的扶持政策。

**五、保障措施**

（一）强化工作推进。县智能制造产业推进工作小组负责研究部署和推进全县智能制造产业发展的各项工作，以及对拟纳入扶持范围企业（项目）的审核、筛选。县直相关职能部门、有关镇（街、区）要积极配合、紧密协作，形成合力，共同推进全县智能制造产业发展。

（二）建立评估制度。每月组织开展一次情况督查，重点督查工作进展、项目建设、政策落实等进度和实施效果，及时解决实施过程中出现的困难和问题。建立退出机制，对纳入扶持范围的企业（项目）实行动态管理，发现不符合有关要求的，一律责令退出扶持范围。根据需要适时聘请第三方机构开展专业评估，总结经验，发现问题，不断完善和调整工作措施，加快推进产业发展。

## 中共昌乐县委　昌乐县人民政府 关于印发李平瑞同志孙明亮同志张新强同志在省委第四巡视组专项巡视昌乐县工作动员会上的讲话的通知

乐发〔2015〕13号

各镇（街道）、经济开发区、首阳山旅游度假区、高崖水库库区党（工）委，县委各部委，县政府各部门党组（党委、总支、专部），各人民团体党组（支部），县人武部党委：

7月28日，省委第四巡视组专项巡视昌乐县工作动员会在我县召开，省委第四巡视组组长李平瑞同志出席会议并讲话，市委常委、秘书长孙明亮同志出席会议并就配合做好巡视工作提出要求，县委书记张新强同志主持会议并作表态发言。现将李平瑞同志、孙明亮同志、张新强同志的讲话印发给你们，请认真学习，切实抓好贯彻落实。

中共昌乐县委

2015 年 7 月 28 日

## 李平瑞同志 在省委第四巡视组专项巡视昌乐县工作动员会上的讲话

按照省委统一部署，省委第四巡视组从今天开始，对昌乐县开展专项巡视。下面，我代表省委第四巡视组，就做好这次巡视工作讲几点意见。

**一、深入贯彻落实习近平总书记重要讲话精神，充分认识开展巡视工作的重要性和必要性**

巡视是全面从严治党的重要手段，是党内监督的战略性制度安排。党的十八大以来，党中央高度重视巡视工作，中央政治局常委会多次听取巡视情况汇报，习近平总书记每次都发表重要讲话，明确了中央巡视工作方针，即聚焦党风廉政建设和反腐败斗争这个中心，围绕“四个着力”，发现问题、形成震慑，做到巡视“全覆盖”、全国“一盘棋”。省委把巡视工作列入重要议事日程，制定了进一步加强和改进巡视工作的意见，对做好我省巡视工作提出明确要求，省委常委会专题听取巡视工作汇报，省委“五人小组”和省委巡视工作领导小组听取每轮巡视情况汇报。在省委的坚强领导下，我省巡视工作取得明显成效，发现了一批在党风廉政建设等方面存在的突出问题和领导干部违纪违法问题线索，及时进行了处理，形成有力震慑，得到广大干部群众的支持拥护。

巡视发现的问题，充分印证了党中央对当前反腐败斗争形势依然严峻复杂的判断。习近平总书记指出，巡视发现的问题，突出表现是党的观念淡薄、管党治党责任缺失，“两个责任”不落实，政治纪律和政治规矩松弛，用人腐败反映强烈，“四风”问题仍然突出等。全面从严治党任务艰巨而又紧迫，推进全面从严治党，关键在治、要害在严。巡视监督是党风廉政建设和反腐败斗争的重要平台、上级党组织对下级党组织监督的重要抓手、党内监督和群众监督相结合的重要方式。实践证明，巡视制度是新时期党内监督有效管用的制度，是一把反腐“利剑”。我们一定要认真学习领会习近平总书记重要讲话精神，把思想和行动统一到中央和省委的要求上来，深刻认识开展巡视工作的重大意义，保持政治定力，坚定立场方向，增强责任感、使命感和紧迫感，积极支持、参与、配合巡视工作，确保利剑高悬、震慑常在，用最坚决的态度减少腐败存量，用最果断的措施遏制腐败增量，共同把省委交给的任务完成好。

**二、聚焦中心任务，突出专项重点，着力发现问题**

按照有关要求，本轮巡视工作对象为县市区党委和人大、政府、政协党组领导班子及其成员，重点是党政领导班子成员特别是党政“一把手”。巡视工作将认真贯彻中央巡视工作方针，坚持纪在法前、纪比法严，以严的态度、严的标准，严格用党章党规党纪衡量党组织和党员干部行为，一把尺子量到底，越往后越严，通过巡视监督唤醒党章党规党纪意识，把纪律和规矩立起来、严起来。巡视工作将聚焦党风廉政建设和反腐败斗争这个中心，紧紧围绕“四个着力”，盯住重点人、重点问题、重点事。重点人，就是“三类人”，十八大后不收敛不收手，问题线索反映集中、群众反映强烈，现在重要岗位且可能还要提拔使用的领导干部。重点问题，就是要按全面从严治党要求，看党委主体责任和纪委监督责任落实了没有，是不是贯彻了十八大和三中、四中全会精神，是不是贯彻落实了习近平总书记系列重要讲话精神，是不是落实了党要管党、全面从严治党的要求，是不是履行了党章规定的义务，还要着重发现决策权、行政审批权、执法权、人事权等方面的违规违纪问题，顶风违反中央八项规定精神的问题。重点事，就是与重点人相连、与重点问题相伴的具体事项。巡视工作将专注于目标，剑指问题、倒逼改革，从体制机制、监督管理上找原因，促进完善制度，细化权力清单、责任清单、负面清单，为全面深化改革提供参考。对反映领导干部其他方面的违纪违法问题线索，巡视组也要了解掌握。

巡视中，我们将灵活运用各种方法，主要通过个别谈话，受理来信来电来访，调阅复制有关文件资料，抽查领导干部个人有关事项报告，听取有关工作汇报，列席有关会议，走访调研，对干部群众反映的重要问题线索进行深入了解等方式开展工作。对于专业性较强或者特别重要的问题，将视情商请有关职能部门或专业机构予以协助。巡视期间，巡视组不干预昌乐县的正常工作。

**三、落实责任，积极主动地参与和配合巡视工作**

做好巡视工作，是巡视组和被巡视单位党组织共同的政治责任。省委巡视组受省委委派开展巡视工作，被巡视单位及其广大党员干部要充分信任、支持、配合巡视组的工作。巡视期间，巡视组将紧紧依靠昌乐县委开展工作，密切联系群众，广泛听取各方面意见，着力发现问题，并实事求是、客观公正地向省委汇报巡视情况，用好巡视成果，将问题和线索分类处置。昌乐县委要认真履行主体责任，加强问题整改落实，推进全面从严治党。

向巡视组反映真实情况，是对巡视工作最大的支持。被巡视单位要营造良好的监督氛围，鼓励和支持干部群众反映情况和问题。同时，也希望大家能以对组织、对同志高度负责的精神，如实向巡视组介绍和反映情况。巡视组一定严格按照省委的要求，深入扎实细致地做好巡视工作，严格遵守巡视工作保密纪律。

根据安排，巡视组在昌乐县的工作时间，从2015年7月28日开始，至9月2日结束。为便于干部群众反映情况，巡视组建立了多种联系方式。联系电话：15753666169、18615176750（接听电话时间为：工作日早8：00—晚20：00）；寄信地址：昌乐县109信箱，邮编262499；网上邮箱：登陆山东省纪委监察厅网站（www.sdjj.gov.cn），在巡视工作专题中点击巡视组信箱，按照提示输入内容即可；还分别在城关商务社区一号楼南侧和县信访局办公楼前设置了巡视组信箱。根据有关要求和巡视工作职责，省委巡视组主要受理反映昌乐县委和人大、政府、政协党组领导班子及其成员的问题以及与巡视工作有关的来信来电来访，重点是关于党风廉政建设、作风建设、执行政治纪律和选拔任用干部方面的举报和反映。其他不属于巡视受理范围的信访问题，将按规定交有关部门处理。

同志们，省委派我们来昌乐县开展巡视工作，我们深感责任重大。同时，也给我们提供了一次向大家学习的好机会。为了顺利地完成省委交给的任务，在这里，我代表巡视组全体同志表个态，我们一定严格按照中央和省委要求以及有关规定，认真履行巡视监督职责，严格遵守巡视工作纪律，严格落实中央八项规定精神和省委实施办法，希望大家对我们的工作给予支持，也欢迎大家对我们的工作进行监督。

## 孙明亮同志<br>在省委第四巡视组专项巡视昌乐县<br>工作动员会上的讲话

刚才，省委第四巡视组李平瑞组长对这次专项巡视讲了重要意见，潍坊市委和昌乐县委一定按照省委的要求，认真学习领会，坚决抓好贯彻落实。今年上半年，省委第二巡视组对我市诸城、安丘和临朐开展了专项巡视，集中推动解决了一批突出问题，广大干部群众给予高度评价。这次省委第四巡视组对青州市、寿光市、昌乐县开展专项巡视，体现了省委对三个县市工作的重视和支持，也是对三个县市领导班子政治上的关心和爱护，必将对落实全面从严治党要求、营造风清气正的政治生态、提振干部队伍的精气神，起到重要的推动作用。下面，我就配合省委巡视组开展好这次专项巡视工作，强调几点。

**第一，切实提高对专项巡视重要意义的认识。**巡视是从严治党的重要手段，是反腐败斗争的“利剑”和“尖兵”。矢志不移地开展巡视工作，让利剑高悬、震慑常在，是加强领导班子和干部队伍建设、深入推进党风廉政建设和反腐败工作的有力支撑。党的十八大以来，党中央进一步明确了巡视工作方针，要求聚焦党风廉政建设和反腐败斗争，围绕“四个着力”，发现问题、形成震慑，做到巡视全覆盖、全国一盘棋。省委认真贯彻中央部署要求，着眼于实现全覆盖，创新组织制度和方式方法，今年上半年组织开展了首轮对30个县市区的专项巡视，当前第二轮对30个县市区的专项巡视正在进行。我们一定要从落实全面从严治党要求，从把纪律和规矩挺在前面的高度认识和把握专项巡视工作，把这次专项巡视作为对昌乐县党风廉政建设情况的一次“把脉会诊”，作为对领导班子及成员的一次“健康体检”，保持政治定力，坚定立场方向，切实增强接受巡视监督、支持巡视工作的自觉性和坚定性。

**第二，在行动上积极配合好专项巡视工作。**能不能有效地配合好这次专项巡视工作，反映的是从严治党的态度是否坚决，体现的是各级党组织和党员干部的纪律观念、规矩意识强不强，也反映了一段时间来“三严三实”专题教育的成效是否扎实。这次专项巡视的对象是三个县市，也是对潍坊市党风廉政建设和反腐败工作的检验和推动。潍坊市委将切实担负起配合专项巡视工作的政治责任，认真落实好省委巡视组的各项部署要求，为专项巡视工作顺利进行创造良好环境。昌乐县委要本着对组织负责、对同志负责、对群众负责、对历史负责的态度，认真做好配合工作，主动接受巡视监督，共同完成好各项巡视任务。要配合巡视组畅通信访举报渠道，加强与基层干部群众的联系沟通，确保巡视组全面、准确地掌握实际情况。昌乐县各级领导干部要统一思想、端正态度，严守巡视工作纪律，客观真实地提供情况，实事求是地反映问题，以实际行动保证这次专项巡视顺利进行。

**第三，按照边巡边查的要求及时解决突出问题。**发现问题、形成震慑，是巡视工作的主要任务。在专项巡视过程中，我们要认真落实省委关于边巡边查的要求，对省委巡视组移交的基层党员干部贪腐问题和作风、纪律、选人用人等方面的问题线索，纪检监察机关要组织精干力量，认真调查核实，做到件件有着落、事事有回音，持续发挥震慑作用。专项巡视结束后，省委巡视组还要反馈情况、提出意见，昌乐县委要高度重视、立行立改，认真制定整改方案，统一建立整改台账，逐条制定整改措施，不折不扣地把整改任务落到实处。潍坊市委将透过对三个县市的巡视成果，全面分析潍坊市的工作情况，特别是对照提出的问题，由点到面，举一反三，切实解决涉及全市党风廉政建设和反腐败工作的普遍性问题。

**第四，以巡视为契机推进党风廉政建设和反腐败工作深入开展。**这次专项巡视，是推动党风廉政建设和反腐败工作不断深入的良好契机。昌乐县委要认真履行党风廉政建设主体责任，以高度的思想自觉、政治自觉、行动自觉，种好“责任田”，守好“主阵地”，打好“持久战”，做到守土有责、守土尽责。要切实把纪律和规矩挺在前面，既要立足于“拔烂树”，严肃查处严重违纪违法的党员干部，又要用更多的精力“治病树”“正歪树”，抓早抓小、动辄则咎，发现违纪苗头就要马上去管，触犯了纪律就要及时处理，真正用纪律和规矩管住大多数，维护好整个“森林”的健康生态。要持之以恒加强作风建设，坚持经常抓、长期抓，立破并举、扶正祛邪、标本兼治，以踏石留印、抓铁有痕的劲头驰而不息、一抓到底，尤其是对“四风”问题要紧盯不放、持续发力，越往后执纪要越严。要推动党风廉政建设落实到基层，认真解决发生在群众身边“四风”和腐败问题，加大“拍苍蝇”力度，让人民群众对正风反腐有更直接、更多的获得感。

## 张新强同志<br>在省委第四巡视组专项<br>巡视昌乐县工作动员会上的讲话

按照省委统一部署，从今天开始，省委第四巡视组莅临我县，开展专项巡视工作。这是省委对昌乐县领导班子和领导干部的关心和爱护，也是对我县经济社会发展的支持和推动。这次会议，主要是贯彻落实省委部署要求，对巡视工作进行具体安排，动员大家统一思想认识，明确任务要求，积极主动配合做好巡视工作。

刚才，省委第四巡视组组长李平瑞同志代表省委巡视组作了讲话，对巡视工作进行了全面部署，提出了明确要求。市委常委、秘书长孙明亮同志代表潍坊市委，就进一步配合做好巡视工作，进行了再强调、再部署。我们一定要认真学习，深刻领会，准确把握，确保落到实处。下面，我代表县级领导班子及全体成员，向巡视组表态。

**一、从全面从严治党的战略高度强化思想认识，坚决贯彻巡视工作的部署要求。**实行巡视制度，开展巡视工作，是党中央在新的形势下，落实党要管党、从严治党要求的重要手段，也是强化党内监督的重要形式，对于建设高素质领导干部队伍，保证党的路线方针政策的有效贯彻落实，具有十分重要的意义。党的十八大以来，面对“四大考验”“四大危险”的严峻挑战，中央立足战略全局，着眼提高拒腐防变和抵御风险能力，把巡视工作摆在了前所未有的高度，对巡视工作作出了重大调整，6月26日，中央政治局召开会议审议通过了《中国共产党巡视工作条例（修订稿）》。习近平总书记多次强调：“巡视工作只能加强，不能削弱。”省委也先后多次对新形势下的巡视工作作出新部署、提出新要求。这次省委巡视组来昌乐巡视指导工作，是对全县党风廉政建设工作的“全面检阅”，是对县级领导班子成员的“政治体检”，必将有力地推动全县的科学发展、转型发展。全县广大党员干部特别是领导干部，一定要从讲政治、讲大局的高度，充分认识巡视工作的重要性和必要性，切实把思想和行动统一到省委部署要求上来，以正确的态度支持巡视工作，思想上高度重视，行动上坚决拥护，言行一致、表里如一，以良好的精神状态和扎实的工作作风，迎接省委巡视组的监督、检查和指导。

**二、全力搞好配合，保障巡视工作顺利开展。**积极配合省委巡视组开展工作，是当前的一项政治任务，是对领导干部政治意识、大局意识、责任意识的一次全面检验。我们要坚决服从巡视组的安排部署，积极搞好配合，确保巡视工作有序有效开展。

*一要严格遵守纪律。*要坚持党性原则，严守政治纪律和政治规矩，服从巡视工作安排，支持配合巡视组开展工作。特别是县级领导同志和各镇（街、区）、各部门“一把手”要合理安排好工作和时间，确保准时参加巡视组要求的各项活动，及时完成巡视组交办的工作任务。

*二要畅通联系渠道。*我们将认真落实巡视工作要求，畅通省委巡视组与各级、各部门各单位和广大干部群众的沟通交流渠道，让巡视组听到真实意见。

*三要客观反映问题。*要本着对组织负责、对事业负责、对同志负责的原则，实事求是地提供情况、反映问题，客观公正地提意见、谈看法，确保巡视组能够全面准确地掌握实际情况。

*四要加强协调服务。*根据省委巡视组工作部署，前段时间，我们召开专题会议研究了落实措施，成立了巡视工作联络组。联络组要认真履行职责，主动配合做好后勤服务保障和安全保密工作。

**三、主动接受巡视监督，及时抓好问题整改落实。**全县上下要把这次巡视作为加强党性锻炼、提高自我修养的重要机遇，作为增强廉洁自律意识、提升联系服务群众能力的重要途径。特别是县级领导班子成员要增强政治意识，强化责任担当，将配合接受巡视监督的过程作为查找差距、改进工作的过程，自觉主动接受监督检查。

*一要严肃对待，坚决抓好问题整改。*把接受巡视监督作为强化党性教育、锤炼党性修养、经受组织考验的难得机会，襟怀坦荡地接受省委巡视组和干部群众的监督，实事求是地看待工作、认识自己、对待问题，不回避、不遮掩，不怕揭丑。要严肃正确对待巡视组指出的问题，突出抓好问题整改落实，真正把巡视成果体现好、运用好。对于巡视组点出的问题，都要即知即改，事事有回音；对于巡视组提出的建议，都要及时落实，件件有着落；对违纪违法的案件，都要依法依规从严查处。

*二要剖析原因，切实抓好源头预防。*要坚持问题导向，围绕薄弱环节和突出问题，认真梳理，深入剖析，深挖根源，对反复发生的问题，要善于透过现象找规律，抓住本质根源加以解决；对普遍发生的问题，要从制度机制上找原因，真正做到防患于未然。要把巡视组的意见建议转化为真抓实干的实际行动，及时向巡视组汇报问题整改进展情况，听取指导意见，接受监督检查，确保让省委满意，让干部群众满意。

*三要标本兼治，建立健全长效机制。*将巡视工作中发现的问题整改，与群众路线教育实践活动的问题整改结合起来，与开展“三严三实”专题教育结合起来，突出抓好涉及群众利益问题的专项整治，切实巩固作风建设成果。要在巡视组的监督指导下，全面查找存在的差距和不足，完善推进措施，健全制度体系，形成解决问题和推动党风廉政建设工作的长效机制，让广大干部群众看到巡视工作带来的实实在在的变化。

在此，我代表县级领导班子全体成员郑重表态：诚恳接受省委巡视组的监督检查，对巡视组指出的问题虚心接受、绝不回避遮掩，扎实整改、绝不打折扣。恳请同志们本着客观公正、实事求是的原则，积极反映情况、提出意见建议。

**四、以巡视为契机，扎实推动工作落实。**我们要以省委这次巡视为契机，全面落实中央和省委决策部署，自觉践行习近平总书记“三严三实”和“四有”要求，特别是我县作为姜异康书记的联系点，要以“走在前列、起好带头作用”为目标定位，将配合开展巡视工作与建设富强昌乐、生态昌乐、幸福昌乐的具体实践紧密结合起来，与推动改革发展任务落实紧密结合起来，做到两手抓、两不误、两促进。要敢于担当，始终保持奋发有为的精神状态，以强烈的激情、责任心和事业心，立足岗位，忠诚履职，改革创新、攻坚克难，千方百计把工作任务落实到位。要强化责任，县级领导班子成员要带头沉到一线推动工作，发挥表率作用，层层压实工作责任，在全县形成一级抓一级、层层抓落实的浓厚氛围。要密切联系群众，站在群众的立场看问题、办事情，切实保障和改善民生，真心实意解决群众关注的热点难点问题。要健全体制机制，深入贯彻落实中央八项规定和省委部署要求，严格落实党委党风廉政建设主体责任和纪委监督责任，层层传导压力，完善作风建设长效机制，始终保持惩治腐败的高压态势，营造风清气正的干事创业环境。要严格依法办事，创新督查机制，强化目标考核，充分调动全县上下抓落实促发展的积极性、主动性和创造性。

## 中共昌乐县委<br>关于进一步加强和<br>改进人大工作的意见

乐发〔2015〕14号

（2015年8月13日）

为深入贯彻党的十八大、十八届三中、四中全会和习近平总书记系列重要讲话精神，认真贯彻落实全省、全市人大工作会议精神，进一步加强和改进新形势下的人大工作，根据市委《关于进一步加强和改进人大工作的意见》（潍发〔2014〕22号），结合我县实际，提出如下意见。

**一、牢牢把握人大工作正确政治方向**

1. 坚持和完善人民代表大会制度。人民代表大会制度是符合中国国情和实际、体现社会主义国家性质、保证人民当家做主、保障实现中华民族伟大复兴的根本政治制度。要不断深化对人民代表大会制度本质、特色和优势的认识，坚定中国特色社会主义道路自信、理论自信、制度自信，在新的起点上更好地坚持和完善人民代表大会制度。

2. 始终坚持人大工作基本原则。人民代表大会制度是坚持党的领导、人民当家做主、依法治国有机统一的根本制度安排。人大工作必须毫不动摇坚持中国共产党的领导，必须保证和发展人民当家做主，必须全面推进依法治国，必须坚持民主集中制。县、镇人大要坚持正确政治方向，把这些基本原则贯穿于人大依法履职全过程，切实履行好宪法和法律赋予的职责。

**二、进一步加强和改善党对人大工作的领导**

1. 改善党对人大工作领导方式。党委要进一步加强对人大工作的政治领导、思想领导和组织领导，充分发挥总揽全局、协调各方的领导核心作用，通过人民代表大会制度，保证党的路线方针政策和决策部署在国家工作中得到全面贯彻和有效执行。

2. 健全党对人大工作领导机制。党委要把人大工作纳入总体工作布局，摆上重要议事日程，认真研究解决人大工作中的重大问题和重要事项，并形成制度。县委常委会每年至少听取一次县人大常委会工作汇报并专题研究人大工作，每届县委任期内至少召开一次人大工作会议。镇（街、区）党（工）委要定期听取人大工作情况汇报并研究人大工作。县人大常委会第一副主任列席县委常委会议；根据需要，县人大常委会主任会议成员列席县委全体会议和县委有关会议，参加县委组织的调研活动和中心组的学习。县委召开全局性工作会议、组织重大活动，安排县人大常委会办事机构和工作委员会负责人参加。

3. 充分发挥县人大常委会党组作用。县委要高度重视发挥县人大常委会党组作用，在做出有关重大决策前，听取县人大常委会党组的意见和建议。县人大常委会党组要坚持重大事项、重大问题向县委请示报告制度。人民代表大会会议事项、监督、决定重大事项、选举任免工作中的重大问题等，报请县委同意后依照法定程序进行。

4. 加强人民代表大会制度宣传与研究。把人民代表大会制度和人大工作宣传纳入党委宣传工作总体规划。完善国家工作人员学法用法制度，把宪法法律、民主法治理论、人民代表大会制度理论列入党委中心组学习内容，作为县委党校必修课，增强国家工作人员特别是各级党政领导干部的民主政治素养和法治观念。党委宣传部门和新闻媒体要切实加强对人大制度和人大工作的宣传报道，不断增强人民代表大会制度的社会影响力。

**三、充分发挥人大在法治建设中的重要作用**

1. 保证宪法法律贯彻实施。各级党组织必须在宪法和法律范围内活动，支持和保障人大依法行使各项职权，弘扬社会主义法治精神，依照法律法规推进各项事业；支持和保障人民通过人民代表大会当家做主，保证人民平等参与、平等发展的权利，维护社会公平正义。“一府两院”要牢固树立宪法意识和法治观念，自觉在人大监督下开展工作，不断提高依法行政、公正司法水平。各级领导干部要积极适应治理体系和治理能力现代化的新要求，不断提高运用法治思维和方式管理社会事务的能力。

2. 支持和保障人大依法行使监督权。党委要更加注重通过人大监督深入推进依法行政、建设法治政府，深入推进公正司法、提高司法公信力。人大要全面贯彻实施监督法和有关法律规定，围绕大局、突出重点，加强对“一府两院”工作的监督，加强对法律法规实施情况的监督，加强对经济社会发展重大问题和人民群众普遍关心的切身利益问题的监督。加强对政府全口径预算决算的审查监督和对国有资产的监督。改进监督方式，健全监督制度，增强监督的针对性和实效性。加大工作评议力度，县政府工作部门和“两院”在每届人大任期内，要向人大常委会报告工作，并接受评议。评议结果要向社会公开，并作为考核任用干部的重要参考。镇人大每年组织人大代表对镇直部门的工作进行一次评议。加强备案审查制度和能力建设，健全机制，完善程序，增强审查实效。完善信访接待和处理工作机制，认真解决涉法涉诉问题。“一府两院”要更好担负起法律实施的法定职责，健全对人大负责、受人大监督制度，认真对待并积极配合人大常委会组织开展的视察、执法检查、调查和评议等活动。

3. 支持和保障人大依法行使重大事项决定权。进一步规范和完善党委、人大、政府、法院、检察院重大决策的规则和程序，支持人大依法决定重大事项。党委有关地方国家事务的重要主张，凡属于人大职权范围需要全社会共同遵循的，向人大提出建议，使之经过法定程序成为决议决定。“一府两院”工作中凡属法定应经人大作出决定的重大事项，必须按程序提请人大审议并作出决议或决定。县、镇政府重大决策出台前向本级人大报告。人大要健全讨论、决定重大事项制度，针对本行政区域内事关改革发展稳定的重大问题，适时作出决议决定。“一府两院”要认真贯彻执行人大决议决定，并及时报告组织实施和执行情况。

4. 支持和保障人大依法行使选举任免权。党委要充分尊重人大及其常委会的选举任免职权，在向人大推荐需要由人大选举任命的人选时，应当事先向人民代表大会临时党组织或者人大常委会党组和人大常委会组成人员中的党员介绍党委推荐意见。如人大代表或者人大常委会组成人员对所推荐人选提出不同意见，党委应当认真研究，并作出必要的解释或者说明。如发现有事实依据、足以影响选举任命的问题，党委要建议人大暂缓选举任命或者重新推荐人选。各国家机关要严格依法向人大及其常委会提出选举或任免议案，人大及其常委会要尊重代表和常委会组成人员的民主权利，严格依法按程序组织选举或任免。凡经人大及其常委会选举或者决定任命的国家工作人员正式就职时，要公开向宪法宣誓。凡是应由人大选举任免的国家工作人员，未经选举或者任免，不得以任何形式对外公布。人大选举任命的国家机关领导人员，在法定任期内原则上保持稳定。人大常委会要加强对被选举任命干部的监督，促进其积极履职、依法办事。“一府两院”工作人员当选为人大常委会组成人员后，要依法及时免去其原任职务；人大常委会组成人员担任“一府两院”职务，必须依法辞去人大常委会组成人员职务。

**四、充分发挥人大代表主体作用**

1. 依法做好人大代表选举工作。党委要高度重视人大代表候选人提名推荐工作，认真听取人大常委会党组相关情况汇报，既考虑代表结构，又注重代表的政治素质和履职能力，严格审查把关。提高基层人大代表特别是一线工人、农民、知识分子代表比例，降低党政领导干部代表比例。进一步完善人大代表选举工作制度，保证选举依法有序进行，保证人大代表广泛性、代表性和先进性的统一。依法严肃查处破坏选举的行为。

2. 进一步提高人大代表履职能力。健全人大代表学习培训制度，抓好人大代表初任学习、履职学习和专题学习，换届后应及时组织代表进行集中培训。建立人大代表履职考核制度，健全激励约束机制，提高代表履职意识。坚持和落实代表述职评议制度，选举的市人大代表在任期内要向县人大常委会进行述职并接受评议，县、镇人大代表在任期内要向原选区选民进行述职并接受评议，人大常委会领导成员要进行现场指导。依法罢免不称职的人大代表。

3. 强化人大代表履职保障。各级党组织和国家机关要尊重人大代表主体地位，加强与代表的联系，保障代表知情知政，为他们依法履职提供有利条件。健全人大常委会组成人员联系代表、代表联系群众制度，重要会议和活动邀请代表参加，增加代表列席人大常委会会议人数。加强闭会期间对代表活动的指导，规范代表小组建设，创新活动方式，丰富活动内容，推进代表活动常态化、规范化、精细化。重视和加强代表议案建议处理工作，健全完善工作机制，注重解决实际问题，强化办理实效。人大代表依法执行代表职务时，所在单位要大力支持，在时间、工资及其他待遇方面提供保障，有关组织和单位要积极配合。代表活动经费依法列入本级财政预算，并根据需要适时调整。依法严肃查处妨碍、阻挠代表履职或侵犯代表权益的行为。

4. 人大代表要依法履行职责。各级人大代表要进一步增强大局意识、法治意识和职务意识，模范遵守宪法和法律，忠实履行各项职责。要与原选举单位、原选区选民和人民群众保持密切联系，深入了解社情民意，有效开展群众工作，积极化解社会矛盾，认真负责地提出建议，自觉接受选民和群众监督。人大代表要按时出席本级人民代表大会会议，并根据人大常委会统一安排列席有关会议，积极参加视察、执法检查、专题调研等活动。正确处理从事个人职业活动与执行代表职务的关系，不得利用执行代表职务干涉具体司法案件或招标投标等经济活动谋取个人利益。

**五、加强镇（街、区）人大工作**

1. 加强对镇（街、区）人大工作的领导和指导。党委要加强对镇（街、区）人大工作的领导，充分发挥人大在基层民主政治建设中的作用。县人大常委会要加强对镇人大工作的指导和街区人大工作的领导，明确专门工作机构，认真搞好联系和指导镇（街、区）人大工作。

2. 改进镇人大领导机制。遵循地方组织法规定，本着有利于加强基层民主政治建设、有利于镇人大在党委领导下独立依法履职的原则，改进镇人大领导机制，各镇设专职人大主席1人，提名为县级人大代表，并可以设专职副主席1人至2人，配备相应专职工作人员。镇人大主席、副主席应当把主要时间和精力放在人大工作上。人大主席列席党委会议，参加党政联席会议。镇人民代表大会会议一般每年举行2次，镇人大要严格依法行使各项职权，提高人民代表大会会议质量，根据实际需要和会议内容，合理安排会期，依法保证会议酝酿和审议时间，保障代表充分行使民主权利。切实加大对镇人大工作的支持力度，重视人大工作阵地建设和活动场所建设，为其依法履职提供保障。

3. 健全街区人大工作机制。街区人大工作室受县人大常委会和街区党工委领导，接受县人大常委会办事机构和工作委员会的业务指导。配备党性觉悟高、工作经验丰富、熟悉人大业务工作的同志担任人大工作室主任，配齐配强专职工作人员。街区党工委书记兼任人大工作室主任的，配备专职副主任。加强对街区预算决算的审查监督，县人民政府向本级人大报告预算决算情况时，对街区预算决算单独列示。

**六、切实加强人大及其常委会建设**

1. 加强思想政治建设。县、镇人大要把思想政治建设摆在首位，深入开展社会主义核心价值观和社会主义法治理念教育。坚持党的事业、人民利益、宪法法律至上，牢固树立政治观念、大局观念和法治观念，认真践行群众路线，进一步增强做好人大工作的责任感和使命感。重视学习中国特色社会主义理论体系，学习宪法和法律法规，学习人大制度理论和人大工作知识，着力提高思想政治水平和履职能力。

2. 加强组织建设。进一步优化县人大常委会组成人员知识和年龄结构，增加财经、法治等方面知识层次较高、年富力强的人员数量，提高专职委员比例。县委推荐人大常委会组成人员人选时，要充分听取人大常委会党组的意见。加强县人大常委会工作机构建设，设立预算工作委员会，具体负责搞好预算决算审查工作；设立立法联系工作机构，承接市人大立法起草和立法项目征集、论证等联系工作；配全配齐财政经济工作委员会、法制工作委员会、教育科学文化卫生人口工作委员会，各工作委员会均配备专职负责人和工作人员。

3. 加强人大干部队伍建设。党委要把人大干部培养、选拔和任用纳入干部队伍建设总体规划，通过集中教育、党校学习、专题培训、挂职锻炼、交流轮岗等方式，提高人大干部整体素质。加大人大与其他党政机关之间的干部双向交流力度，每届要有一定数量的人大干部对外交流。根据工作需要，选拔政治素质好、专业水平高、热爱人大工作的人才充实人大干部队伍，形成人大干部队伍进出有序、良性循环机制。

4. 加强人大工作信息化建设。县人大常委会机关是县人大及其常委会依法行使职权的参谋助手，承担着重要的服务保障职能。要适应全面深化改革和加强民主法治建设的新要求，搭建人大常委会机关与人大代表、社会公众互联互通的民意平台，以信息化技术为支撑，完善民主政治建设载体，进一步畅通人民当家做主的渠道。加强人大常委会机关信息综合能力建设，整合资源，提升设施配备水平，提高民意征集归纳和研究处理能力，在监督、决定重大事项等方面广泛凝聚社会共识，夯实人大工作的群众基础。充分利用手机信息短信平台，加强与人大代表的沟通联系，扩大人大代表对常委会工作的参与。加强镇（街、区）人大工作信息化建设，拓宽与代表和群众的信息联系渠道。

## 中共昌乐县委　昌乐县人民政府关于健全完善特殊困难群体关爱救助体系的意见

乐发〔2015〕15号

（2015年8月18日）

为深入贯彻落实中央和省、市关于保障和改善民生的一系列决策部署，认真践行党的群众路线和“三严三实”要求，健全完善全县特殊困难群体关爱救助体系，推进“幸福昌乐”建设，根据上级有关要求，结合我县实际，现提出如下意见。

### 一、任务目标

按照“一户一策、因需施助、应帮尽帮、及时有效”的指导思想，统筹各级各部门各单位和社会各方面资源，建立政府主导、民政牵头、部门联动、全社会参与、镇（街、区）兜底的特殊困难群体全覆盖关爱救助体系，实现特殊困难群体经济有救助、生产有帮扶、生活有照料、精神有慰藉的目标。

### 二、关爱救助对象和内容

（一）关爱救助对象

1. 按规定不能纳入现有社会救助体系覆盖范围但生产、生活方面确有困难的，已经纳入现有社会救助体系覆盖范围但仍需进行生产帮扶、生活照料、精神慰藉、心理疏导、社会融入等方面关爱救助的特殊困难群体，包括留守儿童、留守老人、病残人员、失独家庭等。

2. 遭遇自然灾害、突发事件、意外伤害、重大疾病或其他特殊原因导致的基本生活突陷困境人员、生活无着落的流浪乞讨人员等需要紧急救助的特殊困难群体。

（二）关爱救助内容

1. 留守儿童关爱救助。教育部门建立健全各教育阶段留守儿童关爱救助制度，定期开展留守儿童信息普查，建立以班主任、任课教师为主的“代理家长”队伍，通过家校联系、结对帮扶、亲情电话等方式给予关爱，并开展形式多样的心理健康教育，引导留守儿童自尊、自信、自立、自强。各镇（街、区）和相关部门、单位充分运用政府购买服务和社会力量参与相结合的方式，为留守儿童开办“希望乐园”、“四点半学校”和“节假日护航班”等关爱教育，解决好留守儿童放学后、节假日无人照料的问题。通过全方位的关爱救助，努力实现留守儿童学业有进步、心理有疏导、成长有关注、生活有照料，义务教育阶段不失学的目标。

2. 留守老人关爱救助。卫生计生部门定期组织全县医疗机构对留守老人进行健康体检，了解留守老人的健康状况，开展健康教育和健康咨询，为符合条件的留守老人提供医疗救助服务。各镇（街、区）依托社区、村文化活动广场、文化活动室等，组织留守老人开展体育、娱乐等群体活动。民政部门将符合条件的留守老人全部纳入低保，并在集中供养“五保”老人的基础上，加快镇（街、区）民办养老机构建设，发挥好农村“幸福院”作用，解决个别年龄较大农村留守老人无人管等问题。县文明办积极倡导志愿者服务，为留守老人开展生活帮助、医疗救助、精神慰藉等活动。通过全方位的关爱救助，使留守老人老有所养、老有所乐、老有所为、老有所尊，使孤寡老人有人为其养老送终。

3. 失能病残人员关爱救助。民政部门引导各敬老院积极接收符合条件的失能病残人员，做到“愿进全进”。对不符合入住条件且家人无能力照料的失能病残人员，由各镇（街、区）组织社区、村干部或引入志愿者队伍对其进行生活照料，开展助餐、助浴、助洁、助医、护理等上门服务。

4. 失独家庭关爱救助。卫生计生部门在国家特别扶助的基础上，用好县级关爱救助经费，为失独家庭购买养老、医疗保险等提供适当补助，并对生活困难失独家庭提供援助。组织实施心理关怀、生育关怀、健康关怀、养老关怀等“爱心助福”行动，开展“结对一家亲”等活动，解决好失独人员的医疗、养老等问题。团委、妇联、民政等部门积极发动社会各界力量关爱救助失独家庭，关心失独人员健康状况，弥补失独人员亲情缺失，慰藉失独人员晚年生活。

5. 突陷困境人员关爱救助。各镇（街、区）可设立临时救助兜底资金，在县级以上临时救助资金仍不能解决根本问题的前提下，根据救助对象困难类型、困难程度，统筹考虑其他社会救助制度保障水平，进行适当救助。民政、卫生计生等有关部门全面提升“救急难”能力和水平，对突发状况开辟“绿色通道”。民政部门加快推进重特大疾病医疗救助工作，与城乡居民大病保险相衔接，覆盖所有贫困重特大疾病患者，帮助所有符合条件的困难群众获得保险补偿和医疗救助。对政府救助后仍不能解脱困境的，县文明办积极引导相关志愿者队伍进行关爱救助，或者通过电视、网络、报纸等媒体进行呼吁，号召全社会爱心人士予以关爱救助。对突发意外造成的鳏、寡、孤、独、废、疾等情况，各镇（街、区）、有关部门及时跟上服务，开展生产帮扶、生活照料、心理疏导等系列关爱救助活动，引导受害人尽快走出心理低谷，恢复正常的生产生活或学习活动。

6. 流浪乞讨人员关爱救助。民政、公安、城管等部门加大流动巡查力度，各镇（街、区）加大巡视密度，及时发现流浪乞讨人员并引导其到县社会救助站接受救助；对残疾人、孕妇、未成年人等特殊群体，及时实施保护性救助。对突发疾病或存在精神障碍的人员，及时联系卫生计生部门进行医疗救助。

**三、推进措施**

（一）明确关爱救助责任。县社会救助工作领导小组办公室（设在县民政局）负责全县关爱救助工作的督导和统筹工作，组织签订救助责任书，明确救助单位、救助方式、救助内容、救助标准及解困时限，建立起特殊困难群体关爱救助工作长效机制。县总工会、团县委、县妇联、县教育局、县卫生和计划生育局、县人力资源和社会保障局等部门、单位要各负其责，有组织地开展各项关爱救助行动，并做好上级关爱救助资源的争取工作，在给予困难群体物质帮助的基础上，通过技能和创业培训、探索设置针对性工作岗位等形式，帮助有劳动能力的困难群体就业创业，实现“自救”脱贫。各镇（街、区）和社区、村要千方百计统筹利用区域内的关爱救助资源，合理安排镇（街、区）干部作为包靠责任人，切实担负起特殊困难群体关爱救助的兜底作用。县委组织部要结合干部“回家帮扶”工作，发动县直部门党员干部，带着对家乡群众的深厚感情，积极参与到关爱救助特殊困难人员的工作中去。

（二）搞好调查摸底工作。各镇（街、区）要切实担负起特殊困难群体调查摸底的主体责任，对辖区内留守儿童、留守老人、病残人员、失独家庭及其他特殊困难群体进行全面调查摸底，汇总复核相关信息，在相关社区、村和单位公示无异议后，报县社会救助工作领导小组办公室，确保所有特殊困难人员一个不漏。领导小组办公室要建立、维护相关部门、单位能够共享的数据库。各镇（街、区）、县直有关部门要于每季度末对各自负责的关爱救助对象信息变动情况进行梳理，于次季度初报民政部门，录入数据库，实现动态管理，同时建立特殊困难群体关爱救助工作纸质档案和电子档案，随时掌握关爱救助对象受助内容和效果。

（三）抓好志愿者队伍建设。由县文明办牵头，县总工会、团县委、县妇联、县民政局、县教育局、县卫生和计划生育局等有关部门尽快培育稳定的职工志愿者、青年志愿者、巾帼志愿者、教师志愿者、学生志愿者、医护志愿者等队伍，建立“接力棒”式的爱心传递机制，有针对性地、持续不断地为特殊困难群体提供生产帮扶、生活照料、精神慰藉、上门医护等服务，努力形成各类志愿者踊跃参与关爱救助活动的浓厚氛围。教育部门要组织引导全县教师及中学生积极参与关爱救助特殊困难群体活动，力争每个学校的每支教师志愿者、学生志愿者队伍每年开展关爱救助活动不少于20天。

（四）开展各类综合服务。各镇（街、区）要鼓励特殊困难群体加入各类农民专业合作组织，支持农村党员干部、志愿者成立生产帮扶服务队，帮助留守家庭做好农作物耕种、收获、销售，确保农村留守人员家庭承包土地不荒芜，农作物种植及时、管理到位、收获不减、销售无忧。宣传、公安、司法等部门要加强对特殊困难群体的安全防范意识教育，定期开展防诈骗、防盗窃、防事故、防性侵等安全常识宣传活动，为留守人员提供各种法律服务，增强农村留守人员的法制观念和自我保护能力。

**四、保障机制**

（一）健全救助联动机制。县社会救助工作领导小组办公室负责召集有关部门、单位参与的联席会议，及时研究、解决关爱救助工作中的困难和问题，集中管理特殊困难群体信息，统筹使用各项救助资金，合理分配各类救助资源，保证救助成效，防止出现重复、交叉救助，避免工作失衡失偏。对社会组织、公民个人报告及网络上散布的求助线索，领导小组办公室要及时核查情况，对符合关爱救助条件的，立即组织相关部门、单位和志愿者队伍有序开展关爱救助。联席会议各成员单位要及时互通信息，搞好协作配合，切实织密织实保基本、救急难的特殊困难群体基本生活安全网，坚决兜住民生底线。

（二）健全资金保障机制。加大财政支出结构调整力度，将关爱救助工作所需资金分级足额列入县、镇两级财政预算，确保各项关爱救助措施落实到位。充分发挥慈善事业在关爱救助工作中的重要作用，积极引导社会资金进入救助领域，广泛动员社会各界开展捐赠、资助等形式多样的关爱救助活动。加强关爱救助资金管理，加大监督、检查和审计力度，确保专款专用。

（三）健全宣传引导机制。充分发挥新闻媒体的导向作用，加大对特殊困难群体关爱救助工作的宣传力度，增强工作的透明度、知晓率，提高公众的认同感、参与度。大力宣传各级各部门各单位和广大党员干部开展特殊困难群体关爱救助工作情况，宣传社会各界面向特殊困难群体开展的捐赠、资助和送温暖、献爱心等活动，弘扬扶贫济困的良好风尚，营造党员干部带头、全社会关心、支持和参与关爱救助特殊困难群体的浓厚氛围。

（四）健全督查考核机制。由县社会救助工作领导小组办公室牵头，县委县政府督查局、县卫生和计划生育局等部门参与，组成联合督查组，采用明察暗访的形式，加强对特殊困难群体关爱救助工作的监督检查。对排查摸底不彻底、不准确导致漏报错报，或关爱救助工作不及时、不到位导致关爱救助成效不明显，造成不良社会影响的，对所属镇（街、区）、部门及相关责任人进行通报批评，并严肃追究责任。县委、县政府将特殊困难群体关爱救助工作纳入镇（街、区）科学发展综合考核和县直部门工作实绩综合考核体系，作为镇（街、区）和县直部门领导班子和领导干部综合评价的重要内容。

## 中共昌乐县委　昌乐县人民政府<br>关于印发《2015 年度镇（街、区）<br>科学发展综合考核办法》的通知

乐发〔2015〕16 号

各镇（街道）党（工）委、人民政府（办事处），经济开发区、首阳山旅游度假区、高崖水库库区党工委、管委会，县委各部委，县政府各部门，各人民团体，县人武部：

《2015 年度镇（街、区）科学发展综合考核办法》已经县委、县政府研究同意，现印发给你们，请结合各自实际，认真贯彻执行。

中共昌乐县委
昌乐县人民政府
2015 年 8 月 18 日

## 2015 年度镇（街、区）<br>科学发展综合考核办法

为全面贯彻落实党的十八大及十八届三中、四中全会精神和习近平总书记系列重要讲话精神，引导和激励各镇（街、区）领导班子和广大干部牢固树立科学发展观和正确政绩观，积极适应和引领经济发展新常态，把“三严三实”要求贯穿工作全过程，以改革创新、奋发有为的担当精神和真抓实干、攻坚克难的务实作风，扎实落实县委、县政府决策部署，确保圆满完成年度各项任务目标，奋力推进更高水平的“三个昌乐”建设。根据上级有关要求，结合我县实际，制定本考核办法。

**一、基本原则**

1. 突出科学发展导向。按照县委、县政府战略重点和统筹发展战略布局，以提高经济发展质量和效益为中心，加大转型升级、创新驱动、民生保障、生态改善、社区建设和党的建设、法治建设、社会治理等方面的考核权重，充分发挥考核体系的导向、激励和约束作用。

2. 突出年度工作重点。针对解决发展中的主要矛盾和薄弱环节，重点考核推进稳增长、调结构、促改革和完成县委、县政府年度重点工作任务的情况，与全面完成我县“十二五”目标和省市考核目标有机结合，引导各镇（街、区）紧盯既定目标，坚持问题导向，狠抓整改提升，增强工作实效。

3. 坚持差异化考核。根据各镇（街、区）的发展基础及工作侧重点，对镇（街、区）实行分类考核，对经济、社会事业等部分指标设置不同的权重，确保考核内容及指标权重更加符合各镇（街、区）发展实际，最大限度地体现公平竞争。

4. 坚持发展导向、考核导向、用人导向相统一。通过科学发展综合考核，引导各镇（街、区）突出工作重点，优化发展思路，统筹抓好各项任务落实；充分运用科学发展考核结果，综合分析评价各镇（街、区）领导班子和领导干部，加大奖惩力度，引导广大干部强化责任担当，奋力开拓进取，争创一流业绩。

**二、考核内容及计分办法**

（一）各镇、街道，经济开发区（宝城街道）、高崖水库库区

总分 2000 分（其中高崖水库库区总分 1800 分），考核内容包括六个方面：

1. 指标考核（44 项）。包括重点指标，经济指标，城乡建设指标，社区建设指标，民生事业指标，深化改革指标，以及基层党建、社会治理指标等，主要考核经济发展、转型升级、城乡建设、社区建设及运行、创新驱动、民生改善、社会进步以及党的建设、法治建设等方面的工作成效。

（1）定量指标计分办法。主要采用功效系数法计算得分，每项指标基础分值一般为指标权重的 60%。既考核总量（比重）又考核增幅（升降幅度）的指标，总量（比重）和增幅（升降幅度）权重按 4 ：6 的比例分配。

指标得分＝〔0.4×（数据值－最小值）÷（最大值－最小值）＋0.6〕×本项指标权重。

公式中的数据值指本镇（街、区）本指标的数据值，最大值指各镇（街、区）本指标的最高数据值，最小值指各镇（街、区）本指标的最低数据值。

（2）定性指标计分办法。由相关部门制定考核评价细则进行考核，能量化的指标实行量化计分；不能量化的指标，按照好、较好、一般、较差进行等次评价，分别按该指标权重的 100%、85%、70%、55% 计入考核成绩，其中“好”、“较好”等次比例分别不超过 1/3、1/2，其他据实确定评价等次。

2. 县级领导评价。县级领导对各镇（街、区）工作情况进行综合测评打分。由县委县政府督查局组织实施。

3. 群众满意度测评。作为考核系数使用，采取电话访问的形式进行，上、下半年各组织一次。主要了解群众对教育、医疗、治安、宜居环境、文化生活、干部作风等方面的满意度。由县委组织部、县统计局组织实施。

根据群众满意度电话访问成绩计算考核系数，公式为：考核系数＝上半年考核系数×40%＋下半年考核系数×60%。上、下半年考核系数分别为本镇（街、区）得分除以各镇（街、区）平均得分。

4. 加分项目考核。（1）创新创优成果加分包括：①对全县经济社会发展做出突出贡献的。②重大改革创新工作成果，得到县委、县政府及市厅级以上机关以正式文件专门推广的；得到国家部委和省委、省政府，市委、市政府主要领导批示肯定、要求总结推广经验做法的。③工作成绩突出，获得国家部委和省委、省政府，市委、市政府表彰奖励的。

（2）对提供市战略性重点投资项目的镇（街、区），根据项目个数和市认定投资额予以加分。

（3）承担的市“‘两河’开发（汶河流域综合开发）”指标工作任务完成较好的，对红河镇、鄌郚镇、高崖水库库区予以加分。

（4）人大代表议案和建议、政协委员提案按时办理且质量较高的。

同一事项按就高原则加分，不重复加分。

5. 减分项目考核。（1）在安全生产、防汛工作、人口和计划生育、舆情管理、农产品食品药品安全、应急管理方面发生问题、造成不良影响的。

（2）被县级及以上机关通报批评的。

（3）承担的市“‘两河’开发（汶河流域综合开发）”指标工作任务完成较差的，对红河镇、鄌郚镇、高崖水库库区予以减分。

（4）人大代表议案和建议、政协委员提案办理质量较差的。

（5）县长公开电话、昌乐民声网反映事项处办不力的。

6. “一票否决”事项。在人口和计划生育、社

会治安综合治理、安全生产、节能目标考核、重大食品安全事故、主要污染物总量减排、减轻农民负担方面发生严重问题，以及发生重大火灾责任事故，属于省、市规定“一票否决”情形的。

镇（街、区）综合考核得分＝（重点指标得分＋经济指标得分＋城乡建设社区建设指标得分＋民生事业指标得分＋深化改革指标得分＋基层党建社会治理指标得分）×考核系数＋县级领导评价＋加减分。

（二）首阳山旅游度假区

总分1500分，考核内容包括：

1. 重点工作任务考核（13项）。主要依据首阳山旅游度假区的功能定位和发展目标，重点考核生态旅游发展、服务大项目建设、基础设施配套等方面的工作成效。完成任务目标得满分；未完成目标的，按完成程度计分。

2. 基本指标考核（25项）、县级领导评价、群众满意度测评、加减分项目及“一票否决”事项。考核内容及评价计分办法与其他镇（街、区）相同。

**三、考核等次确定**

（一）各镇、街道，经济开发区（宝城街道）、高崖水库库区考核位次的确定

镇（街、区）科学发展综合考核得分前三名的镇（街、区），由县委、县政府授予科学发展综合考核一等奖，四至六名的授予科学发展综合考核二等奖。

（二）首阳山旅游度假区考核位次的确定

1. 重点工作任务为硬性考核指标，在按照标准要求全部完成目标的前提下，根据其基本指标考核得分（乘以考核系数）、县级领导评价得分、加减分情况，与其他镇（街、区）横向比较，确定度假区科学发展综合考核位次。

2. 未完成重点工作任务考核目标，不能授予镇（街、区）科学发展综合考核一、二等奖。

**四、考核结果运用**

1. 对获得年度科学发展综合考核一等奖的，给予镇（街、区）党政主要负责人记三等功；连续两年获得一等奖的，党政领导班子记集体三等功。

2. 获得科学发展综合考核一、二等奖的镇（街、区），其科级干部年度考核分别按30%、20%的比例确定优秀等次；综合考核成绩列后三名的镇（街、区），其科级干部年度考核按10%的比例确定优秀等次，党政主要负责人不能评为优秀等次。

首阳山旅游度假区、高崖水库库区综合考核成绩若列后三名，但较好地完成县委、县政府安排部署的重点工作，其科级干部年度考核按15%的比例确定优秀等次。

3. 考核结果作为综合评价领导班子和领导干部选拔任用、管理监督的重要依据。对获得优秀等次的干部，优先考虑提拔重用。

4. 发生“一票否决”情形的，取消镇（街、区）及其党政主要负责人科学发展综合考核受表彰奖励资格，并对党政主要负责人进行诫勉谈话；科级干部年度考核不分配优秀等次名额。“一票否决”情形一年出现两次的，按干部管理权限对镇（街、区）党政主要负责人进行调整。

**五、加强组织领导**

1. 镇（街、区）科学发展综合考核工作在县委、县政府统一领导下，由县考核工作领导小组负责组织协调、监督检查以及考核结果的审核认定，具体由县考核办组织实施。考核结果提交县委常委会研究决定。

2. 各项考核指标及评价项目，由责任部门（多个责任部门的，由列第一位的牵头组织）研究制定考核评价计分办法，经县考核办审定后组织实施。加强日常调度和考核，减少年底集中性考核。各项考核结果于2016年1月中旬前提报县考核办。

3. 严把考核数据质量关，确保考核数据经得起核查。县统计局负责对定量数据进行审核把关，确保统计口径明确、数据来源可靠。县考核办会同有关部门对指标数据进行核查，切实加强提报数据质量管控。

4. 严肃考核工作纪律，不得弄虚作假、徇私舞弊，不搞平衡照顾、形式主义，严禁任何人以任何形式干扰考核，确保考核结果客观公正。实行责任追究制度，对违反考核工作纪律的单位和个人，视情节轻重，给予组织处理或党纪政纪处分。

本办法由县考核工作领导小组办公室负责解释。

## 镇（街、区）科学发展综合考核指标体系表

**表 6**

| 类别 | 序号 | 指标名称 | | 开发区、朱刘、宝都权数(2000) | 镇、五图权数(2000) | 高崖库区权数(1800) |
|---|---|---|---|---|---|---|
| 重点指标 | 1 | 财税收入 | | 300 | 300 | 300 |
| | 2 | “三八六”环保行动及环境保护目标 | | 100 | 80 | 80 |
| 经济指标 | 3 | 人均战略投资 | | 50 | 50 | 20 |
| | 4 | 地区生产总值增长幅度 | | 30 | 30 | 30 |
| | 5 | 现代产业发展成效 | | 50 | 50 | 20 |
| | 6 | 对外开放水平 | “三招三引”成效 | 60 | 60 | 60 |
| | | | 实际利用外商直接投资额及增长率 | 30 | 30 | 10 |
| | | | 进出口总额及增长率 | 30 | 30 | 10 |
| | 7 | 服务业增加值占生产总值比重及提高幅度 | | 40 | 30 | 30 |
| | 8 | 高新技术产业产值占规模以上工业总产值比重及提高幅度 | | 20 | 20 | — |
| | 9 | 研发经费占生产总值比重及提高幅度 | | 30 | 30 | — |
| | 10 | 规模以上工业主营业务收入及增幅 | | 20 | 10 | — |
| | 11 | 发明专利授权量与技术合同交易额 | | 20 | 20 | — |
| | 12 | 电子商务交易额及增长率 | | 30 | 30 | 30 |
| | 13 | 民营经济发展环境和市场主体数量及增长率 | | 30 | 30 | 30 |
| | 14 | 文化产业发展水平 | | 20 | 20 | 20 |
| | 15 | 居民人均可支配收入及增长率 | | 40 | 40 | 40 |
| | 16 | 粮食产量 | | 10 | 30 | 10 |
| | 17 | 人才发展指数 | | 40 | 30 | 10 |
| | 18 | 职业农民教育培训 | | 10 | 10 | 10 |
| 城乡建设社区建设指标 | 19 | 城区及小城镇建设情况 | | 30 | 30 | 30 |
| | 20 | 智慧城市建设 | | 10 | 10 | 10 |
| | 21 | 土地及矿产资源管理 | | 30 | 30 | 30 |
| | 22 | 造林绿化工作 | | 30 | 40 | 60 |
| | 23 | 水利建设与管理 | | 20 | 40 | 40 |
| | 24 | 生态文明乡村建设 | | 20 | 20 | 30 |
| | 25 | 城乡环卫一体化水平 | | 50 | 50 | 50 |
| | 26 | 社区建设工作 | | 60 | 60 | 60 |
| | 27 | 社区运行情况 | | 60 | 60 | 60 |
| 民生事业指标 | 28 | 特殊困难群体关爱救助体系建设 | | 30 | 30 | 30 |
| | 29 | 精准扶贫工作 | | 15 | 15 | 15 |
| | 30 | 农产品食品药品质量安全 | | 70 | 70 | 70 |
| | 31 | 参加养老保险的新就业人数 | | 20 | 20 | 10 |

续表 6

<table>
<tr><th>类别</th><th>序号</th><th colspan="2">指标名称</th><th>开发区、朱刘、宝都权数(2000)</th><th>镇、五图权数(2000)</th><th>高崖库区权数(1800)</th></tr>
<tr><td rowspan="3">民生事业指标</td><td>32</td><td colspan="2">社会保险综合覆盖率</td><td>30</td><td>30</td><td>30</td></tr>
<tr><td>33</td><td colspan="2">中小学幼儿园办学条件提升</td><td>20</td><td>20</td><td>20</td></tr>
<tr><td>34</td><td colspan="2">公共卫生服务改善率</td><td>20</td><td>20</td><td>20</td></tr>
<tr><td rowspan="2">深化改革指标</td><td>35</td><td colspan="2">重点改革工作任务</td><td>40</td><td>40</td><td>40</td></tr>
<tr><td>36</td><td colspan="2">农村产权制度改革</td><td>50</td><td>50</td><td>50</td></tr>
<tr><td rowspan="15">基层党建社会治理指标</td><td rowspan="5">37</td><td rowspan="5">党的建设</td><td>加强思想理论武装</td><td>15</td><td>15</td><td>15</td></tr>
<tr><td>提升基层党建水平</td><td>50</td><td>50</td><td>50</td></tr>
<tr><td>推动党建制度落实</td><td>5</td><td>5</td><td>5</td></tr>
<tr><td>推进党风廉政建设与反腐败工作</td><td>30</td><td>30</td><td>30</td></tr>
<tr><td>落实管党治党责任</td><td>15</td><td>15</td><td>15</td></tr>
<tr><td rowspan="4">38</td><td rowspan="4">法治建设</td><td>保持社会和谐稳定</td><td>50</td><td>50</td><td>50</td></tr>
<tr><td>支持依法行使职权</td><td>10</td><td>10</td><td>10</td></tr>
<tr><td>政府信息公开</td><td>10</td><td>10</td><td>10</td></tr>
<tr><td>增强全民法治观念</td><td>20</td><td>20</td><td>20</td></tr>
<tr><td>39</td><td colspan="2">精神文明建设</td><td>40</td><td>40</td><td>40</td></tr>
<tr><td>40</td><td colspan="2">镇村财务管理规范化水平</td><td>15</td><td>15</td><td>15</td></tr>
<tr><td>41</td><td colspan="2">村级民主事务公开</td><td>15</td><td>15</td><td>15</td></tr>
<tr><td>42</td><td colspan="2">“党支部＋合作社”建设</td><td>10</td><td>10</td><td>10</td></tr>
<tr><td>43</td><td colspan="2">国防后备力量建设</td><td>30</td><td>30</td><td>30</td></tr>
<tr><td>44</td><td colspan="2">督查工作考核</td><td>20</td><td>20</td><td>20</td></tr>
<tr><td>综合评价</td><td>45</td><td colspan="2">县级领导评价</td><td>100</td><td>100</td><td>100</td></tr>
<tr><td>考核系数</td><td>46</td><td colspan="2">群众满意度测评</td><td colspan="3">作为考核系数使用，采取电话访问的形式进行，上、下半年各组织一次</td></tr>
<tr><td rowspan="6">加分项目</td><td rowspan="6">47</td><td rowspan="6">创新创优成果加分</td><td>对全县经济社会发展做出突出贡献的</td><td colspan="3">经县委常委会议研究加 10 至 50 分</td></tr>
<tr><td rowspan="3">重大改革创新工作成果，得到县委、县政府及市厅级以上机关以正式文件专门推广的；得到国家部委和省委、省政府，市委、市政府主要领导批示肯定、要求总结推广经验做法的</td><td colspan="3">得到省部级机关以正式文件专门推广，或得到国家部委和省委、省政府主要领导批示肯定的，加 50 分</td></tr>
<tr><td colspan="3">得到市厅级机关以正式文件专门推广，或得到市委、市政府主要领导批示肯定的，加 30 分</td></tr>
<tr><td colspan="3">得到县委、县政府以正式文件专门推广的，加 10 分</td></tr>
<tr><td rowspan="2">工作成绩突出，获得国家部委和省委、省政府，市委、市政府表彰奖励的</td><td colspan="3">获得国家部委和省委、省政府表彰奖励的，加 20 分</td></tr>
<tr><td colspan="3">获得市委、市政府表彰奖励的，加 10 分</td></tr>
</table>

续表 6

| 类别 | 序号 | 指标名称 | 开发区、朱刘、宝都权数(2000) | 镇、五图权数(2000) | 高崖库区权数(1800) |
|---|---|---|---|---|---|
| 加分项目 | 47 | 市战略性重点投资项目成效加分 | 每提供一个项目给予项目所属镇(街、区)加 10 分;每认定 1000 万元加 1 分,余额部分按比例折算计分 | | |
| | | 承担的市"'两河'开发(汶河流域综合开发)"指标工作任务完成较好的 | 根据任务完成情况予以加分,最多加 20 分 | | |
| | | 人大代表议案和建议、政协委员提案按时办理且质量较高的 | 每件次加 1～5 分,每项最多加 10 分 | | |
| 减分项目 | 48 | 在安全生产、防汛工作、人口和计划生育、舆情管理、农产品食品药品安全、应急管理方面发生问题、造成不良影响的 | 视具体情形减分,每项最多减 20 分 | | |
| | | 被县级及以上机关通报批评的 | 视具体情形减 5 分或 10 分 | | |
| | | 承担的市"'两河'开发(汶河流域综合开发)"指标工作任务完成较差的 | 视具体情形减分,最多减 20 分 | | |
| | | 人大代表议案和建议、政协委员提案办理质量较差的 | 视具体情形减分,每项最多减 10 分 | | |
| | | 县长公开电话、昌乐民声网反映事项处办不力的 | 视具体情形减分,每项最多减 10 分 | | |
| 一票否决 | 49 | 在人口和计划生育、社会治安综合治理、安全生产、节能目标考核、重大食品安全事故、主要污染物总量减排、减轻农民负担方面发生严重问题,以及发生重大火灾责任事故,属于省、市规定"一票否决"情形的 | | | |

**首阳山旅游度假区科学发展综合考核指标体系**

**表 7**

| 类别 | 序号 | 指标名称 | 权数(1500) | 评价计分办法 |
|---|---|---|---|---|
| 重点工作任务 | 1 | 完成旅游道路的规划设计和修建(全长 3400 米) | 55 | 完成目标得满分;未完成目标,按完成程度计分。由县考核工作领导小组办公室组织相关职能部门考核认定 |
| | 2 | 桂河湿地附近安装 LED 太阳能路灯 200 盏,新建公共厕所 1 处 | 40 | |
| | 3 | 完成夷齐祠(孤山庙)修复及步行登山路的整修(全长 2700 米) | 50 | |
| | 4 | 完成桂河水系综合治理清障工作(全长 1200 米) | 20 | |
| | 5 | 通过桂河湿地公园 AAA 级景区复核 | 10 | |
| | 6 | 完成曹西楼村拆迁工作 | 30 | |
| | 7 | 新二中一期 170 亩土地拆迁协议签订率达到 100% | 30 | |
| | 8 | 昌五路改造 3 个村共计 82 户及附属物拆迁协议签订率达到 100% | 30 | |
| | 9 | 蓝宝石小镇 3 个村共计 420 亩土地拆迁协议签订率达到 100% | 50 | |
| | 10 | 崔家埠村搬迁率达到总户数的 80%以上 | 20 | |
| | 11 | 投资 600 万元新建 3460 ㎡首阳山社区服务中心,并投入使用 | 50 | |
| | 12 | 投资 1000 万元新建 4000 ㎡贵和社区服务中心及社区幼儿园,并投入使用 | 50 | |
| | 13 | 投资 200 万建设贵和社区污水处理厂,实现雨污分流 | 30 | |

续表 7

| 类别 | 序号 | 指标名称 | | 权数(1500) | 评价计分办法 |
|---|---|---|---|---|---|
| 基本指标 | 14 | “三招三引”成效 | | 60 | 同其他镇(街、区) |
| | 15 | 粮食产量 | | 10 | |
| | 16 | 职业农民教育培训 | | 10 | |
| | 17 | 土地及矿产资源管理 | | 30 | |
| | 18 | 造林绿化工作 | | 40 | |
| | 19 | 水利建设与管理 | | 20 | |
| | 20 | 生态文明乡村建设 | | 20 | |
| | 21 | 城乡环卫一体化水平 | | 50 | |
| | 22 | 社区建设工作 | | 60 | |
| | 23 | 社区运行情况 | | 60 | |
| | 24 | 特殊困难群体关爱救助体系建设 | | 30 | |
| | 25 | 精准扶贫工作 | | 15 | |
| | 26 | 农产品食品药品质量安全 | | 70 | |
| | 27 | 社会保险综合覆盖率 | | 20 | |
| | 28 | 公共卫生服务改善率 | | 20 | |
| | 29 | 重点改革工作任务 | | 40 | |
| | 30 | 农村产权制度改革 | | 50 | |
| 基本指标 | 31 | 党的建设 | 加强思想理论武装 | 15 | 同其他镇(街、区) |
| | | | 提升基层党建水平 | 50 | |
| | | | 推动党建制度落实 | 5 | |
| | | | 推进党风廉政建设与反腐败工作 | 30 | |
| | | | 落实管党治党责任 | 15 | |
| | 32 | 法治建设 | 保持社会和谐稳定 | 50 | |
| | | | 支持依法行使职权 | 10 | |
| | | | 政府信息公开 | 10 | |
| | | | 增强全民法治观念 | 15 | |
| | 33 | 精神文明建设 | | 40 | |
| | 34 | 镇村财务管理规范化水平 | | 15 | |
| | 35 | 村级民主事务公开 | | 15 | |
| | 36 | “党支部+合作社”建设 | | 10 | |
| | 37 | 国防后备力量建设 | | 30 | |
| | 38 | 督查工作考核 | | 20 | |
| 综合评价 | 39 | 县级领导评价 | | 100 | |

续表 7

| 类别 | 序号 | 指标名称 | 权数(1500) | 评价计分办法 |
| --- | --- | --- | --- | --- |
| 考核系数 | 40 | 群众满意度测评。作为考核系数使用,采取电话访问的形式进行,上、下半年年各组织一次 | | |
| 加减分项目 | 41 | 同其他镇(街、区) | | |
| 一票否决 | 42 | 在人口和计划生育、社会治安综合治理、安全生产、重大食品安全事故、减轻农民负担方面发生严重问题,以及发生重大火灾责任事故,属于省、市规定"一票否决"情形的 | | |

## 指标解释与实施细则

### 一、财税收入(责任单位:县财政局,权重300)

(一)指标设置

1. 一般公共预算收入(权重150)。其中,增量45,增幅45,收入提升程度60。

2. 税收收入占一般公共预算收入比重及提高幅度(权重150)。其中,比重70,比重提高幅度80。

(二)统计口径

1. 一般公共预算收入为税收收入与非税收入之和。

2. 税收收入为地方级税收,来源于财政总决算。具体包括:增值税、营业税、企业所得税、个人所得税、资源税、城市维护建设税、房产税、印花税、城镇土地使用税、土地增值税、烟叶税等。

(三)计分办法

1. 一般公共预算收入

(1)增量考核

增量=2015年数据值-2014年数据值。

得分=〔(一般公共预算收入增量-镇街区一般公共预算收入增量最小值)÷(镇街区一般公共预算收入增量最大值-镇街区一般公共预算收入增量最小值)×0.5+0.5〕×权重。

(2)增幅考核

得分=〔(一般公共预算收入增幅-10.5%)÷(镇街区一般公共预算收入增幅最大值-10.5%)×0.5+0.5〕×权重。

一般公共预算收入增幅低于10.5%的,该项仅得基础分。

(3)提升程度考核

提升程度=(2015年数据值÷2015年镇街区平均值)-(2014年数据值÷2014年镇街区平均值)。

得分=〔(一般公共预算收入提升程度-镇街区一般公共预算收入提升程度最小值)÷(镇街区一般公共预算收入提升程度最大值-镇街区一般公共预算收入提升程度最小值)×0.5+0.5〕×权重。

2. 税收收入占一般公共预算收入比重及提高幅度

税收收入占一般公共预算收入比重达到95%以上,或税收收入占一般公共预算收入比重提高幅度按2015年口径同比提高2个百分点以上的,该项指标得满分;其他镇(街、区)按以下办法计分。

(1)比重考核

得分=〔(税收收入占一般公共预算收入比重-镇街区税收收入占一般公共预算收入比重最小值)÷(95%-镇街区税收收入占一般公共预算收入比重最小值)×0.5+0.5〕×权重。

(2)提高幅度考核

得分=〔(税收收入占一般公共预算收入比重提高幅度-镇街区税收收入占一般公共预算收入比重提高幅度最小值)÷(2-镇街区税收收入占一般公共预算收入比重提高幅度最小值)×0.5+0.5〕×权重。

**二、“三八六”环保行动及环境保护目标（责任单位：县环保局，开发区、朱刘、宝都权重100，各镇、五图、高崖库区权重80）**

依据《2015年度昌乐县“三八六”环保行动及环境保护目标考核办法》考核计分。

**三、人均战略投资（责任单位：县统计局，开发区、朱刘、宝都、各镇、五图权重50，高崖库区权重20）**

（一）考核范围

现代制造业、现代物流业、现代农业、文化创意旅游业、新型城镇化建设、水生态、大枢纽、能源保障投资中，规模在500万元以上的项目。

（二）计分办法

1. 人均战略投资额增量（占50%权重）

人均战略投资额增量＝2015年本区域内战略投资总量÷2014年常住人口－2014年战略投资总量÷2014年常住人口。

得分＝〔（数据值－最小值）÷（最大值－最小值）×0.5＋0.5〕×50%权重。

2. 人均战略投资额增量提升程度（占50%权重）

人均战略投资额增量提升程度＝（2015年人均战略投资额增量÷2014年人均战略投资额增量－1）×100%。

得分＝〔（数据值－最小值）÷（最大值－最小值）×0.5＋0.5〕×50%权重。

**四、地区生产总值增长幅度（责任单位：县统计局，权重30）**

统计口径：地区生产总值是指一个地区所有常住单位在一定时期内生产活动的最终成果，是衡量一个地区经济发展水平的重要综合指标。

**五、现代产业发展成效（开发区、朱刘、宝都、各镇、五图权重50，高崖库区权重20）**

（一）重点产业发展成效（责任单位：县产业办，开发区、朱刘、宝都、各镇、五图权重40，高崖库区权重20）

依据《昌乐县现代产业体系发展考核评价办法》考核计分。

（二）重点行业转型升级水平（责任单位：县经信局，开发区、朱刘、宝都、各镇、五图权重10，高崖库区权重0）

统计口径：转型升级重点行业包括造纸、轮胎、纺织、服装、食品、医药、地方炼化、有色、钢铁、高端装备、信息技术、家具、船舶、家电、水泥、平板玻璃、建筑陶瓷、煤化工、汽车、农机、工程机械、新材料、乐器等。

1. 设备工器具投资比重及提高幅度（权重4）

设备工器具购置投资，是指制造业企业购置或自制的，达到固定资产标准的设备、工具、器具的价值。设备工器具购置投资比重＝制造业设备工器具购置投资÷制造业全部固定资产投资×100%。

2. 利税增长率及提高幅度（权重6）

利税增长率指重点行业规模以上工业企业实现利税总额与上年度利税总额的比值。利税增长率＝（本年度利税总额－上年度利税总额）÷上年度利税总额×100%。

**六、对外开发水平（开发区、朱刘、宝都、各镇、五图权重120，首阳山权重60，高崖库区权重80）**

（一）“三招三引”成效（责任单位：县招商办〈局〉，权重60）

统计口径：“三招三引”有效资源是指从昌乐县域外引进的实际投入3000万元以上（关键技术国内领先的1000万元以上）的八类项目，包括综合商务类、产业类、金融类、科技类、城建类、事业服务类、外经类、平台类。每引进1名鸢都产业领军人才及通过市申报入选的国家“千人计划”、“万人计划”，省泰山产业领军人才、泰山学者，视同引进一个实体投资项目，按到位资金5000万元计；每引进1个符合条件的高校、院所分支机构，视同引进实体项目，实际到位资金不足5000万元的，按5000万元计，超过5000万元的，按实际到位资金数额计（招才引智、招院引所项目以市考核认定结果为准）。该项考核不包含实际利用外商直接投资项目。

（二）实际利用外商直接投资额及增长率（责任单位：县商务局，开发区、朱刘、宝都、各镇、五图权重30，首阳山权重0，高崖库区权重10）

统计口径：外商直接投资额是指外国企业和经济组织或个人（包括华侨、港澳台胞以及我国在境外注册的企业）按我国有关政策、法规，用现汇、实物、技术等在我国境内开办外商独资企业、与我国境内的企业或经济组织共同举办中外合资经营企业、合作经营企业或合作开发资源的投资（包括外商投资收益的再投资）以及经政府有关部门批准的项目投资总额内，企业从境外借入的资金。

（三）进出口总额及增长率（责任单位：县商务局，开发区、朱刘、宝都、各镇、五图权重30，首阳山权重0，高崖库区权重10）

统计口径：进出口总额是指实际进出我国关境，并引起我国物质资源存量变化的货物总金额。

**七、服务业增加值占生产总值比重及提高幅度（责任单位：县发改局、县统计局，开发区、朱刘、宝都权重40，各镇、五图、高崖库区权重30）**

统计口径：服务业（第三产业）是指除第一、第二产业以外的其他各行业，包括批发和零售业、交通运输仓储和邮政业、金融业、房地产业等。增加值是指常住单位生产过程创造的新增价值和固定资产的转移价值。

**八、高新技术产业产值占规模以上工业总产值比重及提高幅度（责任单位：县科技局，权重20）**

统计口径：省统计局和省科技厅规定的13个工业中类、102个工业小类的高新技术产业。

**九、研发经费占生产总值比重及提高幅度（责任单位：县科技局，权重30）**

统计口径：研发经费即科学研究与试验发展（R&D）经费，包括基础研究、应用研究和试验发展三类活动费用。经费内部支出包括用于R&D项目（课题）活动的直接支出，间接用于R&D活动的管理费、服务费、与R&D有关的基本建设支出以及外协加工费等。

**十、规模以上工业主营业务收入及增幅（责任单位：县经信局、县统计局，开发区、朱刘、宝都权重20，各镇、五图权重10）**

统计口径：年实现主营业务收入2000万元以上的工业企业。数据来源于规模以上工业企业报表。

**十一、发明专利授权量与技术合同交易额（权重20）**

（一）发明专利授权量（责任单位：县知识产权局，权重10）

统计口径：发明专利授权量以省知识产权局公布数据为准。

（二）技术合同交易额（责任单位：县科技局，权重10）

统计口径：指经技术合同登记机构认定的技术转让、技术开发、技术咨询和技术服务等四类技术合同的总交易额。

**十二、电子商务交易额及增长率（责任单位：县商务局，权重30）**

统计口径：电子商务交易额是指报告期内通过网络实现商品或服务交易的总额。在整个过程中的资金流、物流和信息流，其中任何一个环节有网络的参与，都视为电子商务交易额统计的范围。

电子商务交易额＝企业间交易额＋企业与消费者间交易额＋消费者间交易额＋政府对企业采购交易额＋政府对公众提供服务交易额。

**十三、民营经济发展环境和市场主体数量及增长率（权重30）**

（一）民营经济发展环境满意度（责任单位：县工商联，权重5）

采取随机电话访问形式，由第三方机构对各镇（街、区）工商联会员、民营企业家进行民营经济发展环境（包括政策环境、政务环境、市场环境、法治环境、融资环境和社会环境）满意度测评，根据测评结果折算计分。

（二）市场主体数量及增长率（责任单位：县市场监管局，权重25）

统计口径：包括企业、个体工商户、农民专业合作社三大类。企业包括内资（非私营）企业、私营企业。在国家、省、市级工商机关登记注册的企业不列入考核统计范围。

计分办法：企业数量及增长率占指标权重的80%，个体工商户、农民专业合作社数量及增长率占指标权重的20%。

**十四、文化产业发展水平（责任单位：县委宣传部，权重20）**

（一）文化及相关产业增加值占生产总值比重及提高幅度（权重10）

统计口径：国民经济中属于文化及相关产业行业小类的法人单位。

（二）文化产业发展情况（权重10）

考核各镇（街、区）文化产业园区、文化产业项目、文化企业获得国家、省、市荣誉称号情况，按等级、数量计分排名，第一名得满分，其他按比例折算计分。

**十五、居民人均可支配收入及增长率（责任单位：县统计局，权重40）**

统计口径：居民人均可支配收入是指可用于居

民最终消费支出和储蓄的总和，可支配收入=工资性收入+经营净收入+财产净收入+转移净收入。

**十六、粮食产量（责任单位：县农业局，开发区、朱刘、宝都权重10，各镇、五图权重30，首阳山、高崖库区权重10）**

统计口径：粮食总产量包括全年夏粮（含小麦、夏杂豆）、秋粮（含玉米、谷子、高粱等谷物和大豆等豆类、地瓜等薯类）总产量。

计分办法：完成或超过县政府分配的产量目标的，得满分；未完成目标的，按实际完成程度计分。

**十七、人才发展指数（责任单位：县委组织部，开发区、朱刘、宝都权重40，各镇、五图权重30，高崖库区权重10）**

主要考核人才发展环境、高层次人才引进、人才平台载体建设、人才效能发挥、人才工作投入等内容。

依据《关于2015年度人才工作目标责任制考核的意见》考核计分。

**十八、职业农民教育培训（责任单位：县农业局、县供销社，权重10）**

（一）县级培训（权重8）

按照县政府统一要求，完成职业农民培训组织及培训任务的，得8分；每有1次未完成减2分，减完为止。

（二）镇级培训（权重2）

各镇（街、区）根据农业产业特色，制定职业农民培训计划并完成培训任务的，得2分；未制定培训计划的，不得分；未完成培训任务的，按实际完成程度计分。

**十九、城区及小城镇建设情况（责任单位：县建设局，权重30）**

开发区、朱刘、宝都、五图考核城区建设管理及城镇化工作推进情况，其他镇区按照实际情况考核小城镇（包括示范镇、特色镇、传统村落）建设情况。

具体由县建设局制定考核评价办法，并提供考核结果。

**二十、智慧城市建设（责任单位：县智慧办，权重10）**

依据《昌乐县智慧城市建设考核评价办法》考核计分。

**二十一、土地及矿产资源管理（责任单位：县国土资源局，权重30）**

（一）严格落实耕地保护制度（权重6）

完不成耕地保有量面积、基本农田保护面积的，分别减2分。完不成县政府下达的补充耕地计划任务的减2分，没有补充耕地计划任务的不得分。

（二）严格依法依规用地（权重5）

对2014年度土地矿产卫片执法检查中违法用地整改后数据以及2015年度清理清查违法用地数据（整改前占40%，整改后占60%），加权计算违法用地面积作为减分依据，10亩（含）以下减1分；10亩以上50亩（含）以下每增加10亩减1分；50亩以上的，该项不得分。

（三）推进节约集约用地（权重5）

1. 供地率（权重2）。前5年平均供地率达到80%（含）以上的得2分，达不到80%的每降低1个百分点减0.5分，减完为止。

2. 低效用地二次开发利用（权重1）。年度低效用地二次开发供应量，占建设用地总供应量达到20%（含）的得1分，每降低1个百分点减0.25分，减完为止。

3. 闲置土地处置（权重2）。出现闲置土地的每宗减0.5分，减完为止。被上级业务部门督查和通报、或出现新闻媒体曝光的，该项不得分。

（四）土地综合整治（权重4）

1. 完成2009、2010年度已批复土地增减挂钩试点项目的，得1分；未完成的不得分。

2. 完成2011年度已批复土地综合整治项目增减挂钩任务50%的，得1分；未完成的不得分。

3. 土地增减挂钩试点项目一次性通过省、市验收的，得1分；未通过的不得分。

4. 完成2015年工矿废弃地复垦调整利用项目的，得1分；未完成的不得分。

（五）矿产资源管理（权重10）

1. 地质灾害防治（权重3）。未发生责任事故的得3分，否则不得分；应急值守检查每发现一人次不在岗的减0.5分，减完为止。

2. 矿山安全监管（权重3）。无因乱采滥挖、无证开采和不按开发利用方案开采等原因引起的安全生产事故的，得3分；发生安全生产事故的不得分。

3. 严格落实采矿权有偿出让制度（权重 2）。采矿权出让经县政府批准，通过招标拍卖挂牌等有偿方式出让的，得 2 分；出现一处未经县政府批准擅自出让采矿权的，不得分。

4. 矿产资源开发利用与保护（权重 2）。矿产资源开发活动有序、规范，无大规模乱采滥挖、无证开采等行为。每出现 1 起大规模乱采滥挖、无证开采等行为的减 1 分，减完为止。

**二十二、造林绿化工作（责任单位：县林业局，开发区、朱刘、宝都权重 30，各镇、五图、首阳山权重 40，高崖库区权重 60）**

（一）新造林面积与森林资源管护（开发区、宝都权重 20，朱刘权重 25，乔官、红河、鄌郚、五图、首阳山权重 30，营丘权重 35，高崖库区权重 40）

1. 新造林合格面积（开发区、朱刘、宝都权重 10，乔官、红河、鄌郚、五图、首阳山权重 15，营丘权重 20，高崖库区权重 20）。指本造林年度在宜林荒山、荒地、滩涂、绿色廊道等适林地上，采用植苗造林、播种造林的办法，新造成片乔木林和灌木林，经核查后，符合《造林技术规程》，成活率达到 85%（含）以上的成片造林面积。本指标所指造林年度为上年 10 月 1 日至本年 9 月 30 日，成片造林面积为连续成片 1 亩以上的造林面积。

2. 森林资源管护（开发区、宝都权重 10，朱刘、各镇、五图、首阳山权重 15，高崖库区权重 20）。(1) 林地湿地非法流失面积管控（占 40%权重）。(2) 林业有害生物防控（占 30%权重）。考核林业有害生物发生控制率。发生林业生物暴发成灾现象的，该项不得分。(3) 森林防火工作（占 30%权重）。以发生的森林火灾起数为主要考核依据。发生重大以上森林火灾事故的，该项不得分。

（二）国家森林城市和全国绿化模范县创建（开发区、宝都、乔官、红河、鄌郚、五图、首阳山权重 10，朱刘、营丘权重 5，高崖库区权重 20）

主要考核国家森林城市创建指标完成情况、《昌乐县创建全国绿化模范县实施方案》下达的 2015 年任务指标完成情况。

**二十三、水利建设与管理（责任单位：县水利局，开发区、朱刘、宝都、首阳山权重 20，各镇、五图、高崖库区权重 40）**

考核水利工程建设与管理（占 40%权重）、农村饮水安全（占 40%权重）、水政水资源日常管理（占 20%权重）。

由县水利局制定具体考核评价办法，并提供考核结果。

**二十四、生态文明乡村建设（责任单位：县委农工办、县交通局，高崖库区权重 30，其他镇街区权重 20）**

评价内容：主要考核农村“五化”覆盖率，重点是村庄内部道路硬化率。村庄主要街道铺设柏油或水泥路面，其他街道采取砖、石等不同形式硬化；主次街道均设置排水沟渠，排水沟渠应同时进行硬化并保持畅通。

依据《2015 年度生态文明乡村建设考核办法》考核计分。

**二十五、城乡环卫一体化水平（责任单位：县环卫局，权重 50）**

依据《昌乐县城乡环卫一体化工作考核办法》，由县环卫局组织实施。日常检查占权重的 60%，对镇（街、区）、村（社区）检查打分，全年做到村村必到，检查全覆盖。半年（年终）考核占权重的 40%，主要对各镇（街、区）半年（年终）工作完成情况进行现场评价打分。

**二十六、社区建设工作（责任单位：县社区建设推进办，权重 60）**

由县社区建设推进办牵头制定考核办法，并提供考核结果。

**二十七、社区运行情况（责任单位：县委组织部、县民政局，权重 60）**

由县委组织部牵头制定考核办法，并提供考核结果。

**二十八、特殊困难群体关爱救助体系建设（责任单位：县民政局，权重 30）**

根据《中共昌乐县委昌乐县人民政府关于健全完善全县特殊困难群体关爱救助体系的意见》（乐发〔2015〕15 号）制定考核评价办法，并提供考核结果。

**二十九、精准扶贫工作（责任单位：县农业局，权重 15）**

（一）农村贫困人口减少数量（各镇权重 10，其他街区权重 13）

依据各镇（街、区）实际减少贫困人口数量占计划任务的比例考核计分，完成任务的得满分，未完成的按实际完成比例计分。

（二）数据库更新及档案管理（权重2）

按时完成数据库更新、档案管理规范的，得2分。未按时完成数据库更新的，减1分；档案管理不规范的，减1分。

（三）省定贫困村帮扶项目实施情况（各镇权重3）

各镇对辖区内的省定贫困村，按照财政专项扶贫资金使用要求，制定切实可行的实施方案，并按照方案要求规范使用扶贫资金、按时完成任务目标的得2分；未完成任务的按完成程度计分。在市县组织的财政专项扶贫资金使用管理绩效评价中得满分的记1分，其他按比例折算记分。

**三十、农产品食品药品质量安全（权重70）**

（一）农产品质量安全（责任单位：县农业局，权重30）

主要考核农产品抽检合格率，禁限用农药检出情况，生产基地农产品产地准出管理和农产品检测、抽样完成情况。

（二）畜产品质量安全（责任单位：县畜牧局，权重10）

主要考核生猪定点屠宰管理、病死畜禽无害化处理、动物及动物产品检疫、畜产品抽检合格率等内容。

（三）食品药品质量安全（责任单位：县市场监管局，权重30）

主要考核食品评价性检测合格率、食品药品安全质量综合治理、食品安全组织机构及村级社会监督员建设情况。

**三十一、参加养老保险的新就业人数（责任单位：县人社局，开发区、朱刘、宝都、各镇、五图权重20，高崖库区权重10）**

统计口径：指年度城镇新增就业人数中，参加城镇职工基本养老保险的初次就业人数。参加城镇职工基本养老保险，指参加保险并实际缴费。数据从省公共就业人才服务信息系统和社会保险信息系统中对比获取。

计分办法：完成县政府分配目标值的得满分；未完成目标值，但达到60%（含）以上，得分=（实际参加城镇养老保险的新就业人数÷目标值）×权重×核查准确率；达不到60%的不得分。核查准确率为实地核查结果与省信息系统中数据相比较的准确程度。

**三十二、社会保险综合覆盖率（责任单位：县人社局，首阳山权重20，其他镇街区权重30）**

统计口径：指报告期末养老、医疗、失业、工伤、生育保险人数占应参保人数的比例。

计分办法：指标得分=（实际综合覆盖率÷县政府分配的目标值）×权重×核查准确率。核查准确率为实地核查结果与省信息系统中数据相比较的准确程度。

**三十三、中小学幼儿园办学条件提升（责任单位：县教育局，权重20）**

（一）义务教育基本均衡县达标情况（权重10）

评价内容：辖区内中小学均达到省办学标准化验收标准，通过义务教育基本均衡县验收。

计分办法：义务教育基本均衡县验收的14项指标中，辖区内所有学校全部达到8A或8A以上且无不达标学校的得满分，否则不得分。

（二）幼儿园标准化建设情况（权重10）

评价内容：扩大公办幼儿园办园规模，改善办园条件；全面取缔无证幼儿园；积极争创省、市、县示范幼儿园和潍坊市学前教育先进镇街。

**三十四、公共卫生服务改善率（责任单位：县卫计局，权重20）**

（一）国家免疫规划疫苗全程接种率（权重8）

统计口径：指24～36月龄儿童应该完成接种的疫苗剂次的全程接种率。

计算公式：国家免疫规划疫苗全程接种率=辖区内实际完成全程接种的适龄儿童数÷辖区内应完成全程接种的适龄儿童数×校正系数×100%。

计分办法：完成目标（≥91%）得满分；未完成目标，但完成60%（含）以上，按完成程度计分；完成不足60%不得分。

（二）中小学生视力低下、肥胖、龋齿患病率（权重6）

统计口径：依据《山东省中小学生健康体检手册》《山东省中小学健康体检方法》进行体检、统计。

计算公式：中小学生健康体检率=一年内辖区完成健康体检学生数÷该年内辖区在校学生总数×100%。

计分办法：完成目标得满分；未完成目标，但完成60%（含）以上，按完成程度计分；完成不足60%不得分。

各镇（街、区）中小学生健康体检率未达到90%的，以及2015年12月15日前未完成录入工作的，不得分。

（三）65岁及以上老年人规范健康管理率（权重6）

统计口径：根据《国家基本公共卫生服务项目规范（2011年版）》要求，每年为65岁及以上老年人提供1次健康管理服务，包括生活方式和健康状况评估、体格检查、辅助检查和健康指导。

计算公式：65岁及以上老年人规范健康管理率＝年内辖区接受规范健康管理的65岁及以上老年人数÷年内辖区接受健康管理的65岁及以上老年人数×校正系数×100%。

计分办法：完成目标（≥80%）得满分；未完成目标，按完成程度计分。

**三十五、重点改革工作任务（责任单位：县委改革办，权重40）**

主要考核《中共昌乐县委全面深化改革领导小组2015年工作要点》（乐办字〔2015〕20号）完成情况、群众对改革的获得感。

具体由县委改革办参照市委改革办考核办法牵头制定我县的考核计分办法，并提供考核结果。

**三十六、农村产权制度改革（责任单位：县权能改革办、县委农工办、县经管局，权重50）**

主要考核农村产权交易体系建设、农村土地承包经营权确权登记颁证、积极发展农民股份合作赋予农民对集体资产股份权能改革试点工作开展情况等内容。

依据《昌乐县农村产权交易体系建设和农村土地承包经营权确权登记颁证工作考核办法》《昌乐县积极发展农民股份合作赋予农民对集体资产股份权能改革试点工作考核办法》考核计分。

**三十七、党的建设（权重115）**

（一）加强思想理论武装（权重15）

1. 党委中心组学习情况（责任单位：县委宣传部，权重8）

评价标准：建立健全中心组集体学习交流、调研宣讲、个人自学、破解问题学习、系统学习、检查督导等各项学习制度的得1分，每少1项减0.2分，减完为止；学习计划明确，安排设计科学，学习内容丰富的得1分，没有学习计划不得分；中心组集体学习年内不少于8次的得2分，每少1次减0.3分，减完为止；党委中心组成员每人每年宣讲不少于1次，达到的得1.5分，未达到的不得分；按照规定成立党委中心组破解问题学习小组，制定实施工作方案，年内形成学习研究成果并实现工作转化的得1.5分，未落实的每项减0.5分；向上级有关部门报告本级党委中心组学习情况准确及时的得1分，每少1次减0.2分，减完为止。

2. 科级及以下干部参加学习培训情况（责任单位：县委组织部、县人社局，权重7）

评价标准：科级及以下干部人均年脱产培训不低于90学时；每年参加潍坊干部学习网在线学习不低于8学分。以上两项达到目标要求的得满分；未达到目标要求的，每低1个百分点减0.2分，减完为止。

（二）提升基层党建水平（权重50）

1. 镇（街、区）党（工）委专职组织员履行职责情况（责任单位：县委组织部，权重5）

评价标准：重点考核镇（街、区）党（工）委专职组织员发展党员工作业务知识学习、程序把关、完成发展党员计划等情况。

评价方式：根据调研督导、随机抽查、业务知识测试、信访核查情况等方式评价计分。

2. 经费保障落实（责任单位：县委组织部、县民政局，权重10）

（1）村干部补贴报酬发放情况（开发区、宝都权重4，其他镇街区权重5）。县统筹村干部岗位补贴按照标准要求及时足额发放到位，绩效补贴由镇（街、区）按要求一并落实。通过查看资料、专项督导、电话抽查等方式，对落实情况进行评价计分。

（2）村级组织运转保障经费落实情况（开发区、宝都权重2，其他镇街区权重5）。村均运转经费不低于5万元，其中镇（街、区）对每个村办公服务经费支持力度不低于3万元。根据落实情况，确定好、较好、一般、较差四个等次，折算计分。

（3）城市社区党组织为民服务专项经费落实情况（开发区、宝都权重2）。每个城市社区运转经费达到每千户每年4万元（其中街区配套不低于2万元），城市社区党组织为民服务专项经费每年不少于20万元（其中街区配套不低于10万元），且每年使用额度达到应拨付额度的 80%，视为落实到位。根据落实情况，确定好、较好、一般、较差四个等次，折算计分。

(4) 城市社区“两委”成员生活补贴落实情况（开发区、宝都权重 2）。每个城市社区“两委”成员中的全日制社区工作人员平均生活补贴，应不低于上年度全县在岗职工平均工资的 75%。根据落实情况，确定好、较好、一般、较差四个等次，折算计分。

3. 软弱涣散基层党组织整顿转化率（责任单位：县委组织部，权重 9）

每个镇（街、区）倒排确定 10%的软弱涣散村党组织（包含已完成换届选举但需重点跟踪治理的村居），经济开发区、宝都街道再分别倒排 1 个软弱涣散城市社区党组织。村级党组织以“五有”（有好带头人、有集体收入、有活动场所、有管用制度、有满意服务），城市社区党组织以“三有一化”（有人管事、有钱办事、有场所议事，构建城市化区域党建格局）为整顿转化目标。全部转化的得 9 分，转化率 90%（含）以上的得 8 分，80%（含）至 90%的得 6 分，80%以下的不得分。

4. 非公有制企业和社会组织党组织建设（责任单位：县委组织部，权重 3）

(1) 党的组织覆盖率（权重 2）。非公有制企业和社会组织党组织应建组建率达到 100%，应建组建率每降低 1 个百分点减 0.2 分，减完为止。

(2) 党的工作覆盖率（权重 1）。非公有制企业和社会组织党的工作覆盖率达到 100%，党组织开展活动经常，未建立党组织的全部派驻党建工作指导员且发挥作用的得满分。党组织开展活动不经常，党建工作指导员未发挥作用的，每发现 1 个减 0.2 分；每有 1 个未建立党组织且未派驻党建工作指导员的，减 0.2 分。减完为止。

5. 党员集中培训情况（责任单位：县委组织部，权重 5）

评价标准：镇（街、区）分期分批举办农村（城市社区）党员集中轮训班，每名党员参加集中轮训时间一般不少于 1 天；镇（街、区）党（工）委书记按照有关要求讲党课情况；农村党组织书记和党员参训率情况；镇（街、区）报送情况与实际抽查情况相符。

评价方式：通过调阅培训资料、专项督导、电话抽查等方式，对党员集中培训情况进行评价计分。

6. 基层组织信访举报工作（责任单位：县委组织部，权重 8）

根据镇（街、区）群众举报受理数量和办理质量量化赋分。

7. 基层党建工作平台建设（责任单位：县委组织部，权重 8）

(1) 村级组织活动场所达标情况（开发区、宝都权重 3，其他镇街区权重 4）

评价标准：每个建制村应有村级组织活动场所，且建筑面积不低于 90 平方米。

评价方式：采取摸底统计和随机抽查的方式，确定好、较好、一般、较差四个等次，折算计分。

(2) 城市社区工作服务用房建筑面积达标情况（开发区、宝都权重 1）

评价标准：经济开发区、宝都街道每个城市社区工作服务用房建筑面积不低于 300 平方米。

评价方式：采取摸底统计和随机抽查的方式，确定好、较好、一般、较差四个等次，折算计分。

(3) 村级远程教育站点达标情况（权重 2）

评价标准：每个建制村具有党员干部现代远程教育设备并联通互联网，能够正常收看中央、省远程教育节目和开展学用活动。

评价方式：采取摸底统计和随机抽查的方式，确定好、较好、一般、较差四个等次，折算计分。

(4) 党员教育上互联网、上电视、上手机（简称“三上”）情况（权重 2）

评价标准：①镇（街、区）、村相关网站加入全国党员联盟比率为 100%，党员样本日常点击使用率达到 100%，县电视频道覆盖率和党员样本收视率达到 100%，共产党员微信易信订阅比率不低于 20%、党建手机信息系统用户在省委组织部要求范围内覆盖率达到 100%。②有组织协调机构、有专兼职队伍、有管理运行制度、有经费保障等。③镇（街、区）党（工）委书记通过网站或电视平台每年讲 1～2 次党课，积极组织参与“网上服务大厅”、“网络课堂”、“网上党校”等，在推进基层服务型党组织建设、党员集中和经常性教育培训活动中充分发挥作用。

评价方式：通过调查统计、随机抽查、网络大数据等进行综合排名；对“三上”平台使用情况进行综合评定，确定好、较好、一般、较差四个等次，折算计分。

8. 离退休干部党建工作情况（责任单位：县委老干局，权重 2）

评价标准：镇（街、区）党（工）委对离退休干部党建工作有明确要求，离退休干部党建工作队伍健全；离退休干部党支部学习活动经常、阵地建设规范；有针对性地做好离退休干部思想政治工作，老干部发挥作用好。

评价方式：通过日常督查抽查、查阅有关资料等评价计分。

（三）推动党建制度落实（责任单位：县委组织部，权重 5）

主要考核中央和省、市、县委 2014 年、2015 年上半年出台的重要改革性制度文件落实情况。根据落实情况，确定好、较好、一般、较差四个等次，折算计分。

（四）推进党风廉政建设与反腐败工作（责任单位：县纪委，权重 30）

依据《2015 年度党风廉政建设责任书》中推进党风廉政建设与反腐败工作考核结果折算计分。

（五）落实管党治党责任（权重 15）

1. 党（工）委书记履行基层党建工作职责情况（责任单位：县委组织部，权重 8）

评价标准：综合日常督查和述职评议情况评价计分。日常督查包括建立镇（街、区）党（工）委书记基层党建责任清单及实施情况、基层党建工作存在问题的整改落实情况（权重 4）；述职评议情况（权重 4）。

评价方式：确定好、较好、一般、较差四个等次，折算计分。

2. 党委落实党风廉政建设主体责任情况（责任单位：县纪委，权重 7）

依据《2015 年度党风廉政建设责任书》中党委落实党风廉政建设主体责任考核结果折算计分。

**三十八、法治建设（首阳山权重 85，其他镇街区权重 90）**

（一）保持社会和谐稳定（权重 50）

1. 平安昌乐建设（责任单位：县委政法委，权重 25）

依据《2015 年全县综治暨平安建设工作检查考评实施办法》考核计分。

2. 信访工作（责任单位：县信访局，权重 20）

依据《2015 年镇（街、区）和县直部门信访工作考核办法》考核计分。

3. 禁毒工作（责任单位：县公安局，权重 5）

依据《昌乐县禁毒工作考核评价办法》考核计分。

（二）支持依法行使职权（权重 10）

1. 领导干部干预司法活动情况（责任单位：县委政法委，权重 5）

评价内容：贯彻执行《领导干部干预司法活动、插手具体案件处理的记录、通报和责任追究规定》情况。

评价方式：年内每发生 1 起领导干部干预司法活动、插手具体案件的减 1 分，减完为止。

2. 行政诉讼及复议情况（责任单位：县法院、县政府法制办，权重 5）

评价方式：年内行政机关单位负责人拒不到庭应诉，或者未经法庭许可中途退庭的，每发生 1 件次减 1 分；不履行或不完全履行法院生效的法律文书的，每发生 1 件次减 1 分；行政复议案件未及时答复并提供案卷卷宗的，每发生 1 件次减 1 分；拒不执行县政府生效的行政复议决定书的，每发生 1 件次减 1 分。减完为止。

（三）政府信息公开（责任单位：县政府办公室，权重 10）

依据《昌乐县政府信息公开考核评价计分办法》考核计分。

（四）增强全民法治观念（首阳山权重 15，其他镇街区权重 20）

1. 法治宣传实际效果（责任单位：县司法局，权重 5）

评价内容：(1)“六五”普法规划各项工作任务完成情况。(2) 落实“谁执法谁普法”责任制、建立公务员定期学法制度和广播、网络等媒体公益普法制度，开展“12·4”国家宪法日、“法律六进”等法治宣传教育活动情况。(3) 镇（街、区）、村（社区）法治文化阵地建设情况。

评价方式：依据《法治宣传教育考核工作细则》评价计分。

2. 职工权益保障（责任单位：县总工会，首阳山权重 0，其他镇街区权重 5）

(1) 职代会、厂务公开建制率和工作质效（权

重 2.5）

评价标准：辖区内建会的国有、集体及其控股企业、事业单位职代会、厂务公开建制率达到 100%；建会非公有制企业职代会、厂务公开建制率和建会区域（行业）职代会建制率均达到 90% 以上，其中规模以上非公有制企业职代会、厂务公开建制率达到 97%以上；区域（行业）职代会和职工董事、职工监事制度建制数明显增加；规模以上非公有制企业“推行协商民主、强化社会责任”制度建制率达到 90%以上。

（2）工资集体协商建制率和工作质效（权重 2.5）

评价标准：工资集体协商建制率达到 90%以上，中小企业建制率达到 80%以上。

评价方式：通过省总工会统计年报和专项工作统计获取相关数据，结合实地抽查和日常工作掌握情况，综合评价计分。

3. 基层团组织建设和青少年权益保障（责任单位：团县委，权重 5）

评价内容：基层团组织阵地载体和队伍建设情况；解决重点、弱势青少年实际困难和问题情况。

评价方式：根据工作完成程度和实际成效，综合评价计分。

4. 妇女儿童权益保障（责任单位：县妇联，权重 5）

评价内容：（1）健全为妇女儿童办实事长效机制，每年至少为妇女儿童办 1～2 件实事，落实妇女儿童事业专项经费；维护妇女儿童权益工作成效明显。

（2）做好农村妇女“两癌”检查工作，各镇（街、区）达到应查人数的 20%以上。建立完善贫困“两癌”患病妇女救助长效机制，救助效果显著。

评价方式：根据相关数据和妇女儿童发展规划监测评估、督查情况进行评价计分。

**三十九、精神文明建设（权重 40）**

（一）公民道德建设（责任单位：县委宣传部，权重 10）

主要考核善行义举四德榜覆盖率。每个行政村、机关、企业、学校，分别在显著位置设立一个善行义举四德榜，按照要求分类将上榜者的善行义举上榜公示，有专人管理，并定期更新。行政村善行义举四德榜覆盖率达到 100%，机关、企业、学校善行义举四德榜覆盖率达到 50%。建榜覆盖率依据“山东省善行义举四德榜网上平台”上传数据与现场随机抽查结合的方式计算。

1. 依据“山东省善行义举四德榜网上平台”上传的合格图片数量，计算行政村、机关、企业、学校善行义举四德榜覆盖率（权重 8）。行政村善行义举四德榜覆盖率占 5 分，达到 100%的得满分，低于 100%的不得分；机关、企业、学校善行义举四德榜覆盖率各占 1 分，达到 50%的得满分，30%至 50%的得 0.75 分，低于 30%的不得分。

2. 每个镇（街、区）现场随机抽查 10 个行政村、2 个企业、1 个学校善行义举四德榜设立情况（权重 2）。主要检查善行义举四德榜是否真正设立，占 1 分；上榜内容是否齐全，占 1 分。

（二）基层公共文化服务体系建设（责任单位：县委宣传部、县文广新局，权重 10）

1. 村（社区）综合性文化服务中心达标率（权重 4）

（1）公共文化服务平台建设（权重 2）。建成包含基层宣传文化、党员教育、科学普及、体育健身等公共文化设施在内的村（社区）综合性文化服务中心，建筑面积不低于 200 平方米，室外文体小广场面积不低于 500 平方米，且设施配套齐全，硬件达标。根据各镇（街、区）村（社区）实际数量，村（社区）综合性文化服务中心硬件达标率达到 35%以上的得 2 分；达标率在 15%至 35%之间的，采用功效系数法计算得分；低于 15%的不得分。

（2）健全公共文化服务功能（权重 2）。村（社区）综合性文化服务中心有基层文化活动队伍和文化志愿者服务队伍，配备专门的文化管理服务人员，有自己的公共文化服务品牌，各项公共文化服务实现常态化。根据各镇（街、区）村（社区）实际数量，村（社区）综合性文化服务中心公共文化服务达标率达到 50%以上的得 2 分；达标率在 30%至 50%之间的，采用功效系数法计算得分；低于 30%的不得分。

2. 文化产品创作生产和获奖情况（权重 4）

考核文化产品创作、出版、刊播数量和文化作品获国家、省、市级奖项情况，按获奖作品等级、数量计分排名，第一名得 4 分，其他按比例折算计分。

3. 组织开展群众文化活动情况（权重 2）

根据各镇（街、区）活动开展情况、优秀文艺节目数量及获奖情况综合排名，第一名得 2 分，其他按比例折算计分。

（三）宣传工作成效（责任单位：县委宣传部，权重 10）

由县委宣传部制定考核细则，并提供考核结果。

（四）提升全民科学素质（责任单位：县科协，权重 10）

评价内容：1. 重点人群科学素质提升工作成效（权重 5）。包括未成年人、农民、城镇劳动者、社区居民、领导干部和公务员等五大重点人群科学素质行动成效。

2. 基础工程建设工作成效（权重 5）。包括科学教育与培训、科普资源与开发共享、科普基础设施、大众传媒科技传播、科普人才建设等五大基础工程成效。

依据《昌乐县全民科学素质工作目标管理考核办法（试行）》评价计分。

**四十、镇村财务管理规范化水平（权重 15）**

（一）镇级财务管理（责任单位：县审计局，权重 8）

主要考核财政财务管理制度建立执行情况以及人员资质、核算岗位配置情况（权重 1），财政财务收支核算情况（权重 4），固定资产管理情况（权重 1.5）和审计查出问题整改情况（权重 1.5）。

（二）村级财务管理（责任单位：县经管局，权重 7）

1. 代管资金管理（权重 4）。代管资金由“三资”委托代理中心设立专户存储的，得 1 分；账簿登记及时、账款相符的，得 1 分；无借支、挪用及账外代收、截留资金的，得 2 分。每有 1 个自然村未达到规定要求的，该镇（街、区）相对应的事项不得分。

2. 审计监督（权重 1.5）。按月进行民主理财并加盖民主理财专用章的，得 0.5 分；按月进行财务审计并加盖审计员章的，得 0.5 分；对任期届满和离任村干部进行任期和离任经济责任审计的，得 0.5 分。每有 1 个自然村未达到规定要求的，该镇（街、区）相对应的事项不得分。

3. 财务公开（权重 1.5）。设立规范的固定公开栏并定期公开的，得 0.5 分；党务政务村务公开监督平台“三资”录入跟上序时进度的，得 0.5 分；所有收支逐项逐笔公开、内容全面真实的，得 0.5 分。每有 1 个自然村未达到规定要求的，该镇（街、区）相对应的事项不得分。

**四十一、村级民主事务公开（责任单位：县纪委、县委组织部、县民政局、县卫计局、县公安局，权重 15）**

（一）党务公开（权重 4）

1. 民情联络员信息公开（权重 0.5）。每有一个村未落实民情联络员的减 0.1 分，信息未公开的减 0.1 分。减完为止。

2. 村“两委”成员信息公开（权重 1）。每有一个村未公开的减 0.1 分；信息公开不全的，每缺一职位减 0.1 分。减完为止。

3. 党员代表、村民代表、村监委成员信息公开（权重 1）。每有一个村党员代表、村民代表及村监委成员未公开的减 0.1 分；内容公开不全面，每缺一项减 0.1 分。减完为止。

4. 发展党员基本情况公开（权重 0.5）。每有一个村未公开的减 0.1 分，减完为止。

5. 党组织和党员评先树优情况公开（权重 0.5）。每有一个村未公开的减 0.1 分，减完为止。

6. 党组织学习及活动情况公开（权重 0.5）。每有一个村未公开的减 0.1 分，减完为止。

（二）村务公开（权重 4）

1. 根据《山东省村务公开条例》和有关政策规定，开展村（居）务公开工作程序完善、内容真实全面、公开及时的得 3 分；未按规定程序、内容、时限进行公开的，每项减 0.5 分，减完为止；未开展村（居）务公开的不得分。

2. 定期开展基层民主协商活动的得 1 分，未开展的不得分。

（三）计生服务公开（权重 2）

1. 育龄妇女健康查体情况公开（权重 1）。镇（街、区）计生站有一项内容不按时公开减 0.1 分，信息不按规范要求公开减 0.1 分，每月公开的内容缺少一项减 0.2 分，减完为止。

2. 计划生育审批情况公开（权重 1）。镇（街、区）计生站有一项内容不按时公开减 0.1 分，信息不按规范要求公开减 0.1 分，每月公开的内容缺少一项减 0.1 分，减完为止。

（四）民政救助公开（权重 4）

新增受灾人员公开，每不及时公开一次减 0.1 分；享受救灾款物人员公开，每不及时公开一次 0.1 分；取消高龄老人补贴公开，每不按时公开一次减 0.1 分；新增高龄老人补贴公开，每不按时公开一次减 0.1 分。减完为止。

（五）户籍管理（权重 1）

镇（街、区）派出所有一项内容不按时公开减 0.1 分，信息不按规范要求公开减 0.1 分，每月公开的内容缺少一项减 0.1 分，减完为止。

**四十二、“党支部＋合作社”建设（责任单位：县委组织部、县经管局、县供销社，权重 10）**

按照“十个好”的标准（支部引领好、协调服务好、党员带动好、运营机制好、民主管理好、产品质量好、品牌影响好、市场销路好、发展态势好、社会反响好），考核“党支部＋合作社”百强示范单位达标率。

计算公式：“党支部＋合作社”百强示范单位达标率＝“党支部＋合作社”百强示范单位达标数÷“党支部＋合作社”百强示范单位任务分配数×100％。

**四十三、国防后备力量建设（责任单位：县人武部，权重 30）**

（一）民兵预备役建设情况（权重 10）

1. 党管武装制度落实（权重 2）。党管武装制度落实到位，民兵基层建设“六个纳入”落实到位的，得 2 分；每有一项不到位减 1 分。

2. 武装组织机构健全（权重 2）。专武干部选拔配备、调整使用、教育管理符合规定，任免程序严格，政治、生活待遇落实的，得 1 分。“三室一库”布局合理，建设规范，办公室单独设置，资料室各类方案资料齐全，战备器材室储存物资器材符合规定要求，各类基础设施配套完善的，得 1 分；没有单独办公场所的，该项不得分。

3. 民兵应急分队落实实名制要求（权重 2）。按照标准要求配齐装备器械，日常人员在位率达到 80％以上、到点率达到 90％以上、出入转队比例在 10％以内，达到以上要求的，得 2 分；未达到的不得分。

4. 工作任务完成情况（权重 2）。民兵整组工作扎实有效，民兵组织健全巩固，基干民兵各类分队编配合理、活动经常。教育训练落实，战备方案完善，遂行任务能力强。组织民兵预备役参建有规划、有目标、有措施、有成效，作用发挥明显，达到要求的，得 2 分；未达到的不得分。

5. 民兵信息员队伍作用明显（权重 2）。按照村（社区）有员、镇（街、区）有组的标准建立民兵信息员队伍的，得 1 分；未按标准建立的不得分。民兵信息员及时汇报情报信息的，得 1 分；出现瞒报、漏报、迟报的一次减 0.2 分，减完为止。

（二）征兵任务完成情况（权重 15）

1. 兵员征集指标完成情况（权重 8）。完成兵员征集任务的得 8 分，每少 1 个人减 2 分，减完为止。

2. 大学生应征参军情况（权重 2）。大学生应征率高于 30％的得 2 分，高于 20％的得 1 分，低于 20％的不得分。

3. 征兵工作廉洁公正情况（权重 3）。未发生征兵不廉洁问题的得 3 分；发生问题的不得分。

4. 无责任退兵（权重 2）。无退兵的得 2 分；退兵人数为 1 个，属于无责任退兵的得 1 分；退兵人数 2 个以上，或有责任退兵的不得分。

（三）双拥共建工作开展情况（权重 5）

1. 双拥共建活动（权重 3）。开展双拥共建活动经常化、制度化，能及时帮助部队解决问题的，得 3 分；因活动开展不积极导致发生问题的，该项不得分。

2. 涉军维权（权重 2）。未发生严重破坏国防设施、侵害军人军属合法权益案件的，得 2 分；每发生一起减 1 分。

**四十四、督查工作考核（责任单位：县委县政府督查局，权重 20）**

评价标准：1. 决策督查考核（权重 7）。未按要求提报督查事项落实情况的，每件次减 0.5 分；推进落实不力的，视情况每件次减 0.5～1 分。

2. 专项查办考核（权重 7）。未按要求办理县级领导批示件的，每件次减 0.2 分；县委、县政府召开的会议未按要求参会的，每人次减 0.2 分。

3. 综合评价（权重 6）。对镇（街、区）配合开展督查、考核工作情况进行综合评价打分。

计分办法：决策督查考核、专项查办考核、综合评价三项考核均采取综合指数法计分，得分最高的为满分，其他按比例折算计分。

## 加分项目认定细则

**一、创新创优成果**

（一）对全县经济社会发展做出突出贡献的（责任单位：县考核工作领导小组）

认定标准：对全县经济社会发展有特殊重大影响或有重要推动作用；具有历史突破性或首创、影响广泛深远的，经研究加10～50分。

认定方式：1. 申请单位向县考核工作领导小组提报重大贡献事项和相关证明材料。

2. 县考核工作领导小组组织相关部门审核认定。

3. 提请县委常委会议研究决定。

（二）重大改革创新工作成果，得到县委、县政府及市厅级以上机关以正式文件专门推广的；得到国家部委和省委、省政府，市委、市政府主要领导批示肯定、要求总结推广经验做法的（责任单位：县人社局）

认定标准：得到省部级机关以正式文件专门推广，或得到国家部委和省委、省政府主要领导批示肯定的，加50分；得到市厅级机关以正式文件专门推广，或得到市委、市政府主要领导批示肯定的，加30分；得到县委、县政府以正式文件专门推广的，加10分。

认定方式：1. 申请单位向县人社局提报正式文件、领导批示件的原件或复印件。

2. 县人社局组织审核认定。

（三）工作成绩突出，获得国家部委和省委、省政府，市委、市政府表彰奖励的（责任单位：县人社局）

认定标准：1. 镇（街、区）因工作成绩突出，获得省部级表彰奖励的，加20分；获得市委、市政府表彰奖励的，加10分。

2. 表彰奖励的授予时间以通报文件或奖牌、证书等落款日期为准。

3. 表彰奖励事项由多个单位参与的，只认定主要牵头单位。

认定方式：1. 申请单位向县人社局提报受表彰奖励文件、证书、奖牌等相关证明材料。

2. 县人社局组织审核认定。

**二、市战略性重点投资项目成效加分（责任单位：县战略性重点项目领导小组、县发改局）**

认定标准：1. 每提供一个市战略性重点投资项目，给予项目所属镇（街、区）加10分。

2. 项目实际投资额按市认定投资额确定，每认定1000万元加1分，余额部分按比例折算计分。

**三、承担的市“‘两河’开发（汶河流域综合开发）”指标工作任务完成情况加分，最多加20分（责任单位：县委农工办）**

认定标准：较好地完成市“‘两河’开发（汶河流域综合开发）”指标工作任务，根据具体情况对红河镇、鄌郚镇、高崖水库库区进行加分，最多加20分。

**四、人大代表议案和建议、政协委员提案办理（责任单位：县人大办公室、县政协办公室）**

认定标准：人大代表议案和建议、政协委员提案按时办理且质量较高的，每件次加1～5分，每项最多加10分。

## 减分项目认定细则

**一、在安全生产、防汛工作、人口和计划生育、舆情管理、农产品食品药品安全、应急管理方面发生问题、造成不良影响的，视具体情形减分，每项最多减20分**

（一）安全生产（责任单位：县安监局）

1. 发生一般亡人生产安全责任事故的，减5分。

2. 年度安全生产目标责任考核得分低于85分的，减5分。

3. 未将规模以上企业以及危险化学品生产、经营、使用企业，非煤矿山企业，烟花爆竹批发企业等高危行业企业全部纳入监控平台管理的，每少1家减1分。

4. 未完成安全生产标准化、规范化建设规定目标进度的，减1～4分。

5. 未按规定对重大危险源进行调查登记、动态管理和定期检查、监控的，减3分。

6. 在安全生产方面损害群众利益，造成恶劣影响或未依法依规上报及调查处理生产安全事故的，每发现一起减1～5分。

（二）防汛工作（责任单位：县水利局）

辖区内各类水库及流域面积50平方公里以上

的河道由于工作失职发生水库溃坝或河道决口，其中流域面积50～200平方公里之内的河流决口的减10分，各类水库及流域面积200平方公里以上的河流决口的减20分。

（三）人口和计划生育（责任单位：县卫计局）

1. 合法生育率和出生人口性别比两项主要指标，未完成年度《责任书》工作目标的，每低1个百分点或1个比值，减10分。

2. 人口出生统计准确率、避孕措施落实率、免费孕前优生健康检查目标人群覆盖率、流动人口计划生育服务管理落实率等指标未达到规定要求，每低1个百分点减0.5分。

3. 计划生育基层管理每发现1例管理不规范的，减0.1分。

4. 保障各项法定奖励、扶助或免费政策，每发现1项不落实或落实不到位的，减0.5分。

5. 落实依法行政责任制、依法征收社会抚养费，开展生育服务证制度改革、性别比治理及“两非”案件处理，无乱收费或基层政风行风问题，每有1项不落实或落实不到位的，减0.5分。

（四）舆情管理（责任单位：县委宣传部）

对因工作缺失，被中央、省级主流媒体、全国重点网络媒体以及重点涉外媒体进行舆论监督，形成社会舆论关注热点，造成不良影响的，按照以下情形和标准减分：

1. 相关问题被1家中央级媒体在重要版面、重要节目负面报道，同时引发1家以上全国网络媒体首页转载的，减2分。

2. 被2～3家中央级媒体在重要版面、重要节目负面报道，同时引发3家以上全国网络媒体首页转载的，减3分。

3. 被3～5家中央级媒体在重要版面、重要节目负面报道，同时引发5家以上全国网络媒体首页转载，社会舆论密切关注的，减5分。

4. 被5～10家中央级媒体在重要版面、重要节目负面报道，同时引发10家以上全国网络媒体首页转载，持续炒作超过10天，形成广泛关注的舆论热点的，减10～20分。

（五）农产品食品药品安全（责任单位：县市场监管局、县农业局）

1. 根据《国家食品安全事故应急预案》《农业部农产品质量安全突发事件应急预案》《山东省药品安全突发事件应急预案》分级评估指标认定标准，发生Ⅲ级农产品质量安全事故、Ⅲ级食品安全事故、Ⅱ级药品安全突发事件，因督导不力、处置不当造成较大后果的，每起减10分。

2. 对农产品食品药品质量安全投诉举报因查处或转办不及时，造成危害性后果或较大不良影响的，每起减5分；造成危害性后果扩大或严重不良影响的，每起减10分。

（六）应急管理（责任单位：县政府应急办）

1. 迟报、谎报、瞒报、漏报有关突发事件信息，或者通报、报送、公布虚假信息的；未按规定及时发布突发事件预警信息、采取预警期的措施，导致损害发生的；未按规定及时采取措施处置突发事件或者处置不当，造成后果的，减2～6分。

2. 未按规定执行24小时值班制度和领导带班制度的；未制定应急预案或者未进行备案的；未建立应急管理专家组、应急救援队伍的，减1～3分。

3. 未按规定组织开展应急管理宣传、教育、培训、演练的；未按规范推进应急平台建设，应急平台体系不健全、不完善的；未推进基层应急管理示范点和应急避难场所建设的，减1～4分。

**二、被县级及以上机关通报批评的（责任单位：县纪委、县委办公室、县政府办公室）**

因工作不力，本单位被县级及以上机关通报批评的，每次减5分；致使县委、县政府被上级机关通报批评的，每次减10分。

**三、承担的市“‘两河’开发（汶河流域综合开发）”指标工作任务完成情况减分（责任单位：县委农工办）**

承担的市“‘两河’开发（汶河流域综合开发）”指标工作任务完成较差的，视具体情况对红河镇、鄌郚镇、高崖水库库区予以减分，最多减20分。

**四、人大代表议案和建议、政协委员提案办理质量较差的（责任单位：县人大办公室、县政协办公室）**

对人大代表议案和建议、政协委员提案办理质量较差的，视具体情形，每件次减1～5分。每项最多减10分。

**五、县长公开电话、昌乐民声网反映事项处办不力的（责任单位：县政府办公室）**

（一）县长公开电话处办不力的，最多减10分

1. 一次办结率低于90%的，每下降1个百分点，减5分。

2. 同一转办单号的事项转办3次仍未办结的，每件减5分。

3. 未按规定期限处办落实的，每发生一件次减2分。

4. 提报处办情况不具体、有敷衍现象的，每发生一件次减2分。

5. 提报处办情况失实的，每发生一件次减5分。

（二）昌乐民声网反映事项处办不力的，最多减10分

1. 满意率低于95%的，每下降1个百分点，减2分。

2. 未按规定期限回复处办结果的，每发生一件次减2分。

3. 回复处办情况不具体、有敷衍现象的，每发生一件次减2分。

4. 回复处办情况失实的，每发生一件次减5分。

## “一票否决”事项认定细则

**一、人口和计划生育（责任单位：县卫计局）**

根据《关于贯彻落实鲁发〔2014〕22号文件精神全面提升计划生育工作水平的实施意见》（潍发〔2015〕13号）规定，凡出现下列情形之一的，实行“一票否决”。

1. 连续两年出现问题被市通报批评的。

2. 违法生育或出生性别比问题严重，在全市镇（街、区）计划生育目标管理责任制考核中排名后7位的。

3. 从2015年开始，年度补报往年出生人口较多，达到本年人口出生数量7%以上的。

4. 违法生育瞒漏报或生育性质、出生性别错报数量达到上一统计年度出生数量的1‰以上；经数据比对，违法生育瞒漏报或生育性质、出生性别错报数量超过调查个案数量50%的。

5. 以2014年基础信息核查锁定数据为基数，经过相关数据回推和比对，2014年以前年度合法生育率低于锁定数据5个百分点以上，出生人口性别比高于锁定数据5个比值以上；2014年及以后每年度，合法生育率低于当年上报数据5个百分点以上，出生人口性别比高于当年上报数据5个比值以上的。

6. 出生性别比偏离正常范围（以107为基准）、且没有完成出生人口性别比下降目标任务的。

7. 未完成查处“两非”案件年度目标任务的。

8. 育龄妇女管理移交推诿扯皮或信息交流不反馈，省级部门出生共享信息分拣后应纳入管理的人员未及时上报或管理，县级部门出生共享信息未及时上传或者分拣交流信息占比分别达到10%；重要信息修改（含出生日期跨年度修改、出生性别女改男、生育性质合法改为违法）的人数占40周岁以下育龄妇女总数比例1‰以上的。

9. 因严重侵权行为、重大技术责任事故造成计划生育恶性案件，或因涉及计划生育重大信访问题造成恶劣影响的。

**二、社会治安综合治理（责任单位：县委政法委）**

凡出现下列情形之一的，实行“一票否决”。

1. 发生危害国家安全和政治稳定的重大事件、严重暴力恐怖案件、有重大影响的群体性事件和进京非访事件、社会反响强烈的黑恶势力犯罪和重大恶性案件、群死群伤的公共安全事故和安全生产与食品安全事故、敏感案（事）件恶性炒作和涉稳舆情危机的。

2. 被市级以上综治委责成实行社会治安综合治理“一票否决”的。

3. 年度全县综治暨平安昌乐建设考评成绩不合格的。

**三、安全生产（责任单位：县安监局）**

凡出现下列情形之一的，实行“一票否决”。

1. 年内发生较大及以上生产安全事故的。

2. 虽未发生较大事故，但在安全生产方面出现重大问题，造成恶劣影响，被市级以上党委、政府通报批评的。

**四、节能目标考核（责任单位：县经信局）**

凡出现下列情形之一的，实行“一票否决”。

1. 未完成万元产值能耗年度任务目标的。

2. 辖区内列入“国家万家企业节能低碳行动”的企业年度节能考核不合格，给全县节能工作造成重大影响的。

3. 不执行国家产业政策，未进行节能评估审查，擅自批准建设高耗能高排放项目造成重大影

响的。

4. 因本区域节能降耗工作不力，给全县造成重大影响的。

**五、重大食品安全事故（责任单位：县市场监管局）**

依据国家和省《食品安全事故应急预案》分级评估指标认定标准，发生Ⅱ级及以上食品安全事故的，实行“一票否决”。具体认定情形为：

1. 事故危害严重，影响范围涉及省内两个以上市级行政区域的。

2. 造成伤害人数100人以上，并出现死亡病例的。

3. 造成10例以上死亡病例的。

4. 省级政府认定的其他重大食品安全事故。

**六、主要污染物总量减排（责任单位：县环保局）**

未完成《2014年度环境保护目标责任书》中确定的污染物总量减排、大气环境质量改善及水环境质量改善目标任务的。

**七、减轻农民负担（责任单位：县经管局）**

凡出现下列情形之一的，实行“一票否决”。

1. 发生涉及农民负担的恶性案件、严重群体性事件或其他造成重大影响案件的。

“涉及农民负担的恶性案件”，是指因违反减轻农民负担政策、工作作风粗暴或者违反规定采取措施，导致农民死亡或者直接造成农民受重伤的案件。“涉及农民负担的严重群体性事件”，是指因违反减轻农民负担政策，侵害农民的合法权益，导致发生干群冲突群体性事件，或者农民集体越级上访、堵塞铁路或主要公路交通干道，以及围攻镇（街、区）及以上党委、政府机关等影响社会稳定的其他群体性事件。“造成重大影响的其他案（事）件”，是指由下列行为引发的、在本地区造成重大社会影响的涉及农民负担案（事）件：（1）在涉及农民负担工作中违法采取限制农民人身自由的强制措施的；（2）组织工作队向农民收取钱物的；（3）违法使用武器、警械等对农民实施暴力行为，尚未造成农民重伤的；（4）造成重大影响的其他行为。

2. 违反国家、省有关规定，擅自出台增加农民负担的文件和项目，或继续执行已明令取消和废止的文件项目，或以组织和个人名义做出决定并组织实施向农民乱收费、乱集资、乱摊派，情节比较严重的。

3. 违反减轻农民负担政策规定，组织“小分队”或动用政法干警强征强敛或工作作风简单粗暴、采取不正当措施甚至非法手段致使农民的人身权、财产权等合法权益受到损害或造成其他不良后果的。

4. 减轻农民负担工作年度综合检查考核不合格的。

**八、重大火灾责任事故（责任单位：县公安局）**

发生造成10人以上死亡，或者50人以上重伤，或者5000万元以上直接财产损失火灾的。

## 中共昌乐县委　昌乐县人民政府<br>关于印发《2015年度县直部门（单位）工作实绩综合考核办法》的通知

乐发〔2015〕17号

各镇（街道）党（工）委、人民政府（办事处），经济开发区、首阳山旅游度假区、高崖水库库区党工委、管委会，县委各部委，县政府各部门，各人民团体，县人武部：

《2015年度县直部门（单位）工作实绩综合考核办法》已经县委、县政府研究同意，现印发给你们，请结合各自实际，认真贯彻执行。

中共昌乐县委

昌乐县人民政府

2015年8月18日

## 2015年度县直部门（单位）<br>工作实绩综合考核办法

为全面贯彻落实党的十八大及十八届三中、四中全会精神和习近平总书记系列重要讲话精神，引导和激励广大干部牢固树立科学发展观和正确政绩观，积极适应和引领经济社会发展新常态，把“三严三实”要求贯穿工作全过程，进一步改进工作作风，提升服务效能，争创一流业绩，更好地服务和推动“三个昌乐”建设，特制定本考核办法。

**一、考核范围**

根据单位性质和工作职能，将102个县直部门（单位）分成四个组进行考核。

**二、考核内容**

实行千分制考核，包括工作目标考核、招商引资考核、保障考核、评价考核、干部年度考核、支持地方发展实际成效考核、加减分考核、一票肯定与一票否决八个方面。

（一）工作目标考核（300分）

1. 工作目标完成情况考核（200分）。工作目标由县直各部门（单位）自行制定，内容包括履行部门（单位）主要职责及基本业务工作，县委、县政府赋予本部门（单位）的重点工作，承担的重点项目建设推进情况，以及争取省级以上项目、资金、牌子、政策等情况，其中民政、教育、卫计、工会、团委、妇联、残联等部门的工作目标必须包括特殊困难群体关爱救助工作。工作目标经各分管县级领导审核后印发执行，县人社局负责制定考核细则并组织实施。

2. 县级分管领导评价（100分）。县级领导对分管部门（单位）的工作情况进行综合评价。评价意见分为“好”“较好”“一般”“差”四个等次，分别对应得100分、80分、70分、50分，其中“好”的等次比例不超过分管部门数量的1/3。由县人社局组织实施。

（二）招商引资考核（200分）

主要考核部门（单位）“三招三引”到位有效资源，包括招商引资、招才引智、招院引所、招商作为等。由县招商办（局）负责制定考核细则并组织实施。

（三）保障考核（300分，考核一至三组）

1. 党组织建设（50分）。主要考核部门包靠社区和重点村、党员教育管理以及干部日常管理等。由县委组织部负责制定考核细则并组织实施。

2. 党风廉政建设（50分）。主要考核党风廉政建设责任制落实情况。由县纪委负责制定考核细则并组织实施。

3. 精神文明建设（50分）。主要考核精神文明建设、文化工作、宣传工作成效、舆情管理及学习型党组织建设等。由县委宣传部负责制定考核细则并组织实施。

4. 维护稳定工作（50分）。（1）综治维稳（30分）。主要考核社会矛盾预防排查化解、社会治安防控体系建设、综治网格化信息化与重点专项工作、综治黄牌警告、工作创新等。由县委政法委负责制定考核细则并组织实施。

（2）信访工作（20分）。主要考核信访事项处理及满意度评价、网上信访信息系统建设及使用、工作方法创新等。由县信访局负责制定考核细则并组织实施。

5. 深化改革（60分）。（1）重点改革工作任务（40分）。主要考核《中共昌乐县委全面深化改革领导小组2015年工作要点》（乐办字〔2015〕20号）、市里分配的改革任务及承担的改革试点任务完成情况。由县委改革办参照市委改革办考核办法牵头制定我县的考核细则并组织实施。

（2）行政审批制度改革（20分）。主要考核简政放权，建立和执行权力清单、服务清单和责任清单制度，推行政府标准化服务，再造运行流程，提升服务效能等。由县编办、县行政服务局负责制定考核细则并组织实施。

6. 严格规范公正文明执法（20分）。（1）行政执法规范化建设情况（10分）。主要考核规范行政执法、推进依法决策、行政机关负责人出庭应诉等。由县政府法制办负责制定考核细则并组织实施。

（2）政府信息公开（10分）。主要考核信息主动公开、依申请公开、公开平台建设等。由县政府办公室负责制定考核细则并组织实施。

7. 督查工作（20分）。主要考核县委、县政府安排的阶段性重点工作以及县委、县政府领导交办的重要事项推进落实情况、领导批示件办理情况。由县委县政府督查局负责制定考核细则并组织实施。

（四）评价考核（100分）

县级领导和镇（街、区）党政主要负责同志对县直部门（单位）工作情况进行测评打分。县级领导、镇（街、区）党政主要负责同志分别按60%、40%的权重计分。由县委县政府督查局组织实施。

（五）领导班子及科级干部年度考核（100分，考核一至三组）

主要对县直部门（单位）领导班子本年度发挥职能作用情况、科级干部本年度履行岗位职责情况进行测评打分。由县委组织部组织实施。

（六）支持地方发展实际成效（400分，考核四组）

主要考核围绕县委、县政府重大决策部署和中心工作，立足职能、主动作为，积极争取上级和外部资源，帮助企业和基层单位解决实际困难及问题，支持和服务地方发展的实际成效。

1. 对金融机构考核。由县金融办负责制定考核细则并组织实施。

2. 对其他垂直管理部门（单位）考核。主要考核部门（单位）支持地方经济社会发展的工作成效。

（七）加减分考核

1. 加分项目。（1）创新创优成果加分包括：①对全县经济社会发展做出突出贡献的。②重大改革创新工作成果，被县委、县政府及市厅级以上机关以正式文件专门推广的；得到国家部委和省委、省政府，市委、市政府主要领导批示肯定、要求总结推广经验做法的。③部门（单位）因业务工作成绩突出，获得省部级及市委、市政府表彰奖励的。

（2）向上争取政策、资金、资源等取得突出成效的。

（3）人大代表议案和建议、政协委员提案按时办理且质量较高的。

同一项目按就高原则加分，不重复加分。累计加分最高不超过100分。

2. 减分项目。（1）在安全生产、人口和计划生育、舆情管理、环境保护、农产品食品药品安全、社会管理、应急管理等方面发生问题、造成不良影响的。

（2）被县级及以上机关通报批评的。

（3）人大代表议案和建议、政协委员提案办理质量较差的。

（4）县长公开电话、昌乐民声网反映事项处办不力的。

根据累计减分数，从考核总成绩中减除相应的分数。

（八）一票肯定与一票否决

1. 一票肯定。具备下列条件之一的，给予“一票肯定”。

（1）当年在全县经济社会发展中做出突出贡献的。

（2）当年获得国家级及省委、省政府表彰奖励（授予县委、县政府）的；重大改革创新工作成果得到国家部委和省委、省政府以正式文件专门推广，或得到国家部委和省委、省政府主要领导批示肯定、要求总结推广经验做法的。

（3）新引进立项投资过5亿元且当年实际投资达到1亿元以上项目的。

（4）引进当年实际投资过5000万元的项目落户昌乐（滨海）特色产业园的。

2. 一票否决。存在“一票否决”情形的，不予表彰奖励。

在人口和计划生育、社会治安综合治理、安全生产、重大食品安全事故、主要污染物总量减排、减轻农民负担方面发生严重问题，以及发生重大火灾责任事故，属于省、市规定“一票否决”情形的。

**三、考核结果运用**

（一）与评先树优挂钩

1. 对各部门（单位）实行分组考核评比。根据综合考核成绩，以组为单位排出名次，每组得分前1/3的部门（单位），由县委、县政府授予“县直部门（单位）工作实绩综合考核先进单位”称号。获得“一票肯定”、承担的市考核指标综合位次列八县市前四名的部门（单位），直接授予“县直部门（单位）工作实绩综合考核先进单位”称号。

2. 从获得“县直部门（单位）工作实绩综合考核先进单位”称号的部门（县委常委部门、四大班子办公室、法院、检察院除外）中，由县级领导班子投票评选出10个县直部门（单位），授予“服务经济社会发展‘十佳单位’”称号。

3. 对当年获得国家级表彰奖励（授予县委、县政府）的、承担的市考核指标综合位次列八县市第一名的（不包括并列名次）、对全县经济社会发展做出突出贡献的部门（单位），授予“突出贡献奖”，主要负责人记三等功。

（二）与干部考核挂钩

1. 获得“突出贡献奖”、“服务经济社会发展‘十佳单位’”称号的部门（单位），其科级干部及工作人员年度考核按30%的比例确定优秀等次；获得“县直部门（单位）工作实绩综合考核先进单位”的部门（单位），其科级干部及工作人员年度考核按20%的比例确定优秀等次。

2. 未获得县委、县政府表彰的部门（单位），其科级干部及工作人员年度考核按10%的比例确定优秀等次；有“一票否决”情形的部门（单位），其科级干部及工作人员年度考核不分配优秀等次名额。

3. 对综合考核成绩列本组最后一位、承担的市考核指标综合位次列八县市后两名的部门（单位），需向县委、县政府作出书面说明，对确实负有工作责任的，对其主要负责人进行诫勉谈话，单位科级干部及工作人员年度考核不分配优秀等次名额，并取消受表彰奖励的资格。

（三）与干部使用挂钩

优先从获得“突出贡献奖”“服务经济社会发展‘十佳单位’”“县直部门（单位）工作实绩综合考核先进单位”称号的部门（单位）中提拔重用干部。对有“一票否决”情形的部门（单位），对其主要负责人进行诫勉谈话，本部门（单位）下一年度原则上不提拔重用干部。

垂直管理部门（单位）的综合考核情况，以县委、县政府文件的形式向其上一级主管部门反馈。

**四、加强组织领导**

1. 县直部门（单位）工作实绩综合考核工作在县委、县政府统一领导下，由县考核工作领导小组负责组织协调、监督检查以及考核结果的审核认定，具体由承担考核事项的责任部门（单位）组织实施。考核结果提交县委常委会研究决定。

2. 坚持实事求是、科学准确的原则，各相关责任部门要科学制定考核评价办法，经县考核办审定后组织实施。坚持考准考实，适当拉开分数档次，保证考核结果的准确性和区分度。各项考核结果于2016年1月中旬前提报县考核办。

3. 严肃考核工作纪律，不得弄虚作假、徇私舞弊，不搞平衡照顾、形式主义，确保考核结果客观公正。实行考核责任追究制度，对违反考核工作纪律的单位和个人，视情节轻重，给予组织处理或党纪政纪处分。

本办法由县考核工作领导小组办公室负责解释。

附件：1. 县直部门（单位）分组名单

2. 县直部门（单位）工作实绩综合考核体系

3. 有关事项具体认定细则

**附件1**

## 县直部门（单位）分组名单

**第一组（27个）**

纪委（监察局）、县委办、人大机关、政协机关、组织部、宣传部、政法委、人武部、法院、检察院、党校、信访局、农工办、档案局、机关事务管理局、老干局、统战部、台办、工商联、县直机关工委、科协、总工会、团委、妇联、残联、党史研究室

**第二组（25个）**

县府办、发改局、经信局、教育局、科技局、公安局、民政局、司法局、财政局、人社局（编办）、国土资源局、建设局、交通运输局、水利局、农业局、林业局、商务局、文广新局、卫计局、审计局、环保局、统计局、市场监管局、安监局、金融办

**第三组（25个）**

行政服务局、畜牧兽医局、农机局、经管局、体育局、旅游局、知识产权局、招商局、规划局、物价局、粮食局、人防办、地震局、供销社、园林局、环卫局、文化市场综合行政执法局、中小企业办、房管办、“三区”建设物流园管委会、检验检测中心、农业开发办、首阳山生态林场管委会、远古火山群生态林场管委会、传媒集团

**第四组（25个）**

国税局、地税局、公路局、气象局、住房公积金管理中心、邮政昌乐分公司、盐务局、联合通信昌乐分公司、移动通信昌乐分公司、电信昌乐分公司、供电公司、烟草公司、广电网络昌乐分公司、人民银行昌乐支行、中国银行昌乐支行、建设银行昌乐支行、工商银行昌乐支行、农业银行昌乐支行、昌乐农村商业银行、农发行昌乐支行、邮政储蓄银行昌乐支行、潍坊银行昌乐支行、中信银行潍坊昌乐支行、交通银行昌乐支行、昌乐乐安村镇银行

## 县直部门（单位）工作实绩综合考核体系

**表 8**

| 考核内容 | | | | 分　值 | 负责考核部门 |
|---|---|---|---|---|---|
| 工作目标考核（300 分） | 工作目标完成情况考核 | | | 200 分 | 县人社局 |
| | 县级分管领导评价 | | | 100 分 | |
| 招商引资考核（200 分） | “三招三引”到位有效资源 | | | 200 分 | 县招商办（局） |
| 保障考核（300 分，考核一至三组） | 1. 党组织建设 | | | 50 分 | 县委组织部 |
| | 2. 党风廉政建设 | | | 50 分 | 县纪委 |
| | 3. 精神文明建设 | | | 50 分 | 县委宣传部 |
| | 4. 维护稳定工作 | 综治维稳 | | 30 分 | 县委政法委 |
| | | 信访工作 | | 20 分 | 县信访局 |
| | 5. 深化改革 | 重点改革工作任务 | | 40 分 | 县委改革办 |
| | | 行政审批制度改革 | | 20 分 | 县编办<br>县行政服务局 |
| | 6. 严格规范公正文明执法 | 行政执法规范化建设情况 | | 10 分 | 县政府法制办 |
| | | 政府信息公开 | | 10 分 | 县政府办公室 |
| | 7. 督查工作 | | | 20 分 | 县委县政府督查局 |
| 评价考核（100 分） | 县级领导和镇（街、区）党政主要负责同志对县直部门（单位）工作情况进行测评打分 | | | 100 分 | 县委县政府督查局 |
| 领导班子及科级干部年度考核（100 分，考核一至三组） | 考核县直部门（单位）领导班子本年度发挥职能作用情况、科级干部本年度履行岗位职责情况 | | | 100 分 | 县委组织部 |
| 支持地方发展实际成效（400 分，考核四组） | 对金融机构考核 | | | 400 分 | 县金融办 |
| | 对其他垂直管理部门（单位）考核 | | | | |
| 加分项目。以实际得分计算，最高不超过 100 分 | 创新创优成果加分 | 对全县经济社会发展做出突出贡献的 | | 加 10 至 50 分 | 县考核工作领导小组 |
| | | 重大改革创新工作成果 | 得到省部级机关以正式文件专门推广，或得到国家部委和省委、省政府主要领导批示肯定的 | 加 50 分 | 县人社局 |
| | | | 得到市厅级机关以正式文件专门推广，或得到市委、市政府主要领导批示肯定的 | 加 30 分 | |
| | | | 得到县委、县政府以正式文件专门推广的 | 加 10 分 | |
| | | 业务工作成绩突出 | 获得省部级表彰奖励的 | 加 20 分 | |
| | | | 获得市委、市政府表彰奖励的 | 加 10 分 | |

续表 8

| 考核内容 | | | 分值 | 负责考核部门 |
| --- | --- | --- | --- | --- |
| 加分项目。以实际得分计算，最高不超过100分 | 向上争取政策、资金、资源等取得突出成效的，最多加20分 | 上级财政无偿资金，按实际到位资金计算 | 每200万元加2分 | 县财政局 |
| | | 债券、国际金融组织和外国政府贷款，按实际到位资金十分之一的比例计算 | | 县发改局 |
| | | 国务院、国家部委、省政府及省直部门批准、批复、核准、备案的项目以及列入国家、省级行业重点建设项目 | 按照级别高低分别加10分、5分、2分 | 县发改局<br>县经信局 |
| | | 质量品牌、四星(四A)级以上评定、特色园区、产业基地、科技平台、示范基地、示范园区、企业技术中心和工业设计中心 | | 县人社局 |
| | | 国家级、省部级、省直部门级三类对经济社会发展有巨大促进作用的政策 | | 县发改局<br>县经信局 |
| | | 国家级和省部级同意或支持的先行先试试点 | | 县发改局 |
| | 人大代表议案和建议、政协委员提案按时办理且质量较高的 | | 每件次加1～5分，每项最多加10分 | 县人大办公室<br>县政协办公室 |
| 减分项目。根据累计减分数，从考核总成绩中减除相应的分数 | 在安全生产、人口和计划生育、舆情管理、环境保护、农产品食品药品安全、社会管理、应急管理方面发生问题、造成不良影响的 | | 视具体情形减分，每项最多减20分 | 县安监局县卫计局<br>县委宣传部<br>县环保局<br>县市场监管局<br>县农业局<br>县委政法委<br>县政府应急办 |
| | 被县级及以上机关通报批评的 | | 视具体情形减5分或10分 | 县纪委<br>县委办公室<br>县政府办公室 |
| | 人大代表议案和建议、政协委员提案办理质量较差的 | | 视具体情形减分，每项最多减10分 | 县人大办公室<br>县政协办公室 |
| | 县长公开电话、昌乐民声网反映事项处办不力的 | | | 县政府办公室 |
| 一票肯定 | 当年在全县经济社会发展中做出突出贡献的 | | | 县考核工作领导小组 |
| | 当年获得国家级及省委、省政府表彰奖励(授予县委、县政府)的；重大改革创新工作成果得到国家部委和省委、省政府以正式文件专门推广，或得到国家部委和省委、省政府主要领导批示肯定、要求总结推广经验做法的 | | | 县人社局 |
| | 新引进立项投资过5亿元且当年实际投资达到1亿元以上项目的 | | | 县委县政府　督查局<br>县发改局　县审计局<br>县统计局 |
| | 引进当年实际投资过5000万元的项目落户昌乐(滨海)特色产业园的 | | | 昌乐(滨海)特色产业园管委会 |
| 一票否决 | 在人口和计划生育、社会治安综合治理、安全生产、重大食品安全事故、主要污染物总量减排、减轻农民负担方面发生严重问题，以及发生重大火灾责任事故，属于省、市规定“一票否决”情形的 | | | 县卫计局<br>县委政法委<br>县安监局<br>县市场监管局<br>县环保局<br>县经管局<br>县公安局 |

附件 3

## 有关事项具体认定细则
## 加分项目认定细则

### 一、创新创优成果

（一）对全县经济社会发展做出突出贡献的（责任单位：县考核工作领导小组）

认定标准：对全县经济社会发展有特殊重大影响或有重要推动作用；具有历史突破性或首创、影响广泛深远的，经研究加 10 至 50 分。

认定方式：1. 申请单位向县考核工作领导小组提报重大贡献事项和相关证明材料。

2. 县考核工作领导小组组织相关部门审核认定。

3. 提请县委常委会议研究决定。

（二）重大改革创新工作成果，得到县委、县政府及市厅级以上机关以正式文件专门推广的；得到国家部委和省委、省政府，市委、市政府主要领导批示肯定、要求总结推广经验做法的（责任单位：县人社局）

认定标准：得到省部级机关以正式文件专门推广，或得到国家部委和省委、省政府主要领导批示肯定的，加 50 分；得到市厅级机关以正式文件专门推广，或得到市委、市政府主要领导批示肯定的，加 30 分；得到县委、县政府以正式文件专门推广的，加 10 分。

认定方式：1. 申请单位向县人社局提报正式文件、领导批示件的原件或复印件。

2. 县人社局组织审核认定。

（三）业务工作成绩突出，获得省部级及市委、市政府表彰奖励的（责任单位：县人社局）

认定标准：1. 部门（单位）因业务工作成绩突出，获得省部级表彰奖励的，加 20 分；获得市委、市政府表彰奖励的，加 10 分。

2. 表彰奖励的授予时间以通报文件或奖牌、证书等落款日期为准。

3. 表彰奖励事项由多个单位参与的，只认定主要牵头单位。

认定方式：1. 申请单位向县人社局提报受表彰奖励文件、证书、奖牌等相关证明材料。

2. 县人社局组织审核认定。

### 二、向上争取政策、资金、资源等取得突出成效的，最多加 20 分（责任单位：县财政局、县发改局、县经信局、县人社局）

认定标准：1. 上级财政无偿资金，按实际到位资金认定；债券、国际金融组织和外国政府贷款，按实际到位资金十分之一的比例认定。每 200 万元加 2 分。

2. 国务院、国家部委、省政府及省直部门批准、批复、核准、备案的项目以及列入国家、省级行业重点建设项目；质量品牌、四星（四 A）级以上评定、特色园区、产业基地、科技平台、示范基地、示范园区、企业技术中心和工业设计中心；国家级、省部级、省直部门级三类对经济社会发展有巨大促进作用的政策；国家级和省部级同意或支持的先行先试试点。以上各项以上级的正式文件为认定依据。按照国家级或 5 星（5A）级、省部级或 4 星（4A）级、市厅级，分别加 10 分、5 分、2 分。

认定方式：1. 上级无偿资金，债券、国际金融组织和外国政府贷款，分别由县财政局、县发改局根据实际到位资金认定。

2. 其他事项由申请单位提报上级正式文件的原件或复印件，分别由县发改局、县经信局、县人社局组织审核认定。

### 三、人大代表议案和建议、政协委员提案办理（责任单位：县人大办公室、县政协办公室）

认定标准：人大代表议案和建议、政协委员提案按时办理且质量较高的，每件次加 1～5 分。每项最多加 10 分。

## 减分项目认定细则

### 一、在安全生产、人口和计划生育、舆情管理、环境保护、农产品食品药品安全、社会管理、应急管理方面发生问题、造成不良影响的，视具体情形减分，每项最多减 20 分

（一）安全生产（责任单位：县安监局）

1. 发生一般亡人生产安全责任事故，事故调查报告认定负有主要责任的，减 10 分。

2. 年度安全生产目标责任考核得分低于 85 分的，减 5 分。

3. 未完成安全生产标准化、规范化建设规定目标进度的，减 1～4 分。

4. 因安全生产工作不力，被县政府或县政府安委会约谈的，每次减2分。

（二）人口和计划生育（责任单位：县卫计局）

1. 本部门下属单位年内出现违法生育的，每发现1例，减3分。

2. 未落实齐抓共管综合治理要求，在信息共享、执法联动、政策配套、人财投入等方面不到位的，减5分。

3. 本部门应参加透查育龄妇女未按要求参加透查的，每发现1例，减0.5分。

4. 根据省、市计划生育统计管理规定，应纳入管理而未纳入管理造成育龄妇女漏管的，每发现1例，减1分。

5. 未建立部门（单位）一把手亲自抓、负总责领导体系，未明确人口计生工作分管领导、具体责任人的，减2分。

（三）舆情管理（责任单位：县委宣传部）

对因工作缺失，被中央、省级主流媒体、全国重点网络媒体以及重点涉外媒体进行舆论监督，形成社会舆论关注热点，造成不良影响的，按照以下情形和标准减分：

1. 相关问题被1家中央级媒体在重要版面、重要节目负面报道，同时引发1家以上全国网络媒体首页转载的，减2分。

2. 被2～3家中央级媒体在重要版面、重要节目负面报道，同时引发3家以上全国网络媒体首页转载的，减3分。

3. 被3～5家中央级媒体在重要版面、重要节目负面报道，同时引发5家以上全国网络媒体首页转载，社会舆论密切关注的，减5分。

4. 被5～10家中央级媒体在重要版面、重要节目负面报道，同时引发10家以上全国网络媒体首页转载，持续炒作超过10天，形成广泛关注的舆论热点的，减10～20分。

（四）环境保护（责任单位：县环保局）

1. 因环保工作推进不力，县政府、企业或项目负责人被市级以上领导约谈的，每被约谈1次，相关责任单位减5分。

2. 未按时完成《昌乐县“三八六”环保行动2015年度工作计划》确定的各项目标任务或完成情况较差的，每项减相关责任单位5分。

（五）农产品食品药品安全（责任单位：县市场监管局、县农业局）

1. 根据《国家食品安全事故应急预案》、《农业部农产品质量安全突发事件应急预案》、《山东省药品安全突发事件应急预案》分级评估指标认定标准，发生Ⅲ级农产品质量安全事故、Ⅲ级食品安全事故、Ⅱ级药品安全突发事件，因督导不力、处置不当造成较大后果的，每起减10分。

2. 对农产品食品药品质量安全投诉举报因查处或转办不及时，造成危害性后果或较大不良影响的，每起减5分；造成危害性后果扩大或严重不良影响的，每起减10分。

（六）社会管理（责任单位：县委政法委）

1. 因防范控制和教育管理工作不力，本部门（单位）人员参加邪教“法轮功”、“全能神”及其他有害气功组织、非法活动的或进京到省外出聚集滋事的，每人次减5分；因反宣品清理清查工作不力，造成不良影响或被上级通报的，每次减3分；发生违法犯罪（被检察院批捕）的，每人次减5分；发生重大盗窃等可防性案件的，每件减5分。

2. 因预防化解措施不力，发生本部门（单位）人员进京非正常上访的，每人次减2分。在重点敏感时期，发生本部门（单位）人员进京丢丑滋事事件的，每起减5分；发生到省丢丑滋事事件的，每起减3分。

3. 因工作缺失，造成群体性事件或其他重大影响案件的，每起减1～5分。

（七）应急管理（责任单位：县政府应急办）

1. 迟报、谎报、瞒报、漏报有关突发事件信息，或者通报、报送、公布虚假信息的；未按规定及时发布突发事件预警信息、采取预警期的措施，导致损害发生的；未按规定及时采取措施处置突发事件或者处置不当，造成后果的，减2～6分。

2. 未按规定执行24小时值班制度和领导带班制度的；未制定应急预案或者未进行备案的；未建立应急管理专家组、应急救援队伍的，减1～3分。

3. 未按规定组织开展应急管理宣传、教育、培训、演练的；未按规范推进应急平台建设，应急平台体系不健全、不完善的；未推进基层应急管理示范点和应急避难场所建设的，减1～4分。

**二、被县级及以上机关通报批评的（责任单位：县纪委、县委办公室、县政府办公室）**

因工作不力，本单位被县级及以上机关通报批评的，每次减5分；致使县委、县政府被上级通报批评的，每次减10分。

**三、人大代表议案和建议、政协委员提案办理质量较差的（责任单位：县人大办公室、县政协办公室）**

对人大代表议案和建议、政协委员提案办理质量较差的，视具体情形，每件次减1～5分。每项最多减10分。

**四、县长公开电话、昌乐民声网反映事项处办不力的（责任单位：县政府办公室）**

（一）县长公开电话处办不力的，最多减10分

1. 一次办结率低于90%的，每下降1个百分点，减5分。

2. 同一转办单号的事项转办3次仍未办结的，每件减5分。

3. 未按规定期限处办落实的，每发生一件次减2分。

4. 提报处办情况不具体、有敷衍现象的，每发生一件次减2分。

5. 提报处办情况失实的，每发生一件次减5分。

（二）昌乐民声网反映事项处办不力的，最多减10分

1. 满意率低于95%的，每下降1个百分点，减2分。

2. 未按规定期限回复处办结果的，每发生一件次减2分。

3. 回复处办情况不具体、有敷衍现象的，每发生一件次减2分。

4. 回复处办情况失实的，每发生一件次减5分。

## “一票肯定”事项认定细则

**一、当年在全县经济社会发展中做出突出贡献的（责任单位：县考核工作领导小组）**

认定标准：承办县委、县政府安排的重大任务，做出突出贡献或在全国、全省形成重大影响的。

认定方式：1. 单位向县考核工作领导小组提出申请，并提报相关证明材料。

2. 县考核工作领导小组组织相关部门审核认定。

3. 提请县委常委会议研究决定。

**二、当年获得国家级及省委、省政府表彰奖励（授予县委、县政府）的；重大改革创新工作成果得到国家部委和省委、省政府以正式文件专门推广，或得到国家部委和省委、省政府主要领导批示肯定、要求总结推广经验做法的（责任单位：县人社局）**

认定方式：1. 单位向县人社局提出申请，提报受表彰奖励文件、证书、奖牌等，或上级正式推广文件、领导批示件的原件或复印件。

2. 县人社局组织审核认定。

3. 提请县委常委会议研究决定。

**三、新引进立项投资过5亿元且当年实际投资达到1亿元以上项目的（责任单位：县委县政府督查局、县发改局、县审计局、县统计局）**

认定标准：1. 项目立项投资额以发改部门立项材料为准，项目规划、土地、环评、能评、建设等各项手续齐全。

2. 当年实际完成投资额以审计、统计部门认定为准。

认定方式：1. 申请单位提供立项材料、规划证、土地证、环评批复、能评批复、开工许可证原件；提交投资者、项目落户镇（街、区）共同出具的项目归属书面认定文件。

2. 县委县政府督查局组织发改、审计、统计等部门现场审核认定。

3. 提请县委常委会议研究决定。

**四、引进当年实际投资过5000万元的项目落户昌乐（滨海）特色产业园的（责任单位：昌乐滨海特色产业园管委会）**

认定标准：1. 项目立项投资额以发改部门立项材料为准，项目规划、建设、土地、环评、能评等各项手续齐全。

2. 项目建设形象进度得到潍坊市突破滨海指挥部办公室的认可。

认定方式：1. 申请单位向昌乐（滨海）特色产业园管委会提供立项材料、规划证、土地证、环评批复、能评批复、开工许可证原件；提交投资者出具的项目归属书面认定文件。

2. 昌乐（滨海）特色产业园管委会组织审核认定。

3. 提请县委常委会议研究决定。

## “一票否决”事项认定细则

**一、人口和计划生育（责任单位：县卫计局）**

凡出现下列情形之一的，实行“一票否决”。

1. 年内单位出现违法生育或出生瞒漏报问题的。

2. 对齐抓共管部门达到2015年度《县直有关部门人口和计划生育目标管理责任书》规定的“一票否决”事项标准的。

3. 出现其他严重问题受到责任追究的。

**二、社会治安综合治理(责任单位:县委政法委)**

凡出现下列情形之一的，实行“一票否决”。

1. 因漏报、瞒报矛盾纠纷或调处工作不力，导致发生影响社会稳定重大群体性事件的。

2. 部门及下属单位发生重大职务犯罪、重大刑事案件、重特大治安灾害事故的。

3. 年度社会管理综合治理暨平安昌乐建设工作考核不合格的。

**三、安全生产（责任单位：县安监局）**

凡出现下列情形之一的，实行“一票否决”。

1. 年内发生较大及以上生产安全事故的。

2. 虽未发生较大事故，但在安全生产方面出现重大问题，造成恶劣影响，被市级以上党委、政府通报批评的。

**四、重大食品安全事故（责任单位：县市场监管局）**

依据国家和省《食品安全事故应急预案》分级评估指标认定标准，发生Ⅱ级及以上食品安全事故的，实行“一票否决”。具体认定情形为：

1. 事故危害严重，影响范围涉及省内两个以上市级行政区域的。

2. 造成伤害人数100人以上，并出现死亡病例的。

3. 造成10例以上死亡病例的。

4. 省级政府认定的其他重大食品安全事故。

**五、主要污染物总量减排（责任单位：县环保局）**

未完成《2014年度环境保护目标责任书》中确定的污染物总量减排目标任务的。

**六、减轻农民负担（责任单位：县经管局）**

凡出现下列情形之一的，实行“一票否决”。

1. 发生涉及农民负担的恶性案件、严重群体性事件或其他造成重大影响案件的。

“涉及农民负担的恶性案件”，是指因违反减轻农民负担政策、工作作风粗暴或者违反规定采取措施，导致农民死亡或者直接造成农民受重伤的案件。“涉及农民负担的严重群体性事件”，是指因违反减轻农民负担政策，侵害农民的合法权益，导致发生干群冲突群体性事件，或者农民集体越级上访、堵塞铁路或主要公路交通干道，以及围攻镇（街、区）及以上党委、政府机关等影响社会稳定的其他群体性事件。“造成重大影响的其他案（事）件”，是指由下列行为引发的、在本地区造成重大社会影响的涉及农民负担案（事）件：（1）在涉及农民负担工作中违法采取限制农民人身自由的强制措施的；（2）组织工作队，或者组织公安、检察、法院等政法机关的人员向农民收取钱物的；（3）违法使用武器、警械等对农民实施暴力行为，尚未造成农民重伤的；（4）造成重大影响的其他行为。

2. 违反国家、省有关规定，擅自出台增加农民负担的文件和项目，或继续执行已明令取消和废止的文件项目，或以组织和个人名义做出决定并组织实施向农民乱收费、乱集资、乱摊派，情节比较严重的。

3. 违反减轻农民负担政策规定，组织“小分队”或动用政法干警强征强敛或工作作风简单粗暴、采取不正当措施甚至非法手段致使农民的人身权、财产权等合法权益受到损害或造成其他不良后果的。

4. 减轻农民负担工作年度综合检查考核不合格的。

**七、重大火灾责任事故(责任单位:县公安局)**

发生造成10人以上死亡，或者50人以上重伤，或者5000万元以上直接财产损失火灾的。

## 中共昌乐县委<br>昌乐县人民政府<br>关于加快电子商务发展的意见

乐发〔2015〕19号

（2015年8月29日）

为加快我县电子商务发展，推进电子商务与实体经济深度融合和产业转型升级，根据国务院《关于大力发展电子商务加快培育经济新动力的意见》（国发〔2015〕24号）、市政府《关于推进电子商务跨越发展的意见》（潍政发〔2014〕11号）和市政府办公室《关于印发〈加快电子商务发展实施方案〉的通知》（潍政办字〔2014〕169号）等文件要求，结合我县实际，制定本意见。

**一、发展目标**

立足县内产业优势和特点，以发展提升实体经济为核心，通过“互联网＋”加快传统产业转型升级，引导工业、农业、服务业等行业企业加快与电子商务融合发展，以电子商务的快速健康发展促进大众创业、万众创新。

**二、具体任务**

（一）加快电子商务在工业农业服务业领域的应用。通过市场运作、政府推动方式，引导农业、工业、服务业企业，利用第三方电子商务交易平台开展电子商务业务。深化与大型电商平台合作，建设“特色中国·昌乐馆”，鼓励支持优质特色产品进驻。积极参与阿里巴巴“千县万村”农村淘宝电子商务计划，大力发展农村电商网点，做大做强农村电子商务。深化电子商务在传统制造业的应用，实施“企业融网”工程，打造龙头企业供应链协同创新体系。积极参与阿里巴巴产业带建设，鼓励县内企业通过产业带进行网上营销。加快商贸零售业的电子商务应用，鼓励支持佳乐家、世纪美联、全福元等传统商业企业发展电子商务业务，吸引线上散商到线下聚集发展，培育基于O2O的电子商务新兴模式，促进实体商城与网上商城深度融合，推进“电商进市”。

（二）加快电子商务在民生移动领域的应用。将电子商务发展与智慧社区试点示范工程、市民卡工程等“智慧昌乐”便民服务工程融合，方便市民及时获取信息、服务以及发布需求、在线消费等。支持物业公司、家政服务公司等社区服务机构，依托网站、无线平台、微信平台、智能手机APP应用等载体，为社区居民提供家政、购物消费、居家养老、便民呼叫等服务，进一步扩展服务内容和范围。

（三）建设电子商务应用示范工程。建立优势电子商务企业储备库，在各行业筛选一批电子商务发展优势企业进行扶持。在企业总部基地公园、大学生创业孵化中心等园区，建设电子商务创业示范园，打造具有昌乐特色的电子商务创新孵化基地，吸引各类电商企业入驻，助力电商创业和企业转型发展。

（四）培强做大跨境电子商务。从电商平台、经营主体、仓储物流、快递配送、售后服务等环节入手，积极构建跨境电商业务体系，推动企业依托跨境电子商务平台，直接将产品销往境外消费者或零售终端。充分发挥英轩实业、阳光纸业、中冶煤炭等大型企业和塑料、乐器等外贸优势产业作用，引导企业开展境外电子商务业务，推动企业与境外客户直接对话。

（五）抓好现有品牌提升。立足各产业领域现有产品品牌，整合县内网站、微信、微博、平面媒体等营销资源，对现有品牌和优势产业进行优化提升。重点围绕“2121”工业主导产业和六大新兴产业，大力进行宣传推介，提升品牌影响力，提高企业软实力。

**三、政策措施**

（一）强化电子商务人才培训和引进。完善电子商务教育培训体系和培训内容，多渠道强化电子商务继续教育和在职培训，加快电子商务人才培养。适时开展全民创新创业电子商务大赛，发现挖掘县内电子商务人才。聘请高校教授、电商专家、企业电商高端人才，组建电子商务专家指导组，对全县电子商务产业发展进行专业指导。积极引进电子商务高端人才，在落实现有各项人才政策的基础上，在安家落户、医疗保障等方面提供优质服务。

（二）强化电子商务资金支持。加大在电子商务平台建设与推广应用、电子商务聚集发展、电子商务品牌培育等方面的资金支持力度，自2015年起，对新认定的国家级、省级电子商务示范企业、基地，县财政分别一次性给予30万元、20万元补助奖励；对新注册创办、独立核算、注册资本在500万元以上的电子商务企业，投入运营后，根据其发展需要给予3年的资金补助支持，相关资金从现代物流产业发展专项扶持资金中列支。鼓励金融机构积极探索无形资产和动产质押融资方式，扩大电子商务企业贷款抵质押品范围，推动重点电子商务企业直接融资，鼓励电子商务企业以各种方式吸引投资，加快企业发展。

（三）强化电子商务用地政策支持。优先安排本地电子商务示范企业扩大经营、国内外知名电子商务企业落户、重大电子商务项目建设的用地指标。

在不改变土地用途的情况下，鼓励利用现有存量土地和房产资源，兴建电子商务园区、基地和企业。

（四）强化物流配套支撑体系。充分利用潍坊市食品谷冷链物流平台，发展适合农产品特点的冷链物流系统和覆盖全县的物流配送网络。引导物流企业提高物流配送的社会化、组织化和信息化水平，增强对供应链协同的保障能力。完善城市快递投送服务网点建设，引导企业设立快件智能暂存箱等设施设备，解决好“最后100米”问题。

**四、组织领导**

（一）加强组织领导，完善电子商务促进机制。成立由县政府分管领导任组长，相关部门分管负责同志为成员的电子商务发展领导小组，统筹协调全县电子商务发展工作。县直有关部门结合自身职能，各司其职，分工合作，共同做好电子商务发展和监督管理工作，形成推动电子商务发展的合力。

（二）加强市场监管，强化产品质量监测。引导电子商务规范有序发展，促进网络交易主体守法经营，大力打击网络制假售假违法行为。加强鲜活农产品标准体系、安全追溯体系、质量保障与安全监管体系建设，制定电子商务产品质量监督管理办法，探索建立完善电子商务产品质量监督与追溯机制，确保产品质量与安全。

（三）加强宣传推介，营造良好发展氛围。加强电子商务教育培训，提高对推进电子商务跨越发展的认识，提升服务电子商务发展的素质和能力。充分发挥媒体的舆论导向作用，积极宣传推介电子商务优秀网站和典型案例，大力宣传我县加快发展电子商务的各项举措，营造浓厚的舆论氛围。

## 中共昌乐县委　昌乐县人民政府关于推进昌乐经济开发区转型升级创新发展的实施意见

乐发〔2015〕21号

（2015年10月9日）

为进一步提升经济开发区对我县经济发展的承载力和带动力，更好适应和引领经济转型新常态，根据市委、市政府《关于推进开发区转型升级创新发展的实施意见》（潍发〔2015〕11号）和市委办公室、市政府办公室《关于印发〈推进开发区转型升级创新发展重点任务分工及年度工作计划〉的通知》（潍办字〔2015〕37号）精神，结合我县实际，现就推进昌乐经济开发区转型升级创新发展提出如下实施意见。

**一、明确发展目标**

按照经济发展新常态要求，紧紧抓住“一带一路”和自贸试验区等重大战略实施的历史机遇，坚持科技化、国际化、生态化、法治化“四化”转型升级目标定位，推动落实集群布局、集中突破、集成创新、集约服务“四集”创新发展措施，强化规划引领、政策创新、瓶颈破解、特色发展、队伍建设、督查考核六项保障，推动经济开发区实现由企业集中向产业集群转变、粗放拓展向精细增长转变、产城分离向产城融合转变、政策优惠向体制优化转变，把经济开发区打造成为全县高端产业的聚集区、制度创新的实验区、开放发展的引领区、招才引智的示范区。

**二、坚持“四化”转型定位**

（一）着力推进科技化

1.搭建科技创新平台。加快建设公共研发、孵化和服务平台，推动科技成果转化，实施科技创新三年行动计划，在经济开发区建成一批市级以上企业技术中心、工程技术研究中心、工程实验室等创新平台。（责任单位：县科技局）

2.大力支持协同创新。充分利用好全市开发区科技创新协同平台，深化与研发团队的合作，促进创新成果与我县产业对接、创新项目与现实生产力对接。（责任单位：县科技局）

3.推动传统产业高端化。引导现有企业在产业升级和新产品研发等方面加大投入，发挥智能制造产业园优势，推进传统产业与工业机器人的研发合作，个性化定制、智能化制造。（责任单位：县经信局）

4.加快发展高新技术企业。严格落实支撑高新技术企业发展有关政策，加快发展高新技术企业，引导树立开放创新、宽容失败的发展理念，以灵活有效的激励机制激发科技创新的积极性。加大高新技术企业培育力度，力争到2018年，经济开发区内掌握关键技术、拥有自主知识产权、具有核心竞争力的规模以上企业超过20家。（责任单位：县科技局、县知识产权局）

（二）着力推进国际化

1. 提高利用外资水平。拓宽利用外资渠道，多元化引进外资，构建股权并购、增资扩股、境外上市、绿地投资“四位一体”利用外资新格局，依托装备制造千亿级产业和黄金珠宝加工交易千亿级产业等主导产业，与世界500强企业、国际知名高端企业开展个性化、“量身定制”项目对接。全力办好宝石博览会，加快英轩集团融资租赁业务开展。（责任单位：县商务局）

2. 提升对外合作水平。充分利用区内企业对外合作的机遇，鼓励建设中外合作产业园，利用好山东矿机集团与孟加拉国合作的机遇，积极推进建设矿山机械中外合作产业园，引导企业充分利用“两个市场”、“两种资源”，主动参与国际产业分工。鼓励珠宝企业走出去，参与宝石矿产的开采与加工，及时对接国家“一带一路”和基础设施互联互通战略。（责任单位：县商务局、经济开发区）

3. 打造国际化营商环境。定期开展到企业“大宣讲、大走访、大服务”活动，建立重大问题直报、会商和协调服务机制，帮助经济开发区企业减负解困，助推企业开拓国内外市场。充分发挥区内外贸企业优势，利用好现有大型电子商务平台，积极开展跨境电子商务。（责任单位：县商务局）

（三）着力推进生态化

1. 实施环境总量控制。探索实行按行业标准管理环境容量的新模式，加快推进能源结构和产业结构优化调整，严把建设项目环境准入关，严禁新上高耗能、高污染和高风险项目。按照全市“三八六”环保行动要求，与重点企业签订环保责任书，实施最严格的污染物排放标准，严肃查处各类环境违法行为。（责任单位：县环保局、经济开发区）

2. 加强企业环保治理。彻底取缔区内10吨以下燃煤锅炉，加快煤改气进度，消灭区内污水直排，加快城北污水处理厂提标工作推进步伐，加快建设城北污水处理厂中水南调工程。（责任单位：县住建局、经济开发区）

3. 积极发展循环经济。全力做好丹河生态湿地扩建和湿地管护工作，经济开发区内生产生活污水逐步实行集中处理，禁止新建耗水量大、生产废水无法实现循环利用的涉水项目，争创省级生态工业示范园。（责任单位：经济开发区）

（四）着力推进法治化

1. 进一步下放审批权限。除有明确规定不能下放的审批事项外，县政府管理部门要将审批权限下放到经济开发区，坚持“小政府大社会、小机构大服务”方向，创新行政管理，完善决策、执行、监督。（责任单位：县编办）

2. 推行清单制度管理。经济开发区年内制定并公布权力清单、责任清单、服务清单和收费清单“四张清单”，明确职责权限，全面依法行政。（责任单位：县编办、经济开发区）

3. 探索实行联合执法。整合执法主体，建立部门联动执法和协调合作机制，探索设立统一的综合执法机构，集中行使行政执法权，整合经济开发区主体登记注册信息和政府部门、银行等企事业单位的监管信息。（责任单位：经济开发区）

4. 加大合法性审查力度。鼓励经济开发区采取与律师事务所合作、聘用仲裁诉讼专家等方式，对重大事项决策、重要合同、重大信访案件、工程招标等事项进行合法性审查，2015年年底前建立合法性审查管理标准流程。（责任单位：经济开发区）

**三、推动“四集”创新发展**

（一）推动集群布局

1. 做强调优特色产业。以提升产业集聚度为重点，进一步扩张特色优势产业规模，加快构建各有侧重、各具特色、相互补充的产业发展格局。（责任单位：经济开发区）

2. 加大“补链强链”力度。围绕工业主导产业，加快装备制造千亿级产业、黄金珠宝加工交易千亿级产业、造纸包装300亿级产业、食品加工100亿级产业等主导产业和龙头企业发展，引进与产业关联度高的上下游企业，逐步做大做强产业链中高端环节，力争到2018年年底，形成以梦金园珠宝、蓝天首饰为龙头的黄金珠宝加工交易产业集群，以英轩重工、矿机集团为龙头的装备制造产业集群。（责任单位：经济开发区）

3. 健全完善项目准入和退出机制。严格项目准入标准，工业项目平均容积率低于1.0，建筑系数低于40%，投资强度低于280万元/亩、达产后亩均产值低于400万元、亩均税收低于20万元的项目不得进入经济开发区。建立“腾笼换鸟”项目退出机制，对国家产业政策规定的禁止类、淘汰类及不符合安全生产和环保要求的产业项目，因企业原因造成开发建设用地面积占应开发建设用地总面积不足50%或已投资额占总投资额不足50%、中止开发建设满一年的项目，以及土地利用和综合产出率低、已竣工投产项目亩均税收连续两年达不到辖区平均水平50%的工业项目，采取严格措施予以收回、收购或转让土地使用权，或通过土地置换、项目嫁接改造等方式盘活土地，倒逼企业退出或转型升级。(责任单位：县国土资源局、县环保局、县安监局、县国税局、县地税局)

(二) 推动集中突破

1. 集中突破大项目。坚持大招商、招大商，经济开发区每年要梳理储备100个以上招商项目，面向100家以上国内外行业领军企业定向招商。充分发挥5月、10月“集中招商月”的作用，围绕县委、县政府确定的六大新兴产业，积极搜寻发现项目信息，积极走出去对外招商，利用好企业总部基地、蓝色经济特色产业园、智能制造产业园等园区优势，重点引进龙头型、基地型战略投资项目和跨国公司地区总部、采购中心、结算中心等功能性机构，每年引进1个以上投资额过2亿元的龙头项目(含外资项目)。加快占地1000亩的智能制造产业园建设进度，完善园区基础设施配套，年内力争3家以上智能装备制造企业入驻，将智能装备制造产业园打造成为经济发展带动区、智能产业集聚区、转型升级示范区、科技创新引领区。集中突破大企业，引导企业实行规模化、集约化经营，鼓励企业与世界500强、央属企业开展多种形式的合资、合作，实现借力发展、互利共赢。(责任单位：县经信局、县招商局、经济开发区)

2. 集中突破共性技术。用足用好各项支持政策和专项资金，支持龙头企业开展行业共性技术研究，加快突破制约转型发展的关键技术和核心技术，健全完善产业关键、共性技术研发攻关、成果转化和技术共享机制。(责任单位：县科技局)

3. 集中突破建设用地难题。开展集约用地专项改造，原出让或划拨的存量工业用地，在符合城乡规划、产业发展布局规划和不改变用途的前提下，经批准在原用地范围内进行技术改造、通过建设多层厂房或实施厂房改造增资扩产而提高建筑容积率的，不再收取土地出让价款。工矿仓储项目使用地下空间的，不增收土地出让价款。开展工业用地供应制度改革试点，实行“先租后让、长期租赁、弹性年期出让”等工业用地供应制度。建立现代产业项目建设竞争性用地指标体系，保障经济开发区重点战略性产业项目用地需求。(责任单位：县国土资源局、经济开发区)

(三) 推动集成创新

1. 创新开发运营机制。建立投资主体多元化、融资渠道多样化、投资管理市场化的经济开发区资产运营管理机制。鼓励外资和各类社会资本参与经济开发区公共产品、公共服务项目的投资、运营和管理。(责任单位：县财政局)

2. 创新服务机制。每年要复制推广上海自贸区改革创新成果3项以上，更好地为企业提供功能政策服务。经济开发区管委会要把主要精力放在创新机制、加强市场监管、提升服务企业能力以及维护公平竞争环境上，进一步降低社会成本，增强市场活力。(责任单位：经济开发区)

3. 创新人才引进和培养机制。发挥好中泰宝石学院人才培养作用，加快高技能人才培育；加大人才引进力度，注重引进和培养高层次人才，每年组织区内重点企事业单位到人才富足地区参加人才智力交流活动，选拔区内高层次专家人才进行重点培养提升。(责任单位：县委组织部、县人社局、中泰宝石学院)

(四) 推动集约服务

1. 搭建企业交流协作服务平台。鼓励组建行业协会或企业合作联盟，促进企业研发、监测、仓储、物流等资源互利共享，建立企业间协作配套和合作共赢机制，提高要素资源集约节约利用效率。(责任单位：县经信局、宝石城管委会)

2. 加快山东世纪阳光纸业集团海关监管场站“两仓一站”建设，力争年内完成相关基础设施建设和项目审批，并试运行。(责任单位：县商务局、经济开发区)

3. 改革商事登记制度。简化市场准入，逐步推进完善“一证一号”审批制度。根据上级文件规定，按时完成工商营业执照、组织机构代码证、税务登记证“三证合一”的登记改革。(责任单位：县市场监管局、县国税局、县地税局)

**四、强化六项保障措施**

(一) 突出规划引领

按照《潍坊市开发区发展总体规划(2014—2020)》要求，年内编制完成经济开发区空间总体规划、核心区控制性详细规划和各类专项规划。统筹协调生产、生活、生态等方面关系，优化空间布局，完善配套功能，打造核心竞争力强的产业链条，实现经济开发区内涵式增长、可持续发展。（责任单位：县规划局、经济开发区）

（二）创新政策体系

1. 土地及项目建设扶持政策。县年度建设用地计划指标优先用于经济开发区项目建设，全县的流量用地指标优先保障经济开发区项目建设。进一步简化区内工业项目审批手续，提高审批效率。（责任单位：县国土资源局、县发改局）

2. 财政支持政策。经济开发区内土地出让金县内收益部分采取“一事一议”的办法，向经济开发区倾斜，用于支持经济开发区发展；进一步扩大经济开发区对辖区范围内企业的管理权和财税权。（责任单位：县财政局）

3. 基础设施配套支持政策。经济开发区内的主要基础设施建设优先列入县级建设计划，区内供排水、供热、供电、燃气、通信、数字电视等配套设施，由管线单位负责建设至主要道路红线和项目区红线。（责任单位：经济开发区）

（三）破解制约瓶颈

建立经济开发区转型升级创新发展联席会议制度，会议由县政府分管副县长召集，必要时由县长召集，发改、财政、规划、国土资源、住建、环保、国税、地税、编办等部门参加。联席会议办公室设在经济开发区，由经济开发区主要负责同志任办公室主任，集中研究解决经济开发区转型发展过程中的重大问题。经济开发区要认真诊断分析现有产业链的制约瓶颈，整合集聚优质要素资源，破解发展难题。突出问题导向和需求导向，制定切实可行的工作方案，解决好经济开发区转型升级创新发展中遇到的问题。（责任单位：经济开发区）

（四）推进特色发展

围绕经济开发区基础和主导产业，有针对性地制定培育和提升计划，明确定位、目标、措施，进一步优化和增强产业特色，形成区域核心竞争力。（责任单位：经济开发区）

（五）加强队伍建设

选拔综合素质好、工作能力强、有开拓精神的优秀干部到经济开发区任职，加强经济开发区领导班子建设。按照“编内进人、财政供养人员只减不增”的原则，在编制总额内由经济开发区党工委自行制定年度用编进人计划，报县编委办公室备案。对急需的高层次管理人才和招商人员实行特岗特薪、特职特聘。今后，经济开发区科级及以下干部在不违反有关规定的前提下，可根据境外招商项目需要随时安排出访，次数不受限制。（责任单位：县委组织部、县编办）

（六）强化督查考核

各镇（街、区）、县直各部门单位要强化大局观念，增强服务意识，主动与经济开发区对接制定配套的支持政策和措施，集中人力、物力、财力加快经济开发区转型发展，形成推动经济开发区转型升级创新发展的强大合力。要强化对经济开发区转型升级的督查，重点对土地开发利用效率、工业或服务业增加值增速、一般公共预算收入增速、进出口额增速、利用外资增速、编制完成空间规划和产业规划等六项底线指标进行督查。（责任单位：县国土资源局、县统计局、县财政局、县商务局、县规划局）

**2015 年经济开发区转型升级考核指标体系**

**表 9**

| 序号 | 指标名称 | 分值 | 责任单位 | 计分办法 |
|---|---|---|---|---|
| 1 | 一般公共预算收入增量及增速 | 30 | 县财政局 | 增量和增速按4∶6分配权重，采用功效系数法计算。 |
| 2 | 实际利用外资增量及增速 | 20 | 县商务局 | |
| 3 | 进出口额增量及增速 | 20 | 县商务局 | |
| 4 | 规模以上工业增加值增量及增速 | 16 | 县统计局 | |
| 5 | 服务业增加值增量及增速 | 16 | 县统计局 | |

续表 9

| 序号 | 指标名称 | 分值 | 责任单位 | 计分办法 |
|---|---|---|---|---|
| 6 | 土地开发利用效率 | 20 | 县国土资源局 | 完成目标得满分；未完成不得分。 |
| 7 | 完成空间总体规划、主导产业规划、核心区控制性详细规划 | 10 | 县规划局 | |
| 8 | 主导产业增幅达到产业链增速目标 | 10 | 县统计局 | |
| 9 | 高新技术产业产值占开发区内规模以上工业总产值比重 | 10 | 县科技局　县统计局 | 最高值得满分，其他按相应比例计分。 |
| 10 | 年内新开工建设投资规模过 2 亿元的项目(含外资项目) | 12 | 县商务局　县统计局 | |
| 11 | 年内新增市级以上企业技术平台数量 | 8 | 县发改局　县科技局　县经信局 | |
| 12 | 年内新引进培育市级以上高层次人才数量 | 8 | 县委组织部 | |
| 13 | 年内发明专利授权量与技术合同交易额 | 6 | 县知识产权局　县科技局 | |
| 14 | 县委、县政府制定出台支持开发区发展的系列政策 | 4 | 县委办公室　县政府办公室 | 按实际完成情况评分。 |
| 15 | 推进“四张清单”“三证合一、一照一码”改革情况 | 6 | 县编办　县市场监管局 | |
| 16 | 复制上海自贸区改革创新成果 3 项以上 | 4 | 经济开发区　县商务局 | |
| 底线指标 | 土地开发利用效率、工业或服务业增加值增速、一般公共预算收入增速、进出口额增速、利用外资增速、编制完成空间规划和产业规划 6 项底线指标，2015 年度有 3 项及以上不达标的，该 6 项指标均不得分 | | | |

## 中共昌乐县委<br>印发《中共昌乐县委关于落实省委第四巡视组反馈意见的整改方案》的通知

乐发〔2015〕22 号

各镇（街道）、经济开发区、首阳山旅游度假区、高崖水库库区党（工）委，县委各部委，县政府各部门党组（党委、总支、支部），各人民团体党组（支部），县人武部党委：

《关于落实省委第四巡视组反馈意见的整改方案》已经县委研究通过，现印发给你们，请认真抓好贯彻落实。各级各部门各单位要按照“三严三实”要求，从严从实从快抓好整改落实到位，确保取得良好成效。要立足长远、举一反三，深挖根源，尽快完善相关制度，建立健全长效机制，不断把党风廉政建设推向深入。要以整改为契机，紧紧围绕全年任务目标，进一步提高标准境界、强化措施办法，提质提速提效，全面推进各项任务落实，推动昌乐走上更加文明的发展道路，开辟昌乐发展新的历程。

中共昌乐县委

2015 年 10 月 24 日

## 中共昌乐县委<br>关于落实省委第四巡视组反馈意见的整改方案

7 月 28 日至 9 月 2 日，省委第四巡视组对我县开展了专项巡视。9 月 24 日，巡视组向我县反馈了巡视情况，实事求是地指出了工作中存在的主要问题和不足，有针对性地提出了整改意见和建议。县委对此高度重视，专门召开县委常委会议分析问题原因，研究整改意见，明确整改时限，确保整改落实到位，取得良好成效。为全面落实巡视意见，特制定本整改方案。

**一、指导思想**

深入学习贯彻习近平总书记系列重要讲话和中共十八届三中、四中全会精神，按照全面从严治党的要求，结合正在开展的“三严三实”专题教育，认真对照省委第四巡视组反馈意见，对意见中指出的主要问题和不足从严从实从快彻底整改，并健全完善长效机制，以制度保障整改成效，从源头上防止问题发生，切实把巡视成果转化为建设富强、生态、幸福昌乐的强大动力，推动昌乐走上更加文明的发展道路，开启昌乐发展新的历程。

**二、整改步骤和任务**

全县集中整改时间为 2015 年 9 月 25 日至

2015年11月25日，共两个月时间，分四个步骤进行。

一是认领问题，制定方案。研究制定县委落实省委第四巡视组反馈意见的整改方案，召开相关会议，安排部署整改工作。各牵头县级领导要全面负责，各责任单位要根据县委整改方案要求，明确各自承担的职责任务，研究制定切实可行的整改工作实施方案，报领导小组同意后实施。

二是落实措施，认真整改。对省委第四巡视组反馈的意见，要逐条研究，认真分析原因，找准问题症结，制定整改措施，建立整改台账，明确整改时限，实行销号管理，逐条逐项抓好措施落实，做到问题不解决不松手，整改不到位不罢休，机制不健全不收兵。

三是突出重点，集中解决。要发扬“钉钉子”精神，在认真调研、全面分析的基础上，突出一部分涉及群众利益、群众关心关注、亟须解决的热点难点问题，尽快研究制定切实可行的措施，集中时间，集中力量，重点抓好整改落实。

四是全面验收，巩固成果。11月中旬，对反馈意见整改情况进行全面检查验收，形成专题报告，报送省委巡视工作领导小组，并向党内和社会公开整改情况。

**三、整改措施和要求**

（一）加强领导，压实责任。整改工作在县委领导下进行，县委成立由主要领导任组长的整改工作领导小组，领导小组下设办公室，负责整改落实的日常调度、督促整改、协调推进工作。县级领导班子全体成员要高度重视巡视组的反馈意见，按照“三个摆进去”的要求，主动认领问题，带头落实反馈意见，自觉抓好分管领域整改。各镇（街、区）、县直各部门各单位党组织要对照巡视组指出的重点问题和提出的意见建议，落实好主体责任，切实抓好整改。

（二）分类施策，扎实推进。要坚持问题导向，着力抓好群众反映强烈问题的整改，抓好违规违纪问题的整改，抓好影响经济社会发展突出问题的整改，以重点问题的突破带动全面整改的落实。要针对整改过程中出现的新情况、新问题，及时研究部署，寻求有效解决办法，确保整改工作高效、有序开展。

（三）强化教育，注重实效。结合“三严三实”专题教育，坚持从严导向、问题导向、目标导向，紧盯“四风”新形式、新问题、新动向，重点对农村基层干部和职能部门、窗口单位干部，定期开展业务知识培训和履职尽责能力方面的培训，并建立健全长效机制，确保整改取得实实在在的成效。

（四）着眼长远，健全机制。要立足长远，把问题整改与建立健全长效机制结合起来，对照巡视组提出的意见建议，全面排查廉政风险薄弱点和工作薄弱环节，建立健全各类规章制度，切实防止类似性、重复性问题发生。要认真落实党风廉政建设责任制，严明政治纪律和政治规矩，努力营造风清气正的政治生态。

（五）加强督查，严肃问责。整改工作领导小组办公室要强化对整改工作的督促检查，采取专项督办、跟踪督办、定期通报等形式推动整改工作落实，并及时向县委和省委巡视组汇报整改进展情况；对影响大、难度大的重点问题，要及时召开会议进行专题研究；对整改工作中出现的推诿拖延、整改不力等情况，要严肃问责，确保按期保质保量完成整改任务。

附件：1. 县委落实省委第四巡视组反馈意见整改工作领导小组成员名单

2. 昌乐县委关于落实省委第四巡视组反馈问题的整改工作责任分解表

**附件1**

## 县委落实省委第四巡视组反馈意见整改工作领导小组成员名单

组　长：张新强　县委书记
副组长：高立伯　县委副书记、县长
　　　　肖建华　县委副书记
成　员：田元君　县委常委、县纪委书记
　　　　张建伟　县委常委、副县长
　　　　高登友　县委常委、副县长
　　　　徐玉山　县委常委、政法委书记
　　　　包艳伦　县委常委、县人武部政委
　　　　刘艳芳　县委常委、宣传部部长、统战部部长
　　　　田永全　县委常委、办公室主任

领导小组下设办公室，田元君同志兼任办公室主任。张继军、刘家和、卢继海、黄金海任领导小组办公室副主任。

## 昌乐县委关于落实省委第四巡视组反馈问题的整改工作责任分解表

**表 10**

| 发现的重点问题 | 整改具体问题 | 牵头领导 | 牵头单位 | 整改措施 | 完成时限 |
|---|---|---|---|---|---|
| (一)关于农村基层干部问题多发的问题 | 1. 通过截留挪用、私分骗取等手段非法侵占集体资产资金、侵害群众利益问题比较突出。<br>2. 财务管理不规范,村级财务“双代管”有些村流于形式,存在收而不缴、坐收坐支的问题。<br>3. 有些农村党员干部受利益驱动,滥用职权,擅自做主、违反规定随意处置集体资产,或者巧立名目向群众乱收费,群众反应比较强烈 | 肖建华<br>田元君<br>魏林卿 | 县纪委<br>县委组织部<br>县经管局 | 1. 加强村级班子建设。①做好农村干部的选拔培养工作,重点从致富能手、农村经纪人、农民合作社负责人、复退军人等群体中发现优秀人才,充实到村级班子,优化班子结构。②结合社区党组织建设,采取社区干部兼任、强村书记跨村兼职等办法,选好配强后进村党组织书记。③强化村级组织经费运转,加大财政资金扶持力度,落实村级办公服务经费,足额发放村干部补贴报酬,为离任村干部发放生活补贴,增强村干部岗位吸引力。**(责任领导:肖建华;责任单位:县委组织部)**<br>2. 加强日常管理和教育培训。①建立健全村党组织书记任期和年度目标、述职评议等制度,严格考核奖惩,强化激励约束,对作风不扎实、履职不到位、干部群众反映强烈的及时进行调整。建立村干部常态化培训机制,每年对村“两委”干部特别是村党组织书记集中轮训一遍,提高村干部履职尽责、依法治村能力。**(责任领导:肖建华;责任单位:县委组织部)**②强化业务培训。对各镇(街、区)分管领导、“三资”委托代理中心业务人员、村会计进行业务知识培训,并建立培训长效机制,每年对农村干部特别是村会计集中轮训一遍,进一步提高他们的农村政策水平和业务能力。**(责任领导:魏林卿;责任单位:县经管局、各镇街区)**③在巩固好9月下旬开展的对镇(街、区)经管人员、社区和村会计专项教育培训成果的基础上,近期举办社区、村党组织负责人培训班和村纪检委员(监事会主任)培训班,督促他们按章理事、干净干事。**(责任领导:肖建华、田元君;责任单位:县纪委、县委组织部)**<br>3. 开展专项整治活动。①9月中旬至年底开展农村基层管理问题专项整治活动,严肃查处并公开通报一批此类案件,形成高压态势。**(责任领导:田元君、魏林卿;责任单位:县纪委、县经管局)**②开展减轻农民负担政策执行情况专项检查。对于检查发现的问题和不足,督促限期整改,确保各项减负惠农政策落到实处,维护好农民合法权益。**(责任领导:魏林卿;责任单位:县经管局)** | 10月底前完成培训班专题培训和《加强农村集体“三资”管理工作的意见》《农村集体“三资”管理工作考核办法》的修订完善,其他问题整改11月中旬前取得明显成效,并长期坚持 |

续表 10

| 发现的重点问题 | 整改具体问题 | 牵头领导 | 牵头单位 | 整改措施 | 完成时限 |
|---|---|---|---|---|---|
| (一)关于农村基层干部问题多发的问题 | 1. 通过截留挪用、私分骗取等手段非法侵占集体资产资金、侵害群众利益问题比较突出。<br>2. 财务管理不规范,村级财务“双代管”有些村流于形式,存在收而不缴、坐收坐支的问题。<br>3. 有些农村党员干部受利益驱动,滥用职权,擅自做主、违反规定随意处置集体资产,或者巧立名目向群众乱收费,群众反应比较强烈 | 肖建华<br>田元君<br>魏林卿 | 县纪委<br>县委组织部<br>县经管局 | 4. 完善制度机制。①深化完善社村集中议事制度,对集体资源资产处置、大额财务支出等重大事项,采取支部提议、社村合议、监管施议“三步走”的程序议事决策。**(责任领导:肖建华;责任单位:县委组织部)**②建立村级民主议事日制度,组织村干部、党员群众代表对村级重要事项集体研究、集体决定,从源头上防范滥用职权、随意处置集体资产、巧立名目向群众乱收费等问题发生。**(责任领导:肖建华;责任单位:县委组织部)**③制定《农村“三务”管理工作责任追究办法》,明确党务、村务、财务管理工作权力界限和责任清单,将村党组织书记、村委会主任、村出纳员以及镇(街、区)相关负责同志纳入重点追究对象,防止问题发生。**(责任领导:丁进全、魏林卿;责任单位:县委组织部、县民政局、县经管局)**④完善村级财务管理等各项制度,推进制度落实。修订完善《关于进一步加强农村集体“三资”管理工作的意见》《农村集体“三资”管理工作考核办法》等相关制度,并强化督查考核,确保各项制度落实到位。**(责任领导:魏林卿;责任单位:县经管局)**<br>5. 定期开展审计。对各镇(街、区)“三资”委托代理中心“三资”代管情况定期进行审计;各镇(街、区)“三资”委托代理中心在做好日常财务收支、预决算、收益分配等定期审计的基础上,开展对村干部任期和离任专项审计,对集体土地征用补偿费和涉农财政资金进行重点审计,对财务管理不规范、群众反映问题突出的重点村,聘请有资质的社会审计评估中介组织进行社会化审计。**(责任领导:魏林卿;责任单位:县经管局)**<br>6. 推行农村集体“三资”信息化管理,深化村级财务公开。①县级统一搭建农村集体“三资”管理信息化平台;各镇(街、区)为“三资”委托代理中心配齐设备、配强人员,做好实施农村集体“三资”信息化管理的基础核对工作,逐步实现农村集体“三资”信息化管理。②充分利用每月 8 号的全县农村财务公开日,采取固定场所张榜公开、网络公开、电视公开等多种渠道进行公开。③依托农村集体“三资”信息化管理平台,实现原始凭证、记账凭证与公开内容的完全统一,确保村级财务公开真实性。**(责任领导:魏林卿;责任单位:县经管局)**<br>7. 强化问责。已从 9 月份实行农村基层案件“一案双报告”制度,凡查处的发生在农村基层的案件,既要有当事人的调查处理报告,也要有镇(街、区)、监管部门单位及社区管理人员的履职情况调查处理报告,严肃追究相关责任人的责任,倒逼管理责任落实。**(责任领导:田元君;责任单位:县纪委)** | 10 月底前完成培训班专题培训和《加强农村集体“三资”管理工作的意见》《农村集体“三资”管理工作考核办法》的修订完善,其他问题整改 11 月中旬前取得明显成效,并长期坚持 |

续表 10

| 发现的重点问题 | 整改具体问题 | 牵头领导 | 牵头单位 | 整改措施 | 完成时限 |
|---|---|---|---|---|---|
| (二)关于干部队伍作风不过硬,亟待加强的问题 | 1. 党员干部对转变作风认识不到位,有些干部服务意识弱,工作不主动,不作为,慢作为,懈怠拖拉,效率不高。有的部门和干部对遇到的矛盾和问题"怕"字当头,攻坚克难意识不强,不敢担当,不敢碰硬,工作不深入、不扎实,干劲不足,有些工作落实不到位 | 肖建华<br>田元君 | 县纪委<br>县委组织部 | 1. 进一步加强党员干部作风建设教育,并把作风建设教育纳入各级党员干部教育培训重要内容,通过党校主体班次、理论中心组学习、领导干部上讲台等,经常性学习中央和省、市委作风建设的各项规定,打牢作风转变的思想基础。扎实开展"三严三实"专题教育,将党员干部作风建设方面存在的"不严不实"问题列入整改台账,落实责任单位,明确整改措施,逐项整改落实到位。**(责任领导:肖建华;责任单位:县委组织部)**<br>2. 深入开展"为官不为"专项整治。①结合"三严三实"专题教育,狠抓"为官不为"专项整治工作,一手抓思想教育,一手抓组织处理,推动整治工作深入扎实开展。**(责任领导:肖建华、田元君;责任单位:县纪委、县委组织部)**②从严加强干部日常监督管理,对存在不担当、不作为问题的干部,及时进行提醒、函询、诫勉谈话或组织调整,倒逼形成积极作为、干事创业的良好氛围。**(责任领导:肖建华;责任单位:县委组织部)**③大范围发放"为官不为"线索征集函,在多种媒体公布投诉举报热线等措施,畅通举报渠道,紧盯重点区域和部位,坚持有案必查,严肃查处并公开通报一批典型案件。加大明察暗访力度,把违反中共中央八项规定和"四风"问题作为明察暗访的主要内容,对顶风违纪案件从严从快查处。**(责任领导:田元君;责任单位:县纪委)**<br>3. 集中开展群众反映问题大排查活动。各部门单位对受理的群众反映问题进行一次排查梳理,列出台账,明确解决时限,克服推脱敷衍、不敢担当等不足,集中力量解决问题,切实增强服务意识。**(责任领导:田元君;责任单位:县纪委、各部门各单位)**<br>4. 充分利用好民主生活会、组织生活会等,将是否有干劲、勇担当、敢碰硬、善作为等列入批评和自我批评的必谈内容,及时发现和整改自身存在的问题,进一步提高廉政勤政意识。<br>**(责任领导:肖建华、田元君;责任单位:县纪委、县委组织部、各部门各单位)** | 10 月底前完成群众反映问题大排查活动;其他问题整改 11 月中旬前取得明显成效,并长期坚持 |

续表 10

| 发现的重点问题 | 整改具体问题 | 牵头领导 | 牵头单位 | 整改措施 | 完成时限 |
| --- | --- | --- | --- | --- | --- |
| (二)关于干部队伍作风不过硬,亟待加强的问题 | 2. 为基层群众、为企业服务意识不强,帮助解决实际问题不够 | 高立伯<br>肖建华<br>丁进全 | 县府办<br>县委组织部 | 1. 扎实做好困难群体救助工作。8 月份,已召开全县特殊困难群体关爱救助工作动员大会,制定了《关于健全完善特殊困难群体关爱救助体系的意见》,印发《特殊困难群体关爱救助分工包靠表》,对全县 7 大类 2817 位特殊困难群众落实了包靠单位、包靠人员和关爱救助办法,实行机关干部一对一的包靠关爱救助。下步,将进一步健全完善政府主导、民政牵头、部门联动、全社会参与、镇(街、区)兜底的特殊困难群体全覆盖关爱救助体系,发挥好部门包村、干部回家帮扶发展、驻村“第一书记”力量和志愿服务队伍等各方面力量,按照“一户一策、因需施助、应帮尽帮、及时有效”的指导思想,统筹使用各项救助资金,合理分配各类救助资源,确保特殊困难群体经济有救助、生产有帮扶、生活有照料、精神有慰藉。**(责任领导:丁进全;责任单位:县民政局、各镇街区)**<br>2. 扎实做好精准扶贫工作。专门召开县委常委(扩大)会议专题研究部署困难群体救助和精准扶贫工作,成立了扶贫工作领导小组,制定了农村扶贫开发的实施意见,对贫困户实行动态管理。下步:①对贫困村“第一书记”、驻村工作队等进一步调整,充实配强扶贫工作力量。**(责任领导:肖建华;责任单位:县委组织部)**②因地制宜制定贫困村产业扶贫计划和“一户一策”的贫困户脱贫计划,帮助贫困村和贫困户尽快脱贫致富。**(责任领导:魏林卿;责任单位:县农业局、各镇街区)**<br>3. 深入实施干部力量下沉。①健全完善“三四三”工作机制,扎实推进社区实体化运行,全面提升社区管理和服务水平。加大督查考核力度,督促下沉干部严格落实好吃住、工作、服务“三在”社区制度,面对面为群众解难题办实事。②进一步规范社区便民服务大厅、警务室、卫生室“一厅两室”工作,充实工作力量,拓展服务内容,为群众提供便捷高效的服务。③继续把农村社区作为锤炼干部作风的重要平台,对作风过硬、业绩突出、组织和群众认可满意的优先提拔重用,树立干部到基层去、从基层来的选人用人导向。**(责任领导:肖建华;责任单位:县委组织部、各镇街区)** | 11 月中旬前取得明显成效,并长期坚持 |

续表 10

| 发现的重点问题 | 整改具体问题 | 牵头领导 | 牵头单位 | 整改措施 | 完成时限 |
|---|---|---|---|---|---|
| (二)关于干部队伍作风不过硬,亟待加强的问题 | 3. 县里开发建设项目进展缓慢,带来一些社会问题,干部群众议论较多,反应强烈 | 高立伯<br>高登友 | 县府办<br>县住建局 | 进一步改进工作作风,强化服务意识,提高工作效率,利用政策扶持、破解融资难题、改善市场环境、化解矛盾纠纷等多种手段,扎扎实实加以整改,全力维护群众合法权益,促进房地产开发稳定运行、健康发展。<br>1. 落实县级领导包靠责任。由包靠项目的县领导牵头,有关部门和街道介入,做好排查摸底工作,建立治理台账,成立专门工作组,对泉印名门、龙凤苑、福乐苑等进展迟缓、干群反映强烈的重点项目中存在的问题分类施策、逐项化解;通过各种途径破解企业融资难题,帮助企业渡过临时困难;对于项目开发企业、施工企业之间的资金纠纷,尽快协调解决矛盾,督促双方共同推进项目建设;对于存在拆迁障碍,影响住宅楼、安置楼建设的,加大工作力度,尽快扫清拆迁障碍,确保早日开工建设。**(责任领导:高登友;责任单位:县住建局、经济开发区(宝城街道)、宝都街道)**<br>2. 加大政策支持力度。尽快出台《关于促进房地产业转型升级健康发展的意见》,调整部分收费方式,落实补贴奖励政策;通过减免住房营业税、调整住房公积金贷款条件、放宽首套房认定条件等措施促进住房市场消费,从政策层面鼓励扶持房地产业健康发展。**(责任领导:高登友;责任单位:县府办、县住建局、县房管办)**<br>3. 强化开发市场监管。严格执行“建筑市场十个一律”、“房地产市场十条禁律”,强化对开发企业运行情况的事中监管,经常性地对各开发项目进行排查,做到问题早发现、早解决。进一步完善规范建筑市场和房地产市场的制度规定,从源头上避免问题的发生。**(责任领导:高登友;责任单位:县住建局、县房管办)** | 10 月底前完成有关文件制定;其他问题整改 11 月中旬前取得明显成效,并长期坚持 |
| | 4. 贯彻落实中央八项规定精神不彻底,存在打“擦边球”规避监督的现象 | 张新强<br>高立伯<br>田元君 | 县纪委 | 1. 强化制度建设。细化工作纪律、公车使用管理规定和廉洁从政等一系列规范,用详细的制度条款给党员干部定下行动标准,规范党员干部个人的行为。**(责任领导:田永全;责任单位:县委办、县府办)**<br>2. 狠抓制度执行。综合利用多种信息载体,加快构建立体监督网络,充分发挥群众监督力量,不断扩大对干部作风建设监督的深度和广度,将监督深入到各个环节,推动中央八项规定精神的贯彻和落实。坚持问题导向,找准关键节点和真正要害,持续发力,精准发力,对违反中央八项规定的“零容忍”,确保作风建设取得实效。**(责任领导:田元君;责任单位:县纪委)** | 11 月中旬前取得明显成效,并长期坚持 |

续表 10

| 发现的重点问题 | 整改具体问题 | 牵头领导 | 牵头单位 | 整改措施 | 完成时限 |
|---|---|---|---|---|---|
| （三）关于落实党风廉政建设主体责任和监督责任方面的问题 | 1. 落实党风廉政建设主体责任和监督责任不到位，主体责任意识不够强，领导干部“一岗双责”落实不力 | 张新强<br>田元君 | 县委办<br>县纪委 | 1. 强化党风廉政建设主体责任落实。①进一步修订完善《县委、县政府领导班子成员党风廉政建设岗位职责》，明确岗位职责，筑牢责任体系。②完善县委常委会研究党风廉政建设工作机制，定期召开会议分析党风廉政建设形势任务，研究制定工作措施。③定期听取纪委党风廉政建设和反腐败工作情况汇报，及时听取重要和复杂案件情况汇报，协调解决重大问题。**（责任领导：张新强；责任单位：县委办、各级党委）**<br>2. 严格落实党风廉政建设监督责任。①创新落实廉政谈话和述廉制度，完善县级党政领导班子成员和镇（街、区）党（工）委书记、县直部门主要负责同志向县纪委全会述廉制度。明确党风廉政建设岗位职责，督促各级主要负责同志和其他班子成员认真落实“一岗双责”。②完善全县党风廉政建设情况定期检查调研、分析研判和通报制度，及时就监督执纪中发现的问题向县委提出建议，继续实行主体责任清单制度，促进“两个责任”落实。③实行“一案三查”制度，对查处案件除追究直接责任人的责任外，还要对部门单位落实主体责任、纪检机关落实监督责任进行分析，倒逼“两个责任”落实到位。④在媒体设立“两个责任”专栏，强化宣传引导。**（责任领导：田元君；责任单位：县纪委）**<br>3. 严格落实“一岗双责”。①严格落实《县委、县政府党政领导班子成员党风廉政建设岗位职责》，将分管工作和党风廉政工作同部署、同落实，每季度至少 1 次研究和调度分管范围内党风建设工作。**（责任人：各级党政领导班子成员）**②建立党风廉政建设情况通报制度，每半年一次向县委、县政府班子成员，书面通报所包靠和分管领域内查办的案件、党风廉政建设方面存在的问题和建议等，督促“一岗双责”落到实处。**（责任领导：田元君；责任单位：县纪委）** | 11 月中旬前取得明显成效，并长期坚持 |
| | 2. 纪检监察机关监督执纪力度不够大，对有些案件处理偏轻，派驻纪检组作用发挥不够 | 田元君 | 县纪委 | 1. 加强纪检干部自身建设。实施“纪检干部素质提升计划”，实行纪检监察干部业务知识学习考核制度，通过每季度邀请上级领导专家授课、内部模拟办案研讨等方式，不断提高纪检干部的能力和素质。**（责任领导：田元君；责任单位：县纪委）** | |

续表 10

| 发现的重点问题 | 整改具体问题 | 牵头领导 | 牵头单位 | 整改措施 | 完成时限 |
|---|---|---|---|---|---|
| (三)关于落实党风廉政建设主体责任和监督责任方面的问题 | | | | 2. 坚决落实有信必处、有案必查、线索零积存的要求,对受理信访件进行再清理,合理处置。加强对作风建设、行政权力运用等日常监督,有针对性地开展好专项巡查、检查。全面梳理、总结反思 2012 年以来立查腐败案件处理中存在的偏轻偏软情况,完善集体议案和案例比照制度,防止出现失之于宽、畸轻畸重等问题。**(责任领导:田元君;责任单位:县纪委)**<br>3. 继续深化纪委"三转",严格规范纪委书记分工;加大纪检干部交流使用力度,增强纪检队伍内部活力。**(责任领导:田元君;责任单位:县纪委)**<br>4. 强化派驻纪检组作用发挥。①进一步优化派驻纪检组职能定位,开展好派驻纪检组专项巡查活动。②加强派驻机构人员自身建设,调整充实派驻力量,完善落实"三重一大"事项报告制度,提高监督工作实效。**(责任领导:田元君;责任单位:县纪委)**<br>5. 认真开展好"讲纪律、守规矩、做表率"主题教育活动,指导、督促镇(街、区)纪(工)委认真开展"八个一"活动,进一步提高党员干部的纪律和规矩意识。**(责任领导:田元君;责任单位:县纪委、各级党组织)**<br>6. 对在信访中发现的苗头性、倾向性问题通过函询、谈话等方式,抓早抓小,防止把小事拖大。**(责任领导:田元君;责任单位:县纪委)**<br>7. 扩展纪律审查范围。对于以前较少触及的,发生在税务、环保、安全生产等领域受到行政处罚的党员和行政监察对象全面列入审查范围,进一步强化监督执纪。**(责任领导:田元君;责任单位:县纪委)** | 11 月中旬前取得明显成效,并长期坚持 |
| (四)关于县委执行民主集中制方面问题 | 县委执行民主集中制有差距,存在发扬民主不广泛、听取意见不充分、调动领导班子和领导成员积极性不够的问题 | 张新强 | 县委办 | 1. 进一步规范权力运行机制。进一步健全完善议事规则和决策程序,抓好以民主集中制为核心的领导班子内部制度建设,进一步规范和完善县委常委会内部沟通制度、县委"五人小组"会议制度等规定,明确权力行使标准、权力运作程序,用规章制度和法制规范约束干部的权力行为。**(责任领导:张新强;责任单位:县委办)** | 11 月中旬前取得明显成效,并长期坚持 |

续表 10

| 发现的重点问题 | 整改具体问题 | 牵头领导 | 牵头单位 | 整改措施 | 完成时限 |
|---|---|---|---|---|---|
| （四）关于县委执行民主集中制方面问题 | | | | 2. 坚持广泛听取各方意见。对于事关全局、涉及群众利益的重大决策和重大决策事项，出台前广泛听取群众意见，并建立信息公开平台，主动回应社会关切。**（责任领导：张新强；责任单位：县委办）**<br>3. 加强监督检查。把执行“三重一大”制度作为加强领导班子建设、落实党风廉政建设责任制的重要内容，加大监督检查力度，推进集体决策更加科学、民主。**（责任领导：田元君；责任单位：县纪委）**<br>4. 严格落实民主集中制，加强同工商联、无党派人士的团结合作，支持工青妇等人民团体发挥桥梁纽带作用，凝聚起改革发展的强大合力。（责任人：县委各常委）<br>5. 加强与班子成员沟通，充分征求意见，进一步执行好“三重一大”集体决策制度，充分发挥领导班子成员的民主作用，调动班子成员参政议事的积极性，自觉接受群众监督。**（责任领导：张新强；责任单位：县委办）** | |
| （四）关于县委执行民主集中制方面问题 | 巡视组移交的一些领导干部的问题线索。 | 田元君 | 县纪委 | 由县纪委成立专门工作小组，对省委巡视组移交案件坚持“一口进出”，做好移交案件的登记、分流、核查处理等工作，做到件件必查、件件有果。进一步提高审查效率和质量，在规定时限内完成案件的调查处理工作，重要案件及时向县委汇报。**（责任领导：田元君；责任单位：县纪委）** | 10月底前 |

# 中共昌乐县委<br>关于加强和改进党的群团工作的实施意见

乐发〔2015〕24号
（2015年12月22日）

为认真贯彻中央和省、市委党的群团工作部署要求，推进新形势下党的群团工作创新发展，开创我县党的群团工作新局面，提出如下实施意见。

## 一、把握做好新形势下党的群团工作的总体要求

1. 指导思想。高举中国特色社会主义伟大旗帜，以邓小平理论、“三个代表”重要思想、科学发展观为指导，认真贯彻党的十八大和十八届三中、四中、五中全会精神，深入贯彻习近平总书记系列重要讲话精神，始终坚持党对群团工作的统一领导，坚定不移走中国特色社会主义群团发展道路，同心协力建设富强生态幸福昌乐。

2. 目标任务。力争到2020年，各级党组织领导党的群团工作的政治责任明显强化，群团组织服务大局服务群众的能力水平明显提升，群团工作的基层基础和发展活力明显增强，群团干部队伍综合

素质和工作作风明显改进。

## 二、加强党委对群团工作的组织领导

1. 完善领导体制和组织制度。把群团工作纳入党委工作总体布局，坚持党委统一领导、党政齐抓共管、部门各负其责、群团履职尽责的工作格局。全面落实群团组织实行分级管理、以同级党委领导为主的体制。工会、共青团、妇联受同级党委和各自上级组织双重领导，其他群团组织依法依章程领导或指导下级群团组织的工作。建立和完善党委研究决定群团工作重大事项制度，每届任期内应召开专门群团工作会议，县委常委会每年听取各群团组织工作汇报不少于1次，研究解决群团工作重大问题。建立党委群团工作联席会议制度，协调解决重要问题。落实干部协管制度，各级党委在任免、调动本级有关群团组织领导班子成员时，应按规定事先征求上一级群团组织的意见，并邀请派员参加主要负责人调整的干部考察工作。（牵头单位：县委组织部；参与单位：县委办公室、县委统战部、县政府办公室、县民政局，县总工会、团县委、县妇联等群团组织）

2. 完善党建带群建工作机制。把群团工作纳入党的建设工作体系，做到同步规划、部署和落实。将工会、共青团、妇联等群团组织列为县委党建工作领导小组成员单位，定期参与有关会议。规范和落实群团组织推优办法，使群团组织推优成为产生入党积极分子的重要方式。统筹推进非公有制经济、社会组织中的党建和群建工作，实现党建和群建工作互促共进。（牵头单位：县委组织部；参与单位：县委统战部、县民政局、县工商局，县总工会、团县委、县妇联、县工商联等群团组织）

3. 加强群团工作考评和督查。完善科学发展综合考核体系，强化党委（党组）抓群团工作的责任，把群团工作成效作为考核党委领导班子和分管负责同志工作的重要依据，县委每年对各镇（街、区）及相关部门落实中央和省、市、县委关于群团工作决策部署情况进行督查，并将督查情况予以通报。（牵头单位：县委组织部；参与单位：县委县直机关工委，县总工会、团县委、县妇联等群团组织）

## 三、推动群团组织动员群众在加快改革发展中建功立业

1. 积极投身经济发展主战场。群团组织要积极适应经济发展新常态，围绕增强经济发展内生动力，加强对群众的知识技能培训，引导群众在稳定经济增长、推动转型发展中展现新作为。围绕加快生态昌乐建设，大力支持和深化“三八六”环保行动，积极倡导低碳绿色生产、生活方式，在推进生态文明中做出新贡献。（参与单位：县贸促会，县总工会、团县委、县妇联、县科协等群团组织）

2. 大力推进全面深化改革。群团组织要把握全面深化改革与自身工作领域的结合点，自觉推动改革举措有效实施。尊重基层首创精神，注重总结提炼推广群众的改革实践和创新经验，动员群众在经济、政治、文化、社会、生态等领域改革中建言献策。（牵头单位：县委改革办；参与单位：县文联，县总工会、团县委、县妇联、县科协等群团组织）

3. 着力服务大众创业万众创新。群团组织要积极对接并带头用好支持群众创新创业的政策措施，激发各个领域、各个阶层的创新智慧与创造活力。要搭建和完善创新创业平台，加强院士专家工作站、科技信息服务站建设，加快科技成果产业化步伐。深化职业技能大赛、青年岗位能手、巾帼家政技能大赛、文学艺术创新、残疾人展能创业等工作，进一步激发群众创新创业热情。（牵头单位：县科技局、县人社局；参与单位：县文联，县总工会、团县委、县妇联、县科协、县社科联、县残联等群团组织）

## 四、推动群团组织引导群众自觉培育和践行社会主义核心价值观

1. 加强社会主义核心价值观宣传教育。群团组织要加强对群众的思想引导，使社会主义核心价值观成为人们工作、生活的自觉遵循。加强正面教育引导，把思想政治工作贯穿于开展的各项活动，强化人们向上、向善的力量。注重典型示范引领，层层选树群众身边可亲可信可学的先进典型，激励全社会学习先进、追赶先进、争当先进。（牵头单位：县委宣传部；参与单位：县文联，县总工会、团县委、县妇联、县科协、县社科联等群团组织）

2. 弘扬中华传统美德和优秀文化。群团组织要继承和发扬中华优秀传统文化、齐鲁文化，加强昌乐历史文化资源的研究、阐释、宣传和普及。立足昌乐文化底蕴，教育引导群众自觉传承优秀品德，倡树“一孝三实”新风正气。深化群众性文化

主题活动，推广健身广场舞等文体运动，深入实施文化精品工程，让更多文化成果惠及广大群众。（牵头单位：县委宣传部；参与单位：县文广新局、县文联，县总工会、团县委、县妇联等群团组织）

3. 深入开展群众性精神文明创建活动。大力弘扬劳模精神、劳动精神。深入开展青少年精神文明创建活动。充分发挥妇女在弘扬家庭美德、树立良好家风中的独特作用。深入开展科学普及活动。深入开展残疾人自强和助残活动。推动文学艺术、新闻出版、法律、教育、社会公益等领域工作者积极发挥作用，引导广大群众争做社会主义精神文明的实践者和传播者。（牵头单位：县委宣传部；参与单位：县文明办、县文广新局、县文联，县总工会、团县委、县妇联、县科协、县残联等群团组织）

**五、支持群团组织加强服务群众和维护群众合法权益工作**

1. 扎实推进扶贫济困工作。针对困难群众最关心最忧虑的实际问题，实施职工医疗互助、金秋助学等行动计划，创新包村联户和选派“第一书记”工作，深入实施特殊困难群体关爱救助，对留守老人、病残人员等特殊困难群体实施精准化帮扶，真正让最需要帮助的群众优先得到扶助。（牵头单位：县委组织部；参与单位：县教育局、县民政局、县人社局，县总工会、团县委、县妇联、县残联等群团组织）

2. 依法维护群众合法权益。建立完善群团组织负责人定期接待群众、社情民意调查研究等制度，保障和发展好群众利益。依法参与工资集体协商、劳动人事争议调解、群众信访代理等工作，构建和谐劳动关系。加强维权法律援助，发挥群团组织公职律师、法律工作者、法律志愿者的专业优势，为利益受到损害或侵犯的群众提供有效帮助。（牵头单位：县司法局；参与单位：县信访局、县人社局，县总工会、团县委、县妇联等群团组织）

**六、支持群团组织在社会主义民主建设中发挥重要作用**

1. 拓宽人民团体参与政治协商渠道。拓宽群团组织特别是人民团体参与政治协商的渠道。各级政府要把加强人民团体的协商纳入决策程序。县政协应组织人民团体参与协商、视察、调研活动，切实发挥人民团体及其界别委员在增进社会各阶层和不同利益群体和谐中的作用。（牵头单位：县政协办公室；参与单位：县政府办公室，县总工会、团县委、县妇联等群团组织）

2. 完善支持人民团体参政议政制度。支持人民团体在县、镇人大代表换届选举中，依法按程序提名推荐代表候选人。支持人民团体参与人大代表、政协委员的培养和推荐工作。重视发挥人民团体在选任人民陪审员、人民监督员、人民调解员、信访听证员工作中的作用。（牵头单位：县委组织部；参与单位：县人大常委会办公室、县政协办公室、县法院、县检察院、县司法局、县信访局，县总工会、团县委、县妇联、县残联等群团组织）

**七、支持群团组织参与创新社会治理和维护稳定工作**

1. 依法参与社会公共事务管理。支持群团组织参与社会管理和公共服务工作。创新转移职能的有效途径，把适合群团组织承担的一些社会管理和公共服务职能，按照法定程序转由群团组织行使，支持群团组织以合适方式参与政府购买服务。支持群团组织参与所联系群众的社区矫正、心理辅导等社会管理性服务项目，发展就业创业培训、特殊群体关爱、科技普及等服务项目。（牵头单位：县政府办公室；参与单位：县编办、县科技局、县民政局、县司法局、县人社局，县总工会、团县委、县妇联、县科协等群团组织）

2. 引领带动新型社会组织发展。群团组织要积极培育和扶持新型社会组织发展，探索吸纳影响力大、运行规范的新型社会组织为团体会员，通过兼职、聘用等方式吸收活动骨干到群团组织任职。支持各类社会组织有效利用政策和资源，逐步承担和参与社会公共事务。（牵头单位：县民政局；参与单位：县总工会、团县委、县妇联等群团组织）

3. 积极参与法治昌乐建设。群团组织要紧紧围绕全面推进依法治县，广泛开展群众性法治文化活动，推动普法和法律服务志愿者队伍建设。主动参与社会治安综合治理，加强与有关部门的沟通协作，协助预防和化解群体性事件。深化反邪教、劳动关系和谐企业创建、预防未成年人违法犯罪等工作，广泛开展群众性平安创建活动。（牵头单位：县委政法委；参与单位：县法院、县检察院、县司法局、县政府法制办、县信访局，县总工会、团县委、县妇联等群团组织）

## 八、推动群团组织改革创新、增强活力

1. 扩大群团组织有效覆盖面。建立健全镇(街、区)工会、共青团、妇联等群团组织,探索在镇(街、区)建立群团工作推进机制。巩固和加强机关、企事业、学校等群团组织建设。推进群团组织向非公有制经济组织、社会组织、城乡社区等领域和农民工、自由职业者等群体延伸。(牵头单位:县委组织部;参与单位:县委县直机关工委、县教育局、县民政局,县总工会、团县委、县妇联、县工商联等群团组织)

2. 探索建立一体化工作推进机制。群团组织要坚持去机关化、去行政化的改革方向,推动形成党政支持、社会协同、公众参与的群团工作社会化机制。坚持组织活动请群众一起设计,部署任务请群众一起参与,考核工作请群众一起评议,充分依靠群众落实各项任务。推进群团工作项目化管理、社会化运作,加强党政部门、群团组织、社会组织以及志愿者之间的项目衔接。(参与单位:县总工会、团县委、县妇联等群团组织)

3. 加快网上群团工作阵地建设。群团组织要认真研究信息化条件下群团工作的新领域、新空间,强化"互联网+"工作理念,开展灵活多样的网上群众工作,引导好网上群众关心的热点焦点问题,打造网上工作品牌。(牵头单位:县委宣传部;参与单位:县总工会、团县委、县妇联等群团组织)

## 九、加强群团组织领导班子和干部队伍建设

1. 强化群团组织领导班子建设。严格按照职数选优配强群团组织领导班子,特别是选好群团组织主要负责人。群团组织领导班子成员人选的考察推荐应广泛听取群众意见,工会、共青团、妇联领导班子中基层一线代表人士的兼职比例应适当增加。根据工作需要和领导班子职数、结构情况及干部本人条件,工会主席由同级地方领导班子副职或副职级干部担任或兼任。镇(街、区)应配备专职团委书记、妇联主席,机关、企事业单位团委书记和妇工委主任由中层正职担任;镇(街、区)工会主席由同级副职兼任的,根据工作需要,可配备专职副主席。县残联领导班子应配备残疾人领导干部。(牵头单位:县委组织部;参与单位:县编办,县总工会、团县委、县妇联、县残联等群团组织)

2. 全面加强群团组织干部队伍建设。把群团工作岗位作为提高干部群众工作能力的重要平台,有计划、有重点地推进群团干部与党政机关、企事业单位跨系统多岗位交流。注重发挥妇联组织在培养使用女干部工作中的积极作用。积极从企业、农村、城镇社区等基层一线选拔培养群团干部。推动社区(村)团支部书记、妇代会主任依法进入社区(村)"两委"。将群团干部培训纳入各级党委干部教育培训总体规划。(牵头单位:县委组织部;参与单位:县编办,县总工会、团县委、县妇联等群团组织)

## 十、加大对群团工作的支持保障力度

1. 统筹推进阵地平台建设。加大对群团组织活动阵地建设的投入,把群众活动阵地纳入城乡建设规划,纳入政府公共文化服务体系,享受公共文化设施建设相关政策。统筹基层党群组织工作资源配置和使用,支持群团组织共建共享基层公共服务平台,利用市场机制建设社会化服务平台。(牵头单位:县委组织部;参与单位:县住建局、县文广新局,县总工会、团县委、县妇联等群团组织)

2. 完善群团工作经费保障制度。支持依法足额收缴工会经费,按规定做好财政拨款的机关事业单位工会经费财政统一划拨,全面实施企业工会经费地税代收。由财政拨款、补助支持的群团组织工作经费和重要专项活动经费,按要求足额列入同级财政年度预算。鼓励群团组织通过接受社会捐赠等方式筹措事业发展资金。规范群团组织资产管理使用制度,推进群团工作经费信息公开,加强财政资金和项目审计,主动接受社会监督。(牵头单位:县财政局;参与单位:县地税局、县审计局,县总工会、团县委、县妇联等群团组织)

3. 营造良好社会环境。各级各有关部门要加大对群团工作支持力度,落实责任,强化协同,增进工作合力。组织部门要选好配强群团组织领导班子,加强群团干部的培养、教育、管理、监督。宣传部门要广泛宣传群团工作的重要地位和作用。统战部门要强化对社会组织及其成员的思想政治引导。机构编制、发改、财政等部门要开展群团组织及有关社会组织承接政府转移职能试点。教育行政部门要重视和加强学校共青团、少先队工作。民政等部门要加大对社会组织的管理和服务力度。人力资源和社会保障等部门要支持群团组织开展富有群团特色的评选表彰工作。文化广播电视新闻出版等

部门要加强对群团组织所办报刊、网站的支持、指导和管理。其他有关部门都要结合各自职责，为群团组织开展工作提供支持和帮助。（牵头单位：县委组织部；参与单位：县委宣传部、县委统战部、县编办、县发改局、县教育局、县民政局、县财政局、县人社局、县文广新局，县总工会、团县委、县妇联等群团组织）

县总工会、团县委、县妇联等群团组织，要根据本实施意见制定具体方案。县委和县政府有关部门单位，要结合实际研究制定贯彻落实本实施意见的具体措施。

# 2015 年度文件目录

**表 11**

| 文件名称 | 发布文号 | 发布机关 | 发布日期 |
|---|---|---|---|
| 中共昌乐县委关于贯彻落实党的十八届四中全会和省委十届十次全会市委十一届七次全会精神全面推进依法治县的实施意见 | 乐发〔2015〕1 号 | 县委 | 1 月 11 日 |
| 中共昌乐县委昌乐县人民政府关于进一步加强安全生产工作的意见 | 乐发〔2015〕2 号 | 县委、县政府 | 1 月 17 日 |
| 中共昌乐县委昌乐县人民政府关于进一步加快昌乐首阳山省级旅游度假区建设发展的决定 | 乐发〔2015〕3 号 | 县委、县政府 | 2 月 9 日 |
| 关于印发县委常委会 2015 年工作要点的通知 | 乐发〔2015〕4 号 | 县委 | 2 月 11 日 |
| 中共昌乐县委昌乐县人民政府关于加快六大新兴产业发展的意见 | 乐发〔2015〕5 号 | 县委、县政府 | 3 月 23 日 |
| 中共昌乐县委昌乐县人民政府关于创新服务型党组织全面提升新型社区建设运行水平的意见 | 乐发〔2015〕6 号 | 县委、县政府 | 5 月 5 日 |
| 中共昌乐县委昌乐县人民政府关于进一步加快旅游业发展的意见 | 乐发〔2015〕7 号 | 县委、县政府 | 6 月 30 日 |
| 中共昌乐县委昌乐县人民政府关于进一步加快健康养老产业发展的意见 | 乐发〔2015〕8 号 | 县委、县政府 | 6 月 30 日 |
| 中共昌乐县委昌乐县人民政府关于进一步加快总部经济产业发展的意见 | 乐发〔2015〕9 号 | 县委、县政府 | 7 月 13 日 |
| 中共昌乐县委昌乐县人民政府关于进一步加快现代教育产业发展的意见 | 乐发〔2015〕10 号 | 县委、县政府 | 7 月 13 日 |
| 中共昌乐县委昌乐县人民政府关于加快现代物流产业发展的意见 | 乐发〔2015〕11 号 | 县委、县政府 | 7 月 20 日 |
| 中共昌乐县委昌乐县人民政府关于加快智能制造产业发展的意见 | 乐发〔2015〕12 号 | 县委、县政府 | 7 月 27 日 |
| 关于印发李平瑞同志、孙明亮同志、张新强同志在省委第四巡视组专项巡视昌乐县工作动员会上的讲话的通知 | 乐发〔2015〕13 号 | 县委 | 7 月 28 日 |
| 中共昌乐县委关于进一步加强和改进人大工作的意见 | 乐发〔2015〕14 号 | 县委 | 8 月 13 日 |
| 中共昌乐县委昌乐县人民政府关于健全完善特殊困难群体关爱救助体系的意见 | 乐发〔2015〕15 号 | 县委、县政府 | 8 月 18 日 |
| 中共昌乐县委昌乐县人民政府关于印发《2015 年度镇（街、区）科学发展综合考核办法》的通知 | 乐发〔2015〕16 号 | 县委、县政府 | 8 月 18 日 |
| 中共昌乐县委昌乐县人民政府关于印发《2015 年度县直部门（单位）工作实绩综合考核办法》的通知 | 乐发〔2015〕17 号 | 县委、县政府 | 8 月 18 日 |

续表 11

| 文件名称 | 发布文号 | 发布机关 | 发布日期 |
|---|---|---|---|
| 中共昌乐县委昌乐县人民政府关于举行抗战胜利 70 周年庆祝活动的通知 | 乐发〔2015〕18 号 | 县委、县政府 | 8 月 28 日 |
| 中共昌乐县委昌乐县人民政府关于加快电子商务发展的意见 | 乐发〔2015〕19 号 | 县委、县政府 | 8 月 29 日 |
| 中共昌乐县委关于印发李平瑞王献玲张新强同志在省委第四巡视组专项巡视昌乐县情况反馈会上的讲话的通知 | 乐发〔2015〕20 号 | 县委 | 9 月 25 日 |
| 中共昌乐县委昌乐县人民政府关于推进昌乐经济开发区转型升级创新发展的实施意见 | 乐发〔2015〕21 号 | 县委、县政府 | 10 月 9 日 |
| 中共昌乐县委印发《中共昌乐县委关于落实省委第四巡视组反馈意见的整改方案》的通知 | 乐发〔2015〕22 号 | 县委 | 10 月 24 日 |
| 中共昌乐县委关于认真学习贯彻党的十八届五中全会精神的通知 | 乐发〔2015〕23 号 | 县委 | 11 月 19 日 |
| 中共昌乐县委关于加强和改进党的群团工作的实施意见 | 乐发〔2015〕24 号 | 县委 | 12 月 22 日 |
| 关于张志强同志任职的请示 | 乐委〔2015〕1 号 | 县委 | 1 月 12 日 |
| 中共昌乐县委关于批转县人大常委会党组《关于召开昌乐县第十六届人民代表大会第四次会议的请示》的通知 | 乐委〔2015〕2 号 | 县委 | 1 月 13 日 |
| 中共昌乐县委关于批转县政协党组《关于召开政协第九届昌乐县委员会第四次会议的请示》的通知 | 乐委〔2015〕3 号 | 县委 | 1 月 13 日 |
| 中共昌乐县委昌乐县人民政府关于全县企业评议部门(单位)情况的通报 | 乐委〔2015〕4 号 | 县委、县政府 | 1 月 17 日 |
| 中共昌乐县委昌乐县人民政府关于贯彻落实“一岗双责”要求全面做好安全工作的报告 | 乐委〔2015〕5 号 | 县委、县政府 | 1 月 17 日 |
| 关于魏林卿、陈香萍同志职务任免的通知 | 乐委〔2015〕6 号 | 县委 | 1 月 26 日 |
| 关于韩昆亮、杨培锋同志职务任免的通知 | 乐委〔2015〕7 号 | 县委 | 1 月 26 日 |
| 关于魏林卿同志任职的备案报告 | 乐委〔2015〕8 号 | 县委 | 2 月 2 日 |
| 关于吴玉强同志免职的通知 | 乐委〔2015〕9 号 | 县委 | 2 月 4 日 |
| 中共昌乐县委昌乐县人民政府关于调整县级领导联系镇(街、区)工作分工通知 | 乐委〔2015〕10 号 | 县委、县政府 | 1 月 17 日 |
| 关于昌乐县第十六届人民代表大会第四次会议选举情况的报告 | 乐委〔2015〕11 号 | 县委 | 2 月 11 日 |
| 关于黄省阶等同志职务任免的请示 | 乐委〔2015〕12 号 | 县委 | 2 月 13 日 |
| 关于黄省阶同志任职的请示 | 乐委〔2015〕13 号 | 县委 | 2 月 13 日 |
| 关于张庆科同志免职的请示 | 乐委〔2015〕14 号 | 县委 | 2 月 13 日 |
| 中共昌乐县委昌乐县人民政府关于表彰 2014 年度科学发展综合考核先进单位的通报 | 乐委〔2015〕15 号 | 县委、县政府 | 3 月 3 日 |
| 中共昌乐县委关于表彰“十佳社区党组织书记”和“十佳‘第一书记’”的通报 | 乐委〔2015〕16 号 | 县委 | 3 月 3 日 |
| 关于黄省阶等同志职务任免的通知 | 乐委〔2015〕17 号 | 县委 | 3 月 3 日 |

续表 11

| 文件名称 | 发布文号 | 发布机关 | 发布日期 |
|---|---|---|---|
| 关于黄省阶等同志职务任免的通知 | 乐委〔2015〕18 号 | 县委 | 3 月 3 日 |
| 关于张彬等同志职务任免的通知 | 乐委〔2015〕19 号 | 县委 | 3 月 3 日 |
| 关于刘莹有等同志职务任免的通知 | 乐委〔2015〕20 号 | 县委 | 3 月 3 日 |
| 关于张庆科等同志职务任免的通知 | 乐委〔2015〕21 号 | 县委 | 3 月 3 日 |
| 关于王琪华等同志职务任免的通知 | 乐委〔2015〕22 号 | 县委 | 3 月 3 日 |
| 中共昌乐县委昌乐县人民政府关于对“十个一”工程及六大新兴产业等实行领导包靠制度的通知 | 乐委〔2015〕23 号 | 县委、县政府 | 3 月 16 日 |
| 中共昌乐县委昌乐县人民政府关于成立新型社区建设、新兴产业发展和大众创业工作领导小组的通知 | 乐委〔2015〕24 号 | 县委、县政府 | 3 月 23 日 |
| 中共昌乐县委关于魏林卿等同志工资变动情况的报告 | 乐委〔2015〕25 号 | 县委 | 4 月 9 日 |
| 中共昌乐县委昌乐县人民政府关于表彰 2014 年度县直部门（单位）工作实绩综合考核先进单位的通报 | 乐委〔2015〕26 号 | 县委、县政府 | 4 月 28 日 |
| 中共昌乐县委昌乐县人民政府关于表彰昌乐县劳动模范的决定 | 乐委〔2015〕27 号 | 县委、县政府 | 4 月 29 日 |
| 中共昌乐县委关于转发《中共潍坊市委关于建设基层服务型党组织规范村级治理机制的指导意见》的通知 | 乐委〔2015〕28 号 | 县委 | 5 月 4 日 |
| 中共昌乐县委昌乐县人民政府关于调整县“双拥”工作领导小组成员的通知 | 乐委〔2015〕29 号 | 县委、县政府 | 5 月 5 日 |
| 中共昌乐县委关于同意苑建国同志辞去公职的批复 | 乐委〔2015〕30 号 | 县委 | 4 月 28 日 |
| 关于张金涛、高明胜同志职务任免的请示 | 乐委〔2015〕31 号 | 县委 | 4 月 12 日 |
| 关于高明胜等同志职务任免的请示 | 乐委〔2015〕32 号 | 县委 | 5 月 7 日 |
| 中共昌乐县委昌乐县人民政府关于学习贯彻姜异康书记来昌调研讲话精神的报告 | 乐委〔2015〕33 号 | 县委、县政府 | 5 月 16 日 |
| 关于高明胜、张金涛同志职务任免的通知 | 乐委〔2015〕34 号 | 县委 | 5 月 18 日 |
| 关于丁建法同志免职的通知 | 乐委〔2015〕35 号 | 县委 | 5 月 18 日 |
| 关于张金涛、高明胜同志职务任免的通知 | 乐委〔2015〕36 号 | 县委 | 5 月 18 日 |
| 关于丁建法同志免职的通知 | 乐委〔2015〕37 号 | 县委 | 5 月 18 日 |
| 关于张建伟等同志职务任免的通知 | 乐委〔2015〕38 号 | 县委 | 5 月 18 日 |
| 关于刘进辉同志免职的通知 | 乐委〔2015〕39 号 | 县委 | 5 月 18 日 |
| 关于郭雪梅等同志职务任免的通知 | 乐委〔2015〕40 号 | 县委 | 5 月 18 日 |
| 关于张成安等同志任职的通知 | 乐委〔2015〕41 号 | 县委 | 5 月 18 日 |
| 关于郭忠辉等同志职务任免的通知 | 乐委〔2015〕42 号 | 县委 | 5 月 18 日 |
| 关于李镇等同志职务任免的通知 | 乐委〔2015〕43 号 | 县委 | 5 月 18 日 |
| 关于卞伟等同志职务任免的通知 | 乐委〔2015〕44 号 | 县委 | 5 月 18 日 |
| 关于陈佳军等同志职务任免的通知 | 乐委〔2015〕45 号 | 县委 | 5 月 18 日 |

续表 11

| 文件名称 | 发布文号 | 发布机关 | 发布日期 |
|---|---|---|---|
| 关于王新会等同志职务任免的通知 | 乐委〔2015〕46 号 | 县委 | 5 月 18 日 |
| 关于高希玉等同志职务任免的通知 | 乐委〔2015〕47 号 | 县委 | 5 月 18 日 |
| 关于刘西强等同志职务任免的通知 | 乐委〔2015〕48 号 | 县委 | 5 月 18 日 |
| 关于田勇同志免职的通知 | 乐委〔2015〕49 号 | 县委 | 5 月 18 日 |
| 关于刘文利等同志职务任免的通知 | 乐委〔2015〕50 号 | 县委 | 5 月 18 日 |
| 关于刘玉娟同志任职的通知 | 乐委〔2015〕51 号 | 县委 | 5 月 18 日 |
| 关于马国莲同志任职的通知 | 乐委〔2015〕52 号 | 县委 | 5 月 18 日 |
| 关于于强等同志职务任免的通知 | 乐委〔2015〕53 号 | 县委 | 5 月 18 日 |
| 关于王峰等同志职务任免的通知 | 乐委〔2015〕54 号 | 县委 | 5 月 18 日 |
| 中共昌乐县委关于学习贯彻杜昌文书记指示要求和县市委书记会议精神的报告 | 乐委〔2015〕55 号 | 县委 | 5 月 31 日 |
| 关于孙春雷同志免职的通知 | 乐委〔2015〕56 号 | 县委 | 6 月 15 日 |
| 关于谭斌等同志职务任免的通知 | 乐委〔2015〕57 号 | 县委 | 6 月 15 日 |
| 中共昌乐县委昌乐县人民政府关于成立昌乐县积极发展农民股份合作赋予农民对集体资产股份权能改革试点工作领导小组的通知 | 乐委〔2015〕58 号 | 县委、县政府 | 6 月 15 日 |
| 中共昌乐县委关于学习贯彻杜昌文书记到昌乐调研指示精神的报告 | 乐委〔2015〕59 号 | 县委 | 6 月 23 日 |
| 中共昌乐县委昌乐县人民政府关于调整昌乐县城乡环卫一体化工作领导小组的通知 | 乐委〔2015〕60 号 | 县委、县政府 | 6 月 27 日 |
| 中共昌乐县委昌乐县人民政府关于调整县精神文明建设委员会和县“四德工程”建设工作领导小组组成人员的通知 | 乐委〔2015〕61 号 | 县委、县政府 | 7 月 5 日 |
| 中共昌乐县委关于报送昌乐县党政副职后备干部初步人选名单的报告 | 乐委〔2015〕62 号 | 县委 | 7 月 14 日 |
| 关于刘延生等同志挂职的通知 | 乐委〔2015〕63 号 | 县委 | 7 月 13 日 |
| 关于葛朝晖等同志挂职的通知 | 乐委〔2015〕64 号 | 县委 | 7 月 13 日 |
| 关于曹堃同志挂职的通知 | 乐委〔2015〕65 号 | 县委 | 7 月 13 日 |
| 关于刘艳芳等同志职务任免的通知 | 乐委〔2015〕66 号 | 县委 | 7 月 20 日 |
| 关于刘艳芳等同志职务任免的备案报告 | 乐委〔2015〕67 号 | 县委 | 7 月 27 日 |
| 中共昌乐县委昌乐县人民政府关于深入贯彻落实全市领导干部会议和全市“三八六”环保行动调度会议精神的报告 | 乐委〔2015〕68 号 | 县委、县政府 | 8 月 5 日 |
| 中共昌乐县委关于张新强等同志工资变动情况的报告 | 乐委〔2015〕69 号 | 县委 | 8 月 13 日 |
| 中共昌乐县委昌乐县人民政府关于城关商务社区 1 号楼相关情况的报告 | 乐委〔2015〕70 号 | 县委、县政府 | 8 月 28 日 |
| 中共昌乐县委昌乐县人民政府关于调整昌乐县社会救助工作领导小组组成人员的通知 | 乐委〔2015〕71 号 | 县委、县政府 | 9 月 12 日 |
| 中共昌乐县委昌乐县人民政府关于开展向王庆华同志学习活动的通知 | 乐委〔2015〕72 号 | 县委、县政府 | 9 月 21 日 |

续表 11

| 文件名称 | 发布文号 | 发布机关 | 发布日期 |
|---|---|---|---|
| 中共昌乐县委昌乐县人民政府关于邀请市领导参加 2015 中国(昌乐)国际宝石博览会有关活动的请示 | 乐委〔2015〕73 号 | 县委、县政府 | 9 月 25 日 |
| 中共昌乐县委昌乐县人民政府关于强化安全倒逼绿色引领创新驱动打好稳增长调结构主动仗的情况报告 | 乐委〔2015〕74 号 | 县委、县政府 | 9 月 25 日 |
| 中共昌乐县委昌乐县人民政府关于印发《昌乐县全面加强抗旱节水保障供水安全工作实施方案》的通知 | 乐委〔2015〕75 号 | 县委、县政府 | 9 月 30 日 |
| 关于刘艳芳、郭曙光同志任职的请示 | 乐委〔2015〕76 号 | 县委 | 10 月 11 日 |
| 关于郭曙光同志不再作为交流副县市区长人选考察对象的报告 | 乐委〔2015〕77 号 | 县委 | 10 月 12 日 |
| 中共昌乐县委昌乐县人民政府关于加大对比德文控股集团雷丁新能源汽车项目扶持力度的请示 | 乐委〔2015〕78 号 | 县委、县政府 | 10 月 14 日 |
| 关于刘艳芳、田永全同志任职的请示 | 乐委〔2015〕79 号 | 县委 | 11 月 3 日 |
| 中共昌乐县委关于张新强等同志工资变动情况的报告 | 乐委〔2015〕80 号 | 县委 | 11 月 12 日 |
| 中共昌乐县委昌乐县人民政府关于成立昌乐县创建国家卫生县城工作领导小组的通知 | 乐委〔2015〕81 号 | 县委、县政府 | 11 月 14 日 |
| 中共昌乐县委昌乐县人民政府关于印发《昌乐县创建国家卫生县城工作实施方案》的通知 | 乐委〔2015〕82 号 | 县委、县政府 | 11 月 14 日 |
| 中共昌乐县委昌乐县人民政府关于调整潍坊市创建国家食品安全城市昌乐县工作领导小组组成人员的通知 | 乐委〔2015〕83 号 | 县委、县政府 | 11 月 14 日 |
| 中共昌乐县委印发《关于开展基层干部不作为乱作为等损害群众利益问题专项整治工作方案》的通知 | 乐委〔2015〕84 号 | 县委 | 11 月 14 日 |
| 中共昌乐县委昌乐县人民政府关于调整县级领导联系镇(街、区)工作分工的通知 | 乐委〔2015〕85 号 | 县委、县政府 | 11 月 16 日 |
| 中共昌乐县委昌乐县人民政府关于调整“十个一”工程及蓝色经济特色产业园区等包靠分工的通知 | 乐委〔2015〕86 号 | 县委、县政府 | 11 月 16 日 |
| 关于贺玉洁等同志职务任免的通知 | 乐委〔2015〕87 号 | 县委 | 11 月 24 日 |
| 关于王力等同志职务任免的通知 | 乐委〔2015〕88 号 | 县委 | 11 月 24 日 |
| 关于贺玉洁等同志职务任免的备案报告 | 乐委〔2015〕89 号 | 县委 | 11 月 24 日 |
| 中共昌乐县委关于进一步加强民主集中制建设的意见 | 乐委〔2015〕90 号 | 县委 | 11 月 25 日 |
| 中共昌乐县委关于落实党风廉政建设县委主体责任和县纪委监督责任的意见 | 乐委〔2015〕91 号 | 县委 | 11 月 27 日 |
| 中共昌乐县委昌乐县人民政府关于进一步规范农村集体“三资”管理工作的意见 | 乐委〔2015〕92 号 | 县委、县政府 | 11 月 27 日 |
| 中共昌乐县委关于省委巡视组反馈意见整改落实情况的报告 | 乐委〔2015〕93 号 | 县委 | 11 月 27 日 |
| 关于贺玉洁等同志职务任免的通知 | 乐委〔2015〕94 号 | 县委 | 12 月 10 日 |
| 中共昌乐县委关于贺玉洁等同志工资变动情况的报告 | 乐委〔2015〕95 号 | 县委 | 12 月 22 日 |
| 中共昌乐县委关于召开县委常委班子专题民主生活会的请示 | 乐委〔2015〕96 号 | 县委 | 12 月 28 日 |

# 纪检监察工作

## 中共昌乐县纪律检查委员会工作概况

县委常委、县纪委书记　田元君

2015 年，全县纪检监察机关在市纪委和县委的正确领导下，认真学习党的十八大和十八届三中、四中、五中全会精神及习近平总书记系列重要讲话精神，全面贯彻上级纪委全会精神，进一步深化“三转”，强化执纪监督问责，切实把纪律和规矩挺在前面，促进了全县党风廉政建设和反腐败工作深入开展。

**一、积极协助党委履行主体责任**

按照纪委协助党委落实党风廉政建设主体责任的要求，紧紧围绕县委中心工作谋划和推进监督执纪工作，积极发挥参谋助手作用。一是认真做好党风廉政建设责任书落实工作。协助县委制定下发了年度党风廉政建设责任书，进行了层层签订，对工作任务进行了责任分解，加强日常考核管理，定期向县委常委会进行专题汇报，对发现的问题及时提出工作建议，发挥好参谋助手作用。二是明确责任分工。起草《关于昌乐县委、县纪委落实党风廉政建设“两个责任”的意见》，建立了定期检查调研、分析研判和通报制度，明确具体工作内容，促进了“两个责任”的落实。在媒体设立落实“两个责任”专栏，已刊登相关文章 11 篇。分组召开了县直部门落实党风廉政建设主体责任分组调度约谈会，对全县 116 个部门单位党委（组）负责人进行约谈，督促主体责任落实。三是扎实做好向县纪委全会述廉工作。组织召开了县级党政领导班子成员向县纪委全委会述廉会议，创新镇街党（工）委书记、县直部门负责人向县纪委全委会述廉工作，由县纪委委员组成调研组对各镇街和县直部门落实党风廉政建设责任制主体责任等方面进行了专题调研，并对质询、询问问题进行梳理，增加问廉成分，提高述廉会议的针对性和效果。述廉会议共提出质询问题 21 个。四是建立通报制度。每半年一次向县委、县政府班子成员，通报其包靠和分管领域内查办案件情况、党风廉政建设方面存在的问题，并提出工作建议，促进“一岗双责”落实。今年以来共分两次通报问题 28 个，提出意见建议 14 条。五是积极发挥好反腐败协调小组的作用。加强反腐败协调小组成员单位协作配合，修订印发了《关于在查办党员和国家工作人员涉嫌违纪违法犯罪案件中加强协作配合的实施办法》，形成反腐败合力。

**二、进一步深化“三转”，扎实履行好监督责任**

进一步“转职能”，把纪律和规矩挺在前。一是向盯违纪转变。实行问题线索一口管理，将全县纪检监察系统受理的问题线索全部纳入信访室统一管理，做到有案必查。紧盯苗头性、倾向性问题，及时进行约谈处理，有效避免由“违纪”演变为“违法”。今年以来，县纪委共受理来信来访及网上举报226件次，同比下降22%；在全县范围内集中开展了群众反映问题大排查活动，对群众反映问题进行梳理排查，形成台账，明确责任人、解决措施和解决时限。共建立台账108份，对674个群众反映问题进行了排查梳理，目前已全部解决。二是向管全面转变。扩展纪律审查范围，加强与环保、市场监管等行政执法机关的沟通协作，建立了联席会议、定期通报等制度，将受到行政处罚的党员和行政监察对象全面列入纪律审查范围。加大纪律审查力度，坚持有案必查，对以前暂存信访举报件进行了全面清理，对可查性强的案件线索统一登记台账，按规定进行调查处理。继续坚持全员办案、案件主办人和督办人、县镇协作区办案、线索统管、办案考核以及案件通报等制度，提高办案水平。1—12月份查案件178起，同比增长12.7%，处分党员和行政监察对象166人，通报典型案件93起。三是向发现问题转变。坚持问题导向，开展派驻机构专项巡查工作，制定了专项巡查办法，先后对19个单位在主体责任落实、中共中央八项规定执行、专项资金使用等情况开展专项巡查，共发现问题100个，提出和落实整改建议82条。全力协助省委巡视组完成专项巡视工作，在巡视组进驻期间，全力协助做好谈话、调研和信访案件的查处等工作，在反馈意见整改中，积极参与制定整改方案，加强对整改落实工作的督查力度，确保问题整改到位。截至目前，巡视组移交的6批343件信访案件全部查结。

进一步“转方式”，立足于抓早抓小。一是深化教育预防。坚持分类施教，开设“宝都清风大讲堂”，邀请省、市纪委领导为县级领导班子成员和各级各部门单位主要负责同志作了2期专题报告。开展了重点岗位人员听一堂廉政教育课，看一部警示教育片，参观一次潍坊监狱等警示教育基地“三个一”警示教育活动。开展了“讲纪律、守规矩、做表率”主题教育和学习《党章》《廉洁自律准则》《纪律处分条例》、重温入党誓词、签订“遵章守纪、廉洁自律”承诺书、开展“每日一纪”学习、举办一次专题党课、进行一次案例剖析、开展一次廉政谈话和进行一次查摆整改活动的“八个一”活动，列明党员干部不守纪律、不讲规矩表现清单62条，要求党员领导干部对照清单认真查摆自身存在的问题，并列出整改台账。通过学习党章党纪、对照查摆不守纪律的问题等，增强广大党员干部的纪律和规矩意识。全县共开展学习教育活动793场次，签订承诺书6519份，举办专题党课202场次，查摆整改不守纪律问题1541个。认真做好查处违纪案件“下半篇文章”，对全县830名农村党组织书记、纪检委员和监委会主任进行专题廉政教育培训，深入剖析我县查处的农村违纪违法典型案件，充分发挥反面案例“以案释纪”的警示作用，增强纪律教育的针对性和实效性。分别组织全县190名正科级党员领导干部和1186农村党员干部开展德廉知识测试。坚持抓早抓小，充分运用廉政谈话、诫勉谈话、任职谈话等手段，进行谈话提醒，让咬耳扯袖、红脸出汗成为常态。今年以来，共与76名党员干部进行了廉政谈话。对12名党员干部进行了诫勉谈话、任职谈话等，对8名被信访举报人进行了函询或谈话。二是深化明察暗访。一方面坚持明察暗访常态化，县纪委全员参与成立17个明察暗访组，抓住重要时间节点，进行集中明察和专题暗访。今年以来，共开展明察暗访122轮次，查处违规违纪问题9起，给予5人党政纪处分，4人组织处理，3人诫勉谈话。另一方面，进一步建立和完善了廉情信息监督员队伍、党风政风监督员队伍和反腐纠风志愿者队伍，进一步发挥群众的监督作用。同时，开通纪委举报微信平台，设立了“昌乐纪委举报平台”微信公众号，快速受理群众投诉举报。今年以来共受理投诉举报17件。三是深化专项检查。积极参与“为官不为”专项整治活动，在网络和媒体公布整治举报电话，向社会发放线索征集函，征求社会各界意见建议，深入查找存在的问题。截至目前，共收到意见建议30条，发放线索征集函1000份，梳理发现问题线索82条，共查处“为官不为”案件8起，全部点名道姓公开通报，起到了很好的警示作用。牵头开展了涉农事项联合检查活动，会同经管、审计、民政等职能部门，形成4个检查组，利用5天时间对全县镇街区有关农村集体“三资”管理、乱收费、乱摊派等损害群众利益的问题进行了一次全面检查，共发现7大类47个问题，提出整改意见建议31条。开展了发生在群众身边的“四风”和腐败问题专项整治活动，共查处违纪违规案件115起，给予党政纪处分115人。

进一步“转作风”，打造执纪铁军。一是强化日常管理，提升规范化水平。加强纪律约束，继续坚持日常签到制度，每天四次上下班签到，每月一次对签到执行情况进行通报，切实增强纪律的约束力；强化日常报告管理，机关各室（中心）、各派驻纪检组每周一次，镇（街、区）纪（工）委每月一次报告工作情况，并对下步工作列出计划，推进工作落实。二是强化执纪能力建设，提升业务素质。认真开展“讲纪律、守规矩、做表率”主题教育活动，通过定期集中学习、撰写心得体会、开展主题活动等方式，提高纪检监察干部综合素质。组织开展了4次纪检干部业务培训，提升了基层纪检干部的政策水平和执纪能力。建立日常考学制度，认真组织学习新修订的《中国共产党纪律处分条例》等党纪党规，定期进行闭卷考试，并对考试成绩进行通报，有效提高了学习积极性。组织全县85名纪检监察干部参加了上级业务培训，开阔了视野，增强了履职能力。强化对纪检监察干部队伍的监督管理，对1名县直部门纪检干部违纪行为进行了处理。三是强化组织建设，提升工作活力。注重派驻纪检组建设，根据形势变化对派驻监督单位进行了调整，修订了《派驻纪检组工作规则》等制度规定，更加突出了监督重点，完善了监督措施，优化了工作程序。注重队伍活力的提升，今年以来，全县提拔、交流纪检监察干部7名，新调配充实纪检监察干部6人。

# 县纪委重要文件

## 中共昌乐县纪委<br>中共昌乐县委组织部<br>中共昌乐县委宣传部<br>关于在全县党员干部中<br>开展“守纪律、讲规矩、做表率”<br>主题教育活动的实施意见

乐纪发〔2015〕8号

（2015年5月4日）

为深入贯彻党的十八届四中全会精神，认真落实习近平总书记关于加强纪律建设的要求，根据市纪委、市委组织部、市委宣传部安排部署，经县委同意，决定从今年5月上旬至10月下旬，在全县党员干部中开展“守纪律、讲规矩、做表率”主题教育活动。

**一、总体目标**

开展“守纪律、讲规矩、做表率”主题教育活动，要紧紧围绕习近平总书记提出的“五个必须”的总要求，组织广大党员干部认真学习党章和党的纪律、国家法律以及党的优良传统和工作惯例，深入查摆和着力解决自身存在的不守纪律、不讲规矩等问题，加强党性党风党纪教育，增强党员意识和纪律意识，转变工作作风，树立廉洁形象，为营造风清气正、奋发有为、干事创业的政治生态提供有力的纪律保障和舆论环境。

**二、基本要求**

这次主题教育活动，要重点解决一些党员干部不守纪律、不讲规矩等问题。主要表现在：自恃高明、口无遮拦，妄议中央、妄议组织，对上级的决策部署评头论足，不负责任地散布小道消息甚至造谣生事，涣散组织、涣散纪律、涣散队伍，制造矛盾、挑拨是非、扰乱人心；有的面对这些现象，不批评、不制止、不报告，听之任之；有的对上级决策部署搞上有政策、下有对策，有令不行、有禁不止，合意的就执行，不合意的就变通、打“擦边球”；有的办事不讲原则，我行我素，欺上瞒下，不该办的事办了，该严格的不严格，该落实的打了折扣；有的热衷于参加同学会、老乡会、战友会，搞小圈子，亲亲疏疏；有的规矩了但不干事了，谨慎了但不担当了，甚至消极抵触、不作为；有的目无组织、无视纪律，该请示的不请示、该汇报的不汇报，甚至超越权限办事；有的决策不民主，搞家长制、一言堂，不参加组织活动，不参加党内生活；有的弄虚作假，私自涂改个人档案，不如实报告个人重大事项，对组织不讲真话、实话；有的无视干部选拔任用纪律，任人唯亲，对组织决定跑风漏气，说情打招呼，等等。这些现象都是极其错误和有害的，必须通过开展这次教育活动集中加以解决。

**三、措施方法**

开展“守纪律、讲规矩、做表率”主题教育活动，要深入学习贯彻中央和省市县委有关文件精神，以正面教育、自我教育为主，紧密联系党员干

部队伍思想、工作实际和存在的突出问题，制定措施，抓好整改，务求实效。整个活动分为集中学习、查摆问题、整改提高等阶段进行。各部门各单位可结合自身实际，制定实施方案，认真研究部署，做出具体安排，务求抓出实效。

1. *集中学习*。每周拿出半天时间，集中学习中央纪委五次全会和省市县纪委全会精神，学习《习近平关于党风廉政建设和反腐败斗争论述摘编》，学习党的十八大以来新颁布的党纪条规。县委党校和其他有关干部培训机构，要把“守纪律、讲规矩、做表率”作为干部培训的重要内容，列入专题教学计划，组织学员座谈研讨。

本阶段重点开展以下活动：各级党委（党组）理论学习中心组要围绕学习《习近平关于党风廉政建设和反腐败斗争论述摘编》专门组织一次集体学习研讨；各部门各单位主要负责同志要围绕“守纪律、讲规矩、做表率”为所管辖党员干部上一次廉政党课，邀请纪检监察、检察机关和党校等有关部门领导、专家作一次集中辅导报告；在集中学习的基础上，组织开展“三个一”岗位廉政教育活动。

2. *查摆问题*。按照守纪律、讲规矩要求，各级各部门各单位要明晰工作职责，对照岗位要求，列出权力清单和服务清单，明确应该做什么、不能做什么，做了能带来什么后果，落实整改措施，增强法纪和规矩意识。

本阶段重点是组织党员干部深入基层、深入实际、深入群众，通过召开座谈会、恳谈会、组织生活会、征求意见会，采取群众提、自己找、领导点、相互帮等方法，广泛征求意见建议，切实解决自身存在的不守纪律、不讲规矩等问题。要组织党员干部认真撰写党性分析材料，对照问题提出整改措施，并对遵守政治纪律和政治规矩情况作出承诺。适时组织党员干部开展一次德廉和党风党纪知识集中测试。

3. *整改提升*。主要是针对查摆和征求的意见建议，深入调查研究，深刻剖析反省，从体制机制和制度层面，提出改进和整治对策，制定整改任务时间表。各级党委（党组）要落实好主体责任，坚决纠正不守纪律、不讲规矩的问题。要把守纪律、讲规矩作为党员干部教育管理的长期任务和经常性工作，规范党员干部的言行。

本阶段要深入贯彻落实《关于加强岗位廉政教育的实施意见》和《进一步加强党风廉政警示教育的意见》，积极开展不同行业、不同岗位个性化党纪条规教育，加大警示教育力度。凡领导班子成员及中层干部违纪违法受到党纪政纪处理的，所在党委（党组）都要通过专题剖析、上廉政党课等形式，发挥好警示教育的震慑作用。各级纪检监察机关要加大对不守纪律、不讲规矩行为的惩戒力度，严肃查处各类违规违纪问题。要及时发现一批先进典型，参加“守纪律、讲规矩、做表率”先进事迹报告会。

**四、组织领导**

这次主题教育活动，是新形势下加强党的纪律建设，提升党员干部纪律素质和依法行政水平，推进经济社会持续稳定发展的重要举措。各级各部门各单位要高度重视，抓好宣传发动，周密安排部署，精心组织实施。

各级党委（党组）主要负责同志既要带头接受教育，发挥表率作用；又要经常了解教育情况，切实加强组织领导。纪检、组织、宣传等有关方面，要分工负责，密切配合，共同把主题教育活动组织好、开展好。文化、新闻宣传部门和各种媒体，要加强对教育活动情况的宣传报道，努力营造浓厚的舆论氛围。各部门各单位要结合实际，勇于创新，丰富内容，改进方法，真正使教育活动入脑入心，取得实实在在的效果。

县里成立学习教育活动领导小组，下设办公室，负责活动的组织协调和调度检查。各部门各单位也要成立相应机构，科学制定实施方案，明确主题、突出重点，推动教育活动顺利开展。活动办公室将定期对开展教育活动情况进行督促检查，对重视不够、组织不力、搞形式走过场的，要进行通报批评。

主题教育活动结束后，各镇（街区）、县直各部门单位要写出专题报告，于10月底前报县主题教育活动领导小组办公室。

## 昌乐县“守纪律、讲规矩、做表率”主题教育活动配档表

表 12

| 阶段 | 项目 | 基本要求 | 重点学习材料 |
|---|---|---|---|
| 五月上旬至六月 | 集中学习 | 1. 制定主题实践活动实施方案和配档表；2. 作出安排部署；3. 制定学习计划，记好学习笔记，撰写心得体会；4. 举办各种形式的报告会、辅导会；5. 召开座谈会、研讨会、交流会；6. 上一次主题党课；7. 开展正反典型教育 | 1.《习近平关于党风廉政建设和反腐败斗争论述摘编》；2. 党的十八届四中全会有关材料；3. 习近平同志在中央纪委五次全会上的重要讲话；4. 李克强总理在国务院第三次廉政工作会议上的重要讲话；5. 王岐山同志在中央纪委五次全会上的工作报告；6. 姜异康同志在省纪委十届六次全会上的讲话；7. 李法泉同志在省纪委十届六次全会的工作报告；8. 杜昌文同志在市纪委十一届七次全会上的讲话；9. 李在武同志在市纪委十一届七次全会上的工作报告；10. 张新强同志在县纪委十三届五次全会上的讲话；11. 田元君同志在县纪委十三届五次全会上的工作报告；12. 党的十八大以来新颁布的党纪条规和《潍坊市党员干部德廉知识学习测试题库》 |
| 七月至八月 | 查摆问题 | 1. 制发征求意见表或公开信；2. 设立意见箱、举报箱、公开举报电话；3. 召开各种形式的征求意见会；4. 深入基层、深入群众，广泛征求意见、建议；5. 组织开展民主评议；6. 作出廉政承诺，并公开接受监督 | |
| 九月至十月 | 整改提高 | 1. 深入基层调查研究，针对查找出来的问题，认真分析原因，制定整改措施；2. 利用各种形式公开整改措施；3. 沉到一线为基层、为群众办好事、解难题；4. 完善守纪律、讲规矩制度规定；5. 上报教育活动总结；6. 宣传推广先进典型 | |

## 昌乐县纪委刹“四风”转作风有奖举报办法

乐纪发〔2015〕10 号

（2015 年 5 月 11 日）

**第一条** 为加大对国家公职人员的监督力度，调动社会公众参与作风建设活动的积极性，根据《信访条例》《中国共产党纪律检查机关控告申诉工作条例》《监察机关举报工作办法》《关于鼓励实名举报的办法（试行）》等有关规定，结合工作实际，制定本办法。

**第二条** 本办法适用于对全县各级党的机关、人大机关、行政机关、政协机关、审判机关、检察机关、民主党派、人民团体、事业单位及其工作人员的举报。

**第三条** 本办法所指有奖举报“四风”问题具体包括：公款大吃大喝，公车私用，公款旅游，大操大办婚丧喜庆，收送节礼，接受或用公款参与高消费娱乐和健身活动，利用工作之便“索拿卡要”，参与赌博，违规从事营利活动，上班时间参与打牌、下棋、打麻将及其他休闲娱乐活动等方面。

**第四条** 本办法所指的有奖举报，是以来信、来访、来电、网络等各种途径进行的举报。

来信、来访地址：县纪委监察局党风政风监督室（城关商务社区 1 号楼 1083 室）

举报电话：0536—6223186（白天）0536—6221449（晚）

举报手机：18953697939

网络邮箱举报：clxjwjb@163. com

被举报单位名称、被举报人情况、基本违纪违规事实及有关证据材料，联名举报的应署明主要联系人，其中一案“多人举报的”以第一时间受理的举报为准。

**第五条** 有奖举报应同时具备下列条件：

1. 有明确、具体的被举报人或被举报事项；

2. 举报提供的线索事先未被纪检监察机关掌握；

3. 举报的情况经查证属实或部分属实的；

4. 举报问题主要限于本办法第三条规定的内容。

**第六条** 举报事项应当客观真实，举报人对其提供举报内容的真实性负责，不得捏造、歪曲事实，不得诬告、陷害他人。

举报人捏造歪曲事实、诬告陷害他人，违规违

纪的，依法给予纪律处分或者移送公安机关给予治安管理处罚；涉嫌犯罪的，由司法机关依法追究刑事责任。

**第七条** 举报线索经查证属实，对于一般性案件一次奖励不超过1000元，对于有案值的经济类案件最高不得超过1万元。对举报人员，实行一案一奖。

**第八条** 受理人严格为举报人保密。严禁泄露举报人的姓名、工作单位、家庭住址等情况；严禁将举报材料和举报人的有关情况透露或者转给被举报单位和被举报人。违反规定泄露举报人信息的，依照有关规定追究泄露者的责任。

打击报复举报人的，依法给予纪律处分，如涉嫌犯罪，依法追究刑事责任。

**第九条** 本办法自印发之日起施行。

## 关于调整县直派驻纪检组、监察室监督检查部门（单位）的通知

乐纪发〔2015〕16号

各镇（街道）党（工）委、人民政府（办事处），经济开发区、首阳山旅游度假区、高崖水库库区党工委、管委会，县委各部委，县政府各部门，各人民团体，县人武部：

根据县委、县政府《关于昌乐县人民政府机构改革的实施意见》（乐发〔2010〕4号）和《关于昌乐县人民政府职能转变和机构改革的实施意见》（乐委〔2014〕14号），结合县直纪检监察派驻机构统一管理后的运行情况，经县纪委常委会研究，现将县纪委、县监察局派驻县直纪检组、监察室监督检查部门（单位）作如下调整：

**派驻第一纪检组、监察室：**负责监督检查县委办公室、县政府办公室、县编办、县人力资源和社会保障局、县审计局、县民政局、县供销社、县人防办、县住房和城乡建设局、县房管办、县规划局、县城建投资开发公司、县环卫局、县园林管理局、县交通运输局、县智慧城市建设办公室等16个部门单位及所属系统的纪检监察工作。负责联系县住房公积金中心、高崖水库管理局、人民财产保险公司昌乐支公司、建设银行昌乐支行、农业发展银行昌乐支行、潍坊银行昌乐支行等6个部门单位及所属系统的纪检。

**派驻第二纪检组、监察室：**负责监督检查县人大办公室、县政协办公室、县委统战部、县工商联、县环保局、县科技局、县物价局、县金融工作办公室、县商务局、县经管局、县行政服务局、县财政局、县市场监督管理局、县检验检测中心、县安监局、县“三区”建设物流园管委会等16个部门单位及所属系统的纪检监察工作。负责联系县国土资源局、中石化昌乐分公司、县邮政局、邮储银行昌乐支行、人民银行昌乐支行、中国银行昌乐支行等6个部门单位及所属系统的纪检工作。

**派驻第三纪检组、监察室：**负责监督检查县委宣传部、县委党史研究室、县残联、县委党校、县总工会、县知识产权局、县文化广电新闻出版局、县文化市场综合行政执法局、县体育局、县卫生和计划生育局、县传媒集团、县教育局、中泰宝石学院、县发展改革局、县统计局、县粮食局等16个部门单位及所属系统的纪检监察工作。负责联系县国税局、县地税局、县供电公司、县盐务局、县新华书店、中信银行昌乐支行等6个单位的纪检工作。

**派驻第四纪检组：**负责监督检查县委组织部、县委政法委、县委县直机关工委、县委老干部局、县信访局、县档案局、县公安局、县检察院、县法院、县司法局、县委“610”办公室、县林业局、县招商局、中国宝石城管委会、县旅游局等15个部门单位及所属系统的纪检监察工作。负责联系县气象局、山东广电网络有限公司昌乐分公司、电信昌乐分公司、工商银行昌乐支行、农业银行昌乐支行、人寿保险公司昌乐支公司等6个部门单位及所属系统的纪检工作。

**派驻第五纪检组：**负责监督检查团县委、县妇联、县科协、县台办、县机关事务管理局、县经济和信息化局、县中小企业办、县地震局、县委农工办、县农业开发办、县农业局、县畜牧兽医局、县农机局、县水利局、首阳山生态林场管委会、远古火山群生态林场管委会等16个部门单位及所属系统的纪检监察工作。负责联系县公路局、潍坊烟草公司昌乐分公司、移动昌乐分公司、联通昌乐分公司、县农商行、交通银行昌乐支行等6个部门单位及所属系统的纪检工作。

中共昌乐县纪委
昌乐县监察局
2015年6月23日

# 县委各部门工作

## 中共昌乐县委办公室工作概况

县委常委　扈本溪

2015年，在县委的正确领导下，认真学习贯彻党的十八大、十八届三中、四中、五中全会以及习近平总书记系列重要讲话精神，紧紧围绕建设“三个昌乐”的奋斗目标，全面加强干部队伍纪律、作风、能力建设，开拓进取，扎实苦干，各项工作取得了显著成效，走在了全市乃至全省前列。被评为全市唯一的全省保密系统先进集体。

**一、高点定位推进工作**

按照“创先进、争一流，各项工作确保全市前三名”的标准定位，认真履职，主动服务，确保各项工作零失误、创一流。坚持以制度规范各项工作开展，进一步健全完善工作机制，办文办会、公务接待、机要保密、车辆管理、值班等工作全部制度化、规范化、流程化，构建起职责明确、衔接紧密、配合默契、运转高效的工作运行机制，保证了各项工作不越位、不缺位、不错位。一年来，无论是办文办会，还是重大活动组织，都保证了较高的质量和效率，没有出现纰漏，得到领导和社会各界的充分肯定。

**二、全面提升参谋服务水平**

紧紧围绕县委中心工作，充分发挥办公室的参谋、助手作用，从大处着眼，从细微处入手，当好参谋、搞好服务，有力地推动了县委各项工作扎实高效开展。

一是突出以文辅政。围绕县委中心工作认真开展调查研究，积极宣传昌乐县的重要工作和经验做法。在省委《参阅件》、《山东通讯》及《调查与研究》、省《督查工作》、《山东农村工作》、市委《参阅件》、《潍坊通讯》、《改革工作简报》等刊物发表文章、信息189篇，发稿量均居潍坊市各县市区第一位，省委办公厅采用昌乐经验做法的信息居全省各县市区第一位。其中，《昌乐县农村产权制度改革做法》系列文章，得到中央改革办和省、市主要领导关注，并来我县开展调研。

二是强化督查落实。围绕县委重大决策和重点工作、重点项目落实展开专项督查、跟踪督查，六大新兴产业、重点城建项目、重点企业和蓝色经济特色产业园区一月一督查，企业总部基地、大德·国际医疗等“十个一”工程10天一督查。今年以来，2015年共督查事项620余件，开展大小督查活动810多次，印发《督查通报》82期、《督查专报》124期、起草《督查事项通知》52期，县委张书记在各种督查材料上作出批示51次；承办县委、县政府领导批示件741件，撰写专报168期；转办人大代表建议、政协提案322件；起草各类会议纪要58期；迎接市重点项目等专项督查活动10次；

上报反映我县创新做法和工作成果的专报材料，被市委督查室《潍坊督查》采用4篇，列全市第一名，被省委办公厅《督查工作》采用2篇，列全省各县市区第一名。

三是狠抓信息、机要、保密等工作。信息工作，编发《昌乐信息》72期；上报市信息1533条（篇），被采用189条（篇），居全市第一；全市招商与转调创简报发稿6篇，居全市第2名；上报省以上信息552条（篇），省信息宣传昌乐做法的信息9篇，在全省137个县（市、区）中居第一位。机要工作，办理各类电报1300余份，在中央办公厅《机要工作》和省委办公厅《山东机要工作》各发稿1篇。保密工作，未发生任何泄密事件，是全市唯一的局全员通过行政执法证考试、取得“山东省行政执法证”的单位。值班、老干部、大楼管理服务等工作都上了新水平。

**三、切实增强综合协调能力**

坚持“办公室工作无小事”的理念，充分发挥桥梁纽带作用，搞好衔接沟通，形成工作合力，努力做到各项工作周全细致、不出纰漏。一方面，积极搞好综合服务。对县委安排的重大活动和领导日常活动，提前介入、超前运作，精心筹备、周密组织，努力把问题想在前面、工作做在前头，保证了各项活动协调有序、高效推进。2015年，先后组织各类会议、活动251次，牵头接待中央改革办副主任潘盛洲等各级领导和国内外客商1000余人次，各项会议、活动圆满成功，受到领导和来宾的一致好评。另一方面，积极搞好协调服务。按照“总揽全局、协调各方”的要求，主动协调左右、联系内外、沟通上下，加强与领导之间、班子之间、部门之间、上下级之间的协调与沟通，增进和维护了各方面的团结和谐，凝聚起推动发展的合力。全市观摩点评、国际宝石博览会等重大活动期间，县委办公室与县人大办公室、县政府办公室、县政协办公室通力协作，分工负责，有力保障了活动顺利开展。

在做好服务工作的同时，始终把招商引资和联系服务群众作为重要工作来抓，充分发挥招商办协调服务作用，与其他分管领导和有关部门共同抓好调度推进，切实做好项目落地服务工作，新引进塔顶油成产企业总部、新型材料二期两个项目，市认定到位资金4200万元，续建企业总部基地一个项目，超额完成了招商引资任务。自觉践行“群众第一、基层第一、弱势群体第一”的理念，全心全意为群众办实事、解难题、促发展，得到了群众和基层的一致好评。

**四、扎实推进机关作风建设**

以“三严三实”专题教育为载体，以反对“四风”为切入点，狠抓机关作风建设、干部队伍建设，锤炼扎实敬业、团结协作、立说立行、敢于担当的精神，全力推动工作提速、提效、提升。

一是强化作风建设。严格执行中央“八项规定”，坚决反对“四风”，认真落实中央和省、市、县委关于精文简会、规范宣传报道、厉行勤俭节约等各项规定，严把办文办会、公务接待关口，2015年发文数量在去年减少40%的基础上再减少10%。公务接待费用较去年实现大幅下降。坚持民主集中制原则，严格党内生活制度，做到班子成员之间谈心谈话经常化、开展批评和自我批评常态化，提高班子发现和解决自身问题的能力。强化激情、责任心和事业心，办公室干部职工都严格遵守廉政准则和廉洁自律各项规定，时刻注意自己的一言一行、一举一动，没有一人出现违规违纪问题。

二是强化学习培训。以创建学习型机关为总抓手，每周一晚上全体人员集中学习，周四晚上部分人员集中学习、科室交流，雷打不动。认真组织学习习近平总书记系列重要讲话，中共十八届五中全会精神，在“三严三实”专题教育期间，党员干部集中学习了《习近平关于全面推进依法治国论述摘编》、《习近平关于党风廉政建设和反腐败斗争论述摘编》等书目，观看了警示教育片，有针对性地开展了大局意识、事业心、责任感等方面的教育，提升了干部境界和水平。

三是加强干部队伍建设。要求每个科室每周都到镇（街）、部门和企业调研，及时组织学习习近平总书记“五个坚持”理论文章，并撰写心得体会，进一步增强了工作人员的责任心和事业心。按照建一流队伍、创一流部门、出一流业绩、树一流形象的目标和“处事大度、做事大气、行事大方”的工作原则，狠抓干部队伍思想政治、业务能力和工作作风建设，打造人品最好、水平最高、能力最强、业绩最突出的干部队伍，营造了同心同德、干事创业的浓厚氛围。

# 中共昌乐县委组织部工作概况

县委常委、组织部部长　王　勇

2015 年，县委组织部紧紧围绕县委重大决策和中心工作，突出主业主责，坚持从严从实，深入推进领导班子和干部队伍建设、基层党组织和党员队伍建设、人才队伍建设和组织部门自身建设，为在更高水平上建设富强昌乐、生态昌乐、幸福昌乐提供了坚强的组织保证。

## 一、干部教育培训和监督管理扎实推进

一是做好县级领导班子“三严三实”专题教育联络协调和服务工作。坚持以严和实的标准，认真制定工作方案，深入查摆“不严不实”问题，全面完成了 3 个专题的学习研讨，县级领导干部共查摆 261 个问题，并全部整改到位；开展了“为官不为”、“不作为、乱作为”等专项整治，公开查处通报了 6 起典型案件。高质量召开了县级领导班子专题民主生活会，市委书记杜昌文到会指导。

二是坚持需求导向，提升干部教育培训的质量和效益。抓好县委党校主体班次培训，全年共举办县委党校主体班次培训班 4 期，培训科级干部 120 人，培训青年后备干部 60 人；围绕全县重点工作，举办了农村新型社区建设培训班等专题培训班 8 期，培训各级干部 1500 余人次。实施企业家素质提升工程，先后到中科院、浙江大学等培训机构举办了科技创新与人才发展专题研讨班、全县电子商务暨新兴产业发展专题研修班，在县内举办化工产业转型发展专题培训、新能源产业发展研讨交流活动等，培训各类企业经营管理人才 800 余人次。

三是强化干部监督管理。与县纪委共同开展“为官不为”专项整治，发放征求意见函 1000 余份，整理问题线索 82 条，收到意见建议 30 余条，查处落实案件 6 起，相关做法被中组部《组工通讯》刊发。

## 二、领导班子和干部队伍建设有力加强

一是倡树重视基层一线的选人用人导向。大力倡树“重基层一线”的用人导向，引导干部到基层一线锻炼成长。从社区一线和服务窗口提拔干部 35 名，占提拔重用干部的 70%。我县注重从基层一线选拔干部的做法被《潍坊日报》头版头条、《大众日报》二版头条刊发。

二是突出干部选拔任用规范化建设。制定出台《昌乐县科级干部选拔任用工作流程》，对动议提名、推荐考察等 7 个具体环节作出具体规范改进，全面推进干部选拔任用工作规范化；严格落实干部选拔任用全程纪实、档案任前审核、个人有关事项报告和信访举报审查等制度，不断提高选人用人公信度。

三是夯实干部基础性工作。严格按照要求做好超职数配备干部、提前离岗干部整改消化工作，134 名离岗干部全部返回原工作单位，超配的 30 名科级干部全部按期消化，排查出的 84 名党政领导干部在企业、行业协会兼职问题全部整改到位；对 1405 名干部档案“三龄两历一身份”信息进行了审核，向 74 个单位反馈了干部档案缺材料情况，向 752 名干部发函反馈了相关信息认定情况。

## 三、基层党建基础更加巩固

一是深入推进干部力量下沉。高标准打造了 18 个党建示范社区，落实社区办公经费，推进“三四三”工作机制，梳理“三个清单”53 项公共服务，拓展 12 项便民服务，深化农村社区服务工作，市委书记杜昌文对我县社区公共服务平台建设的做法给予肯定并作出重要批示。

二是加强党员发展和教育管理。县镇两级共选配 57 名专兼职组织员，把好党员“入口关”，全年发展党员 464 名。举办农村党组织书记培训班、县直机关党组织书记培训班、村“两委”成员培训班等 6 期培训班，举办 45 期农村党员集中培训班，实现了农村党员全覆盖培训。制定《农村“三务”管理工作责任追究办法》，以刚性要求和制度形式规范基层党员干部行为。

三是统筹推进包村联户和“第一书记”工作。实现了“第一书记”全覆盖包靠省定贫困村和软弱涣散村，并编制《包村扶贫政策汇编》，制定“第一书记”管理考核办法，召开“第一书记”交流评

议会议，强化督查通报和工作推进，确保了“第一书记”下得去、蹲得住、干得好。

*四是强化村级组织运转保障。*县财政列支3557万元村级组织运转经费，村均达到9.6万元；城市社区按20万元标准，协调县、街道两级财政按5∶5的比例全额拨付到位。为1609名离任村主职干部按照标准落实了生活补贴。

*五是积极推进远程教育转型。*搭建了“蓝宝石之都·昌乐党建云平台”，推动基层党员网上在线学习。建立了齐鲁先锋党建手机信息系统数据库和党内信息综合管理平台数据库，对7大群组、29类共4251人的手机数据库信息进行了采集，对全县1648个党组织、36389名党员的数据进行了统计录入。开通了“昌乐党建”手机微信公众号，29825人订阅共产党员微信易信，全县党员订阅比率达到了81%。加大课件开发力度，1部课件获中广协全国城市节目评析大会银奖，3部课件被省远教中心课件库采用。

**四、人才队伍建设统筹推进**

*一是加大人才引进力度。*围绕全县“2121”工业主导产业和六大新兴产业发展需求，开展了全县新能源产业高层次人才对接交流会、昌乐县·浙江大学专家对接交流会等活动，共培养引进高层次创新创业人才38名，其中“两院”院士2名、国家“千人计划”专家2名、泰山学者1名，选聘了国家“青年千人计划”专家修发贤等科技专家顾问4名。

*二是加快人才平台载体建设。*坚持企业主导、政府扶持，加强企业研发机构建设，积极鼓励和引导企业与高校、科研机构合作共建科技企业孵化器、技术中心、重点实验室、科研工作站等，形成“以平台引人才，以人才强平台”的互促共进机制，全年新建博士后科研工作站1家、市级科技企业孵化器1家。

*三是迸发人才活力。*开展首席技师、高技能人才、农村实用人才等优秀人才评选工作，举办第二届昌乐县职业技能大赛、第二届“昌乐名师”评选等活动，共选拔评选出优秀人才274人，其中1人被推荐评为“齐鲁乡村之星”。加大对技能人才、农村实用人才的培训培养力度，累计举办各类人才培训班200多期，培训“田秀才”“土专家”4000余人次，培训企业一线技术工人1000余人次。

**五、组织部门自身建设水平显著提升**

从严开展部机关“三严三实”专题教育，开展“守纪律、强作风、勇担当、争一流”专题教育活动，大力加强党性教育、廉政教育和部风教育，引导组工干部增强底线意识、树牢底线思维、努力创先争优。实施组工业务技能提升计划。坚持每周五下午集体学习制度，开展岗位练兵活动，努力培养精通业务工作的多面手。扎实做好包村工作，帮助包靠村扩大合作社规模，融资200余万元，我部选派的“第一书记”梁其坤工作积极、作风扎实、事迹过硬，在全县“第一书记”中树立了标杆，被县委表彰为“十佳第一书记”。加大组工宣传力度，全年在中组部《组工信息》刊发稿件1篇、在《山东组工调研信息》刊发1篇、在《潍坊组工调研信息》刊发1篇，有多篇新闻宣传稿件在国家和省市新闻媒体发表；组织撰写的5篇优秀网评文章被《人民日报》《中国组织人事报》采用。部机关招商引资、廉政建设、计划生育、“双拥”工作等也都取得了较好成绩。

## 中共昌乐县委宣传部工作概况

县委常委、宣传部部长　贺玉洁

2015年，县委宣传部认真贯彻落实中央和省市县委各项决策部署，坚持围绕中心、服务大局，围绕“四个全面”战略布局，牢牢把握正确导向，主流思想舆论进一步巩固，社会主义核心价值体系建设扎实推进，文化事业发展成效显著，宣传思想文化工作基调鲜明、健康向上，为更高水平的“三个昌乐”建设提供了有力的思想保证、舆论支持、精神动力和文化条件。

**一、深入学习贯彻习近平总书记系列重要讲话精神，推动党的理论创新成果深入人心**

把学习贯彻习近平总书记系列重要讲话精神作

为重大政治任务，加强对“四个全面”战略布局和“五大发展理念”的研究探讨，加强理论研究和理论惠民工作，不断用党的理论创新成果武装头脑、指导实践、推动工作。一是扎实推进中心组学习，党委（党组）中心组学习带动作用发挥充分。二是积极推进理论大众化普及，开展了党的十八届三中、四中、五中全会和习近平总书记系列重要讲话精神学习、宣讲活动。三是认真打造理论建设平台，建成了县国税局、县公路局等8处潍坊市理论宣教基地，宝都街道党（工）委、供电公司党委等21处潍坊市学习型党组织示范点，五图街道庵上湖村、鄌郚镇漳河社区、红河镇红河社区等25处潍坊市理论大众化示范点。

**二、牢牢把握正确舆论导向，营造经济社会健康发展的良好氛围**

坚持团结稳定鼓劲、正面宣传为主，做大做强主流思想舆论，强化意识形态领域管控，进一步唱响主旋律，凝聚正能量，为全县经济社会发展提供了有力的舆论支持。

（一）对内宣传鲜明有力。依托全媒体矩阵，精心组织全面深化改革、“四个全面”战略布局、“三严三实”专题教育、抗战胜利70周年、六大新兴产业、大众创业万众创新等重大主题宣传。对宝博会等重要节会进行了全方位宣传报道。2015年昌乐电视台全年共制作播出《昌乐新闻》365期。播出《视点》等新闻栏目250多期。电视台五个频道全年播出自办节目总时长超过10000小时。昌乐人民广播电台全年播出总时长7500多小时。《中国蓝宝石之都·昌乐报》共出版300期，2700多个版面。全县各级各部门也围绕中心工作积极做好新闻宣传，红河镇、鄌郚镇、乔官镇、宝都街道、五图街道以及县卫计局、教育局、城管执法局等单位在各级媒体发稿成绩突出。

（二）对上宣传取得新突破。高端媒体发稿数量稳步增长，在市以上新闻媒体发稿2980篇。其中，《人民日报》发稿3篇，中央电视台新闻联播发稿5条，新华社内参类稿件5个，《大众日报》、《农村大众》发稿94篇，山东新闻联播发稿64条，我县在省广播电台发稿总分列全省第4名，在省电视台发稿总分列全省第24名。重头稿件影响力显著增强，在《人民日报》刊发新闻《龙头企业来了，农民得了啥》，介绍了鄌郚镇的农业产业化发展经验；在《大众日报》头版头条刊发《一流金融业态厚植昌乐发展后劲》介绍了昌乐县优化金融环境，助力企业发展的经验做法；在山东电视台《新闻联播》头条位置播出新闻《乐器小镇互联网上奏响个性乐章》，重点以鄌郚乐器为例，报道了我县乐器产业依托互联网转型升级的经验做法；在《新华社山东参考》刊稿：《简单事情不出社区麻烦事情干部代办——昌乐推动社区实体化运行促服务前移调查》，介绍了我县干部力量下沉的经验做法；在香港《大公报》策划的专版：《山东瓜农缅甸淘金》获得“风筝都文化奖”外宣类作品奖，成为全市十件入选作品之一。

（三）网络宣传引导能力进一步提升。网上正面宣传成效显著，先后在新华网等各级主流网站发稿800余篇。邀请了“全国网络媒体山东行”来我县集中采访，先后发表稿件200多篇。积极做好官方微博“昌乐发布”的信息发布工作，共发布各类政务信息500余条，新增粉丝200余人。舆情处置和舆论引导及时有效，先后应对处置20余起重要敏感网上舆情事件，完成关于全国“两会”等重大引导任务30次，配合有关责任部门，有效化解20余家监督媒体对昌乐的负面报道。舆情监看与信息上报工作成绩突出，共发现涉及我县不良网上信息700余条，撰写报送371期《舆情专报》，其中第一、第二、第三季度《舆情分析报告》及60余期《舆情专报》获县委主要领导批示。2015年被省委宣传部表彰为“全省舆情信息工作先进单位”，市委宣传部专门发信表扬，其中营丘、红河、宝都、鄌郚、乔官等镇街舆情报送成绩突出。

（四）宣传队伍素质明显加强。县新闻中心获得《大众日报》《农村大众》《潍坊日报》新闻报道先进集体。昌乐传媒集团获得山东广播电视台广播宣传、电视宣传先进集体一等奖，潍坊广播电视台广播宣传、电视宣传先进集体一等奖。2015年度昌乐县共有46人获得市级以上主流媒体优秀通讯员荣誉称号，其中13人被评为山东广播电视台2015年度广播宣传先进记者，有5人被评为山东广播电视台2015年度电视宣传先进记者。

**三、大力培育和践行社会主义核心价值观，崇德向善的社会风尚更加浓厚**

把培育和践行社会主义核心价值观作为凝魂聚气、强基固本的基础工程，加强爱国主义教育，深入推进社会主义核心价值观建设。

（一）核心价值观学习宣传进一步加强。积极开展社会主义核心价值观的密集化、常态化宣传，开展公益广告展播活动，在《昌乐报》每周刊登至少2个整版，县电视台各频道、县广播电台每天循环播放20条次的公益广告；建设和城管等部门充分利用建筑围挡设置公益广告近万平米；传媒集团利用阅报栏建设公益广告宣传阵地200余处；县直有关部门设置遵德守礼提示牌2000余块，县园林局等部门利用广场、公园建设公益广告主题宣传公园10余处；镇（街、区）利用各村（社区）中心街、主要街道建设了公益广告文化墙5000余面。宝都、宝城、五图、鄌郚、红河、首阳山旅游度假区等镇（街、区）的公益广告宣传特点突出、覆盖面广。同时，在元旦、春节期间广泛开展“有德吉祥灯”火红闹新春、核心价值观主题年画下乡、“贴春联、送祝福，共享邻里情”、“逛庙会、赶大集、赏民俗”等活动，推动核心价值观融入百姓生活，引导实践养成。

（二）抗战纪念活动浓墨重彩。对全县纪念抗战胜利70周年活动作出安排部署，广泛组织开展“缅怀英烈　圆梦中华”系列主题教育活动，在报纸、广播、电视、网络等新闻媒体开设抗战主题专栏，累计刊发、播放各类稿件近百篇。举办了全县纪念抗战胜利70周年书画展，共征集展出书画作品200余幅。举办了纪念抗日战争暨世界反法西斯胜利70周年连环画展，共计展出作品130余幅。以昌乐英雄儿女抗日战争故事为主要内容，拍摄了大型纪录片《抗战壮歌》。顺利完成了昌乐县革命烈士陵园和中国蓝宝石博物馆两处市级爱国主义教育基地的复查验收。组织做好了走访慰问老战士、老同志活动。

（三）“四德”工程建设深化拓展。深入实施善行义举“四德”榜普及提升行动，分级分类推动“四德”榜向机关、企业、学校拓展延伸，全县村居（社区）建榜417个，企业建榜26个，学校建榜23个，机关建榜40个。我县乔官镇道德模范滕桂兰当选2015年全省善行义举“四德”榜“帮上有名”先模人物。昌乐县被评为全市“四德”工程建设示范县。

（四）典型宣传有声有色。持续加强典型选树宣传工作，我县“沟灌变喷灌、节水省一半”经验做法被评为山东省首批节约之星。2015年评选昌乐好人28人，向上级推荐的好人中乔官镇推树的诚信典型滕桂兰当选山东省道德模范；县供电公司推树的孝德典型钟洪坤当选中国好人。此外还有2人当选山东好人，11人当选潍坊好人。在县内媒体开设“好人就在身边”专栏，大力宣传模范事迹，积极开展关爱行动，倡导了好人好报的价值取向。

**四、深化群众性精神文明创建，社会文明程度进一步提升**

坚持城乡统筹，着力巩固成果，抓好深化拓展，居民文明素质和社会文明程度不断提升。

（一）群众性精神文明创建活动广泛开展。文明创建成效显著，顺利通过复查验收，继续保留全国文明县城称号，被省委省政府命名表彰为省级文明县；新增一批省、市级文明单位（村镇、社区），五图街道庵上湖村被评为全国文明村，朱刘街道山坡社区、红河镇小阿陀村被评为省级文明村，乔官镇东河下村被评为市级文明村、宝都街道永康社区被评为市级文明社区；县交通局、育才双语学校等4个单位被评为省级文明单位，县国土局被评为市级文明单位。目前，全县创建全国文明村1个、省级文明单位（村镇、社区）40个，市级文明单位（村镇、社区）43个，县级文明单位（村、社区）120个。

（二）乡村文明行动深入推进。努力提升城乡环卫一体化水平，顺利通过省群众满意度电话测评，实现城乡环卫一体化全覆盖。积极推进“百镇千村”建设示范工程，我县被评为“乡村文明行动省级示范县”，鄌郚镇被评为省级文化特色建设示范镇，宝都街道三和社区、朱刘街道魏家庄社区、宝城街道任疃社区、乔官镇响水崖村、红河镇红河村等13个村被评为省级“乡村文明家园”示范村（居）。开展“新农村、新生活”培训活动，全年培训95场，培训人员10300人次。宝都街道围绕推动社会主义核心价值观落细落小落实，组织开展了村风大讨论大凝练大推广活动，有力推进了村风文明建设。

（三）志愿服务工作不断加强。制定下发了《关于在全县深入开展志愿服务活动的实施意见》，县直机关党工委、团县委、县妇联、县教育局、县民政局等11个部门建立了志愿者分会；红河镇注册成立了全县首家专业社会工作服务机构——心悦社会工作服务中心，引进“阳光义工”设立分支机构，组织成立红河镇志愿服务联盟。目前，全县志愿者达1万余人，围绕扶贫救助、送戏下乡等重点广泛开展志愿服务活动。2015年，县文联、昌乐美文艺术培训学校被表彰为潍坊市文艺志愿服务优秀集体，昌乐县公益志愿者协会被表彰为省级最佳志愿服务组织。

（四）未成年人思想道德建设工作扎实开展。乡村学校少年宫建设进一步提升，积极组织申报中央、省专项彩票公益金支持的乡村学校少年宫建设项目，目前，我县共申报3个中央项目，4个省级项目，争取扶持资金100余万元。结合清明、七一等时间节点，团县委、县妇联、县教育局等部门以“做一个有道德的人”为主题，在全县中小学校重点开展了网上祭英烈、经典诵读、童心向党等系列活动，引导未成年人讲道德、尊道德、守道德。积极做好优秀童谣征集评选活动，向省市推荐报送优秀童谣2首、经典诵读10个节目，在山东省青少年经典诵读电视大赛中，县教育局选拔推荐的4名选手入围潍坊20强，代表潍坊参加省级比赛，其中1名选手入围省决赛。

**五、扎实推进文艺精品创作和公共文化服务体系建设，文化事业不断繁荣发展**

认真贯彻落实习近平总书记在文艺工作座谈会上的讲话精神，提高文艺产品创作生产规范化程度，推进公共文化服务标准化均等化。

（一）文艺精品创作生产成果不断涌现。大力加强文学创作，出版《遥远的丹河》《姜太公与营丘》等有较大影响力的文学作品20余部，在省级以上报刊发表文学作品130多篇，获省级以上奖励50余篇，100多幅摄影作品获国家级大奖。在全市重点文艺作品评选中，《遥远的丹河》、《昌乐县非物质文化遗产系列丛书》两部文学作品，乔官镇整理的《大葛狮子舞》民间艺术传承项目，文明办提报的“文明之夏”群众文化活动品牌，获得市委宣传部表彰奖励。在第三届齐鲁文化之星评选中，我县音乐家协会、曲艺家协会各有1人入选。潍坊市第三批风筝都文化奖，我县有1件作品入选外宣类优秀文化作品奖，1家企业入选优秀文化企业奖，2人入选优秀文化人才奖。营丘镇孝道文化建设、乔官镇非物质文化遗产整理工作特点突出。

（二）公共文化服务体系建设更加完善。建成了县非遗综合传习中心，新安装200块大型高档公益阅报栏，全县镇（街、区）已全部建成综合文化站，文化广场、大院和文艺表演队伍实现了行政村全覆盖。乔官镇、营丘镇、鄌郚镇、红河镇四个镇全部建成镇级图书馆，营丘镇、乔官镇建成了“尼山书院”，鄌郚镇文化站被评为国家一级文化站。积极推进公益电影放映和农家书屋提升工程，全年放映电影3672场次，对120家农家书屋进行了出版物的更新与补充。媒体融合发展水平不断提升，潍坊市新媒体融合暨安全播出工作会议在我县召开，推广昌乐县媒体融合发展、社区广播“村村响”和公益阅报栏建设的经验做法。大力推进文艺协会正规化建设，基本完成协会换届任务，八大文艺协会会员达到1500多人，其中国家级会员5人，省级会员100多人。在全国县级率先成立全国性的美术院、书法院。八大协会常年组织开展各类精品文艺活动，摄影家协会连续3次举办全国摄影大展、大赛、影友联谊会，书法家协会、美术家协会多次举办高水平书画展览。

（三）群众性文化活动不断丰富。在打造“昌乐百姓大舞台”“送戏下乡”“广场舞大赛”“社区文化节”等文化活动品牌基础上，精心组织了“元宵节民间文艺表演”“放歌昌乐·文明之夏”“新农村文艺会演”等系列文化活动。高崖库区举办的仙月湖乡村快乐游活动，日均接待游客8000余人。县传媒集团的“幸福昌乐大家乐”、“向梦想出发”等群众性电视选秀节目推出了下基层海选，全年举办各类演出300余场。全市群众满意度测评——文化生活项目我县位列潍坊市第四名。各镇（街、区）结合本地实际，广泛开展文化活动，丰富了基层群众的精神生活，全县满意度测评——文化生活项目五图街道位列全县第一名。积极参加对外文化交流，组织参加了中国（潍坊）第八届文化艺术产品交易博览会开幕式表演暨潍坊市第四届“潍水之春”群众文艺会演昌乐专场演出、潍坊市京剧票友大赛。大力加强人才培养和培训，开展各类培训活动80余期，培训基层文化骨干和文艺爱好者2000余人。

（四）文化产业发展势头强劲。文化及相关产业增加值占比在全市连续三年排名第一。鄌郚镇乐器产业发展成果丰硕，百灵乐器、惠好乐器等3家企业被纳入省重点文化企业，郚部乐器产业园区被纳入省重点文化产业园区，郚部镇被评为山东省“互联网+特色产业强镇”。乔官镇乡村旅游产业发展亮点突出，依托远古火山群独特优势，以方山、远古火山等自然景观为基础，响水崖、土埠沟、姬家庄子村为延伸，构筑起“两山三村”大旅游格局，响水崖、土埠沟分别获得省级传统村落、省级旅游特色村等荣誉称号。县经济开发区积极为佳诚数码、梦金园2家企业申报山东省文化产业引导基金，加快推进阳光概念包装产业园、佳诚数码、威信数码等文化企业项目建设。朱刘街道培植了都昌菩提文玩、潍坊世代古典汽车博览两个亮点文化产业项目。高崖水库库区仙月湖乡村旅游影响不断扩大，五图街道庵上湖村农业观光旅游加快发展。书画市场发展迅猛，美术馆、画廊达到近百家。全县文化产业呈现出竞相发展的蓬勃态势。

## 中共昌乐县委统一战线工作部工作概况

县委常委、统战部部长　王　勇

2015年，县委统战部全面落实各级统战工作会议精神和《条例》及实施方案，以服务经济转型升级为主线，以加强党外代表人士队伍建设为核心，以维护民族宗教领域的和谐稳定为目标，着力做好各领域统战工作，不断提升全县统战工作水平，为加快建设更高层次的富强昌乐、生态昌乐、幸福昌乐提供广泛强大持久的力量支持。被评为潍坊市统战理论调研工作先进单位。

**一、夯实统战工作基础**

建立完善统战工作台账。建立少数民族工作、宗教工作、党外知识分子和党外代表人士工作等台账12个，551名少数民族群众、118名少数民族学生、8000多名信教群众等信息全部纳入数据库。不断拓展统战工作新领域。将全县8名新媒体从业人员、11名留学归国人员、8名律师、4名会计师等纳入了统战工作范围。加强与县综治办的合作，将全县所有少数民族、宗教等相关数据纳入全县综治信息网格化管理系统平台，在全县范围内建立起根植村组、覆盖全县、信息灵通、张合有度的工作网络。

**二、强化教育引导**

一是抓好中央、省、市委统战工作会议精神的学习。组织召开了县委统战工作会议，印发了《关于建立全县党外代表人士队伍建设工作联席会议制度的通知》、《关于建立县级党政领导班子成员与党外代表人士联谊交友制度的意见》等文件3个。二是加强统战各领域教育培训。共完成党外代表人士培训1次，培训党外代表人士120人次；举办宗教工作干部培训班1期，培训宗教界代表人士110人次；举办村（社区）宗教工作联络员培训班1期，培训人数350人次。

**三、加强党外代表人士队伍建设**

建立了定期联席会议制度。印发了《关于建立全县党外代表人士队伍建设工作联席会议制度的通知》，建立了由县委副书记任组长，统战、组织、宣传、科教文卫体等20多个县直部门分管负责人共同参与的党外代表人士联席会议工作机制。落实县级领导班子成员联系党外代表人士制度。下发了《关于建立县级党政领导班子成员与党外代表人士联谊交友制度的意见》，全县县级领导班子成员每人联系2名党外代表人士，通过电话、微信、召开座谈会等方式，加强经常性培养及联系。加强与组织部门的沟通协商，做好党外干部实职安排和挂职锻炼、交流等工作，建立党外代表人士实践锻炼基地4处。

**四、助力更高水平“三个昌乐”建设**

深入开展“同心”系列行动，做强昌乐“同心统战”工作品牌。支持党外知识分子联谊会开展“智力扶贫”“文化扶贫”以及科技、卫生、法律下乡等活动。共开展各类下乡活动20多次，展各类咨询活动40多次，举办各类技术讲座30多次，接待咨询义诊群众10000多人。深化“活力统战·非公企业党建示范点”建设，做强昌乐“活力统战”工作品牌。做好全县非公企业党组织建设；继续与县委组织部、县直机关工委开展对创建“五星级”党组织的非公有制企业发放信用贷款工作，共帮助

4 家企业获得潍坊银行低息贷款 1200 多万元。

**五、加强民族宗教工作，确保民族宗教领域和谐稳定**

全面推进民族团结进步创建活动。积极与“六进”活动相结合，深入推进民族工作进乡镇、进社区、进机关、进学校、进企业、进宗教场所，打造了一批具有鲜明特色的民族工作示范点。先后完成了 11 个单位的创建任务，昌乐县新城中学被市委宣传部、市民宗局评为“潍坊市民族团结进步创建活动先进示范学校”。依法加强对宗教活动场所管理。协调解决了宗教活动场所开设单位银行结算账户难的问题；帮助落实好宗教活动场所生活用电价格调整政策，加快推进宗教活动场所申领组织机构代码证工作。注重宗教教活动场所的安全工作。将全县 22 个宗教活动场所全部纳入县消防部门的管理范畴。以“发挥正能量，共筑中国梦”为主题，开展“宗教政策法规学习月”活动。以“慈爱人间，服务社会”为主题，开展“宗教慈善周”活动，努力打造我县宗教公益慈善品牌。2015 年，全县宗教界共募捐善款 15 万多元，其中用于济困资金 13.9 万多元。努力做好少数民族服务工作。积极协调公安部门和各镇（街、区），建立了流动少数民族基本情况登记制度；2015 年，共帮助办理更改民族成分 3 人，帮助少数民族考生加分 3 人。

## 中共昌乐县委政法委员会工作概况

县委常委、政法委书记　徐玉山

2015 年，县委政法委在县委的正确领导下，在市委政法委的指导和支持下，认真贯彻落实中央和省、市一系列决策部署，深入推进平安昌乐、法治昌乐和政法队伍建设，着力维护社会大局稳定、促进社会公平正义、保障人民安居乐业，政法综治维稳各项工作均实现突破性提高。在 2015 年度的科学发展观考核中，县委政法委承担的三项考核指标均取得好成绩（“领导干部干预司法情况”得满分，居全市第一；“平安潍坊建设”居全市第二；“重大决策社会稳定风险评估”居全市第二）。在市综治委组织的 2015 年度全市群众安全感满意度调查中，昌乐县五项电话访问指标的总分全市第一。昌乐县代表潍坊市接受了省综治委的年度平安建设现场考核。

**一、政法工作取得新成效**

（一）*重视和加强政法队伍建设*。在全县政法系统组织开展了“十名优秀政法干警”“十个先进基层政法单位”“十名法律学习标兵”“十个公正司（执）法典型案例”“十件司（执）法为民实事”“五个十”评选活动，树立了政法干警的良好形象，提高了政法机关的公信力，推动了法治昌乐建设。

（二）*以“一案三处”为抓手，涉法涉诉信访工作转入法治化轨道*。在全市率先探索推行“一案三处”工作法（即：同一个涉法涉诉信访案件，视责任情况，分别依法依规处理非访当事人、办案责任人、稳控责任人），市委政法委充分肯定，并在全市推广。2015 年，昌乐县成为全市唯一的涉法涉诉进京“零非访”县（市、区）。

（三）*加强案件评查，开展司法救助*。加强源头预防，推行政法部门执法办案社会稳定风险评估，坚持每案必评、每个执法环节必评，实现风险评估全覆盖，全年共评估各类案件 1327 起；对生活确有困难的 22 名涉法涉诉信访人进行了救助和帮扶，发放国家司法救助资金 16 万元。

**二、综治工作实现新突破**

（一）*视频监控专网建设卓有成效*。按照中央、省、市立体化治安防控体系建设要求和 2013 年昌乐县提出的“全县一个网、探头全覆盖、分级设平台、综治求实效”的目标，进一步优化了县、镇、村三级管理应用平台，积极探索企业赞助、群众捐助等多种资金来源方式，进一步提高了覆盖密度和图像清晰度，探索了专网费用“打包”统筹的解决办法，减轻了基层联网费用负担，进一步提高了基层安装视频监控的积极性。

（二）*综治信息化试点顺利通过验收*。充分利用昌乐县被中央综治办确定为全国 18 个“综治信息化试点县”之一的有利时机，大力推进综治信息化建设，引进了杭州天阙科技有限公司的“9+x”软件，建成了“昌乐县社会治理综合信息系统”，已录入人口信息57万条、房屋信息17万条，办理事件3608条。系统数据在全省试点县中率先实现了与中央综治办的成功对接，成为全省第一个通过中央综治办信息化课题组验收的单位。

（三）综治网格化积极推进。2015年1月，县委政法委组织条件成熟的5个镇（街、区）综治办先后到江苏、浙江等省和诸城等地区学习先进经验，结合全县社区调整，进一步完善了县、镇、社区和基本单元“四级网格”，初步构架起了县、镇、社区三级管理机构，选配了三级管理员，四级网格全部建成并投入使用。2015年，省、市委政法委先后多次来昌乐调研网格化工作，河南、聊城、临朐等的县市区政法委专门来昌乐县学习考察。

（四）综治维稳基层基础更加坚实。健全完善了四级综治维稳体系，积极推行镇（街、区）综治办实体化运行，规范机构设置，配齐配强镇、村两级综治干部，全县369个行政村全部明确了综治组织负责人；对城市小区实行保安统一管理，即统一基本招录条件，统一培训考试要求，统一基本保安标识，统一基本服务标准，提升了全县保安工作水平。

（五）铁路护路联防水平不断提高。创新护路方式方法，对GPS巡线系统进行升级改造；借助全县视频监控全覆盖工程，在全市率先推进铁路沿线视频监控建设，这一做法，得到省、市综治办的充分肯定，昌乐县在全市护路工作会议上作了典型发言，并代表潍坊市接受了省护路办的半年和全年考评。

**三、维稳工作实现新提高**

（一）社会矛盾纠纷预防和化解机制进一步完善。在重大矛盾纠纷预防方面，始终坚持社会稳定风险评估不动摇，坚持关口前置，严格备案，加强监督，有效预防了重大矛盾纠纷的发生。专业调解机制进一步完善，积极发挥10个行业调解组织的作用，调处争议案件109起；建立了警民联调、诉调对接、检调对接工作机制，全县13处公安派出所全部建立了调解工作室，配备专兼职人民调解员56名，化解矛盾纠纷937起。10个镇（街、区）全部建立了信访听证室。开展以“周末律师”为主体的律师进社区活动，全县城乡社区全部设立律师工作室。探索建立了知心“六员”恳谈制度，协调、处理群众反映的问题383件，知心“六员”恳谈的做法被《山东政法》刊发。昌乐县精准化解矛盾纠纷的做法被中央政法委主办的《长安》杂志刊发。

（二）应急处置工作水平全面提升。从组织指挥、情报信息预警、人员装备保障、预案演练训练、信息化支撑五项机制入手，积极推进应急处置机制建设，构建起了“科学、务实、简约、管用”的应急处置体系。6月29日，全省推进健全群体性事件应急处置机制建设工作专题会议在昌乐县召开，昌乐县的演练表演及相关工作得到中央、省、市领导的高度评价。

（三）特殊人群管控工作扎实有效。全县528名社区矫正对象全部落实矫正措施，帮教率达100%；着重加强了易肇事肇祸精神病人和无主精神病人的救治救助管理，对113名精神障碍患者实施了补助救治。

维稳工作成效明显，在12月21日的全省维稳工作会议上，县委主要领导代表昌乐县作了题为《织密结实“四张网”创新机制“多元化”全面提升应急处置工作水平》的典型发言。

## 中共昌乐县委党校工作概况

党委书记　葛凤杰

2015年，在县委、县政府的正确领导下，县委党校紧紧围绕县委、县政府中心工作，以创建省级先进党校，建设一流党校为目标，认真贯彻落实《中国共产党党校工作条例》和全国党校工作会议精神，突出党校特色，坚持改革创新，努力打造共产党人修身养性的“红色殿堂”，各方面工作取得显著成绩。

## 一、突出主业主课地位，圆满完成培训工作

一是优化教学内容，突出“四个专题”教育。在坚持和完善“一个中心、四个方面”基础上，突出党的理论教育和党性教育主课地位，着力打造“四个专题”教育为主体的教学新布局。以马克思主义中国化最新成果，尤其是以习近平总书记系列重要讲话精神、中共十八大及历次全会精神为中心的党的理论教育；以“党性教育单元”为载体的党性教育；以学习党章为切入点的党规党纪教育；以县委、县政府中心工作为重点的市情县情教育，及时解读宣传县委县政府的重大决策部署，当前这项教育已成为昌乐党校品牌教育。

二是改进教学方式方法，落实“两个课堂”创新。形成了以校内课堂为主，校外课堂为辅的教学新模式。校内主课堂实行板块式“四化”教学，即课程设置具体化、授课内容成果化、课堂讲授互动化、教学评价绩效化，实现了对教学全程的质量控制。校外课堂主要是定点开展“五步”高效课堂教学。通过与县委组织部共同建立的中国宝石城等六个现场教学基地，把课堂设在现场，使理论教学更贴近实际。

三是灵活设置培训形式，不断提升学习效果。采取专题辅导、研讨交流、实地调研、撰写调研报告、菜单式选学等多种学习形式，有效提高了学习效果。尤其是倡导学员“教师”上讲台，推行研究式学习，增强了研讨交流的力度。同时，强化了党性实践现场体验培训方式，组织学员到潍坊市廉政教育示范基地等开展现场体验教学，增强了培训效果。

四是开齐办全主体班次，不断扩大培训规模。2015年共举办科级干部进修班三期，培训学员120余人；青年干部培训班1期，培训学员40人，到县直有关部门单位宣讲中共十八届五中全会精神等20余次，宣讲对象1600余人。此外，还与县机关党工委等部门合作，举办入党积极分子培训班等专题培训班，充分发挥了党校作为培训轮训党员干部的主渠道和主阵地作用，圆满完成了年度培训任务。

## 二、坚持正确科研导向，积极发挥智库作用

一是课题研究取得新成果。坚持“问题导向”意识，深入实施课题带动战略，全年完成立项课题18个。其中全省党校系统课题《政府管理视角下农村土地流转风险可控性研究》1个，潍坊市社科联重大规划课题《基层政府运用法治思维与法治方式，加强法治政府建设研究》等2个，潍坊市党校系统课题《生态文明建设的路径探索》等5个，县级调研课题《新形势下的农村新型社区治理研究》等10个。

二是论文发表富有新提升。坚持“精品名作”意识，认真落实质量提升工程，全年累计在国家级报刊发表论文22篇。其中《新时期农村基层治理变革下的宪政问题》等论文在《中文信息》等重点理论刊物上发表；《加强教师教育引导、提升学员心理健康》等论文在《教学与研究》等专业教研刊物上发表；《申请强制执行莫入误区》等论文在《人民权利报》等权威报纸上发表。

三是成果获奖富有新亮点。坚持“获奖就是标杆”的思想，全年共有12篇理论文章获奖，其中荣获市级以上8项。《山东抗日根据地的政权建设及启示》获全省党校系统庆祝抗日战争胜利70周年理论研讨会一等奖；《破解土地瓶颈，促进城镇发展》获潍坊市党校系统社科成果一等奖；《习近平总书记“四个全面”治国理政思想研究》等2篇论文获山东省委讲师团优秀论文奖；《坚持问题导向，努力践行党的群众路线》等4篇论文，分获潍坊市党校系统社科成果二、三等奖等。

四是服务教学富有新课题。坚持“教学出题目、科研做文章、成果进课堂”的工作思路，促进更多有价值的研究成果服务于党校教学，“研究向授课型转变，教学向研究型靠拢”的教研一体化工作进一步优化。在2015年度主体班次新增的8项授课内容中，4项是由调研课题转化而来的。

## 三、坚持人才强校战略，队伍素质显著提升

一是开展主题活动内练本领。着眼于党校教学科研质量提升，不断创新人才培养方式，开展了“讲规矩、守纪律、做表率”主题教育活动，落实了对教师授课“一听二评三议四改五必须”制度，规范了教师授课程序，提高了授课水平，有效提升了教师素质。同时，认真做好宣讲备课工作，积极服务于全县党员教育活动，先后选派多名教师到县国土局、传媒集团等10余个部门单位围绕党性主题教育活动开展宣讲。

二是加强校外培养外强素质。通过多种有效途径，全面提高科研人员的政治素质和业务能力。加

强外派学习进修，制订了翔实的培训计划，选派教研人员有针对性地到上级有关单位进修学习深造，先后选派了12人次到山东省委党校等单位学习进修。下派基层实践锻炼，选派一名年轻教师到农村一线挂职“第一书记”，9名骨干教师参与农村帮贫扶困。充分利用潍坊党员干部学习网、专业技术人员继续教育等平台，组织广大教师进行持续“充电”。3名教师被潍坊市委讲师团聘为专家库成员。

**四、坚持从严治校理念，严格施治管理规范**

*一是端正学风从严治学。*以支部建在班上为立足点，落实以学员党支部为主的自我管理，同时严格落实组织部、党校、学员所在单位三方共管制度。以不准搞特殊化等“十不准”制度为突破点，严格实施学员管理制度。以加强培训实效为落脚点，由县委组织部和党校对学员进行德的百分量化考核和学习效果的百分量化考核。本年度主体班次学员全部以优秀成绩毕业，没有一个学员掉队，没有发现一个学员在校期间违法违纪违规，展现了从严治校带来的良好学风与校风。

*二是加强管理从严治校。*以事业单位人事制度改革为契机，建立了以目标为导向，以实绩为依据的《绩效考核评价体系》。以提高机关服务效能为宗旨，加强校园信息网络建设，提高办公效率和现代化管理水平。以提高管理实效为目标，坚持边学边改。修订、新建制度6项，对教学、办公、生活、卫生等各方面工作秩序进行调整完善，努力打造良好的办学环境。

**五、加强领导班子建设，作风民主廉洁勤政**

*一是切实加强领导班子自身建设。*高度重视领导班子廉政建设，始终把贯彻落实党风廉政建设工作摆上重要议事日程。围绕“团结、民主、和谐、向上”的班子建设目标，及时组织学习党风廉政建设文件精神，研究分析加强党风廉政建设工作的措施办法，认真召开校委班子专题民主生活会，全体班子成员能够自觉遵守领导干部廉洁从政的有关规定。

*二是严格执行廉洁勤政规定要求。*认真做好“三重一大”工作，严格按要求做好了公务用车、公务接待、党务校务公开、办公用房清理等各项任务。在重大决策、重要项目安排、大额资金使用中始终坚持民主决策。

*三是认真落实党风廉政建设责任制。*把领导干部述职述廉、个人重大事项报告与落实党风廉政建设责任、年度考核以及目标管理有机结合起来，促使党风廉政建设迈向制度化、规范化轨道。将反腐倡廉教育纳入党风廉政建设工作计划。利用党课教育时间，加强警示教育、示范教育和岗位廉政教育，不断增强党员的政治意识、责任意识。2015年党校没有发生一起违犯党风廉政建设规定事件，展示了新时期党校良好形象。

## 中共昌乐县委县直机关工委工作概况

书　记　臧西光

2015年，在县委的正确领导下，县直机关工委紧紧围绕县委重大工作部署，全面推进机关党的建设，努力提高服务中心、建设队伍水平，圆满完成了各项工作任务，为建设更高水平的“三个昌乐”提供了坚强的组织保证，被山东省党建研究会机关党建专委会授予“调查研究与实践创新先进单位”，被山东省委省直机关工委评为“机关党建宣传报道工作先进单位”。

**一、加强思想政治建设和理论武装工作，进一步提高了机关党员干部政策理论水平**

继续深化学习型党组织建设，深入抓好党的十八大、十八届四中、五中全会精神和习近平总书记系列重要讲话精神的学习，采取全面学和专题学、集体研究与个人自学相结合的方式，通过中心组学习、培训轮训、专题交流、党课辅导讲座等多种形式，组织党员干部学习原著、领悟原理、把握实质，深刻理解和掌握“四个全面”战略布局的丰富内涵和基本精神，做到了武装头脑、学用结合、指导实践、推动工作。以开展“三严三实”专题教育活动为契机，认真开展党员集中培训工作，组织举办了2015年县直机关党组织书记培训班，邀请山东省委省直机关党校法学教研部王圣道教授，作了《“四个全面”战略思想——深入学习习近平总书记系列讲话精神》专题辅导报告，收到了良好的效果。及时向基层党组织和党员发放《论群众路线重要论述摘编》《党的十八届四中全会〈决定〉学习辅导百问》《机关党建业务知识问答》等辅导材料，向县直机关党组织书记赠送了《学习习近平同志关于机关党建重要论述》《习近平谈治国理政》《习近平用典》等书籍，组织指导机关党组织书记为党员上党课，每名党员集中培训达到了不少于24个学时的要求，学习效果明显。

**二、加强基层组织建设，抓好制度机制创新，进一步提升了机关党建科学化水平**

结合县直机关党建工作实际，适应职能转变和形式任务发展要求，进一步健全完善了机关基层党组织建设各项规章制度，按照便于党员参加活动、党组织发挥作用的要求，探索完善了党组织设置形式，进一步优化了组织资源配置，增强了基层组织功能。严肃党内政治生活，以落实“三会一课”、民主生活会、组织生活会、民主评议党员等基本制度为重点，全面加强党内民主建设，进一步增强了机关党组织的战斗力和凝聚力。认真落实《中国共产党发展党员工作细则》，积极探索发展党员新机制，严把党员队伍入口关，严格发展党员工作流程，组织举办了2015年度县直机关入党积极分子培训班，对县直机关各基层党组织上年度确定的93名入党积极分子进行了集中培训和严格的闭卷考试，真正做到了好中选优，优化了党员队伍结构，提高了发展党员质量，2015年新发展党员48名。切实加强日常党务管理，认真及时搞好党内统计、党费收缴等工作，机关党务工作做到了更加规范有序。组织开展了机关党建示范点创建活动，按照创新、服务、规范、高效的要求，在县直机关确定了5个党建示范点，狠抓制度化、规范化、程序化建设，全力打造党建工作的“亮点”工程和创新“品牌”，寿光、奎文、高密等兄弟单位先后到我县机关党建示范点观摩交流，推进了机关基层党建工作的创新和突破，县直机关党建工作走在了全市前头。11月4日，在全市机关党建工作经验交流会议上作了典型发言，与会领导给予了充分肯定和高度评价。

**三、加强党风廉政建设，改进机关作风，进一步增强了服务发展能力**

全面落实党风廉政建设责任制，不断创新完善党风廉政教育的内容和方式方法，认真落实《党内监督条例》和《廉政准则》，继续抓好中央八项规定精神及配套措施的落实，及时了解掌握党员干部思想动态，深入抓好“四风”问题整改，充分发挥党组织的提醒、监督作用，真正构筑起了反腐倡廉的第一道防线。认真履行对党员干部严格教育、严格管理、严格监督的职责，及时做好处置不合格党员工作，教育引导机关党员干部遵纪守法、廉洁勤政。认真组织开展了“优质服务项目”创评活动，选树了一批叫得响、过得硬的服务品牌，起到了转作风、办实事、促发展的实效，提高了依法行政、依法办事水平，进一步树立了县直机关“为民务实清廉”的良好形象。把转变机关作风与开展机关党建载体活动紧密结合，与县委组织部、县委宣传部联合组织举办了“践行‘三严三实’建设富强、生态、幸福昌乐”书画摄影展，共征集到书画作品252件，摄影作品306件，经过严格筛选，选出优秀书画作品72件、优秀摄影作品90件进行了集中展出，展示了机关党员干部在改进作风、服务群众工作中取得的实效，进一步激发了广大党员干部进位争先、奋发有为的工作热情。

**四、扎实抓好县直武装、机关工会工作，进一步激发党员干部干事创业激情**

认真落实党管武装工作新要求，进一步加强民兵组织建设，结合“国防日”教育活动和“征兵宣传日”宣传活动等工作，组织开展了民兵组织整顿、民兵应急连建设和专武民兵干部集训等工作，圆满完成了上级下达的训练任务和年度军事训练考核工作；健全完善民兵信息员制度，加强13个民兵建制单位的信息员管理，及时做好隐患排查和防范工作，促进了社会和谐稳定；依法开展兵役登记和征兵工作，坚持廉洁征兵“八不准”“六严禁”等规定，做到了宣传到位、公开透明、任务落实，今年向部队输送合格新兵25名，高质量完成了征兵工作，被评为“潍坊市征兵工作先进单位”，县直武装部被授予“潍坊市先进基层人民武装部”荣誉称号。机关工会工作立足职能，开展了丰富多彩的文体活动，与县体育局、县总工会联合组织了昌乐县第五届全民健身运动会羽毛球比赛暨“金河杯”羽毛球大奖赛，与县总工会、县文广新局共同组织举办了昌乐县庆祝“五一国际劳动节”画展，与县文广新局共同组织举办了“纪念抗日战争暨世界反法西斯战争胜利70周年”连环画展，在昌乐市民文化体育广场组织举办了“撒播绿色　你我同行”昌乐县全民健身环城长跑暨“绿我家园”万人签名活动，活跃了机关业余文体生活；与县传媒集团等单位联合组织举办了“金秋放歌　为昌乐喝彩”文艺晚会，展现了“富强、生态、幸福”昌乐建设成果，展示了机关党员干部良好精神风貌。

## 中共昌乐县委　昌乐县人民政府信访局工作概况

局　长　秦维胜

2015年，县信访局在县委、县政府的正确领导和上级业务部门的指导帮助下，经过各级各部门的共同努力，实现了全县信访形势的持续稳定。全年共接待群众来访1111起6335人次，其中县领导接待群众来访92起1871人次，对每起群众来访都热情接待，及时交办，限时办结，处结率达到99%，受理群众来信、网上信访306件次，所有案件全部按期办结，办结率为100%，群众越级去市到省进京上访大幅下降。由于各级各部门高度重视，措施得力，没有发生影响稳定和我县对外形象的问题，得到了上级及县委、县政府领导的充分肯定。

### 一、领导接访下访卓有成效

认真落实领导定期公开接访下访制度，把领导干部接访下访作为解决信访问题、化解信访积案的重要举措，认真研究，及时部署，狠抓落实，促进了信访问题的有效解决。一是规范接访下访行为。县委、县政府及时召开专题会议进行研究部署，并下发《关于深化领导干部接访下访工作的通知》，对领导干部接访下访工作的重点、主要方式、组织保障等内容作出了明确规定。二是明确接访下访时间。县一级坚持实行领导周一至周五公开接待群众来访制度，县委、县政府领导班子成员及县人大、县政协主要领导轮流接访。十八届五中全会等重要时期每天都安排县级领导接访处理群众来访。同时带动了各镇（街、区）、县直各部门负责人轮流接访，扎实解决好各自职责范围内的信访问题，形成了领导重视、运转有序、相互配合、齐抓共管的大信访工作格局。三是提前公示。年初，县信访局排出当年度县级领导公开接访日程表，一并将接访领导的职务、分管工作、接访日期等内容在《潍坊日报·昌乐新闻》及县委县政府接访室宣传栏提前进行公示，让群众了解，以便于反映问题。全年县级领导累计接访92起，接待来访群众1871人次，有效化解了一些复杂问题。

### 二、信访渠道进一步畅通

坚持以人为本，热情接待信访群众，畅通信访渠道，扎实解决群众反映的信访问题，着力营造依法信访、和谐信访秩序。

*一是强化群众工作理念。*牢固树立“群众第一、基层第一、弱势群体第一”理念，部署开展了“四家”活动，即把人民来信当家书，把来访群众当家人，把群众反映的事当家事，把信访工作当家业，带着对人民群众的深厚感情和对群众负责的态度干好信访工作，面对困难、面对怨气、面对责难不退缩、不回避、无怨言，真正承担起解决问题、维护稳定的工作职责。

*二是切实转变工作作风。*进一步改进和规范办信、接访、交办、督办、告知、回复和复查复核等具体工作程序和环节，切实维护信访群众合法权益，确保群众反映的问题“事事有着落，件件有回音”。对群众来访，做到“三心”，即“热心”接待，做到“一张笑脸相迎，一把椅子请坐，一杯热茶暖心，一颗诚心接谈，一声走好相送”，让群众有一种到家的感觉，缓和了对立情绪，拉近了与上访群众的关系，对来访者的合理诉求，能解决的想方设法协调解决，暂时无法解决的，耐心向来访者解释清楚，争取了群众理解。

*三是严格落实办信“三见面”制度。*高度重视对群众初次来信的处理，对有效来信全部与写信人见面、与承办单位见面、与具体承办人见面，在调

查清楚事实真相的基础上，依法依政策答复解决，有效避免和减少了信转访、重复信及写信大户的发生，实现了来信总量大幅下降，同比达12%。

四是认真落实包案责任制。对全国“两会”、中共十八届五中全会等重点敏感时期召开之前排查及上级交办的45件重点信访案件，全部落实了包靠领导和具体责任人，明确了责任主体和办结时限，领导包靠信访事项处结率达到了100%。

**三、信访积案化解工作取得新突破**

县委县政府在全县集中开展了“信访积案化解活动”，印发《关于深入开展信访积案化解活动的实施意见》，明确了积案化解指导思想、目标任务、时间步骤、工作措施和化解责任，积极推动解决长期积累、久拖未决、难以划分责任主体的特殊疑难信访问题。信访局按照县领导批示要求，对上级交办和县里自己排查的67起信访积案，逐案进行梳理，分别落实包靠部门、单位和责任人，加大对信访老户和信访积案解决力度。对现存的信访积案和老户，凡有政策和法律依据的，督促有关单位认真研究工作措施，责无旁贷的加以解决；对暂时不能解决的疑难信访积案，及时启动和完善信访事项“三级终结”程序，积极做好终结认定工作，达到上级提出的不受理、不交办、不统计的要求；对反映问题无道理，但信访人确有实际生活困难的，在不引起连锁反应的情况下，通过社会救助等方式缓和对立情绪，促其息诉罢访；对反映问题无道理或坚持过高要求，无理缠访、闹访甚至进京非访的，加大协调力度，坚决依法处置，严厉打击违规违法信访行为，维护正常信访秩序。

**四、信访事项群众满意度明显提升**

2015年上级把信访事项办理群众满意度评价作为是考核科学发展观的重要指标，对纳入满意度评价信访事项，要求上访人对信访部门和责任单位率对信访部门的满意率要求达到80%以上。围绕总体工作思路，采取更加务实的办法和更加有效的措施，在减少信访总量，提高群众满意度下大功夫，对群众来访，热情接待，严格按照规定程序受理、办理，案件处结率达100%。大力创新工作方式方法，积极探索以群众工作统揽信访工作的思路办法，进一步推行领访、陪访、代访、约访、带案下访、重要信访事项分析会等制度，加大信访事项交办督办力度，促进信访问题的及时有效解决，实现了信访事项办理群众满意度评价满意率达98%。

**五、特殊敏感时期信访工作进一步强化**

今年以来，我县进一步加大值班接访工作力度，派出专人到省进京值班，常年坚持。同时，派出信访、公安、法院等部门及有关镇街一起参加市信访局统一组织的到省、进京值班，加强重点敏感时期值班工作力量，确保了各级“两会”、十八届五中全会等重大活动及节日期间不发生造成影响的问题，维护了社会稳定和我县对外形象，得到了省、市领导的充分肯定。

## 中共昌乐县委农村工作领导小组办公室工作概况

主　任　李宪军

2015年，县委农工办按照县委、县政府部署和要求，以农民股份权能改革、生态文明乡村建设和汶河流域综合开发为工作重点，积极履行部门综合协调职能，圆满完成各项年度任务目标。

**一、认真贯彻执行党的路线方针政策**

2015年以来，县委农工办以中央和省、市农村工作会议精神为指导，确保思想上争先创优，工作上务实创新，措施上体现实效，围绕县委、县政府中心工作，积极履行部门综合协调职能，推动全县农业农村工作迈上新台阶。

**二、圆满完成各项年度任务目标**

（一）积极推进农民股份权能改革试点工作。作为牵头部门，按照县委、县政府的要求，县委农工办积极组织协调相关部门，按照“归属清晰、权责明确、保护严格、流转顺畅”的现代产权制度要求，积极发展多种形式的农民股份合作，探索集体所有制的有效形式。对上，针对改革推进过程中出现的问题，积极向省、市业务部门反映，寻求理论、政策、资金等方面的支持。发挥部门优势，邀请上级领导、专家、学者到昌乐进行权能改革方面的业务培训；对下，联合经管、督查等部门，定期对各镇（街、区）的改革推进情况进行督查指导，确保环节不漏、流程不减，改革扎扎实实推进。截至目前，全县首批47个改革试点村改革任务基本完成。参与起草制订了《昌乐县农村集体经济组织成员资格认定工作指导意见》等材料，在《山东农村工作》给予刊发，中央深改办对我县权能改革的相关经验做法给予高度评价。

（二）稳步推进汶河流域综合开发。按照全市“两河”流域综合开发战略规划要求，结合我县汶河流域综合整治开发工作实际，聘请专业设计公司编制完成了《昌乐县汶河流域综合开发概念规划》和各专项规划，对列入市“两河”开发重点工作的河道治理、堤顶公路、农村社区等项目，明确工作思路，落实推进措施，强力推进工作开展。其中，河道治理方面，按照“县投资、镇建设、水利部门监督实施”的原则，由县财政投资300万元对河流堤坝险工险段治理、堤外废弃砂坑平整植树。堤顶路建设方面，投资320万元完成了汶河左岸6.4公里道路硬化和罩面工作。环境保护方面，不定期对汶河流域内污水直排点进行监督检查，取缔直排河流的排污口，建成红河、鄌郚两处污水处理厂，实现了流域内污水的集中处理、达标排放。农村新型社区建设方面，以市级扶持的农村新型社区建设土地指标作为项目启动指标，推动红河镇宅科社区、高崖水库库区白塔社区、营丘镇马宋社区建设，圆满完成3个社区年度建设任务。湿地建设、农业园区、民生改善等重点工作，也都明确了推进思路，制定工程推进计划，全力加快推进。

（三）继续深入推进生态文明乡村建设

一是加快社区服务中心建设。全县共规划建设63个农村新型社区，为推进社区实体化运行，同步建成63个社区综合服务中心，建立完善了社区组织，落实了人员、场所、办公设施和经费，结合“三四三”社区工作机制，80%的镇（街）干部吃住、工作、服务“三在”社区，不断充实服务内容，理顺服务机制，更好地为群众提供公务服务。

二是大力发展现代农业。充分发挥园区示范带动作用，大力发展现代农业园区，进一步促进农业增效带动农民增收。截至目前，全县已建成县级以上现代农业园区81个。积极引导农业龙头企业和农民专业合作社开展“三品一标”认证，提升、扩大昌乐农产品的市场影响力和知名度，全县“三品一标”总数达196个。大力推进土地流转，为新型经营主体发展提供支撑和保障；全县累计流转土地28.3万亩，发展家庭农场193个、种粮大户29个，市级以上农民合作社达56个，全县农业规模化经营水平进一步提升。

三是全面加强农村各项基础设施建设。继续加强农村“三大堆”清理整治，建立健全防止“三大堆”反弹的长效机制。大力推进农村连片治理示范区建设，其中红河镇、鄌郚镇的省级乡村连片治理项目通过省验收。大力组织实施农村道路建设和村内道路硬化，累计投资1.35亿元，完成村级公路建设项目336个，硬化农村公路300多公里，全县所有行政村全部取消了“断头路”，主次街道排水沟同步进行了硬化处理，实现了村村连、村内通、排水畅的村级公路“网格化”要求，农村公路路域环境和群众交通出行条件大大改善。积极推进农村厕所无害化改造和镇村污水处理设施建设，全县共有137个村、54777户完成改造工作；同时加快镇级污水处理厂和村级污水处理设施和管网建设，先后投资150万元配套完善红河镇小型污水处理设施和管网，投资1500万元建成鄌郚镇污水处理厂，286个村（社区）建有污水处理设施及管网，镇村附近产生的污水实现了统一回收、处理，达标排放，全县村庄污水处理率达85%。大力开展镇村绿化工程。以创建全国绿化模范县为动力，按照市级绿化模范镇（村）建设标准和要求，认真组织实施镇村绿化，对村镇内空闲隙地、废弃宅基地、池塘水面周围、沟渠两侧及墓地等适宜绿化地段进行绿化、美化，村庄绿化率达到35%。为全省生态文明乡村建设考核提供了现场，得到上级一致肯定。

**三、自觉执行民主集中制**

定期召开班子生活会，积极开展批评和自我批评，查找不足，监督整改。自觉坚持民主集中制原则，充分发扬民主，在重大决策、重大开支、干部推荐选拔等方面，均由班子集体研究、集体决定通过，在班子和单位内部形成民主、奋进的工作氛围。

**四、认真抓好党风廉政建设**

经常性地开展廉政教育，教育班子成员自重、自醒、自警、自励，不断加强班子成员的思想道德修养，用理性来控制个人私欲，自觉抵制各种腐朽思想的侵蚀，切实做到秉公用权、廉洁从政。同时，自觉接受党组织和群众监督，各项工作坚持阳光操作，做到政策公开、办事流程公开、办事公正，规范运行，打造让组织放心、让群众满意的领导班子和领导干部。

**五、统筹做好其他工作**

认真做好党员干部联系贫困户工作，全体机关干部与五图街道高洪俊等7户困难群众结成帮扶对子，根据不同情况，制定有针对性的帮扶措施，力争帮助他们早日脱贫。积极履行部门综合协调职能，统筹做好机关党建、农口部门社会治安综合治理、计划生育等工作。

## 中共昌乐县委党史研究室工作概况

主　任　李学涛

2015年，县委党史研究室在县委的坚强领导和上级业务部门的具体指导下，认真学习贯彻党的十八大和十八届三中、四中、五中全会精神及习近平总书记系列重要讲话精神，紧紧围绕县委、县政府的思路举措，从昌乐实际出发，创新工作思路，积极开展党史宣传教育，成果突出，圆满完成了年初确定的任务目标。

**一、加强学习，队伍整体素质再提高**

（一）认真组织学习中共十八届五中全会精神。党的十八届五中全会是我们党确定的“两个一百年”奋斗目标的第一个百年奋斗目标。“十三五”时期是全面建成小康社会决胜阶段，“十三五”规划必须紧紧围绕实现这个奋斗目标来制定。实现“十三五”时期发展目标，破解发展难题，厚植发展优势，必须牢固树立并切实贯彻创新、协调、绿色、开放、共享的发展理念。这是关系我国发展全局的一场深刻变革。组织全体人员反复学习党的十八届五中全会报告和有关资料，自主学习和集中学习相结合，写好学习笔记、心得体会，保证学习效果扎实深入。集体学习中，大家围绕主题，结合本职工作，提升认识水平，通过学习树立大局意识、服从意识、责任意识、创先意识，自觉、坚定地把党史工作推向新阶段。

（二）开展“守纪律、讲规矩、做表率”主题教育活动。根据县纪委、县委组织部、县委宣传部安排部署，从今年5月上旬至10月下旬，在党史室党员干部中开展了“守纪律、讲规矩、做表率”主题教育活动。活动中深入查摆和着力解决自身存在的不守纪律、不讲规矩等问题，加强了党性党风党纪教育，增强了党员意识和纪律意识，转变工作作风，树立廉洁形象，党员干部作风精神面貌大有转变。

（三）开展“三严三实”专题教育活动。据县委组织部《关于转发〈关于深化县级“三严三实”专题教育着力解决基层干部不作为乱作为等损害群众利益的通知〉的通知》文件精神，结合党史研究室党员干部思想和工作实际，进一步突出抓好干部思想、学习、工作和生活等方面的作风建设，以问题为导向、教育惩处并重、标本兼治的原则对单位“不作为、乱作为”问题实施专项整改，从严从实查处干部职工中存在的突出问题，教育引导全体干部职工切实增强危机意识和责任意识，着力增强践行“三严三实”的思想自觉和行动自觉，召开了专项整治干部“不作为、乱作为”活动动员会，对开展活动进行动员部署；组织学习了习总书记重要讲话精神和中央、省、市区关于“三严三实”的有关文件精神，以及有关法律法规、工作制度、工作纪律等逐项对照目标任务，认真自身需要着力解决的突出问题，并对查出问题制定整改方案、明确整改，确保问题整改到位。结合年终考核进行绩效考核，并把考核结果作为机关干部业绩评定、奖励惩处、选拔任用和检验这次活动成效的重要依据之一。

**二、敬业有为，积极开展党史业务工作**

（一）编辑出版《中共昌乐年鉴》（2015）。在已编辑出版的《中共昌乐年鉴》的基础上，着力提高年鉴资料的科学性和效用性，在总体布局、部类设置和收录内容上都作了适当调整。年鉴资料的征集、编辑工作与开展其他工作相协调，进行合理安排，2月份安排了资料征集和编写任务，4月份完成了资料的收集工作，6月底编写出初稿，10月份已正式印刷出版。这是一部全面反映昌乐县各级党组织工作情况和组织状况的专业性年鉴，不仅为各级领导干部获取党建信息、交流工作经验、探索执政规律、提高决策服务提供了信息平台，而且为全县党史工作积累了全面、准确、系统的历史资料，真正起到“功在当时，利在长远”的作用。

（二）积极完成上级业务部门安排的工作

一是为省委党史研究室完成了《中共山东年鉴》（2015）的组稿报送任务。根据省委党史研究室的任务要求，与县委研究室积极沟通，由县委研究室安排专人负责组织稿件，按时完成了省年鉴的组稿任务，保证了稿件质量。

二是为市党史研究室革命遗址提供文字、图片等资料。为潍坊市党史研究室编辑出版的革命遗址一书，提供了昌乐县范围内的重要遗址文字、图片等资料，反复多次审阅稿件，补充修稿图片，直至最后定稿。

**三、深入挖掘党史资源，为社会服务**

（一）开展纪念抗战胜利70周年活动。与昌乐传媒集团合作，拍摄了昌乐县抗战时期电视纪录片，撰写解说稿，电视纪录片在黄金时段播放，对全县群众进行爱国主义和革命传统教育，收到良好效果。

（二）参与举办昌乐县历史文化展览。在昌乐县历史文化展览活动中，与县文化局多次切磋交流，充分沟通理解的基础上，明确合作方式途径，向文化局提供了大量资料资料，包括党史人物文字材料、图片、文物等，丰富了展览内容，充分地宣传了党史知识，展示了党史编研成果。

（三）与县关工委合作，向青少年学生开展党史教育活动。向3所高中学校赠送了山东省委党史研究室制作的党史宣传声像制品，派人到中小学校宣讲昌乐县建国前党史，推动党史教育进学校、进课堂、进学生头脑，为关心下一代工作，为党史研究工作拓展阵地、创新形式做出了努力。

## 昌乐县档案局（馆）工作概况

局（馆）长 鞠 良

2015年，县档案局（馆）在县委、县政府的正确领导下，在上级业务主管部门的大力支持、指导和帮助下，认真贯彻落实省、市《关于加强和改进新形势下档案工作的实施意见》，积极履职尽责，圆满完成了各项工作任务，开创了全县档案工作的新局面。县档案局馆被省人社厅、省档案局、省公务员局联合表彰为“全省档案系统先进集体”；被省档案局表彰为“全省档案宣传工作先进集体”。

**一、率先在全市完成了数字档案馆建设任务**

为加快推进我县数字化档案馆建设进程，努力在全市率先完成数字化档案馆建设任务，县档案局馆积极争取将县数字化档案馆建设所需资金列入了县财政预算，并成立了由局长任组长的县数字化档案馆建设领导小组，坚持定期调度进度，跟踪把关质量，严格安全监管，积极为外包企业搞好服务，及时研究解决工作中遇到的问题。经过两年多时间的紧张工作，到2015年年底，县数字档案馆建设任务基本全面完成，共计数字化加工档案52000卷、620万页，录入条目91万条，馆藏189个全宗档案已经全部实现微机检索利用。昌乐县成为继寿光之后潍坊市第二个全面完成档案数字化工作任务的县市区。

**二、大力加强了档案服务、利用和安全保护设施建设**

县档案局馆坚持把档案设施完善作为“基础性”工程，按照“立足应用，逐年配套”的原则，不断完善馆库基础建设。2014年以来，先后投资60多万元，在面积为200平方米的第一库房内新购置安装了容积达170立方米的档案密集架，扩大了档案装具容量，改善了档案放置条件；建成了功能完善、设施齐全的档案查阅服务大厅和档案整理立卷、裱糊修复中心；安装了先进实用的视频监控、电子门禁、防火防盗、温湿度自动记录仪等档案库房安全管护设施。同时，照片实物档案展厅和特色档案陈列室也正在规划建设中。

**三、创新方式扎实开展年度文书立卷工作**

为扎实做好文书立卷这一基础工作，高质量地完成年度文书立卷任务，创新方式方法，将每年一度的文书立卷工作由过去的各立卷单位“各自为战”，改为统一时间在县档案局集中整理立卷“打歼灭战”。同时，采取分工负责、责任到人的办法，组织9名局馆人员分成3个业务指导小组，对各立卷单位的文书立卷工作从材料收集、分类、整理、装盒到编制检索工具，认真细致地进行业务指导和质量把关。并于立卷结束后，由各立卷指导小组相互交叉进行检查验收，保证了立卷效率和案卷质量双提高。全县103个立卷单位全部按时完成了立卷任务，共立卷350余盒，8500余件，全部达到了规范要求。

**四、档案执法检查和依法治档工作力度进一步加强**

为积极推进全县依法治档工作，县档案局馆在2014年深入组织开展对《档案管理违法违纪行为处分规定》等档案法规学习活动的基础上，又于2015年4月，组织全县114个县直机关、企事业单位和10处镇（街、区）的272名档案工作人员，进行了一次档案法律法规知识考试，并将考试成绩进行了通报，进一步增强了全县档案人员的档案法规意识和依法治档的自觉性。为进一步加强档案执法检查工作，于2015年11月，组织县档案局馆人员分成3个检查小组，对全县93个县直机关事业单的档案工作（重点为档案机构、制度是否健全，档案保管条件是否符合规定要求，档案立卷质量是否完整规范等）进行了一次全面检查指导，并对检查发现的问题，现场下达整改通知书，提出整改意见及时限，责成进行了整改，促进全县档案工作科学化管理水平有了一个较大提升。

**五、档案征集接收和利用服务工作取得新成效**

2015年共征集进馆各类图书资料300余册，电子光盘46张；接收县民政局2100卷（盒）、14万余件婚姻档案进馆，并进行了数字化处理；在全县开展了实物档案进馆工作，接收实物档案200余件。共接待查档人员1000余人次，调卷4000余卷次，解决职工退休、土地纠纷、工龄确认等各类问题1000余个，为集体和个人挽回经济损失上百万元。特别是在全县实行公务员职务与职级并行制度落实工作中，接待查档人员400余人次，利用档案600余份，1800余页；在全县离任村干部登记认证工作中，共为9个镇（街、区）党（工）委提供了档案查询服务，并接待离任村干部个人查档420多人次，调阅案卷1260多卷，打印复印材料2000多页，得到了组织和个人的一致好评。

**六、档案宣传编研工作再上新台阶**

一是进一步加大档案信息宣传力度。调整充实了宣传力量，压实了工作任务，每月一统计、通报一次局馆人员发稿情况，并将撰写发表宣传信息稿件情况列入年度绩效考核的重要内容对个人进行考核，进一步调动了局馆人员撰写发表稿件的积极性。2015年局馆人员共计在各类媒体发表档案宣传信息稿件90多篇。二是积极开展“6·9国际档案日”宣传活动。2015年6月初，县档案局馆以“档案与你相伴”为宣传主题，精心制作宣传板面，在县商务社区一号楼一楼大厅进行了展出宣传。宣传版面内容丰富，包括《档案管理违法违纪行为处分规定》宣传漫画和《档案利用实例》、《档案——与人类文明同行》宣传挂图，图文并茂地向社会公众普及档案知识，弘扬档案文化，宣传档案工作的重要作用，以不断提升机关干部职工和广大群众依法管理、保护、利用档案的意识。活动现场还免费发放了局馆订购的《中国的世界记忆遗产》宣传折页200多份。三是组织举办纪念抗战胜利70周年档案资料展。为纪念抗战争胜利70周年，组织引导人们追忆抗战岁月，缅怀抗战英烈，县档案局联合团县委于8月30日，在昌乐县“潍坊中百大厦”举办了纪念中国人民抗日战争暨世界反法西斯战争胜利70周年档案资料展，并组织部分学校师生进行了观展。此次展览为期一周时间，内容包括“伟大的胜利”和“牢记历史、振兴中华”两个板块，共计展出展板45面，图片120余张，观看展览的青少年学生和市民达万余人，产生了较大的社会影响，收到了良好的效果。

**七、部门包靠重点村和选派第一书记工作成效显著**

2015年，县档案局馆大力支持所派“第一书记”的工作，力所能及地为所包村群众办实事、办好事。筹集资金1万元余元，为所包靠的营丘镇郑家河村安装了路灯，方便了村民夜晚出行和休闲；协调电力部门投资40余万元为所包靠的该镇大尹村改造了低压线路，使村民用上了放心电，解决了村民浇地难的问题；另外筹资3万余元为大尹村安装了路灯，实现了村庄亮化。

## 中共昌乐县委台湾工作办公室工作概况

主　任　刘奎利

2015年，县委台办紧紧围绕县委、县政府工作部署，贯彻落实中央、省、市对台工作精神，立足台办自身实际，扎实开展鲁台会筹办、对台交流、涉台宣传、涉台维稳等各项工作，取得了较好的成绩。

### 一、认真开展学习教育活动

一是认真开展“守纪律、讲规矩、做表率”主题教育活动。组织党员干部学习将集中学习与个人自学相结合的方式，每周都要组织开展学习，学习《习近平关于党风廉政建设和反腐败斗争论述摘编》等材料，开展学习并组织研讨。开展“八个一”活动，学习《党章》1次，签订“遵章守纪、廉洁自律”承诺书7份，查摆整改不守纪律、不讲规矩问题21个。二是做好2015年度干部自主培训工作。利用干部学习网、集中学习、专题讲座等形式，加强政治理论和业务知识学习，提高台办干部素质，拓宽干部职工知识面、提高业务能力。截至9月底，台办干部职工全部完成干部学习网规定学时的学习。另外，每周拿出一天的时间学习政治理论和涉台知识，班子成员带头上课，学习氛围浓厚。

### 二、各项对台工作顺利展开

一是认真筹备第二十一届“鲁台会”参会工作。第二十一届“鲁台会”于6月23日在台湾召开，我县积极筹备参与。一是加强宣传推介。充分利用各级媒体宣传“鲁台会”，宣传我县的良好投资环境，吸引客商、企业参会。二是广泛邀请客商参会。通过发放邀请函、电话、传真、电子邮件等形式广泛邀请台湾客商参会。三是组织团组赴台，积极为赴台人员办理手续。为昌乐随团赴台参加鲁台会人员——山东弘祥机床有限公司冯立民、山东五福农业科技有限公司刘康宁、昌乐宝城瓜菜专业合作社理事长刘庆等办理相关手续。四是搞好项目对接。鼓励昌台两地企业优势互补、达成合作项目，鼓励两地开展生态农业、宝玉石加工、电子产品、高科技产业的项目合作。

二是对台交流实现突破。2015年度，对台交流稳步推进，实现了突破。组织5个团组57人赴台，1人随团赴台。接待3个团组61人到昌乐参观考察，总计119人次。5月14日—20日，台湾国立玉井高级工商职业学校师生一行2位老师和12位学生共14人到昌乐二中访问交流。5月20日—26日，昌乐二中师生一行15人赴台湾参加海峡两岸学生交流活动。“鲁台会”参会团组3人。8月16日—8月22日，昌乐县昌乐巢贵春、赵允书、董奎之、韩其升、刘忠军、张永龙、张纪国等七人跟随“潍坊市第三批乡村旅游带头人赴台湾学习培训”团组赴台湾学习培训。潍坊中传拉链公司计划分批组织全体员工赴台湾总部学习交流，目前已组织两批32人赴台。11月6日，台湾书画教育协会一行21人来昌乐参访交流，举办了台湾·昌乐两岸名家书画作品交流展览。11月13日，台湾电电公会一行26人到比德文动力科技有限公司考察交流。为外国语学校校长吴功明赴台参加“2015年海峡两岸中小学教育学术研讨会”办理赴台手续。

三是做好台商台属服务工作。一是认真开展“台资企业走访季”活动。走访境内台资企业，宣传涉台法律法规和优惠政策，深入一线查看生产情况，督促台资企业安全生产，与企业负责人进行座谈。开通24小时服务热线，建立了“一对一”企业联系人制度；二是积极解决台胞台属的困难诉求。认真做好来昌台胞的接待工作，对台胞、台属的困难要求尽力帮助解决。帮助台胞叶盛夫寻找故乡亲人、回乡探亲祭祖；三是督促台资台属企业安全生产。深入台资企业生产一线检查安全生产情况，督促完善生产制度，更新老旧的消防设施，每个企业确定了 1 名安全生产检查员；四是利用中秋、春节等传统节假日开展走访慰问活动，拉近距离，增进感情。

四是加强涉台宣传教育。积极向各级媒体报送涉台新闻稿件，定期向市台办报送工作信息，对赴台团组开展好行前教育工作。11 月 8 日。中央电视台《新闻联播》播放昌乐台商对“习马会”反响新闻。截至 2015 年 11 月份，我办共在中央电视台、新华网、参考消息网、中国台湾网、华夏经纬网、中国日报网、昌乐电视台、《昌乐报》等各级媒体发表稿件 135 篇。

五是涉台稳定工作。将涉台安全稳定工作作为全面做好对台工作的基础和保障，积极开展相关工作，切实做好涉台安全稳定工作。健全完善涉台应急预案和应急事件处理机制。成立了昌乐县涉台突发事件领导小组，明确责任人，严格落实安全生产及台办和台资企业定期联系制度，确保紧急联系人 24 小时联系畅通。

**三、党风廉政建设和党建工作**

在县委、县政府及县纪委的领导下，认真学习贯彻中央、省、市、县纪委全会精神，扎实推进惩治和预防腐败体系建设，狠抓落实，努力开创台办反腐倡廉建设的新局面。坚持党风廉政建设与业务工作两手抓、两手都要硬的工作方针，切实提高党风廉政建设工作思想重视度，强化党风廉政建设工作责任性。采取召开会议、专题培训等形式，定期召开班子成员会、中层以上干部会、全体干部职工培训会，反复强调廉洁从政方面的规定和要求，增强了全体人员的廉政意识。利用每周一集中学习和科室自学时间，组织干部职工深入学习廉政建设的有关文件，深刻领会，严格落实，筑牢拒腐防变的防线。

进一步深化“三严三实”专题教育，强化领导干部的责任意识、担当精神和实干作风，8 月下旬开始，台办开始了“为官不为”问题专项整治工作，深入查摆自身存在的问题，制定切实可行的整改措施，经过自查自纠，共查摆整改领导班子问题 4 个，领导干部问题 6 个。11 月份开始，又开展了针对基层干部不作为乱作为等损害群众利益问题的专项整治工作，搞好“不作为、乱作为、贪腐谋私、执法不公”等四个方面的排查，制定了问题清单和整改台账，明确整改措施，实行销号管理，共找出问题 5 个，12 月底前已全部整改完毕。

## 中共昌乐县委　昌乐县人民政府机关事务管理局工作概况

县事务局

2015 年，在县委、县政府的正确领导下，县事务局全面深入贯彻落实科学发展观，围绕中心，服务大局，努力提升全体干部职工的整体素质，增强全局意识、责任意识，认真履行管理、服务、保障职能，较好地完成了全年工作目标任务。

**一、贯彻执行党的路线方针政策**

“三严三实”专题教育活动开展以来，事务局领导班子以中央和省、市、县委为表率，深入学习贯彻习近平总书记系列重要讲话精神，紧紧围绕反对和纠正“不作为、乱作为”，坚持高起点开局、高标准开展、高质量推进，聚焦聚神聚力推进各项工作，全局广大党员干部思想得到深刻洗礼，党内政治生活得到明显净化，服务对象关切得到及时回应，作风刚性约束得到切实强化，党的基层基础不断夯实，“三严三实”专题教育活动取得了重要成果，得到了服务对象的广泛认可，为全县机关事务工作科学发展奠定了良好基础。

**二、完成目标任务情况**

以“三严三实”专题教育活动为契机，以建设一流机关为目标，切实增强使命感，恪尽职守，勤奋敬业，扎实推进各项工作落实。为机关工作开展提供了坚强保障。

（一）管理服务保障。一是做好物业服务工作，针对办公区实行物业托管的现状，制定了《物业管理考核办法》，派出专人对办公区的卫生清理、工程维修、车辆停放等进行定期巡查，物业公司也对不积极作为的员工加大处罚力度，建立办公区维修台账，对日常巡查发现和服务对象反映的问题进行登记维修，销号处理。今年共登记报修事项 4500 次，已处理 4233 次，对暂无法解决的做好解释说明，积极与各方沟通，争取尽快解决。在机关家属区物业管理服务中，认真实施“日检”制度，及时发现排除事故隐患，为机关住户上门服务 2000 余次。针对机关生活区部门旧楼拆迁造成扬尘现象，积极与相关部门沟通协调，细化责任，明确分工，“分片定岗，一人一岗”，对保洁员实行“一对一”监督管理，实行全天候卫生保洁，确保机关大院洁净、卫生，自10月26日开始集中维修供暖管道，每栋楼单独更换了主阀门，更换了部分坏损严重的主管道，得到机关住户的一致好评。二是做好商务社区交通秩序维护。积极组织物业人员对夜间停放车辆进行登记，对车辆信息变更的及时进行备案，对过夜停放的私家车主及时沟通，防止私家车辆长期占据地下停车位影响工作人员车辆停放，极大地解决了社区内交通拥堵的问题，给职工上下班提供了便利。三是做好商务社区部分实施设备集中管理工作。按照“保障公务、务实高效、厉行节约、便民为民”的原则，对城关商务社区1号楼、县委党校会议厅、能源中心和市民文化体育公园内部分设施设备实行统一管理。严格按标准要求，定期不定期组织对物业托管项目进行监督、检查和考核，努力为各入驻单位提供优质高效的办公环境。四是做好各类观摩活动准备工作。我局共参与各类观摩活动40余次，保证了每次活动在穿行商务社区时，道路畅通，效果良好。

（二）会议服务保障。一是完善会议接待流程，为加强报告厅管理和规范有序使用，确保会议顺利进行，制定了《县委党校报告厅管理办法》，从会前准备，会场选择安排，到会议设备的调试铺设，灯光音响等，以及会标看牌等；再到会议开始前的接待、会中服务，在到会后的会场清理，恢复；切实做到熟练、不出纰漏。严格按照会议需求高标准布置会场，召开视频会议时，提前半小时准时打开视频系统，确保会议信号按时接入，全年无一例会议延时情况出现；根据各部门的需求合理安排会议室，以免造成会议冲突，并注意做好相关登记，以及会议室的卫生保持，公众物品的善后检查等工作，以便为会议组织方提供更好的服务。二是组织会服培训，进一步提高服务接待水平。从提升学习力入手，对会服进行礼仪接待等方面的培训，组织技术人员参加厂家提供的专业技术指导培训，从而做到对业务熟练精通，从容应对。三是做好沟通协调。针对会议召开具有突然性、紧迫性的特点，协调物业公司及时抽调人员，参与会场的布置，桌椅的摆放，从而更加从容的做好会议接待工作。会场周边的秩序、交通疏导、会议期间会场相关的电力保障也由物业统一负责，配备了专业的会服人员和强弱电维修人员，做到专人负责，专人值守，保证秩序及设备的正常。今年共268个大小会议在党校报告厅召开，我局圆满完成了县里交派的各项会议接待任务。

（三）生活服务。一是确保职工餐饮安全。餐厅卫生始终保持高标准，严格按程序对餐具、炊具等进行消毒，严抓就餐场所、后厨卫生；规范操作，结合实际制定了《商务社区食堂管理办法》，定期进行业务知识培训和消防安全培训；建立健全食品留样制度，由专人负责，专人操作，专人记录，使用专用工具对所有加工的主副食品做好食品留样，保障餐饮安全；餐厅卫生实行划片包干，责任到人，卫生区每天下班前清扫干净，其他时间随脏随清，定期进行卫生大扫除；做好防蚊灭蝇工作，新购置15台灭蚊灯，厨余垃圾每日一清，确保餐厅卫生安全；出入库精细化管理，控制运行成本，严把原料质量关、卫生关，全部选用优质食材，严格做好索票索证工作，在餐厅悬挂公示栏，及时将原材料入库情况进行公示。办理《食品经营许可证》，以创建全国食品安全城市为契机，邀请县市场监管局加大对食堂的检查力度，定期检查与不定期抽查相结合，保障食品安全。二是注意营养搭配，广泛征求职工意见，尽量满足职工需求，不断督促餐厅承包方增加餐品花色品种，荤素搭配、冷热搭配、主副搭配。根据职工意见每周更换菜谱，最大限度满足职工就餐需求。三是厉行节约，通过公告栏、宣传牌等多种渠道，大力宣传勤俭节约、珍惜粮食、尊重劳动成果等中华传统美德，使食堂工作人员和服务对象牢固树立“节约光荣、浪费可耻”的观念。通过不定期发放厉行节约倡议书，使大家自觉引领“文明消费、节约用餐”的良好风尚，在制作过程中严格操作规程，充分利用食材，杜绝“刀下”浪费。不断增强食堂工作人员责任意识，对浪费饭菜、损害公共卫生、违反就餐秩序等行为及时进行劝阻。

（四）公共机构节能。一是建立健全工作制度。认真贯彻落实《公共机构节能条例》，进一步完善了《昌乐县公共机构考核评价制度》，开展全县公共机构节能专项检查和能耗大户重点督查，对高耗能公共机构提出整改意见，建立健全了用水、用电、用油的统计分析报告制度。二是开展形式多样的活动，推进节能工作。积极开展多种形式的节能宣传活动，在一楼大厅张贴节能宣传画，在卫生间等处张贴温馨提示，在商务社区食堂张贴以“节约粮食反对食品浪费”为主题的宣传画，以增强机关干部节约能源的紧迫感和责任感。根据《中华人民共和国节约能源法》、《国务院公共机构节能条例》对公共机构节能降耗的明确要求，发出节能降耗温馨提示，空调使用期间张贴通知明确使用时间和设置温度。三是科学管理，节能工作取得实效。节假日关闭6部电梯和一半的开水器，严控走廊照明灯数量，机关生活区全部更换节能路灯等，每月统计水电用量，及时发现不正常用量，分析查找原因，减少资源浪费。对控制开关分别采取光控、声控、时控进行处理，合理控制大楼外墙景观灯。加强用水管理，加强用水设备巡查力度，发现跑冒滴漏，及时维修更换，实现了节约与效率并重，使建设节约型机关的各项措施落到实处。

（五）房产管理。严格按照中央、省、市、县办公用房标准要求，进一步核实商务社区办公用房使用面积，确保不出现任何问题。各部门单位无多占用房情况，离退休人员无占用办公用房情况。加强13号楼周转房保障服务，5月份为部分房间更换了窗扇，维护部分房间墙面。

（六）包村工作。一是充分发挥党员干部联系群众作用，坚持领导干部带头，组织本局中层以上党员干部联系贫困户，确保所包村17户省定未脱贫的贫困户都有帮扶责任人和帮扶措施，扎实推进精准扶贫工作。二是积极作为，力所能及为村里办实事、办好事。筹集资金2万元为村里安装22盏路灯，积极为村里2户残疾人家庭争取救济款3000元，为2户困难家庭送去花生油、鸡蛋等生活必需品，统筹协调为社区和村里安装了4台空调，协助村两委成立了沙埠沟樱桃合作社。三是协助村两委制定了村庄长期发展规划，依托新农村建设试点村优美的环境，帮助村里制定魅力乡村游发展规划。四是及时与鄌郚镇搞好衔接，到村入户、面对面交流，重点围绕群众关心和反映强烈的突出问题，协助镇、社区开展好所包靠的沙埠沟村集中走访活动。

（七）招商引资工作。认真贯彻落实全县招商引资工作部署，创新工作方法，拓展招商空间，围绕招商重点，突出招大商、招好商，健全完善激励政策，主要领导亲自抓，分管人员具体抓，实行招商引资目标责任制，明确任务，责任到人，采取多种形式，全面开展招商工作。2015年6月、7月、10月、11月我局招商小分队分别外出联系洽谈7个项目，其中达成意向项目3个，青岛坤鹏旅游设备有限公司计划投资5000万，到昌乐县发展高端旅游项目，目前正编制项目规划。

**三、执行民主集中制情况**

（一）建立和完善具体的决策制度。1. 坚持科学决策、民主决策。在出台大楼各项管理规定前要深入调查研究，广泛听取楼内单位、本局管理人员的意见建议1～3次。2. 拓宽意见建议征集渠道，公开事务局意见邮箱和办公电话，将意见整理分类，提交班子成员会讨论，决策中充分发扬民主，集中讨论至少一次，根据多数人的意见做出决定，反对意见较大的，暂缓实行，防止决策的随意性，努力避免决策失误，建立重大事项公示制度，努力避免决策失误。3. 及时反馈决策结果，强化督查落实、保障服务，对每个决策安排一名人员监督，对发现的问题，及时上报，按照要求认真整改。

（二）规范党内组织生活。1. 严格执行组织生活制度，民主生活会每年召开1次。由党组织负责人主持，领导班子和党员积极参加党员组织生活，如确有特殊情况不能参加，必须事先向党组织请假。健全落实民主生活会的具体制度，提高班子发现和解决自身问题的能力。2. 明确民主生活会的主要内容：贯彻执行党的路线、方针、政策和上级指示、本组织决议的情况；加强领导班子的自身建设，维护“一班人”团结，实行民主集中制的情况。发扬党的优良传统，艰苦奋斗，清正廉洁，遵纪守法，端正党风和纠正服务工作中的不正之风的情况。坚持批评与自我批评，改进领导作风，深入调查研究，密切联系群众。3. 每次组织生活会前一周，党支部召集全体党员开一次动员会，将本次民主生活会的主体、内容告知全体党员，让每位党员认真做好准备，拟写发言提纲。4. 会后要根据党组织决议和每位党员的提出的意见和建议，制定整改落实措施并认真落实。5. 党组织要安排专人做好会议记录，并将召开情况向上级党组织报告。

四、干部选拔任用

履行选人用人之责，防止干部工作中的不正之风和腐败问题情况。严格执行《党政领导干部选拔任用工作条例》和相关制度规定，严格按照规定的标准和程序选拔任用干部，今年局内选拔的两名中层干部均为民主投票产生，严明选人用人纪律，严肃查处违纪违规行为。

五、反腐倡廉工作

加强廉政建设，树立良好形象。一是定期不定期召开党风廉政建设专题会议，传达学习上级党风廉政建设有关文件、会议精神，重申廉洁自律的有关规定。二是按照“谁主管、谁负责”和分级管理的原则，层层落实责任制，层层签订党风廉政建设责任书和《党员领导干部廉洁自律承诺书》，对自己管辖范围内的党风廉政建设切实负起责任，严格落实党风廉政建设责任制。三是坚持推进党务政务公开，加强监督与管理，努力构建教育、制度、监督并重的惩治和预防腐败体系，切实加强对权力运行的制约和监督，进一步拓宽和健全监督渠道，防止权力失控、决策失误和行为失范，有效地制约各种违纪违法行为的发生。四是加强班子自身建设。局领导班子成员带头执行领导干部廉洁从政的各项规定，在反腐倡廉中以身作则，率先垂范，树立良好的自身形象。严格遵守党内民主生活会制度、领导干部民主生活会和“三重一大”议事制度，严格执行议事规则，在重大决策、重要人事任免、重大项目和大额度资金使用上，一律在充分酝酿的基础上，集体讨论决定，坚持贯彻民主集中制，保证决策的民主科学性。

## 中共昌乐县委老干部局工作概况

县委组织部副部长、老干部局局长　赵华泉

2015年，县委老干部局以贯彻落实全国离退休干部“双先”表彰会议和全国老干部局长会议精神为主线，坚持围绕中心、服务大局，认真做好老干部工作，发挥好老干部作用，积极为“三个昌乐”建设贡献力量，得到了各级和老同志的认可。

一、围绕满足老干部需求，老干部政治生活待遇有效落实

政治待遇方面。继续完善离退休干部通报情况、联系走访、节日慰问、参观考察、健康体检等制度。为老干部订阅《老干部之家》《老年教育》等杂志2200余份，订阅《老干部参考》《老年报》等报纸、杂志20余种。2月，召开了2015年全县经济社会发展情况通报会，县级机关主要领导，各镇街区、县直各部门主要负责同志出席会议，县委书记张新强通报了2014年全县经济社会发展情况和2015年发展思路，并现场征求了老干部的意见和建议，受到老干部一致好评。春节前夕，组织对全县5000余名离退休干部进行了一次普遍走访，发放了春节慰问品和慰问信。4月上旬，组织对曾任副县实职以上职务的老干部进行了一次普遍走访，就老干部工作存在的问题征求了老领导们的意见建议。4月下旬，组织部分副县实职以上离退休干部到英轩、雷丁等大型企业参观新兴产业发展情况，并到贵和、东篱湖畔等社区考察了新型社区建设情况。“七一”期间，协助县委组织部走访了9名老党员和部分老干部。9月，配合县委对22名抗战期间参加工作的离休干部进行了普遍走访，为他们送去了慰问金和纪念章。

生活待遇方面。离休干部“三个机制”有效运转，离休费按时足额发放，离休干部医药费实行单独统筹，据实报销，并建立了同步增长机制。离休干部医药费统筹金由去年的每人每年1.6万元提高到每人每年1.8万元。4月，组织对全县离休干部和曾任副县实职以上领导职务的退休干部进行了集中健康体检。7月，协调县人社局对全县离退休干部离退休费和补贴进行了调整，增长幅度超过10%，并主动上门解释了离退休费、离退休补贴调整的有关政策。8月，统计上报了军休干部增发护理费、服装费和军休干部遗属增发生活补贴等费用情况，目前全部款项均已拨付老干部及遗属。10月，开展了金秋送健康活动，免费为全县57名副县实职以上的离退休干部注射了流感疫苗。

**二、积极搭建平台载体，加强离退休干部党的建设**

一是开展了离退休干部党建工作“规范提升年”活动。对全县离退休干部党组织和党员情况进行了调查摸底，进一步健全了离退休干部党工委、党总支、党支部、党小组四级组织架构。把居住在社区的离退休干部党员纳入社区党建工作体系，成立社区离退休干部党支部（小组），利用社区配套的场地、器材、设施等资源，搭建了19个社区离退休干部党建工作平台，使老同志能够就近接受学习教育、就近展现兴趣特长、就近得到关心照顾、就近发挥自身作用。

二是开展了“展示阳光心态、体验美好生活、畅谈发展变化”主题活动。组织全县离退休干部党支部召开了“忆往昔、看今朝、感党恩、讲贡献”专题组织生活会。引导老干部积极参加“纪念抗日战争胜利70周年——我说抗战”征文活动，将有关要求通过各镇街、县直各单位传达到每名老同志，同时拟定了一份爱好文学创作、有经历的老干部名单，通过上门走访、电话联系等方式重点推介，活动共收到征文17篇，其中6篇受到市局表彰并印发成册。鄌郚镇、五图街道、县公安局等单位组织老干部参观考察了当地经济社会发展和业务工作开展情况；营丘镇、乔官镇、教育局等围绕庆祝抗日战争胜利暨世界反法西斯战争胜利70周年，开展了书画展、摄影展等纪念活动。

三是运用老干部之家网上党建平台加强离退休干部思想政治教育。组织全县离退休干部注册、登陆、参与讨论，离退休干部党支部注册率达100%，发帖量和活跃度居全市前列；先后举办老干部之家网上党建平台培训6期，参训人数190余人；注重发挥典型的示范引领作用，对10名在网上党建平台表现积极的老干部进行了集中表彰，先后有23名老干部在他们的带动下参与了网上党建平台建设。

**三、拓展学习活动阵地，深化离退休干部“文化养老”**

县老年大学新设京胡、电脑、声乐、国画、吕剧等教学班，结合老干部之家网上党建平台建设，开设了老干部“网络家园”培训班次，达到了15个常规教学班、2个阶段性教学班的规模，在校学员1200余人。采取联建合建、资源共享等方式，在朱刘、五图、乔官、红河成立老年大学分校区，根据各镇（街）文化特点，分设诗词、书画、琴类等专业，受到了镇（街）老干部的广泛好评。

开展了文化下乡活动，老年大学艺术团、吕剧团进社区巡回演出13场，《谁不说咱昌乐好》、《一孝三实人人夸》等歌颂昌乐发展变化的节目深受群众喜爱。组织开展多种形式的文化活动，利用春节、“五一”等重大节日，先后举办了“百花迎春”新春演唱会、“庆三八”妇女节文艺演出、“五月的鲜花”戏曲演唱会、“庆七一”全县老干部书画展等活动。组织各类老年文化团体积极参与昌乐县“百姓大舞台”、“文明之夏”等大型文化活动，参与大型演出4场，为群众奉献节目20余个，老年大学舞蹈队荣获全县广场舞大赛一等奖。

**四、统筹引进社会资源，关心下一代工作有序开展**

根据“急党政所急，想青少年所需，尽关工委所能”的工作思路，多方搭建平台发挥“五老”的优势和作用，更好地为青少年健康成长服务，扎实推进了全县关心下一代工作创新发展。先后开展了清明节祭扫英灵、“弘扬传统文化，倡办国学教育”、“低碳减排·绿色生活”环保小卫士、“党史教育进校园”活动、经营性网吧监督检查、青少年党史国史教育暨纪念抗战胜利70周年书画展等活动，举办了全县“五老”志愿者培训班。在三和社区、月亮湾社区和开发区小学、朱刘街道九级小学等学校建设的4所“四点半学校”和3所“希望乐园”通过了验收，同时启动了第三批4所“四点半学校”、“希望乐园”的筹建工作。“六一”期间，举办了“关心下一代·携手创未来”专题文艺会演，为大病青少年募捐善款一万余元，并看望了8名大病青少年，为他们带去了救助金和温馨的祝福。

# 人民团体工作

## 昌乐县总工会党组工作概况

党组书记　张桂荣

2015年，县总工会党组认真贯彻落实十八届三中、四中、五中全会精神，紧紧围绕县委、县政府中心工作，牢牢锁定全年目标任务，强化组织领导，落实工作责任，不断提高工会服务大局的能力和水平，努力实现了工会业务工作的创新与发展。

**一、品牌工作在深化中力求新发展**

全面深化“七种模式·关爱女工”重点品牌。3月8日在央视《朝闻天下》和《新闻联播》播出了昌乐县维护女职工合法权益的经验做法，引起强烈反响。10月20日，全国总工会副主席、书记处书记范继英，带领全国工会女职工工作座谈会与会人员，到昌乐县现场观摩女职工专项集体合同工作。全县已有1320余家企业进行了新一轮续签，覆盖女职工4.2万人，实现了无缝隙、全覆盖。

全面深化“四个规范·夯实基础”重点品牌。8月份，指导组建了全县环卫工会联合会，9月份，联合下发《建立“环卫工人爱心驿站”的倡议书》，在城区设置首批“环卫工人爱心驿站”12处。新建工会全部达到“六有四同时三同步”标准。举办了全县工会主席培训班，培育合作社＋党支部＋工会工作典型。上半年新建基层工会59家，涵盖单位320个，发展会员7900人。

全面深化“六大举措·民主管理”重点品牌。5月份集中宣传《山东省厂务公开条例》，发放宣传手册5000余本，3500名职工参加了学习答卷。召开了全县厂务公开民主管理工作推进会议，县委与责任单位签订了目标责任书，保障厂务公开工作顺利开展。

全面深化“八步流程·工资协商”重点品牌。早安排，争主动。3月份，召开了全县工会工资集体协商工作推进会，对2015年工资集体协商工作进行了部署安排，集中四五月份时间，推进全县工资集体协商集中要约行动。同时培养一批不同类型的工资集体协商工作典型，选树世纪阳光、龙海民爆等优秀合同文本下发至基层，供参考学习借鉴。

**二、重点工作在实践中树立新亮点**

消防演练“七步法”创新推进。即：一悬挂消防宣传标语；二观看消防案例警示片；三消防知识讲座；四消防实战演练；五职工讨论谈感想；六发放消防知识宣传彩页；七县电视台、报纸、网站同步宣传，取得了较好的成效。我们县、镇（街）两级工会联合安监局、消防大队等部门先后在全福元超市、阳光纸业、龙海民爆、永新纸业、铭基中慧等企业先后组织了12次大型消防演练活动，协调260余家小型企业组织职工参与观看演练，活动中，发放宣传彩页8000余份。

工友创业“三大员”作用显著。春节前，县总工会联合县人力资源中心组织专门人员，深入全县企业进行了详细的用工需求调查，争取到包括英轩实业、世纪阳光、比德文电动车等126家用人单位入场招聘，提供机械加工、塑料加工等5600多个就业岗位，并建立详细的用工需求档案。3月份，组织参加了全市“春风行动”联企下乡公益招聘会暨工会就业援助大集启动仪式，招聘洽谈会第一天就有6100余名求职者入场应聘，有3172人与用人单位达成就业意向。招聘会期间，为农村外出务工人员和高校毕业生免费提供政策咨询、职业指导、就业培训等一系列服务，同时为农村劳动者求职开辟“绿色通道”，现场免费发放“春风卡”5000多张，方便了农村劳动者求职就业。

工会实力稳步推进。五一前夕，命名表彰了31名劳动模范，结合劳模宣传热潮，在全县选树刘志刚年轻企业家自主创业典型、钟建文等基层一线发明专利典型、高成德开展职业农民培训典型、张福涛实行翻转课堂创新典型，通过新闻媒体集中进行宣传报道，以现身说法帮助广大职工树立创新创业信心，营造了万众创新促发展的良好氛围。联合举办了全县第二届职业技能竞赛，涉及车工、数控车工、电焊工、维修电工、家政服务员（月嫂）等11个工种，46家企业、单位、院校的463名职业技工参赛。

职工活动激发活力。以“创争”活动为平台，推进职工书屋和企业道德讲堂建设。积极参与潍坊市第六届“创建学习型组织，争做知识型职工”活动，推荐2家企业为创建学习型组织先进单位，2人为争做知识型职工先进个人。上半年新建立“职工书屋”示范点5家，推荐一家企业书屋为全国职工书屋。职工文体活动丰富多彩，组织举办职工羽毛球、乒乓球比赛，共50支队伍，近200名职工参与。组织参加“我为厚道鲁商企业做贡献、争当企业好员工”全市职工主题演讲比赛，2名职工获得二等奖；组队参加潍坊市职工羽毛球、乒乓球比赛活动，县总工会被市总工会评为优秀组织奖、道德风尚奖。

**三、转型工作在探索中打造新品牌**

深入开展以“春送岗位、夏送清凉、金秋助学、冬送温暖”为主题的四季服务活动。送温暖救助困难职工220人，发放救助金17.3万元；夏季送清凉筹集资金1.7万元，惠及职工1000余人；金秋助学救助困难职工子女33人，发放助学金8.1万元。扎实推进职工互助保障计划，全县162家单位2.63万名职工参加，累计赔付金额达81.3万元，受益职工1042名，县总工会被全总授予“职工互助保障先进单位”。

## 共青团昌乐县委工作概况

书　记　赵中国

2015年，昌乐团县委在县委、县政府和团市委的正确领导下，深入贯彻落实党的十八大、十八届四中全会和共青团潍坊市十八届四次全委（扩大）会议精神，按照县第十七次团代会确定的任务目标要求，紧扣昌乐县委县政府中心工作，全面推进“五项行动、两项工程”，不断深化团的各项工作，为经济社会更好更快发展做出了积极贡献。

**一、加强“双基”建设，增强共青团工作凝聚力**

一是抓实团员发展。按照团市委的安排部署，把团员发展工作作为团的基础工作来抓，先后4次召开会议安排部署团员发展工作，严格入团程序、全团员档案资料。积极做好推优入团、推优入党，增强团员青年的荣誉感。2014年8月份以来，全县共发展团员1356名，初中团学比控制在23%以下。

二是强化队伍建设。积极做好学校、社区、机关、企业四条战线的团员思想引导和教育工作，通过上团课、听报告、青年活动等方式，增强了团员青年的组织归属感和荣誉感；以村“两委”换届选举工作为契机，切实加强基层团组织建设，推动符合条件的村团组织负责人依法进入村“两委”班子，鼓励优秀的年轻村“两委”成员兼任村团组织负责人；增强团干部的推荐力度，8名原乡镇团委书记走上了科级干部、社区主任等领导岗位，并选优配强了8名青春活力、思想开阔的新任团委书记，确保了工作延续性。

三是探索新型社区团建工作。针对“融合型”“合并型”“集聚型”社区建设模式，打破原行政村界限，灵活设置基层团组织，并根据团员从业等情况，设立企业、学校、行业协会等特色团支部和团小组，使团的组织和团的工作覆盖社区各类组织。探索“社区＋农业专业合作社＋企业”的团建模式，将社区团建拓展到产业链上，既丰富社区团建工作内涵，又使企业和合作社团组织有了强有力的依托。红河镇红河社区争创了省级示范性青少年综合服务平台，为全县社区级团组织保护青少年权益方面开了好头，提升了社区级青少年综合服务的工作水平。

## 二、提升“双创”服务，助推青年成长成才

一是营造良好创新创业氛围。通过政策支持、资金帮扶、导师指导等措施扶持青年自主创新创业，组织成立了昌乐县青年创新创业孵化中心。目前孵化中心入驻创新创业企业28家，其中22家均为1985年以后出生的法人，提供见习就业岗位200多个。积极筹建青年创业商圈，能够为青年创业者提供30平方米以上商铺50多间，同时在政策、资金方面的给予最大力度的帮助，打造昌乐最大的青年发展基地。

二是强化青年创业服务力度。在全县积极推广开展青年创业就业“五个一”工程，暨开展一次创业培训、建设一个创业园区、建立一处创业辅导站、落实一笔贴息贷款、选树一批创业典型，并协助组织、人社部门成立了创业大学，免费培训创业者和小微企业家。全县大学生创业项目239个，成功孵化小微企业127家，吸纳就业8218人，创建的珠宝产业、乐器产业创业园先后被评为省、市级创业园区。

三是大力实施农村青年创富带富工程。以发挥现有农村创业典型的辐射带动作用为目的，建立青年创富带富示范基地，利用成型的创业经验和创业模式，为农村青年、农村青年党员创业提供项目推介、技术辅导和资金扶持，孵化和培养农村致富能人和党团组织后备力量；并通过发挥农村青年、农村青年党员创业创富的先锋模范作用，引导和带动更多的农民共同致富。宝城瓜菜专业合作社理事长刘庆，在团县委的大力帮助下，率先成立了全省第一家产业联盟团工委，闯出了一条现代农业致富路。联盟团工委紧紧围绕合作社的生产经营任务，积极为合作社提供各项服务，今年又为该协会牵线搭桥，引进北京顶益农业科技股份有限公司合资1000万元，新建高标准现代化种苗科技示范园20000平方米，既扩大了团工委工作的影响力，又提高了合作社和企业的自我发展能力。昌乐青年致富带头人典型王江堂，带领村民开办凤凰岭瓜菜专业合作社，注册“泉子崖”商标，建设科技大棚示范园，探索实施了“三联三带三增强”工程。目前，埠南头村先后发展大棚西瓜700公顷、甜瓜300公顷，山药200公顷，辐射带动周边村农户发展西瓜、大姜等高效农业2000多公顷。

## 三、倾力“全城”公益，倡树县域文明新风

一是打造优良的青少年成长环境。规划建设了13所“希望乐园”和7个“四点半学校”青少年活动阵地，最大化维护特殊青少年成长权益，积极开展关心关爱行动。第一，摸清底子有的放矢。对全县的农村留守儿童、农民工子女和贫困青少年群体进行了调查摸底，建立资料档案，分类帮扶，确保覆盖到每一名需要帮助的青少年。第二，亲情结对长期陪伴。每所“希望乐园”配备了专业的志愿服务队，并结成了志愿关爱帮扶对子，建立长期结对帮扶机制。第三，关爱活动共同成长。结合团省委牵手关爱活动，为全县121名留守儿童和困难儿童免费购买人身保险，为孩子的健康成长保驾护航。

二是不断提升青年志愿者服务水平。围绕关爱农民工子女、生态环保、文明交通、社区服务等内容，开展志愿服务活动50余次。组织卫生系统志愿者深入各镇（街、区）20多处敬老院，为孤寡老人们进行了免费健康体检，并给他们提供了必备的日常药品；组织中小学生开展了形式多样的绿色环保志愿服务活动，引导青少年走出学校，走进社区，开展了系列志愿服务，让奉献精神从小扎根在孩子们心中。

三是打造专业志愿者服务队伍。组织成立了昌乐县公益志愿者协会，开展了公益捐赠、助老救困、公益宣传等活动，扩大了志愿服务影响力。志愿者协会与43名贫困青少年形成长期结对帮扶，营造了全社会关爱农民工子女志愿服务行动的良好

氛围，形成了“多位一体”的农民工子女帮扶体系，联络协调社会各界支持，开展图书、文体用品、生活用品等物资、资金捐助，为农民工子女创造更好的学习、生活条件。今年6月2日，公益者协会举行了“关爱下一代，携手创未来”大型公益活动，募集善款2万元余元用于贫困青少年的关心关爱活动。特别是我们昌乐县今年确定了全国文明县城、全国绿化模范县、国家园林县城、全国义务教育发展基本均衡县、省级生态县“五城同创”的目标。在各项日常工作和达标创建中，青年志愿者队伍在街边小巷、绿化现场、生态文明乡村建设现场积极志愿服务，弘扬和激发了整个社会正能量。

**四、落实“细微”保障，活化团队工作形式**

一是规范团队基础建设。积极争取落实团队工作经费，确保团队工作正常开展。通过加强全县中小学入团仪式、少先队礼仪教育、队歌、出旗、呼号等方面的规范，对团队基础知识进行了全面普及。

二是加强团队队伍建设。强化团委书记、辅导员的培训和经验交流工作，采取外聘教授授课、电子化教学等方式对基层团队干部进行集中培训；针对农村地区艺体类教师严重缺乏的现状，组织艺体类大学生志愿者到一些重点学校指导学校少先队开展艺体科技类活动，帮助辅导员提高业务素养，培养本土辅导员人才。

三是丰富团队主题活动。“五四”“六一”期间，从理想信念建设、思想道德建设、学习能力建设等方面入手，设计开展了“弘扬五四精神，争做一名优秀团员”、红领巾文化艺术节、国学知识大赛等一系列效果显著的活动，不断掀起富有昌乐特色的团队文化活动热潮。

**五、传承革命精神，洗礼青少年心灵**

一是普遍开展团队教育活动。围绕讲好抗战故事，动员各级团组织、少先队组织，普遍开展了“五个一”活动（阅读1本优秀抗战历史图书、观看1部抗战题材优秀影视剧、参加1次缅怀纪念活动、分享1次个人体会、参加1次网络传播），广泛讲述、传播抗战历史故事和抗战英雄人物故事，大力弘扬抗战精神。

二是大力开展全媒体宣传和网上纪念活动。依托官方微博、微信公众平台“昌乐青年”开展线上活动，扩大社会影响。各级团组织在各个重要时间节点，依托微博、微信集中开设“勿忘国耻圆梦中华”“铭记历史缅怀先烈”等话题，联动发声，充分发挥了共青团网络宣传队伍作用，形成网上缅怀纪念和宣传教育的强大声势。针对错误历史观点和言论，积极开展网络舆论斗争。

三是组织开展实践体验教育活动。组织开展了青少年党史国史教育书画比赛，到革命烈士陵园、抗战纪念地开展敬献花篮、宣读祭文等主题祭扫活动，缅怀抗战烈士的英勇事迹和崇高精神。充分发挥抗战遗址、爱国主义教育基地、青少年教育基地等抗战纪念设施的作用，组织青少年开展参观瞻仰、志愿讲解等活动，引导青少年在实践体验中接受教育。

## 昌乐县妇女联合会党组工作概况

党组书记、主席　吴传平

2015年，县妇联党组在县委、县政府的正确领导以及社会各界的关心支持下，紧紧围绕党的中心工作，坚持服务大局、服务基层、服务妇女、服务社会，创新思路，积极作为，不断深化巾帼志愿服务、困难群体救助、创业就业、权益维护等各项工作，努力为妇女儿童办好事、做实事、解难事，有力地推进了全县妇女儿童事业与经济社会协调发展。2015年，县妇联被市委宣传部表彰为潍坊市美德之星评选活动优秀组织单位、被县政府表彰为县第二届职业技能竞赛组织工作先进单位；县妇联“巾帼志愿服务”行动被市直机关工委评为2015年度县（市、区）直机关“优质服务项目”；1人被市委、市政府表彰为潍坊市创建全国未成年人思想道德建设先进城市工作先进个人，1人被省人社局、省妇联、省公务员局联合表彰为全省妇联系统先进个人并记三等功，1人被省妇联表彰为全省“新农村新生活”培训工作先进个人，2人被省妇

联表彰为2015年“幸福进家”活动先进工作者，1人被市文明委表彰为2015年度“潍坊好人”，1人被市妇联表彰为潍坊市十佳好父母。3人被县文明委表彰为“昌乐好人”。

**一、以妇女儿童需求为导向，切实办好妇女儿童民生实事**

坚持以需求为工作导向，多措并举，争取资源，着力为妇女儿童办实事、做好事。一是扎实开展“两癌”贫困母亲救助活动。2015年为全县9名“两癌”患病贫困母亲争取到救助金8万余元。同时，协调县民政局，将全县“两癌”患病特困母亲群体纳入全县城乡居民临时困难救助体系，目前全县已有6名贫困母亲获得该项救助。二是继续开展“两癌”免费筛查工作。与县卫计局、县财政局联合将“两癌”免费筛查工作不断深化和完善，相关单位各负其责、通力合作，为全县13586名妇女进行筛查，超额完成年度筛查任务。三是组织开展儿童节走访慰问活动。在儿童节前夕，组织县妇儿工委各成员单位对办学条件相对薄弱的基层学校及困境儿童进行了走访慰问，为他们送去价值十几万元的教学设施及学习用具。四是持续开展“春蕾计划”结对帮扶活动。联合巾帼志愿者、春雨义工、阳光义工等社会组织，持续做好困境儿童结对帮扶工作。2015年，共帮助145名困境儿童与爱心人士结成帮扶对子，筹集春蕾助学金14万余元，帮助困境儿童顺利完成学业。五是深入推进维护妇女儿童权益工作。联合县妇女维权法律服务团，组织开展“建设法治昌乐·巾帼在行动”三八维权周活动，通过送法下乡、免费法律咨询、法律维权培训班等活动形式，切实增强妇女维权意识；充分发挥12338妇女维权热线作用，妥善接待、处理群众来访事件。全年共接待群众来访、来电90余件次，均得到及时、有效处理。

**二、以服务发展为中心，积极引导妇女岗位建功立业**

紧扣全县改革发展中心任务，围绕“大众创业 万众创新·巾帼在行动”主题，多渠道、多形式为妇女创业就业提供服务，引导各行各业妇女在促进经济发展中充分发挥半边天作用。一是强化服务促发展。大力推进“信贷助推妇女创业行动”，畅通妇女小额担保贷款和贴息申报、审批渠道，为城乡妇女创业搭建了资金扶持的平台。2015年，为山东牵手娃服饰股份有限公司争取到省巾帼创业贴息资金5.5万元。二是强化培训提素质。大力开展新农村新生活培训，联合县社、县人社局、职业农民讲习所等部门，加强实用技术培训、创业就业技能培训等七方面培训，不断提高农村妇女创业就业和科技致富能力。全年共举办培训95场次，受训妇女10300人次。三是岗位建功展风采。与县人社局、民政局、商务局等相关部门密切协作，发动巾帼家政服务公司及女职工积极参加全县第二届职业技能竞赛，充分展示了新时期广大女职工的精神风貌和精湛技能。县妇联、县人社局联合对在本次竞赛中获得一等奖的三位女选手授予“巾帼建功标兵”荣誉称号。四是拓展妇女儿童家园建设。在巩固已有的10个市级家园和1个省级家园建设成果的基础上，又争取上级妇联7万元专项资金在经济开发区任疃社区建设了昌乐县第2处省级妇女儿童家园。

**三、以家庭文明建设为主线，传递爱心倡树新风**

认真落实习近平总书记对妇联组织做好家庭文明建设工作的要求，以培育和践行社会主义核心价值观为主要内容，以好的家风支撑起好的社会风气。一是深化巾帼志愿服务工作。结合重要节日、节点，创新活动载体，针对性开展巾帼志愿服务。中秋节联合昌乐阳光义工到鄌郚镇的两个村为困难群众送温暖；重阳节组织巾帼志愿者到乔官镇敬老院，为老人送去过冬棉服和食物，并为老人理发和健康查体；抗旱节水工作中，与县巾帼志愿者协会、阳光义工昌乐分会联合，分工协作，募集社会爱心力量，公益认捐的价值2.4万余元的家庭洗浴“二合一”产品惠及全县十个镇（街区）。国际志愿者日开展“邻里守望 姐妹互助”活动，走访慰问了宝都街道10位困难妇女，送去了5000余元的食用油、面粉及过冬衣物等生活用品；举办首届巾帼志愿者协会年会，各行各业的巾帼志愿者们自编、自导、自演文艺大联欢，弘扬主旋律，传递正能量。二是周密筹划、有序开展寻找“最美家庭”活动。积极灵活创新活动载体，多渠道、多层次组织“寻找”活动，最大限度地扩大活动的影响力，深入挖掘、选树和宣传群众身边的“最美家庭”，以实际行动为培育和践行社会主义核心价值观贡献力量。三是深化未成年人思想道德建设。组织潍坊市家庭教育大讲堂走进昌乐、“宝都教子有方家庭”、“书香伴我成长”亲子阅读等家风家教宣传展示活动，全面深化家庭教育新成果。在山东省第四届“感恩母亲”网络征文活动中，共有53人分获一二三等奖和优秀奖，县妇联、昌乐一中、育才双语学校、及第中学4个单位获优秀组织奖。开展“留守儿童为家长写一封信”亲子征文活动，20名儿童和家长分获山东省“亲子家书”征文活动一二三等奖和优秀奖，县妇联、育才双语学校、实验小学3个单位荣获优秀组织奖。

**四、以阵地巩固为目标，持续加强妇联基层组织建设**

围绕妇女之家建设，以建设“坚强阵地”和“温暖之家”为目标，不断夯实妇联基层组织建设，实现妇联基层组织“有人干事、有阵地做事、有钱办事”。一是女性进村“两委”工作实现新突破。进村“两委”女性比例达到100%且人数较上届增加23人，并且实现党组织女性成员和“两委”女性正职比例高于上届，农村妇代会与村“两委”同步完成换届。二是提升干部队伍素质。联合县委组织部举办全县农村女干部培训班，培训农村女干部400余人，着力提高新任村（社区）女性“两委”成员履职水平，全面提高新任农村女干部的整体素质和岗位适应能力、参政议政能力，团结带领广大农村妇女积极参与新农村建设。三是打造“三信四能”干部队伍。以作风建设为突破口，创新运用全员项目化管理模式，认真查找、切实解决妇联组织存在的现实问题，打造“领导信任、同事信服、群众信赖，张口能说、提笔能写、有事能办、无事能思”的妇联干部队伍。

## 昌乐县科学技术协会党组工作概况

党组书记　王新会

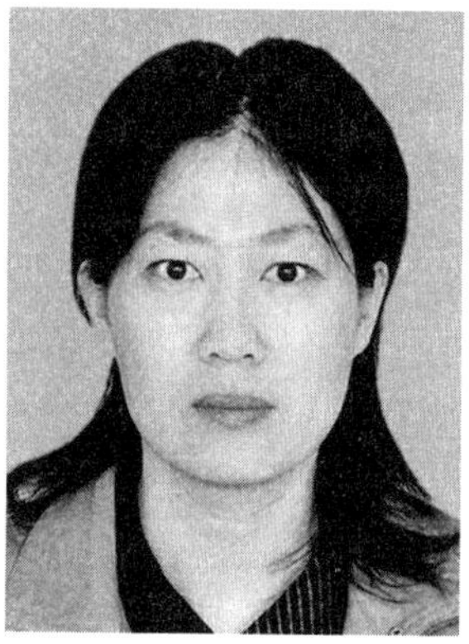

2015年，县科协党组在上级科协的指导下，紧紧围绕县委、县政府中心工作，坚持“三服务一加强”的工作职能，主动适应经济发展新常态，各项工作取得新进展。2015年，昌乐县肥料协会被评为全国先进农技协。

**一、完善“三个服务体系”，服务昌乐中心建设**

积极把“科技创新服务支撑体系、农业技术推广服务体系、培训咨询服务体系”融入中心建设大局，助力昌乐经济社会发展。

*一是加强创新助力工程平台建设，为企业科技创新提供支撑。*按照“科协搭台，学会唱戏，企业主体”的原则，大力实施创新驱动助力工程。开展了由山东汽车工程学会等组织助力电动车及关键零部件制造的项目。通过引进高新成果，进一步促进产学研用结合，加强科普信息、高水平智库、科技人才队伍建设，引导广大科技工作者积极投身建设新昌乐，为我县经济社会持续健康发展提供新的动力源泉。2015年，举办对接洽谈会3次，解答技术问题21个。

*二是完善农技协“五中心”功能，为农业技术推广提供支撑。*重点加强农技协的建设，强化农技协现代农业综合展示中心、农业技术推广中心、乡土专家培训中心、新型农民培训中心、技术咨询中心五大功能，形成以协会为龙头的区域科技服务三农综合体系。2015年，开展科技下乡活动50多次，受益农民2万人次，试验示范科技成果21项，示范辐射面积5万亩。培养林果、畜牧等产业的乡土专家30名，组建乡土专家技术服务队。

*三是开展“科普大讲堂”活动，为科技培训提供支撑。*2015年，开展了为期6个月的“2015昌乐科普下乡送科技进农家大讲堂”活动。活动通过组织农业技术专家深入农村、深入田间、深入农户，推广应用适合本地区的贴近农村、贴近农业、贴近农民的技术指导服务形式，加大全县科学种田技术指导服务力度，把先进适用的农业科技成果送到农村；通过专家实地进农田，现场指导，有针对性地对农民进行实用技术培训。共举办培训班30期，培训人员2650人次，深入田间实地指导20多次，解决实际生产问题45项。

**二、扎实推进《全民科学素质纲要》实施，服务全民科学素质建设**

坚持以推动《全民科学素质纲要》实施为主

线，创新方式方法，推进社区科普大学建设，提升科普工作水平。

*一是发挥主题科普活动的作用。*以科技周、科普日等为重点，以经常性的科普讲座、展览为补充，实现科普活动全年不间断。2015年，依托社区居民活动室、农家书屋、科普广场、健身园等场所，举办了安全生产知识培训、农产品质量安全培训、"新农村新生活"培训等科普讲座等活动150多场次，发放各类科普宣传材料6万多份，接受咨询服务的群众达10万多人次。

*二是加强社区科普大学建设。*本着"建设一处，普及实用知识，惠及一方居民"的建设理念，注重在人口密集，科技需求迫切，活动场所充实场所建设科普大学。2015年，昌乐社区科普大学分校在昌乐老年大学、昌乐职业农民讲习所、昌乐人民医院孕妇学校分别设立了教学点，各街道分别设立了2处社区科普大学教学点，各镇分别设立1处社区科普大学教学点，向不同人群开展教学。

*三是依托职业农民讲习所，大力开展惠民培训。*充分发挥科普领导小组的组织协调作用，依托县供销社、骨干农民专业合作社、社区等平台，开展农民专业技术培训。建立了"讲习所出菜单、农民出订单、送服务上门"的双向互动培训模式。今年，已累计对农民就土壤改良、种苗选育、水肥管理、栽培管理、环境管理、植保管理进行了6大类技术培训，培训100多场次，培训农民5000多人次，并颁发了农民职业资格认证培训证。

**三、创造条件、提升能力，积极服务科技工作者**

组织开展社区科普大学科普讲师团、最美科普之星、山东省青少年科技创新大赛、山东省青少年七巧科技竞赛、潍坊市全民科学素质知识竞赛等活动，激励科技工作者和青少年科技后备人才取得更多、更好的创新成果。建立领导联系点制度和联络员走访制度，并召开科技工作者座谈会，听取科技工作者对建设科技创新工作的意见和建议。2015年，共获奖33项，其中一等奖8项。

**四、加强党组织建设，提高干部队伍整体素质**

根据工作实际，以提高自身的综合素质为目标，着力推动党组织建设，积极部署，有序推进，并取得了实效。

*一是以学习型党组织建设为载体，打牢党员干部思想基础。*把党员干部学习教育作为加强党的思想建设、推动党建和业务工作的重要手段，高度重视，狠抓落实。坚持周四集中学习制度，组织全体党员干部学习，根据各自实际，紧紧围绕学习贯彻上级政策、会议精神、业务知识等内容，增强党员干部的政治意识、大局意识、忧患意识和责任意识，以更加饱满的工作热情和求真务实的工作作风，全力做好本职工作。

*二是以改进作风为重点，树立党员干部新形象。*积极探索党员联系和服务群众的有效载体，坚持不懈地开展主题实践活动，力所能及地帮助他们解决实际困难和问题，拓宽干部联系群众的渠道，促进干部作风的转变，密切党群干群关系。要继续大力推行党组织和党员承诺制，少说空话，多干实事，切实发挥党组织的战斗堡垒作用和党员的先锋模范作用，有力地推动了机关作风建设。

## 昌乐县残疾人联合会党组工作概况

党组书记、理事长　徐来义

2015年，在县委、县政府的正确领导和上级残联的精心指导下，县残联党组认真学习贯彻党的十八大、十八届三中、四中、五中全会和中共中央、国务院《关于促进残疾人事业发展的意见》的精神，大力践行"群众第一、基层第一、弱势群体第一"理念，积极推进残疾人"两个体系"建设，全县残疾人事业步入快速健康发展轨道。

**一、认真贯彻落实党的大政方针以及残疾人法规政策**

一年来，组织机关干部职工，认真学习深刻领会党的十八大、十八届三中、四中、五中全会和县委县政府各次会议精神，牢牢把握工作方向，坚持立党为公、执政为民，落实科学发展观，按照"代表、服务、管理”的工作职能，以加快推进残疾人两个体系建设为抓手，以“帮扶残疾人、共同奔小康”为主题，着眼于解决残疾人最关心、最直接、最现实的利益问题，切实抓好残疾人优惠政策落实，扶残助残和残疾人“奔康”计划有了新的起色。

**二、切实抓好党风廉政建设**

县残联党组把党风廉政建设和反腐倡廉工作纳入党组重要议事日程，扎实推进惩治和预防腐败体系建设，努力开创反腐倡廉建设工作新局面。坚持党风廉政建设与残疾人各项业务工作“两手抓、两手都要硬”的工作方针，主要负责人、分管负责人分别与分管科室、人员签订了党风廉政建设责任书，广大党员干部思想上警钟长鸣，行动上防微杜渐，工作上勤廉从政。认真贯彻落实党风廉政建设责任制，采取召开会议、专题培训等形式，定期召开班子成员会、中层以上干部会、全体干部职工会，反复强调廉洁从政方面的规定和要求，增强了全体人员的廉政意识。利用每周二集中学习和科室自学时间，组织干部职工深入学习廉政建设的有关文件，深刻领会，严格落实，筑牢拒腐防变的防线。

**三、认真履职，加快推动残疾人事业加快发展**

（一）进一步加强康复中心建设，为残疾人提供更多更完善的康复服务。2014 年 7 月，县政府出资购建一处残疾人康复中心，建筑面积 3100 平方米，省财政补助 120 万元。目前，内部装修、无障碍改造基本完成，一期购买 50 万元康复设备正在公开招标。2015 年，有 35 名 0～9 岁儿童在各级康复机构进行抢救性康复；免费发放各种残疾人辅具 600 余件，共计 19 万元。免费安装假肢 19 例、人工耳蜗 8 例。

（二）开展残疾人就业技能培训，积极培育残疾人自主创业新典型。一是根据市残联和县政府部署，6 月下旬，对 32 名有就业能力和需求的残疾人进行了为期半月的电子商务培训，并由县人社局颁发了上岗证书。二是积极培育残疾人就业扶贫基地。我县原有 4 处省、市级优秀残疾人就业扶贫基地，2015 年将五图街道庵上湖村华安瓜菜合作社作列为残疾人就业扶贫新基地重点培育，该合作社辐射带动周边 16 户农村残疾人脱贫致富。现已通过省、市验收，被山东省残联授予 2015 年度山东省残疾人就业扶贫优秀基地。三是发现培养 2 名残疾人自主创业新典型。红河镇肢体残疾人张云建创办潍坊恒源丝织品有限公司，现有职工 120 余人，其中安置残疾人 5 名，年产值 9 千万元。五图街道肢体残疾人刘立华创办潍坊宝盛植物油厂，现有职工 68 余人，其中安置残疾人 6 名，年产值 1.2 亿元。四是联合县委组织部，积极开展第一书记帮扶残疾人活动，县财政出资 40 万元，扶持 150 多名残疾人户进行自主创业、脱贫致富。

（三）全面做好贫困残疾人“两项补贴”发放工作，多渠道落实帮扶政策。一是为 1603 名低保重度残疾人发放生活补贴 153 万元；为 2011 名重度残疾人发放护理补贴 145 万元；为 95 名残疾学生和 274 名贫困残疾人子女发放助学补助 33 万元；投入 14 万元，为 70 个危房改造户配备基本生活用品。二是投入 12 万元，为 62 户残疾人户安装太阳能、扶手、低位炉具等设施进行家庭无障碍改造。三是在今年世界第二十四个“国际残疾人日”期间，联合康佳集团举办“助残惠民万里行”活动，为 5000 多名残疾人发放了彩电、冰箱、洗衣机等家电优惠券，让残疾人买得起家电，共享社会文明成果。四是联合传媒集团、聋哑学校精心编排、录制、报送了参赛文艺节目。助残日期间，组织 50 余名福利企业残疾人观看 3D 电影，组织残疾人书画展，进一步丰富了残疾人文化生活。

（四）加强基层基础建设，为实现残疾人工作制度化规范化管理奠定良好基础。一是根据县里统一安排，3 月份，县纪委巡查组对残联的各项工作进行 1 个月的巡查。针对发现的问题，召开专题会议，对县机关、各镇（街、区）残联理事长、专职干事，由县纪委领导、档案局工作人员分别进行了廉政教育讲座、残疾人补贴档案化管理授课，进一步增强了责任心、使命感。县、镇两级残联，对 5 千多名享受各类补贴的残疾人进行建档立案，全部实行规范化管理。二是增加残疾人专职干事待遇，调动工作积极性。昌乐县有残疾人专职干事 11 名，现享受最低工资标准 1450 元，经过 3 次追加生活性补贴，工资、补贴共计每月 2450 元，三险全部由县残联负担。三是对全县 168 个社区的康复员，分 2 期集中进行业务培训，进一步了明确职责、熟练业务，增强了责任心。

# 昌乐县工商业联合会党组工作概况

党组书记、副主席　张建华

2015年，县工商联党组在县委、县政府的正确领导下，在上级工商联的指导下，深入贯彻中共十八大和十八届四中、五中全会精神，紧紧围绕促进企业转调创和促进全民创业、万众创新这一县委、县政府的中心工作，通过开展政治引领、商会建设、服务会员、转变作风等各方面的工作，基本实现了“让县委县政府满意、让会员企业满意”的工作目标。

## 一、政治引领工作有了新高度

始终把政治引领工作放在首位，加强对非公有制经济人士的政治引导，确保非公有制经济人士政治上始终与党中央保持高度一致，与县委、县政府的各项决策保持一致。2015年以来，我们在会员企业中深入开展了以增强民营经济人士对中国特色社会主义的信念、对党和政府的信任、对企业发展的信心、对社会的信誉为主要内容的“四信”专题教育实践活动，“厚道鲁商”主题实践活动，以及中共十八届四中、五中全会精神的专题学习活动，全县非公有制经济人士的政治素质、社会形象都有了显著提升。面对经济下行的巨大压力，全县民营企业家顽强拼搏，锐意进取，克服重重困难，确保企业健康运转，有的还实现了逆势增长，为全县经济发展、社会稳定做出了巨大贡献。梦金园、山东矿机等会员企业还积极投身于光彩事业，参与扶贫帮困，树立了我县民营企业的良好社会形象。

## 二、商会队伍有了新突破

一是组建国际商会。为中小企业发展过程中面临的资金、信息、成长等方面的问题，引导企业抱团发展，我们支持、指导山东乐化集团发起成立了昌乐国际商会。该商会是一个以中小企业负责人为参与主体、具有法人资格的非营利性民间社团组织。已有81家会员企业入会，涉及制造、塑料、化工、食品等10多个行业。这个商会自2013年开始发起，今年真正实现运转。商会运转后，积极为入会企业提供信息、法律、融资、贸易等全方位服务。融资方面，已经为会员企业解决周转资金20多次，总额2000多万元，极大减轻了会员企业的资金压力。法律服务方面，举办法律讲座27场，接受咨询100多次。

二是开展会员登记摸底工作。为摸清底子，今年我们对非公有制企业、个体工商户等符合登记条件的工商联会员进行了重新登记。对已不存在的企业会员、长期不开展活动并与工商联失去联系的团体会员、已到县外发展或失去会员代表性的个人会员、不再从事经营活动的个人会员等均不再重新登记。该项工作的开展全面摸清了昌乐县工商联会员底数，查明了会员结构、行业分布等情况。截至10月底，全县共登记会员584家。

## 三、会员服务工作有了新进展

一是加强沟通联系，倾听企业呼声。加强与会员的联系，基本确定一月走访一个镇街基层商会，共走访会员企业100多家，通过召开座谈会、研讨会、问卷调查等形式，倾听他们的呼声，听取他们的意见和建议。在宏观经济形势特别是融资环境相对紧缩的情况下，如何帮助会员企业深挖内功，走科技创新为主的内涵式发展之路，成为摆在我们面前的一个重要课题。我们以此为重点，多次深入企业，通过座谈、请专家诊断等多种形式，基本弄清了制约我县民营企业实现科学发展的障碍因素，为科学服务会员企业提供了重要依据。充分调动会员企业参政议政的积极性，年内会员企业中工商联界别政协委员共撰写提案18件，对于推动我县民营企业的科学发展具有重要的参考价值。

二是开展“税银互动”守信激励、助推小微企业发展项目活动。我们发挥中介和桥梁作用，配合县国税局等有关部门和建设银行，对守信纳税A级企业发放专项贷款，激励企业守信纳税，并实现纳税服务与金融服务的对接，助推企业发展壮大。活动开展后，已经为中小企业发放专项贷款1000多万元。

三是组织企业参加征信认证。联合中小企业办引进11315全国企业征信系统，组织企业积极参加征信认证。目前已认证企业150多家，帮助企业提高了社会信誉和融资能力。

*四是协助商会大厦招商引资。*由县工商联引进的商会大厦投入使用后，为了帮助企业更好地开展招商工作，县工商联在大厦成立招商办公室，安排专职人员加强商会大厦的招商工作，引进企业20多家。特别是昌乐科技孵化器、昌乐县创业孵化基地的入驻，增强了大厦的服务功能，真正把大厦建设成了小微企业的创业家园。

*五是组织企业参加各项评比活动。*推荐山东世纪阳光纸业、山东矿机集团、潍坊英轩实业三家企业参加山东省民营企业百强评选，推荐梦金园参加山东省创新性民营企业评选；推荐的山东世纪阳光纸业被中华全国工商业联合会评为“中国民营企业制造业500强”；推荐的山东矿机集团被命名为全市“厚德鲁商”倡树行动首批示范企业。

*六是组织企业参加各种培训活动。*组织会员企业参加了山东省工商联基层会员企业家培训班、山东省新生代企业家培训班、潍坊市第四代企业管理干部研修班、潍坊市新生代企业家培训班等活动。山东世纪阳光纸业等20多个企业100余人次参加培训。县内，4月，协助县委组织部开展了全县“两新”组织党组织书记培训班，培训“两新”组织党组织书记229人；11月，组织开展了非公有制经济组织党建工作培训班，培训镇（街、区）商会秘书长及非公有制经济党组织书记80人。

**四、非公党建工作有了新载体**

非公有制企业党建工作是党的建设的重要领域，也是我们工作中的一个难点。为调动企业抓党建的积极性，我们从企业的需求入手，抓住中小企业融资难、融资贵的问题，联合县委组织部、潍坊银行昌乐客服中心联合开展了在创建“五星级”党组织的非公有制企业发放信用贷款工作。为泓乐建材等4家企业发放信用贷款两期，计2400万元。这一活动的开展，调动了企业抓党建的积极性。目前，已经有100多企业提出了创建五星级党建企业的申请，并有13家企业获得了五星级党建企业的称号。

**五、机关自身建设有了新提高**

*一是积极转变机关作风。*在工商联机关，倡树了一个共识，增强了四种意识。即树立有为才会有位的共识；增强干事意识，不干事就是失职；增强主动意识，主动为企业服务；增强创新意识，寻找新思路、新办法；增强学习意识，提高为企业服务的能力和水平。

*二是实现了与全国工商联直接对接。*8月份，赴全国工商联金银珠宝业商会等商会进行对接，邀请客商参加、助推昌乐国际宝石博览会；11月份，带领山东矿机赴全国工商联装备制造业商会对接，帮助企业开拓市场。

*三是赴经济发达地区学习先进经验。*6月，到临朐、青州学习商会组织、平台搭建、光彩事业、服务企业等方面的做法；7月，赴厦门、杭州、宁波、上海等地学习新生代商会作用发挥情况。

*四是圆满完成了县委、县政府交办的各项工作任务。*积极组织企业参加全省、全市科学发展观考核中的民营企业满意度调查，精心组织，认真筹备。积极参加创建全国卫生城、新型社区建设、部门包村等各项中心工作，圆满完成了各项工作任务。

# 武装工作

## 昌乐县人民武装部工作概况

县委常委　县人武部党委书记、政委　包艳伦

2015年，县人民武装部在潍坊军分区党委和县委、县政府的领导下，坚持以强军目标为统领，狠抓“三严三实”专题教育整顿，贴近实战组织训练考核，各项工作稳步发展，受到军分区首长机关的一致好评。被山东省军区表彰为“抓基层先进一线指挥部”、“新闻报道工作先进单位”。

**一、坚持以强军目标为引领，思想政治建设更加坚强有力**

始终把思想政治建设摆在突出位置，坚持用党的创新理论武装头脑，确保全部人员思想稳定和政治合格。一是严密组织“三严三实”专项教育整顿活动。自年初以来，上级对专题教育整顿活动进行了动员部署，在深入学习领会上级精神的基础上，部党委专门召开了党委会进行研究，成立了我部“三严三实”专题教育整顿领导小组，负责对整个活动的组织领导、组织实施、组织落实。1月21日，在军分区动员大会结束后，部领导召开全体干部职工动员大会，对专题教育整顿的具体工作进行了安排，及时传达了上级有关“三严三实”专题教育整顿主要文件精神，在全部掀起了开展“三严三实”专题教育整顿的热潮。在教育整顿过程中，坚持以习近平总书记指出的10个方面问题为突破口，下力解决人武部干部职工理想信念、党性原则、遵规守纪、革命精神和思想作风等方面的突出问题，为推动民兵预备役建设提供坚强政治保证和强大精神动力。二是主体教育活动成效显著。紧紧围绕党在新形势下的强军目标，采取理论灌输、讨论辨析、活动牵引、实践感悟相结合的方法，组织了“学习践行强军目标、做新一代革命军人”主体教育活动，在教育过程中，我们始终把强军先强心、铸剑先铸魂，作为践行强军目标的固本培元之策，扎实组织开展以“中国梦·强军梦·我的梦”、“使命在我肩·兴武我担当”为主要内容的研讨活动，着力塑造新一代革命军人的尚武精神和使命意识，让广大民兵预备役人员在新的历史条件下迸发出青春和活力。三是经常性思想教育有序展开。针对军队改革对全体人员的思想冲击，充分利用每日交班、周一大交班、节假日战备教育等时机，对全体人员进行端正风气、稳心尽职等教育，并通过个别谈话、点名批评、警示约谈等方式，有针对性地强化大家的责任意识、奉献意识和纪律意识，激发了干事创业的积极性和主动性。

**二、坚持以实战标准练兵强兵为使命，战备和训练工作质量有新提升**

一是战备能力建设着眼实战化。结合担负的战备任务，我们及时地对战备方案和国防动员预案进行重新修订，对照方案，我们组织首长机关带民兵分

队进行多次演练，在演练中我们按照实战要求检验方案的可行性和实用性，一次又一次的进行修改调整，使方案更加符合实战需要。为了利于战备，方便执行任务，2015年我们为民兵应急分队配发了迷彩服、迷彩鞋和警棍、盾牌等装备器材，提高分队快速应急能力。针对2015年极端天气频发，出现各种自然灾害可能性较大以及暴恐活动猖獗的实际情况，我们及时修订完善了非战争军事行动方案、营区防暴恐活动方案，及早完善防汛抗旱防火防台风预案。认真贯彻新一代《军事设施保护法》，继续抓好全县军事设施“两区两范围”划定，开展以“四查四纠”为主要内容的国防工程清查清理。昌乐县政府被省委省政府和省军区联合表彰为军事设施保护先进单位。二是民兵组织整顿工作规范化。根据上级民兵组织整顿工作指示的要求，按照编组出战斗力的原则，我们积极加强组织领导，调整编组布局，优化组织结构，突出建设重点，整合军地资源，规范整组秩序，狠抓工作落实。今年我们重点借鉴临沂军分区民兵整组的经验做法，结合本地实际情况，重新对三支队伍的编组单位进行调整，将应急队伍人员向政府部门机关单位转移，确保人员编实、可靠、实用，民兵组织结构进一步优化，布局更加合理，技术含量明显提高，全面提升了民兵组织建设质量。三是军事训练贴近实战化。坚持党委议训，我们始终紧紧抓住军事训练这项中心工作，坚持按纲施训，科学计划，持续用力，狠抓落实，圆满完成了专武干部业务培训、民兵应急分队集训和省军区、军分区现役干部训练考核、人武部首长机关训练。四是征集工作实效化。今年，认真落实上级“征集主体向应届毕业生转移的目标”和“扩大征集大学生士兵比例”要求，加强组织领导科学筹划部署。我们组织人武部机关及所属10个镇(街、区)武装部在主要街道、繁华路段和集贸市场、学校等人口聚集场所设置预征宣传咨询站；开设多点登记站同时进行登记，在各镇(街、区)设立网上报名点和移动网上报名点，确保每名有志青年都能及时报上名；在寒、暑假期间对辖区内的适龄学生、应届毕业生进行宣传发动；针对今年体检和政治考核办法和程序有了新变化，我们及时组织基层专武干部、体检医生、政治考核工作人员进行征兵业务培训，讲明有关政策规定和标准要求；实行封闭式体检，一站式服务，确保为部队输送的每一个兵员合格。五是具体业务工作标准化。今年完成了军事年鉴的编写、退伍军人档案移交和接收、预备役人员复核、入伍通知书的发放等业务工作。上半年，完成《2015年军事年鉴》编写任务，共6万余字。协调相关单位收集编写《昌乐军事大事记》，截至目前已完成40万余字。

**三、坚持以稳定发展为目标，狠抓管理安全防范意识更加牢固**

“安全重于泰山，稳定压倒一切”。我们始终把安全稳定工作作为年度工作的重中之重抓紧抓好，做到思想一刻不放松，检查一处不漏，落实一丝不苟，问责一抓到底。一是安全活动开展经常。以上级安全检查为契机，结合军分区下发的各种安全管理工作指示要求，及时制订了人武部“学法规、用法规、守法规”活动、“五项整治”活动、“训练安全竞赛”活动、“行业风气专项清理整治”活动、“百日安全竞赛”活动及夏防措施等实施方案，重点查找了我部在车辆事故预防、训练事故预防、人员管理、枪弹爆炸物品管控、重要库房、信息传媒介质使用等方面存在的安全隐患，及时制定相关措施，保障各项活动顺利开展，确保全年安全无事故。二是严格落实制定保安全。我们严格落实早点名制度，每日由值班员进行点名，部交班时进行汇报情况，保证了办公时间正常，无人员迟到影响业务工作开展。为确保安全保密，我们严格规范了办公秩序，特别对集中文印室进行专人规范管理，做到文件打印、复印有登记，传真接收、传达、收回高效及时，确保每一份文件都在掌控之中。根据季节变化换装时间，及时组织人员进行军容风纪检查，有计划地进行队列训练，培养干部职工日常养成良好习惯，努力促进正规化管理。定期召开“三委会”，分析安全形势，采取多种方法手段，适时进行安全教育，确保不发生任何问题。三是重点抓好值班管理，确保关键部位的制度落实。高度重视值班管理，严格落实首长值班和双人值班制度，切实落实5分钟之内用办公电话回复的刚性要求。清明节和“五一”节日战备期间军区连续两次查岗，均第一时间回复电话。定期组织值班员、门卫开展教育，及时学习上级关于值班的规定要求，强化值班人员的职责意识，制定了部值班规范手册，进一步对值班人员所应履行的岗位职责进行细化，责任区分到人、到时、到点。值班人员高度负责，及时妥善处理来电来人，及时询问进出办公楼和营区的外来人员并搞好登记，确保军事机关办公场所秩序正规，安全稳定。

# 镇(街道、区)党(工)委工作

## 中共昌乐县经济开发区工委
## 中共昌乐县宝城街道工委
## 工作概况

经济开发区党工委书记　张金涛
宝城街道党工委书记　高明胜

张金涛

高明胜

昌乐经济开发区（宝城街道）位于昌乐县北部，面积43.4平方公里，辖8个行政村，7700户，人口2.63万人，耕地面积2.38万亩。2015年，昌乐经济开发区按照潍坊市委、市政府“四集四化”部署要求和“走在前列，起好带头作用”的目标定位，加快转型升级创新发展，实现了经济社会稳定健康发展。

**一、组织概况与党的建设**

县经济开发区（宝城街道）党工委下设4个党委，4个党总支，68个党支部，共有党员1352名。2015年，县经济开发区（宝城街道）围绕全面落实从严治党要求，践行“三严三实”要求，扎实推进基层党建各项工作。

（一）抓主体责任落实，切实履行职责担当。研究制定了年度党建工作计划和推进措施，每月召开1次党工委会议，专题研究基层党建工作。充实党建工作力量，为党建办新增4名人员，专职抓党建工作。建立健全了村（社区）基层党建工作联系点制度，28名副科级以上党员干部全部落实包靠责任，每人每周至少拿出2天时间到联系点推动工作，切实解决存在的突出问题。

（二）抓基层党组织建设，增强基层党组织战斗力。开展农村基层党员集中培训2次，村党支部书记集中培训4次，开展机关和企业党员集中培训1次，提升党员整体素质。扎实整顿转化软弱涣散党组织，任疃社区和宝石城社区2个软弱涣散班子全部转化，党组织战斗力和凝聚力明显增强。采取“1名领导班子成员＋1名中层干部＋1名普通机关人员”的包靠模式，推动全区50余家非公有制企业党组织组建和党的工作实现全覆盖。科学制定发展党员年度计划，严格发展党员程序，全年共发展党员29名。

（三）抓工作方式转变，提高党员干部工作效能。严格落实社区“三四三”工作机制，70％以上机关干部吃住、工作、服务在社区，实行精细化管理，不断提升服务水平。投资150余万元，对4个城市社区和1个农村社区的办公场所进行了改造提升，全部配备空调、冰箱、热水器等生活设施；抓好“一厅两室”建设，5个社区全部完成配备，社区实体化运行质量显著提高。利用50天时间开展了以“从严、求实、创新、高效”为主题的讨论实践活动，党员干部认真查摆在思想观念、工作标准和精神状态等方面的问题，制定整改措施，明确整改时限，进一步促进工作作风大转变，工作效能大提高。

（四）抓集体经济发展，激发农村基层组织活力。召开村级集体经济发展座谈会3次，帮助各村理清发展思路，找准定位。坚持一村一策，因地制宜，大力发展村集体经济。其中，结合四图、西尖、商家庄等村实际，引导村民发展商铺、旅馆、饭店等第三产业，村集体经济年经营性收入达到3万元以上。深入推广“党支部＋合作社”发展模式，积极引导各村结合实际发展农民专业合作社，发挥党支部的政治引领、协调服务等作用，增加村集体经济收入。到2015年年底，全区农民专业合作社已达63家。

## 二、主要工作与成绩

（一）工业经济平稳运行。规划建设了智能装备制造产业园、黄金珠宝加工产业园、绿色房屋建材产业园等专业特色园区，推动装备制造、黄金珠宝加工两大千亿级主导产业以及优势产业实现集群布局、集中突破、集成创新、集约服务。其中，规划建设的智能制造产业园，被科技部评定为国家火炬特色产业基地，潍坊市仅此1家。积极引导龙头企业、骨干企业建立研发机构、引进高技术人才，加速科技成果转化。2015年，全区共新建市级以上科研平台7家，新增发明专利授权52项。坚持瞄准世界500强企业以及行业龙头企业，引进主导产业、优势产业链条中高端环节项目。全年共新引进过10亿元项目3个，新引进过亿元项目15个。2015年，全区38家规模以上企业实现工业总产值290.34亿元，实现主营业务收入286.63亿元，实现利税8.29亿元，同比分别增长9.39%、8.68%、8.7%。全区14家高新技术企业产值占开发区规模以上工业总产值比重为40.16%。

（二）社区建设全面推进。宝石城社区2座老年人安置中心、社区服务中心以及龙角社区5座安置楼已全部建成；黄埠新村12座安置楼已交付使用，300余户居民签订搬迁协议并搬迁入住。严格落实社区运行“三四三”工作机制，70%以上干部吃住、工作、服务“三在”社区，为基层群众提供服务。改造提升昌明、艳阳天、学府等5个社区的服务中心、警务室、医务室等配套设施，社区实体化运行水平不断提高。

（三）社会事业统筹发展。投资260余万元，对各村生产生活垃圾、积存垃圾进行清理，辖区居民对环卫一体化工作满意度明显提升。扎实开展安全隐患排查整治活动，督促企业整改安全隐患，辖区安全生产形势持续稳定。投资20余万元，成立潍坊市首家“就业驿站”，全力打造公共就业半小时服务圈。制定精准帮扶措施，落实全员包靠制度，帮助330户贫困户实现脱贫。精心组织、有序推进，圆满完成四图、潘家辛、前石埠等村集体资产股份权能改革试点工作。建全区、社区、村的三级监管网络体系，农产品质量安全水平不断提升。

（四）作风建设常抓不懈。在机关党员干部中深入开展了“庸懒散浮”专项整治活动，并通过定期上党课、看专题片等形式，帮促机关干部改进工作作风、提升工作效能。认真履行党工委党风廉政建设主体责任和纪工委的监督责任，组织机关干部、村三职干部进行专题廉政教育5次，有效杜绝各类问题发生。积极开展大走访和联系服务群众等活动，解决群众在生产生活等方面存在的问题300余件，全面打通联系服务群众“最后一公里”、依法治理“最后一公里”。

## 三、创新与经验

（一）精益求精，助推经济发展。准确把握新常态，以优质、高效、全面服务，助推产业实现转型升级创新发展。高瞻远瞩，大处着手，科学规划专业园区，推动产业实现集群布局、集成创新、集约发展。精准施策，重点突破，推动产业链条向更高层次水平发展。

（二）从严求实，确保工作成效。围绕“严”字开展工作，落实包靠制度，明确责任到人，调动机关干部干事创业积极性。组织一系列学习教育活动，确保各项工作思想同心、目标同向、行动同步。积极开展大走访、大调研，落实精准扶贫有关要求，切实为百姓办实事、解难题。

（三）创新求变，灵活开展工作。认真研究上级政策导向和资金投向，做好上级与实际的结合文章。主动摒弃落后失效的工作方式，解放思想，积极作为，采用群众更容易接受的方式，创造性地开展工作，做到基层满意、群众满意。

# 中共昌乐县首阳山旅游度假区工委工作概况

党工委书记　刘德利

首阳山旅游度假区位于昌乐县城东南部，辖11个行政村（23个自然村），人口1.3万，总面积31.5平方公里。2015年，在县委、县政府的正确领导和各级各部门的大力支持下，深入贯彻落实党的十八届四中、五中全会精神和省、市、县委的重大战略部署，广大干部群众不惧困难、团结拼搏、真抓实干，紧紧围绕“三个昌乐”建设目标，充分发挥度假区自然禀赋突出、旅游资源丰富等优势，建设生态环境、经济效益、公共服务、生活品质俱佳的旅游度假区。

## 一、组织概况与党的建设

首阳山旅游度假区党工委下辖1个社区党委、1个社区党总支、17个党支部，共有党员416名。2015年，党工委从抓实班子建设和社区运行入手，充分发挥党建工作对其他工作的引领带动作用，促进了各项工作深入开展。

（一）落实主体责任，认真履行职责。每月召开一次党工委会议专题研究基层党建工作，对农村社区实体化运行、环卫一体化、干部作风建设等工作实时调度，带动班子成员做好包靠村（社区）和分管领域党建工作。组织开展了3次集中联系服务群众走访活动，发放《致度假区群众的一封信》等资料40000余份，对征求到的医疗、教育、环境卫生、治安、干部作风等方面的意见建议，制定改进措施，帮助群众解决问题142个。

（二）优化组织建设，提高党员干部素质。健全党组织学习培训、党员发展、组织生活等基本制度，提升党建工作活力。严格执行《发展党员细则》，把好党员人选关、思想关、素质关“三个关口”，对重点发展对象进行集中培训和党的基础知识考试，严格标准程序，新发展9名党员，吸收46名入党积极分子。结合“周一讲堂”集中学习，“互联网＋”补充学习和“读书月活动”强化学习，以2个社区为依托设立党员教育培训分部，对农村党员骨干进行轮训，机关党员干部开展自主培训92学时，农村党员培训24学时。

（三）转变工作作风，提升服务效能。以建设“五新”农村新型社区为目标，深入推进农村社区实体化运行，研究出台了《社区工作管理运行制度》，认真落实“三四三”工作机制，在创新管理、运行保障、规章制度、督查考核等方面强化推进，确保了农村新型社区高效有序运行。实施党员干部联系帮扶困难群众，对11个行政村的113户建档立卡贫困户，确定每位领导干部至少包靠2户，每月至少走访2次。狠抓基层班子建设，对倒排确定的郭齐村进行集中整顿，扶强班子、带强队伍，帮助完成整顿转化。

（四）强化基础保障措施，推动工作开展。强化党建工作力量，设立党建办公室，配备专职人员2名，承担日常党建工作任务。对县财政拨付的村级办公服务经费，全部下拨到村，村均3万元以上。稳妥做好离任村干部名单统计核实和提报工作，38名符合条件的离任村干部享受县财政发放的生活补贴。完善办公服务场所建设，加快“一厅两室”建设运行，加强场所管理使用，提升了场所服务功能。

## 二、主要工作与成绩

（一）以社区建设统领农村各项工作，实体化运行有序推进。以建设“五新”农村新型社区为目标，将原先的23个自然村整合为贵和社区和首阳山社区两个社区，在高标准打造“一厅两室”的基础上，不断完善配套设施。蓝宝石小镇、山水·领秀城、西南庄安置区等一大批新型居所正在加紧建设。19名干部下沉到社区，每人至少包靠一个村庄，定期入户走访，对环卫一体化、违法建设、矿产资源管理等进行巡查，并撰写《社区工作日志》。同时，为方便群众办事，对群众需要办理的业务，由社区干部全程“代办”“领办”，打通了联系服务群众“最后一公里”，得到群众充分肯定。

（二）全力搞好拆迁和综合服务，落户项目稳步建设施工。实行点对点工作法和一线工作法，积极协调处理项目推进过程中遇到的困难和问题，为项目发展提供良好的环境，确保项目早开工、早达效。重点加强旅游基础设施和配套设施建设，结合新农村建设、水系改造和生态治理等工作，加大旅游资源整合力度。颐和绿洲、潍坊文化休闲博览园等项目正加紧施工；新二中·美加国际学校一期303亩全部拆除，已开工奠基，蓝宝石小镇项目已拆除25户（58亩）；昌五路改线东段拆迁基本完毕。

（三）基础设施建设不断完善，激发旅游发展新活力。为打造主题鲜明、交通便利、环境优美、吸引力强的旅游休闲度假区，重点加快度假区内道路、供排水、电力、通讯、污水及垃圾处理等基础设施建设，完善餐饮、住宿、停车场、公共厕所等服务设施。3200米旅游路已全部完工，1000米旅游支路已开始平整路面。在桂河湿地公园投资30万元新建三星级公共厕所、在贵和社区投资196万元建设的污水处理厂已投入使用。

（四）全民参与环境治理，生态文明建设成效显著。先后出动宣传车10辆次，发放“明白纸”3000余份，粉刷、悬挂标语横幅20条。投资50万元，新购垃圾车2辆，垃圾桶200个，达到8户一个垃圾桶。出资20余万元，采取以奖代补的形式奖补给各村，对大街小巷“三大堆”进行了全面清理，村庄周边600米内的垃圾点全部清除，未硬化的大街小巷全部铺设石子，主要街道两侧房屋全部进行喷涂。特别是对长期无人清理、垃圾积存严重的路段，动用挖掘机、铲车等大型机械进行了高标准清理。对贵和路、朱红路、宝盈路等进行了高标准绿化，栽植樱花、雪松、龙柏、法桐等苗木8万多株。

（五）做足做实民生工作，群众幸福感和满意度全面提高。总投资50多万元，组织运水车辆往返200余人次，打机井12眼，邀请水利专家深入各村、社区对农户进行技术指导。在各村设置“四德”宣传牌23块，悬挂标语23幅，绘制文化墙50余幅，形成了图文并茂、覆盖全面的宣传网络。23个自然村的土地确权工作已完成，权能改革试点木田后、邵家庄、西南庄3个村稳步推进。居民养老保险和医疗保险收缴达到100%，实现了应保尽保。

（六）紧抓“安全、稳定、环保”三条红线，杜绝事故发生。一是加强安全生产检查。由管委会、安监所、派出所统一调度，对辖区内34家监管对象进行排查摸底，排查出隐患51个，全部整改完毕。举办安全生产培训3场，受训群众150多人次，进一步提高了干部群众的安全意识。二是全力抓好社会稳定。加强维稳调度，解决信访问题4个，整改矛盾隐患3处、化解纠纷2起，未发生1起进京上访事件。在各村主要街道、路口安装高清探头103个，增强了群众安全感和满意度。三是加大资源保护力度。每天由一名科级干部带队对辖区内非法采石点、石子加工企业、石灰窑、重要道路节点进行巡查，保护好矿产资源和环境。

**三、创新与经验**

（一）加强基层组织建设，发挥好战斗堡垒作用。党的基层组织是党联系群众的桥梁和纽带，也是人民群众了解党、认识党的重要窗口。加强基层党组织建设，一是抓好软弱涣散党组织，提升班子战斗力。加大整顿软弱涣散基层党组织工作力度，配齐配强班子成员，特别是班子带头人。二是全面推行“议事学习日”制度，提升基层组织建设规范化、制度化水平。以议事带学习，以学习促议事，把提高党员群众的素质与推动工作、化解社会矛盾融为一体，走出一条以党建工作统领农村工作，推动乡村民主治理的新路子。三是抓好产业支撑，提升村级集体经济水平。把壮大集体经济作为抓基层组织建设的重要内容，鼓励党支部牵头统一流转土地，引导更多村推行“党支部+合作社”工作模式，转变经营理念，调整种植业结构，带动村民致富。

（二）提升农村财务管理，维护好农民切身利益。农村财务管理是村级经济事务管理的重要内容，提升农村财务管理规范化水平，对于规范农村财务会计行为、提高资金使用效益、确保财务公开落到实处、化解农村党群干群矛盾起到了积极的作用。在农村财务管理工作，要进一步明确村干部的经济责任，村干部拥有代表村民行使对集体资产的经营权，同时也承担着让村集体经济在一定时期发展壮大的责任。通过开展经济责任审计，客观公正地评价村干部任期内的经营成果和经济责任，为村干部进行奖惩提供依据。同时加强对村集体经济活动的监督制约机制，防止“漏管、失管、滥管”现象的发生。

（三）立足自身禀赋优势，谋划好生态发展双赢。首阳山旅游度假区作为潍坊市境内唯一集秀美的山、清澈的水、深厚的历史文化三种优势于一体的待开发区域，被誉为潍坊市的“绿肺”“天然氧吧”。也因此，度假区在科学发展问题上始终贯穿着保护环境、建设生态的绿色理念，强化“生态保护是前提、开发建设是关键、协调发展是目的”的目标认识，实行最严格的环境准入制度，并找准了环境保护与经济发展两者之间的契合点，通过摸索经济发展和生态保护良性互动的发展道路，使得经济增长与环境保护在这片热土得以和谐展现。

## 中共昌乐县朱刘街道工委工作概况

党工委书记　王永信

朱刘街道地处昌乐县城区东部，总面积 40.07 平方公里，街道辖 5 个社区，19 个行政村，35 个自然村，总人口 3.33 万人，耕地面积 17.25 平方公里。2015 年，朱刘街道深入贯彻县委、县政府部署要求，坚守“三条底线”，加快转型发展，团结带领街道干部群众攻坚克难、创新求变，实现发展新突破。1～12 月份，街道规模以上工业企业实现主营业务收入 355.8 亿元，利税 18.8 亿元，均占到全县的 1/3 以上。财政收入 2.1 亿元，地方财政收入 1.03 亿元。街道内国民生产总值达到 54.5 亿元，人均可支配收入达到 25057 元。

### 一、组织概况与党的建设

朱刘街道党工委辖 106 个党组织，其中 2 个党委（机关、煤矿），5 个总支，99 个支部。包括 1842 名党员，其中农民党员 885 名，机关部门党员 209 名，非公有制企业党员 522 名，离退休党员 217，其他党员 9 名。现有新中国成立前老党员 1 人，2015 年新发展党员 30 名。2015 年以来，街道坚持“围绕经济抓党建、抓好党建促发展”，创新基层党建工作，把基层党组织建设成坚强的战斗堡垒，充分发挥推动发展、服务群众、凝聚人心、促进和谐的作用。

（一）落实管党治党责任。街道党工委把提升管党治党的责任意识和抓好党建工作放在履职尽责的首要位置。年初统筹制定党建工作年度计划和落实措施，年末做好党建工作总结。每月至少召开 1 次党建工作专题会议，及时调度街道党建工作和村级党组织工作情况。建立党建工作联系点，全体班子成员每人包靠 1 个社区，1 个后进村，1 个两新组织，每人每月到所包社区现场指导不少于 1 天，到所包村、两新组织指导工作不少于 2 次，参加所包村的组织生活会，具体指导村党组织工作。

（二）加强党建工作保障。强化基层党建工作力量。党工委副书记兼任党建办主任，组织委员担任副主任，配备专职工作人员 5 名。落实基层组织运转经费。保障每个行政村每年 3 万元运转经费并及时拨付。认真落实村（社区）干部待遇并及时发放，严格申报程序，为 53 名任职 10 年以上的离任村干部核定了生活补贴资格。完善提升办公服务场所。

（三）扎实推进基层党建。优化基层党组织设置。在充分调研的基础上，理顺隶属关系，扩大有效覆盖。在符合条件的社区成立社区党委，将各社区辖区内的企业党组织纳入社区党组织统一管理。制定了朱刘煤矿党组织整改方案，并开始进行重组。育好管好基层党组织。对软弱涣散、战斗力和凝聚力不强的村级班子进行整顿，对换届新上的班子，由街道安排领导包靠，并选派第一书记、大学生村干部对村里的工作进行指导，帮扶班子建设。借助环卫一体化等具体工作发动老干部进行传帮带。

（四）丰富基层服务功能。农村新型社区全部高标准、高质量完成服务大厅、警务室、卫生室“一厅两室”配套。规范社区运行，推行“四夜”制度，落实“三议”制度。提升社区整体形象，统一社区“一室两厅”门牌标识，改进服务大厅内部版面设置。丰富社区服务功能，印制了《便民服务手册》，明确了社区服务人员具体分工，在社区便民服务大厅增设了便民服务设施并引入了多项社会化服务。规范集体经济运营。年经营性收入 3 万元以上的村增加到 16 个。坚持一村一策，扎实推进，完成了朱刘西、侯家庄、九级 3 个村的农村集体经营性资产股份权能改革。

（五）切实加强党性教育。举办党员集中培训班，对辖区内各村党员进行集中轮训，由党工委书记上党课，观看专题教育纪录片《力量》和昌乐县党史专题片《旭日》。增强党员意识，组织全体党员重温入党誓词、重学党章，唤醒党章意识。每周一下午、周四晚上组织集体学习，让加强党性教育的学习成为常态。增强党员干部的纪律和规矩意识，全年共开展学习教育活动10次，签订党员承诺书110份，举办专题党课3场。通过正反两方面的教育，使全街道党员干部坚定理想信念，筑牢预防腐败的思想防线。2015年以来，对16名违反党纪政纪的党员进行了处分，其中开除党籍7人。

**二、主要工作与成绩**

（一）发展环境安稳和谐。街道以积极作为的担当意识抓安全，持续优化区域安全生产环境。对131家重点企业落实机关干部包靠，出动400多人次，深入346家企业查隐患、促整改，查出问题684个、已整改629个，全县规范安全生产基础台账工作现场会在街道召开。以壮士断腕的责任意识抓生态。持续推进“386”环保行动，下大力气整治生态环境，坚决淘汰落后产能，以“零容忍”的态度惩治违规行为。每周至少开展1次“零点行动”，累计检查重点企业50多家次，关停拆除“土小”企业19家，查封非法采矿设备20余台套，查处各类环境违法行为63起，立案查处35家，移交公安机关查处8起，收缴行政处罚57.05万余元。生态文明乡村建设、城乡环卫一体化质量不断提升，清理农村生产生活垃圾4万余立方米，新配大小垃圾桶7980个，整修镇村道路23.4公里，修砌排水沟15180米，安装路灯270盏。全县环卫一体化现场会在街道朱刘西社区召开。以执政为民的大局意识抓稳定。创新采用信访听证、司法介入、警民联调等机制，深入做好矛盾纠纷排查化解，山坡社区被评为全国民主法治示范村。

（二）工业经济继续领跑。紧紧围绕产业、企业、项目“三个支点”，着力打造“县域工业粮仓”。加快500亿级新能源汽车产业发展。新引进新能源整车企业3家，比德文、缘分、喜威等骨干企业规模不断膨胀，产业产值已超70亿元。15万辆雷丁新能源电动汽车项目达效，新增产值60亿元。加快重点企业转型发展。潍焦集团、万山集团、元利科技等骨干企业加快转型，加速带动300亿级精细化工产业升级膨胀。2015年，有27家企业主营业务收入过亿元，其中潍焦集团101亿，万山集团73亿，比德文67亿元。25家企业利税过千万元，其中潍焦集团、比德文、万山集团、梅拉德4家企业过亿元。加快重点项目建设。2015年，新上、在建大项目16个，完成固定资产投资19.2亿元，市认定招商引资到位资金3.17亿元，限额项目到位资金2.36亿。好友10万吨/年花生仁综合深加工项目，年可实现主营业务收入3亿元。打包引进兰天纺织总部、营销中心和生产基地，总投资6亿元。街道项目品牌建设和创新发展成果明显，新增山东名牌产品1，新认定高新技术企业1个，新增“招院引所”项目1个，新增市级工程技术研究中心、市级企业重点实验室等5个。加快电子商务产业发展。都昌菩提销售电子商务呈现燎原之势，规模达到60户，单户销售额最高达800万元，网上年销售总额近1亿元。

（三）社会事业全面发展。出资19.3万元救助554户因病致贫、特困群体、优抚对象等，65岁以上老人免费体检。211户、494名困难群众全部建档立卡、落实帮扶措施。30个村完成土地确权颁证。完成朱刘西、侯家庄、九级集体资产股份权能改革工作，得到省、市、县领导一致肯定，朱刘西社区为中央政研室调研提供了现场。2015年新开工戴家社区，一期工程已开工建设。万庄社区一期10座多层、魏家庄社区二期8座多层部分入住。万山集团和魏家庄社区分别投资4000万元、1500万元建设朱刘街道小学和魏家庄小学，2016年秋季建成投用。潍昌路、劳教所北路、潍日高速等3条道路拆迁、改造工作顺利推进，前楼村党员张福伦捐资30余万元对都昌路南段进行翻修。投资100万元，新打机井20余眼。引导全社会节水护水，潍焦集团中水利用项目每年可节水32万吨，成为腾笼换鸟、循环发展典型。深入实施“四德”工程，各村设立“善行义举四德榜”和文化墙，山坡社区被省精神文明建设委员会评为“2015年度文明村镇”。进行感恩奉献、孝老爱亲、美德少年道德模范评选，展现街道新时期道德风尚。

**三、创新与经验**

（一）坚持党建统领，强化作风保障。街道党工委始终把加强基层党组织建设作为聚人心、谋发展、抓稳定、促和谐的工作着力点。一方面，抓班子、带队伍，在聚焦经济发展、创新社会管理、保障和改善民生等工作中，充分发挥集体智慧，同心协力、善谋善成，为干部群众做表率、树榜样，为街道发展强大的组织基础和精神动力。另一方面，抓基层、强基础，抓好软弱涣散班子整顿转化，深化两新组织建设，破解个别村班子软弱、集体经济薄弱、基础设施落后等问题，凝聚人心、带动群众、共谋发展。

（二）抓牢发展主线，打造“工业粮仓”。街道主要经济指标均占到全县的1/3以上，做大做优做强工业经济，既是街道企业转型发展的需求，也是全县工业提质增效的要求。街道始终坚持突出工业经济这一核心，培植500亿级新能源汽车产业和300亿级精细化工产业两个主导产业；壮大骨干企业，重点扶持成长型企业；做大重点项目、盘活“僵尸企业”、培育电子商务等新的经济增长点，确保主要经济指标继续保持全县前列。

（三）坚守为民宗旨，成果群众共享。坚持发展为了人民、发展依靠人民、发展的成果由人民共享。在发展经济的同时，做好扶贫济困、帮扶救助工作，完善提升社区、学校、道路建设水平，优化群众生产、生活环境。引导干部群众尊老爱幼、勤劳奉献，倡树文明风尚，弘扬传统美德，推动社会文明进步，提升群众幸福指数。

## 中共昌乐县宝都街道工委工作概况

党工委书记　黄省阶

2015年，宝都街道紧跟中央、省、市、县委的决策部署，以建设充满活力、富有实力、洋溢魅力的现代化新宝都为目标，解放思想，团结实干，开创了政通人和、经济发展、各项事业蓬勃向上的新局面。1—12月份，规模以上工业企业实现主营业务收入89.6亿元，同比增长10.1%，实现利税14.1亿元，同比增长10.8%，各项主要经济指标实现两位数增长；市认定招商引资到位资金7.8亿元，居全县第一位。街道被评为潍坊市普及学前教育工作先进镇街、潍坊市特色产业镇等称号，并通过国家中小企业公共服务示范平台复审。

**一、把党的建设作为首要之责，时刻记在心里，牢牢抓在手上**

突出抓好思想作风、基层组织、制度机制、党风廉政“四个建设”，不断凝聚干事创业的活力。思想作风建设方面。重点抓好党员干部的教育引导和作风转变，组织举办专题党课5次，其中党工委书记讲党课3次，对全体党员全部轮训一遍。大力践行立说立行、马上就办、干就干好的良好风气，使“正派做人、激情干事”成为党员干部的一种品质、一种精神，党员干部的执行力和工作落实能力明显增强，涌现出了吕家庄拆迁工作组等一批先进典型。基层组织建设方面。重点依托新型社区推行党建工作网格化，12个新型社区全部成立党组织，实现了党的工作全覆盖。探索把党组织建在重点工作和重点项目上，围绕重点项目拆迁，成立方山路组团拆迁、永福路组团拆迁等临时党支部5个，实现了项目建设、作风建设与组织建设的“一举三赢”。制度机制建设方面。制定出台了《在机关干部中落实因才选位竞争上岗的意见》《中层副职竞争上岗方案》《村（居）不合格党组织书记18种具体表现》《不合格党员30种具体表现》等办法，推进了各项工作制度化、规范化运行。党风廉政建设方面。突出从源头抓好党风廉政建设，重点强化警示教育，定期利用LED大屏幕播放上级廉政文件及违纪违法通报，经常在集中学习时宣读纪委通报和报纸刊发的案件，组织社区主任以上干部、站办所长、村三职干部到县检察院廉政教育基地、县拘留所开展了廉政教育，聘请检察院领导和廉政教育专家上课3次，培训教育干部1200多人次。

**二、把实力宝都建设作为主基调，一心一意帮民致富，竭心尽智致力发展**

主要以招商引资借用外力、全民创业激活内力、改革创新增强活力为抓手，突出抓好大投入、实现经济高增长。招商引资方面。新上沼气膜分离提纯等7个项目，总投资10亿元；在建企业总部基地等56个项目，总投资160亿元；在谈大宇新能源汽车等5个项目，计划总投资15亿元；与扬州大学兽医学院副院长彭大新教授、东南大学绿色建材研究所所长钱春香教授等高层次人才签订了聘任协议。帮助现有企业解决土地、融资等难题20多件，扶持开元电子、华鹏电子、牵手娃服饰等企业新上项目12个。宝都医药电子特色产业园被评为省、市两级医药电子特色产业集群，纳入省级中小企业创业创新奖励扶持计划。全民创业方面。新建电商产业园、科技企业孵化器等4个创新创业平台，与潍坊学院联合创办全县首个跨境电商平台，在全街道掀起全民创业、万众创新热潮。1－11月份新增市场主体1698个，注册资本22亿元，分别占全县的35%、33%，同比分别增长18.8%和105.6%。三是改革创新增强活力。重点推进权能改革，完成东南村等6个村的权能改革试点和蔡辛等47个村的土地确权颁证，受到中央部委和省市领导的肯定。新增省级科技进步二等奖1个，新建投资过2000万元的现代科技育苗园区2处，新增省级一村一品示范村1个，完成5000亩土壤改良工程。

**三、把项目拆迁作为发展的第一保障，集中优势力量，攻坚克难、依法大力推进**

组织实施50个拆迁项目，突出抓好“两个突破、五个贯通”，带动项目投入、城市扩容、转型发展“三个提升”。把方山路组团和永福路组团作为拆迁的两个突破重点，创新推行专业拆迁、阳光拆迁等机制性做法，方山路组团的东方华峰、企业家公寓区等6个项目，永福路组团的北大公学等7个项目均实现重大突破，共拆迁房屋、大棚、果树等554户，土地1856亩，平均每月拆迁土地232亩，有力保障了万泰置业、盛唐御园二期等17个重点项目落户，带动投入65亿元。其中，大德医疗西区项目仅用1天全部完成拆迁，共拆迁大棚、果树38户、土地48.7亩，创造了全县乃至全市最快、最完美的拆迁记录。突出抓好青年路、旅游路、永福路、东村街、流泉街“三纵两横”5条道路的贯通，短时间内全部完成拆迁，为拉开城市框架、拓展发展空间提供了前提和保障。

**四、把社区建设作为最重要的民生事业，下沉一线，零距离为民服务**

一是不折不扣完成新开工一个社区、新搬迁一个社区、全面建成“一厅两室三中心”三大任务。新开工南流泉社区，并将南流泉安置地块、企业家公寓区以及方山路南段东侧4个项目纳入新社区规划。月亮湾社区新搬迁吕家庄村21户居民，南流泉社区一期建成3座安置楼正进行后期装修，提供房源144套。上半年，12个社区的“一厅两室三中心”全部建成。二是实实在在抓好干部力量下沉。实行机关干部、计生网长、拆迁队伍“三个下沉社区”，共下沉人员177人。落实“三四三”工作机制，建立党总支、居委会“两个组织”，推进志愿服务、社会服务、市场服务、特色服务“四个服务”进社区，推行“4＋X”岗位设置模式，打造出“一社区一亮点、一社区一品牌”工作格局。三是以社区为平台实施环卫整治、学校建设、关爱救助三大民生工程。投入“真金白银”办好民生实事，群众幸福感满意度显著增强。环卫一体化投入500余万元，对各村的积存垃圾进行了彻底清理整治，长期以来困扰街道的脏乱差问题得到彻底解决。突出发展教育产业，新建各类幼儿园15处，关停无证幼儿园18处，被评为全市学前教育工作先进镇街；规划北大公学、尧沟小学，总投资4.2亿元；在建小李家庄小学、昌乐一中·英才实验学校，总投资4.7亿元，明年9月份建成投用。着力抓好精准扶贫，创新推行困难群体“1＋X”结对帮扶关爱救助模式，493户困难群众全部落实关爱救助措施。依托社区深入开展“大走访”活动，高质高效全覆盖完成1.3万户入户走访。深入开展“一孝三实”，市级以上文明村（社区）数量居全县第一。

**五、把安全维稳作为最舒缓的音符，千方百计为民化忧解难，保障社会和谐稳定**

安全方面。重点抓好安全生产隐患大排查和安全生产标准化创建，共排查和整改各类安全隐患1482项，30家企业通过安全生产标准化验收，安全生产保持“零事故”，被评为全市安全生产先进社区。生态方面。全面完成淘汰黄标车工作任务，共淘汰黄标车981辆，占全县的1/3。稳定方面。重点加大积案化解力度，彻底解决了41起信访积案，到省访、进京访数量下降300%，到省访办结率和群众满意率均达100%，非访登记量仅为去年的1/16。

# 中共昌乐县五图街道工委工作概况

党工委书记　孔德奎

五图街道位于昌乐县城南部，辖41个行政村（83个自然村），人口5.2万人，总面积104平方公里。2015年，五图街道积极适应县域经济发展新常态，按照县委、县政府“一五一”和“三个昌乐”建设的总体工作思路，提振精神，比学赶超，奋勇争先，全力建设激情、富足、诚信五图。各项工作取得了明显成效，荣获山东省基层双拥创建模范单位和全省百县千乡万村无邪教创建示范街道荣誉称号。2015年度综合考核位列全县镇街区第二名，实现了由后进到先进的跨越式转变。

**一、组织概况与党的建设**

五图街道党工委下辖80个基层党组织，共有党员2146名。其中，社区党总支7个，合作社党支部5个，农村党支部41个，农村党员1652名。2015年，街道以转变干部作风为突破口，积极推进党建工作创新，增强基层党建活力，党建工作实现新提升。

（一）夯实基础，加强党的队伍建设、作风建设。一是认真做好发展党员工作。从优化年龄、学历、性别、结构比例等方面入手，注重从大学生、致富能人群体中培养发展党员，2015年共发展预备党员28名，确定入党积极分子275人，街道党员队伍的数量、质量得到提高。二是加强党员教育管理。以社区为依托设立党员教育培训分部，每月一次对大学生村干部和各村党员骨干进行培训，再由他们在每月的5日、15日、25日对本村党员进行学习指导，提高了党员干部致富带富和社会管理能力。三是加强党员思想作风建设。开展中层以上干部参加的“晨读”活动，班子成员一起讲理念、讲思路、讲办法，统一思想、统一意志、统一行动，首先在中层以上干部层面实现了思想的大统一，进而催化了全街道党员干部的思想大转变。进一步抓班子、带队伍，既有维护团结的方法，又有约束行为的纪律，还有人性化的管理，以组织建设的强大力量，打造了镇村两级党员干部干事创业的精英团队。积极倡导和践行“勇担当、敢作为，抓执行、重落实”的作风，保证了五图经济社会发展的有效推进。

（二）加强组织建设，增强党组织的凝聚力和战斗力。一是针对村两委换届后，村干部连任比例低、“新手”多的实际，组织开展了百日集中教育整顿活动，分别从思想作风、“三资”管理、组织纪律、党风廉政等方面，召集所有村两委干部开展党课教育11次，每个社区组织集中学习40多次。突出抓好党组织书记队伍建设，通过民主推选的方式确定了2个村的负责人。坚持在实际工作中拉练提升基层干部队伍，先后淘汰、调整了4名村级班子成员。通过重点包靠、结对帮扶等措施，成功转化了4个后进村，补齐了“短板”。二是推动社区实体化运行，促进力量下沉。把社区实体化运行作为为群众提供便捷服务的重要途径，推进工作力量全面下沉，70%以上的机关干部吃住在社区、工作在社区、服务在社区。通过落实运行保障、严格规章制度、加强督查考核等举措，确保社区高效、有序运行。同时，创新社区运行方式，推行网格化管理，不断提高社区干部的服务意识和水平，使社区成为与群众近距离沟通、无缝隙服务的桥梁和纽带。三是把基层党建工作融入经济社会发展的全局工作中，建立统筹、联动、并行机制，实施一体化推进。抓住链接点，把党支部建在拆迁工作指挥部上，把党小组建在每个拆迁工作组上，依靠党组织的坚强领导，推进拆迁工作顺利进行。建立支撑点，充分发挥党支部和党员的作用，在社区建设、环卫一体化、“两险”收缴等工作中，当表率、做榜样，带动广大群众积极支持和参与街道的重点工作。

（三）以创新发展机制为推手，实现党建工作新突破。一是创新完善“书记抓、抓书记”的责任落实机制。街道党工委书记带头落实党建责任制，与41个村党支部书记签订责任书，真正形成了一级抓一级，层层抓落实，创先争优的工作格局。二是创新完善工作推进机制。建立了“一个领导、一个团队、突破多个项目”的工作机制，将各项工作考核到月，安排到周，具体到天，促进了工作扎实有效开展。三是创新完善服务群众工作机制。以群众满意度为标尺，创新党建思路举措，做到民有所需，党建有所为。进一步搞好社区建设和运行，在服务群众、推动发展中汇聚力量、凝聚民心。继续搞好大走访、结对帮扶、精准扶贫等工作，千方百计解决好、保障好群众切身利益。在选择什么样带头人、发展什么人入党等问题上，认真听取群众呼声，最大限度地尊重群众意愿。着力抓好教育教学、医疗卫生、村居环境卫生等民本民生事业发展，并积极宣传动员群众参与建设、参与评价，凝聚起推动五图发展的强大力量。

**二、主要工作与成绩**

（一）突出项目引领，搭建了转型发展载体平台。按照“工业强街、产业富街”发展战略，加快推进产业园区建设，做大做强五图光电科技特色产业园，培育形成了以电子配件、塑料加工、机械制造、轻纺、拉链和农副产品生产加工为主的产业集群。街道现已落户各类企业300余家，其中规模以上企业35家。2015年，街道规模以上企业实现主营业务收入49.2亿元，同比增长15%；实现利润4亿元、利税4.5亿元，同比分别增长16%、15%。将项目作为五图转型发展的重要载体和平台，重点引进一批科技含量高、带动能力强的项目。2015年，全街道新建、在建、续建项目29个，总投资218.54亿元。其中，投资160亿元的九龙湖片区综合开发项目、投资15亿元的大德国际医疗中心项目、投资6.5亿元的金都世纪城项目、投资1.8亿元的金丝达新能源项目、投资1亿元的盛发针织项目、投资8000万元的合本食品项目等8个新上新建项目，进一步壮大了街道的经济体量，夯实了发展基础。

（二）突出民生改善，稳步推进了惠民工程实施。把发展民生事业作为干事创业的根本出发点和立足点，着力为街道群众谋幸福。优先发展教育，将城南中学、五图中学全部并入新实验中学。在现有南郝中心小学基础上，计划投资5000万元新建邓家庄小学、九龙湖小学两所学校，自西向东形成3所标准化、规范化小学的办学格局；重视医疗保障，计划扩建五图卫生院，新建城南卫生院，配全医疗设施，为群众的身心健康保驾护航；加大道路修建投入力度，在完善村村通道路的基础上，着力修建拉开框架、联通产业、对接发展的战略发展新路。修通南丁路，贯通五图西部南北走廊；修通新昌五路，从街道中部腹地搭建交通命脉；修通方山龙泉路，开辟九龙湖生态景观黄金路径；修通凤凰街，打造地产开发的新平台。2015年，街道共修通道路14.8公里，拆迁290户，拆迁面积243公顷。

（三）突出城乡统筹，加快了新型城镇化建设步伐。抢抓昌乐县城西控东接，北优南进的重要战略机遇期，积极对接昌乐主城区。重点引进了昌乐一中英才实验学校、老年康复中心等民生项目，切实推进九龙湖新型社区、金都世纪城、江南豪庭、宏昌幸福城等城乡接合部项目的建设进度；以新型城镇化为契机，本着“优化规划、科学发展，尊重民愿、顺势发展，借势嫁接、统筹发展，对接城区、同向发展”的原则，扎实推进“五新”农村新型社区建设。投资180多万元对五图社区、南郝社区、金都社区等7大农村新型社区进行了配套完善，做好便民服务大厅、卫生室、警务室“一厅两室”的建设，加快配套完善教育中心、娱乐中心、商业中心等“六大服务中心”，根据实际需要建设家畜饲养场、粮食集中仓库、农机具存放中心等，进一步增强社区基本服务功能，打通联系服务群众“最后一公里”。

（四）突出结构调整，做大做强了现代农业。大力发展优质、高效、生态、特色农业，规划建设了西瓜科技示范园、五虎山农业生态观光园等现代农业示范园区；积极推行庵上湖“党支部＋合作社”模式，大力发展种植、养殖、园艺、苗木等农民专业合作社，带领群众发家致富，先后注册成立庵上湖瓜菜、懒汉甜瓜、茂源奶牛等各类农民专业合作社100余家；高度重视农产品质量安全，2015年6月，庵上湖瓜菜合作社理事长赵继斌在全国食品安全宣传周暨第七届中国食品安全论坛上作为唯一一名基层代表，就农产品质量安全作了典型发言；积极发展农产品电子商务、农业休闲旅游、创意农业等，2015年，“庵上湖·优厨房”网上生鲜购物平台正式运营，成为街道农产品电子商务发展的里程碑。

（五）突出协调发展，提升了生态文明建设水平。在巩固环卫一体化原有成果的基础上，制定出台《五图街道2015年城乡环卫一体化工作实施意见》，利用集中清理月、村村到的方式，对各村环卫一体化工作实行“逐村验收”，重点打造庵上湖、大解召两个环卫一体化样板村，做到抓点带面、典型引路、示范带动、整体推进；明确绿化重点，着力打造了卧虎山造林绿化示范点，修建环山路和排水沟3500米，打机井3眼，栽植黑松等苗木4万余株。围绕荒山、村庄、道路、水系、苗木产业园区等绿化重点，共完成造林2000余公顷；认真抓好精神文明建设，广泛开展“中国好人”“昌乐好人”等各类评选活动，深入实施“四德”工程建设，村村设立“善行义举四德榜”，喷绘“中国梦”宣传画和公益广告标语，弘扬社会主义核心价值观，传递社会正能量。2015年2月，庵上湖村被中央精神文明委授予“全国文明村”荣誉称号。

**三、创新与经验**

*（一）统一思想、统一意志、统一行动，加快建设激情五图、富足五图、诚信五图。*党工委从思想和作风入手，坚持问题导向，确定了“首季开门红，半年华丽转身，一年完美收官”的年度目标。对仍然分设、各自为战的中层机构进行重新整合，一次性调整中层干部37人，进一步提升工作效能；针对机关管理松散，干部人浮于事的问题，实行兵选将、将点兵，对245名机关干部进行双向选择、优化组合，调动大家工作积极性；将宝都街道作为比学赶超的标杆，提出了“一年缩小差距，两年比肩前行，三年实现跨越”的任务目标。通过一系列有针对性措施的实施，街道上下精神振奋、人心思进。

*（二）抓班子、带队伍、树形象，开创大团结、大统一、大发展的生动局面。*先后开展了3次中层以上干部参加的晨读活动，重点是学习各工作领域的业务知识，交流实际工作经验和方法，提高班子成员的党性认识、理论素养和实际工作能力。在团队建设上打造以“家”为主题的文化氛围，建立中层以上干部“五图家园”微信群，以家的思想、家的理念、家的感觉充盈到团队当中来，将机关干部对家的归属感、向心力和凝聚力转化为战斗力。科级干部树立“从我做起、向我看齐、对我监督”的工作理念，立足各自分管的工作，埋头苦干，攻坚克难，相互抄手，互为援手，扎扎实实推进工作开展。形成一级安排一级、层层传递压力、一级对一级负责的良好氛围。

*（三）抓执行、重落实、促成效，形成干事创业、奋发有为的新风正气。*把落实“比学赶超”措施和争创一流业绩的相关责任层层细化分解，落实到每一个站办所、每一个社区、每一个村、每一个企业、每一个人，做到责任主体明确、目标措施明确、质量要求明确、完成时限明确，形成一个自上而下明确责任、自下而上层层负责的责任落实体系。同时，切实加强执行力建设，对上级党委、政府及街道党工委、办事处安排的工作，部署的任务，对领导批示的问题、交办的事项，对群众反映的情况、诉求的事情，立说立行、马上就办，执行到位、见到实效。

# 中共昌乐县乔官镇委工作概况

*党委书记　王龙之*

乔官镇位于昌乐县中部，总面积195平方公里，人口8.9万人，耕地14.8万公顷。2015年，乔官镇按照县委、县政府的总体部署，突出“工业园区、农业园区、社区建设、生态文明”等重点工作，以创先争优为动力，以重点项目建设为支撑，加大投入力度，狠抓责任落实，经济社会实现了又好又快发展。

**一、组织概况与党的建设**

乔官镇现有行政村73个，自然村158个；基层党组织115个，党员3480名。其中，行政事业单位党支部7个，党员482名；农村党支部73个，党员2747名；非公有制企业党支部20个，党员132名；合作社党支部11个；党委1个。2015年，在县委的正确领导和县委组织部的精心指导下，我镇坚持以党建工作总揽全局，抓班子带队伍、抓基层打基础、抓中心求实效，进一步提升了基层党建科学化水平，为实现乔官镇经济社会又好又快发展，提供了强有力的组织保证和政治保障。

（一）狠抓责任落实，全面凝聚党建力量。镇党委书记带头落实“第一责任人”职责，坚持把党委班子自身建设作为党建工作的首要任务，以全面落实领导班子成员“一岗双责”责任制为抓手，以“三级例会、科级干部日报告制度、乔官政务微信平台”为促进，切实凝聚起了党建工作力量。全镇先后召开“镇、社区、村”三级例会40余次，发布政务微信工作动态信息6000余条，解决各类问题320余件。工作推进中，机关干部深入一线调研，为所包靠的精准扶贫户明确了产业扶贫措施，全镇140名机关党员干部分别包靠一户精准扶贫户，为三年完成脱贫任务奠定了坚实的组织基础。同时，充分发挥“第一书记”帮扶作用，全镇11名驻村“第一书记”为26户贫困户送取暖煤26吨，为14户送棉衣被59件，为30户送去食用油面粉等食物。

（二）狠抓基础保障，大力夯实基层党建根基。一是大抓党建示范社区。先后投入80余万元，对下庄、梁家庄2个党建示范社区进行了全面提升、改造，建成了服务大厅、警务室、卫生室紧密相连的综合性服务体系，为群众提供了便捷高效的服务。全镇73个行政村活动场所也同步进行了提升，做到了每个行政村都有人管理、有人理事。二是壮大集体经济收入。充分发挥“党支部+合作社”带富作用，全镇16家合作社达到“十好”标准，累计发展合作社367家、家庭农场26家，73个行政村村级运转经费均超过5万元，有30个村集体收入超过10万元。三是及时足额落实村干部待遇。每月都认真核查县统筹村干部信息，畅通干部增减通道，使每位新更换的村负责人能及时领取岗位补贴，有效稳定了农村干部队伍。认真组织了离任村干部核查工作，使250余名离任干部享受到了财政补贴。四是高度重视党内关怀工作。“七一”期间，先后走访看望新中国成立前老党员和贫困离任村干部47名，累计发放慰问金11380元，凝聚了发展正能量。

（三）狠抓队伍建设，充分发挥战斗堡垒作用。一是培强农村干部队伍。采取调整党组织书记、领导包靠、制定发展措施等方式，完成南三河、官庄等7个软弱涣散党组织的转化。积极组织农村主职干部参加县、镇两级集中培训，增强了农村班子战斗力。二是加强农村党员培训。党委书记先后4次为农村党员上党课，党员参训率达到80%以上。三是大力加强作风建设。进一步完善了农村财务管理、农村公章管理等各项规定，以制度建设来规范镇村党员干部行为。2015年，处理违纪党员11名，保障了党员队伍的纯洁性。四是严格发展党员程序。严把党员发展关，坚决杜绝不合格人员进入党的队伍，2015年新发展预备党员47名，进一步优化了农村党员队伍。

（四）狠抓党建创新，积极适应发展新常态。今年，将“智慧社区”建设纳入书记创新项目，从立项之初，党委主要领导就带领班子成员多次到外地考察学习，全力构建“智慧社区”。目前，基本达到预期效果。“智慧社区”实现了三大功能，一是“网络三务公开”功能。构建“镇、社区、村”三级网络平台，群众在家中通过电视就可查看本村“三务公开”情况；二是监控全覆盖功能。将各村监控系统接入社区警务平台，实现社区监控全覆盖；三是网格化管理功能。通过“村、社区、镇、县”四级网格，以即时性的信息采集、事件上报处理与反馈等机制，实现对社区各村的精细化动态管理。

## 二、主要工作与成绩

2015年，乔官镇紧紧围绕县委、县政府“三个昌乐”建设的奋斗目标，带领全镇广大干部群众团结实干、创新争先，经济社会发展实现新突破。全镇完成地区生产总值14.7亿元，同比增长8.9%；完成固定资产投资42亿元，同比增长18%。

（一）突出工业园区建设，推动产业转型升级。配套完善了镇工业园区基础设施，为新落户企业提供了快速发展的基础。园区内的坤洋机械、模壳建材、冠一塑胶、现代环保设备4个项目均已顺利投产。骨干企业德润能源控股集团围绕转型发展，由单纯的化工企业向涵盖科技研发、物流服务、造纸技术、国际贸易等领域的综合性企业发展，年底实现主营业务收入16亿元。成功引进投资2.15亿元的集中供热项目，可有效解决全镇板材产业安全生产、环境污染问题，助推板材产业上档升级。2015年，全镇工业实现销售收入127.8亿元，利税18.4亿元，分别增长6.5%和5%；全镇规模以上企业实现主营业务收入32.3亿元、利税1.28亿元，同比分别增长12.3%、7.8%。

（二）突出农业园区建设，实现农业多元化发展。全镇完成土地流转3.7万公顷，建成较有影响力的农业示范园区20余处，重点打造了万亩火山杂粮基地、乔新农业、黑山生态园、荆山千亩火山小米种植基地等16处种植示范园区。其中，火山农业已成为知名农业品牌，火山小米由原先每千克6元上升为每千克20元左右；种植面积由当初的二三百亩，发展到现在的1万余亩，“昌乐火山小米”成功申报国家地理标志证明商标。2015年，全镇完成农产品品牌注册12个，打造出有机、绿色、无公害农产品48个，市级农业龙头企业8家、示范园区4处，省级示范社2处，注册家庭农场25家，实现了品牌化发展。

（三）突出生态文明建设，打造优美宜居家园。2015年是环卫一体化“提升年”，全镇新配备10名社区环卫管理员、新增环卫工人15名，更新环卫工人91名，新购置垃圾桶3000个。出资购置2.6万只小型垃圾桶分发到每户，方便了群众垃圾投送；利用4、5两个月时间，对全镇各村陈年垃圾进行了彻底清理，动用挖掘机323台次、铲车196台次，垃圾清运车1000余次；全镇73个行政村全部张贴了善行义举四德榜，158个自然村村村绘制了文化墙，组织文化下乡26场次，丰富了群众的精神食粮；兴建了东河下幸福广场、响水崖双龙桥公园等80余处村级群众活动场所；大力推进造林绿化工作，2015年，春季造林绿化面积6300余亩，高标准打造沿途观摩路线40公里，为“全国造林绿化模范县”创建做出了应有的贡献。

（四）突出农村社区建设，实行全员力量下沉。一是抓好集中服务。先后投资480余万元，新建、改造、提升了全镇10个社区的“一厅两室”，改善了社区人员生活、办公条件，实现了“大厅、警务室、卫生室”集中服务。二是打造“智慧社区”。构建“镇、社区、村”三级网络平台，群众通过家里的电视就可查看本村“三务公开”等情况；将各村监控接入社区警务平台，在社区即可查看各村监控画面；率先推行综治网格化管理，实现对社会精细化动态管理。三是加快社区建设。新开工了南音社区，社区配套的乔官实验小学已经投用，建筑面积884平方米的社区服务中心已经建成，居住区一期工程已动工建设，力争2017年上半年，完成搬迁入住任务。

（五）突出社会事业建设，着力改善民生。一是优化配置教育资源。投资1360万元新建乔官实验小学已投用，将乔官中学、北岩中学合并到县实验中学，为师生提供更好的教学环境，所有学校均按照“教育均衡化”验收标准进行配套建设。二是医疗条件明显提升。10所社区卫生室建成投用，全镇79处诊所全部纳入新农合定点报销单位。三是社会治安明显改善。10个社区均配备社区警务室和民警，投资200余万升级“天鹰工程”，已新安装高清摄像头550个。四是实施惠民工程。结合“千亿斤粮食增产项目”、“高标准农田建设”和“五小水利建设”等项目，完善提升乔官镇的农田水利建设。铺设地下供水管道15万米，新打机井225眼，改造160眼，挖大口井65眼，新增节水灌溉面积3.8万公顷，为群众的抗旱保产提供有力支持。五是落实精准扶贫政策，共确定精准扶贫2550户、3868人。在响水崖村、姬家庄子等省定贫困村，结合村庄历史悠久、古迹众多的特点，大力发展乡村旅游产业，让传统的农业向服务业转型，农产品也相应地变成了商品，老百姓在家门口就能够挣钱脱贫，并且发家致富。目前，全镇已减贫1787人。

### 三、创新与经验

2015年，乔官镇深化群众路线教育活动成果，以健全的责任体系促进工作落实，深入贯彻“三严三实”的有关要求，全镇上下形成了凝心聚力干工作，聚精会神抓发展的良好局面。

（一）以健全的责任体系促进落实。一是落实责任。对目标任务和重点工作立项分解，各社区各部门站所认真对照目标任务，逐项细化指标，制定工作措施，排出序时进度，确保决策部署落到实处。二是履行责任。充分发挥站办所的服务职能，为群众提供高效便捷的服务，促进群众发家致富；机关干部立足岗位比奉献，努力干出与岗位和职务相称的业绩来。三是严格问责。对安排的工作、部署的任务，不找借口、不降标准、不搞变通、不推诿扯皮，善始善终地抓好落实。对完不成任务的，该批评的严肃批评，该诫勉的一律诫勉，该调整的坚决调整。

（二）以良好的工作作风促进落实。一是求真务实。坚持一切从实际出发，不搞形式、不走过场，不搞形象工程，多干群众看得见、摸得着的实事，少开会、开短会、开管用的会，腾出更多的时间和精力抓落实。二是真抓实干。全面推行“一线工作法”，切实解决问题，狠抓工作落实。社区干部吃住在社区、工作在社区、服务在社区，领导干部以身作则、率先垂范，带头促工作、抓落实。三是创新争先。坚持从发展大局着眼，积极探索新路子、新办法，比项目、比发展，比作风、比贡献，全力推动经济社会发展。

（三）以严格的督查考核促进落实。建立健全了督查考核办法，镇督查室认真负责，大胆开展工作，紧扣党委政府的中心工作，突出抓好招商引资、项目建设、群众满意度等事项的督查考核，确保各项工作落到实处、见到实效。坚持平时考核、阶段性考核和年终考核相结合，进一步提高督查考核的科学性，充分调动起各社区各部门站所和广大干部群众的积极性。

## 中共昌乐县营丘镇委工作概况

党委书记　秦春军

营丘镇位于昌乐县东南部，面积218平方公里，辖64个行政村，27271户，人口9.7万人，耕地面积18万亩。2015年，营丘镇以社区建设、招商引资为总抓手，夯实安全与稳定、基层组织建设、干部作风转变、法制营丘建设四大基础，团结实干、创新争先，经济、文化、旅游强镇建设实现新突破。先后被评为中国拖拉机基地镇、山东省环境优美乡镇、山东省特色产业镇、潍坊市文明镇、潍坊市绿化示范镇、潍坊市平安建设先进镇、山东省文明镇等。

### 一、组织概况与党的建设

全镇共有农村党支部64个，机关、部门党组织6个，企业党组织20个，党员4135人。2015年，在县委、县政府的正确领导以及县委组织部的关系指导下，认真按照市、县两级党建工作的安排部署，全面加强和改进基层党组织建设，不断丰富党建工作内容，提高党建工作整体水平，开创了全镇基层党建工作的新局面。

（一）敢于担当，主动作为，全面落实抓党建责任。牢牢抓住基层党建这个牛鼻子、总抓手，镇党委坚持对党建工作月调度、半年点评、年终考核，在全镇树立大抓党建的鲜明导向。每季度开展党建工作调研2次，逐个行政村实地调研指导工作；全年组织召开党建专题会议12次、社区党组织书记述职会2次，重点调度软弱涣散党组织整顿转化和经济薄弱村脱贫致富工作。

（二）集中力量，狠抓落实，确保党建工作抓实抓细。调整充实镇党建办工作力量，由原先的5人增加到8人。102名机关干部下沉社区，下沉比例70%以上；投资300多万元，高标准改造提升社区“一厅两室”，保证社区干部安心、专心工作。针对社区党建和为民服务事项办结落实情况，采取“听、谈、评、馈”四步工作法随时予以考评，对不称职的社区干部及时调整。在为民服务方面求实效、求创新，积极运用信息化手段，打造了“智慧营丘”便民服务品牌，创立了“营丘民生”微信服务平台，6912346民生服务热线和“营丘民生”电视服务，创新了为民服务载体，拓展了群众办事渠道。

（三）突出重点，强化保障，持续提升基层党组织活力和服务水平。在面上加强党建工作的同时，实施重点攻关，对全镇7个软弱涣散党组织，由镇科级干部担任专项工作组组长，并下派镇“第一书记”全程包靠，年底均按期完成转化。在“两新”党组织中设置党员示范岗、党员责任区，组织党员围绕促进生产经营搞好服务，新成立2个党支部，实现党组织全覆盖。强化“党支部+合作社”引领，新建成了金钗河、西屋官庄等农业示范园26处，进一步发挥了党组织和党员的富民带动作用。加强经费保障，将财政拨付的225.91万元经费落实到位，保证各行政村运转经费均达到5万元以上。稳妥做好离任村干部排查摸底工作，符合条件的364名离任村干部享受财政补助政策。

（四）转变作风，正风肃纪，从严加强基层党员队伍建设。在党员培训方面，个人以“新常态下新作为，争做党员先锋模范”为题，在8期农村党员培训班上作了党课辅导，覆盖全镇党员。研究实施“农村党支部书记周例会”制度和“农村党员月例会”制度，个人列席、旁听“周例会”、“月例会”14次。组织开展了营丘镇工作作风集中整顿活动和联系服务群众集中走访活动，切实推动干部工作作风转变。深入推进党风廉政建设，坚持“治病救人”，抓早抓小抓苗头，对干部早教育、早提醒、早纠正，邀请县纪委、县检察院领导到营丘镇举办廉政教育培训会2次，亮起红灯筑牢防线。

**二、主要工作与成绩**

（一）工业经济发展实现新跨越。按照“一体两翼”经济发展总体布局，以镇驻地为主体，崖头、河头两大工业园区为两翼，深入实施“工业立镇、工业强镇”战略，工业经济发展实现新跨越。一是创业园区建设稳步推进。营丘镇今年投资260余万元，新修园区胶王路至孟家栏村、中铁华盛东西路两条柏油路共计3.1公里，特色产业园道路、水电等配套设施更加完善。二是招商引资实现重要突破。通过以商招商及5月、10月“集中招商月”外出招商引资，先后落户新诺新能源光伏发电项目、经欣粉体设备、中铁华盛金属表面处理等项目12个。1～12月份全镇招商引资实际到位资金6.7亿元，其中，市认定资金2.05亿元。三是重点项目加快建设。新落户的大华环境科技项目、鹏洲塑料一期项目、华恒动力项目均已投产达效；三友电力铁塔项目、中铁华盛金属表面处理项目、鹏洲塑料二期等新建、续建项目正在加紧建设；中复科技项目、精诚机械破碎锤等新引进项目，待拆迁工作结束后立即开工建设。

（二）现代农业蓬勃发展。一是加快示范园区建设。今年新建投资600万元的金钗河二期、投资400万元的天王瓜菜二期等现代农业示范园区4处，总数达30处。二是狠抓农业龙头企业建设。新培植宽鼎隆食品、广昊食品等农业龙头企业8家，预计2015年内新通过市级农业龙头企业认证3家。三是大力发展品牌农业。登记注册“宽鼎隆”“紫芽”等农产品商标20个，正在组织申报“崔家庄草莓”及“崔家庄芦笋”地理标志农产品。四是加强农产品质量安全监管。以创建食品安全城市为契机，全面加强农产品、食品、畜产品质量监督和管理。全镇“四位一体”农技推广与农产品质量安全监督体系不断健全，农产品质量安全监管实现全覆盖。五是农村改革全面推进。截止12月份，营丘镇农民专业合作社总数已达349家、家庭农场39处。全镇已全部完成确权颁证工作的自然村共计163个，完成确权农户21767户，占全镇总户数的90%。

（三）城镇建设日新月异。一是加快基础设施建设。对1处镇中学、7处完全小学、11处幼儿园以教育均衡化验收为标准进行改造提升，累计投资7000余万元，全镇已达到教育均衡化县验收标准条件。玄马路建成通车，农村道路网格化工程已顺利通过验收，累计完成投资7450万元。二是农村新型社区建设扎实推进。崖头社区已建成6座多层住宅楼以及15座单体住宅楼，水、电、暖、天然气等设施配套完善，112户群众已搬迁入住；配套建设的社区小学已建成投用，社区幼儿园也已建成，预计年后投入使用；马宋社区4座多层住宅楼已完成主体。三是群众生产生活环境显著改善。扎实开展环卫一体化工作，2015年先后投入资金400余万元用于全镇184个自然村环卫补贴，并为各村、各户配全大小垃圾桶3万余个；全面推进农村危房改造、特殊困难群体帮扶救助等工程，群众生活居住条件显著改善。四是造林绿化成效显著。新建、完善农田林网3万亩，成片造林1.1万亩，栽植各类绿化苗木80万株，全镇森林覆盖率达到35%。

（四）基层党建工作扎实推进。一是抓制度建设。坚持党建工作月调度、半年点评制度，全年共组织召开专题调度会议12次，召开社区党组织书记述职会2次，调度社区亮点工作，落实《党政联席会议制度》、《重大事项民主决策制度》等一系列制度。二是抓干部力量下沉。全镇70%的机关干部下沉到了社区，镇财政拨出专门资金，投资92万元，按标准配备社区“一厅两室”，配备专门社区便民服务车，在人、财、物上支持、倾斜社区，保证了社区运行，极大地方便了群众。三是抓党风廉政建设。将党风廉政建设和反腐败工作纳入营丘镇经济社会和党建工作总体布局，认真落实班子成员“一岗双责”责任制，邀请县纪委、县检察院领导来我镇举办廉政教育培训会两次。严厉查处违犯中共中央八项规定和县委《落实意见》的行为，今年以来已查处违纪党员9人，约谈支部书记3人，违规党员8人次。四是抓班子建设。特别是后进村班子整顿转化，对全镇毕家官庄等7个软弱涣散党组织专门下派“第一书记”，成立专门包靠组织，帮助转化，每月召开调度会议，研究转化措施和办法，促进工作落实。目前，已全部转化完毕。五是抓干部作风转变。今年来，从9月份到12月份，开展了为期四个月的机关干部作风整顿活动，现已进行到了集中整改阶段，机关干部作风明显好转，乡镇干部形象明显改善。六是抓经济薄弱村发展。推行“党支部+合作社”发展模式，新建成了金钗河蔬菜合作社，孙家庄、西屋官庄农业示范园等农业示范园26处，进一步发挥了党组织和党员的富民带动作用，党组织的战斗力明显增强。七是抓党建载体创新。利用“互联网+”思维，建立了营丘民生微信平台，6912346民生服务热线，创新了党建载体，方便了百姓办事。八是抓联系和服务群众工作。全镇184个自然村全部喷涂镇长公开电话，副科级以上干部轮流接访，11月份开展集中走访活动，全体机关干部逐村、逐户走访征求民意，加强了与村民的沟通联系。

（五）文化旅游产业稳步发展。以太公湖湿地公园改造提升为突破口，突出太公文化、远古文化及孝文化主题，一批文化旅游景点初步建成，成为推动镇域经济转型升级、产业结构调整的重要“引擎”。投资1600万元的古城村太公文化广场已完成初步规划，并建成部分景点，该村已被评为省级旅游特色村；崇山石祖林及王裒院墓等旅游资源的保护开发工作正在进行招商、洽谈；古城村历史文化名村申报工作、崇山石祖林景区省级文物保护单位申报工作正在有序开展；姜太公文化节、白浪河桃花会等一批特色节会影响力逐步增强。

**三、创新与经验**

（一）强化管党治党意识。认真履行“第一责任人”职责，制定完善2016年抓基层党建工作任务清单，落实班子成员抓党建责任清单，营造全员抓党建工作氛围。

（二）筑牢基层基础阵地。依托镇行政服务大厅、农村新型社区“一厅两室”建立党群服务中心，依托村级组织活动场所建立村党群服务站。

（三）突出村级制度保障。清理修订村级规章制度，重点落实“四议两公开一监督”“三务”公开制度、村级民主议事日制度，继续推行“农村党支部书记周例会”制度和“农村党员月例会”制度。

（四）推进农村干部作风转变。推行社区、村党组织书记“四诺制”，对村党组织书记建立“双述职”制度，对村“两委”班子其他成员实行岗位目标责任考核，落实“一定三有”要求。

（五）抓好“两新”组织党建。搞好调研摸底，进一步核实非公有企业和社会组织，建立起工作台账。切实加强“两新”组织党员教育管理，增强组织生活的针对性和多样性。

（六）发展壮大村集体经济。进一步细分经济薄弱村类型，立足实际，科学施策，推动村党组织立足本地资源优势、地域特点、产业特色，积极拓展增加村集体经营性收入的有效途径，完善村级自我持续发展机制。

## 中共昌乐县红河镇委工作概况

党委书记　刘莹有

红河镇位于昌乐县南部，辖149个自然村，人口11.6万人，镇域总面积194.5平方公里，耕地面积16万亩，是一个食品产业特色镇。先后被评为全国重点镇、国家级生态乡镇、全国创建文明村镇工作先进村镇、山东省“百镇建设示范行动”首批示范镇、省级中心镇、省级文明镇、省级生态镇、省级卫生镇、山东食品产业第一镇。2015年，全镇紧抓成为市委杜昌文书记联系点的历史机遇，拼搏实干、狠抓落实，探索推行了以绿色化为方向，以新型工业化为动力，以城镇化为载体，以农业现代化为支撑，以信息化为手段，“创新发展、产城一体、五化融合”的总体发展思路，将创新、协调、绿色、开放、共享的理念融入发展全过程，全力建设富裕文明宜居宜业昌乐南部小城市，实现新常态下经济社会事业持续快速健康发展。

**一、组织概况与党的建设**

全镇共有基层党支部108个，其中农村党支部69个，共有党员4226名，其中农民党员3313名。

（一）抓班子，增强基层组织战斗力。成立基层党建工作领导小组，坚持实行民主集中制，每周召开2次党政联席会议，各项重大决策均由班子成员共同商讨研究决定；班子成员带头践行一线工作法，包村庄、包企业、包靠特殊困难户和贫困户，全年确保有1/2时间在一线在现场解决实际问题。同时，加强村“两委”班子建设，对刘家岭、西双庙等8名工作不称职的自然村负责人进行了调整。目前，所有自然村负责人全部配齐配强。红河镇被评为潍坊市学习型党组织示范点，宅科社区被评为潍坊市理论大众化示范点。

（二）抓队伍，提高党员干部的素质。2015年新发展党员40名。通过多种形式加强学习，1至4月份组织全镇党员进行了集中培训，镇党委先后举办培训班5次，各社区、各村也纷纷举办党员培训班，其中科普培训巡回各村举办16场次培训，全镇党员普遍轮训一遍。开设“社区论坛”等活动载体，重点围绕安全、环保、社会稳定、两项改革等乡镇工作，邀请上级领导、相关专家等进行现场授课。

（三）抓机制，密切联系服务群众。注重党建抓平时，以党建引领工作，平时扎实推进党员教育学习、包村联户、“七一”系列活动、民主评议党员等各项活动开展，实现有人群的地方，就有党员发声，在城乡环卫一体化等工作中，党员率先垂范，起到了较好地模范带头作用。同时，进一步健全了民主理财制度、“三务公开”制度、大项开支审批制度和定期集中审计等相关农村党务、村务、财务管理制度，特别是每月8日及时向群众进行“三务公开”，真正做到干部清白，群众明白。

（四）抓活动，增强基层党组织凝聚力。开展基层组织建设年活动。对9个社区进行了2次改造提升，增强了服务群众能力；对农村实行千分制考核，量化各项工作指标，形成争先创优浓厚氛围；2015年对皂户、大莱园等6个软弱涣散村进行综合整治，目前全部完成转化；开展干部作风建设提升年活动。组织开展3次大走访活动，以问题为导向，深入群众了解群众所想所盼，解决群众所急所难，其中深入每户针对社区建设进行了征求意见。坚持对民声网、市长热线反映的问题进行每周分析研判，根据情况由镇党政主要领导、党委副书记、纪委书记等约谈相关社区和村主要负责同志，并现场督导问题解决。开展主题教育活动。组织广大党员干部开展了“守纪律、讲规矩、做表率”主题教育活动，突出开展了集中学习一次《党章》、重温一次入党誓词、签一份承诺书、举办一次专题辅导报告会、进行一次廉政谈话等“八个一”活动，切实增强了党性观念和纪律意识。

**二、主要工作与成绩**

深入学习贯彻党的十八大、十八届三中、四中、五中全会和习近平总书记系列讲话精神，自觉用党的最新理论成果武装头脑、指导工作、引领实践，在思想上、政治上、行动上始终同上级党委保持高度一致。认真贯彻执行民主集中制，2015年以来，干部调整、2万亩高标准基本农田、1.8万亩小农水等事关全镇的重大工作部署、经济社会发展规划、大额度资金支配等重大事项，一律提交镇党委会集体讨论决定。强化自身建设，保证了上级和县委、县政府各项决策部署落到实处、取得实效。全面落实“五大”发展理念，经济社会保持平稳健康运行。

（一）坚持创新发展，产业转型升级明显加快。以食品产业为主导，实施创新驱动，着力构建现代产业体系，推动一、二、三产业融合发展，实现现代农业、新型工业和现代服务业同频共振、同步发展。一是工业经济提质增效。乐港、乐福等骨干企业瞄准高端市场，实现膨胀壮大，2万吨军供食品直供解放军总后勤部。德福高档生活用纸项目原料、产品“两头在国外”，产品迈入高端行列。世宇生物科技、荣华生物科技等项目建成投产，新引进总投资12亿元的德福高档生活用纸二期等项目6个，保健饮料等8个项目正在洽谈，发展后劲充足。2015年，全镇规模以上企业实现主营业务收入56.4亿元，利税1.8亿元。二是现代农业创新发展。大力发展现代农业，凤凰岭水耕蔬菜产业园等特色园区发展迅速。积极培育新型农业经营主体，新发展家庭农场148户、合作社8家，惠俊清被评为全国百强农产品经纪人。大力推进品牌创建，新认证“三品一标”7个，凤凰岭果蔬专业合作社被评为国家级示范社，朱汉果品、万隆水貂、庵泉苗木等4家合作社被评为省级示范社，朱汉苹果成功申报国家地理标志证明商标，红河花生正在申报中。稳步推进农村两项改革，在全县率先完成产权制度改革试点工作。被评为“全国标准化气象灾害防御示范乡镇”。三是服务业上新创新、提速发展。积极推进大众创业、万众创新，新登记各类市场主体597户，注册成立全县首家镇级国有公司。大力发展新兴产业，加快推进东方养老托老中心、4处标准化小学等项目建设。积极实施“互联网+”计划，叶绿素、花生制品等特色产品的网上交易量、产品认知度不断提高。

（二）坚持协调发展，城镇功能配套明显加强。以“小城市”标准全面提升服务功能，实施城乡一体、协调发展。一是城镇功能日臻完善。开工建设天然气综合利用、1000千伏变电站、热力管网等项目，镇区实现集中供气、供热全覆盖。新中心中学建成投用，新建设省级标准化幼儿园1处。以全国卫生乡镇标准加强城镇管理，建立健全城镇管理长效机制。二是社区建设稳步推进。以农村新型社区建设为统领，新开工建设宅科社区，新社区服务中心已建成投用，实现了“当年开工、当年建设、当年投用”，13栋多层住宅楼和5栋二层住宅楼正在按计划有序推进。红河社区管理运行更加规范，被评为“全国综合减灾示范社区”、省“农村新型示范社区”。三是社区运行规范提升。先后投入300多万元，在对“一厅一校十室”基本服务设施进行升级改造的基础上，开展“强基础、争一流、促发展”品牌社区创建活动。9个社区严格落实“三四三”工作机制，并立足各自优势特点，充实完善了电商服务站、代收发快递、社区金融、四点半学校、创业培训学校等与群众生产、生活密切相关的特色服务，最大限度地方便群众，服务效能进一步提升。

（三）坚持绿色发展，生态文明环境明显改善。以绿色化为方向，坚持生态文明发展，牢固树立“底线”思维和“红线”意识，坚守“安全生产、环境保护、社会稳定”三条底线，打造生态红河品牌。一是持续加强生态建设。在积极巩固红河、白浪河河道生态修复成果的基础上，加快推进汶河流域综合整治开发。大力植树造林，新增造林绿化6966亩，森林覆盖率达到38.7%，为全国绿化模范县验收提供了现场。狠抓安全生产不放松，实施常态化、不间断监管，联合有关部门对12处无证幼儿园全部予以取缔，对排查出的安全隐患全部建立台账，限期整改。始终保持对环保治理的高压态势，对小印染等“十五土小”“新六小”不达标企业全部予以清理、取缔，淘汰黄标车563辆，宅科社区和乐化新建2处污水处理设施，埠南头村新建日产1000立方沼气设施，全镇铺设污水管网2.2万米，红河、清水河等流域内的生产、生活污水全部实现集中处理、达标排放。二是扎实推进环卫整治。环卫一体化实现扩面提质、常态长效，率先发放便民垃圾桶的做法在全县得到推广，承担了全市乡村文明行动城乡环卫一体化现场推进会议现场准备工作。创新“乡村连片治理”项目后期管护机制，全市农村综合改革暨“乡村连片治理”试点工作现场会在我镇召开。三是深入开展乡风文明行动。村、企业、学校实现善行义举四德榜全覆盖，注册成立全县首家专业社会工作服务机构，引进“阳光义工”设立分支机构，组织成立志愿者联盟，先后开展义诊、关爱救助贫困学生等活动20余次。扎实推进青少年社会服务，建成全县唯一一处山东省青少年社会工作示范点。积极服务农村青年，入选全市唯一一个山东省服务农村青年创新创业项目。组织开展了《幸福昌乐大家乐》海选、送戏下乡等一系列活动，群众精神面貌焕然一新。2015昌乐县科普下乡送科技进农家大讲堂活动、全县“节约用水，巾帼在行动”倡议宣传暨家庭洗浴“二合一”产品发放仪式率先启动，红河村被评为潍坊市首个“山东省社会科学普及示范村”，小阿陀村被评为省级文明村。

（四）坚持共享发展，群众幸福感和满意度明显提升。持续改善和保障民生，让群众在共建共享发展中有更多的获得感。一是惠农项目提高农业综合生产能力。实施了1.8万亩小农水、2万亩高标准基本农田和千亿斤粮食项目，新打机井813眼、铺设地下管道12.4万米、新修道路2.6万米，农业生产条件显著改善。二是特困群体救助一户不落。突出抓好特殊困难群体关爱救助和精准扶贫，坚决兜住民生底线，因人而异、精准施策，对全镇411名特殊困难群众和1778个贫困户全部落实帮扶措施，建立起托底救助、精准扶贫长效机制。全县特殊困难群体关爱救助工作现场会在红河社区召开。三是民生保障水平稳步提升。建立健全道路日常管护长效机制，全镇乡道、村道实现管护全覆盖。新建南家庄等26处农民体育健身场所和水泊等3处农村幸福院，改造农村危房220户，完成54个村的中低压电网升级改造，城镇居民基本养老保险和基本医疗保险参保率100%，群众满意度进一步提升，在全县科学发展群众满意度测评中获得第二名。

## 三、创新与经验

（一）坚持抓班子的团队建设。全镇从镇党委、政府班子到各村各部门的领导班子，高度重视团结、爱护团结、相互理解、相互包容，为全镇工作开展提供了坚强的组织基础。工作中，全镇上下敢于负责、勇于担责，团结合作，营造了浓厚的干事氛围，为发展提供了强有力的保证。

（二）坚持抓重点项目带动。把项目建设作为促进经济社会发展的重要抓手和载体，德福高档生活用纸、世宇生物科技软骨素钙2个过亿元项目建成投产。充分发挥大项目的引领、带动和支持作用，打造具有强大牵动力的项目群。严格落实领导包靠企业和重点项目制度，想方设法解决制约项目推进的瓶颈问题，全力以赴推进项目投产达效。

（三）坚持抓“三条底线”不动摇。守住“安全生产、环境保护、社会稳定”三条底线，强化责任意识，不断创新群众工作，把解决好群众最关心、最直接、最现实的利益问题作为一切工作的出发点，坚决从源头解决实际问题、化解矛盾纠纷，促进了社会的和谐稳定。

## 中共昌乐县鄌郚镇委工作概况

党委书记　张义增

鄌郚镇位于昌乐县西南部，镇域面积166.3平方公里，辖26个行政村，114个自然村，8.3万人。2015年，鄌郚镇认真贯彻落实县委、县政府的决策部署，经济社会实现了又好又快发展。乐器特色产业园被评为省级创业示范园，并获得山东省“互联网+”特色产业强镇、山东省“科学·关爱·和谐”示范镇等荣誉称号。

### 一、组织概况与党的建设

全镇现有党（总）支部178个，党员3511名。2015年，以“三严三实”专题教育为切入点，抓班子、带队伍、强保障、顺机制，夯实了基层基础，为全镇经济社会又快又好发展提供了强有力的组织保证。

（一）转变观念，突出主线，抓好党建责任落实。强化“抓好党建就是最大政绩”的责任意识，先后召开了10多次党委会专题研究党建工作；班子成员带头到包靠的村、企业蹲点调研，解决了一批发展难题。坚持用制度规范党建，针对原先党建考核不合理、村级组织运行不到位等问题，制定完善了《镇村干部目标管理考核办法》等制度。坚持抓支部书记这个关键“角色”，党委书记牵头与26位村党总支书记以及党建工作薄弱村的15位村支部书记，一对一辅导、交流谈心，增强了他们抓党建工作的信心和决心。

（二）强化问题导向，不断加大投入，筑牢党建工作基础。推行了村财镇管、离任审计等制度，定期调度“三务”公开工作，提升了管理水平。严把发展党员“入口”关，共培养入党积极分子154名，发展党员35名。大力整顿软弱涣散村组织，3个软弱涣散村全部转化；为3个省定贫困村选派了“第一书记”，制定了3年脱贫计划。“两新”组织的党组织覆盖率和工作覆盖率均达到100%。将党员教育培训和村级办公经费纳入财政预算，投入300多万元对社区“一厅两室”和村级场所进行提升。统计核实了205名离任村干部名单，落实了专项补助，拿出40多万元用于村文书工资补贴，解除了村干部的后顾之忧。

（三）紧紧围绕中心，着眼大局，激发党建工作活力。工作摆布中坚持党建先行。一是抓组织介入。突出发挥村党组织的核心作用，环卫一体化、省级连片治理等工作扎实推进；为中创亿丰等5个大项目派驻了党建指导员；在千亿斤粮食等8个重点项目中设立了临时党支部，通过党组织不同形式的介入，有力地推动了工作。二是抓服务延伸。镇机关党支部纵向延伸，与村党支部对接，完成了善庄等9个村的权能改革试点任务。乐器行业协会党总支横向延伸，参与到园区建设中，产业园被确定为省级创业示范园。三是抓示范带动。组织评选了“百名党建创业典型”，其中高级工程师3人、市“双创”人才2人、农技指导员15名，做到了培养一批、带动一片、引领一方。

（四）坚持从严从实，抓好班子，带强队伍。把加强镇村班子建设作为关键环节来抓，在镇班子分工中实行“板块管理”，推动了班子成员“一岗双责”落实；对4名作用发挥差的村干部进行了调整。大力开展党员干部素质提升工程，党委书记带头讲党课6次，组织外出培训学习5批次，邀请县检察、经管等部门做专题辅导报告3次，建立了党员学习教育常态化机制。坚持从严从实，严肃查处不正之风和违法乱纪行为，14名党员受到党纪处分。

二、主要工作成绩

（一）发展质量稳步提升。规模以上企业实现总产值27.29亿元，同比增长13.8%；销售收入27.34亿元，同比增长14.3%；实交税金6551万元，同比增长7.2%。新引进项目9个，到位资金9.88亿元，市战略性投资考核认定1.1亿元，市招商局认定招商引资2.02亿元。龙海民爆投资8000万元，建成的胶状乳化炸药和现场混装乳化粒状铵油炸药生产线，达到国内领先水平。天然气综合利用、珍珠岩加工等6个项目，完成投资1.8亿元。新注册个体工商户642家，发展个人独资企业130家。打造了面积6000平方米的“大唐创客空间”，发展电商、微商100多家，销售额过亿元，电声乐器被纳入“好品山东”进行重点宣传推介。

（二）城镇化步伐不断加快。实施了省级乡村连片治理等10余项城建工程，完成投资3.5亿元，硬化道路40多公里，铺设路沿石9万多米，新建污水管网10公里，燃气管网20公里，排水沟2万米。新建文体休闲广场9处，景观亭6座，安装太阳能路灯600多套，完成绿化16万平方米，乡村连片治理项目获得全市第一名的优异成绩，通过了省级示范镇验收。规划5处农村新型社区，调整充实工作人员110名。鄌郚社区·翰林苑项目已动工，打造了鄌郚、漳河2个示范社区。积极开展“大走访”等活动，办理实事6000多件，社区服务水平大幅提升。

（三）现代农业亮点纷呈。流转土地2000多亩，建成现代农业示范园区4处，申报省农技推广项目1个，与山东农业大学合作设立了“蜜桃新品种科研基地”。大力实施品牌化发展战略，申报绿色和有机农产品认证26个，发展合作社165家，家庭农场70多家。实施了千亿斤粮食、高标准农田等8个上级投资重点项目，覆盖面积5万亩，建成高产稳产田3.7万亩，完成投资7000多万元。积极推进权能改革，善庄等9个村作为试点，建成土地股份合作社4家，为全县权能改革工作推进提供了经验，接受省权能改革领导小组和农业部的现场检查，并在中央政策研究室专题调研中作典型发言。

（四）生态文明增速提质。深入推进环卫一体化，累计投入1200多万元，出动机械2000余台次，人工2万余人次，配备垃圾桶1100多个，村容村貌全面改观，为县环卫一体化现场会召开提供了现场，在省环卫一体化满意度现场测评中获得满分的好成绩。打造了“四山、五岭、三河、一路”13个重点绿化工程，百亩造林方12处，完成造林7000多亩。实施了汶河、九曲河等河道的生态治理，对南水北调干渠进行了清淤，建成300亩的生态湿地1处。引进了金山观光林场、北鄌郚水库开发等旅游项目，良河源村被评为省级生态文明村。

（五）基层基础进一步夯实。开展了“安全社区”创建，投入200余万元，安装高清摄像头500余个，并全部接入镇监控平台，实现了自然村全覆盖。高度重视安全生产，开展了安全隐患大排查、快整治行动，整改各类安全隐患330多处。按照“抓早、抓小、抓苗头”的总体要求，依托社区“网格化”管理模式，健全完善了信访信息网络，推行了领导干部接访、带案下访、联合办案等机制，化解矛盾纠纷200多起，信访积案6起，未出现到省进京非访。党风廉政建设“一岗双责”得到较好落实，开创了全镇党风廉政建设新局面。

（六）社会事业繁荣进步。投资1500万元的卫生院病房楼全面投用，高标准建设了“国医堂”和数字化接种中心。其中“国医堂”代表市、县迎接了国家中医药工作先进单位考核验收，被评为潍坊市“国医堂”建设先进单位，数字化接种中心被确定为省级示范化数字接种门诊。计生基础进一步夯实，各项计生指标均控制在责任书范围之内。积极打造教育强镇品牌，启动了镇中心中学等4所学校的校舍改造，教育教学成绩突出，镇中心中学被省教育厅表彰为先进集体。积极推进精准扶贫，完成脱贫583户、1298人，为404名特殊困难群众落实了救助措施。在全县科学发展观综合考核群众满意度测评中获得第4名的较好成绩。

三、创新与经验

工作实践表明，经济社会事业能够持续健康发展，各项工作取得显著成绩，主要得益于四种意识的培养和坚持。

（一）强化创新意识。没有创新，就没有进步。面对新常态下繁重的发展改革任务，只有创新才能为党的各项工作增添无限生机和活力；只有创新才能使党员队伍不断壮大，干部素质不断提高，责任心进一步增强；只有创新才能最大限度激发党员干部的积极性，不断夯实党的群众基础。

（二）强化团结意识。团结是各项工作顺利推进的根本保证。只有班子成员团结一致，才能融洽党群、干群关系，才能共同创造发展合力，保证和谐稳定。必须从加强班子团结入手，打造一个能干事、干成事的领导班子。每名党员领导干部必须正确看待自己的不足和别人的长处，正确看待名、权、利，时刻以党性规范自己的思想和行动，才能推动工作创新发展。

（三）强化责任意识。如果职责不清，责任意识不强，基层组织建设工作就落实不力，抓党建促经济的效果就不明显。通过推行“书记抓、抓书记”工作机制和“月评季考”考核模式，让各党组织书记牢固树立了“不抓党建是失职、抓不好党建是不称职”的意识。党员干部都能够主动对农村基层组织建设面临的问题进行深入思考，对工作实践经验进行不断总结，从而为各项工作扎实推进提供组织保障。

（四）强化落实意识。“千重要，万重要，抓落实最重要”。基层党委、政府工作头绪多，任务重，责任大，要圆满完成上级党委政府部署的各项工作任务，关键就在于抓落实，在落实上下功夫，在落实中出成效。通过积极推进干部力量下沉，落实“343”工作机制，持续深入开展“大走访”，狠抓包村联户服务群众，切实了解到群众的所需所盼，掌握起第一手资料，才能保证上级交办的任务落实到位，各项事业推进有力。

## 中共昌乐县高崖水库库区工委工作概况

党工委书记　李富强

高崖水库库区位于昌乐县南部，处于昌乐、临朐、安丘三县市交界处，总面积 57.6 平方公里，辖 17 个行政村，36 个自然村，2.3 万人，2.68 万亩耕地。2015 年，在县委、县政府的领导下，高崖水库库区以社区规划建设和运行作为各项工作总抓手，统筹推进生态建设、产业发展、民生改善等工作，环仙月湖产业发展圈初步形成。在全年科学发展群众满意度测评中取得第一名，在全县科学发展综合考核中取得第三名。

### 一、组织概况与党的建设

高崖水库库区共有 43 个基层党组织，995 名党员。其中，农村党组织 33 个，非公有制经济组织与社会组织 4 个。2015 年，在县委的坚强领导下，坚持以党建工作统领全局，引领基层党组织和党员在工作中干事创业、创先争优，实现了经济社会又好又快发展。

（一）抓主业、担主责。把党建作为干事创业的基础和关键来抓，把主要精力和工作重心放在抓党建上，坚持定期研究调度党建工作、经常部署党建事项、带头落实党建任务。压实班子成员、社区和村党组织书记的党建责任，年初签订了党建目标管理责任书，明晰责任、落实任务清单；年底的工作考核，首先看抓党建工作的成效。

（二）抓班子、带队伍。干事创业关键在人、关键在干部，扎实开展“三严三实”专题教育活动，在社区建设、产业发展中磨炼干部，检验实效。一方面，加大软弱涣散党组织整顿力度，对孙家沟、克家洼 2 个村班子进行了优化，对 4 名平庸的村支部书记进行了调整，36 个自然村班子都健全，重点工作中没有一个村掉队。另一方面，用干事创业统一思想、教化人心，开展 3 次思想大讨论和 5 次专题培训，党工委书记讲了 8 次党课。坚持“一级带着一级干，一级干给一级看”，倡导把工作当成学问来研究，带动形成了“比受累、比熬夜、比扎实、比办法、比效率”的浓厚氛围。

（三）抓重点、破难点。把群众的愿望作为工作重点和努力方向。一是加大社区建设力度，对各社区服务中心进行了高标准的建设和提升，服务水平不断提高。在东篱湖畔社区试点村成功搬迁、白塔社区顺利建设和 11 个村庄社区规划建设和整体搬迁工作中，坚持“班子成员包村，党员干部包户，党员示范带动”，村级党员干部在选户型、签协议、选房、拆旧复垦等环节，带头示范。二是全力争取扶持和实施好项目，大幅度改善群众生产生活条件，群众满意度持续提升。在项目建设中，党员干部带头做好群众工作，现场解决实际问题，抓质量促进度。三是大力发展文化旅游和现代农业，环仙月湖产业圈初步形成，涌现出了东前韩、小白塔、窝铺、后河野、赵庄等典型村党组织。

（四）抓问题、求实效。围绕解决社区服务和村级事务管理不规范的问题，研究实施了《社区为民服务工作规范》《村级事务管理工作规范》。围绕解决党员教育管理不经常的问题，严格落实学习培训、“三会一课”、民主评议等教育管理制度，把党员培训和移民培训、新型职业农民培训相结合，举办培训班10期，培训党员群众4600余人次。围绕解决村级办公服务经费和村干部待遇问题，在兑付上级规定资金的基础上，拿出37万元对36个自然村进行扶持。围绕解决农村干部党员队伍结构老化的问题，2015年发展了13名年轻、学历高的党员，确定了59名入党积极分子，吸纳了32名后备村干部。

## 二、主要工作与成绩

2015年，完成地区生产总值50200万元，比上年增长18%；地方财政收入880.62万元，比上年增长3.97%；工业实现销售收入83194.88万元，利税8507.8万元，分别增长18%和18%；第三产业增加值达19700万元；农民人均纯收入9660元。

（一）看好水，种好树，加强生态文明建设。坚持生态林业、景观林业、产业林业“三位一体”的造林绿化思路，着重实施了“烟柳水岸”环仙月湖生态湿地防护林工程，实施了农田林网建设和桃花坞、南山农场农夫果园、小白塔滨水区域等12处造林绿化重点工程，共栽植柳树、白蜡、黑松等苗木9.56万株，完成争创全国绿化模范县造林任务2200亩。联合县环保局、水利局等部门，深入开展“386”环保行动，开展畜禽养殖污染专项整治行动，严密监控上游来水质量，控制农业面源污染，确保水质洁净安全。按照“库区就是景区”的标准，加大工作力度、强化激励奖惩。全面清理生活和农业生产垃圾，健全环卫一体化工作长效机制，生态环境进一步优化。

（二）用心用力用脑，加快农村新型社区规划建设。东篱湖畔社区试点东前韩村117户、435口人成功搬迁入住，配套完善，群众满意，起到了示范带动作用。重点推动白塔示范社区建设，通过反复考察学习、层层开会和入户宣传发动、调查摸底等群众工作，招商确定了昌乐乐达、众擎置业和恒河置业等投资公司，成立指挥部包靠服务，促进度、抓质量。1600平方米的新白塔社区服务中心和桃花源文化广场高标准建成投入运行，居民安置楼和幼儿园加快建设进度，同时着手实施11个村庄的社区规划建设和整体搬迁工作。东篱湖畔社区、白塔社区、汶河社区和双河社区4个社区服务中心“一厅两室”全部改造提升和高标准运行到位，努力打造基层服务型党组织新平台。

（三）产业先行，加快文化旅游和现代农业发展。全力开发建设湖西，推进发展湖东。新修建了滨湖西路，以白塔社区建设为带动，规划建设了汶水庄园（桃花坞）、白塔农场、“桃花源记”、窝铺民俗文化村等产业项目。推进南山农场、小白塔民俗文化村、湖畔十二坊等旅游项目，新增滑草、跑马场、真人CS等娱乐项目，环仙月湖发展圈初步形成，努力建设和争创国家AAAA级风景区。2015年，“五一”“十一”连续两次举办“山水田园美，快乐乡村游”大型文化旅游活动，游客突破15万人次，文化旅游经营服务步入常态化发展轨道。大力培植和开发芋头、地瓜等传统特色产业，狠抓农产品质量安全，走规范化、品牌化农业发展路子。

（四）争取项目扶持，做好群众工作，大幅改善民生。把群众的愿望作为库区工作努力的方向，全力以赴争取项目、干好项目。今年，争取和实施好了小农水、农业综合开发、土地整理、高标准农田、大中型水库移民后期扶持等惠民项目，新硬化道路31.5公里，新建大口井、塘坝等水利设施186处，新铺设引水上山管道17.5万米，新上变压器34台套，大幅改善了群众生产生活条件。特殊困难群众关爱救助工作纳入常态化管理服务，超额完成了全县农民股份权能改革试点任务，重点加大了教育和卫生事业财政投入，新动工建设了中心幼儿园，深入实施“四德”工程。进一步健全完善责任风险排查评估化解机制，扎实抓好社会稳定、计划生育、安全生产等基础性工作。

**三、创新与经验**

（一）坚持“两区共建”。同步推进农村新型社区和产业园区建设，在改善群众居住条件的同时，逐步实现就近就业，确保群众在社区建设中“搬得出、稳得住、能致富”。在东篱湖畔社区试点村成功搬迁入住后，附近群众依托南山农场、小白塔民俗文化村等产业项目，参与旅游保洁、餐饮和经营服务，发展农家乐，增加了群众收入。白塔社区建设，产业先行，沿新修建的滨湖西路规划建设了汶水庄园、白塔农场、山水田园文化项目，为社区建设提供了强有力的产业支撑。

（二）建立完善党员干部联系包靠机制。把基层党建作为库区干事创业的基础和保障来抓，充分发挥党支部战斗堡垒和党员先锋模范作用，努力建设基层服务型党组织。在社区建设、产业发展、精准扶贫等工作中，建立完善“班子成员包村、党员干部包户、党员示范带动”的联系包靠机制，与群众“结亲戚”，实打实包靠解决问题。工作中党员带头执行，得到了群众的认可和支持，密切了党群干群关系。

（三）践行一线工作方法。面对发展新形势新任务新要求，库区组织机关干部深入企业、工地、项目建设一线，到群众中去，力争发现问题在一线，解决问题在一线，有力推动各项工作落实。强化社区运行服务，狠抓干部力量下沉，对照为民服务“三个清单”，吃住、工作、服务在社区，在一线服务群众、检验干部，打通联系服务群众最后一公里。

# 机关党建工作

## 昌乐县人大常委会党组工作概况

主　任　张新强

党组书记、第一副主任　王　备

张新强

王　备

2015年，县人大常委会党组在县委的正确领导下，深入学习贯彻中共十八大、十八届三中、四中、五中全会精神和习近平总书记系列重要讲话精神，认真贯彻落实中央和省、市、县委的重大决策部署，组织带领县人大常委会全体组成人员，切实履行宪法和法律赋予的神圣职责，为促进全县政治经济社会平稳健康发展作出了积极贡献。

**一、始终坚持党的领导，保持人大工作正确的政治方向**

县人大常委会党组始终把坚持和依靠党的领导贯穿于依法履职全过程，在思想上政治上行动上同以习近平同志为总书记的党中央保持高度一致。自觉维护县委总揽全局协调各方的领导核心地位，坚持重大事项向县委请示报告制度，自觉接受县委对人大工作的领导，把保证党的路线方针政策的贯彻落实作为人大党组工作的重中之重。使人大常委会的工作紧紧围绕县委中心工作，履行好宪法和法律赋予的职责，适时做出决议决定，确保党的主张经过法定程序成为全县人民的共同意志，促进全县经济社会健康发展。

**二、力主常委会加强工作监督，推动民生事业发展**

县人大常委会党组在深入调研、广泛听取代表和基层群众意见建议的基础上，与常委会成员进行了深入、细致的研究、沟通，全力促使常委会在工作安排上围绕与人民群众生产生活密切相关的教育、医疗、食品安全、物业管理、弱势群体帮扶救助、道路交通建设、造林绿化工作等民生事业发展，加大力量行使好职能，听取审议了县政府专项工作报告5项，开展调研、视察10次，针对工作中存在的问题，提出建议意见40余件，督促政府及其职能部门抓好贯彻落实，促进相关工作开展。

**三、支持常委会加强法律实施监督，推进依法治县进程**

县人大常委会党组高度重视法治建设，全力支持常委会加大对法律、法规贯彻实施情况的监督。2015年，县人大常委会围绕全县大局，针对预算法、环境保护法、就业促进法、税收征管法、电力法等5部法律法规落实情况和司法工作实践，开展

3次执法检查，听取审议8项工作报告，组织12次调研和视察，提出50余件改进工作的建议意见，完成4件规范性文件的备案审查工作。同时，按照法律规定，依法行使任免权，规范任免程序，坚持拟任命人员任前与常委会组成人员见面、无记名投票表决、颁发任命书、供职发言等制度。全年依法任免38名国家机关工作人员、48名人民陪审员。常委会党组高度重视人大信访工作，支持常委会认真处理涉法涉诉信访案件，2015年，常委会共受理来信来访50余件次，全部依法及时进行转办、督办，有效维护了群众合法权益，促进了社会和谐稳定。

**四、尊重代表主体地位，充分发挥代表作用**

县人大常委会党组把代表工作作为增强人大工作活力的重点，支持常委会不断创新代表活动方式方法，充分发挥代表作用。7月份，县人大常委会举办了全县人大代表学习培训班，就贯彻落实代表法及代表履职有关问题进行专题培训，课堂通过县电视台现场直播，全县四级人大代表同步接受培训，取得良好效果。开展了评先树优活动，评选出17名建议办理工作先进个人，有效调动了承办单位和个人办理工作的积极性、主动性。同时，认真贯彻执行代表法和有关规定，加强对代表的履职监督，评选出23名履职优秀的县人大代表，树立正面典型，营造良好氛围；对触犯法律的2名代表，依法劝辞1人，许可公安机关采取强制措施1人，强化代表遵纪守法意识。常委会党组高度重视倾听与收集代表的建议意见，支持常委会领导加强与代表的联系，10月份，常委会领导深入开展集中联系代表活动，组织召开12次座谈会，联系代表200余人次，广泛听取建议意见并及时转交政府及有关部门研究办理。人代会上代表提出的136件建议，均办理完毕并答复代表，一些关系群众切身利益的问题得到有效解决。

**五、加强自身建设，适应人大工作新常态**

人大常委会党组高度重视自身建设，不断加强党组成员和人大机关干部中党员队伍能力建设，加强政治理论、法律法规和业务知识的学习，不断提升人大常委会党组的工作水平。常委会党组和班子成员按照部署要求，扎实开展“三严三实”专题教育。从严从实抓好专题教育，精研细读重点书目，集中研讨深入交流，广泛征求建议意见，深入开展批评和自我批评，认真查摆存在的问题。共征求意见150多条，查摆问题23项，深刻剖析问题产生的根源，制定整改措施，建立了整改台账，认真抓好整改落实，并带动常委会全体组成人员进一步改进工作作风。工作中，完善了常委会组成人员守则、议事规则等规章制度，严肃会议和活动纪律，切实保障会议和活动效果。

## 昌乐县人民政府党组工作概况

党组书记、县长　高立伯

2015年，县政府党组在市委、市政府和县委的正确领导下，深入贯彻落实中共十八大、十八届三中、四中、五中全会和习近平总书记系列重要讲话精神，坚持“走在前列”的目标定位，科学统筹稳增长、促改革、调结构、惠民生，经济社会在新常态下实现了新发展。全年完成地区生产总值275亿元、增长8.3%，实现一般公共预算收入22.9亿元、增长13.1%，完成固定资产投资298.4亿元、增长14.4%。主要经济指标增幅高于全市平均水平，位居全市前列。

**一、认真贯彻落实党的路线方针政策和上级决策部署，始终保持正确的前进方向**

深入学习贯彻党的十八大、十八届三中、四中、五中全会和习近平总书记系列重要讲话精神，自觉用党的理论创新最新成果武装头脑、指导工作、引领实践，在思想上、政治上、行动上始终与党中央保持高度一致。认真研究新常态下各项工作，坚决贯彻落实中央和省、市关于支持经济转型发展的政策措施，积极应对复杂严峻的宏观经济形势，创造性地做好上级精神与昌乐实际结合的文章，始终把握了工作主动权。坚持“走在前列”目标定位，着力推动产业高端高质高效发展、深化改革开放、突出城乡统筹、加强生态建设、保障改善民生、强化自身建设，保证了上级和县委各项决策部署落到实处、取得实效。

**二、坚定不移推进转型发展，经济社会保持平稳健康运行**

（一）*大力推动产业高端高质高效发展，着力提升发展质量效益。*一是加快推进工业转型升级。按照“腾笼换鸟、凤凰涅槃”的思路，加快优势产业培育和传统产业升级，重点培植壮大“2121”工业主导产业，汽车改色膜、德福纸业高档面巾纸、潍焦PBT等一批项目竣工投产。2015年，工业增加值增长9.1%，主营业务收入、利税、利润分别增长9.4%、8.9%和10%。实施创新驱动，18个项目列入省技术创新项目计划，7项科技成果获得市级以上科学技术奖，新获专利授权444件，高新技术产业产值占比达到24.3%。全面推进大众创业、万众创新，新登记市场主体8790家、注册资本158.16亿元。二是积极转变农业发展方式。着力提升西瓜产业，壮大火山农业等优势特色农业，西瓜科技示范园被确定为国家蔬菜工程技术研究中心联合研发中心、省新型职业农民培育实训基地、省级农业科技园，昌乐西瓜品牌价值达到32亿元。以园区、合作社带动农业规模化、品牌化发展，农业、畜牧业示范园区达到81处，国家地理标志证明商标达到6件。健全全程网格化监管体系，农产品质量安全得到有效保障，农业综合执法工作被评为全国农业综合执法示范窗口。建成病死畜禽无害化处理体系，积极推进无规定动物疫病区评估认证。加快实施重点水利工程，南寨水库扩建工程全面开工，“引黄入昌”工程基本完成。狠抓抗旱节水，保障了城乡居民生产生活用水和农业丰收。三是繁荣发展现代服务业。以培育壮大六大新兴产业为抓手，加快建立现代服务业体系，出台了《关于加快六大新兴产业发展的意见》，每个产业设立1000万元发展基金，成立一个工作推进班子，制定一个发展规划，分头推进落实，九龙湖片区综合开发、企业总部基地、大德·国际医疗中心、昌乐新二中·美加国际学校等重点项目全面加快建设。健全地方金融监管服务体系，优化信贷结构，防范金融风险，到12月底，金融机构存贷款余额分别增加25.7亿元和21亿元，不良贷款率继续保持全市最低。大力发展电子商务，建成2处电子交易平台，3个项目列入省“两化”深度融合重点规划项目，5家企业列入省电子商务企业名单。服务业增加值占比提高2.4个百分点。

（二）*全面深化改革开放，着力增强发展活力。*一是全面推进各领域改革。市场监管体系、机关事业单位工资制度和养老保险制度、财政管理体制等改革均完成既定目标。公务用车制度、公务员职务职级并行制度、不动产统一登记等改革正在有序推进。深入实施农村改革，在全市率先完成农村土地承包经营权确权登记颁证，开展了农民股份合作赋予农民对集体资产股份权能改革国家级试点，建成齐鲁农村产权交易中心昌乐分中心。推行政府与社会资本合作模式，4个项目入选国家发改委PPP投资项目库。二是全面提升开放水平。大力发展对外贸易，建设海关监管场站，加快开放型经济发展。2015年，进出口总额达到12.6亿美元、增长4.2%。积极开展招商引资，累计到位资金75.7亿元，利用外资4750万美元。推进企业上市、挂牌，1家企业在场外市场挂牌，7家企业启动“新三板”挂牌程序，1家企业上报证监会，企业规范化公司制改制年度任务全面完成。成功举办2015中国（昌乐）国际宝石博览会。

（三）*突出城乡统筹发展，着力加快新型城镇化步伐。*一是加速提升城市品质。实施新一轮城市总体规划修编。首阳山旅游度假区和重要节点组团建设有序推进，永福路贯通等20多项道路工程加快实施，城北污水处理中水南调、贵和社区雨污管网等工程基本建成，老旧小区供热管网改造、LNG调峰站、CNG加气站等加快建设，城市承载能力进一步增强。积极创建国家园林县城，新增城市绿地12万平方米，建成区绿化覆盖率达到41%。规范城市管理，加快智慧昌乐建设，被评为全国文明县城。二是积极培育特色小城镇。实施扩权强镇改革试点和镇街综合执法平台建设，城镇发展内生动力进一步增强。深入推进全国重点镇和全省“百镇建设示范行动”示范镇建设，加快城镇道路、供排水等基础设施和卫生、教育等公共服务设施配套，完成小城镇建设投资25.4亿元。大力发展镇街特色产业，9处蓝色经济特色产业园新落户项目67个。三是稳妥推进农村新型社区建设。全县规划40个农村新型社区、13个城市社区，所有社区全部配齐“一厅两室”，红河社区、郿部社区被确定为山东省农村新型示范社区。

（四）加强生态建设，着力增强可持续发展能力。强力推进重点区域、重点行业、重点企业污染治理，“三八六”环保行动三年任务基本完成。开展城区空气质量百日大提升活动，启动污水处理厂提标改造工程，重点流域水质和区域环境空气质量明显改善。大力实施五大绿化工程，完成成片造林3.83万亩，顺利通过全国绿化模范县验收。深入推进城乡环卫一体化，城乡环卫作业全部实行市场化运作，以满分成绩通过了省城乡环卫一体化全覆盖验收。开展矿产资源集中整治行动，建设矿产资源管理科技监控系统，对所有矿坑和主要道路实行全天候监控，非法开采、运输矿产资源和超载超限行为得到有效遏制。加快实施城乡建设用地增减挂钩、工矿废弃地复垦利用、低丘缓坡开发利用、土地整治等项目，耕地总量保持动态平衡。

（五）保障改善民生，着力增进人民福祉。大幅提高社会保障水平，加快发展社会事业，十件民生实事如期完成，重点社会事业支出占比达到68.7%。在全市率先建立特殊困难群体关爱救助体系，2817名特殊困难群众全部落实包靠单位、包靠人员和关爱救助办法。扎实做好扶贫开发，20226名贫困人口全部建档立卡，落实精准扶贫措施。加快中小学校舍标准化建设改造，县实验中学新校建成投用，昌乐一中·英才实验学校等开工建设，所有中小学全部达到省办学条件标准，顺利通过全国义务教育发展基本均衡县验收。在全市率先实施视频健康教育和“健康超市”宣教服务，为4.9万名65岁以上老人免费健康查体，顺利通过全国基层中医药工作先进单位评审，启动国家卫生县城创建工作。新修改造各类道路93.2公里，311.7公里村级公路网化示范县项目全面完成。成功创建全省双拥模范县，被评为全省军事设施保护工作先进单位。狠抓安全生产，创新社会治理，社会保持和谐稳定。

**三、切实加强政府自身建设，行政效能进一步提升**

一是扎实开展“三严三实”专题教育，持之以恒改进作风。坚持把深化学习教育放在首位，强化问题导向，贯彻从严要求，聚焦对党忠诚、个人干净、敢于担当，深入学习研讨交流，共查摆出“不严不实”问题12个，制定整改措施17条，全部列出清单，逐一落实责任领导和整改时限，现在绝大多数问题已经整改到位。严格执行中央八项规定和省、市、县委关于加强作风建设的要求，大力精文减会，县政府召开的全县性会议同比减少14%；规范公务支出，压减一般性支出1300多万元；开展“为官不为”等问题专项整治，持之以恒正风肃纪、惩治腐败，对140多名责任人进行了党纪政纪处理。二是深入推进依法行政。认真贯彻县委关于全面推进依法治县的实施意见，严格按照法定权限和程序行使权力、履行职责，建立行政审批事项目录清单、权力清单、服务清单、责任清单“四张清单”，压减审批服务事项500多项。健全完善政府法律顾问等制度，决策质量进一步提高。加强和改进行政复议、行政应诉工作，维护了群众的合法权益。自觉接受人大、政协监督，对县人大常委会组成人员联系人大代表征求的意见建议、县政协对政府工作提出的意见建议，及时召开常务会议研究落实，高质量办理完成人大代表建议和政协提案。三是坚持民主集中制原则。坚决贯彻县委决定，始终做到在县委统一领导下开展工作。严格执行县政府常务会议等议事规则，凡出台重要政策措施、确定重大项目、大额度资金使用等，严格按照集体领导、民主集中、个别酝酿、会议决定的原则集体讨论决定。四是严格落实党风廉政建设责任制。严守廉洁从政各项规定，认真履行组织领导、选人用人、正风肃纪、源头预防、领导支持、表率示范“六个责任”，恪守廉政承诺，增强拒腐防变能力。班子成员带头执行领导干部收入申报、收受礼品登记、个人重大事项报告等制度，所乘坐车辆、办公用房等都符合标准，没有接受现金、有价证券和支付凭证以及到企业和单位报销应由个人支付的费用等违纪行为。

与上级要求和群众期待相比，工作中还存在一些差距和不足，主要是产业转型升级任务还十分艰巨、金融和土地等要素制约比较突出、生态环境离群众要求还有一定差距、保障改善民生力度还需进一步加大等等。下一步，县政府将深入贯彻十八届五中全会精神，认真按照上级和县委决策部署，坚定不移推进经济转型升级，持之以恒加强生态和社会建设，切实履行好党和人民赋予的神圣职责，努力推动昌乐走上更加文明的发展道路。

# 政协昌乐县委员会党组工作概况

党组书记、主席 周保进

2015年，县政协党组在中共昌乐县委的坚强领导和上级政协的有力指导下，团结带领全体政协委员和社会各界人士，牢牢把握团结和民主两大主题，始终坚持把县委、县政府的中心工作作为政协履职的工作重点，在助推发展中彰显政协优势，在谋事干事中履行三大职能，在推进协商民主中发挥重要作用，全面完成了各项工作任务，为加快建设富强生态幸福的现代化新昌乐做出了积极贡献。

**一、服务改革发展大局，助推经济持续健康发展**

县政协常委会始终把促进发展作为履行职能的第一要务，紧紧围绕县委、县政府中心工作部署，积极干在实处，以强烈的激情、责任心和事业心，为推动全县改革发展各项事业走在前列贡献智慧和力量。

紧扣“十三五”规划制定建言献策。“十三五”规划事关我县未来五年的发展，我们把为科学编制“十三五”规划建言献策作为服务大局的主攻方向，持续调研、接力建言。围绕规划编制工作，主动与县委、县政府及相关职能部门进行衔接，组织委员就事关全县经济社会发展的综合性、全局性、前瞻性的重大问题，通过视察调研、提案、社情民意信息等形式，广泛征集社会各阶层各方面的意见建议。召开专题议政性常委会议，邀请县政府及相关职能部门领导、专家学者和部分委员，围绕“十三五”规划制定进行充分研讨论证、献智献策，发挥了党委政府的参谋助手作用。

助推工业经济转型发展。转型升级是我县转方式调结构的战略之举、迫切之举。我们组织经信、发改、科技等部门和相关委员，采取集体调研与分组调研平行展开的模式，就我县工业企业转型升级情况开展专题调研，到潍坊高新区、高密市、垦利县等地考察学习。在县政协常委会议上专题讨论审议工业经济转型发展调研报告，深入分析查找我县工业企业在转型升级中面临的困境和问题，从4个方面提出了15条针对性对策和建议，得到重视和采纳。我们还就现代物流业、电子商务发展等课题开展了视察调研活动，提出了切实可行的意见建议。同时，县政协领导班子成员扎实做好县委分工的重点企业、重点项目包靠工作，成效明显。

投身抗旱节水工作。罕见的连续干旱，给我县工业生产和居民生活带来了很大困难和严峻挑战。县政协积极行动，把抗旱节水作为当务之急，向全体委员发出抗旱节水倡议书，引导广大政协委员为抗旱节水献计出力，做抗旱节水的积极参与者、表率示范者、有力助推者，提高了全民节约用水的自觉性。组织水利、农业、经信等部门深入到我县部分工业企业、农业示范园区、居民小区等，对节水情况进行了实地调研，并召开座谈会就加强节水工作进行座谈讨论，向县委、县政府提交了《关于全县节水工作存在的问题及建议》。县委主要领导作出批示，县政府主要领导主持召开政府常务会议进行专题研究，意见建议得到迅速采纳和落实。我们还配合市政协开展城乡居民饮用水污染防治调研，为保障全市用水安全、节约水资源提出意见建议。

培强做大委员企业。政协委员企业在我县企业中所占比重较大，对县域经济社会发展有着重要的作用。为促进委员企业不断发展壮大，我们邀请县政府领导在县政协常委会上通报全县经济运行情况，举办了金融和资本知识专题讲座，帮助委员企业更好地认清形势，应对压力，提振信心。继续实施县政协领导班子成员包靠委员企业制度，坚持每季度走访企业委员，为企业发展鼓劲打气，帮助协调解决土地、资金等方面存在的困难和问题，多数委员企业实现了逆势发展。

建言高效农业发展。组织住我县的省、市政协委员及农业专家开展了高效农业发展视察，对西瓜科技示范园建设、打造“昌乐西瓜”品牌、提升农产品质量进行把脉开方，提出了一些有见地、高质量的意见建议。

## 二、践行履职为民理念，促进社会民生改善

县政协常委会始终把关注和改善民生作为履职工作的出发点和落脚点，积极谋利民之策，献安民之计，促惠民之举，协助党委政府解决好群众最关心、最直接、最现实的利益问题，共促民生改善、社会和谐。

*注重实效，切实加强提案办理。*把提案工作作为保障和改善民生的重要抓手，每季度向委员下发提案征集目录，引导委员围绕县委、县政府中心工作和群众关心的热点难点问题开展调查研究，提高提案针对性和可操作性。健全完善提案协商办理机制和协商成果转化机制，先后召开5次提案“面对面”集中答复座谈会，使承办单位与提案者在协商中增进理解、达成共识。开展了政协领导班子成员督办重点提案和重点提案回头看工作，促进了一批事关发展大局、群众关注度高的重点提案的办理落实。对照2015年县直部门（单位）工作实绩综合考核办法要求，对45个承办单位提案办理情况进行了考核打分。截至2014年10月，立案的186件提案全部办复，办理质量和委员满意度明显提高，产生了很好的经济效益和社会效果。

*科学选题，推进协商民主成果转化。*把握切口适中、专题性强、时间紧凑的特点，积极开展专题协商议政。组织召开了“加强食品安全监管”专题协商座谈会，会前组织委员深入视察调研，会上邀请县政府分管领导、县食安委组成单位和相关政协委员积极互动交流，会后及时将协商成果以《专题协商情况报告》的形式上报。县委主要领导对政协专题协商议政做法给予充分肯定，并作出专门批示。充分发挥政协专委会在对口协商中的专业优势，组织开展了中小学校食堂食品安全、青少年法制教育进课堂、生态环境保护等6次对口协商，提出了许多好的意见和建议。

*完善机制，增强民主监督实效。*按照开展监督有计划、有题目、有载体、有成效的要求，针对重大改革措施落地和群众关切，开展行政审批制度改革、高中招生考试等12项监督性调研议政活动，收到良好效果。着眼推动部门工作改进，在县政协常委会上民主评议了县发改局、民政局、环保局、水利局等9个县直部门的工作，认真负责地提出批评性、建设性意见建议，会后及时上报评议情况，向评议部门反馈，并持续跟踪评议落实情况，促进了部门工作的改进和提升。

*发挥优势，努力助推法治昌乐建设。*围绕推进法治昌乐、平安昌乐建设，组织委员深入到部分镇（街、区）、社区、学校对“六五”普法工作进行专项视察，广泛宣传我县普法工作成效，提升基层群众法治素养，推动了我县普法工作再上新台阶。组织委员对我县公安系统社会治安防控体系建设工作进行专项视察，引导广大政协委员积极配合党委政府做好解疑释惑、疏导情绪、化解矛盾、凝聚人心的工作，推动了昌乐县社会治安环境持续改善，提升了人民群众的安全感和满意度。组织住我县的省、市政协委员参加了“法院开放日”活动，观摩、监督法院公开庭审工作，促进了法院工作的公开、公正、公平，提升了司法公信力。

*精准发力，真心为民排忧解难送温暖。*全县精准扶贫工作部署后，县政协迅速行动，动员广大政协委员及社会各界共同为扶贫攻坚想招、一起为脱贫奔小康发力。安排政协机关全体党员干部职工深入到县政协“第一书记”帮扶村，结对帮扶贫困户26户，争取了10万元的产业扶贫资金。组织医药卫生界委员和专家到郚部镇和高崖水库库区等地开展了下乡义诊活动，免费赠送价值1万余元的药品，为群众送上真情关爱。大力支持大众创业、万众创新，鼓励经济界政协委员担任青年创业导师，为25名创业人员提供了政策、资金、技术指导支持。我们还积极引导广大政协委员开展捐资助学、扶贫济困、孝行善举等公益活动，据不完全统计，一年来，县政协委员共参与各类公益活动400多人次，捐款捐物折合人民币500余万元，以实际行动充分展现了新时期政协委员的良好形象，得到社会各界的高度评价。

## 三、发挥作用和优势，推动全县文化繁荣发展

县政协常委会充分发挥人才荟萃、智力密集优势，积极为全县文化事业繁荣发展建真言、出实招，促进文化强县建设。

*围绕文化建设建言献策。*着眼满足人民群众日益增长的精神文化需求和期待，充分发挥政协联系面广、渠道畅通的优势，组织召开了助推文化建设工作座谈会，赴诸城、青州等地进行了考察学习，就我县文化要素集聚、文化事业繁荣、文化产业发展、文化创新活跃等提出了有价值的意见和建议，得到有关部门高度重视并积极落实。

*推动非物质文化遗产保护传承。*围绕推动我县非物质文化遗产保护传承和开发利用打出“组合拳”。组织文化部门和部分委员对我县非物质文化遗产保护传承和开发利用情况进行了全面调研并形成调研报告，提出了针对性、可操作性强的意见建议，县委、县政府主要领导对报送的调研报告分别作出批示，非遗传承保护工作进一步引起领导重视。组织专门力量利用一年的时间，编辑出版《昌乐非物质文化遗产》文史资料，收集非遗线索300余条，涵盖10个门类60多个种类，推动了全县非物质文化遗产的保护、传承和利用。

*精心组织书画联谊交流活动。*充分利用重大节日、纪念日等时机，以书画为纽带，铭记历史，缅怀先烈，联谊交流，增进共识。举办了纪念抗战胜利70周年暨人民政协成立66周年书画展并集结成册出版，进一步激发了爱国热情，凝聚了改革发展共识。邀请台湾书画教育协会来我县参访交流，举办了台湾·昌乐两岸名家书画作品交流展览，促进了两地文化间的交流，提升了昌乐在台湾知名度。在春节前夕，与首都师范大学美术学院共同主办“迎新春中国画作品展”，活跃了群众精神文化生活，营造了文明祥和的节日氛围。

**四、筑牢履职基础，加强自身建设**

县政协常委会切实把自身建设摆上重要位置，按照“三严三实”要求，巩固共同思想政治基础，不断创新完善履职机制，提升政协工作科学化水平。

*扎实开展“三严三实”专题教育。*按照中央和省、市、县委的统一部署，在县政协领导班子中开展了“三严三实”专题教育。始终坚持问题导向，严字当头，实处着力，自觉做到领导带头直面问题、对照典型认清问题、建立清单摆出问题、突出重点解决问题。全面落实“一岗双责”，认真贯彻《中国共产党廉洁自律准则》《中国共产党纪律处分条例》等规章制度，严格落实“两个责任”，自觉遵守中央八项规定和省、市、县委有关规定，全面加强思想、组织、作风、反腐倡廉和制度建设，营造了风清气正、团结干事的良好氛围。

*加强委员管理与服务。*拓宽委员履职平台，依托委员自身和界别优势，开展了一批有特色、有活力、有影响的活动，增强了委员参与度和积极性。组织住昌市政协委员开展了造林绿化视察、学习十八届五中全会精神座谈会，组织县直工会、侨台联界政协委员开展了县农村公路建设视察，组织医药卫生界委员开展了基层抗菌药物临床应用调研等，充分激发了委员的履职热情，委员主体作用得到更好发挥。开展了县政协领导班子成员走访联系委员活动，全年共走访委员500多人次，收集各类意见建议130余条，并将意见建议及时整理报送县委、县政府，供领导决策参考。根据政协委员“四进”及“双建争优”情况，不断细化委员履职量化综合考评工作，坚持对委员履职情况进行通报，对表现优秀的委员进行表彰，对排名靠后的委员进行约谈。经各委员活动组推荐，综合委员换届以来履职表现，评选出了46名优秀政协委员，将在本次会议第二次全会上予以表彰。

*信息宣传工作成效显著。*不断加强政协工作经验和委员履职典型的宣传，讲好新时代的政协故事，唱响政协好声音。聘请了64名特邀信息员，举办了社情民意信息培训班，邀请市政协领导到昌乐县讲课辅导，提升了做好政协信息工作的能力水平。全年被省市政协采用信息稿件107篇，在全省政协36个信息联系点中位居第三名。多措并举加强宣传工作，机关人人分任务、压担子，全年共在市级以上媒体发表稿件193篇，荣获省、市政协宣传工作先进集体。与陕西延安、四川巴中、广西梧州、河北张家口等50多个市（县、区）政协建立长效联系机制，扩大昌乐在外影响，提升昌乐知名度和美誉度。

*加强政协机关建设。*高度重视机关干部职工学习，始终把学习与工作通盘考虑、全面谋划、整体推进，组织机关干部职工深入学习习近平总书记系列重要讲话精神以及省委、市委政协工作会议精神，不断提高组织协调能力和服务水平。选派年轻干部到上级政协跟学培训，增强业务能力和工作水平。在政协机关开展了“守纪律、讲规矩、做表率”主题教育活动，机关党的建设、作风建设、老干部服务等工作进一步加强，为政协有效履行职能、顺利开展工作提供了有力保障。

# 昌乐县人民法院党组工作概况

党组书记、院长　韩昆亮

2015 年，县法院党组在县委的坚强领导下，在县人大及其常委会的有力监督和县政府、县政协、上级法院、社会各界的大力支持下，认真履行工作职责，为维护社会和谐稳定、促进经济社会科学发展发挥了应有的作用。全院共处结各类案件 7073 件。在潍坊市组织的群众满意度考核中，该院获得全市法院第一名的好成绩。该院被授予全国法院“网络宣传先进单位”称号。

**一、突出抓好执法办案，始终坚持服务大局**

一是全力维护社会稳定。刑事审判始终坚持严打方针，全面实施“铁案工程”，依法惩处各类刑事犯罪 453 件 647 人。突出审理大案要案，如从重从快审结一起拒不支付劳动报酬案，为 13 名农民工要回了工钱。加大对交通肇事、故意伤害案件中民事赔偿的调解力度，调解率达到 95%，及时维护了受害人的合法权益。

二是依法助推经济发展。充分发挥疏导、调节的司法职能，审结民商事案件 4003 件。依法审理朱刘煤矿清算案，中央帝景、皮鞋厂等 6 家企业破产案，切实维护社会稳定。4 月，派出 30 多名法官组织开展了“送法进企”“送法下乡”活动，为企业发展和春耕生产提供有效的法律服务。制定了《关于全力防范化解金融风险服务保障经济发展的实施意见》，及时化解金融风险，在全县营造了良好的金融秩序。

三是积极服务保障民生。充分发挥五处人民法庭维护基层稳定的前沿阵地作用，处结婚姻家庭、民间借贷等案件 1369 件。加强行政审判，依法审执结行政诉讼和非诉行政案 327 件。9 月，支持县国土资源局依法对占用昌乐一中土地违法建设的吕某进行了行政强制执行，拆除了违法建筑，收到了良好效果。加强对社会抚养费行政征收案件的执行，拘留 12 人，执行标的额 90 多万元，促使全县违法生育人员主动缴纳社会抚养费近 3000 万元，营造了良好的社会秩序。

四是倾力维护群众权益。不断加大执行工作力度，执结案件 2008 件。深入开展为期 3 个月的涉金融案件集中执行活动，出警 160 人次，拘留 113 人，拘传 15 人，执结案件 365 件。加强与检察、公安机关的协调配合，自 2015 年 11 月 25 日至 2016 年 6 月联合开展集中打击拒不执行判决、裁定等犯罪行为的专项行动，出台实施意见，维护法律尊严。

五是“擦亮”便民服务窗口。完善诉讼服务中心功能，为审判工作提供了有力保障。认真落实立案登记制，切实做到有案必接、有案必立。深化完善多元化纠纷解决机制，利用诉调对接化解矛盾纠纷 470 件。针对涉诉信访工作面临的实际压力，强化工作措施，实现了涉诉信访工作稳步发展，省高院转发了该院的经验做法。

**二、积极推进司法改革，全面提升公正司法水平**

一是全方位深化司法公开。不断深化审判流程公开平台建设，健全诉讼短信自动发布机制。不断深化执行信息公开平台建设，建立失信被执行人名单制度，向社会公布 3148 名拒不履行义务的失信被执行人信息，并加强与金融、公安等部门的信息共享，联动惩戒失信行为 165 人次。召开新闻发布会两次，发布典型案例 28 案 33 人。切实抓好裁判文书上网和案件庭审直播两项“硬性”工作，裁判文书共上网 7996 件，在省市法院网站和官方微博直播案件 18 件，利用微博微信及时发布法院工作动态 3832 条。自去年 10 月起，全院的裁判文书均添加了二维码，方便群众查询。在《昌乐报》开辟了司法公开专栏，满足了群众对司法的需求。

二是全力推进人民陪审员工作。该院在圆满完成“倍增计划”的基础上，于 4 月提请县人大常委会对到届的 48 名人民陪审员重新进行了遴选任命。进一步完善《人民陪审员管理办法》，对人民陪审员各方面进行了规范，全院案件陪审率达到了 98.8%。马跃波等 4 名人民陪审员被省市法院表彰为“优秀人民陪审员”。

*三是全面规范审判权运行。*该院认真落实司法责任制，出台规定逐步下放裁判文书签批权，做到真正让审理者裁判，让裁判者负责。探索建立公开倒逼机制，进一步增强法官的办案责任。下发了《院庭长带头办案和非审判一线法官参与审理案件的办法》，院、庭长承办或参与案件审理4395件。深入开展集中清理未结案件活动，通过实行“周通报”制度，认真落实扎口结案，有效提升审判质效。

**三、全面加强自身建设，努力提升司法能力**

*一是切实转变司法作风。*通过深入开展“三严三实”教育实践活动，认真查摆和整改不严不实方面存在的突出问题，持之以恒改进司法作风。教育干警认真落实“四心工作法”，以实际行动赢得当事人对法官的信赖、对司法的信任。始终以“清正、清明、清廉”为导向，认真落实党风廉政建设“两个责任”，抓好干警队伍的廉政教育，确保干警队伍公正廉洁。

*二是着力提升履职能力。*突出抓好思想政治建设，把学习贯彻党的十八大、十八届三中四中五中全会和习近平总书记系列重要讲话精神作为重大政治任务抓紧抓好。加强学习型法院建设，通过集中教育培训、外出学习等措施，进一步增强干警法律适用水平。通过开展论文研讨、庭审观摩、优秀裁判文书评选等活动，提高干警法学素养和驾驭庭审、裁判文书制作能力。

*三是加强基层基础建设。*在县委、县政府的大力支持下，新建审判综合大楼于6月初投入使用，为审判工作顺利发展提供坚实保障。深入推进信息化建设，在全省法院系统第一家建成了虚拟云桌面系统，建成科技审判法庭16个，进一步提高了司法服务水平。

## 昌乐县人民检察院党组工作概况

党组书记、检察长　郑爱之

2015年，县人民检察院党组在县委和上级检察机关的正确领导下，在县人大及其常委会的监督和县政府、县政协及社会各界的关心支持下，紧紧围绕全县经济社会发展大局和检察工作主题，忠实履行法律监督职责，全力打造过硬检察队伍，各项检察工作取得新进展，为经济社会平稳健康发展做出了积极的贡献。

**一、适应经济发展新常态，立足职能惠民生促发展**

*用心服务经济健康发展。*准确把握经济发展新特征，积极融入，主动作为，及时推出服务举措20余项，制定的服务新型农村社区建设、保障安全生产两个“十条意见”，县委主要领导作出批示予以肯定，省市检察院相继予以转发。更加注重平等保护企业合法权益，完善经常性联系制度，帮助排查职务犯罪隐患，协助完善管理制度，为企业提供法律服务16次，帮助解决涉法涉诉问题39个，激发经济发展活力。更加注重保障政府投资安全，深化检察官联系大项目活动，全面落实预防特派员和预防约谈制度，针对政府投资的公益项目全部开展专项预防，确保政府投资安全。

*着力保障群众合法权益。*坚持把依法保障改善民生作为服务发展的出发点和落脚点，紧紧抓住事关人民利益的重大问题，保障舌尖上的安全，深化食品药品安全犯罪专项立案监督活动，提起公诉3件13人，查办失职渎职犯罪2件2人，让人民群众吃得放心、用药安全。全面推行检察宣告制度，顺利完成检察宣告庭建设任务，对检察决定公开宣告，现场解疑释惑，宣告的27起案件全部案结事了，受到群众欢迎。强化对生态环境的司法保护，积极开展生态环境保护行政执法检察监督专项活动，针对地下水违规滥采、污水乱排等问题，办理行政违法检察监督案件2件，充分运用检察建议、纠正违法通知书等形式，督促相关行政部门依法行政，收到良好社会效果。

*主动参与社会治安综合治理。*针对涉法涉诉信访出现的新情况，创新涉法涉诉工作处理办法，完善诉访分离、司法导入等机制，引导当事人依法律、按程序表达诉求，妥善处理各类信访案件239件，及时消除社会稳定隐患，经验做法省市检察院分别予以推广，保持了赴省进京涉检上访零纪录。

突出抓好未成年人刑事检察工作，建立“捕、诉、监、防”一体化机制，开展社会调查31次，教育挽救涉罪未成年人18名。认真开展司法救助、刑事和解和检调对接工作，主动对生活困难的刑事被害人提供救助，救助刑事被害人11人，充分体现了司法关怀。

**二、忠实履行监督职责，公正司法保稳定筑和谐**

始终保持惩治腐败高压态势。坚决查办危害经济发展环境、影响重大改革举措落实、群众反映强烈的职务犯罪，立查贪污贿赂等职务犯罪案件17件18人，立查渎职侵权等职务犯罪案件3件5人，大案率和起诉率均为100%，形成了惩治腐败的强大震慑。认真开展查办发生在群众身边、损害群众利益职务犯罪专项工作，立查支农惠农领域职务犯罪案件8件。注重查办行贿犯罪，将2名围猎国家工作人员、谋取不正当利益的行贿人绳之以法。

深入推进平安昌乐建设。根据社会治安形势变化，从严打击故意杀人、强奸、抢劫等严重暴力犯罪和盗窃、诈骗、非法集资等多发性侵财犯罪，批捕各类刑事犯罪嫌疑人144人，提起公诉686人。强化严防冤假错案的底线意识，严把事实关、证据关、程序关和法律适用关，始终做到无错捕错诉、无超期羁押，确保了案件优质规范。认真贯彻宽严相济刑事司法政策，对116名犯罪情节轻微、危害不大的嫌疑人作出不捕不诉决定，促使改过自新，最大限度维护社会和谐。

全面强化诉讼活动监督。以让人民群众在每一个司法案件中感受到公平正义为目标，以开展公安派出所刑事侦查活动专项监督、民事虚假诉讼专项监督等为载体，大力加强对诉讼活动的法律监督，依法监督侦查机关立案11人，监督撤案13件，对认为确有错误的刑事案件提出抗诉5件，对民事行政判决裁定提请抗诉和发出再审检察建议4件，打击虚假诉讼的经验做法，省检察院领导作出批示予以肯定。加强刑事执行检察监督，扎实开展减刑、假释、暂予监外执行专项检察活动，纠正刑罚执行和监管活动违法4件，保障了被执行人的合法权益。

**三、全面加强“三项建设”，夯实根基树品牌增后劲**

司法规范化建设育亮点。以规范司法行为专项整治活动为抓手，依托检察官走访、开门评查、部门互评、通报分析和责任追究五项机制，发放征求意见函230余份，评查各类案件441件，发出各类预警187次，梳理不规范问题16项，集中整治司法不规范“顽症”。健全检察权运行监督制约机制，与县传媒集团联合开办《检察风采》栏目，与人大代表联合开展“六个一”活动，组织不捕案件检察宣告、听庭评议、检察开放日等活动16次，“案前案后”多层次引入外部力量，“网上网下”多形式拓宽监督渠道，构建了立体式外部监督格局，群众满意度与去年相比提高一个百分点，立体监督模式成功入选“全市检察机关十大创新亮点工作”。

检察信息化建设创特色。以检务云建设为平台，以电子证据实验室项目为引领，重点抓好案件质量评查系统、涉案物证管理系统、廉政风险防控系统和侦查情报信息系统的应用，将可视化数据智能分析系统、介质修复塔等新型设备进行试用推广，并成功接入全国云平台，信息化应用水平进一步提升，电子证据实验室项目被评为“全国检察机关科技信息化示范项目”，并在全国电子检务工程工作会议上介绍经验。进一步拓展检务公开的范围和领域，充分运用“两微一端”新媒体平台，发布微信215期，微博110条，公开重要案件信息13条，公开程序性信息835条，公开法律文书105份，方便群众了解检察、支持检察和监督检察，着力构建开放、动态、透明、便民的阳光司法机制。

基层基础建设见实效。狠抓派驻检察室深化升级，完善“信息超市”建设标准，录入信息数据40余万条。发挥派驻检察室联系群众、宣传法制、化解矛盾、监督基层单位执法的特殊作用，广泛开展法治宣传教育，推动法律进机关、进乡村、进社区、进学校、进企业，配合开展犯罪调查、类案分析，提出防范建议，调处矛盾纠纷56起，办理轻微刑事案件6件，发现案件线索4件，职能发挥更加规范完善，5个派驻检察室一次性全部被省院评定为一级规范化检察室。

**四、打造过硬检察队伍，从严治检强素质提能力**

以两个素质建设为核心，不断加强队伍能力建设。以“三严三实”专题教育为契机，认真学习党的十八届四中、五中全会和习近平总书记系列重要讲话精神，干警的信念意识、宗旨意识和规矩意识普遍增强，政治上明白，行动上自觉。突出培训练兵的专题性和实效性，开展各类岗位练兵活动32次，通过“互联网+”时代检察工作专家讲座、刑法修正案（九）专题学习、“我的业务我来讲”、“微创新”等形式，促进各类专业人才不断涌现，有23个集体和个人受到市级以上表彰，在潍坊市检察工作科学发展绩效考核中名列第二名，被评为“全市优秀检察院”、“全国先进基层检察院”。

以机制创新为动力，促进队伍规范管理。继续深化项目管理工作法，围绕23个重点工作项目，定期进行通报督促，有效提高工作效率。紧贴履行岗位职责的素质能力要求，建立岗位素能标准，开展岗位素能评价活动，人定岗，岗定责，确保人人有压力，人人出成绩。积极开展“工作质效提升年”活动，建立“两表两清单”工作机制，每月展示各部门工作任务完成情况、问题整改落实情况、项目推进情况等，通过晒业绩亮实绩，切实提高工作执行力和创新力。

以纪律作风为保障，强化党风廉政建设。积极开展“纪律作风提升年”活动，严格落实党风廉政建设“两个责任”，认真落实廉政风险防控、执法办案说情报告、当事人评议案件等制度，扎实开展各类检务督察活动62次。持续整治党性党风党纪和“四风”等方面突出问题，持之以恒加大治庸、治懒、治散力度，保证了业务规范有序，队伍蓬勃向上，保障扎实有力，检察机关的形象实现新提升。

# 昌乐县人民政府办公室党组工作概况

党组书记、主任　张继军

2015年，在县委、县政府的正确领导下，县政府办公室党组团结带领办公室全体人员，围绕中心，服务大局，恪尽职守，真抓实干，办公室各项工作实现了新的突破，较好地发挥了联络中枢、协调纽带、参谋助手作用，有力保障了县政府高效运转和决策落实，得到了县领导的充分肯定和社会各界的广泛认可。

**一、奋力创先争优，办公室各项工作实现较大突破**

围绕“创一流业绩”，把2015年确定为政府办公室的“工作突破年”，突出以智辅政和以文辅政两大重点，全面提升办文、办会、办事质量和效率，办公室各项工作都实现了较大突破。一是以智辅政实现较大突破。着力提高辅助决策的能力和水平，围绕领导关注、群众关心的热点、难点问题，组织撰写调研报告32篇，其中8篇获县委、县政府主要领导签批，为县委、县政府领导科学决策提供了参考。二是以文辅政实现较大突破。组织撰写领导讲话类材料290余篇，形成各类会议纪要130余个，印发文件120余个。组织编发《昌乐政务》66期。采编上报信息1000余篇，获市级以上信息刊物采用206篇。组织编发《政务信息》45期、235篇，其中25篇获县委、县政府主要领导签批，为县委、县政府领导了解情况、指导工作提供了重要依据。三是综合协调实现较大突破。十分注重加强与县几大班子办公室、各部门和镇（街、区）沟通协调，对领导交办的工作，全力搞好协调，抓好落实，对基层和部门提出需县政府解决的问题，积极汇报协调，搞好服务，保障了政府工作有序衔接、顺畅运行。四是事务服务实现较大突破。坚持高标准、零失误，周密搞好会务、活动服务，组织各类会议、接待活动630余次，均未发生差错。五是法制等业务工作实现新突破。法制工作，坚持用法治思维和法治方式搞好政务服务，组织审查各类政府规范性文件、协议、会议纪要等260件，为政府决策提供法律意见320多条；受理行政复议案件35件，办理行政、民事应诉案件18件。史志工作，组织完成了《山东年鉴》《潍坊年鉴》《潍坊人物年鉴》2015卷和《山东省史志志（1981—2018）》《潍坊风筝志》《山东省地图集》（昌乐部分）的组稿供稿工作，受到市史志办的充分肯定。应急管理工作，扎实做好值班工作，保证了上情下达、下情上达。政府信息公开工作，及时主动公开政府信息2000余条，受理、办结政府信息公开申请21件次，保障了群众的知情权。电子收发文工作，接收下发电子公文 2800 余件，转办请示、报告 1100 余件。政府门户网站管理工作，坚持 24 小时维护管理，组织发布各类信息 1 万余条，维护、维修计算机 120 多台。县长热线工作，昌乐民声网纳入县长公开电话受理中心办理，实现了力量整合、效率提升，接收网民发帖 18500 余条，各承办单位回复及时率 94.1%，群众满意率 96.8%；承办市长公开电话 7900 余件次，受理县长热线电话 3100 余件次，按时办结率 100%，来电人满意和基本满意率 99.5%。外事侨务工作，组织审查转报邀请外国人来华 61 人次。打击走私工作继续位居全市前列，招商引资工作超额完成了目标任务。

**二、狠抓队伍打造，办公室队伍形象实现较大提升**

围绕“建一流团队”，高度重视并狠抓队伍建设，办公室队伍整体形象有了较大提升。一是狠抓学习教育。坚持周一集体学习雷打不动，班子成员带头参加，采取班子成员领学等形式，认真学习上级党委、政府的重要文件和会议精神，观看先进人物事迹专题片，提升了干部队伍的思想政治素质和政策理论水平。组织开展了“守纪律、讲规矩、做表率”和“找差距、比觉悟、比素质、比奉献、比业绩”等主题教育活动，轮流上台发言，增强了办公室人员的纪律、规矩意识和口头表达能力。二是狠抓干部培养。建立完善梯次培养机制，通过加任务、压担子，让每名同志在工作中得到锻炼和提升，尽快成长进步、独当一面。利用庆祝劳动节和国庆节的时机，分别组织举办了以“超越自我，携手奋进”和“同心同向同力，打造一流团队”为主题的文艺晚会，办公室人员全员参与、自编自演、自娱自乐，既锻炼了队伍，又增进了团结，得到了县政府领导的高度评价。三是狠抓典型引导。组织开展了评选先进典型和红旗科室活动，共评选先进典型 4 批、30 人，红旗科室 6 个，并将评选结果张榜公布，有效激发了广大干部职工的工作积极性。四是狠抓制度执行。坚持用制度管人、按制度办事，在建立完善 24 项规章制度的基础上，重点抓了制度执行，严格落实奖惩，维护了制度的权威性和严肃性。今年通报批评 1 人次。

**三、加强自身建设，办公室班子凝聚力和战斗力实现大增强**

一是加强理论武装。办公室班子成员带头深入学习党的十八大、十八届三中、四中、五中全会和习近平总书记系列重要讲话精神，自觉运用党的最新理论成果武装头脑、指导实践。认真贯彻执行党的路线方针政策，在思想上、政治上、行动上始终与党中央保持高度一致。二是坚持民主集中制。凡重大事项，都由领导班子集体研究决定。班子成员都服从大局、敢于担当，相互理解、相互支持，班子内部形成了分工不分家、团结协作的良好氛围。三是带头改进作风。带头严格执行中央和省、市、县委关于加强和改进作风、落实“八项规定”、力戒“四风”的有关要求，严于律己、以身作则，各项规定得到严格落实。以严和实的作风狠抓落实，对县政府部署的工作、研究确定的事项，积极协调、全力推进，及时跟上调度落实，确保了县政府决策落到实处。四是加强廉政建设。将廉政建设作为领导班子建设的重要内容，与日常工作一并部署、一并落实。通过观看警示教育片、召开会议等形式，切实筑牢拒腐防变的思想防线，做到了防微杜渐、警钟长鸣。班子成员严格遵守领导干部廉洁自律各项规定，认真落实党风廉政建设“一岗双责”，自身及分管科室均未发生违反廉政纪律的问题。

存在的不足：主要是班子成员的理论学习、个人修养还有待进一步加强，深入基层调查研究的主动性还不够，整体服务水平还需要进一步提升，等等。下步，将努力扬长补短，持续提升素质能力，推动办公室各项工作不断迈上新台阶。

## 昌乐县发展和改革局党组工作概况

党组书记、局长　张正民

2015 年，县发改局党组紧紧围绕县委、县政府总体工作部署，立足规划计划编制、经济运行监测分析、重点项目建设、服务业发展等部门职能，凝心聚力，攻坚克难，积极作为，各项工作取得积极进展。

**一、抓好规划编制，谋划县域科学发展**

根据市、县“十三五”规划编制要求，加强统筹指导和组织协调，全面启动我县“十三五”规划编制工作，确定开展“1＋29”规划编制体系，协调推动34项重点课题调研、“十三五”重大项目谋划和29项重大专项研究，确保形成遵循发展规律、体现改革开放要求、反映群众意愿的规划纲要和配套专项规划。目前，编制形成《昌乐县国民经济和社会发展第十三个五年规划纲要》，29项专项规划均已形成初稿，谋划储备“十三五”项目近300个，筛选上报英轩重工工程机械等30个重大项目、重大工程、重大园区和打造全国知名现代教育名城等9个拟纳入上级规划的重大事项。同时，做好区域规划编制工作，编制完成《昌乐县汶河流域产业发展规划（2014—2020）》，谋划储备汶河流域综合开发项目46个。

**二、抓好经济运行分析，发挥参谋助手作用**

深入分析县域经济发展新特点，科学把握新常态下经济运行的新态势，编制完成昌乐县2015年国民经济和社会发展计划，经县人代会审议通过后实施。加强经济运行监测分析，跟踪落实地区生产总值、全社会固定资产投资等主要经济指标及产业转型升级、关键领域改革等重点工作任务完成情况，突出对固定资产投资和服务业发展等领域的研判分析，坚持每季度形成一份经济运行分析报告、每半年进行一次计划执行情况分析，及时发现经济运行中的薄弱环节，提出切实可行的对策建议，为县委、县政府决策提供参考依据。2015年，先后形成《全县一季度经济运行情况分析》《全县一季度投资和服务业运行分析》《全县上半年投资和服务业运行分析》等监测报告。加大水泥过剩产能化解力度，顺利完成年度过剩产能化解任务。协调推进城镇化建设，会同县国土局、教育局等部门单位，扎实做好南部山区生态保护规划编制、推进产业转型升级、加强南部山区生态保护等重点工作，助推了县域新型城镇建设。

**三、抓好重点项目建设，力促投资稳定增长**

强化重点项目调度推进，实施联系包靠和全程跟踪服务，及时帮助解决项目建设中的困难和问题，充分发挥重点项目建设对促投资稳增长的重要作用。2015年，全县完成固定资产投资298.4亿元，增长14.4%；8个省、市重点项目完成年度投资计划的102.7%。围绕产业发展、战略性新兴产业等重点领域，加强项目谋划储备，已储备比德文新能源汽车生产基地及交易中心等54个项目，经济发展后劲进一步增强。加强中央投资项目的监督管理，指导项目完善验收材料，昌乐县污水处理厂三期工程、县人民医院病房楼、鄌郚镇青龙山小流域水土保持治理工程等5个项目通过市发改委验收。

**四、抓好政策资金争取，提升科学投入水平**

加大对上沟通衔接力度，找准项目申报关键点，千方百计为项目单位争取上级政策资金扶持。今年以来，新二中·美加国际学校项目列为2015年省重点建设项目；昌乐县南寨水库扩建工程初步设计及概算获省发改委批复，与水利部门争取雨洪资源利用资金7584万元；2015年全国新增千亿斤粮食昌乐田间工程、县生活垃圾无害化处理场工程等11个项目争取无偿资金6889万元；大德·国际医疗中心等4个项目列入国家和省发改委PPP项目库，拟吸引社会资本11.9亿元。加大招商引资力度，由我局引进的盛世热电1×30MW背压机组扩建工程通过市考核认定，完成招商引资额8000万元。加快推进企业债券发行，我县首支城投债券县新城发展有限公司9亿元企业债券成功发行，有效支持了昌乐县中小微企业创业基地建设，进一步释放了创新创业活力。加大企业科技创新支持力度，积极组织英轩实业柠檬酸工程研究中心申报省级工程研究中心。

**五、抓好服务业发展，着力优化产业结构**

重点培育现代教育、健康养老、现代物流、文化旅游、总部经济和智能制造等六大新兴服务业，加快构建现代服务业产业体系。2015年，全县实现服务业增加值113.6亿元，增长9.1%，占GDP比重比2014年提高2.4个百分点；全县服务业实现税收13.8亿元，增长19%；完成投资110.4亿元，增长16.8%。切实加强对服务业发展的统筹规划和综合协调，研究制定推进服务业发展的措施计划，先后形成《昌乐县健康产业发展推进计划》

《昌乐县“互联网+健康养老”产业实施方案》《昌乐县2015年服务业支撑项目推进计划》等材料。加大重点园区、重点企业等服务业载体培育力度，大力提升服务业载体辐射带动能力，2015年，中国宝石城、“三区”建设物流园两个重点园区实现销售收入488.7亿元、完成税收4973万元；昌乐佳乐家超市、山东昌乐农村商业银行股份有限公司等15家重点企业实现主营业务收入65.2亿元、完成税收1.2亿元。认真做好服务业对上争取工作，山东梦金园珠宝首饰有限公司、山东二七一教育科技集团有限公司列入市服务业创新团队名单；潍坊申易物流有限公司海关综合监管区项目申报省服务业创新基金子基金备选项目，相关材料已上报至省发改委。

**六、抓好区域交流合作，助推区域经济协调发展**

抓住“一带一路”、中日韩产业博览会等重大机遇和重要平台，加强项目推介，铭基食品、新二中·美加国际学校两个重点项目在中日韩产业博览会上签约；筛选上报英轩实业、万山集团等5家企业和南寨水库扩建项目，申请纳入市“一带一路”战略规划。扎实做好忠县涂井乡的对口支援工作，指导万合服饰有限公司开展到新疆喀什投资的前期准备工作。加强县域经济考核评定，主动与县统计局、财政局等18个部门沟通对接，确定13项县域经济综合评价指标，并及时调度指标进展情况，搞好县域经济运行分析。积极推进蓝色经济区建设，围绕省委、省政府确定的重大支持政策和事项，及时协调相关部门主要任务目标和分工完成情况，形成落实情况汇报；加大对上争取，矿机集团年产140架低空无人机申报2015年蓝色产业领军人才团队支撑计划项目已上报省发改委，积极推进潍坊申易物流有限公司海关综合监管区项目申报山东半岛蓝色经济区公共服务平台。

**七、抓好改革各项工作，推动县域经济创新发展**

深化医药卫生体制改革，扎实开展医改工作监测，按月调度全县医改进展情况和非政府办医疗机构项目，按季度分析改革形势，形成《昌乐县公立医院改革工作情况》等分析材料。会同县卫计局、财政局、物价局等部门，迎接省医改办深化医药卫生体制改革工作调研，全县医改工作得到省领导充分肯定。加快推进公务用车制度改革，成立县公务用车制度改革力度小组，对我县行政机关、参公管理事业单位和一般事业单位公车情况进行了摸底统计。按照县委全面深化改革领导小组工作部署，协调县经信局、市场监管局等19个部门（单位），搞好现代市场体系、发展要素支撑等重点领域改革，县域经济社会发展活力进一步增强。紧抓潍坊市列入国家现代农业综合改革试点机遇，协调推动我县现代农业综合改革，现代农业转调步伐进一步加快。

**八、抓好党建工作，力促工作作风进一步转变**

认真落实“一岗双责”，层层签订《党风廉政建设责任书》，明确领导干部组织领导、表率示范等5方面责任内容、科室5方面12项目标任务。积极开展“阳光审批、勤廉发改”活动，制定实施责任清单、权力清单和服务清单，明确11项主要职责和47项行政权力事项，有效规范权力运行。深入推进“三严三实”专题教育活动和“守纪律、讲规矩、做表率”主题教育活动，认真开展“八个一”活动，切实增强党员干部纪律观念和规矩意识，机关工作作风进一步转变。加强政策宣传，对十八大以来中央、省在产业转型、资源节约、民生保障等领域的扶持政策进行系统梳理形成《2015年县域经济发展扶持政策》，及时传达国家发改委《关于印发鼓励进口技术和产品目录（2015年版）的通知》等产业指导文件，并组织专门科室深入基层、项目单位和大中型企业，搞好政策解读，指导企业准确把握国家产业导向，指导基层和项目单位用足用好上级政策。积极承接上级最新下放的4项审批权限，继续推行重大项目模拟审批，严格落实服务承诺、一次告知、限时办结等制度，服务效能进一步提升。2015年，共办理项目立项215个，总投资126.5亿元，项目按时办结率和群众满意度均达到100%。

## 昌乐县经济和信息化局党委工作概况

党委书记、局长　刘清涛

2015年，在县委、县政府的正确领导下，县经信局党委深入学习贯彻党的十八大和十八届四

中、五中全会精神，认真落实科学发展观，坚持“工业立县、工业强县”战略不动摇，认真履行职责，团结带领全局干部职工较好地完成了各项工作任务，促进了全县工业经济快速健康发展。

**一、加强政治理论学习，提高政治素养**

坚持把加强政治理论学习，讲政治、讲党性放在首要位置，一年来，始终以身作则，围绕创建“学习型机关”活动，切实加强理论学习和业务知识学习，牢固树立科学发展观和科学执政、民主执政、依法执政的执政理念。在长期的学习实践中，能够坚持正确政治方向，坚决贯彻党的各项方针政策，始终忠于党的事业，努力实践着全心全意为人民服务的宗旨。同时，努力加强社会公德、职业道德、家庭美德和个人品德建设，树立正确的世界观、人生观、价值观、职业观、道德观，自觉践行社会主义荣辱观，增强了工作的积极性，使县委、县政府的工作思路和决策部署在经信系统得到了全面体现。

**二、认真履行职责，推动工业经济平稳健康发展**

（一）持续加大工业投入，经济发展质量稳步提升。2015年来，县经信局努力克服宏观经济发展不利因素影响，着重抓产业引导和扶持，抓项目建设和服务，工业经济实现平稳发展。预计2015年，全县规模以上工业企业完成工业总产值947亿元，同比增长7.7%；累计实现主营业务收入955亿元，同比增长8.0%，实现利润32.5亿元，实现利税50.5亿元。2015年，全县开工工业技改项目54个，实际完成投资28.5亿元。阳光的概念包装高档印刷包装项目、潍焦集团6万吨PBT项目、比德文雷丁新能源汽车项目等一大批项目陆续竣工投产，6个项目列入2015年潍坊市百个重点建设项目，工业经济的发展后劲充足。

（二）培育壮大“2121”产业，企业转型步伐不断加快。按照“腾笼换鸟、凤凰涅槃”的思路，大力推进千亿级装备制造、千亿级黄金珠宝加工交易、500亿级新能源汽车、300亿级造纸包装、300亿级精细化工和100亿级食品加工产业向高端转型，重点扶持英轩控股集团、潍焦集团、阳光纸业等骨干龙头企业，带促产业转型升级。比德文控股集团、矿机集团等13家企业入选全市工业百强。截至目前，6大产业产值占全县规模以上工业产值的比重达到75%以上。

（三）着力提升创新能力，动力机制转型稳步推进。不断加大企业技术创新项目建设和技术创新平台建设，激发企业创新动力和活力。乐化漆业的纳米硅外墙墙面漆研制、英轩重工的装载机连杆机构优化等22个项目列入2015年山东省技术创新项目计划。特别是矿机集团大力实施“机器换人”、阳光纸业推进生产技术和商业模式创新、潍焦集团延长产业链创新等模式被列为全市转型创新的典型，推动了企业工艺和产品创新。目前，我县已有市级及以上企业技术中心22家，市级工业设计中心6家。

（四）积极推进两化融合，传统产业转型逐步深入。不断加快重点行业领域信息化改造，重点企业信息化水平逐步深入。积极实施“企业融网”工程，引导企业积极利用“中国制造2025”“互联网+”“O2O”等新的发展理念和模式，创新生产和营销方式。2015年来，昌乐县11个项目列入省两化融合专项行动项目，3个项目被列入省两化深度融合重点规划项目，5家企业被列入山东省电子商务企业名单。共组织工业企业开展电子商务培训2次，培训人次1000人。同时，加快推动智能制造产业发展，通过抓好现有的智能制造重点项目建设和优质项目引进，切实将智能制造产业培育成为我县新的经济增长点。

（五）扎实推进节能降耗，持续发展能力有效提升。严格能评审查制度，提高新上项目质量。今年，共对233个项目进行了能评审查，拒批高耗能项目7个，“两高一资”项目得到有效遏制。加强了重点领域清洁生产审核工作，规模以上企业清洁生产审核率达10.7%，10户重点耗能企业能源管理体系建设全面开展，节能工作长效机制逐步完善。

（六）抓好工业领域安全生产，企业运行稳定有序。积极开展安全生产隐患大排查大整改活动，切实做好对五图街道安全生产检查的督查暗访工作，确保了监管范围安全生产无大事故发生。今年来，我局聘请安全专家对6家县属企业及五图煤矿查出各类安全隐患142项，多种形式检查加油站

106 家，整改问题隐患 276 处，共整改完成省挂牌督办石油天然气管道隐患 6 处。

（七）完善服务机制，服务环境持续优化。完善企业直通车服务交流平台，帮助协调解决企业发展过程中的实际困难。今年我县建立了工业企业发展问题会商制度，成立工业经济运行指挥部，办公室设在县经信局，到目前，共收到 11 家企业反映的问题达 16 项，已全部提报到县政府研究解决。同时，加大对中央和省、市支持企业转型发展政策的落实力度，2015 年共为企业争取上级无偿资金 200 余万元。

**三、以身作则，严以律己，树立良好勤政廉政形象**

一是认真贯彻执行民主集中制。对重大问题实行集体讨论决定，凡涉及项目审批、人事调配、大笔经费开支等事项，均召开党委会或局长办公会集体讨论，充分听取每一位成员的意见，集体讨论决定。

二是团结协调形成合力。全局上下始终讲团结、重友谊，班子成员之间大事讲原则，小事讲风格，心往一处想，劲往一处使，工作上从不互相推诿，形成民主平等和谐的团结氛围，自觉维护班子的集体威信，形成班子内部合力。

三是严格执行廉洁自律的各项规定。自觉筑牢反腐倡廉的思想防线。不利用职权和职务影响插手和干预各种市场交易活动；不违规收受与职权有关单位、个人的现金，有价证券，支付凭证等；不利用婚丧嫁娶等事宜收钱敛财；不利用职权和职务影响为配偶、子女经商办企业或从事中介活动提供方便；不参与赌博；不“跑官要官”、拉票贿赂，以及借选拔任用干部之机谋取私利；不用公款相互宴请，参与用公款高消费娱乐活动；不以权谋私建私房；不个人驾驶公车和公务用车专用，严格按规定执行住房、公务用车、通信费用标准。

## 昌乐县教育局党委工作概况

党委书记、局长　赵长忠

2015 年，县教育局党委按照县委、县政府和上级教育主管部门关于教育改革发展的决策部署，不断加大投入，深化改革创新，办学条件明显改善，内涵发展水平进一步提升。我县顺利通过“全国义务教育发展基本均衡县”评估认定。山东省初中校长建设大会在我县召开。在潍坊市教育局面向各县市区组织的学校办学家长满意度测评中，我县在十二个县市区中位居第一名。

**一、推进“三个集中”，优化整合教育资源布局**

在高中全部进城基础上，完成投资 3.5 亿元，新建县实验中学并于 9 月 1 日建成投用，原五图街道中学、原城南街道中学、乔官镇中学、乔官镇北岩中学整合到该校，实现了街道初中全部进城，城区学校在校生比例提高到 65.72%。红河、营丘、鄌郚三镇初中全部整合到了镇区。镇街中心小学和中心幼儿园全部建成投用，新建营丘镇崖头小学、乔官镇第二实验小学、贵和小学等社区小学，镇街驻地和中心社区学生占到农村义务教育学生总数的 52%。

**二、坚持“三化并举”，进一步改善办学条件**

坚持标准化、信息化、生态化“三化”同步推进，完成投资 20 多亿元，新建校舍 110 栋、65 万平方米；同时投资 1.5 亿多元，配备完善运动场地、图书、实验仪器和音体美教学等内部设施，全县所有学校全部达到省办学条件标准和校舍安全标准，11 月 28 日，我县顺利通过全国义务教育发展基本均衡县“国检”验收。投资 3500 万元，完成宽带网络“校校通”和多媒体设备“班班通”。以“翻转课堂”及慕课、微课辅助教学为重点，加强教育信息技术创新应用，培育了昌乐一中等一批示范学校。新建 5 个数字录播教室，为促进城乡教育均衡发展发挥了关键性作用。加强校园生态化建设，新增校园绿化面积 21 万平方米；投资 5000 余万元，为部分城区新建学校配套了地源热泵空调系统或太阳能集热供暖系统，闯出了一条生态低碳校园建设的新路子，15 所学校创建为市级绿色校园。全县新增省级规范化学校 3 所。

**三、强化“三品支撑”，着力提升内涵发展水平**

以打造品牌教育为核心，以品牌学校和品牌项目建设为重点，不断深化教育教学改革，在“轻负担、高质量”内涵发展方面取得新突破。昌乐一中完善形成“翻转课堂”2.0教学体系，并应邀在国际教育信息化大会、2015年国际智慧教育展览会、首届中美智慧教育大会等平台展出，其经验得到了国务院副总理刘延东、联合国教科文组织总干事伊琳娜·博科娃、省长郭树清、副省长孙伟、教育部副部长杜占元、刘利民等领导、专家的充分肯定。外国语学校的“三效课堂”、昌乐二中的“大阅读”在全市推广；山东省小学习作教学观摩研讨会在我县举行，推广了西湖小学“趣·乐·情”习作教学成果。另外，昌乐一中创办了省内唯一一个海军航空实验班；昌乐二中被授予“军事院校国防生优秀生源输送基地”。山东省第二届初中校长质量建设大会、全国教育效能学术委员会第五届年会先后在我县召开。

**四、搞好“三个统筹”，各类教育协调发展**

统筹义务教育均衡发展，在全面提高城乡学校基础设施建设水平的同时，组建城乡教育联盟12个，学校共同体10个，城乡教师双向交流累计达233人次。并通过采取新进教师向农村倾斜、组织开展城乡学校师资交流等方式，推动城乡义务教育高位均衡发展。深化办学体制改革，统筹公办、民办教育互补发展，投资近10亿元，开工新建昌乐二中·美加国际学校和昌乐一中·英才实验学校两所民校。统筹基础教育与职业教育协调发展，宝石中专通过山东省规范化中职学校验收。

**五、创造“三优环境”，不断提高教育满意度水平**

优化办学环境，规范办学行为和教师执教行为，初步建立起政府依法监管、学校自主办学、社会广泛参与和监督的现代教育制度。优化队伍专业成长环境，建立完善校长职级制、中小学教师职称竞聘、薪酬分配、教师引进交流等机制，健全学校内部管理制度，初步形成富有生机和活力的教育发展新格局。优化教育惠民服务环境，在全面落实国家教育惠民政策的同时，创新实施学生大病救助等“个性化资助”。全年共发放各类资助金613万元，惠及家庭经济困难学生7095人次；为1145名大学生办理和发放了生源地信用助学贷款740万元；创新设立“大病救助金”项目，为32名身患大病的学生发放救助金25.5万元。在昌乐电视台开设《教育视窗》专栏，在《中国蓝宝石之都·昌乐报》开设《教育动态》栏目，在社区广播设立“教育之声”，宣传昌乐教育，及时为群众释疑解惑。规范民办教育机构管理，会同有关部门联合执法，清理取缔非法民办教育机构27家。

**六、加强党风廉政建设，夯实教育改革发展基础**

全面加强教育系统党的思想、组织、作风、反腐倡廉和制度建设，深入开展“守纪律、讲规矩、做表率”主题教育“九个一”活动，切实增强了广大党员干部的纪律观念和规矩意识，夯实了群众路线教育实践活动组织基础。集中组织《中国共产党廉洁自律准则》、《中国共产党纪律处分条例》专题知识测试，强化对党员干部廉洁自律要求和纪律要求，真正把规矩立起来、纪律严起来，做到守纪律、讲规矩，知敬畏、存戒惧。开展“为官不为”问题专项整治活动，坚持问题导向，对有令不行、执行不力，不敢担当、不负责任，监管不力、工作失职，庸懒散浮、效能低下等问题开展专项整治，班子带头，提高了对党的路线方针政策的执行力，保持了班子和党员干部奋发有为、主动作为的精神状态，为打响昌乐教育品牌、建设现代教育名城提供了坚实的组织和风纪保障。积极落实中央《建立健全惩治和预防腐败体系2013—2017年工作规划》和省《实施办法》、市《实施意见》，深入推进行政审批、干部人事、财务管理、招生考试、基建工程、物资采购、后勤服务等重要领域和关键环节的制度创新，建立严密有效的制度体系，保证惩治和预防腐败体系各项任务在全县教育系统得到有效落实。分别代表县直单位接受省委组织部党建工作检查和市纪委党风廉政建设检查。

## 昌乐县科学技术局党组工作概况

党组书记、局长　肖学平

2015年，在县委、县政府的正确领导下，县科技局党组以党的十八大和十八届三中、四中、五中全会精神为指导，深入贯彻落实科学发展观，与全局广大党员干部一道，廉洁勤政，履职尽责，努

力开创工作新局面，各项工作取得了明显成效。被县委、县政府授予“工作实绩综合考核先进单位”荣誉称号。

**一、坚定不移地贯彻执行党的路线方针政策**

领导班子成员认真学习领会党的路线、方针、政策，学习习近平总书记系列讲话精神及十八大、十八届三中、四中、五中全会精神，并结合实际认真贯彻落实，在思想上、政治上、行动上始终同上级党委、政府保持高度一致。在科技工作安排上，紧紧围绕建设“三个昌乐”任务目标，依靠科技引领经济发展方式转变、以创新驱动引领县域经济快速、稳步、持续增长，努力推进科技工作深入发展。

**二、强化科技支撑，推进创新发展**

（一）立足传统产业转型升级，推进高新技术产业发展。积极引导企业运用高新技术和先进适用技术改造提升煤化工、造纸、珠宝、矿山机械等传统产业，加快对现有产业的技术更新和设备改造，促进传统产业优化升级；培育高新技术产业，加大对生物医药、无抗养殖等新兴产业的扶持力度，推动新兴产业快发展、快膨胀。7 项科技成果获得市级以上科学技术奖，其中“柠檬酸高效生物制造技术开发与产业化”项目和“废纸纤维生产包装纸板关键技术及生产应用”项目分别获得 2015 年度山东省科学技术进步二等奖和三等奖。新增国家重点扶持的高新技术企业 3 家，4 家高新技术企业通过复审，高新技术产业产值占规模以上工业总产值比重及提高幅度居潍坊市第一名。

（二）拓宽合作领域，全力做好科技创新、服务平台建设。拓宽新的产学研合作领域，加快建立以企业为主体、市场为导向、高校和科研院所为依托的科技创新平台载体。2015 年，新增市级工程技术研究中心 3 家，企业重点实验室 2 个。昌乐晨凯电声乐器企业孵化中心获批为市级科技企业孵化器。我县“六四一一”公共技术服务平台服务效果明显，目前，发布技术交易信息 160 余条，实现网上注册技术交易额 1.7 亿元。

（三）支持县域产业发展，加大对工业创新资金支持。市级以上科技计划项目立项 9 个，获扶持资金 265 万元，其中“高性能 PBT 系列改性专用料研究”和“玉米高产集成技术推广应用”项目列入省重点研发计划项目，获批国家火炬计划项目 1 个。组织评选、验收县级科技创新项目 15 项，安排 267 万科技资金进行扶持，重点倾斜支持装备制造业、精细化工业、自动化仪器产业等县域支柱产业，预计带动企业科研投资 20 亿元。

（四）以科技招商为目标，强化招商引资引智。结合我县六大产业发展，认真筛选县内企业，确定重点招商产业、重点招商项目、重点招商区域，着力引进、建立高科技含量项目、高层次科技人才和高水平科研机构。2015 年，我县新增 2 个招院引所项目。帮助晨凯润滑材料、潍坊明星材料引进各引进院士 1 名，已签订合作协议。

（五）开拓创新，实现创先争优目标。2015 年，为我县争取第二届“三农科技服务金桥奖”荣誉，县政府被中国技术市场协会授予“三农科技服务金桥奖”先进集体荣誉称号。昌乐智能装备产业园成功申报为国家级产业园。获批一处省级农业科技园区——昌乐设施西瓜省级农业科技园区，园区建成以后将辐射带动周边设施瓜菜农业上档升级。

**三、坚持原则，严格执行民主集中制**

认真执行民主集中制，严格贯彻落实中纪委关于重大决策、重要干部任免、重要项目安排和大额度资金使用（“三重一大”）事项的要求，切实加强对权力的民主监督与制约。进一步建立完善领导班子议事决策规则和程序，充分发扬民主，广泛征求意见，集体讨论决定，不搞“一言堂”。民主集中制的全面贯彻，保证了各项决策的民主性、科学性，形成了团结坚强的领导班子，有力地促进了各项工作开展。

在选好用好干部方面，严格按照《干部任用条例》的规定和要求选任干部。坚持“任人唯贤、德才兼备”的选拔任用原则，注重选拔群众公认、注重实绩、在本职岗位上表现优秀的干部。坚持资格条件不符合要求的不提拔，群众基础差、威信低的不提拔，严把干部入口关，无一例违反规定突击调动提拔的干部。

**四、从群众利益出发，切实加强党风廉政建设**

县科技局把惩治和预防腐败的各项任务贯穿到各项科技工作之中，立足工作实际，加强对涉及广大人民群众切身利益的科技项目建设和资金的管理，切实纠正违规行为。一是扎实开展“守纪律、讲规矩、做表率”主题教育活动，在全局范围内开展“八个一”活动、开展“不作为、乱作为”专项整治活动，对活动中查摆出的6个方面的问题制定切实可行的整改方案，并承诺于年底前全部整改完成，全局干部职工的纪律观念、群众观念和服务意识、廉洁意识进一步增强，为加快我县科技事业发展凝聚强大的正能量。二是联合有关部门按程序对2015年县级计划项目进行评审验收，严把项目“进口关”、“出口关”，确保项目资金使用透明规范，助推全县经济发展。

## 昌乐县公安局党委工作概况

县政府党组成员
县公安局党委书记、局长 石汝祥

2015年，县公安局党委以党的十八大、十八届三中、四中、五中全会精神和习近平总书记系列讲话精神为指引，紧紧围绕县委、县政府一系列重大决策部署和市局确定的各项重点工作，始终坚持“工作跟着问题走、心思围着百姓转”的总体工作思路，以“三个切实”为总抓手，大力弘扬“快速反应、立即行动”的工作作风，认真践行“三个到哪里”的动态化警务理念，深入研究警情数据、问题数据、民意数据，大力推进基础信息化、警务实战化、执法规范化、队伍正规化建设，主动适应经济社会发展“新常态”，准确把握公安工作新方向，各项工作取得明显成效。在市委政法委组织的2015年度群众安全感满意度测评中，昌乐社会治安状况全市第二、公安得分全市第一；在2015年市委、市政府科学发展综合测评中，昌乐治安满意度成绩位居全县6个测评项目第一位。

### 一、基层党建工作再上新台阶

一是加强党建工作。高度重视党建工作，全面落实党建工作责任制和党风廉政建设责任制，层层签订了党建和党风廉政建设责任书，形成了一级抓一级、层层抓落实的工作格局。从班子建设、体制机制建设、党员教育、活动开展、工作创新等方面加强党建工作，取得了明显成效，得到了上级的充分肯定。二是加强学习教育。深入开展“三严三实”专题教育，抓好党委理论中心组集中学习，对十八届五中全会、习近平总书记系列讲话精神、反腐倡廉新精神等政治理论进行了系统学习。抓好党员民警“轮训轮值，战训合一”培训。依托昌乐公安综合培训基地，组织全局党员民警轮训，着重加强政治理论学习和实战技能训练。三是加强作风建设和党风廉政建设。大力践行一线工作法，深入基层、深入群众加强调研，切实为群众办实事、解难题。认真落实党风廉政建设责任制，与单位负责人、全体党员民警签订《廉政责任书》，接受各方面的监督，扎实推进党员民警廉洁从政、依法办案。

### 二、维护稳定能力再上新水平

综合维稳方面。始终坚持以维护全县大局稳定为己任，勇于担责，敢于担责，积极配合党委政府做好突发性、群体性事件的化解、处置工作，积极配合有关部门做好各类重点人员的稳控工作。一年来，共出动警力1.4万余人次，圆满完成各级“两会”、“9·3”阅兵安保、中共十八届五中全会、宝石博览会等敏感时期和重大活动的安保工作；妥善处置群体性上访事件，有力维护了全县社会大局的持续稳定。

应急处突方面。组建100人机动队，配备2辆PTU战斗单元，组织开展反恐处突、应急拉动、灭火救援等40余次演练活动，应急处置和反恐处突能力显著提升。

### 三、打防控工作凸显新成效

深化“四侦联动”破案机制，成立网安、禁毒、食药环侦3个大队和反信息诈骗中心，打击效能显著提升，全年接处有效警情27579起，查破各类刑事治安案件2852起，6起命案全破；先后侦破刘建平故意放火案、张俊仁故意伤害致人死亡案、金河公司非法吸收公众存款专案、潍焦集团被诈骗案等180余起大要案件；打掉11个恶势力团伙，抓获团伙成员69名；查处各类违法犯罪嫌疑人3350名，有力维护了群众生命和财产安全。

打造立体化合成化巡防体系。按照“任务优先、状态优先、辖区优先、距离优先、应急优先、综合优先”原则，科学指挥调度警力，迅速妥善处置解决。同时，研发应用基于移动终端的警情实时处理系统和警务数据集成分析系统，动态布警，囤警街面。建立健全交巡联勤机制，交通、治安管控“无缝对接”，有效解决了“交警不管治安事、巡警不管道路堵”的弊端，实现“1+1>2”的警务倍增效应，提升了城市立体化社会治安防控能力和水平。借力“智慧昌乐”建设，创新建立“三级视频巡控机制”，延伸了视频监控建设触角，为公安实战提供了有力支撑。

**四、社会管理实现新突破**

争取资金购置5辆消防车和10辆消防监督执法车，招录32名专职消防文员，建立较为完备的县、镇、单位三级消防管理体系，昌乐成为潍坊市唯一一个被省政府评为2015年全省消防安全“责任落实年”活动先进单位的县市区。深入开展“对生命安全负责向交通事故宣战”行动，落实交通事故定期分析研判制度和车辆、驾驶人户籍化管理，对“五类”严重违法驾驶人落实管控措施，最大限度预防和减少道路交通安全事故发生。研发应用民爆物品安全全息监管平台，实现对爆破作业的全程监管，从源头上预防了涉爆物品安全事故的发生。同时，校园、监所、网络安全监管以及肇事肇祸精神病人管控到位，全县未发生大的、有影响的安全生产责任事故。县公安局公共安全监管工作走在了全市前列，受到上级领导的批示肯定，部分县市区局来昌学习借鉴。

**五、信息化建设得到新提升**

深化大数据警务云建设，强力推进视频监控建设应用，建设安装高空球50个、高清治安卡口50处、电子警察58处；提炼总结20余种“视侦+”技战法，与公安部三所、泰华集团成立视频大数据应用联合实验室，视频侦查走在了全市前列；创新推行“萤火虫”云计划，真正将视频监控建设应用成果惠及群众。高标准打造了大数据警务云计算中心、电子数据检验鉴定实验室、刑事科学技术实验室，为公安实战提供了有力支撑。同时，研发应用的“警务数据集成分析研判平台”和“基于移动终端的警情实时处理系统”通过省科技成果鉴定，其中“警务数据集成分析研判平台”被评为2015年度山东公安科学技术进步奖二等奖。

深化“大走访，创满意”，全年共计走访110报警人、案件受害人等五类警务工作对象3.03万人，移动手机用户15.4万人；组织开展警营开放周活动，1.3万余名社会各界群众走进公安机关感受警营文化，进一步密切了警民关系。大服务体系受理办理各类证照、审批事项等7.4万余件，按期办结率、群众满意率进一步提升。同时，面向社会主导建设各类服务管理对象微信群170余个，参与群众13000余人，搭建起了警民互动交流平台，实现了群众满意与服务管理双赢。

**六、公安队伍建设再创新佳绩**

突出政治建警，坚持“抓党建、带队建、促工作、创满意”，评选表彰“先锋模范警队”36个次，先锋模范警员“先锋模范警员”66人次，并组织青年民警赴沂蒙红色教育基地进行理想信念教育，民警思想境界、政治素养有效提升。坚持实践建警，组织开展“轮训轮值，战训合一”全警培训，手枪实弹射击专项考核，以及信息化应用比武竞赛等活动，民警业务素质和实战能力有效提升，20余名民警在全省、全市比武竞赛中取得优异成绩。狠抓从严治警，以开展“三严三实”专题教育活动为契机，组织开展警示教育、德廉知识测试及到检察院警示教育基地参观学习等活动；严格落实中央八项规定等纪律条令，确保队伍没有发生大的违法违纪问题。落实从优待警，邀请公安大教授、著名心理学专家李玫瑾为全局民警进行心理辅导，民警认同感满意度有效提升。2015年，全局22个单位、106名民警受到各级党委政府和业务上级的表彰奖励，其中刑警大队被省厅授予“全省优秀公安基层单位”，五图派出所、巡警大队、经侦大队被市局授予集体三等功；张西友被省厅评为全省公安机关齐鲁先锋警员，西志刚被省厅评为全省优秀治安管理中队长，刘学民、陶家龙被省厅分别评为全省优秀人民警察，刘义村、李晓红被省厅分别授予个人二等功。

# 昌乐县民政局党委工作概况

党委书记、局长　刘瑞刚

2015年，县民政局党委在县委、县政府的正确领导下，坚持“以民为本、为民解困、为民服务”的工作宗旨，进一步开拓创新，破解难点，创先争优，推进各项民政工作上了新台阶，获得多项国家和省、市、县荣誉称号，全市社会救助工作现场会在我县召开。

## 一、机关自身建设进一步加强

（一）抓学习，切实提高思想和工作水平。坚持每周集中学习制度，加强对党的十八大及十八届三中、四中、五中全会精神和习近平总书记一系列重要讲话精神的学习，推进学习型党组织建设，增强了“为民务实清廉”的服务意识，进一步提高了理论水平和业务能力。

（二）抓建设，建立完善各项规章制度。进一步完善了党建、党风廉政、机关管理、办公程序、服务承诺、监督考核等各项制度，使各项工作有章可循。开展了“守纪律、讲规矩、做表率”、“厉行节约反对浪费”、“为官不为专项整治”、联系帮扶孤儿等各项活动，进一步压缩了审批事项，简化审批程序，改进审批方式，转变了工作作风，提高了工作效率。

（三）抓自律，严格落实岗位责任制。严格遵守《廉洁自律准则》，严格落实《党风廉政建设责任制》，层层签订了《廉政建设责任书》，班子成员廉洁自律，做到了自重、自省、自警、自励，带头反腐倡廉。带头深入到基层、群众中调查研究，加大为群众办实事的力度。坚持民主集中制，定期召开民主生活会，认真开展批评与自我批评。认真落实《党政领导干部选拔任用工作条例》的规定，在干部选拔任用上坚持民主、公开、竞争、择优的原则，扩大了群众的知情权、参与权、选择权和监督权。

（四）抓监督，确保工作取得实效。坚持党务、政务公开，严格执行“三重一大”报告制度，对重大事项做到事前、事中、事后三公开，推行服务承诺制，向社会聘请了行风监督员，定期征求意见建议，全面接受社会和群众的监督。

## 二、各项工作再上新水平

（一）社会救助体系建设成效显著。一是提高城乡低保救助水平。城市和农村低保标准分别达到每人每月480元、每人每年3300元，发放低保金3040万元，保障困难群众15503人，实现了“应保尽保、分类施保、动态管理”。二是提升五保供养水平。农村五保对象集中供养和分散供养标准分别达到每人每年5600元和4200元，供养五保对象472人，发放供养资金252万元。三是加大医疗救助力度。实现了医疗救助城乡一体化，资助低保、五保等对象15839人参加居民医疗保险，对低保、五保等患病困难群众进行医疗救助，发放救助资金229万元。四是完善救灾和临时救助。为17000多户发放冬令春荒救灾救济款454万元，走访困难家庭1370户，发放救助金147万元。为387户临时困难家庭发放救助金135万元。在全县实施了潍坊市民生综合保险试点工作，为遭受灾害的99名群众理赔56万元。五是牵头做好关爱救助特殊困难群体工作。协调各镇（街、区）和相关部门，对留守老人、留守儿童、失能病残人员、失独家庭等7类特殊困难群体进行关爱救助，2817名关爱对象在生活、生产等方面得到了有效帮助。

（二）社区和基层政权建设加快推进。一是推进城市社区网格化管理。规划建设城市社区13个，与宝都街道、开发区研究了城市社区改造计划，推进城市社区内网格划分及运行。各城市社区居民信息采集录入工作全面展开。二是加快农村新型社区建设。根据农村社区“一厅两室”建设方案，配合相关部门和各镇（街、区），对全县农村社区进行了重新规划调整。三是加强基层政权建设。指导370个行政村严格按程序完成了村委会换届选举，指导健全了村级各项规章制度。

（三）双拥优抚安置工作扎实推进。一是加强双拥工作。我县于7月份顺利迎接了“全省双拥模范城”的检查考评，考评成绩在全市名列前茅。二是全面落实优抚政策。为2255名重点优抚对象发放抚恤补助金2056万元，为60周岁以上退伍老兵发放生活补助391万元，为60周岁以上烈士子女发放生活补助26万元。义务兵家庭优待金标准提高到14575元，为518户义务兵家庭发放优待金798万元。为2349名优抚对象缴纳居民医保费、报销门诊和住院费用305万元。三是圆满完成安置任务。接收退役士兵和转业士官257人，为退役士兵发放一次性经济补助金560万元、自谋职业一次性补助金180万元。对退役士兵免费进行了就业技术培训，退役士兵安置率100%。

（四）社会养老服务体系建设加快步伐。一是实施公建民营，实现敬老院五保对象统一供养。与潍坊华都颐年园签订了承包经营合同，对县养老中心实行公建民营，全县各镇（街、区）敬老院的305名五保对象全部搬迁到县养老中心实行集中供养，同时入住社会老人52名。二是扶持民办养老机构发展。一批民办养老机构初具规模，清松老年公寓二期建设正在积极推进，碧水龙庭老年养护中心即将完工。三是推进医养结合。依托县中医院建设的康乐园老年护理院开始运营，宝城养老康复中心即将建成投用，首阳山养老产业功能区等重点项目正在加快建设。四是提升居家养老水平。县12349养老便民服务中心积极拓展业务，为老年人提供信息咨询、服务派工、紧急救助、心理慰藉等服务，努力打造“没有围墙的养老院”。

（五）慈善捐助工作创新发展。一是积极募集慈善资金。加大慈善宣传，动员爱心企业续签慈善冠名基金1亿元；开展了“慈心一日捐”活动，募集善款305万元。二是大力开展捐助活动。救助贫困大学生199名，发放救助金45.4万元；开展康复助医和救助困难群众投入资金100多万元；联合爱心企业为县养老中心配备电视机60台，捐赠苹果500箱，配备健身器材25.6万元；为敬老院老人购买生活用品18.5万元。三是健全组织体系。完善慈善分会11个、直属工作站2个、村（社区）慈善工作站370个，各分会和工作站分别开展了形式多样的慈善救助活动。

（六）社会福利工作取得成效。一是保障孤儿65名、困境儿童17名、城市“三无”人员3名、精简退职老职工19名，发放生活补助75万元。二是实施90周岁以上老年人和80周岁以上低保老年人高龄生活津贴制度，为2144人发放生活津贴196万元。三是实施低保、五保失能老年人护理补贴制度，为370人发放护理补贴26万元。四是实施免除居民基本殡葬服务费用制度，为4300人减免基本殡葬费用410万元。

（七）老龄工作扎实有效。一是推进“银龄安康工程”，将8万多名老年人纳入了意外伤害保险，投保资金140万元。二是落实老年人优待政策，县城到各街道的7条公交车线路，对65周岁以上老年人实行了免费乘车。三是开展尊老敬老助老活动，组织志愿者开展为老年人义诊、义演、司法援助、精神慰藉等志愿活动，服务老年人6000多人次。

（八）专项社会事务管理水平进一步提高。一是加强社会组织登记管理，建设了社会组织孵化器，新登记社会组织40个，配合组织部门做好社会组织党建工作，并加强了对社会组织的日常监督检查。二是办理结婚登记4137对，离婚登记886对，补办婚姻证件852对，婚姻登记合格率100%。三是全面落实军休干部的“两个”待遇，积极推进军休所改造工程建设。四是主动救助流浪乞讨人员80多人次，对35名精神障碍人员进行救治，投入资金100多万元。五是办理收养登记34件，合格率100%。六是出台了《地名普查实施方案》，召开了动员大会，认真组织实施昌乐县第二次全国地名普查工作。七是加强社会工作人才建设，积极组织人员参加社会工作者职业资格全国考试，有53人获得社会工作师资格；加快推进政府购买服务，新增社会工作公益性岗位30个。八是深化殡葬改革，积极推行绿色殡葬和生态墓地建设，倡导移风易俗，形成了厚养薄葬的道德风尚。

## 昌乐县司法局党组工作概况

党组书记、局长　刘贵学

2015年，县司法局党组在县委、县政府和市局的正确领导下，坚持以建设法治昌乐为目标，以推进公共法律服务体系建设为切入点，创新举措，优化服务，司法行政工作内涵不断丰富，品牌效应

和美誉度稳步提升，司法行政机关在县域经济的影响力越来越大，得到了各级领导和社会各界的一致好评。在2015年全市群众安全感满意度及群众对政法机关执法满意度调查中，我县司法行政机关位列全市县（市、区）第一。2015年12月，该局被评为“全省司法行政系统先进集体”。

**一、搭建实体平台，强化公共法律服务体系建设**

我们按照“平台建设高端化、服务流程人本化、工作机制科学化、群众满意最大化”的“四化”要求，高标准建设了县级公共法律服务中心。办事大厅布局遵循综合性、一站式对外窗口的要求，有效整合公证、律师、法律援助、司法鉴定、法治宣传等职能，设置无障碍通道、等待座席、触摸查询系统、法律服务超市和LED多媒体显示屏，让当事人在一个大厅就能完成所有办理环节，真正实现了预防纠纷找公证，化解纠纷找调解，法律服务找律师，弱势维权找法援，第一时间满足了办事群众的法律需求。到2015年底，大厅已办理公证事项1800件、法援案件350件，解答咨询4300余人次。同时，强化“互联网+”思维，围绕“让群众少跑腿、让数据多跑路”的目标，建设了1+2+N司法行政一体化管理服务平台，1就是监控指挥中心，2就是内网和外网，N就是内网包含的社区矫正管理、人民调解、协同办公平台等。外网则设置了找律师、办公证、求法援、签合同等多个子系统，提供办事指南、申请、预约、查询等服务，群众通过网络点击就可解决遇到的问题，形成了实体平台和网络平台对接互通、有机融合的“网上网下、线上线下”服务机制。2015年12月，县司法局被推荐申报“全省司法行政信息化建设先进集体”（记集体三等功）。

**二、拓展载体建设，力促法治教育全覆盖**

一是强化责任落实。围绕全面落实“谁执法谁普法”责任制，进一步强化组织保障和督查考核，形成了党委领导、牵头部门各负其责、司法行政机关组织协调、社会各界共同参与的工作机制。二是创新普法形式。拓展了手机短信、微信微博公众号、LED显示屏、无纸化考试等新传媒普法阵地；组织举办了法治文化创作笔会，共创作法治书法作品100余幅，增强了法治教育的关注度和趣味性。三是开展了广播普法。依托“村村响、户户通”工程，创办了《今日说法》社区广播栏目，通过以案释法等形式，将法律知识传播到村户，到2015年底已播出300多期。同时，编写广播栏目配套读物2万余本，免费发放到村居、社区，解决了最大最难群体的普法问题。

**三、发挥民调基础作用，构建化解矛盾新机制**

围绕构建大调解格局，重点建设了“三条线”：一是“基础线”，即镇村级调解组织和广大调解员。按照“网格化”管理的要求，全部配齐了基层调委会和人民调解员、信息员，一般性矛盾纠纷在镇村级得到有效化解。二是“生长线”，即行业调解组织。建立了劳动人事、医疗卫生、道路交通、消费者权益保护等行业调解组织，重点调处行业性矛盾纠纷。同时，在县局成立了矛盾纠纷协调指导中心。三是“保障线”，即政法部门构建的调解机制。先后会同公安机关推行了民调与110联动处置纠纷机制，与审判机关建立了诉调对接机制，与检察机关建立了检调对接机制，与信访部门建立了信调对接机制，制定下发了深化律师参与社会矛盾化解工作的实施意见，大力推广“听证法”“1+2模式”等做法，疑难复杂纠纷和群体性事件在县和镇街层面得到及时处置，有效节约了司法资源。2015年，全县各级调解组织共调处矛盾纠纷8714起，调处成功率达到98%。《人民调解》杂志第9期刊发了我局《以队伍建设引领司法所服务品牌创建》的做法，宝都司法所被评为“全国先进司法所”。

**四、创新监管模式，推动社区矫正工作上水平**

高标准规划建设了社区矫正中心，面积400余平方米，下设报到室、宣告室、心理矫正室、训诫室、档案室、教育培训室和监控指挥中心。整合利用多种信息化手段，积极探索“互联网+社区矫正”的智慧监管新模式，初步形成了以监控指挥中心为平台，以电子屏切换、远程视频监管、面部识别、GPS手机定位为手段，以亲情化帮扶教育、艾森克心理测试、公检法司衔接联动为补充的社区矫正工作机制。以社区服刑人员脱管、漏管专项检察活动为契机，组织开展了档案展评等活动，全面规范社区矫正工作标准和流程。到2015年底，全县累计接收社区服刑人员2967名，解除矫正2460名，在册507名，重新违法犯罪率低于全省平均水平。

**五、加强班子队伍建设，提升执法为民的素质和能力**

一是扎实开展“守纪律、讲规矩、做表率”主题教育实践活动。重点开展了“八个一”活动，包括学习一次《党章》、重温一次入党誓词、签一份廉政承诺书、讲一次专题党课、进行一次警示案例剖析等，不断强化党员干部的廉政意识和服务意识。加强机关文化建设，组织开展了“手机拍”摄影大赛和普法短信大赛，并筛选出优秀作品集中展示，展现了司法行政干警的良好精神风貌。二是严格执行民主集中制。健全落实集体学习、党内通报和重大决策征求意见等制度。认真执行《党政领导干部选拔任用工作条例》和相关制度规定，坚持德才兼备、以德为先的用人标准，有效杜绝了选人用人上的不正之风。三是严格落实党风廉政建设责任制。加强对重点岗位、重要环节、重点人员的监督检查，严肃查处违法违纪问题，确保队伍公正廉洁执法、诚信文明执业，有力维护了司法行政机关的良好形象。1名干警被评为“全省司法行政系统亮点工作创新先进个人”（记个人三等功），3名干警被评为全县优秀政法干警和法律学习标兵。

## 昌乐县财政局党委工作概况

党委书记、局长　汪立波

2015年，在县委、县政府的正确领导下，县财政局党委紧紧围绕全县中心工作，积极发挥党员先锋模范作用，按照“三严三实”标准要求，大力改进工作作风，全面加强财源建设，深入推进财政改革，积极落实民生保障，有力地支持了全县经济社会事业的健康平稳发展，荣膺“山东省财政系统先进集体”称号。

**一、强班子做表率，充分发挥局党委统领作用**

县财政局党委承继自身在党的群众路线教育实践活动过程中形成的优良成果，以“三严三实”的标准严格要求自己，凝聚全局党员干部力量，推进干事创业。一是抓学习提升理论服务水平。局党委班子通过局党委理论中心组学习，主动研判上级党委、政府和财政部门的政策及决策部署，结合自身实际，积极谋事共事，提供方法指导，抓好部署落实。二是发挥党员领导干部的模范作用。局党委书记带领局党委一班人，发挥民主集中制，开好民主生活会，广纳干部群众意见，在议事尤其是“三重一大”方面充分发扬民主。局各党支部按照局党委统一部署，组织召开高质量的组织生活会，并抓好党课传授、党员发展、党费收缴等日常工作，实现了党建工作层层抓，业务工作全面促进的良好局面。

**二、以党建促业务，全力支持全县经济社会事业发展**

局党委班子成员以服务全县大局为立足点，在经济发展低迷、全县财政收支矛盾日益突出的情况下，面对压力，强化责任，凝心聚力，真抓实干，有力地支持了全县经济社会事业的发展。

（一）抓好增收节支，实现了全年财政收支平稳增长。一是强化税收征管，挖掘增收潜力。会同国税、地税部门，做好税收的依法征缴，确保税收应收尽收，大力挖掘车船税、房产税、土地使用税等地方税种增收潜力，确保了依法征收、应收尽收。二是加强非税收入征管。严格执行“收支两条线”规定，不断加强土地出让收入征管，加大污水处理、垃圾处理等公共事业收费征管，在全面落实国家取消部分收费项目、减轻企业和个人负担的基础上，启用新版非税收入征管系统。三是不断优化支出结构，切实保障民生等重点支出。严控一般性支出增长，大力压缩“三公”经费支出，集中财力优先保障重点民生工程项目等支出需要。2015年，全县压减一般性项目支出1256万元，“三公”经费支出下降0.5%，民生支出方面增长16.7%。清理盘活存量资金2568万元，统筹调整用于城乡居民医疗保险补助项目。

（二）实施积极财政政策，全力支持经济转型升级。一是积极争取政策性扶持资金。大力筛选储备项目，积极争取政策扶持项目，全年共争取企业扶持资金8815万元，用于淘汰落后产能、科技创新、新能源产业发展等，加快了我县传统产业的转型升级，推动了新兴产业的快速发展。二是落实结构性减税优惠政策。积极落实小微企业减免税政策、深化营改增改革，减轻企业负担2680万元，拨付营改增财政补贴71万元、办理出口退税42718万元、石油企业消费税退税6036万元，减轻了企业负担，支持了企业发展。三是落实产业扶持政策。设立六大产业扶持资金，拨付资金4284万元，支持服务业和总部经济发展，淘汰落后产能。四是落实金融信贷财政补助政策。投入资金973万元，引导金融和保险行业加大对地方经济的支持，支持企业股改挂牌，对小额担保公司进行贷款贴息，缓解中小企业融资难问题。五是做好融资工作，保证重点项目建设。面对政府债务还本付息的巨大压力和融资工作的新形势、新问题，努力攻坚克难，积极筹措资金，争取置换债券额度，确保了资金链条顺畅，保障了重点项目建设。

（三）保障和改善民生，全面推动了社会事业和谐发展。一是支持教育事业发展。投入资金4387万元，落实义务教育保障机制，支持省级义务教育均衡县创建；拨付各项助学金2190万元，覆盖从幼儿园到大学的各类贫困学生，资助学生16701人次；拨付资金662万元，为原民办代课教师发放教龄补助；投入资金3097万元，用于校舍标准化建设及全面改薄。二是加大投入支持计生工作。投入资金311万元，落实免费婚检、免费唐筛、免费孕检、“四术”免费等计生政策，促进了出生人口质量的提高，维护了育龄妇女的身心健康；投入资金664万元，用于计生家庭奖励扶助、补充养老保险和计生节育手术保险。三是全面落实社会保障政策。提高居民基本养老保险和基础养老标准，累计为10.6万60周岁以上老年人发放基础养老金10611万元；提高城乡低保、农村五保保障标准，累计发放3453万元，有效地保障了贫困家庭基本生活需求；投入资金436万元，资助15839名困难群众参保，为2319名老年人发放高龄津贴和护理补贴，使高龄老年人安享晚年；落实市政府确定的民生实事，投入资金164万元，在全市率先开展“民生综合保险工程”试点，保障广大群众在突发灾害事故后得到补偿救助，有112名遭受突发灾害的群众得到理赔款127万元；落实优抚安置保障，投入资金5558万元，做好优抚安置及双拥经费保障工作，有力推动了双拥工作的顺利开展。四是支持医疗卫生事业发展。拨付资金5228万元，实施国家基本药物制度，开展公共卫生服务，减轻了群众就医用药的压力，促进了城乡公共卫生服务均等化；整合新农合和城镇居民医疗保险，建立城乡一体的居民医保制度，累计报销医药费24335万元，受益群众达65.2万人次；投入资金400万元，推进公立医院改革。五是推进保障性安居工程建设和落实黄标车淘汰补贴。筹措资金3150万元，用于公共租赁住房、城市棚户区、农村危房建设改造和廉租住房补贴。发放补贴资金996万元，提前淘汰黄标车1185辆。

（四）加大“三农”投入，有力推动了城乡统筹发展。一是支持“乡村连片治理”工程和省级示范镇建设。投入资金3500万元，用于鄌郚镇“乡村连片治理”和鄌郚、红河两个省级示范镇建设，提升了城镇化水平，推动了乡村生态文明建设。二是大力支持现代农业发展。争取资金2600万元，支持农民专业合作组织、农产品安全及家庭农场建设，扶持农业龙头企业、农业资源和湿地保护、农技推广及农民培训等，支持农村土地承包经营权确权登记工作，为现代农业发展提供有力保障。三是支持农村公共事业发展。争取资金6037万元，用于农田水利建设、土地治理等农业基础设施建设；争取资金4025万元，支持南寨水库扩建工程建设；争取资金7802万元，支持移民安置区基础设施建设；筹集资金794万元，提高村干部待遇，落实农村离任村干部生活补贴，促进了农村社会和谐稳定。四是积极落实各项惠农补贴政策。累计兑付库区移民、农作物良种等各项补贴资金4921万元；拨付资金457万元，实施小麦、玉米、公益林政策性农业保险补贴。五是加大农村公共文化体育服务投入，打造乡村旅游品牌。投入资金393万元，支持农村公益电影放映、农家书屋、送戏下乡及健身广场建设；投入资金163万元，专项用于乡村旅游建设，推动农村旅游加快发展。

（五）不断深化财政改革，全面提升财政管理水平。一是落实新预算法。认真贯彻落实新预算法，实施全口径预算，提高了预算编制的完整性。实行预决算公开，除涉密信息外，2015 年财政总预决算、部门预决算、“三公”经费预决算全部在县政府和财政门户网站上公开，接受社会监督。二是深化国库集中支付改革。将乡镇基本支出纳入国库集中支付改革范围，提高了支付效率和支出透明度。深化公务卡应用改革，累计发卡 2770 张，2015 年刷卡消费 1236 万元，公务消费更加公开、透明。三是落实基本工资和养老保险制度改革。积极筹措资金，提高了机关事业单位基本工资和离退休费，增加津贴补贴，推进了养老保险制度改革。四是全面加强国有资产管理。加强行政事业单位国有资产处置管理，依法公开拍卖，处置收入全部上缴国库；整合公共资源，盘活闲置资产，实现了公共物资的保值增值。五是加强政府采购管理和投资评审。出台政府采购规范性文件，深入推进政府采购过程信息全公开，全年完成采购 142 项，节约资金 17056 万元。引进中介机构参与审计，完善三级复核评审制度，提高了评审质量，全年完成 70 个项目的结算评审，审减资金 7768 万元，审减率达 17.7%。六是强化财政监督。组织开展会计信息质量和“三公”经费专项检查，严肃了财经纪律，规范了财务行为。七是加强厉行节约制度建设。推进党政机关会议定点管理制度改革工作，公开招标确定了我县的党政机关会议定点场所，完善了厉行节约反对浪费制度体系。

**三、常警醒严自律，打造作风过硬的干部队伍**

局班子成员加强《中国共产党廉洁自律准则》《中国共产党纪律处分条例》《关于实行党风廉政建设责任制的规定》等德廉知识的学习，带头廉洁自律，落实好“一岗双责”制，时刻保持清醒的头脑，及时了解干部职工的思想动向，做到相互监督、相互提醒，上下联动，左右配合，打造了作风过硬的干部队伍，形成反腐倡廉的整体合力。不断健全完善财政内控制度，进一步发挥财政监督职能，全面抓好财政承担的反腐倡廉源头治理工作，推动廉政建设深入扎实开展。积极抓好精神文明创建工作，借助财政讲堂，开展“四德”教育，认真组织观看《践行“三严三实”的好榜样》等系列电视宣传片，全面开展丰富多样的文体活动，提升了局干部职工的道德情操，活跃了全局工作氛围，展现了财政干部职工良好的精神风貌。

## 昌乐县人力资源和社会保障局党委工作概况

党委书记、局长　段洪祥

2015 年，县人社局党委将保障和改善民生作为根本目标，扎实推进惠民工程落实，创业带动就业的倍增效应进一步释放，营造了大众竞相创业、活力不断迸发的崭新局面。2015 年被市委、市政府评为全市就业工作先进单位，被省人社厅评为宣传工作先进单位；市政府考核县政府涉及我局承担的指标又获全市第一。

**一、全面抓好基层党建工作**

*一是认真履行职责，主动落实抓党建责任。*先后 8 次主持召开党委会或专题会议研究部署党建工作，与党支部（总支）书记签订了“基层党建建设责任书”；先后组织党员干部理论培训 3 次，观看党员廉政教育专题片 7 次，重点组织党员干部学习了习近平总书记系列重要讲话精神、党的基本理论、重要文献资料及人社工作政策法规。

*二是扎实开展“三严三实”专题教育活动。*从 5 月开始，按照县委县政府的要求，党委组织全体党员干部聚焦党性修养，锲而不舍、驰而不息改进作风，积极提高理想信念，自觉抵制歪风邪气，要求广大党员干部严格按照规则、制度、法律行使职责，将讲原则作为底线，公平办事、公正待人。加大执纪力度，促使党员干部心存敬畏、手握戒尺，将重纪律、守规定作为行为准绳。督促党员领导干部以身作则、带头守纪律讲规矩，健全完善抓早抓小工作机制，针对苗头性问题及时谈话，集中整治“庸懒散浮”。完善了班子议事规则和决策程序，对就业资金使用、职工工伤认定、事业单位招聘、专业技术资格评定等重大业务决策事项全部实行集体研究决定，切实保障权力在法律约束下运行。对法律赋予的劳务派遣经营许可、民办职业技能培训机

构设立、人力资源服务经营许可三项行政许可建立了服务指南和服务手册，依法向社会公开，规范了权力行使标准、权力运行流程。

三是规范基层组织建设，扩展组织覆盖面。配备专兼职党务工作者，对“两新”组织、高校毕业生、失业职工等党支部，安排兼职党务工作人员帮助搞好组织建设、党员教育，定期组织开展党员活动，做到了党员参加组织生活“零掉队”。

四是完善制度，着力推动党建生机活力。制定了新党员发展、党费收缴、党员教育、党风廉政、作风建设、党务公开等10项规章制度。组织党员干部利用好批评和自我批评的武器，敢于揭露矛盾、敢于思想交锋，真正亮短揭丑。

**二、全力做好城乡创业就业工作**

一是积极落实就业优惠政策。全县新增参保就业人数2820人，新增城镇就业6935人，城镇失业人员再就业3012人，困难群体就业436人，开发公益性岗位360个，农村劳动力转移就业12355人，城镇失业登记率控制在2.05%。

二是大力实施创业带动就业战略。积极发挥好创业扶持资金帮扶创业的作用，为158人发放一次性创业补贴和创业岗位开发补贴37.2万元。完善创业担保贷款政策，为507名创业人员发放创业担保贷款9000万元，财政贴息177.41万元。

三是强化创业载体建设。“珠宝产业创业示范园区”顺利通过省级创业示范园区复核审查，“鄌郚乐器创业示范园区”获得省级创业示范园区资格认定，是全省唯一同时拥有两处省级示范创业园区的县（市、区）；规范建设市级“大学生创业孵化基地”，建设英轩实业、世纪阳光等高校毕业生见习基地16处，其中英轩实业高校毕业生见习基地被确定为全省首批省级示范基地；设立了“大众创业指导服务中心”，搞好了“潍坊创业大学昌乐教学点”的实体化建设；建设了学府社区、三和社区两处省级充分就业星级社区，学府社区就业工作全面实现了数字化、信息化，省级督导组给予了充分肯定。

四是积极发挥好失业保险保障就业作用。为272名企业吸纳就业困难人员落实社保补贴181.54万元，为137家企业申请稳岗补贴343万元。

**三、加快推进社会保险体系全覆盖**

一是抓好社会保险扩面征缴。社会保险综合覆盖率达到了95.66%，企业职工基本养老保险费、机关事业单位基本养老保险费、城镇职工医疗保险费、失业保险费、工伤保险费、生育保险费收缴额分别达到39080万元、28990万元、20670万元、2140万元、1980万元、1050万元，确保居民医疗保险参保率达到户籍人口的95%，居民养老保险实现全覆盖。

二是做好各类保险待遇发放。今年以来，支付企业职工养老、医疗、失业、工伤、生育保险待遇30820万元、16001万元、1992万元、1495万元、857万元，支付机关事业单位离退休人员养老金24301万元，支付居民养老保险金9870万元、居民医疗待遇11759万元，居民医疗保险住院报销比达到了71.62%，参保人员待遇全部得到了足额发放。

三是做好改革试点工作，提高经办服务能力。机关事业单位养老保险改革、长期医疗护理保险试点、工伤康复试点等社保改革工作，均取得了顺利进展，年底前二级以上医院实现社保卡就医一卡通用，完成市人社局下达51万人的制卡任务。

**四、全面加强人才队伍建设**

一是做好高技能人才培养工作。举办了“全县第二届职业技能竞赛”，有264名选手受到了表彰，有140名选手确认了高级工以上技术资格。组织技能人才参加了全市“金蓝领”“千名青年技师素质提升”计划，建设了中泰宝石学院“金蓝领”培训基地，全县高技能人才达到了7071人。

二是积极引进高层次创新人才。发挥好企业在人才引进、使用中的主体地位，全县34家企业新引进副高级以上专业人员、硕士以上学历人才167人。构建了高层次创新人才服务平台，经国家人社部批准，为日科化学股份有限公司设立了博士后科研工作站，实现了以产业聚人才、以人才促发展的良性循环。

**五、稳步推进人事制度改革**

一是加强公务员队伍建设。加大了公务员职业化培训力度，举办了公务员职业道德培训班，全县67家行政机关的公务员骨干参加了培训。畅通了基层公务员流通渠道，为县直机关单位从镇街遴选公务员14名。加大基层乡镇考录公务员力度，面向社会为镇街机关单位招录公务员60名。推行了军转干部“阳光安置”，安置1名军转干部到机关工作，帮助2名军转干部自主择业。全面完成了军转安置任务，做好了特困军转干部的帮扶工作。

二是积极完善事业单位用人制度。全面落实聘用制度，面向社会为镇街事业单位招聘工作人员76名，为县直事业单位从镇街遴选事业单位工作人员36名。认真做好了事业单位专业技术资格评聘工作，对符合聘任条件的212名专业技术人员办理了聘任备案手续。

三是认真做好工资制度改革。事业单位绩效工资全面入轨运行，全县110家事业单位的万余名工作人员全面实行绩效工资制度。完成了机关事业单位工资制度改革，全县91个机关事业单位，13924名在职人员月均增资730元。规范做好了县级以下机关职务职级并行工作，全县690名公务员（参照人员）按规定晋升了职级。

**六、全力构建和谐劳动人事关系**

一是积极开展专项检查执法活动。重点做好农民工工资专项执法检查，对建筑领域、小型劳动密集企业等使用农民工较多的企业实行拉网式全覆盖检查。开展社保征缴违法行为的专项检查，累计检查用人单位157户，涉及用人单位3826人，处理群众举报投诉案件385件，为职工追回工资174.365万元，补缴社会保险130万元。

二是深入开展中小企业劳动用工备案专项行动。新签劳动合同4745人，续签3245人，劳动用工备案企业1694户，备案人数64674人，企业劳动合同签订率达到了96%。

三是提高劳动争议调处效能。强化仲裁院基础设施建设，安装使用了办案管理信息系统，提高办案效能，依法适用“一裁终局”规定，受理案件181起，裁决60起，调解121起，“一裁终局”案件30起，涉案金额347.93万元。

# 昌乐县国土资源局党委工作概况

党委书记、局长　钟　杰

2015年，在县委、县政府和市局党委的正确领导下，县国土资源局党委认真学习贯彻党的十八大和十八届三中、四中、五中全会精神，以“五个

建设”为统领，锐意进取，改革创新，依法行政，各项工作实现了整体推进、创新发展，全县国土资源保障服务水平明显提升。2个项目获得2015年度全省国土资源科学技术奖，荣获全省第三届“地科杯”优秀组织单位；被市局表彰为2015年度全市“国土资源工作优秀单位”“政务信息工作先进单位”，被县委、县政府表彰为“2015年度工作实绩综合考核先进单位”。

**一、土地管理利用取得新成效**

（一）积极提供建设用地保障。组织申报建设用地13个批次，面积2084亩，已经省政府批复402.6亩，基本保障了我县重点项目用地需求；严格执行国家供地政策，依法供地88宗，面积2861亩，其中网上招拍挂出让79宗，面积2641亩，成交价款17亿元；完成年度供地计划的102%，前5年（2010－2014年）平均供地率达82%，超额完成市局考核指标任务；全面完成了2015年棚户区改造353套保障房用地供应任务。

（二）大力推进节约集约用地。单独成立批后监管科，认真开展土地利用动态巡查，对全县867个建设项目进行监测监管，报经县政府批复依法查处闲置土地750亩；积极推进低效利用建设用地二次开发利用，完成存量建设用地重新利用供地486亩；2014年度省级节约集约模范县通过省厅达标考核；2014年度经济开发区土地集约利用评价通过省厅验收，荣获山东省国土资源科学技术三等奖；城市建设用地集约利用评价也已顺利展开。

（三）做好用地挖潜“三项试点”。完成增减挂钩10个村庄的拆旧复垦任务，拆除旧村1263亩，复垦耕地826亩，节余建设用地指标591亩，通过市局验收；争取增减挂钩规模4个村庄167亩，正在有序实施；稳步推进低丘缓坡开发利用项目，报批建设用地454亩，等面积调整项目边界1712亩，正在编制实施方案，报经省国土资源厅批复后组织实施；有序实施工矿废弃地复垦利用，配合市局编制了《潍坊市工矿废弃地复垦利用专项规划》及《实施方案》，组织完成省国土资源厅备案地块13

个，计划节余指标400亩，已基本达到验收条件。

（四）扎实开展土地综合整治。红河镇土地综合整治项目顺利通过省级终验；2013年高标准基本农田建设项目通过市级验收；2014年高标准基本农田建设项目正在施工；2015年高标准基本农田建设项目，规划设计及预算编制通过市局评审；高崖库区等5个县级开发项目，已完成立项招标，准备组织施工，项目完成验收后，可增加占补平衡指标1510亩。

（五）加强地籍管理规范化建设。依法开展土地登记，办理国有土地登记发证358宗、抵押登记364宗、土地转让50宗；积极开展耕地后备资源和不稳定耕地调查评价，完成建库上报国家；按时完成2014年度土地变更调查整改成果资料上报及数据库更新；完成了第二次土地调查各类图件、文字资料整理装订，并移交综合档案室。

（六）扎实推进不动产登记工作。12月19日，在县国土资源局办公楼一楼大厅举行了不动产登记局揭牌仪式。不动产登记局的成立，标志着我县不动产登记工作正式运行。不动产登记统一登记整合了全县的土地、房屋、林地等不动产登记职责，明确了将房屋登记职责、林权登记职责统一由县不动产登记中心承担。县国土资源局加挂不动产登记局牌子，设不动产登记管理科。县不动产登记中心核定事业编制20名，下设登记科、权调科、档案科、综合科四个科室，在县市民服务中心设置登记窗口。12月30日，在县国土资源局不动产登记中心举行了第一批不动产权证书颁发仪式。潍坊市国土资源局副局长温少波、不动产登记科长刘术堂，县委常委、副县长张建伟，县国土资源局局长钟杰等领导出席颁发仪式并为昌乐县企业和市民颁发全县第一批“不动产权证书”，我县不动产登记工作全面启动。

**二、矿产资源管理迈出新步伐**

（一）扎实推进国家地质公园规划编制。按照火山国家地质公园建设要求，与规划编制单位密切配合，准确提供资料、数据，广泛征求有关单位意见，现已完成送审稿，等待省厅评审。

（二）不断深化矿产资源管理。全力搞好矿产资源管理迎审工作，对省市反馈的问题，已全部整改到位；科技管矿系统建设通过省、市验收，五图煤矿视频监控联入市级平台；全面启动第三轮矿产资源规划编制，制定工作方案，招标确定了编制单位。

（三）积极开展矿山地质环境恢复治理。乔官镇二姑山地质环境恢复治理项目，已批准为省矿产资源专项收入切块资金项目，省级财政补助资金500万元，可恢复治理面积63.34亩；省级火山地质遗迹保护项目通过市级验收，等待省级终验。

**三、测绘管理服务开创新局面**

（一）大力推进“数字昌乐”项目应用。完成了全县基础地理信息数据采集更新；以信息平台为基础，开发建设了5个应用系统；对平台数据内容、服务项目、网络建设等事项进行了完善，完成了技术升级评估。

（二）依法加强测绘行政管理。积极开展保密、地图市场和测绘成果质量检查，测绘资质巡查，测绘单位注册，以及测绘管理信用体系建设等管理工作，维护良好的测绘管理秩序。

（三）强化测量标志日常管护。建立测量标志动态巡查数据库，每月将巡查情况及时上传动态监管系统；搞好测量标志及其设施检查维修，重新埋设指示桩，确保测量标志完好无损。

**四、执法监管能力实现新提升**

（一）2014年度土地矿产卫片执法监督检查顺利通过验收。我县2014年度地籍变更遥感监测图斑1476个6921.7亩（耕地4364.39亩）。通过整改，立案查处违法用地136.42亩（耕地36.74亩），提出党纪处分81人，收缴罚没款130万元，并已全部结案。

（二）扎实开展2015年市级卫片执法检查。我县市级卫片违法用地通过整改，拆除复耕9宗23.09亩（耕地20.75亩），完善用地手续3宗8.14亩（耕地8.14亩），正组卷上报完善手续4宗55.31亩（耕地55.31亩），办理临时用地及设施农用地4宗20.88亩（耕地20.88亩），立案查处32宗83.4亩（耕地31.91亩）。

（三）积极开展矿业秩序治理整顿。通过巡查发现、群众举报、上级转办、配合镇（街区）联合执法等渠道，查处各类矿产资源违法案件32起，处理各类矿产信访案件46起，查扣车辆24台次，罚没款25.3万元，矿业秩序实现根本性好转。

（四）扎实做好信访和安全生产工作。组织开展国土资源矛盾纠纷“排查化解月”专题活动，受理国土资源信访案件308起，调查处理完毕事项占

92%。积极做好非煤矿山安全监管，全面排查治理事故隐患，保持了矿山安全生产良好局面。

**五、机关队伍和廉政建设得到新加强**

（一）*加强机关队伍建设。*搬迁新办公楼，提升了部门形象；通过班子成员每月领学与邀请领导专家授课相结合，加强干部职工教育培训；修订机关管理制度，完善督查督办机制，提高干部队伍执行力；加强分局（所）建设，全部达到四星级以上标准；政务信息宣传位居全市前列，行政大厅窗口受理办件 707 件，按期办结率和群众满意率均为 100%，连续评为月度星级服务窗口。

（二）*加强党风廉政建设。*认真履行党委主体责任和纪委监督责任，召开专题会议安排部署，印发《实施意见》和《责任分工》，层层签订责任书，严格落实“一岗双责”；高标准建设“警示教育基地”，集中开展“八个一”廉政教育活动，健全廉政风险防控机制，被市纪委命名为“潍坊市廉政文化建设示范点”。

（三）*加强工作作风建设。*严格执行中央八项规定和上级有关要求，重新修订了公务接待、车辆管理、经费支出等多项制度，“三重一大”事项由党委集体研究决定，实行班子成员会签制度；对基层所、大厅窗口每月全覆盖明察暗访，对机关科室干部职工遵纪守规情况不定期督查，年内全系统未发生违纪违法问题。

# 昌乐县住房和城乡建设局党委工作概况

党委书记、局长　郭曙光

2015 年，县住房和城乡建设局党委在县委、县政府的正确领导下，以党的十八大和十八届历次全会精神为指导，团结带领全系统广大干部职工，解放思想、开拓进取、拼搏实干，城乡建设事业平稳发展。

**一、重点项目进展顺利**

企业总部基地公园 A 区 8 栋楼完成主体框架，其中 6 栋楼已移交入驻企业，B 区各楼座正在进行主体施工。城关商务社区已投入使用。智慧城市建设初显成效，智慧应急、智慧照明等 3 个单项已建成投用，智慧市政、智慧城管项目完成了设计方案，正在组织实施。

**二、基础设施日益完善**

加快实施路网畅通、雨污分流工程，流泉街西段、东村街、青年路等 11 个市政道路项目完成施工，方山路南段贯通工程被授予全省市政金杯示范工程。加大市政设施维护力度，修补城区道路路面、人行道 5.6 万平方米，维修疏通排水管网 5000 米，为城市防汛打下良好基础。安装智慧路灯单灯节能控制器 7000 多台，路灯亮化率连年保持在 98.5%以上。

**三、公用事业提质增效**

加强对城区 3 处污水处理厂的调度监督，配套完善应急调节池、双电源、污泥处置设施，保障了污水处理厂正常运转、达标排放，城区污水处理率达 99%，我县在全市消灭污水直排考核中位列第一。新建、改造燃气管道 4.2 公里，15 个老旧小区完成供热管网改造，城区管道燃气普及率、集中供热普及率分别达 88.7%、95%，LNG 调峰站开工，CNG 加气站完成评估，9 家液化气站完成改造，我县在全市燃气供热培训交流会上作了典型发言。

**四、城建开发稳步发展**

组织实施齐都名郡二期、潍昌路等 76 个项目的房屋评估征收工作，拆迁土地面积 6200 多亩。推广应用“自改委”拆迁模式，1 个月完成了原水泥厂家属院征收补偿协议签订工作，为房屋征收工作提供了新的思路。按照《关于促进房地产业转型升级健康发展的意见》的要求，通过优化结构、购房优惠等措施，积极推动房地产项目开发、销售，减少存量。严厉打击扰乱市场秩序行为，实现企业、项目、市场“三位一体”管理，扶持我县房地产业健康发展，完成房地产开发投资 26.1 亿元。

**五、建筑市场更加规范**

启用山东省建筑市场监管与诚信信息一体化平台，资质资格、质量监督、安全生产、工程监理等所有审批事项实现网上运行。三级以上企业完成建筑业总产值22.5亿元，利税1.5亿元，超额完成年度任务目标。完成45项工程招标，成交总额13亿元。统筹解决民工清欠上访案件600余起，清理拖欠民工工资2400万元。完成节能建筑面积42万平方米，省认定新型墙材企业已达10家。开展扬尘污染专项防控，城区重点管理建筑工地、商混砂浆企业基本达到防控要求，我县在全市专项考评中获得第三名。

**六、工程质量安全形势总体平稳**

深入开展工程质量治理两年行动，加强工程质量监督与质量检测联动，创建双优工程5个。大力推广应用轻钢结构、预制外墙等住宅产业化技术，集成房屋产品已应用于盛唐御园、戴家庄社区等项目。通过签订“安全生产责任书”、与企业主要负责人进行安全谈话等形式，进一步落实企业的安全生产职责，将安全生产压力传导到生产、监管一线。拉网检查危大工程、重点部位、关键环节的安全措施落实情况，排查整改安全生产隐患100余处，处罚工程项目14个，指导创建省、市级质量安全标准化示范工地6个，超额完成创建任务。

**七、城市管理高效有序**

全面深化“点、线、面、体”全息化标准式管理模式，对探头市场、流动摊点等实行网格化管理，每个市容中队创建了一条示范样板路。渣土运输车辆全部加装GPS定位装置。户外广告按照“一条街一样式、一楼盘一标准”统一设计安装，清理违规户外广告700多块，发现和拆除违法建设1500多平方米。在城区烧烤行业实施区域专营、技术保障、强化监督等措施，100余家烧烤经营业户全部使用了无烟炉具，打造形成“无烟烧烤县城”。对超限车辆进城进行24小时监管，查处超限车辆700多辆，有效地保障了城市道路完好。

**八、小城镇建设向纵深推进**

投资25.3亿元加快小城镇和农村新型社区建设，特色突出、优势明显，在全市2015年度城镇化考核中获得第二名的好成绩。新建农村住房2060户，改造农村危房1200户，我县代表省市接受住建部、省政府农村危房改造专项督查，分别受到住建部、省政府的充分肯定。新建社区污水处理站3处、配套管网7.5公里，对4个镇级污水处理厂进行提升改造，社区污水处理站总数达到15处，镇村生活污水治理水平显著提高。完成首阳山社区、五图社区等4个社区建设，建成社区全部配齐“一厅两室”，红河社区、鄌郚社区被评为“全省农村新型示范社区”。重点突破特色镇村，红河镇、鄌郚镇顺利通过全省“百镇建设示范行动”考核，乔官镇土埠沟村被评为第二批省级传统村落。

**九、队伍建设取得成效**

我局认真对照“三严三实”要求，谋划提升工作标准，激励干部职工立足职责、立足实际，形成干事创业、夺标争先的良好氛围。严格落实党风廉政建设责任制，深入开展“守纪律、讲规矩、作表率”主题教育活动，全体干部职工廉洁自律、风清气正。选派“第一书记”、党员干部帮扶社区、村镇发展，筹集“慈心一日捐”等爱心捐款3万多元，走访慰问困难群众18户。广泛开展群众文化和社会团体活动，举办国庆文艺联欢晚会，选送“文明之夏”广场文艺演出节目10余个。认真践行“一线工作、星级服务、限时办结”机制，办理审批、服务事项2500多件，处结市长公开电话、县长热线等民生事项2000余件，群众满意率达90%以上。

## 昌乐县交通运输局党委工作概况

党委书记、局长　唐文宁

2015年，在县委、县政府和市交通运输局的正确领导下，县交通局党委以中共十八大和十八届四中、五中全会精神为统领，立足交通运输工作实际，按照年初确定的任务目标，在确保安全生产形势稳定的基础上，加快交通基础设施建设，规范行业管理，正行风、改作风，各项工作得到全面落实和推进。连续10年保持了省级交通运输文明行业等多项荣誉，2015年11月被推选为全省文明单位。

**一、加快交通基础设施建设步伐，提高公路管养水平**

一是打通断头路。连接潍城与昌乐的玄马路3.2公里改建工程和南丁路1.8公里竣工通车，沟通昌乐与寿光的寿尧路改建工程开工建设。

二是构筑交通主框架。昌五路改线工程5.2公里西段已基本完成，列入市级重点项目的潍昌路改建工程已进入全面施工建设阶段。

三是关注民生，提升网化。2015年8月份，"省级农村公路网化示范县"顺利通过验收，并且在质量建设、内业整理及网化通达方面获得了省验收小组的高度评价。农村公路网化工程311.7公里全部完成，投资1.4亿元，修建村内大街99.5公里，修建村村连道路62.4公里，受益村达到306个，有力地推进了农村城镇化建设步伐。

四是加快潍日高速项目建设。做好潍日高速公路滨海连接线项目昌乐段的拆迁扫尾工作，积极主动做好潍日高速公路南线项目有关的准备工作。全长153公里，在昌乐县境内22公里，2个互通枢纽。规划预留1个服务区。线长量大，拆迁任务重。交通局及早谋划，与沿途镇街搞好对接，分析村情，把握民意，多次提出合理化修改建议，为下步顺利展开建设奠定良好的基础。

五是坚持"建养并重、均衡发展"，加强公路养护管理。县道划分为10个承包段，实行管养分离分段承包制度。积极探索县道养护新模式，将宝通街快速通道4.2公里作为养护试点，迈出专业化公司化养护第一步。投资800余万元，对朱孔路、埠五路、安沙路等部分路段挖补坑槽20000平方米。

六是全面落实农村公路安全生命防护工程。协调专门人员对所属185公里县道和235公里乡道上的安全隐患路段进行统一摸排，查找隐患386处、117.8公里，计划投资2100万元，主要包括桥梁防撞墙、防撞墙粉刷、波形护栏、指示牌、减速带、标线、示警桩、爆闪灯、镜子、轮廓标等安全设施的施工，年底前全部完工，完成后将明显改善农村公路交通安全基础设施，全面提升公路交通安全综合治理能力。目前已设置警告标志、指路标志、禁令标志灯标志牌1000块，设置示警桩3200根，急弯陡坡路段安装波形护栏1800多米，对县道上的朱汉桥、红河东桥等设置高标准防撞墙560米，并刷反光漆。对朱孔路等县道划标线20000平方米。

**二、狠抓行业管理，维护交通运输市场秩序**

一是强化城区综合整治。加强驾培市场管理，加大黑教练车、黑招生点的查处力度，新增驾驶员培训企业1家，新增教练车辆80台。加强公交车常态管理，提高服务水平。开展汽修市场整顿及汽修企业信誉考核，完成二级维护上线检测车辆9060台次。强化出租市场行业监管，加强联合执法，集中查扣"黑出租"90台次；加强出租车驾驶员文明教育，严查不打表、拒载、乱收费等违章行为，出租车市场秩序明显好转。

二是增强运力调控，鼓励集约化运营。积极帮助发展物流业，推进主辅业分离，今年新增货运物流企业4家。积极引导货运车辆向大型化、专业化、节能化方向发展，新增货运车辆269台，其中牵引车84台，8吨以上车辆150台，更新客车4台。

三是加强联合执法，"双超"治理效果明显。今年8月份，由县政府牵头，公安、交通、公路、城管组成了联合治超队伍，重点查处超限超载车辆。乔官执勤点由交通局牵头，查处违章车辆218辆次，其中超限车辆149辆次，卸货2700余吨，各项工作指标居各联合执法小组之首。派驻4个中队在高崖库区开展运送砂石车辆专项整治，车辆超限超载、扬撒等违法行为得到有效遏制。一年来，共出动执法人员8000余人次，出动执法车辆1600余辆次，查处违章车辆1870辆次。其中查处超限超载车辆844辆次，卸货1.1万吨；查处危险品非法运输车辆195辆次，有力打击了非法营运，维护了路产路权和良好的道路运输市场秩序。

四是积极做好节能减排和黄标车淘汰工作。计划新购新能源电动公交车200台，年底前投入运营。积极宣传更新使用新能源运输车辆的补贴优惠政策，主动帮助业户申请补贴。积极抓好黄标车淘汰工作，认真审核，严格把关，淘汰黄标车1185台，按照政策"黄改绿"168台，提前100%完成黄标车淘汰任务。

**三、强责任，查隐患，保障安全**

一是狠抓安全基础工作，定期组织道路运输企业开展安全大检查。多次开展安全隐患集中整治，突出安全组织体系的建立和安全生产责任制的落实。联合公安、质检、旅游等部门，对危险品运输企业及旅行社雇用旅游包车情况进行了重点检查，共排查安全隐患79条，全部督促完成了整改，隐患整改率达100%。加强对“两客一危”车辆的途中管理，通过GPS和车载视频监控设备，严格监督客运班车超员、驾驶员违章驾驶等行为。开展2次危货运输应急救援演练，提高应急处理能力，全县22家物流企业基本完成安全生产标准化达标工作。今年以来未发生一起安全责任事故。

二是积极做好全县安全生产大检查督查暗访工作。交通局作为全县安全生产大检查第七督导组，负责督查红河镇安全生产大检查工作。红河镇共931家安全生产监管对象，其中136家安全生产重点监管对象。督查组会同县安全生产专家，每周至少1次到红河镇开展安全生产大检查督查暗访工作。工作过程中，深入到安全生产一线，严查各类安全生产隐患，对部分安全生产意识不强、安全生产隐患整改不力的企业实行负责人约谈、限制生产等措施，从严从实推进安全生产大检查督查暗访工作。以查促改，并及时回查复查，保持红河镇安全生产形势持续稳定，确保安全生产大检查督查暗访工作真正落到实处。

**四、转作风，正行风，服务群众**

一是扎实开展“守纪律、讲规矩、做表率”主题教育活动。深入学习贯彻中央和省市县委有关文件精神，印发了《关于在全县交通运输系统党员干部中开展“守纪律、讲规矩、做表率”主题教育活动的实施意见》，坚持以正面教育、自我教育为主，每名党员记学习笔记2万字以上。紧密联系全局党员干部队伍思想、工作实际和存在的突出问题，认真研究，制定措施，抓好整改，务求活动取得实效。

二是整治“庸懒散”，改进工作作风。结合“守纪律、讲规矩、做表率”主题教育活动，专项整治“庸懒散浮”问题，改进工作作风。层层签订责任书150余份，将工作责任细化落实到每一个人，真正形成一级抓一级，层层抓落实的作风建设长效机制。

三是狠抓行风整顿。将交通执法机构、行政许可、行政处罚的标准依据、自由裁量权限和办事程序进行网上公开，积极推行行政处罚网上运行，坚决杜绝公路“三乱”和“吃、拿、卡、要”等违规违纪问题的发生。切实落实首问负责制、限时办结制、一站式服务等制度，最大限度方便人民群众。

同时，积极完成县委、县政府交办的其他工作任务。采取“走出去、请进来”的方法，成立“招商小分队”，有目的、有针对性地外出招商，超额完成年度招商引资任务目标。引进山东广元药业科技有限公司，在朱刘工业园扩建项目，占地50亩，总投资11755万元。争取省、市无偿资金2000万元投入到昌乐县的交通基础设施建设。与育才双语学校联合组织了“文明之夏”文艺演出，4个节目被评为全县优秀节目，展现了交通干部职工的良好精神风貌。安排领导包靠、专人负责处理人大、政协代表提案、市长热线和群众投诉、民声网反映问题。对人大、政协委员提案，进行认真调研，并亲自上门入户，与提案代表进行沟通、解答，确保代表满意。继续深入实施“干部回家”帮扶发展和包村联户制度，30多名机关干部各联系1个困难家庭和2个普通农户，结成帮扶对子，促进农村基础设施建设，维护稳定。选派2名优秀党员干部刘宇鹏、季维仁分别到营丘镇田家老庄村、祝家庄村担任“第一书记”，驻村庄、驻农户，帮发展。积极帮扶两村硬化村内主干道和生产路7公里，投资3万余元为所包村打机井3眼，铺设自来水管道3000米，解决了吃水难、出行难、灌溉难的问题；同时，为困难群众送取暖煤6吨，帮助两村各建文化广场1处，为盘龙山新村安装体育设施10套，对村里久积的垃圾和堆积物进行了清理，确保村容整洁。

另外，党的建设、机关管理、纪检监察、工青妇、计划生育等方面的工作也都取得了很好的成绩。

## 昌乐县水利局党委工作概况

党委书记、局长　臧锡平

2015年，县水利局党委认真贯彻落实县委、县政府各项工作部署，坚持防汛抗旱并举、开源节流并重，全力加快水利基础设施建设，圆满完成了年度各项工作任务，进一步夯实了水利基础设施建

设，促进了水利事业健康持续快速发展，实现了“十二五”完美收官。

**一、搞好统筹推进，南寨水库扩建工程建设步伐加快**

该项目列入全县“十个一”工程，县委主要领导亲自包靠，亲自调度，县督查局10天一通报，全力推进工程建设。截至年底，累计下达省级专项资金8084万元，以山东省地下水漏斗区域综合治理项目名义利用亚行贷款1955万美元。工程建设通过招投标，确定了代建及监理单位、质量检测单位、施工单位，10月开工建设，已完成临时围堰填筑、原大坝上下游护坡拆除、原溢洪道（闸）拆除开挖、原坝顶防浪墙拆除及原溢洪闸东侧路面拆除，正在进行闸基砼灌注桩和清淤工程施工，完成投资4200万元。

**二、突出抗旱重点，城乡饮水安全得到保障**

昌乐县自2013年以来连续三年干旱，水资源严重短缺，城区供水十分紧张。县委、县政府高度重视，立足当前，着眼长远，突出应急水源工程建设。一是加强水资源优化调度，制定下发了《昌乐县供水预警方案》《昌乐县生活饮用水应急保障方案》《昌乐县建设节水型农业实施方案》《昌乐县深化自备井整治工作实施方案》，优先保障基本生活用水、其次保障生产用水，确保了城乡居民基本生活安全、经济运行安全和生态基础安全。二是在市水利局支持帮助下，利用潍坊市引黄（江）入白工程，完成投资5000多万元，建设了设计日供水5万立方米的昌乐县引黄入昌应急供水工程，在白浪河水库西放水洞新建取水泵站，铺设供水管道20公里，将黄河水输送至实康城南水厂，解决昌乐供水问题。三是完成投资150万元，建设了原荆山水厂对接实康水厂的荆山水厂应急供水管道工程，解决了宝都、五图街道和乔官镇91村4.7万农村群众饮水安全问题。四是在农业抗旱中，县政府安排专项资金500万元，专项用于抗旱，组织采取沟底打井、广打地头井等措施，新建设投资少、见效快的小水源工程2250多处，充分挖掘水资源潜力，推广节水灌溉措施，扩大农田浇灌面积，最大程度减少严重旱灾造成的影响和损失。五是完成投资300万元，深化山洪灾害防治项目，大大提升了山洪灾害监测预警能力。

**三、抓好民生水利，群众生产生活条件持续改善**

围绕民生水利和生态水利建设，不断夯实全县水利基础设施。一是完成投资5757万元，实施小农水重点县2014、2015年度项目，建设高效节水农田5.8万亩；二是完成投资1139.57万元，实施“五小”水利工程建设项目，建设小型水利工程53处，改善灌溉面积0.8万亩；三是完成投资1254万元，对列入2015年山东省新出险小型水库除险项目的16座小（2）型水库进行除险加固；四是完成投资761万元，实施扬水站、村内交通道路、果蔬种植旅游产业示范、老年公寓等2014年度移民后期扶持项目16个。成功申报第二批大中型水库移民避险解困试点县项目，争取上级资金6692.5万元，改善高崖库区部分移民住房困难问题和生产生活条件水平；五是完成投资2197万元，实施溎河7公里河道综合治理，对其中宝通街南侧河岸进行生态护岸改造；六是完成投资800万元，治理汶河险工险段4处1500米，建设湿地300亩。对2014年完成河道生态修复任务标准偏低的河段进行了整改提升，对生态湿地萎缩的进行了合理补植。同时，组织对县域内水域环境进行了集中综合整治，河道面貌焕然一新。

**四、坚持创新突破，水利体制机制改革深入推进**

深化最严格水资源管理制度，从严抓好区域用水总量控制、用水效率控制、水功能区限制纳污控制“三条”红线，严格落实新建、改建、扩建建设项目水资源论证制度、取水许可审批制度、水资源有偿使用制度和超计划用水累进加价征收水资源费制度。全年共办理取水许可证567件，水土保持方案报告书（表）22件，水保费征收68万元，水资源费征收超额完成年度任务。加大水政执法力度，积极推进水利综合执法，认真落实三项制度，开展执法制度和执法网络体系建设，河道、水库执法、水土保持法检查、水资源和供水工程执法活动，确保了良好水事秩序。同步做好水行政执法文书制作和执法案卷管理工作，提报的水行政处罚案卷荣获2015年全省水行政处罚案件评审一等奖。加强规范化建设工作，管理水平大大提升。昌乐实康水业有限公司被中国水协评为“全国优秀县镇供水排水企业”，营丘镇水利站被省水利厅评为“省级规范化水利站”，高崖水厂为全国农村饮水安全现场会议、全国农村饮水安全信息化技术交流会等提供参观学习现场。

**五、抓实队伍建设，机关党风政风呈现新气象**

按照县纪委统一安排部署，深入开展“守纪律、讲规矩、作表率”主题教育活动，深入查摆和着力解决自身存在的不守纪律、不讲规矩等问题，加强党性党风党纪教育，增强党员意识和纪律意识，转变工作作风，树立廉洁形象，营造风清气正、奋发有为、干事创业的政治生态，为加快水利改革发展提供有力的纪律保障和舆论环境。认真贯彻落实中央八项规定和党风廉政建设的各项要求，全面落实党风廉政建设主体责任，始终把纪律和规矩挺在前面，加强党风廉政教育、创新廉政风险防控、强化权力运行监督，部门党风廉政建设和干部作风建设得到持续深化，努力构建了清正、清明、清廉的水利行政机关。积极做好机关党建、信息宣传、人大建议、政协提案办理、社会综治维稳、信访、老干部、计划生育、社团组织等方面，取得新成绩。

## 昌乐县农业局党委工作概况

党委书记、局长　刘　军

2015 年，县农业局党委在县委、县政府的正确领导下，按照“规模化布局、标准化生产、产业化经营、品牌化运作”的思路，全力推进全县农业“安全、高效、生态、品牌”发展。我县先后被评为全国农业标准化示范县、山东省出口农产品质量安全示范区，今年县农业局被评为全省农业系统先进集体，农业综合执法大队被评为全国农业综合执法示范单位；昌乐西瓜品牌价值达到 33.55 亿元，连续 5 年位居全国西瓜品牌价值第一名。

**一、进一步强化了农产品质量安全监管**

进一步健全完善了“县—镇—村”三级联动的监管体系。在县一级，全方位加强了宣传引导，在县电视台和“村村响”大喇叭上循环播放违规使用农药有奖举报信息、农产品质量安全宣传标语，组织各镇（街、区）与每名瓜菜种植户签订了“农产品质量安全承诺书”，“承诺书”上详细说明了禁止销售使用的农药、违法销售使用农药应承担的法律后果等，并通过流动宣传车、举办培训班、印发宣传资料等多种形式加强宣传，使农产品质量安全知识家喻户晓，营造了农产品质量安全的浓厚氛围；狠抓了农药源头管理，实行了农药经营告知制度，对全县所有的农药生产经营单位和农药产品进行了登记备案。对农药门店进行了拉网式检查，与每家农药经营门店签订了“农药经营责任书”。在西瓜移栽、大姜种植等农作物用药高峰期，组织 3 支执法队伍，一早一晚到田间地头现场检查指导农民合理使用农药，严厉打击违规销售使用高毒农药行为；加强了农产品检测，制定了《2015 年农产品检测计划》，加大了农产品抽检频次，开展了西瓜、韭菜、大姜等专项检测。全年共抽检农产品 22000 多批次，没有发现违法使用高毒农药行为。2015 年，我们探索建立了农产品产地准出和质量追溯两项制度，加强了对农产品的产出管理和对不合格农产品的源头追溯。在镇一级，为各镇（街、区）配齐了检验检测设备，健全了监管、检测、农技服务“三位一体”的农产品质量安全监管办公室，建立了网格化监管制度；在村一级，对村级监管员进行了培训，组织村级监管员抓好了本村的农业生产用药排查、农资经销信息提报、农产品质量安全知识宣传等，共同做好了农产品质量安全工作。

**二、进一步做大做强昌乐西瓜产业**

西瓜是昌乐县农业的主导产业，做大做强西瓜产业是县委、县政府确定的重点工作之一。2015 年，我们加强了对西瓜种植环节的农药使用检查，大力推广了西瓜标准化生产技术；对昌乐县上市的西瓜进行了全面检测，省市县农业部门共抽检 3200 多批次，检测结果全部合格；在庵上湖、宝城等 12 处示范园建立了二维码质量追溯机制；建成了昌乐西瓜科技示范园，以示范园为依托引进试验了70多个西瓜新品种，示范了智能温控、西瓜密植栽培等10多项新技术；大力发展西瓜种苗产业，全县建设西瓜育苗基地4处，西瓜育苗能力达到1亿多株；举办了首届昌乐西瓜节，并通过互联网、农产品展览交易会等多种形式加大了昌乐西瓜宣传推介力度。近几年，昌乐西瓜的知名度和影响力不断提高，先后被评为全国名特优新农产品、全国“100个最具影响力中国农产品区域公用品牌”，连续两年荣获了全国西瓜擂台赛中型西瓜组冠军。在做大做强昌乐西瓜产业的同时，大力培育庵上湖瓜菜、乔官火山小米等优势特色农业，积极开展“三品”认证，不断扩大我县优质农产品资源。目前，我县注册国家地理标志证明商标5个（昌乐西瓜、高家河苦菊、昌乐香李、昌乐火山小米、朱汉苹果），认证无公害农产品、绿色食品、有机农产品197个。

**三、抓好粮食产能提升和现代农业园区建设**

抓好了粮食直补、良种补贴、粮食高产创建、政策性农业保险等支农惠农政策的贯彻落实，大力推广了小麦“一喷三防”、玉米“一增四改”等粮食生产新技术，在乔官镇和鄌郚镇分别实施了投资1500万元和投资3000万元的千亿斤粮食产能规划田间工程，实施面积5万亩，提高了我县粮食主产区的基础设施建设水平和全县农民的种粮技术水平。在天气极端干旱的情况下，2015年昌乐县小麦又喜获丰收。为了引领带动全县农业走规模化、标准化发展的路子，我们按照统一供种、统一用药、统一标准、统一检测、统一标识“五统一”的管理模式，大力发展现代农业示范园区。截至目前，我县建设现代农业示范园区38处，其中国家级设施蔬菜标准园4处、省级标准化生产基地6处。

**四、深化职业农民培育和农业科技推广服务**

开展了昌乐职业农民讲习所提升工程，对讲习所进行了重新规划设计。利用讲习所，大力培育有文化、懂技术、会经营的专业化、职业化农民。今年，讲习所培训职业农民10000多人，我县被确定为全省新型职业农民培育示范县。做好了农业科技推广服务工作，组织开展了农技人员包村联户、科技下乡等活动，并通过昌乐农业信息网、农科110热线等多种形式，不断提高农业科技服务水平。今年以来，举办各类生产技术培训班80多期，培训指导农民6000多人次，“110热线”出诊80余起，帮助农民解决生产技术难题140多项，解决农民田间生产纠纷20余起，推广瓜菜实用技术、新品种30多个。

**五、抓好农业面源污染治理和生态农业发展**

按照全市“386”环保行动统一部署，扎实开展农业面源污染治理，加快发展生态农业。编发了《昌乐县主要农作物病虫害防治读本》等生产技术资料，重点推广了杀虫灯、黏虫板、防虫网等物理防控技术及臭氧防治土传病害技术；开展了测土配方施肥工程和土壤改良行动，积极推广使用微生物肥料、高碳有机肥和水肥一体化技术；大力发展大中型沼气工程，积极推广秸秆还田、秸秆青贮、秸秆生物反应堆、秸秆固化等秸秆综合利用技术，努力减少农业面源污染，逐步实现农业的生态可持续发展。

**六、抓好党的建设和机关作风建设**

深入推进党的建设，全面贯彻落实中央八项规定和反对“四风”的各项要求，不断提升“三农”服务水平。一是深入推进党风廉政责任制落实。把党风廉政建设作为工作的重中之重，列入年度工作要点，与业务工作同部署、同落实、同推进，确保了党风廉政建设的各项工作要求落到实处。二是强化党风党纪教育。把加强党风党纪教育作为党风廉政建设教育的首要任务，建立完善了“农技大讲堂”学习机制，每周一下午开展集体学习，及时传达党风廉政建设的政策规定和有关文件、会议精神，增强了干部职工的廉洁从政意识。三是加强和改进工作作风建设。深入组织开展学习教育活动，主要领导与分管领导、分管领导与科室负责人、科室负责人与科室人员层层签订了党风廉政建设责任书，制定了《县农业局工作作风督查办法》，每周开展1次工作作风督查，组织开展了“为官不为”专项整治等活动，进一步改进工作作风、提升服务水平，推动全局各项工作的顺利开展。另外，扎实做好招商引资和包靠社区（村）等工作，因地制宜指导所包靠社区（村）发展高效瓜菜产业，积极协调化解矛盾纠纷，帮助解决各类困难问题，有效促进了包靠社区（村）的和谐稳定和经济发展。

# 昌乐县商务局党委工作概况

党委书记、局长　张君玉

2015年，县商务局党委在县委、县政府的正确领导下，深入贯彻党的十八大和十八届三中、四中、五中全会精神，紧紧围绕全县经济发展大局，进一步转变作风，创新举措，强化措施，狠抓落实，各项工作健康有序开展，促进了商务系统的改革、稳定和发展。

**一、商务工作基本情况**

（一）商贸市场繁荣发展。商贸网点建设步伐进一步加快，县、镇（街、区）、社区三级商业流通网络进一步完善，以城市商业中心为高端聚集区、特色商业街区为品牌的城市商业服务体系逐步完善，全福元城市综合体、中百商厦等一批大型零售企业相继投入运营，培育和发展壮大商贸流通主体队伍。积极鼓励大中型零售企业发展连锁经营、开展网络营销，扶持商贸企业做大做强，切实提升全县商贸流通企业的实力和水平。

（二）对外贸易实现新跨越。继续加大对出口加工贸易的扶持力度，通过帮助县内企业申办自营进出口权、鼓励企业参加出口信保、组织企业参展参会等系列工作，引导进出口贸易实现快速增长。指导企业通过建立海外营销渠道、境外展示展销、参加境内外展会等形式，积极开拓国际市场。1－12月，全县完成进出口总额12.58亿美元，同比增长4.2%。其中出口总额7.89亿美元，同比增长2.9%；进口总额4.69亿美元，同比增长6.5%。

（三）利用外资工作稳定发展。简化审批手续、减少办事环节、提高服务效率，切实做到服务零距离。建立健全重要项目协调绿色通道制度和跟踪服务机制，重点做好外资项目服务工作。利用外资工作任务顺利完成。1－12月，全县实际利用外资4750万美元，同比增长124.1%。

（四）企业“走出去”步伐加快。进一步加大企业对外合作力度，积极协助企业寻找对外合作机遇，引导企业走出去，开拓国际市场，开展对外合作。2015年以来，昌乐有2家企业在境外设立公司。

**二、尽职尽责、求真务实，全力以赴谋发展促发展**

（一）突出重点，推进招商引资，构建发展支撑。一是改进招商引资方法，积极探索专业化招商新思路，推进定点招商、产业招商、节会招商、中介招商等多种形式的招商活动。“四位一体”地抓好绿地投资、境外上市、增资扩股、外资并购等利用外资方式。二是加强商务交流合作。推广以商招商，突出产业链招商。三是要多举措优化投资环境，不断强化园区综合承载能力，合理确定园区主导产业，引导企业向园区聚集，向关联产业聚集，推进实体经济、农业和高新技术产业发展。四是以网点规划为基础，策划利民便民项目，引进优良商业投资，不断提升城市功能和品位，抓好现代服务业招商。

（二）突出服务，培植壮大主体，挖掘出口潜力。一是积极引导外向型企业提高出口产品质量和科技含量，增加出口产品的附加值，利用民营企业的灵活机制，积极走出去，向外开拓市场，打响昌乐品牌，推动企业的发展。二是继续帮助外贸企业办理出口备案登记手续，打开绿色通道，精心打造出口基地和出口产业链，发展壮大外贸出口企业。三是研究国家稳定外贸增长的政策措施，协助企业用好、用足国家政策，并协调部门关系，优化外贸经营环境，为出口企业营造更加宽松的外部环境。

（三）突出质量，健全市场体系，拓展消费平台。一是健全丰富的消费市场，拓宽消费领域，促进健身、教育、培训和家政的服务消费和休闲消费。二是积极引导新的消费热点，继续组织企业参加和举办形式多样的展销节、会，为企业搭建购销平台，拓展销售渠道，组织企业参加中日韩博览会，为企业提供了交流发展的平台；三是加快电子商务发展，以互联网为基础，以推进网络贸易、拓展企业市场、提升企业核心竞争力为重点，引导企业构建集在线商机搜索、在线洽谈、在线交易、企业融资、人才招聘的销售贸易平台，鼓励和帮助企业利用网络平台开展商品交易活动。

（四）强化商务执法，促进商贸流通行业有序发展。全面整合现有的酒类流通、典当、再生资源回收、二手车交易等领域的执法职能，大力开展12312商务举报投诉服务体系建设，全面提高快速反应和应急处理能力。同时加大对商务流通领域违法行为的打击力度，形成执法合力。进一步提高对安全生产工作极端重要性的认识，从严落实安全生产责任制。扎实开展商务领域安全生产大检查和回头看活动，切实防范安全责任事故的发生。

**三、廉洁自律，率先垂范，切实加强党风廉政建设**

（一）积极落实“一岗双责”，加强党风廉政建设。一是按照党风廉政建设责任制的规定，认真落实“一岗双责”。继续强化局党委在反腐倡廉建设中的责任主体地位，定期开展党风廉政建设分析会，专题听取党风廉政工作汇报，坚持把党风廉政建设工作纳入重要议事日程，与其他重要工作同研究、同部署、同落实、同检查。二是进一步健全和完善局规章制度，针对各个岗位职责，认真开展廉政风险排查，采取切实有效措施，加强防控管理，建立起廉政风险防控机制。三是深入推进行政审批改革。积极做好行政审批服务标准化建设，进一步完善服务承诺制、限时办结制等，推行预约服务、到期提醒服务等为民、便民举措。

（二）强化学习教育，筑牢防范基础。一是坚持抓好理论学习，坚持周一周五学习制度，组织党员干部精研细读十八届三中、四中、五中全会精神和习近平总书记的一系列重要讲话精神，组织全体干部集中学习了《中国共产党廉洁自律准则》，及时通报全国、省、市、县查处的党员领导干部违法违纪典型案件，增强党员干部依法行政意识，绷紧反腐倡廉这根弦，提高自我约束能力。二是扎实开展专题学习，结合正在开展的“三严三实”“守纪律、讲规矩、做表率”等专题教育，专题学习党章、中央和省委、市委、县委有关规定，帮助党员干部进一步明确和理解中央和省市县委对加强作风建设的具体要求，筑牢思想防线，提升服务水平。

（三）全面落实党务公开和民主集中制。一是认真落实党内监督各项制度。认真落实“三重一大”事项集体决策制度，凡重大问题决策、重要干部任免、重大项目投资决策、大额资金使用均在党委会上集体研究决策。严格执行民主生活会、述职述廉、诫勉谈话等制度。二是认真贯彻落实党务、政务公开制度。将重大决策、党建工作、廉政建设、班子分工、干部选拔任用、财务等内容，以公示栏的形式进行了公开，自觉接受社会监督。

## 昌乐县文化广电新闻出版局党委工作概况

党委书记、局长　朱英平

2015年，县文化广电新闻出版局党委紧紧围绕县委、县政府中心工作，坚持群众需求引领文化发展方向，不断完善公共文化服务体系，努力打造文化活动品牌，文化各项工作成效显著，为全县经济社会发展营造了良好的文化环境。

**一、公共文化服务日臻完善**

一年来，通过认真贯彻上级有关精神，认真落实“文化强县”带动战略，使得文化阵地建设和文化服务活动得以蓬勃开展，居民文化生活质量显著提高，一个覆盖全县、惠及全民的现代公共文化服务体系的雏形已经显现。

（一）加快推进文化设施建设。积极推进县文化中心建设，建成了昌乐县非遗综合传习中心，并对外开放。做好了第四次全国文化馆评估定级，并顺利通过国家二级馆的验收。积极筹划县及县以下历史文化展示工程，其中县级展厅已于年底完成。全县10个镇（街区）已全部建成综合文化站，文化广场、文化大院、文艺表演队伍实现了行政村全覆盖；红河、鄌郚、营丘、乔官4个镇全部建成镇级图书馆，营丘、乔官建成“尼山书院”。

（二）不断加强体制机制建设。2015年县编办新设昌乐县非物质文化遗产保护中心和昌乐县博物馆等2个局属公益一类事业单位，增加编制8人。根据县里要求，新设了安全科和审批服务科2个内部科室。在县图书馆开展了法人治理结构试点工作，成立了领导小组，制定了《法人治理结构工作实施方案》和《图书馆章程》，召开了首届理事会会议。

（三）强化文化人才辅导培训。一是练好内功。选派人员先后参加了“潍坊市2015年文艺创作培训班”、文化厅“尼山书院师资培训班”和“全国文化市场执法管理培训班”，组织系统骨干去青州等地参观学习。县电影公司邀请省、市电影公司数字放映机方面的技术人员，对全县放映员进行了技术培训，提高了放映人员的技术水平。二是培训队伍。结合文化馆免费开放，以“立足基层，面向社会”为宗旨，以“免费培训，公益服务”为原则，开设“百姓文化课堂”，圆了全县文艺爱好者接受专业辅导的梦想。通过“请上来”和“走下去”的方式，全年共举办包括广场舞培训、文学创作辅导、非遗保护传承、农家书屋管理员培训在内的各类培训活动80余期，培训基层文化骨干和文艺爱好者2000余人。另外，县文化馆还积极发挥职能，组织进校园辅导35次，为机关单位辅导5次。特别是针对各镇（街、区）广场舞辅导员进行的巡回培训，对近百支广场舞队伍进行了现场指导，受到广大广场舞爱好者的热烈欢迎。县图书馆还组织开展传统文化讲学3次，听众近200多人次。

（四）切实加强文化艺术创作。围绕乡村旅游，将高崖库区东篱湖畔社区确定为全县文艺创作基地，并在“五一”“十一”期间，组织县内外千名文艺爱好者开展文化巡游，打造了仙月湖最美人文景点。并利用评选、表彰、考核等办法，全面激发昌乐文艺界人士创作的热情，营造积极向上的文化氛围。据统计，今年以来，借助《宝石城文艺》、《齐都文苑》等平台，发表300余名作者作品1000多篇（首）200余万字，并帮助他们在县以上刊物发表文艺作品800余篇（首），出版诗集、散文集、书画集、摄影集等30余部，另有140余人次获国家、省、市各类奖项。组织参加了山东省第十届读书朗诵大赛潍坊地区选拔赛暨潍坊市首届读书朗诵大赛，获三等奖1名，优秀奖3名。先后参加第十一届中国艺术节“群星奖”、“第四届潍坊市少儿书画、摄影大赛”、“纪念世界反法西斯战争暨中国抗日战争胜利70周年山东省优秀书画作品展潍坊预选作品展”和市“庆七一摄影作品展”，有10余幅作品获奖。

（五）积极开展公益电影放映活动。开展了公益电影进广场、进敬老院等系列活动，全年共放映公益电影3672场次，圆满完成了2015公益电影放映任务，并在县市文化体育公园放映280场，到社区、建筑工地、敬老院放映电影156场，丰富和提高了群众精神文化生活。

（六）不断提升“农家书屋”管理水平。通过公开招标，利用中央和省级专项资金，对昌乐县120家“农家书屋”进行了出版物的更新与补充。结合业务特点，对相关书屋基础设施的配套进行了深入指导，集中开展书屋工程月宣传活动。与此同时，配合全县公共文化服务体系建设调研，通过发放问卷调查表，举行图书管理员座谈会等形式，对当前“农家书屋”的使用、管理进行调研，详细掌握全县农家书屋建设与使用情况，为下步管理与创新工作思路，提供了理论依据。

**二、群众文化活动丰富多彩**

我局积极发挥部门职能，开展了丰富多彩的群众性文化活动，打造了“百姓大舞台”“广场舞大赛”“社区艺术节”等文化活动品牌。

（一）“百姓大舞台”展现昌乐文化魅力。为进一步满足群众精神文化需求，今年我县在市民文化体育公园搭建了“昌乐百姓大舞台”。大舞台从4月27日正式启用，每周一、三为固定演出，其余时间安排社会演出。本着“百姓大舞台，想秀你就来”的服务宗旨，先后承担了2015“放歌昌乐·文明之夏”、关注青少年健康成长、千人“诵国学”“唱国学”“舞国学”“演国学”和“中国体育彩票”消夏晚会等大型文艺演出和公益活动80余场次，观众人数近10万人次，受到群众的广泛关注和热烈欢迎。

（二）“送戏下乡”备受基层群众欢迎。举办“文化走基层，欢乐乡村行”送戏下乡活动，是促进文化事业大发展大繁荣的重要举措，是构建幸福昌乐的重要平台，同时也是我县构建现代公共文化服务体系，推进基层公共文化服务标准化、均等化建设的重要组成部分。整个送戏下乡活动从九月份开始，分市、县、镇（街、区）三路同时进行，其中市专业文艺团体演出20场，4个专业演出团体演出45场，各镇（街、区）组织的业余文艺表演队伍送戏下乡演出51场，共送演出116场，实现了“送戏下乡”的社区全覆盖。特别是对参与本次活动的10余支业余文艺队伍的扶持，激发了他们的积极性，使得基层文艺表演队伍进一步得以壮大。

（三）“社区文化节”搭建居民展示平台。昌乐县第六届社区文化节于六月中旬正式启动，到九月底顺利结束，在历时3个多月的时间里，各镇（街、区）充分利用辖区内文化大院、文化广场、文化活动室等公共文化场所，结合“文化走基层，欢乐乡村行”送戏下乡活动的开展，共举办各类文艺演出70余场，有近2000名演员进行了现场展示。在第六届社区文化节的圆满落幕之际，对涌现出的一大批内涵丰富、特色鲜明、深受群众喜爱的文艺节目和文艺骨干进行了表彰。

（四）“广场舞大赛”引领群众文化活动开展。四月份，组织各镇（街、区）的20余支广场舞表演队伍参加了首届潍坊网络视频广场舞大赛，经过六个月的激烈角逐，通过专家评比和群众投票，我县舞之练舞蹈队《今生相爱》从全市190支参赛队伍中脱颖而出，获得年度“十佳”。从五月份开始，昌乐县第三届广场舞大赛即在各镇（街、区）顺利启动，整个赛程分宣传发动、社区预赛、镇街初赛、分区复赛、县级决赛和汇报演出等6个阶段，共吸引全县150余支广场舞队伍参赛，演员阵容达到3000余人，使更多的广场舞队伍得到锻炼。通过比赛和争取上级扶持，先后为60余支广场舞队伍配备了音箱。

（五）“魅力昌乐·浓情四季”让全民文化活动蓬勃兴起。结合全市“魅力潍坊·浓情四季”文化活动品牌建设，今年我县除了打造“昌乐百姓大舞台”“送戏下乡”“广场舞大赛”“社区文化节”等文化活动品牌外，还精心组织了“元宵节民间文艺表演”“放歌昌乐·文明之夏”“新农村文艺汇演”等系列文化活动，组织参加了中国（潍坊）第八届文化艺术产品交易博览会开幕式表演暨潍坊市第四届“潍水之春”群众文艺汇演昌乐专场演出、潍坊市京剧票友大赛，使丰富多彩的文化活动走近寻常百姓、遍布城乡社区、覆盖一年四季。

## 三、文化遗产保护不断加强

（一）文物保护方面：

1. 按照省、市普查办的要求，顺利推进我县第一次全国可移动文物普查工作。完成了馆藏青铜器类、铁器类、木器类、陶器类、书画类、雕版类约15000余件的文物信息采集工作，超额完成了信息采集、上报工作任务。

2. 完成了第五批省级文物保护单位申报工作。今年我县共有崇山祭祀遗址、木梁台墓、孤山墓等3处文物点被公布为山东省第五批省级文物保护单位。

3. 注重加强《中华人民共和国文物法》宣传，不断提高群众文物保护意识。在“5·18”国际博物馆日，县文管所在县城主要街道设立了《中华人民共和国文物法》宣传点，印发宣传资料，向广大群众宣传《中华人民共和国文物法》基本知识，发放有关资料1000余份。

4. 注重加强文物安全保护工作，对文物的消防安全等实行每月检查，发现安全隐患及时处理，把事故苗头消灭在萌芽状态中。不断完善安全保卫制度、值班守护制度，坚持利用每周半天的学习时间，学习和传达文物安全的规章制度及文博安全动态，把安全工作放在重要的议事日程来抓，使文物安全警钟长鸣。对文物库房的报警摄像系统、消防器材坚持进行经常性的检查，发现隐患及时整改。实行二十四小时间值班制度，做到交接班有记录，做到全年无安全事故发生。

5. 进一步做好文物遗址的管护工作，深入开展文物保护单位的巡查工作。按照上级文物部门工作要求，县文管所利用春秋两季对全县197处文物点进行了全面巡查，通过巡查发现，大部分文保单位基本维持原貌，文物保护工作比较规范到位。

（二）“非遗”保护方面：

1. 充分挖掘资源，做好申报工作。推荐阎氏铜器铸刻技艺等7个“非遗”项目的代表性传承人参加了第四批潍坊市“非遗”传承人申报工作。整理推荐了“姜太公的传说”和“朱汉手工地毯制作技艺”两个项目参加第四批省级非物质文化遗产项目申报。最终，阎小平、秦子祯、赵传文三位传承人入选第四批潍坊市“非遗”传承人，“姜太公的传说”入选山东省第四批“非遗”名录。

2. 做好场所建设，注重“非遗”传承。为加强非物质文化遗产基础性传习场所建设，促进非物质文化遗产项目的传承发展，先后为“蓝天金首饰制作技艺传习所”等19个传习所举行了授牌，使得我县非物质文化遗产传习所（基地）达31个。

3. 组织传承交流，展现“非遗”活力。元宵节期间，在盛唐御园举办了“非物质文化遗产传统手工技艺展演”活动，汇聚了我县铜器雕刻、石雕、木雕、葫芦画、剪纸、彩绘嵌银等代表性的非遗项目，传承人悉数登场，现场展示技艺和非遗作品。同时，举办了4场以传统民间舞蹈、民间音乐、民间曲艺为主要内容的文艺会演，与整个展示活动同期进行，相映生辉，为非遗展示助阵、造势，让居民在欣赏异彩纷呈文艺演出的同时，亲身经历一场与众不同的“非遗之旅”。5月份，组织我县石雕石刻、阳纹彩绘嵌银技艺等5个项目参加了在寿光举办的“中国（寿光）文化遗产博览会”，宣传了我县非物质文化遗产。

4. 做好专项调研，共商“非遗”大计。先后配合县政协、县人大对我县“非遗”项目，尤其是濒危的“非遗”项目，开展了一次有关保护传承和开发利用的联合调研，对大葛狮子舞、石雕石刻、阎氏铜器铸刻技艺、阳纹彩绘嵌银技艺、郄秋浦医术医方医案、春堂八宝糕制作技艺、金首饰制作技艺等非遗项目进行了现场观摩并召开座谈会，共商我县“非遗”保护和传承的思路，探索“非遗”保护传承的有效模式机制，计划调研完成后形成有关调研报告，并筹备年底之前出版一套我县“非遗”保护和传承有关的书籍，目前该丛书文字整理和图片搜集工作已经基本完成，预计在2015年年底出版。

5. 深入调查摸底，完善“非遗”数据。从5月底开始，着手部署落实市级以上非遗项目“六个一”工作和非遗“口述史调查”工作。截至年底，县“非遗”保护中心联合各镇（街、区）共调查项目50余项，这些项目分布于10个镇街区的40余个村庄，目前口述史工作和数据库建设工作正在进行中。

**四、文化市场管理不断强化**

（一）推行行政审批网络平台建设，对先前报批的文化经营单位全部录入了平台系统，为今后实现网上受理和审批流程、结果的网络核查，实现了文化市场有序管理。

（二）对我县“世代古典汽车博物馆”和“蓝宝石博物馆”设立进行了推荐申报，已通过市局验收，报省文物局批准。

（三）根据县编办部署，结合“三定方案”和权力清单、服务清单，认真编制了《昌乐县文广新局责任清单》。共梳理部门主要职责8项，确定具体责任事项37项，责任事项能够涵盖县文广新局主要职责；梳理事中事后监管事项15项；梳理公共服务事项2项。

（四）加强文化市场安全管理工作。根据县里统一，成立了安全科，配备了专兼职人员3名。组织了全县文化经营场所及文化单位全体员工参加的消防安全培训班，专门聘请了潍坊消防防火中心讲师授课，会上还与所有文化市场经营业主签订了娱乐场所安全生产工作责任状。做好了“孤山庙会”、“方山庙会”安全值班工作。加强了系统文化单位、文化经营场所和文保单位的安全隐患排查工作，无安全事故发生。

**五、新闻出版事业蓬勃发展**

（一）进一步加强和改进新闻出版统计工作，及时、准确、全面掌握全县新闻出版业的发展情况。深入印刷企业、出版物发行单位了解企业发展情况和存在的困难，增进与基层交流互动，力争推动企业发展。

（二）组织开展打击侵犯知识产权和制售假冒伪劣商品专项行动、打击盗版工具书专项行动，打击各类非法出版物专项行动，打击盗版图书以及打击淫秽色情信息和出版物等一系列专项行动。

同时，我局还扎实做好了机关党建、文明创建、综治维稳、文明创建、机关包村和招商引资等工作，完成了县委、县政府交办的其他工作。

# 昌乐县卫生和计划生育局党委工作概况

党委书记、局长　崔永新

2015年，县卫生和计划生育局党委在县委、县政府的正确领导和上级业务部门的指导下，深入贯彻党的十八大和十八届三中、四中、五中全会精神，以加强党建总揽全局，围绕建设卫生计生“大平安、大和谐、大发展”的任务目标，积极应对新形势、新挑战，创新思路、攻坚破难，推动全县卫生计生工作健康发展。

## 一、党建工作持续加强

（一）提升班子素质，落实党建工作责任。针对机构合并的新情况，围绕加强长效机制建设，及时制定出台关于加强学习、纪律、廉政建设等规定制度，坚持组织议事、民主生活会、“三会一课”、党员权益保障和党务公开工作制度；注重加强廉政建设，始终坚持正风肃纪，严格执行《中国共产党廉洁自律准则》、中共中央八项规定，以及“8个禁止和52个不准”等要求，做好“三重一大”报告，带头遵守领导干部廉政建设各项规定，带头搞好廉洁自律，树立了清廉、务实、为民的良好形象，为广大干部职工做出了表率。

（二）坚持民主政治，激发干事创业活力。按照集体领导、民主集中、个别酝酿、会议决定原则，对涉及全局工作的重大问题，坚持在广泛听取各方面意见的基础上，集体研究决定，保证了各项决策的科学性和准确性。建立了大组工作制，实行大型活动分组承办制，充分调动每位成员的积极性、主动性和创造性，形成了班子成员既勇于负责、大胆开拓，又相互配合、相互支持，团结一致干事业、齐心协力谋发展的良好局面。

（三）强化组织建设，巩固基层战斗堡垒。结合开展联系服务群众集中走访活动，发动系统党员干部对门诊患者、住院患者、出院患者，采取发放调查问卷、电话回访、面对面走访等形式进行回访，提高了群众对看病就医工作的满意度；组织包村第一书记认真履行职责，帮助所包村发展经济、维护稳定、开展联系服务群众走访、救助困难家庭等活动。

（四）注重教育管理，增强党员干部党性。严格标准程序和结构要求，全年新发展党员20名。始终把教育培训贯穿各项工作始终，通过外出参观学习、邀请专家举办专题讲座、深入基层宣讲、开展技术比武、观摩交流等多种形式的学习培训。先后举办依法行政、基本公卫、母婴保健、抗菌药物使用、免疫预防、宣传教育、中医适宜技术等各种培训、讲座60余期，累计培训1.2万余人次。通过建立程序化管理机制、举办专题报告会、参观警示教育基地等形式，增强纪律观念，强化底线意识，奎文区委、高密市委组织部先后来学习机关党建工作。

## 二、卫生事业健康发展

（一）深化改革，提高基层发展水平。继续在基层医疗卫生机构实施国家基本药物制度，全部实现了省药品集中采购平台集中采购，统一配送；加强基层医疗卫生服务体系建设，组织开展了“建设群众满意的乡镇卫生院”活动，通过走出去学、请进来教、相互观摩点评等方式，激发卫生院发展潜力，乡镇卫生院面貌和职工精神风貌有了很大改善；不断提高中医药服务能力，加强中医药“三堂一室”建设，成功创建为“全国基层中医药工作先进单位”；加强乡医队伍建设，组建了昌乐县医疗讲师团，对全县乡村医生进行了全员培训，提高了乡村医生服务能力。

（二）用足政策，促进基本公卫服务。稳步提升基本公共卫生服务均等化水平，人均基本公共卫生服务经费标准提高到40元。全面开展基本公共卫生和重大公共卫生服务项目，全县共建立居民电子健康档案53.2万份。截至10月底，全县65岁以上老年人规范健康管理率82.05%，超出市考核指标3.05个百分点；免疫预防“八苗”接种率94.2%，超出市考核指标3.2个百分点。扎实开展农村妇女“两癌”筛查和新生儿遗传代谢性疾病免费筛查，完成初筛各13586人，确诊乳腺癌5人。

（三）强化管理，持续改进医疗质量。组织全县医疗机构的卫生技术人员、乡村医生、个体诊所人员先后开展了抗菌药物临床合理使用、医疗纠纷防范与处置等培训班4期，培训人员1200余人次；加强基层医护人员在职教育，强化基础知识与基本技能训练考核，5.12国际护士节、6.26医师节分别进行了医学临床“三基三严”技能大比武；7月份，组织对基层医疗机构、部分卫生室、个体诊所进行了医疗质量检查；加强信息化建设，在鄌郚、城南两个卫生院先行试点，探索实行“互联网＋”诊疗模式，实现了优质医疗资源的共建、共用、共享，我县在全市信息化建设会议上作典型发言。

（四）完善体制，加强医疗卫生监管。深入打击非法行医，监督检查各类医疗机构500余家，取缔无证行医8家；大力实施生活饮用水卫生安全放心行动，开展监督检查4次；开展消毒隔离强化治理行动，监督检查二级以上医疗机构3家、基层医疗机构180余家、消毒产品生产企业4家；深入开展血液质量与服务提升行动，对人民医院、中医院临床依法合理用血情况进行监督检查；强化公共卫生执法监督，监督检查公共场所400余家，发放卫生许可证169件，办理从业人员健康证7950个；加强医疗卫生监管，对全县29处一级以上医疗机构进行了综合执法检查；开展不良执业计分检查601处，审查医疗机构各类审批400份。

**三、计生工作成效显著**

全年出生总人口6153人，人口出生率9.87‰，自然增长率1.89‰，合法生育率96.4%，出生人口性别比104.2，各项指标质量持续优良，在全市人口管理目标责任书考核中，再获第一名、蝉联“五连冠”。

（一）*完善考核制度，提高党政重视程度。*将合法生育率、出生人口性别比、社会抚养费征收等主要指标纳入日常考核范围，每季度一考核一排名，并通报给副县级以上领导、镇街班子成员和齐抓共管部门主要负责人，充分调动各镇党政主要领导抓人口计生工作的积极性和主动性。在全省人口形势分析会上作典型发言。

（二）*加强宣传教育，营造浓厚舆论氛围。*针对政策密集调整的新情况，不断加大宣传力度，确保在第一时间将第一声音传递到基层，确保正确舆论导向。强化媒体宣传，在昌乐报、昌乐电视台、“村村响”社区广播开设人口健康专栏，专题宣传卫生计生工作动态和基层单位亮点工作。

（三）*强化依法治理，夯实计生基层基础。*狠抓性别比综合治理，深入开展打击“两非”专项集中行动，查实“两非”案件10例，对涉案人员全部依法依规进行了严厉处罚。强化社会抚养费强制征收工作，对有缴纳能力但拒不缴纳的，全部申请法院强制执行，已强制执行案件70户。2015年，全县社会抚养费征收到位率达到71%。

（四）*持续关怀救助，帮扶计生特殊家庭。*开展深化完善“爱心助福”行动，先后发动21家企业和民营医院捐资近10万元、全县共投入资金30多万元用于对计生特殊家庭的帮扶救助。针对计生特殊家庭开展的精准扶贫工作，得到市委书记杜昌文等领导的充分肯定。青春健康俱乐部项目申报为国家和省级示范基地，“计生家庭发展致富示范基地”项目成效显著，5月7日，中国计生协“生育关怀携手行—机关党团深入乡村学习实践活动”在我县成功举办。

## 昌乐县审计局党组工作概况

党组书记、局长　周广田

2015年，在县委、县政府的正确领导下，县审计局党组紧紧围绕建设“富强、生态、幸福”新昌乐的总体要求，按照“围绕中心、服务大局、发现问题、完善机制、依法审计、秉公用权”的工作方针，加强审计队伍作风建设，依法履行审计监督职责，深入推进审计工作科学转型，充分发挥“免疫系统”功能，为全县经济社会又好又快发展做出了积极贡献。全年共审计单位61个，查出违规金额1.44亿元，查出管理不规范金额17.94亿元，增收节支金额5718.04万元；依法对7个单位的违规行为进行了处理处罚；根据审计情况向被审计单位提出审计建议122条，全部被采纳，有效促进财务规范化管理；审计信息宣传被各级采用126篇，其中市级媒体采纳65篇，进一步扩大昌乐审计影响力。连续两年被评为省级文明单位，荣获全市审计系统先进集体、中国审计报社2015年度通联宣传工作先进单位等荣誉称号，3名同志荣获全市审计系统先进个人称号。

**一、认真学习贯彻党的路线方针政策，始终坚持正确的政治方向**

党的十八届四中全会通过《关于全面推进依法治国若干重大问题的决定》和国务院印发《国务院关于加强审计工作的意见》文件以来，局党组深感使命重大，为加强审计监督，更好地发挥审计作用，一年来始终把坚持学习宣传贯彻党的十八大、十八届三中、四中全会精神以及习近平总书记一系列重要讲话精神作为贯穿全年的首要政治任务，局党组带头学习，同时把三月、十月定为集中学习月，把会议精神纳入党员干部培训的重要内容，以此武装头脑、指导实践、推动审计工作不断向前发展。

**二、强化审计监督，不断提升服务经济社会发展能力**

一年来，我们紧紧围绕全县经济工作中心，抓住影响改革、发展、稳定的突出问题和关系人民群众切身利益的问题，合理确定审计项目，强化审计监督，不断提高服务经济社会发展水平。

（一）围绕规范财政管理，加大财政审计力度。深化部门预算执行审计，检查分析预算编制的完整性和科学性、预算执行结果的有效性和公正性，促进了部门预算管理规范化和财政管理绩效提高。在对2014年税收征管审计中延伸审计了15家企业，同时对建筑企业养老保证金返还款未缴税情况，部分股权变更企业印花税、个人所得税情况进行延伸，共计督促补缴税款886.6万元；完成8个单位的预算执行和其他财政收支情况，审计有关资金查出违规和管理不规范资金7.13亿元，提出审计整改建议23条。

（二）围绕党风廉政建设，扎实推进经济责任审计。紧扣权力运行和责任落实，以领导干部守法、守纪、守规、尽责情况为重点，以财政财务收支及有关经济活动的真实、合法和效益为基础，重点关注重大经济政策和工作部署的贯彻落实情况，确保政令畅通。2015年完成领导干部离任经济责任审计项目29个。审计有关资金10亿多元，查出违规9083.85万元，查出管理不规范金额7226.74万元，提出审计整改建议66条，有效促进领导干部带头严格遵守廉政纪律和规定。

（三）围绕强化政府投资审计，有效提升资金使用效益。完成了昌乐县城关街道小学工程决算审计，审计工程结算价款总额4467.42万元，审计核减工程款750.75万元，审减率为19.2%；完成了方山路贯通工程结算审计，审计工程结算价款总额5695.91万元，审计核减工程款914.87万元，审减率为16.06%；完成了第二实验小学、实验幼儿园工程决算审计，审计工程结算价款总额1.31亿元，审计核减工程款3773.27万元，审减率为28.47%；完成了科技南街（昌大路—大沂路）翻建工程结算审计，审计工程结算价款总额1529.32万元，审计核减工程款250.17万元，审减率为16.35%。新城中学工程项目、流泉街下穿立交桥等2个项目正在审计过程中。

（四）围绕促进重大决策落实，积极开展政策跟踪审计。按照国务院办公厅印发《关于印发稳增长促改革调结构惠民生政策措施落实情况跟踪审计工作方案的通知》的要求，今年以来对全县稳增长、促改革、调结构、惠民生政策措施贯彻落实情况进行审计。一是检查审计署实施方案确定的22个方面稳增长促改革调结构惠民生防风险政策措施落实情况，重点关注相关部门与稳增长密切相关的重大项目建设进度、资金保障、简政放权情况，财税、金融等政策落实情况，发现并整改问题18个，较好地促进了国家改革措施的贯彻落实；二是检查截至2014年底县级公立医院改革推进情况，审计发现在公立医院制度改革、人事、分配、价格补偿、医保支付、药品采购机制改革等方面存在问题22项，涉及金额4949.84万元，并根据我县实际情况提出5条针对性的意见建议；三是检查截至2014年年底养老服务业政策措施落实情况，经审计发现地方留成福彩公益金61.57万元，未用于养老服务业发展。13家养老服务机构未取得《养老机构设立许可证》。4家养老机构未经消防、环保、卫生等部门验收，3家未取得建设工程规划许可、未取得土地使用证、未取得项目施工许可、未进行竣工验收。

（五）强化民生审计，关注群众切身利益。坚持以人为本，重点对关系人民群众切身利益的资金和项目进行审计监督，确保资金的合理、有效使用。今年，先后开展了对计生经费专项资金管理情况、城乡居民医疗保险基金审计、各镇（街、区）涉农资金专项审计调查等5项审计和审计调查，进一步摸清了资金规模、使用、管理和效益情况，促进民生改善和社会事业发展。

（六）围绕促进社会稳定，积极参与县里的重点工作。根据县委、县政府中心工作需要，派出多名业务骨干参与了引黄入昌工程、刘家桥村工作小组、2008—2014年党费收支情况审计等10余项县委、县政府安排的重点工作，较好地履行了审计监督职能，为促进社会和谐稳定发挥了应有作用。

**三、抓住重点，不断提高机关建设水平**

（一）坚持民主集中制，权力运行公开透明。认真贯彻执行“集体领导、民主集中、个别酝酿、会议决定”的组织原则，实行重大事项集体研究，建立了《党组会议议事规则》《局长办公会议议事规则》《审计业务会议议事规则》等一整套规章制度，凡是涉及审计计划制定、单位科室人员调配和经费开支、审计报告问题审核等重大事项，都事先召开办公会议进行专门研究，进一步广泛征求和听取班子成员意见，使权力运行公开透明，充分体现民主精神。日常工作中班子成员之间分工不分家，在全力做好分管范围内的各项工作的同时，坦诚相待，相互尊重，相互支持，大事共商量，小事多沟通，加强思想交流，营造了团结协作、共谋发展的互动局面。

（二）深化精神文明建设，营造审计工作良好氛围。我局始终把文明创建作为推动转变机关作风、提升干部素质的重要手段，自2014年成功争创省级精神文明单位以来，2015年在做好审计业务工作突破的同时，以“树立一流形象、建设一流队伍、明确一流目标、创造一流业绩”为目标，不断深化机关精神文明建设，积极组织机关干部职工参加环城长跑、文明之夏等文体活动，进一步激发人员工作动力和热情。在下步工作中将再鼓干劲，再创新高，争创国家级、省级业务工作优秀单位。

（三）狠抓制度建设，强化审计过程控制。围绕强化审计质量控制、提升审计人员业务能力，结合审计局工作实际，在全局组织开展了“质量建设年”、“素质提升年”活动，建立素质提升台账，将目标落实到人，使每名机关工作人员都能对照先进、认清不足，努力提升个人能力素质。同时，健全完善审计工作流程，实现审计业务工作规范化管理，实行审计项目审计组长、科室负责人、法制科“三级复核”，征求意见报告、正式报告法制科“二次审理”制度，实现审计项目全方位无死角的审理。

（四）廉洁从审，不断提升审计机关形象。一是认真落实党风廉政建设责任制，工作中单位主要领导与分管领导、分管领导与各科室负责同志之间层层签订党风廉政建设目标责任书，涉及预算执行、经济责任审计、政府投资审计等具体审计项目时，再由主要领导与具体分管业务领导签订责任书，审计组长和成员依次向上作出承诺，真正做到一级抓一级、层层抓落实。二是组织审计人员深入学习有关党风廉政建设文件规定、勤政廉政典型人物的先进事迹、反腐倡廉警句格言等，并组织观看反腐倡廉警示片，教育和激励审计人员爱岗敬业、廉洁从审。三是严格落实《党风廉政建设责任制考核办法》，每半年对机关人员执行党风廉政建设责任制情况、违反“四风”和中央八项规定情况、落实审计“十不准”工作纪律情况进行检查，结果纳入对个人和科室年度考核。

## 昌乐县环境保护局党组工作概况

党组书记、局长　赵业民

2015年，在县委、县政府的正确领导下，在上级业务部门的精心指导下，县环保局党组以全市“三八六”环保行动收官的契机，以改善环境质量为核心，全力打好补齐环保短板攻坚战，推动环境质量持续改善，全县环境保护工作取得阶段性成果，空气环境质量改善明显，细颗粒物（PM2.5）、可吸入颗粒物（PM10）、二氧化硫、氮氧化物4项主要指标浓度分别同比改善7.14%、9.35%、22.03%、4.88%，重点河流基本消除劣五类水体，化学需氧量、氨氮、二氧化硫、氮氧化物4项污染物顺利完成“十二五”总量减排目标，“三八六”环保行动实现圆满收官。荣获“全市‘三八六’环保行动先进单位”“全市排污申报核定及排污费征收工作先进单位”等荣誉称号。

**一、空气环境质量再上新水平**

一是实施重点片区异味综合整治。以重点区域和重点企业为核心，开展了异味污染综合整治行动，督促企业进行污染处理设施升级改造。开发区、朱刘片区等重点区域12家企业，先后建成了尾气洗净塔、异味气体收集系统等废气异味治理设施。两家大型热电企业，实施了脱硫脱硝升级改造工程，全年二氧化硫、氮氧化物分别减排 872 吨、308 吨。二是持续推进清洁生产。把重点企业和国家规定的重金属污染防控行业、产能过剩行业作为实施清洁生产审核的重点，分期分批开展清洁生产审核。目前，已有 11 家企业先后通过清洁生产审核。三是开展空气质量专项整治行动。2015 年底，县政府组织开展了“城区空气质量百日大提升活动”，对 15 项重点工程进行了集中整治，城区空气质量上了一个新台阶，2015 年潍坊市环境空气质量生态补偿资金数额位列全市第 5 位。

**二、水环境质量得到持续改善**

一是持续加大对丹河、桂河、红河等重点流域内涉水单位的监察力度，严查超标排放等环境违法行为。督促朱刘片区 3 家重点企业投资 1.5 亿元，建设了废水深度处理工程，河流断面水质得到持续改善。二是强化对污水处理厂的监管力度，城东、城西、城北污水处理厂已安装在线自动监测系统，实行全天候监测，确保全部达标排放。我县组织实施了污水处理厂提标改造工程，提高城区污水处理厂出水水质标准，出水化学需氧量、氨氮浓度由 50 毫克/升、5 毫克/升降低到 40 毫克/升、2 毫克/升。三是根据“三八六”环保行动要求，协调新建了乔官、营丘、鄌郚 3 处镇级污水处理厂和红河镇宅科社区等 16 个处理站，有效解决了重点乡镇污水直排问题。加快完善了市政污水管网，全面实施雨污管网整改工程，对朱刘片区的 120 余家企业进行了拉网式排查，检查排水管网 20 多公里，督促 13 家企业完成雨污管网混流问题整改。

**三、环境安全管理水平不断提高**

严格环评审批。一是对重点建设项目提前介入、跟踪督导、全程服务，优化审批程序、缩短办理时限、提高工作效率，为项目建设提供高效便捷的优质服务，2015 年共办理审批业务 196 件，接受咨询 800 余人次。二是严格执行建设项目环评制度和“三同时”验收制度。拒批不符合产业政策及区域环保规划项目 15 个，从源头上控制污染总量。三是全力做好建设项目清理整顿工作，依法规范建设项目管理，严厉惩处“未批先建、未批先投产、批建不一”等环境违法行为，全年共查处 78 件不符合建设项目要求的违法案件，有效防范了区域环境风险。

强化环境执法。严格落实新《中华人民共和国环境保护法》《中华人民共和国大气污染防治法》等法律法规，推动监管执法全覆盖，先后组织开展了建设项目大排查、夏季“零点行动”等大规模环保集中行动。对城区、经济开发区、朱刘片区的重点企业进行包靠整治，专人全程跟踪，确保整改到位。对印染、塑料颗粒等企业的拆除情况，进行不定期夜查、暗查行动，严厉打击了一批环境违法行为，实现了环境执法新常态。2015 年，共完成行政处罚 135 件，移送公安机关 12 件，收缴罚款 145 万元，共受理各类环保询问、信访案件 789 件，查结、办复率 100%。

**四、污染物总量减排实现新突破**

县环保局通过采取工程减排、结构减排和管理减排三大措施，有序推进污染物总量减排工作。一是城西污水处理厂接转项目，新增削减量 COD1641 吨，氨氮 173 吨。二是盛世热电发电机组烟气脱硝工程接转项目，氮氧化物削减量 121 吨。锅炉烟气脱硫升级改造工程，新增削减量为 1187 吨。三是英轩实业机组烟气脱硫升级改造工程接转项目，新增削减量为 906 吨。四是上报 24 家已建成污染治理设施的规模化养殖场，废弃物、废水经处理后全部综合利用，发挥减排效益，削减 COD839 吨，氨氮 77.3 吨。2015 年 7 月 9 日，环保部专家及华东督查中心领导到昌乐县 3 家养殖公司指导畜禽养殖业污染减排工作，肯定了昌乐县养殖污染减排取得的成效。提前完成了“十二五”总量减排目标，把污染物排放总量控制在 2010 年水平，在 2015 年科学发展观考核中“污染物总量减排”项位居全市第 1 名。

**五、全民环保意识不断提高**

为全面贯彻落实新《环保法》，组织开展了系列学习宣传活动，对全县环境执法人员进行法律条文培训。邀请中华环保联合会专家，为各镇（街、区）、县直各部门和规模以上企业进行新《环保法》的详细解读，为严格环境执法打下良好基础。为切实提高全民环保意识，开展了“送法进万家”活动，大力宣传新法，讲解环保知识，提高广大群众的环境保护意识。启动了“低碳减排绿色生活”环保小卫士活动，通过孩子们带动家庭和社会共同参与。

**六、机关党建常抓不懈**

一是抓好制度建设，推进治本抓源头工作。加强对权力运行的监督和制约，从源头上防治腐败。进一步完善《公务接待制度》《公务用车管理制度》《财务使用公开制度》等，进一步规范领导班子决策行为，提高科学决策、民主决策水平。开展廉政风险防控机制建设，加大对重点领域、关键岗位和重要环节的风险防控。建立廉政风险预警机制，加强廉政风险点的收集、分析和研判，及时发出预警信息，做到廉情动态及时掌握、及早应对，提升预防力。严格执行财务管理的各项规定，严格执行财经纪律；认真执行招标投标管理的各项规定，自觉执行政府采购制度；完善车辆管理制度，加强公车使用管理。

二是认真践行“三严三实”，深入推进作风建设。抓好学习，打牢思想根基，把学习融入经常性的学习教育中，领导班子带头学，把专题学习与民主生活会结合起来。突出问题导向，对照“三严三实”要求，认真查摆“不严不实”问题，认真解决影响经济社会发展和危害群众健康的突出环境问题。贯彻从严要求，坚决防止作风问题，特别是“四风”问题，高质量召开专题民主生活会，深刻对照检查、严肃开展批评，做到问题整改从严。

三是真抓实干，全心全意为人民服务。争取农村环境连片综合整治扶持资金10万元，支持东南庄的村庄排水工程和大东庄的村内道路建设。帮助大东庄建设群众文化活动广场，建成2000余平方米的村民文化活动广场，争取文化健身娱乐设施的建设，添置文艺娱乐音箱一台，文化建设扶持总计10余万元。开展节假日走访困难家庭活动，解决部分困难家庭的一些日用品，2015年共帮助困难家庭10余户。帮助贫困户温暖过冬，主要帮助民政部门在册的大东庄村5户贫困户温暖过冬，帮助解决其取暖用煤、面粉、食用油等物资，共计4000余元。

## 昌乐县统计局党组工作概况

党组书记、局长　刘培臣

2015年，县统计局党组在县委、县政府的正确领导下，坚持围绕中心，服务大局，拼搏实干、奋勇争先，圆满完成了各项工作目标。荣获山东省第三次经济普查先进集体、山东省统计系统2015年度宣传工作先进单位、潍坊市统计系统2015年度优秀工作单位、潍坊市2015年度县级粮食产量统计调查先进单位等荣誉称号。

### 一、机关党建工作常抓不懈

（一）班子建设重团结。通过开展“三严三实”专题教育，局领导班子内部工作分工、议事决策规则和程序更加健全，民主集中制得到严格执行。班子成员既明确分工，又通力协作，互相支持、互相拾遗补阙，形成了坚强团结的领导集体，班子领导水平和执政能力得到进一步提升。在业务工作上，班子成员带头“沉下去”，全部靠在业务工作一线，带头抓业务、抓调研、抓工作推进，以实际行动影响和带动了全局上上下下、方方面面的工作落实，班子领导核心作用得到进一步发挥。

（二）制度建设重落实。一是严格执行民主集中制。进一步完善了党组议事规则和决策程序。在中层干部任免、资金使用等“三重一大”问题上，坚持集体讨论、集体决策。积极推行党务公开制度，保证了党员对党内事务的知情权、参与权和监督权。二是完善党建工作制度规范。在进一步完善《请销假制度》《卫生管理制度》等机关管理制度的基础上，按照《中国共产党章程》和党建工作的要求，持续巩固党的群众路线教育实践活动成果，严格落实“三会一课”等党建工作制度，做到了机关党建工作制度化、规范化。

（三）党员管理重教育。开展干部自主选学活动，通过集中讲学、辅导讲座、专题培训、网络自学等形式，完成了4大类、15个专题的培训学习，机关干部参加学习培训的时间都在90学时以上。深入开展“三严三实”专题教育，组织机关干部重点学习了《党章》《习近平谈治国理政》等重点书目，认真传达学习省委、市委和县委关于全面从严治党、加强党性教育的相关文件，观看了焦裕禄、王伯祥等先进典型宣传片。结合“八个一”活动，组织开展了主题为“重温入党誓词，做遵章守纪好党员”主题宣誓活动，进一步增强了全体党员干部的党员意识。结合文明单位创建，在办公区显著位置设立了善行义举“四德”榜，进一步激发全体党员干部自觉保持共产党员良好形象意识。全面做好党员管理工作，2015 年全局共收缴党费 15912 元。

（四）活动开展重实际。根据组织安排，2015年我局选派包村工作组和第一书记包靠宝都街道车站社区。工作组把稳定和发展作为包靠工作的首要任务，重点抓好了包靠社区的拆迁、环卫一体化和经济发展工作。在耕地较少的现实情况下，引导村民发展第三产业，增加了村民收入。村党建和环卫一体化水平居宝都街道前列，是街道的带头村。全村没有因为拆迁、干群关系等问题引起的非访事件。

**二、统计重点工作成绩显著**

（一）日常统计工作扎实有效开展。严格按照统计调查制度要求和上级业务部门部署，完成了工业、农业、商贸、投资、劳动工资等 80 余类日常报表的统计和报送工作。涉及 2835 个单位、2055 项指标，全年共计上报指标数据 1400 余万条。2015 年，全县经济运行总体平稳，产业结构更加优化。全县完成地区生产总值 274.98 亿元，同比增长 8.3%，第三产业占地区生产总值的比重同比提高 2.4 个百分点。工业生产较快增长，效益指标同步提高。226 家规模以上工业企业实现主营业务收入 957.6 亿元，同比增长 9.4%，增幅高于全市 3.2 个百分点；实现利税 53.1 亿元，同比增长 8.9%；实现利润 33.0 亿元，同比增长 10.0%。

（二）1%人口抽样调查及时准确高效。1%人口抽样调查覆盖全县 25 个村、2500 余户、6000 余人。工作中，调查人员严格按照调查制度和方案要求，高质量完成了宣传动员、前期摸底、小区图绘制、入户登记和数据录入审核等工作。先后组织参加市、县培训 110 多人次，悬挂横幅标语 120 多条，发放一封信 5000 多张。特别是在入户登记环节，调查人员不畏酷暑，坚持村村到、户户入、人人访，保证了调查数据质量。我县在全市率先完成1%人口调查数据的采集上报工作，男女性别比、城乡转移人口等 2 项主要调查数据，得到省、市联合调度会议的充分肯定。

（三）农业普查准备工作起步早、基础实。重点从机构组建、人员调配、经费保障、办公场所等方面抓好了农业普查“四落实”工作。在全市率先成立了县级普查工作领导小组，由魏林卿副县长任组长，宣传、发改、财政、统计等 21 个部门单位为成员，统一领导，分工协作。认真编制了农业普查经费预算，普查专项经费已列入全县 2016 年度财政预算。落实了专门的普查工作人员、办公场所和办公设备，为农业普查开展奠定了坚实基础。

（四）固定资产投资统计制度方法改革取得圆满成功。一是强化领导，成立了工作领导小组，并配备 3 名业务骨干充实到投资统计专业，为改革试点工作的顺利开展提供了强有力的人员保证。二是加强协作，针对非金融资产投资情况报表涉及专业多、企业多的实际，重点加强投资、工业、贸易及服务业等科室对接，形成工作合力。三是突出重点，针对新增报表制度易出现的各种问题，由牵头科室有针对性的重点做好企业的解释、沟通工作，保证了网上直报效率和质量。2015 年，全县完成固定资产投资 298.4 亿元，同比增长 14.4%，增幅居全市第 2 位。

（五）多项重点统计工作走在省市前列。按照“走在前列”的目标定位，工作中，我们坚持争先进、创一流。2015 年，全县新上报国家局的 25 家规模以上企业，由于准备充分、材料齐全，被市局定为全市唯一免审县市区，直报国家局审核通过；工业品出厂价格调查工作得到市调查队充分肯定，工作经验在全市统计年报会议上作了典型发言；2015 年全市仅有的从农村转为城镇的 10 个村庄中，我局积极争取，获得 2 个村的指标，提高了我县的城镇化率；在全市率先开通了“昌乐统计”微信公众号，拓宽了统计宣传面。2015 年被市统计局采用的统计信息分析超过 280 篇，数量位居全市前 3 名。10 月份，昌乐县代表潍坊市接受省统计局对开发区统计工作调研，省局左振华副局长对我县统计工作给予了充分肯定。

## 昌乐县林业局党组工作概况

党组书记、局长　刘培升

2015 年，在上级业务部门和县委、县政府的正确领导下，县林业局党组以创建全国绿化模范县

和创建国家森林城市，加快生态昌乐建设为目标，牢固树立生态优先的发展理念，活化工作模式，创新工作举措，突出森林资源培育和管护，强化林业的生态、经济和社会效益，全县林业工作取得较好的成绩。

**一、坚决贯彻执行党的路线方针政策**

局党组始终坚持从维护党的团结统一的高度，充分认识遵守党的政治纪律、组织纪律的重要性。始终把遵守党的政治纪律、组织纪律作为开展一切工作的基本准则，在思想上、政治上和行动上坚定不移地与党中央保持高度一致，与县委、县政府保持高度一致。坚持党员干部政治理论学习制度，认真学习马列主义、毛泽东思想，深入学习党的“十八大”以来的新理论，深入领会和掌握中国特色社会主义理论体系，党的基本理论、基本路线、基本纲领、基本要求和基本经验。严格遵守党章、党纪和领导干部廉洁从政相关规定，认真学习、贯彻落实党的路线、方针、政策和重大决策部署、要求，在干部任用等重大问题和重大决策上坚持民主集中制、干部选拔任用、反腐倡廉等方面的情况，班子成员团结协作，拼搏奋进。

**二、全面完成年度工作任务目标**

一是造林绿化工作。全县共完成成片造林33853亩。高标准建设绿化模范村50个；新建绿色通道24公里，完善65公里；完成义务植树120万株；新增育苗面积2300亩。二是森林资源管护工作。森林防火能力和水平显著提升。沂山山系森林防火项目建设基本完成，森林防火以水灭火能力建设实现了新跨越，孤山林区基本实现了以水灭火全覆盖，方山林区重点区域也实现了引水上山。林业有害生物防控扎实有效，林业有害生物普查工作全面实施，林业有害生物监测覆盖率和测报准确率达到了95%以上，无公害防治率达到了96%以上。森林公安正规化建设不断加强，林政管理实现了规范化。截止到目前，依法办理审批办件700余件；查处涉林行政案件6起、治安案件4起、刑事案件8起，共处理违法嫌疑人29人。对县境内的古树名木逐一登记造册、建档挂牌，并采取病虫害防治、复壮等措施进行有效保护。三是“创模”和“创森”工作深入推进。我们将创建全国绿化模范县和创建国家森林城市工作密切结合，以“创森”带动“创模”，以“创模”推动“创森”，两项工作齐头并进，引领全县林业工作实现了新跨越。目前，“创模”工作已顺利通过山东省林业厅组织的检查验收，“创森”的各项数据指标体系均已基本达到或超过相关标准要求，档案资料收集完整规范。四是林业产业稳步发展。坚持走产业发展生态化、生态建设产业化的路子，认真做好兴林富民文章，不断培植壮大林业龙头企业，充分发挥林业产业龙头企业、示范基地的示范和带动作用，引领全县林业产业逐步走向品牌化、规模化、标准化，推进林业产业向园区化、多样化、产业化、合作化方向发展。全县林业年产值达到53.3亿元。五是森林资源普查工作全面结束。森林资源普查工作顺利完成，并通过了省林业厅组织的验收。六是全面做好集体资产股份权能改革试点工作。在深入调研的基础上制定了改革试点实施方案，为全面开展集体资产股份权能改革试点工作奠定了基础，做好了充分的准备工作。目前，2个村的试点工作已基本完成。七是招商引资工作稳步推进。积极推进林业项目建设，加快推进生态昌乐建设，共落实林业项目无偿资金150万元，欧行贷款200万欧元。八是部门包靠社区工作扎实开展。成立了包村工作小组，由一名班子成员带队，继续选派“第一书记”开展部门包靠社区工作，帮助红河镇小阿陀社区和庄皋社区开展工作，具体包靠上皂户村。结合林业工作实际，扎实开展精准扶贫工作，引进扶贫资金68000元，帮助上皂户村建立了100亩经济林基地。局机关干部帮助所包靠社区困难群众解决问题30余个，筹集帮扶资金4000余元，受到了红河镇党委、政府和社区群众的好评。

**三、林业干部队伍建设再上新台阶**

一是严格执行民主集中制。局党组严格执行民主集中的要求，始终坚持民主集中制原则，对全局重要决策事项、重大问题全部由局党组会议进行集体研究决定。局党组成员在议事过程中认真思考，积极建言献策，局党组充分凝聚集体的智慧，不断提升民主决策的能力和水平，不存在“一言堂”、个人说了算的问题。二是严格按组织程序选拔任用干部。严格执行《党政领导干部选拔任用工作条例》和相关制度规定，在干部选拔任用工作中，没有不正之风和腐败现象发生。今年新提拔的两名班子成员，严格按照组织程序进行，均执行民主推荐和任前公示制度，并报县委组织部批准。对新调整的两名站科室负责人，全部按照相关制度规定执行，并实行试用期制度。三是党风廉政建设责任制落实到位。严格落实党风廉政建设责任制的各项要求，加强了党风廉政建设，认真落实“一岗双责”、“三重一大”日常报告、廉政谈话、“中央八项规定”等制度，在林业系统扎实开展廉政风险防控管理工作，局党组与每名干部职工都签订了“廉政风险防控责任书”，层层落实了廉政责任。在全体机关干部中组织开展了“三严三实”教育活动和“为官不为”集中整治活动，每名党员、干部都对照为官不为的具体表现，查找自身存在问题，认真制定整改方案，深入整改。全体机关干部共查摆问题36个，整改问题36个，问题整改率达到100%，林业干部队伍的党风廉政建设水平明显提升。

## 昌乐县体育局党组工作概况

党组书记、局长　王福强

2015年，县体育局党组在县委、县政府的正确领导下，认真学习贯彻落实党的十八大和十八届三中、四中、五中全会精神，按照建设幸福昌乐的部署要求，紧紧围绕年初确定的工作目标，加强党员干部教育管理，充分发挥党员干部的先锋模范作用，完成和超额完成了各项工作任务，取得了新的成绩。

**一、加强学习教育，促使党员干部的思想政治素质不断提高**

深入开展中共十八大和十八届三中、四中、五中全会精神以及习近平总书记系列重要讲话的学习活动，采取集中学习、个人自学、组织讨论等形式，认真学习贯彻中央、省、市、县各级会议精神和各级领导重要讲话精神，切实把思想和行动统一到中央和省、市、县委的决策部署上来。通过学习，党员干部的政治素质得到了明显的提高，学习兴趣、学习意识普遍增强，学习能力有所提高，为更好地开展业务工作促进我县体育事业发展奠定了坚实的基础。

**二、扎实推进党组织建设，机关党建整体水平不断提升**

工作中，我们认真加强党的组织建设，严格把“三会一课”制度落到实处，一丝不苟地贯彻执行民主集中制，并加大了党员干部教育培训工作的力度。各位党员干部都能严格要求自己，积极主动地参加双重组织生活。局党组、各支部都严格按照县委的统一要求，按时、保质、保量地组织召开了专题民主生活会和组织生活会，进一步增强了全局党组织的凝聚力和战斗力。

**三、加强党风廉政建设，不断提高党员干部拒腐防变的能力**

根据工作调整，及时修订完善《领导班子成员党风廉政建设岗位职责》，明确各成员应承担的党风廉政建设责任。健全干部选拔任用、考核评价、教育培训、管理监督等方面的制度，树立正确用人导向，严格选人用人标准和程序，提高选人用人公信度。开展“为官不为”问题专项整治、工作纪律松弛问题专项整治和基层干部不作为乱作为等损害群众利益问题专项整治，组织开展“守纪律、讲规矩、作表率”主题教育活动。严格执行“三重一大”事项报告制度，及时向纪检组报告“三重一大”事项。积极支持配合巡查组巡查工作，并根据巡查组反馈意见进行了认真整改。

**四、深入推进业务工作开展，体育事业大步向前迈进**

（一）搞活群众体育，推广全民健身

1. 加强体育设施建设。利用中央和省体彩公益金在市民文化体育公园增加了60件健身路径，建设了五图街道南郝社区多功能运动场；通过向省体育局争取，建设了西湖公园、南郝社区新国标示范工程；利用省、市、县三级体彩公益金，建设了1处社区体育健身工程和20处行政村体育健身工程。在全省率先完成县（市、区）《公共体育设施布局规划》的编制工作，得到了省体育局领导的表扬和肯定。

2. 广泛深入开展全民健身活动。举办了昌乐县第五届全民健身运动会篮球、羽毛球、乒乓球、象棋等 8 个项目的比赛和环城长跑、全民健身志愿宣讲、太极拳剑培训等大型群众性体育活动 10 次以上。先后组队参加了市级健身气功、气排球等培训 6 次，组队参加了市级电视舞蹈大赛、钓鱼等比赛 10 项以上。承办了山东省第七届百县篮球（潍坊赛区）比赛，我县代表队获得了该赛事的第一名。代表潍坊市参加在乳山举行的山东省第七届百县篮球东部赛区决赛和在寿光举行的省健身气功联赛，均取得了优异的成绩。

3. 开展国民体质监测工作。经县编办审批并成立了昌乐县体质测定与运动健身指导站，通过公开招标配备了体成分分析仪、骨密度测试仪、动脉硬化测试仪、心肺功能测试仪等监测设备，并免费开展国民体质监测工作。

4. 做好体育设施的管理维护工作。通过政府向社会力量购买服务的方式做好已配建体育健身设施的管理维护工作，保障设施正常使用，确保群众锻炼安全。该项工作得到省体育局认可，给予奖励经费。

5. 完善全民健身组织网络。新登记成立昌乐县足球协会、昌乐县象棋协会、昌乐县登山协会三家体育类社会团体，进一步壮大了我县单项体育运动协会力量。2015 年，由昌乐县篮球协会申报的篮球项目被省体育局认定为县级特色全民健身项目，起到了示范带动作用。

（二）做强竞技体育，努力培养人才

1. 市运会成绩突出。组队参加潍坊市第十九届运动会，获得金牌总数 99 枚，总成绩位列全市前列，圆满完成赛前制定的任务目标。

2. 培养优秀体育人才。做好训练工作，向市级及以上运动队输送运动员 35 人以上；做好优秀运动员退役安置工作，一共安置了三名优秀退役运动员，分别进入县体校、西湖小学、第二实验小学工作。

（三）做好体育产业，活跃体育市场

1. 严格规范体育彩票市场，确保体育彩票市场的安全和信誉，体育彩票销售量达到 4000 万元以上。

2. 加大对体育类民办非企业单位的扶持力度，先后成立 3 家体育类民办非企业单位。

# 昌乐县房产管理办公室党委工作概况

主　任　张大鹏

2015 年，在县委、县政府的正确领导下，县房管办党委带领全体干部职工按照县委、县政府的总体思路，紧紧围绕服务全县经济建设和社会事业发展的大局，强化服务意识，解放思想，积极推进管理体制创新，工作中重点解决群众反映强烈的热点问题，促进了昌乐县房产市场的持续健康发展。

## 一、积极开展党建工作

一是健全教育管理机制，提高党员干部队伍素质。建立长效的党员学习教育机制。结合作风大提升活动和学习型党组织活动的开展，坚持每周五学习制度，把提高干部职工的业务素质和思想政治素质作为提升服务质量、优化单位风气的重要前提，在加强作风建设的同时，在单位上下广泛深入地开展了“三严三实”教育活动，并坚持把教育活动贯穿年，有组织、有计划、有步骤地向前推进，引导党员在真学、真懂、真信、真用上下功夫，有效地改进和加强了干部职工的业务知识教育和思想政治理论教育。再就是强化制度保证。着眼于建设学习型党组织，进一步健全中心组理论学习制度、领导干部带头讲党课制度、党组织每周工作例会制度，完善党员干部在职学习制度、以及相应的考核、督查机制，推动党员干部理论学习经常化、制度化、规范化。

二是完善三大体系，切实加强组织领导。在完善组织体系方面，我们从强化党的组织建设着眼，建立以党委主要负责人任组长的党建工作领导小组，定期会办研究党建工作，解决工作中的实际问题；实行党委成员挂钩联系科室的工作制度，定期听取情况，征求意见；加强党员发展、党员教育、党员管理工作；建立了党务工作例会制度，定期讨论研究党建工作，并注重通过传、帮、带和集中学习等多种形式，抓好党员干部业务能力的培训提升。真正使党建工作有人抓，具体工作有人做，形成纵向到底、横向到边的网络体系。在完善责任体系方面，房管办党委与每一位党员都签订了党员公开承诺书，建立了“关键在领导、基础在支部、落实靠党员”的责任机制，明确了党委书记的第一责任和分管领导的具体责任、党支部书记的直接责任、领导小组及其办公室的督导和组织责任，形成了“一级抓一级、层层抓落实”的工作格局。在完善考核体系方面，把党建工作摆上核心地位，与房产管理工作同部署、同检查、同考核、同奖惩，责成党建领导小组办公室相关人员对党建工作任务落实情况，开展定期不定期的检查，做到明查明访制度化，暗查暗访经常化。

三是创新工作思路，全力抓好包村工作。在今年的包村工作中，我们真包实靠，所包村调整至五图大解沼村后，我们迅速进入角色，到村头田间了解村情民意，及时化解了矛盾纠纷，摸清了村里贫困户的底子，并给予油、米等生活必需品，帮助他们渡过难关，维护了村内的稳定。

## 二、扎实推进房管业务工作

（一）加大房产市场监管力度，维护好房产市场秩序。一是加强对商品房和存量房买卖网上签约的监管，加强对网上合同的审查与核对，将商品房买卖合同备案作为房产市场监管的有效手段之一，保证合同的合理公正，维护买卖双方的权益。二是加强商品房预售资金的监管，对申请办理预售许可的楼盘，全部纳入预售款监管范围，并针对今年以来房产市场的发展形势，对商品房预售资金实行重点监管和余额监管。工作中加强对重点资金的监管力度，根据工程进度拨付资金，保证预售楼幢未建部分的资金安全，并及时拨付重点监管以外的余额资金，促进了预售楼幢的工程建设，保证了预售款的安全与合理使用。三是加强对各项目销售现场的管理，通过实行商品房销售现场达标制度，对所有符合销（预）售条件的项目售楼处，进行定期检查，对公示内容不全、未持证上岗、违规销售等行为要求限期整改，直至其改正达标。同时与物价部门一起，对符合预（销）售条件的房屋实行价格备案制度，所有在售房屋明码标价出售，提高了开发企业的诚信力和购房群众的知情权，促进了房地产市场健康有序发展。四是加强房产开发、销售企业的监管，由房管监察科不定期对全县房产开发项目进行集中检查与暗访，2015 年全面检查两次，日常巡查 50 余次。在检查过程中，重点检查商品房销售现场达标情况，并把销售现场信息公示达标作为发放预售的必要条件，通过检查规范了我县房产市场秩序，促进房产市场健康发展。五是加强房地产中介机构备案及管理工作，及时掌握其所办理业务的规范情况，确保竞争的公平、公正，一经发现违法、违规行为，则令其进行整改，限期未整改好的将暂缓其机构备案资格或暂停办理业务，拒不整改的，依法取消其备案资格。组织全县房地产中介机构 60 余人参加了潍坊市经纪人员上岗培训，进一步提升了经纪机构管理水平，提高了从业人员的业务素质。

（二）强化工作措施，提升物业管理服务水平。一是严格落实《昌乐县物业管理招标投标管理暂行办法》，利用县公共资源交易中心平台对新建小区实施物业管理招标投标，保证物业服务企业的选聘公平、公正，为物业服务市场的规范提供了良好的基础，今年已有 8 个物业项目办理完毕。二是认真实施信用档案制度，依据《潍坊市物业服务企业信用档案管理办法》，结合日常投诉对全县物业企业进行了检查考核，并对 3 家不符合规定的物业服务企业下达整改通知。已有 2 家企业整改完毕。三是积极开展全县物业服务市场秩序专项整治年活动，转发了潍坊市住房和城乡建设局《关于印发全市物业服务市场秩序专项整治年活动实施方案的通知》，制定了我县的整治方案，确立了福荣世家等 3 个小区为示范项目，以点带面，从而带动和提升全县物业服务质量。四是为进一步规范物业服务行为，促进各物业企业诚信经营，我办不断加强对物业服务合同的备案工作，对符合备案条件的物业项目予以办理备案手续，发放物业服务合同备案证明，对不符合备案条件的不予办理相关业务，并依法予以处理。现已有 11 个物业项目办理了备案。五是把物业安全管理工作作为今年重点工作之一。仅上半年，我办就组织全县 60 余家物业服务企业开展了两次物业消防培训，培训 120 余人次，普及了消防法规和消防知识，提高了全县物业管理人员的消防应对能力。同时，积极开展危旧房屋排查工作，我办工作人员利用一个月的时间对全县危旧房屋进行了摸底排查，共排查出有危险隐患的房屋5000余平方米，并上报市住建局，建立了2015年危旧房屋的排查档案。六是加强专项维修资金和房屋质量保证金收缴工作，利用住房维修基金和房屋质量保证金数字化管理系统，严格执行相关政策规定，认真负责地向开发企业清缴代收款项，确保“两金”收缴依法依规运行。

（三）抓好保障性住房建设，推进住房保障工作。一是在对低保住房困难家庭和低收入住房困难家庭应保尽保的基础上，进一步扩大住房保障覆盖面，新申报廉租住房租赁补贴户数11户，已于7月份开始发放。2015年我县上报了老服装厂片区、西村片区、老招待所以西片区、军干所片区、老技术监督局片区共5个棚户区改造项目，共计改造340户，其中实物安置327户，货币安置13户。到目前，已全部开工建设。公共租赁住房分配方面，因公廉并轨，起草并报经县政府同意，于10月份出台了《昌乐县公共租赁住房管理办法》，实物配租方案等各类政策文件，及所需的各类表格也准备齐全，由于公租房配租工作涉及多部门，配租前还有许多工作需要进一步完善，待前期准备工作完善后即可展开公租房实物配租工作。

（四）围绕充分发挥部门职能，打造廉洁、高效、服务型机关。一是按照县委、县政府要求，重点抓好干部职工队伍思想作风和工作作风转变，认真开展“守纪律、讲规矩、做表率”主题教育活动，通过集中学习，切实提高干部队伍的整体素质，促进工作水平和服务质量的提升；二是结合我办业务工作实际情况和信息系统运行状况，继续简化办理环节和业务办理方式，对“拆迁房屋房产证注销”、“原房改遗留的部分产权的房产证业务办理”和“房屋产权转让交易手续费”等问题进行了研究梳理，取消了计生证明等要件，为进一步方便了群众，提高了办事效率。三是继续加强与开发企业的联系，开展“上门服务”、“双向预约服务”，主动联系房地产开发企业，了解房地产开发的需求，现场办理业务，限时办结，为开发企业提供及时、优质、高效的服务。

（五）关注民声信息，及时解决实际问题。我们将民声信息网作为联系群众、服务群众的重要渠道，通过民生信息网了解群众的诉求，并按照县纪委“件件有回复，事事有着落”的要求，认真抓好民声信息工作的落实。一是继续健全完善民生信息网管理制度和办事流程，保证了民声信息工作的顺利开展。二是健全统计体系，确保快捷、准确、真实。由信息科专门负责《昌乐民声信息阅办单》的登记、回复等资料的档案管理工作，每周汇总、分类民声信息，把投诉率较高的问题作为重点召开专题会议研究，并作为下步工作的重点，确保工作落实到位。三是严格督促检查工作的落实。通过“电话回访”、“满意度调查”等方式，由民声信息工作领导小组定期对前段时间民众反映强烈的问题进行督察，对因房管办解决问题拖沓、满意率不高的，由分管领导亲自督办，直至彻底解决。四是严格责任追究制度，确保工作落到实处。为进一步提高民声信息工作的规范化、科学化水平，严格执行责任追究制度，对推诿扯皮、顶拖不办导致矛盾激化、造成严重后果的，要追究其相关科室及人员的责任，并在年终考核时一票否决。各项措施的实施，促进了民声信息工作的规范化、制度化和科学化，为群众多渠道、多途径表达民意和房管办了解社情民意、化解社会矛盾、促进社会和谐发挥了重要作用。房管办全年共处理民声信息和“市长热线”1500多条，满意率达93%以上。

## 昌乐县物价局党总支工作概况

总支书记、局长　崔忠实

2015年，在县委、县政府的正确领导下，县物价局党总支积极贯彻党的十八大及十八届三中、四中、五中全会精神，紧紧围绕主题主线，在疏导价格矛盾、整顿价格秩序和规范收费行为等方面下大力气，积极创新工作模式，努力维护社会经济稳定，保障群众利益，取得了一定的成绩。

## 一、夯实党建基础，大力强化干部队伍建设

（一）积极开展群众路线教育实践活动，落实中央“八项规定”，转作风，提效能。以物价工作为中心，以“价格服务”为载体，积极开展实践活动。活动中，突出问题导向，聚焦“四风”抓整改，抓落实，对上班纪律执行情况，群众服务态度情况，工作日禁酒纪律执行情况，厉行勤俭节约、反对铺张浪费执行情况，公车私用情况进行重点检查，对出现的问题进行严肃处理。下大气力解决群众反映强烈的价格收费等突出问题，取得了实实在在的效果，党员干部宗旨意识和群众观念明显增强，工作作风进一步转变，党群干群关系进一步密切，价格服务水平进一步提升。

（二）积极落实党务政务公开工作。成立了由党总支书记任组长、其他班子成员为副组长，各部门负责人为成员的党务政务公开工作领导小组，加强对党务政务公开工作的领导。研究制定了党务政务公开工作实施方案，明确了党务政务公开的形式、内容、程序、时限。为确保党务政务公开工作不走过场，不流于形式，研究制定了四项相应的运行保障机制。一是制定了党务政务公开制度。二是实行了聘请监督员制度。聘请其他部门的同志担任党务政务公开监督员，对党务政务公开的内容、形式、时限等提出合理化建议。三是建立意见收集处理反馈制度。对党员、群众提出的意见和建议派专人收集整理，认真研究处理。四是建立党务政务公开工作基础台账制度。指定专人负责收集整理党务政务公开台账，并及时归档。

（三）加强学习，推进学习型党组织建设。以创建“学习型机关”和“学习型党组织”为目标，在全局大力开展专项业务学习，定期开展业务知识讲座，邀请专家学者给干部职工授课，给党员干部进行辅导。狠抓理论知识、科技知识、市场经济知识、法律法规和业务知识教育，购买十余台计算机，大力开展计算机、电子政务等技能培训，全面提高党员干部的政治理论水平和业务技能。将思想教育和岗位职责结合起来，切实做到内强素质、外塑形象，大兴“学习、创新、务实、勤政、廉洁”之风，不断提高党员干部的执政、服务能力。

## 二、贯彻执行民主集中制，落实党内监督制度

（一）积极贯彻民主集中制，反腐倡廉。在工作中大力强化领导班子建设，牢固树立科学发展观和正确的政绩观，努力提高领导水平和决策能力。在决策中严格坚持党的民主集中制原则，以提高素质、优化结构、改进作风和增强团结为重点，定期召开党组会议集中研究问题，切实增强领导班子的团结与活力，同时充分发挥党组的政治核心作用，严格保证了党的方针、政策与上级的一致性、连贯性及贯彻执行程度，形成了政通人和的局面。

（二）认真执行党内监督条例，加强党内监督。2015 年先后完善了各项监督机制，建立健全了重大事项报告制度、质询制度和民主评议制度，工作中充分发挥制度的监督作用，保障工作严格在正确的轨道内进行，确保权力的正确行使。积极推动党内民主，确保每位党员干部都能够实行监督权，不断拓宽监督渠道，畅通社会监督的各种途径，发挥群众对党员干部的监督作用，保证权力为人民所用。2015 年党员干部在工作中没有出现任何廉政问题。

（三）积极开展廉政风险防控工作。先后在单位、人员、岗位三个方面查找风险点。一是重点从思想道德、岗位职责和外部环境等方面查找岗位风险。二是重点从业务流程、制度机制和外部环境等方面查找站所、科室风险。三是重点从“三重一大”、规章制度、外部环境等方面查找单位风险。共查找单位风险 3 项，站所、科室风险 29 项，查找岗位风险 68 项。对查找出来的问题进行了切实的整改，风险防控工作取得了良好成效。

## 三、加强行政事业性价费管理，优化经济发展环境

（一）及时完成收费统计工作。一是认真做好收费统计工作。根据潍坊市发改局、潍坊市财政局《关于开展 2014 年度收费统计工作的通知》（〔2015〕108 号）文件精神，我们以乐价字〔2015〕7 号文件下发，继续做好收费统计和收费动态监管工作，按时汇总上报市物价局，圆满完成了收费统计工作。二是及时落实上级文件精神收到省、市有关调整收费标准文件后，通知相关部门落实文件精神，要求及时调整有关标准，做到收费公示。

（二）严格落实上级精神，做好各项民生和公用事业价格的管理。一是加强成品油价格管理。根据省物价局统一政策规定，及时调整我县成品油销售价格，并做好成品油价格调整后的执行情况上报

和价格监测工作，加大宣传力度做好宣传工作，稳定了我县成品油市场价格；二是加强民生价格管理，依法调整了城市供水价格；三是对我县供暖价格进行了调整。四是切实推进价格改革工作，积极根据上级有关精神推进我县阶梯水价、阶梯气价的改革落实。五是按上级要求，今年以来调整了非居民天然气价格。

（三）严格审核把关，进一步推进商品房中明码标价工作。加强市场调查，摸透市场行情。我局经常进行市场调查，按区域、分地块选几处代表性楼盘进行调查比较，摸清市场行情，为做好商品房备案打好基础。我们对每一个提供的资质、批文、建设、规划等文件严格审核把关，有效调控房市价格。

**四、加强市场监管，营造良好经济生活秩序**

（一）结合医保定点刷卡审批和检查活动，开展药品价格检查。我局于2月至5月期间开展了零售药店药品价格检查活动。对全县100多家零售药店药品价格执行情况进行了检查。检查的主要内容有：(1) 明码标价与收费公示执行情况；(2) 政府定价药品是否按照规定价格执行，是否存在突破政府规定的最高零售价格销售。通过检查发现，我县政府定价药品均未突破最高限价，同时各药品经营单位均能按照要求对药品销售价格进行公示。

（二）畅通各种投诉渠道，完成各类价格举报和咨询。价格问题直接影响群众的切身利益，对待群众来信来访的态度，直接影响着信访工作的顺利开展，也影响着物价部门的形象。今年以来，我局坚持市场巡查与价格举报工作相结合，坚持群众利益无小事，对群众投诉的问题，做到热情服务、严格执法，不论大小，不推、不拖、不上交，使群众反映的问题都能得到妥善的解决，及时化解了矛盾，切实保证了价格工作的顺利开展。

## 昌乐县地震局党组工作概况

党组书记、局长　李前进

2015年，县地震局党组以中共十八大和十八届三中、四中、五中全会精神为指导，认真贯彻落实省、市防震减灾工作部署要求，充分发挥部门职责，努力做好全县的防震减灾工作。

**一、加强政治理论学习，扎实开展“三严三实”专题教育活动**

按照县委要求，在“三严三实”教育实践活动中，我局严格按照“明确教育主题、坚持问题导向、坚持以上率下、坚持从严要求、坚持讲求实效”五项要求，结合防震减灾工作实际，细化“三严三实”专题教育活动，做好关键动作，强化自选动作，注重常态长效，全局干部职工政策水平、工作能力、责任意识进一步提高。

**二、加强震情观测，提升地震预测水平**

（一）强化震情监测跟踪工作。加强地震监测台网和宏观异常管理，健全完善震情信息报送，对发现或收到的宏观异常报告第一时间赴现场落实，并及时按程序上报。坚持每周一震情会商制度和月会商制度，严格震情值班制度，实行24小时值班，责任落实到人，确保通讯联络和信息畅通。1月7日、5月22日乳山、文登发生地震后，我局快速反应，第一时间与全县群测群防观测员联系，了解有关情况，统一口径，耐心解答群众的咨询。

（二）加强群测群防队伍建设。4月10日，对全县群测群防观测员和部分灾情速报员进行了培训，提高了群测群防观测员的工作水平，为今后我县防震减灾工作的开展奠定了良好基础。同时加强对群测群防网点仪器设备的管理维护，特别是夏季高温雨水天气，安排工作人员对监测仪器设备检查，发现问题及时维修，确保监测仪器设备的正常运转。

**三、扎实做好地震应急救援基础工作，努力提高应急救援能力建设**

（一）认真履行项目地震安评审批职责。严格按照程序，依法对全县建设项目工程进行地震安全性评价，组织工作人员对地震安全性评价项目进行现场勘测检查分析，科学准确地掌握相关数据，使工程的抗震性能得到保证，提高了建设项目的抗震防震的水平。

（二）全面推进地震应急预案修订工作。根据防震减灾工作新形式新要求，结合实际，突出实战要求，修订《昌乐县地震应急预案》，进一步扩大应急预案覆盖范围，指导全县各级各部门（单位）做好地震应急预案的修编工作，推进了地震应急管理工作的规范化、制度化和程序化，提高了应急预案的科学性、实用性和可操作性。

（三）进一步完善应急物资储备库建设。为提高我县地震应急救援能力，新装备海事电话、背服式电台、对讲机、平板电脑、投影仪等应急设备。同时，还制订了处置地震突发事件应急装备保障工作预案，建立了应急物资调拨机制，形成了统一指挥、反应灵敏、协调有序、运转高效的应急物资库存装备保障机制。

（四）积极推进应急救援基础数据库建设。对全县范围内现有的应急车辆、挖掘车辆、起重机械等特种救援设备进行摸底统计，建立了专门的救援资源数据库，掌握各类设备的数量、存放位置、所有人、联系方式等信息，以便需要时统一调配和使用。

（五）进一步完善地震应急避难场所建设。结合全县公园绿地资源的周边环境、社区人口分布、疏散通道、场地条件及应急配套设施建设等情况，按照发生地震灾害等突发事件时人员就近就地应急疏散避难的原则，对全县地震应急避难场所进行更新调整，在市民文化体育公园、西湖公园等避难场所安置指示牌、应急电源等应急设施，不断改进完善应急避难场所功能。确保在发生地震灾害等突发事件时，为市民提供安全的应急疏散避难场所。

**四、开展防震减灾宣传演练活动，提高社会公众防震减灾能力**

（一）加强地震科普知识宣传。按照《2015年昌乐县防震减灾宣传活动方案》安排，积极开展面向全社会的防震减灾宣传活动。1月16日，联合县机关事务局、消防等部门举办地震消防知识培训、提高了机关事业单位工作人员的应急疏散、紧急避险素质；5月12日，在三和社区举行“第七个防灾减灾日宣传暨地震科普进社区活动启动仪式”，通过发放宣传彩页、在电视台播放防震减灾知识宣传片、在《中国蓝宝石之都·昌乐报》刊登县领导署名文章和防震减灾科普知识等活动增强全社会防灾减灾意识，提高综合减灾能力，切实保障人民群众的生命财产安全。

2015年5月12日，县地震局联合县教育局及9所省、市地震科普示范学校开展“地震科普漂流”、“地震科普百题问答”活动，发放了2000余份防震减灾宣传材料。通过强化责任，细化标准，落实措施，使活动取得了实实在在的效果。目前，整个活动全面结束，全县9所地震科普示范学校近527个教学班28065名学生全部参加。地震科普漂流活动的开展，全面提升了中小学师生的防震减灾意识和防震避震能力，达到了教育一个学生、带动一个家庭、影响整个社会、确保一方平安的目标。

在“7·28”唐山大地震36周年纪念日到来之际，为了让社会各界更加关注防震减灾事业，学习掌握防震应急知识，提高公众应对地震灾害的自救和互救能力，2012年7月27日，昌乐县地震局开展纪念“7·28”唐山大地震36周年科普宣传教育活动。通过悬挂宣传横幅、举办专题文艺会演、发放宣传资料、播放防震减灾宣传片等形式向广大群众介绍地震科普知识。此次活动共悬挂宣传横幅40幅，举办专题文艺会演一场，播放防震减灾宣传片16小时，有效地普及了地震知识，教育了群众如何抵御地震灾害，有利于营造全社会共同关心防灾减灾工作的氛围，深受群众欢迎。

（二）积极开展地震应急演练。1月23日，联合县消防、公安、民政等部门在商务社区1号楼，举行地震消防应急疏散演练活动，全机关工作人员2000余人参加演练；4月14日，与中泰宝石学院联合组织举行地震应急演练，全校5000余名师生参加演练。5月7—8日，我局积极参加2015年山东半岛地震应急演练，并对地震应急装备进行了展示；5月中旬，利用“5·12”有利时机，指导全县100余所中小学地震应急演练。通过各种演练活动，增强了全社会防灾减灾意识，提高了面对地震灾害时自救与互救能力。

## 昌乐县金融工作办公室党组工作概况

党组书记、主任　刘西强

2015年，县金融办党组紧紧围绕“三个昌乐”建设，按照年初确定的工作目标，以创造良好的金

融环境为核心，充分发挥组织协调优势，大力促进银行、保险业健康发展，加大企业股改挂牌上市力度，不断完善地方金融组织体系，及时防范和化解金融风险，优化县域金融生态环境，稳扎稳打做好各项工作。

**一、防范和化解金融风险，为县域经济发展提供资金支持**

为应对经济下行压力，防范和化解银行金融风险，降低企业不良贷款率，对金融机构提供制度支持。一是以县政府办公室文件出台《昌乐县推行主办银行制度实施方案》，明确规定：各债权行应严格统一行动，严禁只抽不贷，不准增加授信条件，不准降低贷款额度，利率只降不升，有效帮助企业渡过了难关。二是在成立昌乐县金融风险防控工作领导小组基础上，又以领导小组的名义制定下发《昌乐县关于防范和化解企业金融风险确保经济平稳运行的意见》，就银行业金融机构如何帮助企业化解风险提出了明确要求。对全县214家企业进行分类评估，确定了56家潜在风险企业，并对其中铭丰黄金、悦宾包装、信丰钢构等9家重点危困企业进行了风险评估，确定了每个企业的风险化解措施，通过政府强力介入，有效防止了这些企业资金链断裂。三是主动“走出去”学习外地金融风险防控经验。会同县财政局、人民银行、乐融民间资本管理公司到寿光学习其金融防控方面的经验做法，并形成了客观实际的调研报告，为下步指导全县金融风险防控工作提供了条件。上述一系列防范和化解金融风险的工作，极大激发了银行信贷投放的积极性，截至2015年年底，全县银行业金融机构表内本外币各项贷款余额269.88亿元，较年初增加29.73亿元，增长12.4%。

**二、推进保险创新，充分发挥保险服务县域经济实体经济职能作用**

注重发挥保险在经济补偿、资金融通、社会管理方面的作用，大力发展普惠保险业务：一是推进保险创新工作。指导各保险机构在做好传统保险业务的同时，鼓励其开展保险创新业务。针对我县大棚种植区种植面积大的实际，积极协调泰山财险昌乐支公司向上级公司争取，在我县率先开办农村大棚保险业务。目前，泰山财险昌乐支公司成为全省第一家开展农村大棚保险业务的保险公司，我县成为全省唯一一个农村大棚保险业务试点县。二是整治保险市场秩序，规范保险公司属地纳税行为。协调在县域营业但尚未在昌乐纳税的保险机构在昌乐依法纳税，进一步规范保险市场经营秩序。2015年度，先后协调、落实了新华保险昌乐支公司、华泰财险昌乐支公司、安邦保险昌乐支公司等4家保险机构在昌乐纳税。三是开展“保险先进村”创建活动。联合中国人寿保险昌乐支公司在全县开展了“保险先进村”创建活动，不仅增强了农民的保险意识，更进一步为农村居民提供了多元化、多层次的保险保障。通过保险创新，全县保险工作取得了较好的成绩。截至12月末，全县保险业保费收入5.04亿元，同比增长11.6%，其中寿险收入3.14亿元，财险收入1.9亿元。

**三、大力推进企业股改挂牌上市工作，缓解企业融资难题**

引导企业走股改、挂牌、上市融资的路子做大做强，主要做了以下几方面的工作：一是出台企业股改挂牌上市补助政策。在原有鼓励企业股改上市政策的基础上，又以县政府会议纪要形式出台了“企业在境内外主板市场上市，一次性补助150万元；在新三板挂牌，一次性补助100万元；在齐鲁股权交易中心等区域性股权交易市场挂牌，一次性补助30万元”的优惠政策，鼓励企业通过走股改挂牌上市之路，实现转型升级。二是全面推进规模企业规范化公司制改制工作，认真落实鲁政发[2015]8号文件。在建立了昌乐县规模企业规范化公司制改制联席会议制度的基础上，明确了规模企业规范化公司制改制的任务目标后，又以县政府会议纪要形式出台了“对凡是参与公司制改制的企业，按实际发生中介费用的50%、最高不超过10万元的标准进行一次性补助”的优惠政策。2015年，全县完成企业改制22家，完成年度改制任务的104%。三是企业股改挂牌融资工作取得新突破。继年初山东牵手娃服饰公司通过挂牌融资900万元之后，山东弘祥机床又于今年9月2日在齐鲁股交中心挂牌，并实现股权融资300万元。中创文化已完成股改，待通过券商内核后上报材料。华光散热器、华晟黄金均已启动股改程序，中慧牧业等多家企业已与中介机构签署到新三板或齐鲁股交中心挂牌的合作协议，相关工作正在稳步推进。

**四、大力发展农村普惠金融，完善新型地方金融组织体系，县域普惠金融规模日益扩大**

一是推进金融创新。县金融办承担了全国农村权能改革中关于集体股份股权质押贷款试点任务，在前期开展农村大棚、土地经营权、农村住房、林权等农村产权抵押贷款的基础上，经过充分调研论证，形成了《昌乐县农村集体资产股权质押贷款实施办法》，其设计和构想得到了中央改革办督导组的充分肯定，为下步推进我县农村权能改革创造了条件。组织召开县农商行、潍坊银行、乐安村镇银行、交通银行、邮储银行、农业银行等6家银行行长会议，要求各银行先行一步，参照《办法》制定详细的《股权质押贷款实施细则》，选取宝都街道东南村先行开展贷款试点。二是完善新型地方金融组织。进一步完善现代金融服务体系，引导民间参与发起设立融资性担保公司、民间融资机构等新型地方性金融机构。今年，由山东乐化集团作为主发起人发起设立了昌乐县乐融民间资本管理有限公司。由昌乐国资委发起设立注册资本3亿元的昌乐汇金融资担保有限公司，其申报材料已上报省金融办审核待批。与此同时，我们还加大政策引导扶持、加强金融体系建设，推动县域普惠金融规模的发展壮大。到12月末，全县的普惠金融资产余额为144.47亿元，增长率为15.94%，增幅列全市前列。

**五、清理整治民间投融资理财机构，净化县域金融生态环境**

始终把防范和处置非法集资作为一项重点工作来抓，在明确各镇街区政府是防范和化解处置非法集资工作的第一责任人的基础上，为确保不发生区域性、系统性金融风险，加大了清理整治金融环境力度。一是专项排查清理各类投资理财机构，以打非办名义，联合县公安局、市场监管局等部门对全县10个镇（街、区）投资理财类机构进行了拉网式摸底排查清理，本着“合法合规的帮助、存在瑕疵的规范、存在严重问题的管控、违法违规的打击”的原则，将排查出的63家投资理财机构，分成四类，然后进行分类处置和管控。二是强化舆论宣传。发布省金融办等8部门印发的《关于坚决抵制非法集资理性选择投资渠道的通告》，在全县各镇（街区）的自然村公开栏张贴宣传公告1500余份，发放宣传册2400余册。与县传媒集团联合制作了《正确认识民间借贷，远离非法集资》和《谨慎投资理财，远离非法集资》两部专题片，通过在县电视台、昌乐传媒网、昌乐传媒报、“村村通”等媒体宣传播放，引导民众了解非法集资的危害及识别方法，告诫民众远离非法集资。三是开展业务培训。召开了全县打击和处置非法集资工作培训会议，通过以会代训的形式，对各镇（街、区）监管员进行了业务培训，提高了其识别非法集资的能力。同时还建立信息月报制度，做好风险评估，指导面上工作开展。

**六、认真做好招商引资工作**

主动适应经济发展新常态，积极应对招商引资工作新挑战，创新招商引资方式，拓展招商引资渠道。制定专门的项目推进方案，倒排了详细的项目推进时间安排表，细化任务分解，全力冲刺金融招商引资工作。通过不断拓宽金融招商思路，优化金融招商流程，提供跟踪式和一站式服务等方式，加大金融机构引进和培育力度，圆满完成了2000万元的招商引资任务。

**七、做好党风廉政建设工作**

切实强化落实党风廉政建设主体责任，创新加强党风廉政建设责任制，确保党风廉政建设主体责任的顺利开展。一是领导班子坚持及时传达学习县委、县纪委关于党风廉政建设工作的决策部署，定期向纪检组汇报单位的党风廉政建设工作，党组会专题研究党风廉政建设工作5次，制发有关文件4份，加强了对党风廉政建设的组织领导。二是坚持抓早抓小，对党员干部作风纪律上存在的苗头性、倾向性问题早发现、早提醒、早纠正。制定严格的请示报告制度，推行外出公示制度，坚持点名道姓通报检查情况并提出整改要求。三是全面加强对办公经费的廉政风险防控，对照资金使用范围对象、方式标准、审核流程等规定，全面梳理排查办公经费的廉政风险点和重点关键岗位，制定实施贯穿事前、事中、事后全过程的专项监督方案。

# 昌乐县农业机械管理局党委工作概况

县农机局党委

2015年，在县委、县政府和市农机局的正确领导下，县农机局党委深入贯彻落实中共十八大和十八届三中、四中、五中全会精神，始终把转方式、调结构、促创新作为农机化发展的主线，以落实农机化政策法规为根本保障，以科技进步为重要支撑，着力主攻薄弱环节，着力调整优化农机装备结构布局，着力解决区域发展不平衡问题，在农业发展新常态下，农机各项工作取得了阶段性成绩。到2015年，全县农机总动力达到66.3万千瓦，农机总值达到4.9亿元，主要农作物耕种收综合机械化水平达到90%以上，被市农机局授予全市农机监理工作先进集体、农机管理工作先进集体和农机科技工作先进集体等多项荣誉称号。

**一、以法律法规的落实推进法治农机建设**

全面落实《中华人民共和国道路交通安全法》《中华人民共和国农业机械安全监督管理条例》和《中华人民共和国农业机械化促进法》等相关法律法规。一是抓安全教育提高意识。利用宣传周、“安全生产月”等项活动开展安全生产知识的宣传，督促农机户自觉办理农机牌、证、年检手续，做到广播有声音、宣传有版面、人手有资料，营造了浓厚的学法守法氛围，全年共接受群众咨询1200余人次，发放宣传资料6000余份，拖拉机挂牌515台、年检830台。二是抓监督检查强化管理。以提高“三率”水平为主线，全面开展“平安农机”创建活动。从增配管理人员、分组调整优化、健全规章制度等方面加强农机安全生产监管工作，实现了“抓三率，促安全”的目标，确保了全县农机安全生产无事故。三是抓优质服务提高检验率。实行“一站式”服务，以提高检验质量保安全为根本目的，严把拖拉机年检质量关，把检验现场搬到镇村，做到随到随检，当日办完，为机手提供方便、快捷、人性化的服务。

**二、以科技创新推进农机科技进步**

加大对科技创新的扶持力度，整合科研、培训、推广、生产等社会资源，推动粮食作物生产机械化的稳步推进和经济作物生产机械化的全面提速。通过召开农机现场演示会等形式，在大力推广应用玉米机械化收获技术的基础上，大力推广了园田管理机、电动卷帘机等设施农业机械。围绕花生、大姜、山药等经济作物生产机械化，开展了关键机具的示范推广，推动了经济作物生产机械化的快速发展，提高了农业生产效率，促进了农业节本增效。“三秋”期间，在乔官镇组织召开了以玉米联合收获为主的“三秋”农机作业现场会，20多台玉米联合收获机、深松机、秸秆还田机等新型机械进行了现场作业演示，各镇农机站长、农机合作社负责人、农机大户等100多人参加了会议。

**三、以服务能力建设推进农机服务水平提升**

通过开展农机服务，确保各农时季节农机化生产协调有序开展。一是机具检修服务到位。组织农机技术人员深入镇村，为农机户解决机械检修中遇到的技术难题，共检修各类农机具3400多台套，调动各类动力机械和配套农机具5900多台套投入春季农业生产和“三夏”、“三秋”工作，为夺取全年农业丰产丰收奠定了坚实基础。二是技术服务到位。认真落实各项技术措施，抽调技术人员，深入田间地头开展技术服务，做到机械调动、人力安排统一协调，努力提高机械化组织程度。“三夏”、“三秋”期间，共组织300台联合收获机开展跨区作业，大大提高了我县农业机械的利用率和经济效益。三是教育培训服务到位。采取农机教育培训与社会办学相结合的措施，深入开展了农机教育培训大行动，全年共培训拖拉机驾驶员310人，各类农机手操作1800余人次，使农机手对农业机械的使用操作、维修水平、安全生产水平和法律法规意识有了进一步提高。

**四、以新型经营主体建设推进农机经营模式转变**

把加强农机服务组织建设作为提高农机服务组织化、规模化、产业化的根本措施，增强服务能力，拓宽服务领域，降低服务成本，增加服务收入，农机专业合作社的发展化解了“谁来种地、怎样种好地”的矛盾。到2015年年底，全县农机合作社数量达到了37个，其中天君农机合作社被评为山东省农业科技示范户、潍坊市“企社共建”单位一等奖，丰谷、富民、合力3家农机合作社被评为潍坊市农机专业合作社示范社。

**五、以国家农机补贴政策落实推进强农、惠农、富农建设**

2015年争取中央农机购置补贴资金960万元，为了将农机购置补贴政策真正落实到农民手中，成立了农机购置补贴工作领导小组，制定了周密的实施方案；充分利用各类新闻媒体发布购机补贴政策宣传公告，公开补贴内容、形式、程序、申请报名方法等政策信息，确保阳光操作；多次召开经销商会议，监督并要求供货企业严格按协议供货，始终以保障农民利益为出发点开展工作；工作中严格对补贴机械进行现场认定、系统录入、核对信息，机械落实后，为每台补贴动力机械入户上牌，并对驾驶操作人员考核，从源头上杜绝安全事故的发生。全年共补贴机械537台，受益农户达517户，带动农民投入近2700万元。另外，开展了农机深松整地作业补助试点工作，争取上级财政资金160万元，选定红河、营丘、乔官3个镇，5个农机合作社的50台机械上阵作业，深松土地近40000亩。

**六、以三严三实建设推进干部作风转变**

按照党的群众路线教育实践活动的要求，自觉以守纪律、讲规矩、做表率和三严三实为标识，自觉以为民务实清廉为目的，农机队伍行风作风明显转变。工作生活中，全局党员干部严格遵守中央“八项规定”，重点针对消除“四风”、杜绝“庸懒散浮”，重新修订了《公务接待工作规定》《值班制度》，制订了《公务用车管理办法》，出台了《关于进一步加强机关作风建设的意见》，规范了权力运行，铲除了滋生“四风”的土壤，全局上下形成了制度管人的良好氛围，打造了农机行业新风尚，促进了全县农机工作健康有序开展。

## 昌乐县畜牧兽医局党委工作概况

党委书记、局长　安盛军

2015年，在县委、县政府的正确领导下，县畜牧兽医局党委认真贯彻落实党的十八大和十八届历次全会精神，围绕“抓党建、促发展、创一流”的工作思路，积极加强党的组织建设和思想建设、作

风建设，充分发挥基层党组织的战斗堡垒作用和共产党员的先锋模范作用，争创一流工作业绩，不断开创畜牧兽医工作新局面，实现了党建工作与畜牧业发展互促互进共赢。2015年，我局先后被评为“全市重大动物疫病防控工作先进单位”“全县工作实绩综合考核先进单位”。

**一、夯实基础，抓好党的组织建设**

（一）健全机制，齐抓共管。建立《党员领导干部党建工作“一岗双责”制度》，从党委书记、班子成员到科室、站所负责人实行分级负责、层层管理，保证党建工作从制度的建立、落实、考核、奖惩，环环相扣，扎实有效；把党建工作与业务工作一起部署，一起检查，一起考核，使党建工作在局机关形成分工负责层层抓，上下协调共同抓，互通情况齐心抓的良好格局。

（二）发挥引领，增强合力。完善党委学习制度，强化领导班子的政治、业务学习，班子成员带头以身作则，以会代学，每逢局务会或领导班子会，认真组织学习党的路线、方针、政策以及各类会议、文件精神，提高带好班子和做好本职工作的能力；健全党内情况通报制度，对涉及局机关的重大事项、重大决策、重要举措，特别是对党员发展、评先选优、干部职工使用等群众关心的热点、敏感问题，按照政府信息公开条例要求，依法公开有关信息，进行全局范围的公开，提高办事透明度；配合组织人事部门做好党员干部的考核和民主评议工作，积极对机关干部的任免、调动和奖惩提出意见建议。

（三）上承下行，抓好落实。认真贯彻落实县委和县直机关党工委的各项工作部署，扎实开展各种党建活动，丰富活动内涵，精心制定方案，全面动员部署，围绕活动主题，着重在加强党组织和党员队伍建设方面抓好落实，完善学习机制，不断提升服务水平，活动中紧密结合单位工作实际，着力在加大“为官不为”整治工作上下功夫，建立健全岗位责任、限时办结、首问责任等制度，提高办事效率，增强服务意识。

**二、完善各项制度，提升党建工作水平**

一是坚持民主集中制。按照民主集中制的组织原则要求，逐步建立和完善了党内情况通报制度、重大事项征求意见制度。坚持“三会一课”制度，推行党务公开，增强党组织工作的透明度，充分保障广大党员的知情权、参与权、监督权，使党员更好地了解和参与党内事务，形成了生动活泼的党内政治生活。

二是完善党员管理制度。对局机关离退休党员和预备党员及后进党员管理等多项党建工作制度进行修订完善，使党建工作进一步规范化、制度化。

三是认真落实调查研究制度。建立党委成员调研制度，每位党委成员定期深入基层和企业开展调查研究，征求党建工作中的意见和建议。

四是严格落实党风廉政建设工作责任制。认真贯彻落实中央和省、市、县委关于党风廉政建设的一系列精神，健全完善党风廉政建设工作责任制，层层签订责任书，落实责任到科室、到个人。

**三、加强专题教育，强化干部廉洁自律意识**

根据中央和省市县委部署要求和《关于在全县县级领导干部中开展“三严三实”专题教育实施方案》(乐办发〔2015〕3号）安排，结合我局实际，制定了专题教育实施方案。一是讲好党课：7月13日，举办党员干部“三严三实”专题党课，启动了全局“三严三实”专题教育。二是扎实开展自学：局领导班子成员制定自学计划，拿出足够的时间认真系统学习习近平总书记系列重要讲话精神，学习党章和党的纪律规定，认真研读《习近平谈治国理政》《习近平关于党风廉政建设和反腐败斗争论述摘编》，认真学习中央组织部编印的《优秀领导干部事迹选编》和中央纪委机关编印的《领导干部违纪违法典型案例警示录》等“三严三实”专题教育学习书目；深入学习了焦裕禄、杨善洲等先进典型，教育引导领导干部见贤思齐，筑牢思想防线，以发生的违法违纪案件为戒，受警醒、明底线、知敬畏，切实做到警钟长鸣、警惕长存。三是开展专题研讨：按照要求，结合个人自学，进行了3个专题学习研讨；7月21日开展了“严以修身，加强党性修养，坚定理想信念，把牢思想和行动的总开关”专题讨论；8月12日开展了“严于律己，严守党的政治纪律和政治规矩，自觉做政治上的明白人”专题二研讨；10月23日开展了“严以用权，真抓实干，实实在在谋事创业做人”专题三研讨，在个人自学的基础上，班子成员深入交流，谈认识、差距和不足、努力方向和打算。

**四、规范组织活动，提升党建工作水平**

（一）严格实行党组织的管理制度。坚持“三会一课”制度，按规定和程序召开党委会，按要求组织民主生活会，进行批评和自我批评，主动根据党委实际情况开展组织活动，在管理上突出科学性、方式上突出多样性、内容上突出实效性，通过创新活动方式、内容和载体，最大限度地激发党员接受管理教育的自觉性。

（二）积极做好党费收缴工作。认真落实中组部关于党费收缴的规定，及时根据党员工资变动调整党费收缴标准，按要求对全体党员的党费进行了认真的核定，并经县直机关党工委审核，保证了党费足额交纳，定期按要求上缴党费，建立收缴台账，并向全局公示党费收缴情况，全局按规定收取并上缴党费18614元。

（三）积极开展帮扶活动。按照县直部门包靠社区活动要求，安排综合素质高、有基层工作经验的蒋洪卫同志到红河镇东皋社区张家楼村结对帮扶发展，做到吃住在社区、工作在社区、服务在社区，想办法，出路子，理清发展思路，找准薄弱“疾症”，使村容村貌有了极大改善。同时局里组织技术人员成立专家服务队，深入养殖场（户)、专业合作社，解决群众所急所需，提高群众养殖管理水平，增加养殖收入。

**五、抓好党建工作，促进畜牧业持续健康发展**

通过不断加强党的建设，党组织和党员的战斗力明显增强，推动了全县畜牧业健康快速发展。一是畜牧经济指标持续稳定增长。2015年，全县全年出栏肉鸡4100万只、肉鸭4500万只、生猪80万头，存栏奶牛1.47万头，肉蛋奶总产量达到30万吨，畜牧业及相关产业销售收入120亿元。二是强化执法监管，全面提升畜产品质量安全水平。以创建国家食品安全城市为契机，深入开展“食安昌乐”集中整治行动，先后出动执法人员860人次，开展执法检查行动121次，查办案件30起。三是狠抓重大动物疫病防控，筑牢畜牧发展安全屏障。高致病性禽流感、口蹄疫、猪瘟、猪蓝耳病等重大动物疫病的应免密度常年达到100%，全县无重大动物疫情发生。四是扎实推进胶东半岛无规定动物疫病区评估认证工作，12 月中旬顺利通过农业部专家组验收。五是加强畜牧示范园区建设，提高畜禽标准化生产水平。新认证省级畜禽标准化养殖示范场 2 个、市级 4 个，全县畜牧示范园区达到 43 个，实现了畜禽生产标准化和产品无害化、优质化。

## 昌乐县农村经济管理局党支部工作概况

局　长　黄军清

2015 年，县经管局党支部紧紧围绕县委、县政府的总体部署，以全国农村集体资产股份权能改革试点为契机，大力推动农村土地承包经营权确权登记颁证工作，积极引导新型农业经营主体健康发展，完善农村产权交易市场体系建设，强化农村集体“三资”管理，促进全县农村经济发展和农村社会稳定。被省农业厅授予“全省农业宣传暨科学技术普及工作先进集体”荣誉称号。

**一、加强干部队伍建设，不断增强干部队伍的凝聚力、战斗力**

一是坚持每月组织全体党员干部及时学习传达党的有关方针政策和县委、县政府会议精神，认真分析、研究阶段性的重点工作。提高全体党员干部的政策理论水平和班子科学决策、民主决策的水平，提高干部队伍的凝聚力和战斗力。二是加强党风廉政建设，把党风廉政建设和经管业务工作同研究、同部署、同检查、同考核，落实“一岗双责”，严格执行廉洁自律各项规定，筑牢干部思想道德防线。三是认真贯彻执行民主集中制有关制度和规定，充分发扬民主，在重大决策、重大开支、干部推荐选拔等方面，均由班子集体研究、集体决定通过，在班子和单位内部形成民主、奋进的工作氛围。四是扎实开展好“三严三实”专题教育，通过定期召开学习讨论会，撰写心得体会、民主生活会等形式，深化对“三严三实”内容的学习和认识，着力解决工作中存在的问题和不足，不断创新工作方法，努力把教育活动成果转化为推动工作的强大动力。

**二、扎实开展农村集体资产股份权能改革试点工作**

2015 年 5 月，我县被确定为全国积极发展农民股份合作、赋予农民对集体资产股份权能改革试点县。一是制定出台了《农村集体经济组织成员资格认定工作指导意见》《农村集体资产清产核资工作指导意见》等制度性文件，其中 4 个文件成果被《山东农村工作》予以刊发；2015 年全县首批试点 47 个村顺利完成集体资产占有、收益权改革任务，按时上报了工作总结，得到了中央深改办等各级领导充分肯定。农业部《农村集体产权制度改革情况》第一个专刊推介山东省昌乐县扎实推进农民股份权能改革试点工作做法，供全国各地学习参考。在全省农村工作会议上，省委副书记龚正给予充分肯定，要求各地学习借鉴。二是成立 5 个工作指导组，深入镇、村对改革重点环节进行把关，切实抓好现场指导，及时发现问题、解决问题，对难点问题及时提出解决对策，保障改革顺利有序推进。

**三、积极推动农村土地承包经营权确权登记颁证工作**

一是加强检查督导，定期或不定期到各镇（街、区）进村入户实地检查，及时了解掌握工作进展情况。从 6 月 25 日开始从各镇街抽调人员，由经管局 8 名人员任组长，组成 8 个督查组，采取村村到，每村抽查不低于 10 户的方式，对列入确权颁证的村进行督查，及时发现问题，及时改正，保证了经营权证书的及时发放。二是组织专门人员将确权颁证资料按照一户一档的标准整理归档，做到组织有序，种类齐全，保管安全，确保管有人，存有地，查有序。三是完成了数据库建设，768 个村的确权数据全部录入数据库。四是在组织县级工作验收的基础上，顺利通过了市级确权登记颁证工作检查验收。全县 768 个确权村已完成了颁证入户工作，占应确权村的 100%，共有 110167 户换发了新的经营权证书，在全市发证率 11 次通报中名列前茅，全市科学发展综合考核得满分。

**四、大力完善农村产权交易中心建设**

一是依托齐鲁农村产权交易中心建成了昌乐县

农村综合产权交易服务中心，在县市民服务中心设立了服务窗口；各镇（街、区）依托经管站成立了办事处，负责做好本区域内农村产权流转交易的服务工作；每村设立一名信息联络员，负责本村农村产权信息的收集上报工作。二是制定了《关于昌乐县农村综合产权交易市场建设的实施意见》，并由县政府办公室印发，《昌乐县农村产权交易管理办法》目前已进入发文程序。2015 年，全县共发布信息 637 条，成交 56 笔；为家庭农场、种植大户、农户等办理抵押贷款 44 笔，共计 2137.7 万元，在全市科学发展综合考核八县市中排名第一。

**五、有序引导农民合作社及家庭农场规范发展**

一是对全县登记注册的农民专业合作社进行了全面普查，分别编制了农民合作社正常经营、经营异常及优先扶持目录。二是开展了国家级示范社监测及省级示范社申报、市级示范家庭农场监测及申报工作，新认定省级示范社 9 家、市级示范家庭农场 5 家。三是加强家庭农场、合作社规范化建设，指导健全各项规章制度，完善运行机制，强化财务管理，提升和发展质量。2015 年，新发展合作社和家庭农场 206 家。

**六、深入强化农村集体“三资”管理**

一是对现有各项村级财务制度进行了修订完善，印发了《关于进一步加强农村集体“三资”管理工作的意见》《农村集体“三资”管理暂行办法》《关于对农村集体资金实行“双印鉴”管理的通知》等相关文件，构建起农村集体“三资”管理制度体系。二是开发建设了昌乐县“农村集体资产信息化平台”，平台主要包括农民股份权能改革、农村三资管理、农村土地承包管理、农村产权交易管理、农民专业合作社管理、农村财务公开等六个版块，进行了初始数据录入。三是 8 月份对全县代管村级资金、一事一议奖补资金、转移支付资金管理情况进行了全面检查，并对 30 余个村进行了重点审计。11 月 16 日至 18 日，由县纪委牵头，从组织部、审计局、民政局、财政局、经管局抽调 20 名工作人员组成 4 个检查小组，对我县各镇（街、区）农村集体“三资”管理、农民负担等涉农事项进行了联合检查。

## 昌乐县粮食局党委工作概况

党委书记、局长　田志贤

2015 年，县粮食局党委认真贯彻落实县委、县政府的决策部署，紧紧围绕“一三六一”思路举措和建设“三个”昌乐的奋斗目标，分解任务、创新措施，转变作风、狠抓落实，各项工作扎实有效。

**一、县级储备粮油管理工作科学规范**

一是完善地方储备粮管理机制。建立健全了地方储备粮轮换、管理、储存、粮情检查等制度，明确监管职责，确保地方储备粮安全。扎实做好储备粮轮换工作。5 月 25 日—6 月 15 日，高标准高质量完成了小麦轮换 3500 吨。二是搞好粮食库存检查。今年 5 月、10 月，我们本着“有仓必到、有粮必查、有账必核、查必彻底”的原则，对昌乐粮食储备库所有库存粮食质量和卫生安全情况、粮食仓储管理情况、储备粮轮换情况、粮食库存账实相符、账账相符情况等进行一次全面检查。经查，昌乐县地方储备粮数量真实、质量良好、储存安全。

**二、粮食市场管理工作有序进行**

一是每季度对全县 14 家涉粮企业和进行原粮监督检查。通过检查，96%的涉粮企业在粮食收购、检化验、设施配置等各项规范中均达到规定的指标要求，对个别存在问题的企业，下达了限期整改通知，责任到人，跟踪检查。对于保障粮食安全、追溯粮食源头起到了较好的促进作用。二是积极组织好食品安全宣传活动。根据昌乐县食安委下发的《昌乐县食品安全委员会办公室关于印发昌乐县 2015 年食品安全宣传周活动实施方案的通知》，及时制定活动实施方案，并于 6 月 26 日组织昌乐好友油脂有限责任公司和山东鲁中风筝面粉有限公司在昌盛街佳乐家广场进行了“放心粮油”宣传活动。

**三、招商引资工作卓有成效**

着力抓好招商引资工作。我局引进的投资6000万元的山东省昌乐中基粮食贸易有限公司项目，目前已完成拆迁和土地平整，围墙已建成，工程规划已经完成。该项目占地50余亩，建成后主要用于粮食仓储、购销。在招商引资的同时大力度招商引粮。通过与县外大型粮食购销企业定向合作收购、为供需双方引线搭桥、介绍加工企业到产地收储、为粮食业户提供仓储服务等形式，充分发挥粮食系统的“消防池”“加压泵”作用，保证昌乐县粮食加工企业正常运转。北大荒粮食昌乐分公司顺利运营，该分公司每年可注入昌乐县粮食市场资金十几亿元，将进一步缓解昌乐县粮食供需矛盾紧张的状况，促进县域粮食经济产业化发展。

**四、安全生产工作常抓不懈**

一是成立粮食局安全科。为切实加强安全生产管理工作，完善安全生产监管体系，根据县安委会、县编办印发的《关于各镇（街、区）、县直有关部门成立安全科的通知》（乐安办字〔2015〕8号）要求，结合我局实际，于2015年6月成立昌乐县粮食局安全科，抽调精干力量抓好安全生产监管工作。二是精心组织粮食企业安全生产大检查。依照《昌乐县2015年安全生产月活动方案》的要求，及时制定《昌乐县粮食局2015年安全生产月活动方案》下发至各企业，并于6月下旬和11月中旬对6家粮食储备及重点加工企业进行了安全生产大检查，针对企业完善安全生产责任制、操作规程、消防安全及应急演练等情况进行了严格检查考核。三是2015年组织企业相关人员参加安全生产培训学习10人次，组织安全生产检查2次，责任区域内未发生安全隐患和安全事故。

**五、昌乐地方粮食储备库升级改造**

加快基础设施建设改造。争取中央财政资金229万元，自筹110万元，对昌乐县粮食储备库开始了升级改造工程。对信息化系统建设、库区安全设施建设、机器设备购置等进一步改造。其中，以中心粮库为主安装信息化管理系统一套，配套视频监控系统一套；移动式输送机6台（18米输送机2台，圆筒清粮筛3台；扒谷机3台）。

**六、积极争取上级政策支持，推广农户科学储粮示范仓**

4月，在昌乐县红河镇推广200个农户科学储粮示范仓。示范仓项目争取国家、省财政支持43000元，每个农户仅需出资45元（国家补贴出资120元、省财政出资95元）就可购得价值260元的示范仓，该项目的推广有效解决了农户储粮难的问题，提高了储粮水平，受到广大农民群众一致好评。

**七、积极扶持涉粮企业，保障粮食产业化健康发展**

重点扶持产业化龙头企业。今年11月，帮助好友油脂有限公司申请政策性应急供应粮食仓储保障审计建设项目。此项目总投资480.8万元，其中公司自筹330.8万元，申请省财政支持150万元。该项目建成后，将进一步提升好友公司的应急加工能力和成品油储备能力，满足生产和进一步增加政策性储备能力的要求。

## 昌乐县供销合作社联合社党委工作概况

党委书记、主任　赵玉刚

2015年，县供销社党委认真贯彻落实中共十八大、十八届三中、四中、五中全会精神，紧紧围绕县委、县政府的中心工作，立足部门职能，狠抓工作落实，稳妥推进工作目标，各项工作取得了新进展。

**一、着力深化供销社综合改革**

（一）实体性合作经济组织建设取得新突破。根据改革要求，县社加挂了县农民合作社联合社牌子，编办赋予了8项职能，设立了6个科室；先后成立6处镇级区域性农民合作社联合社，进一步密切了与农民群众的利益联结。

（二）服务规模化取得新进展。使用供销社改革发展资金对讲习所进行了改造升级，新设立6个教学板块，聘请高科生物博士丁之铨担任讲习所校长，被确定为潍坊市星火培训基地、市人社局定点培训机构，继续承担山东省职业农民培训示范县项目，新中标潍坊市创新与创业培训五年规划项目，今年先后组织开展培训860场次，培训人员20000多人次，1200人获得农艺工职业资格证书。建设职业农民创业孵化基地，加强职业农民创业培训的做法被供销总社全面深化改革领导小组试点简报刊发。把为农服务中心建设作为开展服务规模化的重要载体，对“十三五”期间全县10处为农服务中心建设进行了规划，今年建成3处为农服务中心，争取上级财政补助资金150万元。依托齐城供销公司开展土地托管26.11万亩，新上测土设备5套，配肥机3台，无人植保飞机3架，开展精准施肥10万亩，统防统治10万亩。开展甜瓜全程托管服务1100亩，为群众增收110万元。

（三）流通现代化取得新推进。指导昌供农业生产资料公司发展连锁经营，实施“放心农资”工程，现已开设连锁店、加盟店75处，业务覆盖潍城、青州、寿光等县市区；指导乐通电商公司设立农产品、农资板块，搞好平台运营，现流量正逐步增加，关注度正逐步提高。借助省社与京东公司全面合作的机遇，做好流通现代化服务工件，协助京东公司昌乐运营中心招聘乡村推广员307名。

（四）合作金融有序开展。指导系统内两处农民合作社开展信用互助业务，金额600万元，坚持封闭运行，不对外吸储放贷，不支付固定回报的原则，加强日常监督检查，确保安全运行，解决了合作社社员的资金需求。

**二、加快推进社村共建工作**

继续总结提炼“将基层社建在合作社上、建在龙头企业上”的做法。先后与35个村开展共建工作。今年与共建村新成立合作社30个，设立职业农民培训点11个，改造提升农产品交易市场2处，建设农产品生产基地6处，免费为共建村发放玉米良种4000公斤，实现交叉任职70人。选派两名科级干部包村，王勤生担任宝都街道后东村第一书记，经过认真细致努力，选出了班子，化解了矛盾，推进了工作开展。

**三、抓好高毒农药储备管理**

根据乐政办字〔2014〕52号《昌乐县关于高毒农药储备管理使用实施意见》，高毒农药由供销社储备经营。

（一）设立了储备库。落实了人防、物防、技防措施，从农业局移交收缴的高毒农药1600公斤。

（二）作业服务。对县城区、县驾驶员培训中心绿化苗木的虫害进行了统一作业，使用高毒农药涕灭威1887公斤。

（三）加强监管。年内召开联席会议2次。会同农业局及有关部门，对系统内农资经营网点逐一排查，与各经营网点签订了《农药经营责任书》，共同抓好高毒农药市场集中整治工作。

**四、大力抓好招商引资工作**

利用5月和10月招商引资月，我单位招商引资小分队赴济南、石家庄等地外出招商。引进项目两个，一是与河北双星种业有限公司签订合作协议，共同发展甜瓜生产基地，并全程提供技术指导和产品销售。二是县职业农民创业孵化基地项目。突出抓好重点招商引资项目——山东（昌乐）鲁供农产品物流项目建设，县社成立了专门的项目服务小组，继续帮助协调土地、拆迁、规划建设等事宜，争取项目建设取得实质性进展。

**五、认真做好信访维稳和安全生产工作**

严格落实领导班子成员接待群众来访、包案化解信访问题制度。成立了专门的信访工作领导小组，负责做好全系统的维稳工作。定期对全系统的不稳定因素展开“拉网式”排查，及时发现并控制住上访苗头。通过落实排查、稳控、化解等措施，对生产资料公司集体访人员、对基层供销社集体访人员、对市县重点稳控人员赵伟红等上访人员，通过认真细致的工作，维护了全国“两会”和中共十八届五中全会期间的社会稳定。与乐港、银龙公司签订了“安全生产责任书”，督导其认真落实安全生产责任制，年内进行检查4次，全系统未发生安全生产事故。

**六、抓好党风廉政建设**

（一）把党风廉政建设和反腐败工作列入党委班子重要议题和年度整体工作目标，制定了详细的党风廉政建设计划和党风廉政建设责任制，对工作进行全面安排部署，能够及时听取纪检监察组织有关党风廉政建设和反腐败工作专题汇报，对工作进行认真研究和督查。及时制定了党风廉政建设工作计划和反腐败实施意见，并召开会议进行专题部署和认真组织实施。县社还同各企业签订了“党风廉政建设责任书”，明确规定企业一把手对本企业的党风廉政建设负总责，其他班子成员按照“一岗双责”的要求负直接责任，强调组织纪律和工作纪律，形成齐抓共管的工作机制。

（二）县社党委成员从书记做起，按照“一岗双责”的要求，落实党内监督五项制度，认真贯彻执行领导干部廉洁自律的有关规定。并定期召开民主生活会，班子成员之间开展批评和自我批评，及时发现问题，解决问题，保证县社党委的廉洁自律。县社组织人员对企业的责任书落实情况进行了检查考核，加强对企业领导班子的监督。

（三）深入开展了以“三严三实”为主要内容的专题教育实践活动，县社党委安排了两次廉洁从政专题学习活动。组织县社机关党员干部参加德廉知识测试学习，及格率达到100%。

（四）强化机关干部“庸懒散浮”专项治理，一是组织编制完善了《昌乐县供销社规章制度汇编》，对机关出勤、纪律、宣传、学习、带班值班、公务接待等37项制度进行集中汇编，印制成册，人手一本，做到有章可循、依规管人、照章办事，使机关工作走上了制度化、规范化的道路，干部职工的整体素质明显提高。二是落实了岗位责任制，每名干部职工都确定了长期目标和短期目标，对目标的实现情况实行一周一汇报，一周一调度，一周一督办。落实了每周一次例会制度和每周一次的全体职工学习制度，每周召开领导班子会议，总结上周工作进展情况，提出下周工作打算，研究确定实现长期目标的办法和措施，提升干部职工的责任意识，加大了工作推进力度，提高了工作效率。

## 昌乐县招商局党支部工作概况

党支部书记、局长　王秀彬

2015年，县招商局党支部按照县委、县政府部署要求，全面贯彻落实党的十八大和十八届三中、四中、五中全会精神，突出做好招商引资工作，深入开展“守纪律、讲规矩、做表率”主题教育活动，扎实做好党风廉政和反腐倡廉工作，较好地完成了全年的各项工作任务。

**一、加强学习，增强领导班子自身建设**

2015年以来，县招商局以增强凝聚力、战斗力为目标，以提升领导能力为重点，进一步加强了领导班子的自身建设。结合县里组织开展的各项主题教育活动，组织班子成员深入学习邓小平理论和“三个代表”重要思想，学习中共十八大和十八届三中、四中、五中全会精神，坚持用党的理论指导实践、推动工作。同时，结合招商引资工作实际，加强了对经济、金融、投资、法律等业务知识的学习。通过学习，进一步提高了班子成员的政治理论素养，有效提升了领导班子在新形势下把握经济发展规律，做好招商引资工作的能力。

**二、扎实做好各项工作任务**

一是围绕产业升级和优势资源，包装推介了一批重点项目。结合国家产业政策，围绕我县“2121”工业主导产业和六大新兴产业，包装了装备制造千亿级产业园、黄金珠宝加工交易千亿级产业园、新能源汽车500亿级产业园、智能制造产业园、17宗低丘缓坡地块和政府储备用地等23个优势产业和现代产业体系重点项目，充实了招商项目库。

二是坚持多种形式招商，招商成果丰硕。今年以来，全县各级各部门围绕县委县政府的重要战略部署，利用各种方式方法，全力开展招商引资工作。一是继续组织开展“集中招商月”活动。5月“集中招商月”期间，共有21个部门单位组建了34支招商小分队，外出赴北京、上海、深圳等20多个城市和地区开展招商活动，与佛山机器人科技有限公司洽谈了机器人生产、与阿里巴巴集团洽谈了阿里巴巴的“千县万村”、与香港铭基食品有限公司洽谈了麦当劳熟食加工等项目37个，总投资37.68亿元。开展10月“集中招商月”活动，全县共有7个镇街区、14个部门组成26支招商小分队，赴全国16个城市和地区开展招商活动，与北大公学对接洽谈了北大公学昌乐国际双语学校、与中圣集团对接洽谈了生物质热电联产、与杭萧钢构股份有限公司对接洽谈了钢结构住宅、与苏州嘉腾液压科技有限公司对接洽谈了液压配件及电镀等项目30个，总投资46.9亿元，其中合同项目4个，总投资4.85亿元。二是充分利用节会平台招商。组织参加了潍坊国际风筝会、国际资本与潍坊合作项目对接会、中日韩产业博览会、2015中国(昌乐)国际宝石博览会等招商活动,充分发挥节会平台作用,积极搜集项目信息,加强与投资商联系沟通,谈成了一批合同项目,成效明显。投资5000万美元的汽车改色膜项目在第32届风筝会上签约,投资3000万美元的铭基食品和投资5亿元的新二中·美加国际学校项目参加了潍坊市中日韩产业博览会合作项目签约仪式,3个项目均已落地。2015中国(昌乐)国际宝石博览会全县共邀请客商198家。三是促进专业招商小分队外出招商。我县4支专业招商小分队分别赴深圳、上海、北京、厦门等地积极开展专业招商对接洽谈活动,洽谈了中圣集团投资的生物质热电联产、杭萧钢构投资的钢构住宅工厂等项目。

*三是加强协调服务,帮助项目办理手续。*对洽谈引进的重点招商项目跟上推进,协调服务,帮助项目办理开工手续,推动项目早日开工建设。今年以来,帮助铭基食品、三益沼气提纯等项目办理名称登记、环评、安评、申领营业执照等手续,帮助昌乐一中、英才实验学校项目办理立项等手续。

*四是加强调度统计,做好考核认定工作。*每月对全县新开工项目和签约项目调度统计,及时汇总报市局,真实反映我县招商工作成果。每季度做好市县招商考核认定工作,定期通报考核结果。2015年全县招商引资到位资金75.69亿元。其中市认定项目32个,到位资金52.79亿元(含2个招院引所),居县市第四位;限额项目163个,到位资金35.1亿元。

*五是密切联系群众,扎实做好部门包社区工作。*安排一名"第一书记"长期包靠在社区,定期到所包靠的时马社区走访慰问,深入了解群众生产生活情况,协调帮助开展相关工作。今年以来,对时马社区西官庄村进行了集中走访,重点走访看望了张启昌、王迎之等6位孤寡、贫病老人,为困难群众送去了大米、面粉、花生油、鸡蛋等生活必需品。

**三、深入开展各项主题教育活动**

*一是开展"守纪律、讲规矩、做表率"主题教育活动。*制定了《县招商局关于在全局党员干部中开展"守纪律、讲规矩、做表率"主题教育活动的实施方案》,促进全局党员干部不断加强学习、查摆问题、整改提高,以学习增强公仆意识,树立起勤政廉洁,反腐倡廉的良好形象。全局党员干部每周拿出半天时间,开展了9次集中学习活动,形成心得体会16篇。集中学习了《中国共产党章程》,深入学习了《习近平关于党风廉政建设和反腐败斗争论述摘编》、中国共产党第十八届中央委员会第四次全体会议公报、习近平在十八届中央纪委五次全会上发表的重要讲话和中央、省市县委领导在纪委会议上的讲话精神,学习党的十八大以来新颁布的党纪条规。通过集中学习,党员干部的自律意识不断增强,廉洁形象不断提升,形成了守纪律、讲规矩、敢担当、干事业、适应新常态的招商队伍。

*二是认真查找基层干部不作为乱作为等损害群众利益问题。*按照县委组织部关于转发《关于深化县级"三严三实"专题教育着力解决基层干部不作为乱作为等损害群众利益问题的通知》的通知要求,制定了工作方案,成立了领导小组,以问题为导向,坚持教育惩处并重、标本兼治的原则,深入整治全局干部职工"不作为、慢作为、乱作为"突出问题。列出了县招商局领导干部不作为、乱作为等损害群众利益问题清单,明确责任人和整改期限,限时整改,坚决杜绝基层领导干部不作为、乱作为等损害群众利益问题出现。

*三是扎实做好为官不为专项整治工作。*按照县委《关于开展"为官不为"问题专项整治工作方案》文件要求,对照方案中的"为官不为"四个方面20种行为形式,深入对照检查,逐项检查履职尽责情况,列出详细专项整治清单,对照自查自纠中发现的领导干部为官不为突出问题,认真分析原因,有针对性地制定了整改措施,明确整改时限,公开整改承诺,限时整改完成。有效解决了局领导班子不敢担当、作风漂浮等问题,进一步增强了党性修养,改善了工作作风,提升了工作水平。

**四、认真落实党风廉政建设责任制**

*一是高度重视党风廉政建设工作。*今年以来,我局始终把党风廉政建设工作列入党支部班子重要议事日程,结合年度工作实际制定了工作计划,及时召开党风廉政建设专题会议,传达学习有关领导讲话和上级文件精神,对党风廉政建设工作进行全面安排部署。修订完善了《县招商局领导班子成员党风廉政建设岗位职责》,明确主要负责人为党风

廉政建设第一责任人，负总责，其他班子成员认真履行“一岗双责”，形成了各负其责、分工明确、责任到人的工作格局，有效推进了党风廉政工作的开展。

二是坚持民主集中制，增强班子凝聚力。坚持民主集中制，充分发扬民主作风，大事讲原则，小事讲风格。坚持民主生活会制度，按照上级规定的内容对照检查，积极开展批评与自我批评；党员干部之间开展谈心活动，互相交流思想，增进理解。落实班子议事制度，定期召开班子成员会议，坚持广泛征求意见，表决议事，落实决策民主化、科学化，提高了决策水平，加强了班子团结。

三是开展廉政教育，增强自律意识。今年以来，局党支部认真传达贯彻了全县党务工作会议和一系列文件精神，按照县纪委下发的《关于加强岗位廉政教育的意见》要求，把廉政教育与国民教育、精神文明建设和法制教育结合起来，在全局开展党风廉政宣传教育活动。组织骨干党员干部参加了“三个一”岗位廉政教育，进一步强化了党员干部的廉政勤政意识和职业道德教育。

## 昌乐县安全生产监督管理局党组工作概况

党组书记、局长　崔德军

2015年，县安监局党组在县委、县政府的正确领导下，坚持以科学发展、安全发展为统领，按照“安全第一、预防为主、综合治理”的方针，以安全生产大检查为总抓手，进一步加强组织领导，深化责任落实，突出重点领域监管，狠抓隐患排查整治，夯实基层基础工作，取得了明显成效。全县共发生各类生产安全事故8起，死亡4人，事故起数和死亡人数两项指标分别下降20%和50%，事故起数和死亡人数两项指标实现十四年“双下降”，未发生较大及以上生产安全事故，完成了市政府下达我县的控制指标。县安监局被评为全省安全生产系统先进单位。

**一、全面落实安全生产责任**

2015年，组织召开了6次安全生产工作专题会议、5次安委会全体（扩大）会议。通过执法检查、督查调度等方式，督促各镇（街、区）、部门把安全生产任务目标和监管责任，逐级进行了细化分解，全县各级共签订安全生产责任书、承诺书4000余份。专门下发了《关于对生产经营单位安全生产实行实名制监管的意见》，在危化品、烟花爆竹、民爆器材等39个行业领域，全部以“实名制”的形式落实安全生产主管单位、行业安全生产监管单位和属地监管单位，将具体责任单位、责任人挂牌上墙、接受监督，网格内做到实人、实名、实管、实效。

**二、狠抓安全隐患排查整治**

在“两会”、风筝节、宝石博览会、国庆节等敏感时段，发挥县政府安委会办公室综合协调作用，督促各镇（街、区）、县直有关部门根据条块结合和分级负责的原则，按照“专家查隐患，企业抓落实，政府抓监管”的隐患排查整改机制，对危险化学品、人员密集场所、烟花爆竹、交通运输、建筑施工、油气管道等高危行业企业开展12次专项整治。对检查发现的隐患，做到整改时限、责任、资金、预案、措施“五落实”；对重大隐患，实行政府挂牌督办、跟踪问效、专家验收和整改销号制度；对重大事故隐患整改不力和不按照要求整改的，一律按上限处罚。对存在安全生产违法行为的企业进行经济处罚，共处罚款120多万元，对一家发生火灾事故的化工企业一次性罚款50万元。通过政府购买服务的方式，县财政出资35万元，聘请专业公司对全县46家危化品企业、14家涉氨制冷企业逐一进行“诊断式”检查。对发现的隐患，由专家组确定整改方案，一企一案，限期整改，整改完成后再由专家组复查验收，直至隐患彻底整改。对首阳山化工有限公司等11家存在重大安全隐患的生产经营单位、山东星宝印刷材料有限公司等17家存在重大消防隐患的生产经营单位进行挂牌督办。对7家非法加油站依法关停，对9家未取得安全许可的企业进行停产。

**三、扎实开展安全生产大检查活动**

印发了《全县安全生产大检查活动实施方案》，

组织各级各部门各单位从8月起到年底，深入开展安全生产大检查活动。大检查由县政府安委会统一部署，按照属地管理和条块结合的原则，对全县所有生产经营单位进行“拉网式”检查。全县共检查各类生产经营单位4108家，排查各类安全隐患8035项，已整改6550项，尚未彻底整改的隐患已全部落实防范措施。为保证工作落实到位，专门成立了9个督查组，全部由部门主要负责人担任组长，一个督查组包靠一个镇（街、区），开展为期4个月的明察暗访，重点对各镇（街、区）各企业自查情况和问题整改情况进行督促落实，对发现的问题登记在册，建立台账，实行销号管理。督查组每5天上报一次督查情况，并在媒体曝光反面案例。县委、县政府主要领导每周一召集各督查组组长、镇（街、区）主要负责人，调度安全生产情况。各督查暗访组共暗访各类生产经营单位445家，排查各类安全隐患2461项，整改隐患1512项。

**四、强力推进安全生产标准化规范化建设**

成立了由5名科级干部任组长，熟悉业务的工作人员及15名安全生产专家为成员的企业安全标准化创建辅导组，分工包靠各镇（街、区）各企业安全生产标准化创建的辅导工作。在此基础上，三个执法监察中队分别负责对各镇（街、区）企业安全标准化创建工作进行督导，推动创建工作扎实有效推进。全县共有226家规模以上企业开展了安全标准化创建，211家企业通过了考核验收，通过率达到93%。加强安全社区创建工作，县经济开发区（宝城街道）、宝都街道、高崖水库库区等7个镇（街、区）成功创建为省级、市级安全社区。召开专门会议，要求各镇（街、区）要按照“镇级安全生产六类台账、重点监管单位‘一企一档’、非重点监管单位建台账、日常监管六个台账、镇街监管两张图”的要求建立完善安全生产基础台账。

**五、安全生产基础工作进一步夯实**

严格执行安全生产许可制度，狠抓建设项目安全设施“三同时”制度。全县162家高危企业全部进行了安全评价，依法取得了安全生产（经营）许可证，重点领域建设项目“三同时”率达到了100%。精心组织“应急预案演练周”活动，演练周期间，督促石大昌盛、日科化学、英轩重工、英轩实业、乐化油漆等企业开展了320余场应急救援预案演练活动，各镇（街、区）、县直有关部门、相关企业负责人到现场进行了观摩。加大宣传力度，“安全生产月”活动期间，采取发放标语、编印小册子、张贴横幅等多种方式宣贯《安全生产法》，营造浓厚氛围。进一步完善“菜单式”培训方式，按照“教育抓普及、培训抓规模、高危抓全员”的思路，分层面、分区域、大范围，开展安全教育培训活动，提升从业人员安全素质。2015年，共举办各类安全生产培训班26期，培训人员3200余人，全员培训企业29家，培训人员12000余人。加强职业健康监管，印发了职业危害申报程序说明，指导帮助企业开展职业危害申报工作，已有760余家企业通过了职业危害审查，30余家企业进行了职业危害因素检测检验，1800余人进行了职业健康查体。严格应急救援预案审查，对新建改建扩建危化品项目，聘请专家现场审查，提升企业应急处置能力。

# 昌乐县供电公司党委工作概况

党委书记　宋德华

2015年，县供电公司党委认真贯彻落实省市公司各项工作部署，弘扬“争先、率先、领先”主旋律，围绕年初制定的工作目标，不断深化“两个转变”，各项工作取得显著成效。

全年实际完成售电量14.7亿千瓦时，同比降低0.68%；综合线损率完成2.83%，同比下降0.99个百分点；主营业务收入9.02亿元、利税4384万元；平均电价完成577.95元/千千瓦时。公司被山东省总工会授予“富民兴鲁劳动奖状”。被省公司授予“先进单位”；荣获全省基础评价B区段综合标杆、管理标杆。班组对标综合成绩位居全省第4、全市第2，配电运维班等7个班组（供电所）荣获省公司标杆班组。市公司同业对标排名第2，荣获市公司综合标杆、管理标杆；保持业绩考核A段；被市公司授予“先进基层党委”。连续18年保持省级文明单位称号。

**一、安全生产保持良好局面**

坚持“以人为本、安全发展”的理念，深入学习新《安全生产法》，组织“安全日”专题学习、事故反思等一系列活动，开展了安全培训、安规考试896人次，层层签订安全责任书963份，职工安全意识不断提升。坚持从基础抓起，扎实开展“安全大检查”活动，查改各类安全隐患487项，列入“老虎口”管理7项，顺利通过了省公司安全性评价查评。投资1501万元，完成春、秋检等20个大修项目，检修线路84条次，消缺615项，电网健康水平不断提升。严格施工现场管理，办理“两票”510份，领导班子、督察队到位监督1290人次，发布安全督察通报52期，查禁违章121起，保障了各项施工安全顺利进行。加大外力破坏治理力度，组织了配电室标准化封堵“回头看”；清理树障3.2万棵；建立了涵盖全县645辆特种作业车的信息库，发送安全提示信息7740条，外力破坏引起的线路故障同比降低12%。不断完善应急管理体系，修编应急预案26项，顺利组织了大面积停电政企联合应急演练。圆满完成高中考、宝石博览会等14项重大活动保电任务。截至12月底，公司实现连续安全生产7133天。

**二、特高压属地工作高效推进**

始终把服务特高压工程建设作为全年工作的重中之重，积极向县委、县政府汇报，成立了以县委书记任第一组长、县长任组长的特高压工程领导小组，建立了政企协同工作机制，前期工作顺利开展，榆横—潍坊特高压变电站正式用地手续提前上报至国土资源部；顺利办理了榆横—潍坊、锡盟—泰州输电线路规划许可证；积极协调乡镇党委等有关部门，取得了榆横—潍坊、锡盟—泰州、临沂—潍坊等特高压工程前期可研阶段支持性文件113份、设计阶段支持性文件76份。加大工作力度，提前2个月完成了境内榆横—潍坊31基铁塔的民事协调任务。潍坊特高压变电站“四通一平”、围墙施工基本完工；进站道路以及围墙施工质量、施工进度得到省公司充分肯定。公司先后完成了榆横—潍坊特高压开工动员会等20余次大型活动的组织保障，属地工作快速高效，被评价为“潍坊速度”。省公司蒋总到特高压变电站调研过程中，连续3次对公司属地工作提出了表扬。在省公司联合省总工会召开的“特高压入鲁”表彰大会上，伟业工程公司“四通一平”工程施工青年突击队被授予“‘特高压入鲁’重点工程优秀青年突击队”，刘奇荣获“重点工程建设立功竞赛质量标兵”，公司被授予“富民兴鲁劳动奖状”。

**三、电网装备水平不断提升**

近年来，公司通过积极汇报，多方争取上级电网建设资金扶持。2014年、2015年分别争取上级电网建设扶持资金1.09亿元、1.01亿元。今年又争取到中央预算投资1.5亿元。在昌乐整体电网相对较小的情况下，通过近3年来大规模的电网投入，公司网架结构更加坚强，中低压配网装备水平全面提升。

为满足城区东部负荷增长需求，新建110千伏官山变电站，工程土建、电气安装全部完工，正在进行设备调试；积极配合市公司，加强项目管理，110千伏官山变电站工程被省公司授予“变电工程项目管理流动红旗”。加快中低压配网项目建设，完成了第一批农网改造批复资金6452万元、16个项目，共改造用电村185个，新建改造10千伏线路13条、43.6千米，治理“卡脖子”线路12条、重过载台区56个，电网健康水平得到全面提升。实施低电压专项治理行动，投资1296万元，治理低电压台区81个，电压合格率达到99.37%。积极推进中央预算资金网改项目，完成项目初设、物料招标等相关工作，为电网迎峰度冬和春节保供电奠定了良好基础。

**四、营销服务能力不断增强**

深化营销专业信息系统应用，优化集抄运维处缺流程，日均采集成功率达到99.98%；拓展计量异常监测、线损实时测算等功能，追补电量38万千瓦时、电费18.3万元。完成6011户“一户一表”接收改造，占年度计划的150%。全力服务清洁能源发展，完成替代电量5400万千瓦时。推进客户导向型“大服务”机制建设，对计量故障退费、保险理赔等6个工作流程进行了完善；修订补充岗位细则125条，确保了“大服务”机制建设有效落地。严格规范服务窗口管理，主营业厅和11个供电所全部安装高清视频监控，营业厅“一柜通”和“电话预约服务”达到100%，营业厅投诉数量同比降低50%，顺利通过省公司营业厅标准化验收。不断创新服务举措，设立社会化电费代收点423个，实现了村村设点；推广微信用户3.4万户，积分商城1.6万户，95598万户投诉率保持全市较低水平。

**五、改革改制扎实有效推进**

一是推进“三集五大”整改提升。按照省市公司要求，开展“三集五大”体系梳理排查，完成职责调整21项，进一步理清职责界面。推进运检、营销业务集约，城区57条10千伏线路、372个台区的运维抢修业务由运检部负责实施；1.04万户的营销业务调整至营销部直接管理；实施供电所专业化管理，逐步提升管理效率。省市公司有关领导先后到公司开展“三集五大”调研，对相关工作给予充分肯定。二是顺利完成“子改分”任务。积极汇报，得到县委、县政府支持；清查固定资产1.15万条、清理积压物资28万元；完成了“三证合一”办理、信息系统调整等，公司顺利过渡到分公司模式运行。三是稳妥推进薪酬改革工作。根据市公司统一部署，重点抓好宣贯培训，组织专题学习16期、860人次，做到“人人懂岗位绩效薪酬、人人会算岗位薪点工资”。

**六、管理基础持续巩固提升**

加强同业对标管理，全面开展了新对标体系宣贯培训，实行弱势指标专题攻关，定期开展跟踪督导，实现了指标可控、在控。公司同时荣获省市公司综合标杆和管理标杆，财务管理、人力资源、安全生产、运行管理4个专业被市公司授予专业管理标杆。强化班组建设，班子成员带队外出学习，邀请省市公司及高青公司有关专家现场诊断指导，促进了工作快速提升。依托“四大载体、五大管理工具”，推进班组建设“四大体系”全覆盖。公司班组对标位居全省第4、全市第2，配电运维班、调控运行班、信通运检班、配网抢修指挥班、综合服务班5个班组荣获省公司标杆班组。夯实供电所基础管理，着力提升供电所核心业务，线损率等关键指标明显改善，供电所对标综合成绩保持全市前3位，城关、五图供电所被省公司授予标杆供电所，高崖、朱刘供电所被市公司授予标杆供电所。依法从严治企，严格财务预决算管理，从严从紧控制各类成本和非生产性支出。多方协调，完成市政工程历史遗留账务核对。深入开展“六五”普法宣传，全面应用国网公司经法系统，公司被授予“全市法治宣传教育示范基地”。

**七、创新创效取得丰硕成果**

建立健全创新激励机制，不断激发创新活力，公司获得国家实用新型专利授权16项，发明专利3项。“中置开关柜核相专用装置”荣获山东电力科学技术专利二等奖、“SF6气体试验充装用多功能车”荣获首届山东省电力职工技术成果二等奖。3项管理创新成果获得省公司及以上奖励，其中《以价值为引领的履职绩效5+2管理》荣获山东省企业管理现代化创新成果一等奖。1篇课题攻关荣获市公司二等奖。8篇典型经验入选市公司典型经验库，入选数量全市第1。“10kVKYN－28A智能隔离挡板的研制”QC成果荣获“海洋王”杯QC成果二等奖，“串联谐振电抗器组装工具”QC成果荣获全国优秀QC成果，公司被省总工会授予“质量管理小组活动优秀企业”称号。

**八、集体企业实现稳步发展**

加快集体企业改革改制，严格按照时间节点，完成了产品企业股权变更、投资平台公司化改制；顺利与市公司方源投资签订了吸收合并协议；全市首家完成了集体企业工商注销等主体改革任务。不断规范内部经营管理，推进集体企业“法治企业建设年”活动，排查和整改风险隐患。加快资质办理，光明服务公司取得了五级承装（修、试）电力设施许可证；设计院获得丙级设计资质。努力拓展外部市场，提高投标专业能力，变压器分公司中标省公司集中采购2000万元，集体企业全年完成销售收入2.23亿元，实现利税1083万元。

**九、企业保持和谐稳定局面**

扎实开展“三严三实”专题教育，组织中层以上人员上台授课、集中学习，累计培训1365人次，整改“不严不实”问题36项，取得显著成效。广泛开展了“电网先锋党支部”创建活动，《“三力”工程固堡垒，宝都彩虹靓风采》创新管理成果获得省公司一等奖。公司先后被潍坊市委宣传部授予“潍坊市理论大众化示范点”、“潍坊市思想政治工作先进单位”和“潍坊市学习型党组织”称号。全面开展了“班组大讲堂”，累计组织大讲堂460期、1300课时，参培员工达4500人次；组织班组大讲堂观摩评比，红河供电所荣获市公司“班组大讲堂金牌班组”第 2 名，刘守志被授予“金牌讲师”。积极参加各类竞赛调考，加大奖惩力度，农电用工技能竞赛荣获全市团体第 2 名。李敏、钟国慧分别获得全省财务专业调考前两名。程健代表省公司参加了国网公司财务调考，取得了国网系统第 16 名的成绩，被国网公司授予“优秀个人”。加强企业文化建设，积极推进“善小”爱心行动，组织开展了“慈心一日捐”“衣加衣”送温暖等活动；大力开展典型选树，公司职工钟洪坤入选“中国好人榜”和潍坊“十大孝星”，得到了社会广泛赞誉。

## 昌乐县公路局党委工作概况

局　长　周阳忠

2015 年，县公路局党委在县委、县政府和市公路党委局的正确领导下，认真贯彻落实党的十八届三中、四中、五中全会精神，以“三严三实”教育活动为载体，以服务县域经济社会发展为己任，紧扣公路中心工作，团结一心，拼搏实干，公路通行能力进一步提升，队伍作风进一步转变。被授予“全市公路系统 2015 年度绩效考评先进单位”“全县 2015 年度工作实绩综合考核先进单位”“潍坊市理论宣讲基地”“潍坊市学习型党组织建设示范点”。

**一、加强党的思想建设，增强党组织的战斗力**

思想是行为的先导，要锻造一支有战斗力的队伍，必须塑造一支思想过硬的队伍。局党委认真开展“三严三实”专题教育活动，组织党员干部认真倾听县、市局领导“三严三实”专题教育党课，严格落实“三会一课”、组织生活会、民主评议党员、党员领导干部民主生活会等基本制度，局党委领导班子积极发挥领导带头作用。加强作风建设，坚持“一线工作法”，深入基层和一线掌握实情，解决问题、克服困难、推进工作。认真落实民主集中制原则，实行集体领导与分工负责相结合，按年度和月度工作计划，班子成员各负其责，分头抓落实，对党委领导班子会议决定的各项工作，实行“一月一调度、一月一督查”，责任明确，奖惩落实。

**二、加强党的作风建设，提高拒腐防变和服务改革发展的能力**

强化党委主体责任和纪委监督责任。与县检察院、县纪委联合开展廉政风险防控机制建设活动，涉及工程建设、设备采购等合同的签订，重点领域、关键环节、重要岗位人员教育，县纪委、县检察院全程监督，现场组织实施。组织中层以上干部开展了“为官不为”问题专项整治，对查找出的问题限期进行了整改。扎实开展“守纪律、讲规矩、做表率”主题教育活动、“八个一”及“两转变、两提升”专题教育活动，进一步明确了党风廉政建设和反腐败工作思路。邀请检察院、纪委领导授课 3 次、廉政谈话 2 次，进工地一线开展警示教育 3 次，以案说法，并全程监督工程廉政合同的签订工作。开展廉政谈话共计 107 人次，进一步提升廉政教育基地档次，根据反腐倡廉新形势、新要求，及时更换部分廉政教育版面及硬件设施。以省级廉政文化示范点为依托，对全局干部职工进行廉政警示教育 21 次，签订廉政责任书、承诺书 108 份，推进作风建设常态化，对工作作风、工作纪律督查 23 次，加强工作纪律和出勤管理，切实提升制度的约束力。

**三、抢抓机遇，奋力争先，推动公路事业全面发展**

（一）工程建设

一是服务大局，重点项目顺利完成。大沂路南寨至乔官段大修工程、国道 309 线大沂路口至青州界段中修工程按期完成，完成投资 1.5 亿元。在县委常委会、党政联席会等会议上，县主要领导多次对我局公路建设工作提出表扬。

二是积极协调，项目前期工作有序推进。1. 胶王路拓宽改建工程。前期工作全部完成，路基小桥涵工程已全面展开。2. 大沂路昌乐城区段改线工程。工程可行性研究报告已通过省厅审查；相关评估报告已着手编制；土地预审、规划选址意见等工作已按程序开始报批。3. 国道 309 线改线工程。土地预审公告已发布，规划选址按程序推进。4. 大沂路城区段大中修工程。前期工作已全部完成。5. 济青高速公路改扩建工程。取土场、结构物设置已经确定，其他工作正有序开展。

（二）养护管理工作

一是精细管理，养护水平全面提升。路面坚持日常保洁、病害及时得以处治、附属设施定期维护、桥梁实行动态监管。特别是胶王路维持性路段，实行重点管理、重点维护。公路养护质量优良路率达72%。路面挖补7600余平方米、灌缝7万余米、抹油1.5万平方米，坚持每月定期交调和资料提报工作。

二是认真组织，安全生命防护工程扎实推进。积极配合市局养护科及设计院，多次对辖区内国省道公路交通标志、道口桩等交通设施设置情况进行了安全隐患排查。对排查出的安全隐患，及时组织人员进行实施。对其他单位负责实施的，我们全力予以配合，按期完成隐患整治。与此同时，圆满完成全国公路养护大检查筹备工作，国道309辖区段顺利通过国检。

（三）依法行政，路政管理职能有效加强

一是执法队伍素质得到提升，群众护路意识明显增强。积极参加市局业务知识考试和技能比赛，路政执法队伍素质得到提升。以“全国路政宣传月”为载体，进一步提高群众爱路护路意识。出动宣传车20台次，发放宣传材料8000余份，解答群众咨询200余个。

二是路政事案得到及时处置，超限超载得到有效遏制。加强公路巡查密度和频率，及时处置涉路违法行为。共实施路政巡查9.3万公里，处理路政案件34件，行政许可25件，收取路赔费38.5万元，国有资产资源有偿使用收入29.3万元，清理非公路标志1261块。争取县政府支持，印发了《全县矿产资源集中整治行动实施方案》，联合县公安、交通、城管执法部门组成治超队伍，加大“双超”治理力度，联合执法做法受到市局肯定。

三是路域环境得到有效改善，界桩标桩埋设有效推进。把集市贸易、打场晒粮、摆摊设点、占道经营作为工作重点。积极争取县委、县政府支持，印发了《昌乐县国省道两侧规划建设管理规定》，联合县有关部门和沿途镇（街、区）加强公路用地和建筑控制区管理。国道309线昌乐段公路用地界桩、建筑控制区界桩和标桩埋设按期完成。市局专门在我县召开了现场会议，对界桩、标桩埋设工作给予充分肯定。全县共完成公路综合整治投资2816万元。

（四）狠抓落实，安全生产、文明创建工作成绩显著

一是安全生产工作形势平稳。健全完善各类安全责任体系，通过邀请专家授课、统一发放安全书籍、张贴悬挂标语等形式，干部职工时刻绷紧安全弦。全员签订了安全生产责任书和承诺书。对辖区内公路桥梁、生产场所、公路站房进行不定期安全督查，确保隐患消灭在萌芽状态。特别是施工现场，局路政科实行安全监管，发现问题督促整改，全年安全生产形势平稳。

二是文明创建工作成效显著。开展善行义举四德典型评选活动及上榜版面制作工作。积极开展道德模范、“中国好人”“潍坊好人”评选活动，每月定期向上级推荐，并在全局进行学习推广和大力宣传，连续18年保持省级“文明单位”荣誉称号。加大媒体宣传力度，突出宣传公路建设领域的先进典型，营造了良好舆论氛围，昌乐公路品牌形象得到有效提升。

## 昌乐县市场监督管理局党委工作概况

党委书记、局长　张　彬

2015年，县市场监督管理局党委在县委、县政府的正确领导下，深入学习党的十八届五中全会和习近平总书记系列讲话精神，做到一手抓机构整合融合，一手抓市场监管服务，攻坚克难，拼搏实干，各项工作不断取得新成绩，实现新发展，受到县里和上级的肯定。

**一、强化职能发挥，全力助推经济发展**

一是大力实施品牌创建。开元电子、英轩等12家企业成功争和续展省著名商标，成功争创“昌乐蓝宝石”“昌乐火山小米”“朱汉苹果”等3

件国家地理标志证明商标。矿机、西水机器人等4家企业的5种产品被认定为山东名牌，昌乐农村商业银行被认定为山东省服务名牌。黄金珠宝加工贸易基地被评为山东省优质产品生产基地，成为全省7个优质产品生产基地之一。二是加快市场主体发展。宣传扶持小微企业发展的优惠政策，加大简政放权力度，下放登记权限，实现了属地登记、属地监管。全年新登记个体工商户5930户、企业2668户，同比增长22.2%、63.5%。三是推进商事制度改革。加快推进"三证合一、一照一码"登记制度改革，发放新版营业执照1254套，换发571套。四是开展"守合同重信用"活动。对64家有意向申请市级"守重"企业的负责人进行培训，做好函询工作，共培育申报市级"守重"企业27家，其中新发展13家。五是做好年报信息公示工作。通过定期通报调度、提醒短信、电视、网站、QQ群、微信、大厅显示屏滚动播放等方式进行宣传，各类市场主体年报率均达到91%以上。做好动产抵押登记信息公示工作，新登记21起。

**二、全面综合施力，打造安全放心的饮食用药环境**

一是强化食品安全监管。探索"四清四整治"模式，对全县5000多食品业户进行了一次地毯式监管，取缔无证经营业户1900户，整改安全隐患560个，食品业户持证率提高到90%。突出"六小"监管整治，共完成"六小"业户发证1800家。督促全县大型农产品批发市场、学校食堂、大型超市全部建立了农产品检测室，农贸城引进社会第三方检验检测机构，初步建立了"三网"检验检测体系。全面开展自主性抽样检测，完成抽检样品1100个批次，抽检合格率达到95%。开展了学校食堂、大姜、肉制品、大桶水、露天烧烤等20多项专项行动，检查食品经营户2200余家，下达处罚决定580余起。二是强化药械市场监管。实施新版GSP认证工作，开展了"提升药店规范"暨"安全用药宣传"活动，公布了19家"家庭过期药品回收定点单位"，督促辖区213家药品经营企业加入中国药品电子监管网。开展了中药材、中药饮片、高风险药品及互联网售药等专项行动，检查药品生产经营使用单位480家。完成药品不良反应报告808例，医疗器械不良事件检测350例，药品抽验55批次，合格率100%，药品快检135批次。

**三、狠抓特种设备安全监察，维护群众生命财产安全**

开展安全生产大检查深化"打非治违"和专项整治工作，检查特种设备使用单位112家，下达《特种设备安全监察指令书》47份。对26家涉氨企业进行了全面检查，对存在安全隐患的企业责令停止使用。严厉打击气瓶违法充装行为，共检查24家，下达《特种设备安全监察指令书》4份，立案查处4起。开展电梯安全监管大会战，落实电梯维保单位和电梯使用单位主体责任，下达《特种设备安全监察指令书》76份，立案查处5起。与企业签订《特种设备使用单位安全责任告知书》、《特种设备安全承诺书》各203份，明确企业主体责任，增强安全意识。全年共接收特种设备开工告知458台次，受理注册登记528台，受理变更252台次。

**四、强化综合质量监管，推进质量强县工作**

对获得工业产品生产许可证企业及强制性产品认证企业每年至少进行一次全面监督检查，进行动态档案管理。对卫生纸、纸巾纸、装饰单板贴面人造板、合成树脂乳液涂料等产品，抽取10家企业的15个样品进行了检测。对全县3家机动车检验检测机构进行检查，向企业出具《实验室资质认定监督检查项目表》明示存在的问题，提交报告后进行了整改验收。开展资质认定实验室年度自查抽查，10家通过资质认定的实验室中8家按时提交自查报告，2家因场所变更、资质到期正在走注销程序。监督检查实验室4家，对发现的问题，要求限期提交整改报告。

**五、深化计量标准化工作，切实保障和服务民生**

抓好新上检定项目和原有检定项目的到期换证工作，7项标准全部合格。按照"计量惠民生，诚信促和谐"双十工程要求，深入加油站、学校、医院等场所开展计量活动；潍坊百货大楼、世纪美联等10家单位实现了诚信计量自我承诺；为实验中学、新城中学、昌盛花园等5个单位和社区提供了免费计量检定服务；宝石节期间，免费检定珠宝首饰经营单位电子天平，"3·15"和"5·20"世界计量日期间，免费检定计量器具。全年共检定计量器具12509台件，其中强检7500台件，受检率97%以上，加油机、燃气表检后合格率100%，检验定量包装产（商）品120批次，合格率98%

以上。

**六、强化执法维权，营造公平有序的市场秩序**

全年查处各类违法案件700余起，有力的遏制了各种违法经营行为。开展了“质检利剑”专项行动，对农资、儿童用品、建材类产品生产单位进行了检查，立案39起。开展了成品油专项整治，对加油站进行了分批次质量抽检，抽取样品50份。开展了农资市场专项整治行动，检查业户439家，抽检样品115份，不合格35份，端掉农资制假窝点1个，查处各类违法行为122起。开展了快递物流行业专项整治，约谈企业19家，下达行政建议书19份，责令整改通知书6份，立案处罚3起。加大商标广告执法监管力度，查处案件6起。开展了流通领域儿童用品商品整治，检查48户次，下达整改通知6份，立案查处15起。开展了“强执法、惠民生、促公平”专项行动，检查物业公司5家，查处经济违法案件50余起。与公安机关联合，加大打击传销活动的力度，查处传销窝点14个，驱散传销人员200余人。

**七、扎实推进整合融合，市场监管水平不断提升**

一是顺利完成机构整合。合理调整机关科室机构设置和人员配备，新设了8个市场监管所以及农贸城、宝石城2个市场管理所，配备了6名以上工作人员，初步具备了基层监管能力。同时，厘清了各科室、队和直属机构的职责分工，机构整合全部到位，各项工作实现有序运转。二是开展“六抓六促”活动。通过抓学习培训、纪律规矩、责任强化、融入整合、典型引导、督查考核等力促干部队伍在素质提升、行为规范、工作落实、团队建设、正气树立、作风转变等方面再上新台阶，干部的思想建设和作风建设得到进一步加强。三是强化干部队伍培训。开展了春季整训、业务讲堂、每周一法、清风大讲堂等系列学习活动，将每周五下午确定为“学习日”，通过轮流讲课或自学等方式，加快业务知识融合。四是加强工作规范化建设。出台了《执法人员行政执法“十六不得”规定》《指纹签到考勤管理制度》等日常工作规章制度，塑造市场监管队伍的良好形象。另外，举办“庆五一”文艺会演和“文明之夏”广场演出，开展军事训练，提高了干部队伍的凝聚力和战斗力。

# 昌乐县国家税务局党组工作概况

党组书记、局长　郭宝贵

2015年，县国家税务局党组紧紧围绕县委、县政府和市局工作部署，积极适应经济发展新常态，坚持依法治税，强化队伍管理，全局各项税收工作实现新发展。

**一、税收收入实现应收尽收**

2015年，由于受宏观调控、经济税源结构、结构性减税等因素的叠加影响，我县经济增速乏力，税收收入增长缓慢，形势严峻复杂，困难前所未有，压力前所未有。对此，从年初开始，我们将税收任务层层分解落实到各基层征收单位，始终坚持组织收入原则，积极开展税收调查，加强分析预测，抓好税种管理，确保税收收入沿着健康轨道发展。扎实开展了“查征管、防风险、促收入”专项活动，堵漏增收，组织收入实现应收尽收。全年累计完成各项税收收入134286万元，其中县级收入完成37580万元。

**二、搭建起多种形式的纳税服务有效载体**

推行了“首办告知单”制度，有效指引业务办理，减轻纳税人办税负担；成功举办了纳税信用A级企业名单发布会暨“税银互动”守信激励、助推小微企业发展项目启动仪式，对评选出的197户A级纳税人发放“纳税信用卡”，开启税银服务绿色通道；成立由业务专家组成的12366热线专家团队开展“春风送税政”活动，对部分纳税信用企业、台资企业进行上门走访和政策服务；开通了“流动办税服务车”，为居住偏远、交通不便的偏远乡镇或行动不便、办税有困难的纳税人开展上门服务，畅通了纳税服务“最后一公里”；创办了“昌乐国税微信平台”，开展政策咨询、资料查询以及交流互动，真正让纳税服务搭上“微信快车”；与移动通信公司联合，推出移动版“掌上税务”，目前全县有500户纳税人开通体验该平台；开展了“1+3”百名党员联系户活动，上门纳谏，服务定制，解决纳税人需求600多次；开展向乔官镇图书馆、农家书屋、农民合作社赠送企业所得税汇编、营改增政策解读、出口退（免）税操作实务、税收优惠政策简明手册、涉税业务办理指南等税收书籍200余本，得到纳税人和社会各界普遍好评。

**三、成功研发推行出口退税综合服务平台**

为有效解决出口退税管理服务存在申报环节繁琐、信息传递不畅、服务渠道分散等实际问题，立足减轻出口退税企业办税负担，借力“互联网+”这一先进技术，积极探索加强出口退税管理服务的新途径，历时4个月的时间，成功搭建起出口退税综合服务平台，该出口退税综合服务平台具有系统操作实现无缝融合、退税数据实现网上交互、预审服务实现自动响应、外部信息实现自主查询、提醒服务实现实时发布等多项功能和优越性。依托这一平台，全县200家出口退税企业成功搭上“服务快车”，既减轻了出口企业办税负担，提高了工作质效，又优化和提升了出口退税管理服务水平，实现了税企双赢，受到社会各界的称赞。我们的经验做法先后在新华社《高管信息》等新闻媒体刊发，扩大了昌乐国税工作知名度。

**四、服务经济发展的优惠政策全部落地**

积极落实企业所得税、增值税等一揽子税收优惠政策，不断完善税收管理服务措施，努力让国家优惠政策尽快宣传到位、落实到位。落实小微企业享受增值税优惠政策2060户次，减免增值税400万元；审核出口退税资料1800户次，实现出口退（免）税32266万元，退库16603万元，免抵税额15663万元，免抵比例为49%；为7户资源综合利用企业审核办理退税838万元，为2户福利企业办理退税94.4万元，增强了企业发展后劲。

**五、干部队伍安全稳定素质提升**

今年以来，共举办“金税三期”、党风廉政、服务规范、征管规范等各类培训班16期。先后邀请潍坊学院、省税校、市纪委等专家、领导作专题讲座和业务培训，组织干部到县检察院廉政教育基地参观学习、举办“守纪律、讲规矩、做表率”主题演讲比赛，将参与“三述一评”的干部范围扩大到直接面向纳税人的相关科室，形成接受纳税人监督工作的全覆盖，委托第三方明察暗访，层层签订“党风廉政建设、税务依法行政责任状”，强化了绩效管理，开展了数字人事试点工作，进一步强化了干部的廉政勤政意识，全局上下形成了服务发展、干事创业、争创一流的良好局面。我局加强党风廉政建设的经验做法在全市国税系统落实党风廉政建设“两个责任”推进会上作了典型发言，并被国家税务总局监察室刊发。2015年我局被县委、县政府授予经济建设“十佳服务”单位、星级服务窗口单位、党风廉政建设先进单位、市级四德建设示范点、省级青年文明号，并荣获“富民兴潍劳动奖状”荣誉称号。

## 昌乐县地方税务局党组工作概况

党组书记、局长　韩昆国

2015年，县地税局党组在县委、县政府和市局党组的正确领导下，以依法组织收入为中心，以服务“三个昌乐”建设为重点，不断创新征管服务措施，提升征管服务水平，各项工作实现了新的发展提升。

**一、大力加强税收管理，组织地税收入16.4亿元，地方级收入和总收入增幅均居全市第四位**

2015年，在全县经济税源支撑下，全局上下坚持以组织收入工作为中心，抓住增收提质主线不放松，加强测算调度，积极创新挖潜，促进了地税收入科学稳定增长。全年共组织地税收入163835万元，同比增长20.51%，增收27880万元，完成年初计划的117.15%，增幅居全市第四位，高于全市平均增幅11个百分点。其中：县级收入156808万元，同比增长23.1%，增收29428万元，增幅居全市第四，为“三个昌乐”建设提供了坚强的财力保障。一是强化收入预测分析，科学预测组织收入形势。依托“金税三期”系统数据资源优势，建立税收收入预测分析机制，每月对总体收入、分税种、分级次收入与同期比较，及时掌握影响税收收入的主要经济参数和企业财务指标变化情况，认真分析和评估重大税收政策调整对税收产生的影响，真正掌握全县税源状况底数，牢牢把握组织收入主动权。二是推行税源管理新模式，提升税源控管水平。应用实施了“分级、分类、分项”的税源管理新模式，打破分局原有的辖区范围，将全县160户年纳税30万元以上重点税源企业及256户房地产企业、重点直属企业，全部集中到直属征收局管理，以20%的专业力量控管80%的税源，实现了税源专业化管理，提高了重点税源税收贡献率。三是持续加强协税护税，努力实现挖潜增收。加强与国税、发改、国土、房管等部门的联系沟通，多渠道采集第三方有价值信息，强化房产税、土地使用税等比对分析，挖掘了税源潜力，提高了收入质量，增加了税收收入。

**二、紧抓创新发展不放松，持续提升纳税服务水平，营造了优质优越的税收营商环境**

一是创新落实税收优惠政策。在税收优惠管理中引入“互联网+”概念，依托信息化手段，探索实施了以“定向辅导、动态监控、量化考核、智能管理”为主要内容的税收优惠政策跟踪问效管理机制，通过对税务机关政策执行进行量化考核和对纳税人税收优惠事项的全程动态监控，实现了对税务机关和纳税人的双向跟踪问效和智能化一体式管理，促进了税收优惠政策快速有效落实到位，服务了经济新常态下企业创业创新、转型发展。机制运行以来，累计提醒辅导544户企业及时享受税收优惠9785万元，享受面达到100%，纳税人满意度达到了98%。省、市局主要领导和县委、县政府主要领导均给予充分肯定和表扬。新华社《内部参考》、新华网、《中国经济导报》、《大众日报》刊发推介。二是深入开展国地税联合办税。充分利用国地税办税服务厅集中进驻便民服务大厅优势，联合开展税收宣传、办税服务，缩短纳税人办税时限，提升服务质效；联合开展信用等级评定工作，对符合评定条件的1789户共管户和406户地税单管户纳税人，互通信息，共同评定出197户纳税信用A级企业，并联合加强后续管理，有效促进了诚信纳税体系建设；联合国税、建设银行推进“税银互动”，共同推出“易信贷”业务，助力守信企业、小微企业发展；联合应对涉税风险，以“金税三期”系统数据为基础，丰富以户籍管理、税源管理、征收管理为主体的协作内容，定期互传税务登记、变更、注销、非正常户数，查找防范、有效降低了税务机关及纳税人税收风险。三是大力开展“便民办税春风行动”。以“税收宣传月”为契机，采取深入社区宣传、税务网站、微信公众平台、纳税人学校等方式，加大税收宣传力度，切实提高纳税人的税法知晓率；结合“金税三期”办税流程，彻底梳理由纳税人发起的各项涉税业务，在法律规定许可的范围内，进一步精简纳税人涉税资料和各类报表报送，切实减轻了纳税人负担；在严格落实《税务系统首问责任制度》基础上，将一次性告知、导税预审、延时服务、预约服务、AB岗制等15项便民服务举措制度化，并重点深化落实一次性告知制度，根据《全国纳税服务规范（2.0版）》要求，细化《服务指南》事项，对前台经常办理的50项涉税业务，认真整理印制纳税人办税明白纸，一次性告知纳税人办理相关业务所需资料、业务流程、办理事项、涉税事项告知等内容，并通过督查抓好落实，切实便利了纳税人办税。四是努力培植涵养地方税源。充分发挥地税部门管理优势、信息优势与数据优势，深入“2121”工业主导产业和六大新兴产业涉及的重点企业开展调查研究，全面了解企业生产经营现状，为企业发展出谋划策，积极培植涵养地方税源；依托“集中招商月”，采取专业小分队形式，大力开展招商引资活动，并对招商引资项目实行“一对一”跟踪管理服务，确保了引资项目落得下、留得住、发展好。

**三、大力规范税收执法行为，进一步优化了全县经济发展环境**

一是牢固树立税收法治理念。围绕打造一支高素质税收执法队伍，以现行税收法律和地方法规为重点，通过“走出去学与请进来讲”相结合、“集中培训与业余自学”相结合、“理论学习与实际操作”相结合等方式，着重加强对干部职工的法律知识培训，让每位执法人员熟练掌握必要的法律知识，为依法治税、依法行政增添底气、找准依据、提供支撑。二是规范税收执法行为。围绕“金税三期”系统运行及日常工作开展需要，对税务登记、资料备案、申报受理、税款征收、税务注销、税务检查、行政处罚等关键节点进行重新梳理明确，形成了相对统一的税收执法操作规范，促进了税收执法标准化、制度化、规范化。三是加强执法监督。在内部，全面实行税收执法责任制，认真开展执法督查，借鉴审计工作方法对税收执法问题的易发点加强检查督导，抓好问题预防和整改，严格责任追究，切实把好了税收执法的最后一道关口。在外部，在总结2014年税务稽查与纳税评估成功互促做法的基础上，继续加大评估与稽查良性互动、有机融合、优势互补，有效打击和震慑偷税、漏税和逃骗税等违法行为，打造了公正公平、竞争有序的经济税收环境。

**四、加强干部队伍科学化建设，努力打造高效务实、和谐稳定的地税团队**

一是持续加强党风廉政建设和作风建设。切实加强廉政教育，深入推进“守纪律、讲规矩、做表率”专题教育活动，扎实开展学《中国共产党章程》、重温入党誓词、“每日一纪”等“十个一”活动，切实践行“把纪律和规矩挺在前面”的要求；以深入开展“三严三实”主题教育活动为契机，加大国地税作风建设联合交叉检查的频次与力度，加强对上下班纪律、工作纪律、服务态度、税容风纪等方面的交叉检查，并加强对问题单位和个人的惩处，使纪律真正成为带电的“高压线”，进一步优化了工作作风。多年来，无一人出现违纪违法问题。二是积极推进绩效管理工作。进一步修订完善绩效管理制度，调整优化机关、各科室（分局、中心所）和个人的绩效考评体系，新增月、季等管理节点，客观公正地考核各单位和干部职工工作实绩，更好地发挥绩效管理的全程动态管控作用。同时，将考评结果与评先树优、职务晋升、教育培训等挂钩，充分调动了干部职工的主观能动性，在系统内形成了良性竞争的良好氛围，有效促进了绩效管理工作的落实和各项工作目标的实现。三是大力开展全员教育培训。按照“培训应用一体化”原则，坚持问题导向，以岗位履职能力、地税重点工作为中心，通过到高校封闭式脱产培训、外聘专家授课、专题业务培训、岗位练兵、能手选拔及自主应用潍坊地税快乐学习平台学习等形式，开展集中培训11期，集中统考6次，取得良好效果，进一步增强了全局干部职工干事创业、推动地税事业发展和服务“三个昌乐”建设的能力与水平。

## 昌乐县气象局党支部工作概况

党支部书记、局长　张爱玲

2015年，在县委、县政府和上级业务部门的正确领导下，县气象局党支部坚持以邓小平理论、“三个代表”重要思想和科学发展观为指导，深入学习贯彻党的十八大和十八届三中、四中全会精神、习近平总书记系列讲话精神，坚持党要管党，从严治党的方针，全面推进党的思想、组织、作风和制度建设，为完成以气象服务工作为中心的各项工作任务提供坚强的思想、政治和组织保证。

**一、加强领导班子建设，新成立机关党支部**

为更好地开展党的工作，报经昌乐县机关党工委批复，成立了昌乐县气象局机关党支部，选举产生支部书记1名，支部委员2名，进一步加强党支部和领导班子的自身建设，发挥党支部的战斗堡垒作用，推动党建工作上新台阶。

**二、认真落实组织生活制度**

一是坚持落实好“三会一课”制度。围绕主题教育活动，制定全年学习计划，采取集体学习和自主学习的方式，有计划的组织学习，让党员在学习中更新观念，树立正确的人生观、价值观、世界观，不断提高政治思想水平和政策法规水平。二是坚持开好民主生活会和组织生活会。按时召开民主生活会，会前征求意见，查找问题，会中开展批评与自我批评，会后落实整改措施，促进党员素质的提高。三是坚持做好党务公开，自觉接受党员群众的监督。

**三、围绕开展主题教育活动，提高党员的整体素质**

（一）开展“守纪律、讲规矩、做表率”教育活动。5月至10月，开展“守纪律、讲规矩、做表率”教育活动，活动分为集中学习、查摆问题、整改提升三个阶段。在集中学习阶段，邀请县纪检监察和党校有关专家分别做廉政教育讲课和专题辅导。查摆问题阶段重点组织党员干部通过谈心谈话、自己找、领导点、群众提等方法，广泛征求意见建议；召开组织生活会，深入开展批评和自我批评，查找自身存在的不守纪律、不讲规矩等问题。在整改落实阶段，制定切实可行的整改措施，建立台帐销号制度，并落实整改工作责任制，确保整改彻底。

（二）开展“为官乱为、为官不为”整治活动。认真贯彻落实县委关于深入开展基层干部不作为乱作为等突出问题专项整治工作部署要求，我局积极开展“为官乱为、为官不为”整治活动。局领导班子围绕违规决策、错误履职、以权谋私、滥用职权等为官乱为和敷衍塞责、推诿扯皮、庸懒散拖、监管不力等为官不为等八个方面的表现，开展了认真的自查自纠，列出问题清单，认真制定整改措施，切实解决“不想为”“不会为”“不敢为”“慢作为”等突出问题，进一步加强作风建设。

**四、加强党风廉政建设**

党风廉政建设全面落实“两个责任”，建立党风廉政建设主体责任和监督责任工作台账，实行动态管理，将两个“责任”落到实处。形成局办公会议事制度，集体研究决定单位重大事项。先后印发了《昌乐县气象局2015年党风廉政建设和反腐败工作的意见》和《昌乐县气象局党风廉政建设责任制实施细则》。采取多种方式切实加强三人决策、局务公开、廉政约谈、定期汇报等工作。要求每位中层干部要切实履行“一岗双责”，担负起分管领域内的党风廉政建设责任。对大额开支、基建项目开展廉政风险防控工作，实现关口前移，把有效防范和化解廉政风险的责任落实到每个岗位和每个人，形成党风廉政建设的预防腐败工作长效机制。

4月中旬到5月，开展党风廉政建设宣传教育月活动，通过集中学习、参观廉政教育基地、讲党课、开展廉政教育讲座、召开专题组织生活会、签订廉政责任书和承诺书、更新党员廉政档案、征集廉政警句、撰写心得体会、学习笔记等形式多样的宣传教育活动，增强制度意识、守法意识、自律意识，达到抓好反腐倡廉制度建设，提高制度执行力的目的。加强制度建设，对财务、业务等各项规章制度进行修订完善并行文印发。

中秋节、国庆节期间，切实加强廉政建设工作，通过单位内部微信群，每天向大家发送一条廉政教育短信或短文，引导大家划清红线底线，积极树立“不想腐”的信念。

**五、强化安全生产工作成为新常态**

年初，调整了安全生产工作领导小组成员，细化了安全生产责任书及安全生产自查表，明确安全职责，配备了安全生产自查表，每月一查，发现隐患及时上报，并采取相应措施整改。年内，按照县委县政府和市气象局统一部署，开展了安全生产“三严”行动、安全生产隐患大排查大整治、安全生产月、加油站综合整治、安全生产大检查等一系列活动，对单位内部安全生产工作及全县危化品企业和易燃易爆场所防雷安全工作进行了认真检查，建立了隐患排查整改台账，对检查出的安全隐患跟踪督查，确保及时整改到位。

根据县政府安委会印发的《关于对全县安全生产大检查活动开展情况进行复查暗访的通知》的统一安排，我局派一名分管安全负责人加入县督查暗访组，负责对朱刘街道安全生产工作情况进行专项督查暗访。采取“四不两直”的方式开展现场检查，并对发现的问题建立台账，跟踪督办落实。将各个领域可能存在的隐患消灭在萌芽状态，做到防患于未然。全年未出现安全问题。

**六、全力以赴搞好气象服务工作**

积极作好气象服务工作。将决策气象服务、公众气象服务、为农气象服务放在同等重要的位置，紧紧抓在手上，按照“一年四季不放松，每一次天气过程不放过”的服务理念，努力提高气象服务质量，遇有节假日和重大社会活动时，积极提供优质气象服务保障。针对2015年的持续干旱，强化了中长期气候趋势预测服务。

着力做好为农服务。针对2015年降水偏少，墒情差的特点，注重跨部门合作，联合开展干旱气象服务。多次与农业局专家联合开展墒情及作物生长调查，提高了为农气象服务材料的针对性和实用性。深入田间地头，服务草莓采摘；麦收及秋收期间，每天发布麦收及秋收气象服务材料。在开展季度和年气候影响评价的基础上，新开展月气候影响评价，为提高预报准确率积累了经验，也利于更好的搞好为农服务。

做好中长期气候预测，积极服务干旱。2013

年8月份以来，我县降水持续偏少，地下水位较常年下降15米，工农业生产和生活用水受到严重影响，部分村庄出现饮水困难。农田干旱严重，尤其是春秋播期间，造成夏玉米和冬小麦播种困难。为此，我局从6月到8月，先后5次根据当前干旱状况和未来天气变化趋势情况，制作《前期旱情及未来气候趋势预测》，预报预测未来20～30天的气温、降水变化趋势，发送到县政府领导和相关部门领导手中，为领导科学决策提供参考。先后两次启动了重大气象灾害（干旱）Ⅲ级预警防御应急响应，积极开展干旱气象服务工作。

积极开展人工影响天气作业。针对今年降水少，干旱严重的情况，积极开展人工增雨消雹作业，先后组织作业11次。7月30日我县受强对流天气影响，局地出现冰雹，县人影办组织炮点及时作业，高炮防护区内基本未受影响。

## 昌乐县烟草专卖局(分公司)党委工作概况

党委书记、局长（经理）　袁　东

2015年，县烟草专卖局（分公司）党委在县委、县政府和行业上级的正确领导下，秉承“国家利益至上、消费者利益至上”烟草行业共同价值观，紧紧围绕“三个昌乐”奋斗目标，以“三严三实”为宗旨，以创先争优为动力，以实施“烟草富民双工程”为抓手，严格规范，积极作为，各项工作扎实推进，实现了持续稳定健康发展。全年上缴税金6085万元，较2014年增加88.27%。

**一、以“三严三实”为导向，坚持加强党建工作**

始终把队伍建设摆在首要位置，以践行“三严三实”精神为主线，坚持“抓班子、带队伍”，统筹兼顾，党建工作取得积极进展。一是狠抓思想政治建设。坚持落实好以党委理论中心组学习为重点的“三会一课”制度，深入开展“三严三实”专题教育，班子成员带头学习中央大政方针和行业上级的最新指导思想、精神要求，全体干部职工思想认识更加统一，精神状态明显提升，干事创业的积极性和主动性得到有效激发。二是狠抓作风建设。深入开展基层服务型党组织建设，搭建多样化服务平台，组织机关党员到基层一线开展非烟商品配送、客户拜访跟班作业、终端整理等活动，党员干部先锋模范作用和基层党组织战斗堡垒作用得到充分发挥；深入开展纪律作风整顿活动，加强督查考核，狠抓工作纪律和劳动纪律执行，有效杜绝了迟到、早退和脱岗、离岗现象，企业上下形成了严谨、规范的良好工作氛围；深入贯彻落实中央八项规定，严格清理超标办公用房，进一步规范公务接待，加强公务用车管理，大力精简文风会风，着力压缩会议文件，企业上下作风持续好转。三是狠抓党风廉政建设。以开展“党的纪律学习年”活动为契机，通过“五个一”（组织一次集中学习、进行一次专题辅导、上一堂廉政党课、实施一次警示教育、开展一次廉政谈话）持续强化党风廉政教育，力促广大党员干部将党纪行规内化于心、外化于行；全面落实党委主体责任和监督责任，深入排查企业内部廉政风险点，组织中层正职以上干部开展述职述廉、廉政谈话和民主评议，进一步筑牢了预防腐败的强大防线。四是狠抓党员干部素质能力建设。进一步加大培训考核力度，认真执行《年度员工教育培训计划》，坚持“逢学必考、逢训必考”，广大党员干部综合素质明显提升；进一步健全员工教育培训长效机制，鼓励干部职工积极参加职称考试、技能鉴定和学历深造，企业人才储备得到进一步加强。

**二、以提质增效为目标，加快推进现代烟草农业建设**

一是持续提升烟叶规模化种植水平。通过大力发展职业化烟农，千方百计推动土地流转，整合优质资源，今年全县户均种植面积达到75亩，烟叶生产实现了从传统的零星分散种植向规模化、集约化经营的根本转变。二是持续提升基础设施配套水平。2015年共投入资金251万元，先后实施两批烟水工程，在全县烟区打机井14眼；铺设水利管网11条，总长度21140米；为4000亩烟田配套滴灌设备，在农业抗旱中发挥了重要作用。同时积极争取县委县政府支持，设立烟叶基础设施管护基金，确保烟基设施长久发挥效益，最大限度惠及烟区“三农”。三是持续提升合作社建设水平。进一步强化昌乐县石家河黄烟专业合作社生产经营主体地位，组建了包括育苗、农机、植保采收、烘烤、分级等5类专业队，依托5处育苗工场、6处烘烤工场和150余台（套）机械，积极为全县烟农提供覆盖烟叶生产全过程的专业化服务，基本构建起了“两头工场化、中间专业化”的烟叶生产格局，广大烟农“简单种烟、轻松挣钱”成为现实。同时强化宣传引导，完善配套设施，组建专业队伍，加强过程管理，全面推行专业化分级、散叶收购，进一步减轻了烟农负担，提高了烟叶收购质量。四是持续提升烟叶生产整体水平。以推进精益生产、生态烟叶开发为契机，全面落实各项标准化、精细化生产措施，全力以赴抗旱保烟，全县烟叶生产整体水平稳步提升，烟叶质量特色更加突出，烟农收入持续增加。2015年全县种植烤烟8250亩，收购烟叶2万担，公斤均价22.15元，上等烟比例23.09%，投放总额2207.67万元；农民总收入（含补贴）达到2435.95万元，亩均收入2953元，户均收入22.15万元；实现烟叶税486万元，亩均创税589元。

**三、以推进“卷烟零售户致富工程”为载体，全力提升经济运行质量**

一是加大全方位服务力度。坚持把服务卷烟零售客户作为根本任务，为资金短缺客户提供优惠贷款，利用信息化平台实行网上订货，实施零售户培训工程，投资改善店面形象，全县卷烟零售客户整体经营水平显著提升。二是加大弱势群体客户帮扶力度。建立和不断完善弱势客户亲情帮扶工作机制，着力搭建联系烟草部门和广大零售客户的“亲情桥”，实实在在给予他们生活、经营、子女助学、红白事等多方面的帮扶，进一步密切了客我关系，提升了行业形象。三是加大卷烟经营指导力度。加强日常拜访和市场调研，为每位零售客户制作针对性“经营指导计划书”，给予个性化、全方位经营指导，有效提高了广大零售客户的卷烟经营效益。四是加大非烟商品配送服务力度。依托烟草1532大物流体系，积极为零售户提供质优、价廉、附加值高的名优商品，进一步拓宽了零售户增收致富通道。五是加大市场开发和品牌培育力度。以鲁产高端和全国名优卷烟为重点，不断深化农村、婚庆、集团消费市场开发，全面满足消费者需求，并对当地瓜菜、宝石节等特色市场实施针对性开发，经济运行质量稳步提升。2015年共销售卷烟21486箱，同比增幅排名全市第六位；实现卷烟单箱值22390元，同比增幅排名全市第五位；实现卷烟销售额48108万元，同比增幅排名全市第六位。

**四、以“打源破网”为重点，坚决维护“两烟”市场经营秩序**

一是加强联合执法。依靠县委、县政府的领导和支持，加强与公安、交通、工商等相关职能部门的沟通协作，积极开展重点区域、重点市场综合治理专项行动，严厉打击假冒伪劣卷烟交易，有效震慑了涉烟违法犯罪分子。二是加强柔性执法。坚持以人为本和“寓管理于服务”的行政理念，结合零售户自律小组建设，持续加强普法宣传服务，畅通投诉举报渠道，高标准、高质量做好烟草专卖零售许可证办理和后续监管工作，专卖管理服务水平和群众满意度进一步提高。三是加强市场综合治理。持续加大日常市场检查管理力度，突出破网追刑，强化内部监管，依法严厉打击各类涉烟违法犯罪行为，市场净化水平持续提升。2015年共查获涉烟案件103起，涉案卷烟186.47万支，总案值59.67万元。移交工商涉烟案件43起，工商罚没款2.99万元。移送公安立案刑事案件起数9起，刑事拘留13人。

**五、以践行群众路线为导向，努力打造责任烟草、和谐烟草、阳光烟草、平安烟草**

一是努力构建责任烟草。广泛深入开展“党的群众路线回头看”和“三严三实”教育实践活动，不断提高干部职工思想政治素质，引导全员进一步强化群众观念、宗旨意识、责任意识和服务意识。积极参与公益事业，深入开展对烟农、零售户的帮扶活动。2015年“慈心一日捐”捐款总额达到4.23万元，连续多年位居县直部门首位。完善领导干部基层联系点制度，积极开展社区包靠、结对共建活动，真心实意为基层群众办好事、办实事。二是努力构建和谐烟草。把提高对烟农、零售户、消费者、政府、工业企业及社会各界的服务水平作为工作重点，全力构建“大服务”格局。代表昌乐烟草服务形象的“乐烟情、一家亲”服务品牌影响力日益扩大。深层次推进“文体养老”，积极开展老年志愿服务活动，离退休工作得到老同志和上级高度评价。三是努力构建阳光烟草。严格执行中央八项规定，旗帜鲜明反对四风，着力推进办事公开、民主管理和规范工程投资、物资采购、宣传促销“两项工作”，坚持依法办事，广泛接受群众监督，企业各项工作切实做到“公开、公正、透明”，有效增进了人民群众信任。四是努力构建平安烟草。进一步强化“安全第一”的工作理念，全面落实安全生产网格化实名制管理体系，认真排查、及时整改安全隐患，确保了国有资产安全和干部职工人身安全；进一步加强对新出台的《山东省信访条例》的学习与宣贯，牢固树立依法维稳理念，加强值班与接访，从源头着手积极化解积怨矛盾，有力地促进了社会和谐稳定。企业全年未发生重大安全责任事故和影响稳定的事件。

## 昌乐县人民防空办公室党支部工作概况

党支部书记、主任　张　雷

2015 年，在县委、县政府的正确领导下，县人防办党支部坚持以邓小平理论、“三个代表”重要思想、科学发展观为指导，深入贯彻落实中共十八大和十八届三中、四中、五中全会精神，深入学习贯彻习近平总书记系列重要讲话精神，紧紧围绕县委、县政府“三个昌乐”建设目标，深化巩固党的群众路线教育实践活动成果，推进人防机关“准军事化”建设，落实党风廉政建设责任制，推进战时防空与平时防灾减灾“两防一体化”建设，促进城市建设与人防建设同步协调发展，为建设更高水平的“三个昌乐”做出了积极贡献。

**一、贯彻执行党的路线方针政策**

（一）巩固党的群众路线教育实践活动成果。严格按照中央和省、市、县委关于深化“四风”整治、巩固和拓展党的群众路线教育实践活动成果的有关通知要求，以“三严三实”为标尺，坚持“四个对照”，扎实做好“整改落实、建章立制”环节工作，建立健全了践行党的群众路线的长效机制，为各项工作顺利开展提供了有力的思想和组织保证。

（二）严格执行中共中央八项规定。切实履行职责，认真贯彻执行中共中央“八项规定”和省、市、县委规定，进一步改进工作作风，严格落实中央党政机关厉行节约反对浪费条例及省市县配套制度，严格执行公务接待、公务用车、办公用房等相关规定，一年来，从未发生违纪违规问题。

**二、全面完成各项工作任务**

（一）认真抓好人防执法工作。贯彻落实《中华人民共和国人民防空法》、《中华人民共和国行政许可法》、《山东省行政执法监督条例》等相关法律法规，健全完善权力清单、责任清单，扎实推进“依法行政、文明执法”，严格执行省、市关于人防易地建设费减免的相关规定，落实联建联审制度，增强执法透明度，提升人防服务发展的能力，为人防行政执法工作创造了良好的外部环境，有效地推动了人防政策性收费和人防工程建设的开展，行政审项目按时办结率一直保持在 100%，得到上级领导和服务对象的认可。

（二）大力加强人防宣传教育。坚持将人防宣传教育作为基础性工作来抓，深化与宣传、教育、传媒等部门的沟通合作，积极参与县政府组织的集中宣传活动。4 月，参加县政府《山东省行政执法监督条例》现场宣传咨询活动，向市民介绍人防工作职能及相关人防知识，共摆放宣传展板 6 块，发放宣传资料 300 余份。6 月，结合开展防空防灾警报试鸣活动，开展人防宣传周活动，通过在报纸上刊登人防专版、设立宣传站点、发放手机短信等方式，扎实推进人防知识进机关、进学校、进企业、进社区。11 月，按照上级要求，在昌乐电视台播放了人防电影科教片《居安思危战备人防》，普及防空防灾知识，宣传应对空袭和灾害的技能，增强广大干部、职工、居民的国防观念和人防意识。

（三）认真抓好人防工程建设。始终坚持将人防工程作为“生命线”工作，落实“以建为主”的原则，严格贯彻国家和省市相关政策，切实推进人防工程建设。一是抓好在建工程的建设，定期到在建工程实地勘察，落实设计、审图、监理资质审查，协调解决存在的困难和问题，推进建设进度。二是强化安全生产，通过集中开展形式多样、富有实效的安全生产系列活动，进一步强化红线意识，同时按照上级要求，成立安全科，层层落实安全责任，推进依法治安，坚决杜绝生产安全事故。

（四）强化人防指挥通信建设。始终坚持以打赢信息化条件下城市反空袭斗争为目标，严格按照国家和省、市要求，着力加强人防指挥通信建设。一是加强人防指挥平台建设，在市人防办的指导帮助下，对应急指挥系统进行了技术升级，有效地提高了人防应急指挥能力。二是加强人防警报系统维护管理，定期对警报系统进行检修，切实保障警报系统正常运转，圆满完成了6·15防空防灾警报试鸣工作。三是强化人防应急队伍建设，每季度定期开展指挥通信系统演练，切实提高人防队伍设备操作能力和应急处置能力。

**三、严格执行民主集中制**

（一）严格执行民主集中制。按照集体领导、民主集中、个别酝酿、会议决策的原则，进一步完善内部议事和决策机制，切实做到重要情况在办公会上通报，重要文件和重要会议精神及时在会上传达，重大事项召开领导会集体讨论、研究决定。健全完善集体领导下的个人分工负责制，详细分工，各负其责，做到事事有人管，人人有专责，能够及时做到上情下达、下情上报，保证了上级党委的各项决定及时贯彻落实。

（二）严格党内政治生活。严格按照规定召开民主生活会和组织生活会，积极开展批评与自我批评，切实做到开展批评有力度、一针见血，自我批评有深度、全面查摆，保证了党内政治生活健康有序。

**四、大力加强党风廉政建设**

（一）履行组织领导之责，深入推进党风廉政建设和反腐败工作。严格执行中央及省、市、县委关于加强党风廉政建设和反腐败工作的意见要求，坚持把党风廉政建设和反腐败工作纳入全年整体工作目标和党的建设总体布局，列入领导班子、领导干部目标管理体系，认真贯彻落实上级党风廉政建设和反腐败工作部署要求，认真制定工作方案，明确领导班子成员党风廉政建设岗位职责。

（二）履行选人用人之责，防止干部工作中的不正之风和腐败问题。严格执行《党政领导干部选拔任用工作条例》及相关规定，严格按照规定的标准和程序选拔任用干部，严明选人用人纪律，切实提高选人用人公信度。

（三）履行正风肃纪之责，坚决纠正损害群众利益行为。严格落实中央八项规定精神和县委《落实意见》，严格执行中央和省、市、县委关于厉行节约、公车配备、办公用房、公务接待、职务消费等规定，紧紧围绕反对“四风”，畅通群众诉求渠道，切实规范行政执法行为，加强执法监督，从未发生不作为、乱作为问题，从未发生损害群众利益的突出问题。

（四）履行源头预防之责，强化权力运行制约和监督。严格落实中央《建立健全惩治和预防腐败体系2013－2017年工作规划》和省、市、县委各项规定，定期组织党风廉政建设专题学习，扎实推进党风廉政宣传教育和廉政文化创建活动。严格执行党内监督制度，落实权力清单、责任清单等制度，制定权力清单和责任清单，及时向群众公开，促进权力公开透明运行。

（五）履行领导支持之责，推动执纪执法机关查处违纪违法问题。严格贯彻落实上级部署要求，主要负责人认真履行第一责任人职责，切实做到“四个亲自”，定期向纪检监察机关报告“三重一大”事项，切实保证“三重一大”事项规范运行，确保各项工作全部在纪检监察机关的监督下开展。

## 昌乐县知识产权局党支部工作概况

党支部书记、局长　闫继安

2015年，县知识产权局党支部在县委、县政府的正确领导下，全面贯彻落实中共十八届三中、四中、五中全会精神和习近平总书记系列重要讲话精神，引导和激励局领导班子和党员干部牢固树立科学发展观和正确政绩观，积极适应和引领经济

发展新常态，把“三严三实”要求贯穿工作全过程，以改革创新、奋发有为的担当精神和真抓实干、攻坚克难的务实作风，扎实落实县委、县政府决策部署，把知识产权工作作为创新驱动发展和转方式调结构的重要抓手，通过加强组织建设、不断强化学习、积极履行职责、着力提升知识产权质量和效益，全县知识产权工作取得长足进步。

**一、强化学习，自觉遵守党的政治纪律**

严格遵守党章要求，自觉遵守党的政治纪律，坚持党的基本路线、方针、政策不动摇，与党中央保持高度一致，维护中央的权威，在大是大非面前，旗帜鲜明、立场坚定。认真组织学习中共十八届三中、四中、五中全会精神，坚持把学习贯穿工作始终，采取领导班子带头学、理论学习集体学、分组讨论集中学、专题报告辅导学等多种形式，做到人人有心得、学习有记录、成效有保障。通过学习，班子在深化认识、统一思想上取得了成效，在凝心聚力量、统一行动上取得了成效，更重要的是在联系实际、贯彻落实上取得了成效，为各项工作开展提供坚强保证。

**二、积极履行职责，全面完成各项任务**

（一）知识产权意识进一步提高

提高知识产权意识是推进知识产权工作的关键，2015 年，在知识产权服务、培训、宣传方面做了大量工作。一是做好知识产权宣传活动。在 4.26 知识产权宣传周期间以“建设知识产权强县，支撑创新驱动发展”为主题，通过与电视台联合报道潍坊精华粉体工程设备有限公司在质押融资方面的好经验好做法，引导和扶持中小企业采取专利权质押方式实现专利权的市场价值，缓解拥有自主知识产权的中小企业融资瓶颈，有效促进企业科技创新。知识产权宣传日当天，开展了声势浩大的“打击假冒专利，保护知识产权”大型宣传活动，发放知识产权宣传手册 500 余份。提高了广大群众尊重和保护知识产权的意识，营造了良好社会氛围。二是积极开展知识产权服务活动。不断创新服务方式，把提升知识产权服务能力作为知识产权工作的一项重要内容。积极开展以服务促进管理，以服务加强引导，促进企业知识产权综合能力的提高。通过与各镇（街、区）加强联系沟通，及时深入企业开展“三送”服务活动。三是积极举办知识产权培训班。针对供电公司对专利知识的需求，4 月份在供电公司会议室举办了专利工作专题培训班，供电系统的专业技术人员共计 80 多人参加了培训，大大提高了培训人员对专利申报和撰写的应用能力。在鄌郚乐器产业园设立了知识产权培训点，举办培训班两期。9 月 21 日，在潍坊市委党校举办了专利运用与检索分析培训班。同时，还积极组织全县的知识产权优势企业、试点示范企业、贯标企业参加市里举办的专利信息分析利用初级实战培训班、知识产权政务信息培训班、专利代理人强化培训班等各类知识产权培训班等，大大提高了全县知识产权的创造、应用能力。2015 年全县专利申请 777 件，同比增长 125.2%，其中发明专利申请 158 件，同比增长 107.9%；专利授权 581 件，同比增长 101%，其中发明专利授权 60 件，同比增长 53.8%。

（二）知识产权运用能力进一步增强

企业创新是基础，知识产权运用是关键，今年以来，注重提高企业知识产权综合能力有效提升。一是积极开展知识产权优势企业培育，全面推进企业知识产权贯标工作。与知识产权中介机构组成企业贯标服务工作组深入全县贯标企业，积极引导企业将知识产权融入研发、生产、销售的全过程，加快提高企业知识产权综合能力。2015 年昌乐县新申报 2 家企业参与贯标，贯标企业数达到了 5 家，其中 2 家已通过验收，1 家企业积极准备验收中。二是积极推进知识产权质押融资工作，拓宽中小企业的融资渠道，帮助企业解决融资瓶颈。11 月份，与潍坊银行昌乐支行联合出台了“关于征集专利质押贷款项目的通知”的文件，进一步推动了企业质押融资工作的开展。目前，山东牵手娃服饰股份有限公司、山东巴夫利化学建材有限公司和潍坊市精华粉体工程设备有限公司以专利权质押分别贷款 600 万元、400 万元和 600 万元，促进了企业的快速发展。

（三）知识产权保护环境进一步优化

为了进一步净化知识产权保护环境，加大了知识产权保护力度。一是成立打击侵权假冒工作领导小组，积极开展联合执法，与工商、质监等部门对县域内的部分企业、超市进行了知识产权专项执法检查 5 次，检查处理假冒冒充专利 40 余件。二是搞好专利查询服务。2015 年帮助企业做好专利法律状态查询 100 余次，使企业在科研中少走了弯路。三是协助市局做好专利纠纷调处工作。针对凯胜拉链厂对生产同样产品的3家企业提出专利侵权诉讼，及时组织工作人员协助市局前往被请求企业送达了“答辩通知书”和有关法律文书，进行了调查取证。针对比德文有限公司专利纠纷案件，会同市局领导一起针对专利保护到比德文公司进行专题调研活动，为企业量身定做了法律诉讼对策。

**三、加强组织建设，完善各项制度**

2015年，注重加强党组织建设，积极发挥党员的战斗堡垒作用。一是加强领导班子建设。为适应新形势新任务的需要，党支部以班子建设、制度建设、队伍建设和作风建设为重点，以争创“五好基层党组织”为目标，大力加强党组织的建设，配齐配强了党务工作人员，党支部每月召开一次党员大会，建立领导班子集体议事制度，增强了班子队伍的团结。二是扎实推进民主集中制建设。把民主集中制教育纳入党支部学习的重要内容，抓好经常性教育。在工作和决策中，支部带头落实“集体领导，民主集中，个别酝酿，会议决定”的要求，完善了支委会、局务会等议事制度。坚持集体领导和个人分工负责相结合，班子成员分工明确，团结协作，整体功能发挥好，领导班子重视班子成员之间的交心通气，加强了协调配合，增进了工作合力。

**四、认真落实党风廉政建设责任制**

认真贯彻落实中央、省、市、县有关党风廉政建设方面的精神，及时召开专题会议，研究部署党风廉政建设和反腐败工作，制定工作计划，使党风廉政建设和反腐败工作与业务工作紧密结合。一是按照党风廉政建设责任制要求，先后召开党支部会议3次，研究部署党风廉政建设工作。进一步调整充实了由局长任组长的党风廉政建设责任制领导小组。二是及时组织全体干部职工学习了党的十八届三中、四中、五中全会精神，中共中央“八项规定”的内容及要求，组织学习了《关于实行党风廉政建设责任制的规定》《廉政处分条例》《廉政自律准则》等相关规定，及时制定了《知识产权局2015年党风廉政建设和反腐败工作的实施意见》，为推动全县知识产权工作加快发展提供了纪律保障。三是坚持不懈纠正“四风”，重点查找抓工作落实不力、工作推诿扯皮等问题；查找安于现状“等、靠、望”思想突出、创新不足等问题；查找宗旨意识淡薄、服务态度差、对群众需求漠不关心等问题；查找公款吃喝、铺张浪费、虚报浮夸等问题，切实解决存在的突出问题。

## 昌乐县行政服务局党委工作概况

党委书记、局长　李广顺

2015年，县行政服务局党委在县委、县政府的正确领导和各级各部门的大力支持下，以党的十八大和十八届三中、四中、五中全会精神为统领，以提高群众满意度为总的导向要求，紧紧围绕县委、县政府中心工作，紧紧围绕服务经济社会发展目标，不断创新机制，优化服务，圆满完成各项工作任务目标，在2015年度全市政务服务体系建设和群众满意度电话回访考核中，我县位列全市12个县市区第二名。

**一、扎实做好党建工作，强化干部队伍建设**

*一是推进学习型党组织建设。*在工作中积极推动学习型党组织建设，健全完善了机关干部集中学习制度，不断创新活化学习内容和形式，将每周一定为集中学习日，重点开展了重大政治理论学习和业务知识培训等，通过学习进一步增强了领导干部把握大局和科学决策的能力，提高了干部队伍整体素质。

*二是加强作风建设。*根据中央、省、市、县委的有关要求，深入贯彻落实了中央“八项规定”精神，扎实开展了“三严三实”专题教育活动，集中整治了“不作为、慢作为、乱作为”及慵懒散浮等不良行为，切实转变工作作风，增强了广大党员干部纪律观念和规矩意识。

*三是扎实开展主题实践活动。*在中心48个部门窗口及10个镇级便民服务中心扎实开展“提速增效实打实、群众满意百分百”优质服务活动，组织开展“没有任何借口”主题演讲比赛、“文明之夏”文艺演出等主题实践活动，营造创先争优、比

学赶超的良好氛围，内强素质，外树形象，增强了团队活力和凝聚力。

四是搞好党风廉政建设。全面落实党风廉政建设责任制，把党风廉政建设工作列入班子的重要议题和年度总体目标，与其他工作同步研究部署，同步检查考核，层层落实责任，形成了齐抓共管、共同参与的反腐倡廉工作机制。同时深入开展党性、党风、党纪教育活动，引导全体人员树立正确的世界观、人生观和价值观，树立政务服务工作者清正廉洁的良好形象。

**二、建立了机制创新、高效规范的投资创业服务体系**

一是建立投资项目审批“绿色通道”。依托一站式办理“快车道”，设立投资项目集中受理窗口，积极落实项目预登记、审批绿色通道、办理进度定期通报等制度，实现了“一口受理、内部运行、限期办结、实时监测”的运行机制。2015年，共受理立项、能评等审批事项2000余件，按期办结率达100%。

二是推行重大投资项目代办。组建审批代办队伍，建立代办服务制度，规范代办服务流程，为重点项目审批提供全程无偿代办服务。目前，有县级代办员10名、窗口专办员50名，镇级代办员10名、专办员79名，已为昌乐县石油公司加油站建设项目等完成了相关手续代办，加快了重点项目投资落地。

三是创新项目审批制度。严格落实建设工程项目并联审批制度，按照“整合流程、并联审批、信息共享、限时办结、统一出证”的审批新模式，协调推进审批工作。实施企业登记并联审批，推行非制造业建设工程告知承诺工作机制，进一步优化审批流程，提高了办事效率。

四是规范完善中介服务市场。建成网络中介超市，科学制定各类中介机构管理办法和服务选择机制，按照“服务最优、收费最低、办事最快”的原则，为企业提供便捷高效专业化服务。目前，共有210家中介机构在县中介服务办进行信息登记，并全部在网上进行公示，其中17家实体进驻政务服务中心。

**三、建立了领域宽泛、功能完善的便民利民服务体系**

一是建立规范化服务平台。严格落实“两集中、两到位”，逐步构建起“一个窗口对外、一个领导分管、一个公章审批、全程网上审批”的服务平台。截至2015年年底，共有48个部门进驻县政务服务中心，设置服务窗口106个，268项行政许可事项和285项服务事项在中心集中办理。在全县10个镇（街、区）都按标准建立了便民服务中心，在63个社区也全部设立了便民服务厅，工作扎实有序开展。中心年办件量10万余件，按期办结率和群众满意率达100%。

二是积极推行网上审批。通过建立完善网上预审、并联审批和全程网上审批等机制，逐步完善网上咨询、网上申报、在线预审、实时查询等网上办事服务功能，加快了市县镇三级联通、一体运行的网上办事平台建设。通过梳理和优化网上审批办理流程，提高了行政审批效率，让办事群众享受到了更为优质便捷的服务。

三是不断优化服务模式。在每个窗口统一摆放了样式规范的服务承诺工作台牌、一次性告知单、示范文本、服务指南等，进一步方便了办事群众。工作人员实行AB岗位替代方式，统一按照“三声两立一伸手”服务标准为群众提供服务，进一步规范了服务行为。建立了预约服务制度和上门服务特殊人员制度，设立了咨询引导岗、政府信息公开查阅中心，为办事群众提供了更加规范高效的服务。

**四、建立了科学合理、以人为本的监督评价考核体系**

一是多措并举，强化业务监督。严格落实首问负责制、一次性告知制、办理时限承诺制等，加强常规化督查；严格落实电话回访制度，及时了解群众需求，确保业务办理规范高效。进一步健全完善了投诉处理运行机制，通过设立投诉受理窗口、开通24小时投诉热线、开设网上投诉模块、设立投诉意见箱等形式，畅通了投诉举报渠道，维护了广大群众的切身利益。

二是建章立制，严格评价考核。严格人员选派和备案管理，建立了动静态相结合的人员进出机制。进驻中心窗口的工作人员，其组织管理和工作管理全部转入中心，实行单独管理、单独考核。通过制定落实日常检查制度、考勤及请销假制度等，严格落实了考核评议制、责任追究制，以制度为约束规范服务行为，提升整体形象。

三是规范管理，锻造一流队伍。创新中心窗口考核管理机制，细化完善了《进驻部门窗口及工作人员管理考核奖惩办法》，对进驻部门窗口及工作人员就业务办件、文明服务、廉洁自律等情况实行月度和年度量化考核，通过督查考核，推进规范管理，打造了一支业务过硬、素质过硬、作风过硬的一流政务服务队伍。

**五、公共资源交易平台建设工作成效显著**

通过整合资源，在全市率先建立了土地招拍挂、建设工程招投标、政府采购、产权交易、医疗器械采购“五位一体”的公共资源交易服务平台。制定完善了《开标、评标纪律》等交易办法和规则，健全完善了系统的管理机制、责任追究机制，建立了行之有效的监督机制，在开评标过程中，通过电子监察系统进行实时监督，逐步构建了“公正开放、竞争有序、服务到位、监管有力”的交易管理服务新体制。2015 年，共完成土地出让项目 87 个，成交金额 163375.38 万元；完成政府采购项目 131 个，概算金额 58941.38 万元，中标金额 47626.78 万元，节约率达 19.2%；完成建设工程项目 1 个，成交金额 338.49 万元；完成产权交易项目 2 个，成交金额 1001.5 万元；完成医疗器械采购项目 1 个，成交金额 269.06 万元。

**六、招商引资和包村等工作成效显著**

根据招商引资工作责任制要求，加大招商引资力度，2015 年引进的潍坊欧尼斯塑胶设备制造有限公司项目实际到位资金已达 4500 万元人民币，圆满完成了招商引资任务。在包村工作中，切实察民情、体民意、解民困，为老百姓办实事，办好事：按照环卫一体化要求，集中开展了环卫整治工作，村容村貌焕然一新；帮扶包靠村修缮办公场所一处，添置了办公桌椅，改善了村集体办公环境；利用大走访时机，对官庄村 300 余户进行了入户走访，收集到意见建议 50 余条，确保有的放矢，切实解决群众需求；帮包靠村 20 户贫困户建档立卡，并与 26 名局党员干部建立了帮扶关系；积极争取资金，为残疾人张刘军申请助残贫困补助 2500 元；节日期间，为困难群众送去面粉、食用油等生活物资，切实帮助困难群众温暖过冬。

## 昌乐县旅游局党总支工作概况

局　长　钟绵堂

2015 年，县旅游局党总支按照县委、县政府大力发展六大新兴产业的决策部署，坚持以科学发展观为指导，以旅游项目开发建设和乡村旅游发展为重点，以创建“秩序好、服务优、环境美、游客满意”的旅游环境为目标，立足实际，履职尽责，全县旅游业稳步健康发展。全年共接待国内外游客 372.84 万人次，实现旅游综合收入 30.66 亿元，争取省市旅游局专项扶持资金 132 万元，用于乡村旅游发展。

**一、以“守纪律、讲规矩、作表率”主题教育活动为契机，加强基层组织建设**

*一是狠抓政治理论学习，坚定不移贯彻执行党的路线方针政策。*把抓好理论学习作为党员领导干部思想政治建设的重要内容，加强干部的理论学习和教育培训。以主题教育活动为契机，深入开展“八个一”活动，组织全体党员干部深入学习党章，重温入党誓词，举办专题党课，促使全体党员干部守纪律、讲规矩，整体素质进一步提升。认真学习贯彻上级党组织一系列方针政策和会议精神，系统学习了中共十八大和十八届三中、四中、五中全会精神、习近平关于党风廉政建设和反腐败斗争摘编等精神精髓，使得局机关全体党员干部在学习革命历史中净化了心灵。通过学习，党员干部的思想政治素质普遍提高，理想信念更加坚定，增强了基层组织的凝聚力和战斗力。

*二是完善长效机制，推进作风建设常态化。*结合这次主题教育实践活动，我局进一步健全完善各项规章制度，加大内部监督制约力度，将事前、事中、事主题后监督和内部及社会监督有机地结合起来，进一步规范了干部行为。在教育实践活动中，

开展了以整顿工作纪律和工作作风为主的整顿活动，班子成员带头坚持，自上而下，提高了全体党员干部的自觉意识，教育引导广大党员干部把一切心思和精力用在本职工作上，深入基层，深入实际，务求实效，不走过场，不摆架子。并把建章立制贯穿始终，做到解决一个问题，就建立一项制度、规范一个方面的工作，对制度实行“笼子”管理，以“钉钉子”的精神强化制度执行，推进作风建设的常态化、长效化。

三是加强党风廉政建设，增强党员干部的拒腐防变能力。把贯彻落实党风廉政建设责任制纳入局党总支工作的重要议事日程，纳入党总支工作的整体格局中，纳入党的思想、作风、组织和制度建设的各项工作中，坚持把落实党风廉政建设责任制与业务工作和全年目标任务一起布置、一起检查、一起落实、一起考核。组织党员干部认真学习贯彻中央和省市县关于加强党风廉政建设的一系列规章制度，明确单位党组织主要负责人是第一责任人，班子成员按照“一岗双责”的目标要求，对职责范围内的党风廉政建设负直接责任。层层签订“党风廉政建设责任书”，要求全体人员严格遵守“中央八项规定”及省市县出台的一系列文件要求，带头遵守各项制度，带头树立节约意识，严格办公用房、公务用车、接待用餐管理，同时还设立了举报箱，举报电话，适时召开座谈会，接受党内监督、群众监督和社会监督。规范政府信息公开，民主科学选拔任用人才，充分发扬党内民主，“三重一大”等事项始终坚持民主集中制，提高了领导班子的决策能力和水平。

**二、以党的建设带促工作开展，全力完成年度目标任务**

（一）着眼长远，精心制定产业发展规划。根据县委县政府提出的六大新兴产业发展意见，我局在认真学习研究省、市旅游局关于加快乡村旅游发展的意见、乡村旅游发展专项资金管理办法等政策的基础上，拟定并报请县委县政府出台了《中共昌乐县委昌乐县人民政府关于进一步加快旅游产业发展的意见》。《意见》提出了今后五年我县旅游产业发展的总体目标、工作重点，特别是围绕火山、宝石、教育三大特色资源，确定了全县文化旅游产业十大重点支撑项目，同时还提出了保障旅游产业快速发展的扶持政策和措施，成为推进我县旅游业健康发展的规范性政策文件。

（二）突出重点，积极推动旅游支撑项目建设。在认真调查研究的基础上，加大对旅游项目的协调服务力度，切实解决项目建设中遇到的困难和问题，推进项目稳步建设。一是方山九龙湖旅游度假区项目。到目前，已完成南寨水库临时围堰填筑和大坝上下游护坡、溢洪闸、防浪墙拆除工作，正在进行三期坝体拆除；区域内大雄宝殿一层穿梁、斗拱已完成，正在进行二层梁柱施工。二是火山口景区。规划建设地震灾害救援培训基地、火山体验馆、5D影院、温泉度假区等项目。潍坊新兴旅游规划设计研究院正在修改规划设计方案。三是昌乐西瓜科技示范园项目。占地200多亩，建设有西瓜种苗繁育、西瓜新品种新技术展示、西瓜生产采摘等多个功能区，目前已全部建成并投入使用。四是孤山文化旅游资源开发项目。项目位于昌潍路以南，桂河路以北，万山路以西，大沂路以东，拟规划建设车文化、庙宇文化、动植物园和休闲度假四大主题旅游区。前期，我县邀请北京中科智景旅游规划设计院前来现场勘查，为该区域编制生态旅游发展控制性详细规划，拟打造在省内外乃至全国具有较强影响力的旅游品牌。据统计，2015年全年，仙月湖综合旅游开发、五虎山现代农业旅游观光博览园等8个旅游项目共完成投入4.96亿元。

（三）立足实际，全力推进乡村旅游发展。组织6批次300余人先后赴淄博、日照、青岛、临沂、浙江桐庐等地考察学习乡村旅游发展的经验做法。确定了以方山为依托的观山景农家乐、以仙月湖景区为依托的湖畔人家乡村旅游综合体以及五图庵上湖村、乔官响水崖和土埠沟村、高崖库区小白塔村、鄌郚沙埠沟村为重点的发展格局。邀请省、市旅游局领导和专家，多次到高崖库区等地调研，指导高崖水库库区、乔官镇土埠沟村编制了乡村旅游规划，南山农场、十八坊、逍遥水岸步调等一批乡村旅游项目相继开工建设。认真做好A级景区复核及旅游厕所建设工作，通过召开A级旅游景区复核工作会议、现场查看、资料审查等工作，确保我县所有A级旅游景区顺利通过本年度复核；根据国家旅游局关于开展“旅游厕所革命”工作部署和全省旅游厕所建设工作会议精神，制定了昌乐县旅游厕所建设管理三年推进方案及行动计划，目前，中国宝石城、西湖公园、桂河湿地公园三景区旅游厕所已建设完成，仙月湖景区内南山农场项目还有三处旅游厕所正准备建设。争取上级专项扶持资金132万元，用于乡村旅游项目的改造提升。

（四）突出特色，重点做好旅游形象宣传。根据省旅游局2015年“联合推介，捆绑宣传”有关精神和县委、县政府主要领导意见，并经县委宣传部审核同意，投入资金274万元通过央视一套媒体集中做好2015年昌乐旅游形象宣传，播出内容为“世界古火山奇观，中国蓝宝石之都”5秒旅游形象片，视频配字幕“2015中国（昌乐）国际宝石博览会（2015年10月16日—19日）”，播放时间为8、9、10三个月。通过宣传推介，收到了良好的效果，特别是宝石博览会期间，参展客商达到300余家，以旅游购物为主的游客超过4.36万人次，旅游销售额达1.67亿元。

（五）整合提升，积极争创旅游品牌。为提升全县乡村旅游点标准档次，切实搞好旅游创先争优工作，我们从乡村旅游项目建设入手，重点对高崖水库库区小白塔民俗文化村、南山农场，鄌郚镇伟圣现代农业生态示范基地、金山生态园、葡萄酒庄建设地点，乔官镇响水崖村、姬家庄子、土埠沟村，五图街道庵上胡村等项目进行了实地调研，指导并督促各项目按照发展规划和有关标准要求，完善配套设施，提升服务水平和接待能力，提高项目吸引力，推进项目建设，为争创品牌项目打好基础。截至目前，五图庵上湖村被评为全市农业旅游标杆示范点，高崖库区小白塔村被评为全市乡村度假类标杆示范点，昌乐县湖畔人家刘秀红、张传喜、张富强、居士驿栈5号、6号、7号，南山农场1号、2号被评为“潍水人家”品牌示范户。乔官镇响水崖村、高崖水库库区小白塔村、五图街道庵上湖村被评为省级旅游特色村，高崖水库库区小白塔饭庄被评为四星级农家乐。高崖水库库区成为全市重点扶持的七个乡村旅游示范区之一。

（六）加强管理，不断优化旅游环境。在全县旅游企业中强化安全意识、服务意识，加强对旅游企业的日常监管，规范企业经营行为，联合交通、公安消防、安监、工商等部门共同参与的旅游联合执法活动已经形成长效机制，完善了联合执法制度，保持高压态势，对欺客宰客、零负团费、强买强卖等有损城市形象和游客反映强烈的突出问题给予坚决打击，加大旅游市场综合治理力度。尤其是把涉旅企业的安全生产作为各项工作的重中之重，做到每月对星级饭店、旅行社、旅游景区等涉旅单位进行2次定期检查，全年牵头进行了6次安全生产大检查，对存在的问题限期整改，有效杜绝了旅游安全事故的发生，营造了安全和谐的旅游环境。同时，解决各类旅游投诉和纠纷2起，有效维护了良好的市场秩序。

（七）多措并举，积极构建网络营销平台。根据省旅游局关于建设省、市、县三级旅游资讯网的有关要求，我们开通了昌乐县旅游局微信公众平台，整理并提供详细准确的资料，打造昌乐县旅游资讯网。充分利用“互联网＋”模式，促进乡村旅游的发展，组织县内发展比较成熟的乡村旅游点加入青州八喜国际旅行社打造的“任性旅游网”，为我县乡村旅游进行宣传。组织县内宝石城、首阳山旅游度假区、华之旅旅行社等多家涉旅企业，参加了省旅游局在泰安举办的“山东旅游$O_2O$泰山会盟”大型旅游招商、营销结盟活动，为促进旅游产业转型升级起到了积极的推动作用。

## 昌乐县农业综合开发办公室党支部工作概况

党支部书记、主任　滕继华

2015年，县农业综合开发办党支部深入贯彻落实中央、省、市和县委、县政府一系列决策部署，紧紧围绕全办工作抓党建，全面加强了基层组织建设和机关党员队伍的建设，充分调动机关党员干部工作的积极性和主动性，促进了党建工作与业务工作的有机结合，实现了机关党建与经济发展良性互动，取得了明显的成效。党员队伍整体素质、服务水平明显提高，为搞好农业综合开发工作提供了有力保障。

**一、重落实，推动党建工作全面开展**

（一）宣传和执行党的路线、方针、政策，贯彻落实中央、省、市委关于加强党的建设的工作部署和要求，围绕县委基层党建工作重点和目标要求，高度重视党组织建设工作，认真履行“第一责任人”的职责，经常深入一线调查研究，全面把握党建工作的整体情况，研究制定本办党建工作计划，并组织实施，搞好调查研究，抓住重点，实施分类指导，督促检查，努力完成本年度各项工作。深入开展机关纪律作风整顿，切实提高机关工作效能，实现机关作风和干部精神面貌的新转变。

（二）创建学习型机关，不断加强党员干部思想政治建设。计划上，从政治理论、开发办业务到法律法规，年度、季度、月份都有安排。以学习中共十八大精神等内容为重点，丰富多彩。形式上，以集中学习、讨论交流为主，多种多样，机关学习风气浓厚。

（三）坚持用干事业的干部，积极推进党内民主建设，保障党员充分行使权利，引导党员自觉履行义务，发挥党员先锋模范作用，努力推进机关党的建设，抓好机关干部包村等重点工作。

（四）严格党的组织生活，健全党内生活制度。开好党员民主生活会，领导带头过党员双重民主生活会，在思想作风、学风、工作作风、生活作风等方面广泛交流意见，并开展党员干部民主评议，请党外同志提意见和建议。

（五）促进干部创业和联系群众良好风气的形成，以求真务实的作风推进各项工作。认真落实党风廉政建设责任制，模范执行廉洁自律的各项规定，树立党员干部为民、务实、清廉的良好形象。

（六）认真抓好党组织规范化建设。通过抓班子、带队伍，班子成员积极发挥表率作用，带头廉洁自律、倡树正气、强化学习、真抓实干、勤政为民，在部门内部形成了公平正义、团结互助、人心思上的良好风气。坚持党组织的“三会一课”制度，开展党课教育，充分发挥党支部凝聚人心、推动发展、促进和谐的作用，大力加强以支部为单位各项活动的开展，坚持全心全意为人民服务的宗旨，在提高工作效率上下功夫，从而调动了广大党员干部的工作积极性。

**二、严管理，农业综合开发工作取得新成效**

（一）2014 年度农发项目工作全面完成，顺利通过市级验收，工程建设与管护、资金使用、档案管理等综合考评成绩继续保持在全市前列。

1. 土地治理项目。完成建设项目 3 个，实际完成总投资 1589 万元，其中落实市以上财政资金 1484 万元。昌乐县乔官镇 5000 亩高标准农田示范工程项目。该项目完成总投资 575 万元，其中落实市以上财政资金 537 万元。昌乐县五图街道 5000 亩提质改造项目。该项目完成总投资 414 万元，其中落实市以上财政资金 387 万元。昌乐县高崖库区管委会 5000 亩小流域治理项目。该项目完成总投资 600 万元，其中落实市以上财政资金 560 万元。

2. 产业化经营项目。完成建设项目 5 个，全部为财政补助项目，完成总投资 1641 万元，其中落实市以上财政资金 502 万元。昌乐县 480 吨优质蚕茧养殖基地新建项目。扶持单位为潍坊恒源丝制品有限公司，该项目完成总投资 680 万元，其中落实市以上财政资金 143 万元。昌乐县年交易 20 万吨瓜菜产地批发市场扩建项目。扶持单位为潍坊金鹏农贸市场有限公司，该项目完成总投资 592 万元，其中落实市以上财政资金 143 万元。昌乐县 4500 吨优质瓜菜种植基地扩建项目。扶持单位为昌乐县富六地果菜专业合作社，该项目完成总投资 120 万元，其中落实市以上财政资金 72 万元。昌乐县 180 吨优质核桃种植基地扩建项目。扶持单位为昌乐县益林林木专业合作社，该项目完成总投资 117 万元，其中落实市以上财政资金 72 万元。昌乐县 18000 吨优质瓜菜种植基地扩建项目。扶持单位为昌乐县康发瓜菜专业合作社，该项目完成总投资 132 万元，其中落实市以上财政资金 72 万元。

3. 山区农业开发项目。高崖水库库区北段优质瓜菜基地扩建项目。完成投资 130 万元，其中落实市财政资金 60 万元，建设优质瓜菜基地 200 亩。

（二）2015 年度项目建设工作全面展开，为顺利推进全县农发工作再上新水平奠定了良好基础。已获批复实施土地治理项目 1 个，计划总投资 773 万元，落实市以上财政资金 721 万元。实施农业产业化经营项目 5 个，其中扶持合作社项目 3 个，扶持农业产业化龙头企业项目 2 个，计划总投资 1366 万元，落实市以上财政资金 560 万元。

1. 土地治理项目。昌乐县五图街道小圩河流域综合治理项目。该项目位于昌乐县五图街道东部，属于小流域治理项目，计划开发治理小流域面积8000亩，总投资773万元，其中市以上财政扶持资金721万元。

2. 农业产业化经营项目。昌乐县2000吨种子加工仓储扩建项目。扶持单位为潍坊创科种苗有限公司，该项目总投资438万元，其中落实市以上财政资金140万元。昌乐县6万吨果蔬储藏保鲜恒温库新建项目。扶持单位为潍坊金鹏农贸市场有限公司，该项目总投资428万元，其中落实市以上财政资金140万元。昌乐县100万株西瓜种苗繁育种植基地新建项目。扶持单位为昌乐县方山土地股份专业合作社，该项目总投资130万元，其中落实市以上财政资金70万元。昌乐县100吨优质金银花种植基地扩建项目。扶持单位为昌乐县弘昌金银花种植专业合作社，该项目总投资220万元，其中落实市以上财政资金140万元。昌乐县4500吨优质果蔬种植基地扩建项目。扶持单位为昌乐县瑞升果蔬专业合作社，该项目总投资150万元，其中落实市以上财政资金70万元。

（三）搞好项目库申报和十三五规划编制工作，为下步争取项目资金和项目实施打好基础。根据山东省《关于做好2016年农业综合开发土地治理项目选项入库工作的通知》的文件精神，认真编写了2016年土地治理项目库，同时还编写了“十三五”规划。

**三、廉洁勤政，抓好其他各项工作**

一是落实好党务政务公开工作，积极开展廉政风险防控活动，经常进行干事创业、全心全意为人民服务教育，使人人做到依法办事、公正处事。二是严格执行民主集中制，精诚团结，协同作战。班子内部注重团结，坚持民主集中原则和《干部选拔任用条例》，分工负责，凡重要事项都集体研究决定，广泛征求意见和建议，不搞一言堂，班子成员凡分管的工作，让其大胆负责，放手开展工作，调动了班子成员和其他同志的工作积极性，全办战斗力、凝聚力进一步增强。三是严明纪律，注重形象。班子全体成员，严格遵守《廉政准则》，落实好中共中央“八项规定”，不断改进工作作风，厉行勤俭节约反对浪费。注重以身作则，时时处处严格要求自己。努力打造一支素质高、作风硬，“务实、清廉、勤政、为民”的农发干部队伍，为推动农发工作再上新台阶提供强有力支撑。

## 昌乐县规划局党组工作概况

党组书记、局长　孙洪亮

2015年，县规划局党组在县委、县政府的坚强领导和市规划局的精心指导下，坚持以科学发展观和党的十八届三中、四中、五中全会精神统领，以打造“富强、生态、文明”的城市新形象为导向，按照“让人民群众满意的生活之城，幸福之城”的规划目标，坚持“北优南拓、西控东接”的城市发展思路，通过深化规划服务、强化规划管理，严格规划执法，全面均衡提升全县城乡规划水平，圆满完成了全年目标任务。

**一、坚持规划先行，全力助推重点工程项目建设**

围绕打造城市新的发展引擎，开展了城关商务社区周边地块控制性详细规划编制，加快推进市民文化体育公园周边项目规划建设。以拓展城市发展新空间为出发点，积极推进九龙湖综合开发，在高标准完成片区规划的基础上，以库区合村并点建社区为突破口，在科学选址、政策导引等方面做足文章，大力推进项目落地，不断拓展城市发展新空间。以企业总部基地公园滨水景观概念性规划建设为依托，全力推进宝通街以北、新昌路以东、大沂路以西、流泉街以南片区规划建设，倾力构建县城区新的战略发展高地。以首阳山旅游度假区综合开发为依托，科学推进高档养老社区、新实验中学、新二中·美加国际学校等项目规划建设，努力筑造县城区新的文化、休闲、养生福地。加快方山路改造提升步伐，以完善服务功能、提升景观档次、凸显地域文化为根本，以全福元城市综合体规划建设为重点，全力塑造城市发展新的商业隆起带。

**二、强化规划统筹，大力推进城乡一体化协调发展**

科学推进我县《城市总体规划》修编，《城乡一体化发展规划》编制，着力构建以县城区、小城镇和新型农村社区为基础的城镇化体系；按照“功能紧凑、发展集约、特色鲜明、经济繁荣”的思路，进一步完善城镇规划和配套设施，突出产业发展，加快建设独具魅力的现代化“小城镇”，开展了各镇总体规划的调整完善，以及我县蓝色经济创业园和各镇街特色经济创业园区的提升改造规划。同时，以新型农村社区规划建设为突破口，科学编制完成我县《新型农村社区布局规划》，并大力推进《新型农村社区修建性详细规划》的编制，本着方便实用、易于操作，突出特色的原则，严格把关各镇街区示范社区规划编制，切实提升农村居住生活水平。

**三、发挥规划调控，强力推进重要规划编制**

按照县委“以宝通街为中轴，北优南拓西控东接，新老城区配套发展”的思路，加快推进县城区控制性详细规划的调整完善，着力优化停车场、城市绿地、环境卫生等专业专项规划，配套建设休闲广场、绿地公园等公共服务设施；围绕城市形象提升和文化产业优化，大力推进利民街、方山路的拆旧改丑行动，不断优化城市发展环境。同时，在对县城区全面调研的基础上，开展了东部生态新城规划建设，加快推进昌乐融入潍坊半小时生态经济生活圈的步伐。

**四、落实规划服务，努力抓好批后管理**

加大规划管理力度，出台《昌乐县规划设计市场管理办法》《昌乐县修建性详细规划管理办法》、《昌乐县建设工程规划验收办法》等文件，不断拓宽规划管理和服务的深度和广度；进一步推进规划审批提速，严格审批流程，压缩审批时限，确保审批提速30%以上，真正实现变管理为服务；全面开放规划设计市场，吸引同济建筑设计研究、北京科城规划院等全国知名设计公司参与红河镇《宅科社区》、鄌郚镇《青上社区》等农村新型示范社区以及大德医疗、蓝宝石小镇等重点项目规划设计，力求在高水平规划的指导下加快建设精品城市。

**五、拓宽公众参与渠道，致力于打造“阳光规划”品牌**

在拓展范围上，将阳光规划的从事前公示拓展到“三公示”“二公布”“一公告”的所有范围。在地点延伸上，将阳光规划从县城向县城和农村并重转变，所有的乡镇原则上都有阳光规划公示栏或公示窗。在创新载体方面，继续开展“规划进社区”和“规划下乡”等活动，重点进行了县规划局网站、公示栏等宣传平台的建设，通过走访高档养老功能区、企业总部等50个重点项目和各镇街区，现场发放《中华人民共和国城乡规划法》《山东省城乡规划条例》等宣传资料8000余份，切实提升了规划的普及率，提高了规划的透明度。

**六、抓基础工程建设，着力提升干部队伍素质**

为增强全局凝聚力，重点抓好作风建设、软环境建设、队伍建设和效能建设四项基础工程，使全体职工树立了“优质高效服务、热情主动服务”的理念。全面落实党风廉政责任制。一是坚持党组领导、党政齐抓共管、业务部门各负其责、群众积极参与的领导体制和工作机制；切实发挥领导班子主体责任，把党风廉政建设责任制的落实与城乡规划工作紧密结合起来，同部署、同落实、同检查、同考核。二是利用党组会议、中心组学习等形式，集中传达学习上级文件和县委中心组、县政府廉政工作会议精神，通过身边人、身边事进行警示警醒，强化广大党员干部的法制观念，增强依法行政意识和廉洁自律意识。三是扎实开展“守纪律、讲规矩、做表率”主题教育实践活动。成立以局长为组长的主题教育实践活动领导小组，制定工作实施方案，开展自查活动，认真查找单位及个人在作风、效能及廉洁方面存在的问题，深刻剖析原因，制定整改措施。

**七、立足本职，促进和谐，在服务民生上实现了新的突破**

一是认真做好群众来信来访维护稳定工作。大力推行公开接访日活动，并建立和完善信访接待、来访登记等制度，坚持实地走访、现场踏勘，努力将不稳定因素消灭在萌芽状态。2015年，共办理上级交办信访案6件，自办信访案10件，共接待来电、来访群众22余人次，所有问题均圆满解决。二是认真办理人大、政协提案议案。今年，我局共承办县人大代表建议和县政协委员提案共计11件。工作中始终秉持“领导重视、分工负责、当面答复、保质及时”的原则，采取有效措施狠抓落实，确保了提案、建议的见面率、满意率100%。

# 昌乐中国宝石城开发建设管理委员会党工委工作概况

党工委副书记、管委会副主任　刘文涛

2015年，县宝石城管委会党工委在县委、县政府的正确领导下，认真贯彻中共十八大、十八届三中、四中、五中全会精神和习近平总书记系列重要讲话精神，紧紧围绕“打造黄金珠宝加工交易千亿级产业集群”的奋斗目标，创新举措，狠抓落实，较好地完成了各项目标任务。

**一、内强素质，不断加强党的建设和机关建设**

一是抓好学习，努力提高政策水平。认真组织干部职工学习中共十八大、十八届三中、四中、五中全会精神和习近平总书记系列重要讲话精神，以及上级党委政府的各项决策部署，坚持每周一下午集中学习、平时自学的学习制度，凡是上级部门通知参加的培训讲座，班子成员及相关干部职工均积极参加，同时围绕宝石城市场工作积极开展干部自主培训；二是从严要求，加强党风党纪建设。扎实开展“守纪律、讲规矩、做表率”主题教育活动和“三严三实”专题教育活动，认真组织党员干部学习党章和党的纪律、国家法律以及党的优良传统和工作惯例，深入查摆和着力解决自身存在的不守纪律、不讲规矩等问题，使党员、干部作风进一步转变。严格落实中央、省、市、县关于加强党风廉政建设的有关规定，年初单位与科室、个人签订《党风廉政建设目标管理责任书》，厉行勤俭节约，反对铺张浪费，有效降低成本，把有限的资金用于发展事业和服务市场等问题上，督促党员干部严格遵守廉洁自律的各项规定，为顺利打造“黄金珠宝加工交易千亿级产业集群”和实现宝石城转型升级发展提供了坚强保证；三是真包实靠，积极做好包村工作。深入开展机关干部包村、“干部回家”帮扶和“第一书记”等包村工作，积极做好联系服务群众集中走访活动，深入调查研究，全面摸清帮扶现状。今年为开发区耿王村特困户送去棉衣棉被6件、价值2000余元的食油面粉等物品，切实为贫困户解决实际困难。

**二、多措并举，全力提升市场服务管理水平**

一是做好市场商品质量监管工作。积极发挥宝石城检测室作用，今年以来共检测各类珠宝首饰8.5万余件、黄金350千克，有效地维护了消费者利益；二是加强市场安全生产工作。在宝石城市场内开展了安全生产大检查活动，对物业公司、珠宝企业进行了安全生产、消防知识培训，有效地维护了市场的安全稳定；三是进一步规范市场秩序。对违章建设、乱搭乱建进行拆除、清理，加强车辆管理，加大了市场秩序整治力度；四是开展珠宝企业信息统计摸底工作，与开发区、公安局联合成立工作小组，对宝石城珠宝企业进行全覆盖信息统计；五是做好统计数据上报工作。按照有关部门要求，每月对规模上企业经营情况、2015年昌乐县重点建设项目、潍坊市重点服务业园区、潍坊市重点文化产业项目等报表进行统计上报；六是针对宝石城市场金融状况，组织全体干部职工进行了入户调查和重点走访，找出了存在的问题并提出了建议，为县里提供了第一手材料；七是做好中国宝石城AAAA级景区的建设和旅游工作。依托宝石城各期市场和中国蓝宝石博物馆，配合全县“创卫”工作，对景区内的空闲地带进行了规划设计，修建车库、进行绿植、配套休闲设施等，为游客提供了更好的服务。中国宝石城景区今年5月份再次获得“省级青年文明号”荣誉称号。同时正在积极申报“市级文明旅游先进单位”“省级文明诚信市场”。

**三、精心筹备，成功举办2015中国（昌乐）国际宝石博览会**

2015中国（昌乐）国际宝石博览会珠宝展展览展示面积2万平方米，在中国宝石城和中国蓝宝石博物馆设置展区，有来自国内外300多家知名珠宝企业参展，其中有巴西、斯里兰卡、澳大利亚、巴基斯坦、韩国等国家和中国香港、中国台湾地区的70多家知名珠宝企业前来参展，国际展商数量比去年增长了30%。博览会期间，共接待采购商及游客4.36万人，实际交易额1.67亿元，意向交易额2.2亿元。本届博览会积极创新办会，形式更新颖、内容更丰富、活动更精彩，切实增强了博览会的国际化、专业化、市场化、大众化，提高了办会水平，各项成绩再创新高。参展的国内外展商及客商热情高涨，展会尚未结束，参展商就积极主动预定明年展位，特别是国际展商反响强烈，展位预定超出预料。现已预订展位 50 多个，其中国际展商达 26 个，体现了对昌乐县举办国际宝石博览会的高度认可。

**四、创新思路，继续加大招商引资力度**

一是 4 月下旬，赴广州与烨龙集团进行了会谈，双方围绕宝石城合作项目等内容达成了一致意见；二是招商引进华晟（昌乐）黄金珠宝有限公司，已于 3 月 28 日开业，该公司致力于打造“蓝吉尔”蓝宝石品牌，已初见成效；三是与广东四会珠宝玉器协会就为双方产品直供搭建平台、为企业进驻对方市场提供优惠政策和便利条件、互设办事处、节会合作、珠宝电商平台资源共享等方面达成合作意向；四是招商引进深圳宝石加工企业粤迪首饰制作有限公司，已于 11 月 19 日开业，该公司引入深圳的高端设计和加工工艺，提升了宝石城市场珠宝首饰整体档次和水平。

**五、扩大影响，不断加大宝石城宣传推介力度**

一是与县委宣传部配合，做好关于蓝宝石大型纪录片《蓝》的拍摄、制作工作，目前拍摄工作已结束，正在进行后期制作；二是在央视经济频道《第一时间》和《财经新闻》栏目，头条播出宝石城市场的深度报道，节目时长 9 分多钟，在报道宝石城市场发展经验的同时，侧重介绍了宝石城转型发展经验，在国内产生积极反响；三是自筹资金在高速公路及省道主要路段设置多个大型广告牌，极大宣传了宝石城良好形象；四是继续加大宣传的深度和广度，据不完全统计，今年以来在“人民网”“新华网”“大众网”《山东商报》《中国黄金报》《宝玉石周刊》《齐鲁晚报》《潍坊晚报》“宝石城网站”“博览会官方网站”等全国各级电视台、报社、网络以及行业媒体，发表有关宝石城及博览会的新闻报道 486 篇。其中，国家级媒体 45 篇，进一步提升了昌乐珠宝产业和昌乐国际宝石博览会的知名度；五是开发利用宝石城微信平台。宝石城管委会与北京京鲁惠海文化产业发展有限公司济南分公司合作建立了中国宝石城微信公众号，现已投入使用，积极开展相关宣传推介工作；六是安装 LED 电子显示屏。为加大市场内电子商务宣传力度，新购置安装 9.2 平方米的 LED 电子显示屏，用于相关珠宝信息宣传推介。

**六、转型升级，大力发展宝石城市场电子商务**

鼓励引导珠宝企业转型发展，以“互联网+宝石城”为创新动力，促进宝石城市场转型发展。一是引导培育壮大市场内珠宝网店。目前，市场内共有珠宝网店 700 多家，特别是微商数量激增，预计年底网上交易额突破 100 亿元；二是举办电子商务培训班。今年共举办了四期电子商务培训班，共培训珠宝电子商务各类人才 600 余人。

**七、挖掘潜力，加快品牌建设步伐**

一是推进蓝宝石行业标准制订工作进程。3 月份赴京与中宝协、国家标准委就参与《蓝宝石国家标准》制定工作进行对接，已就宝石城管委会作为国标制定参与单位达成共识。8 月份与省计量院和省标准委合作，联合制定《蓝宝石地方标准》，现已进入蓝宝石标准方案的起草阶段；二是做好蓝宝石国家地理商标申报工作。多次进京与国家工商总局进行协调对接，现已进入公示期，年内有望批复；三是成功申报“山东省优质产品生产基地”，对提高我县珠宝产业总体质量水平、打造区域经济品牌具有重要作用。

**八、高度重视，切实做好信访维稳工作**

针对拖欠工程款、社会融资等历史遗留问题，认真研究部署信访工作，今年共接待来信来访 30 多人次，一方面做大量耐心细致的解释安抚工作，另一方面积极想办法尽快盘活启动万国珠宝园项目，多次到青岛等地招商，做了大量的工作，项目招商已有新的进展。

## 昌乐县环境卫生管理局党支部工作概况

党支部书记、局长　吴进光

2015 年，县环卫局党支部以省城乡环卫一体化“全覆盖”认定为契机，以改善城乡环境为目标，以积存垃圾和“三大堆”清理为重点，以提升群众满意度为根本，转变工作思路，调整总体部署，强化监督管理，按照镇不漏村、村不漏户的指导原则，全面开展农村环境综合整治，城乡整体环

境面貌有了大幅度改善。

**一、统一思想，提高认识，层层抓好组织落实**

2015年，是我省城乡环卫一体化“全覆盖”的收官之年，也是我县必须通过“全覆盖”认定的攻坚之年。县委、县政府对此高度重视，将城乡环卫一体化当作头等大事来抓，先后多次召开专题会议，两次召开现场推进会议，构建起常抓不懈、快速推动的工作格局。为确保城乡环卫一体化工作落实到位，县委书记亲自安排部署，分管领导实时盯靠，县委组织部、县委宣传部、县委县政府督查局、县环卫局等部门跟踪指导和督促，建立起组织严密、监管到位的良好工作机制。县城乡环卫一体化工作领导小组充分发挥组织领导作用，抓好城乡环卫一体化工作的组织协调和任务落实，并根据各成员单位职责分工，全面将生活垃圾、农业生产垃圾纳入职能部门监管。各镇（街、区）普遍实行“一把手”负责制，逐级明确镇、社区、村（居）三级领导干部的组织领导责任，各个层面、各个环节都有专人负责，形成了上下联动、齐抓共管的工作态势。

**二、点面结合，横向推进，全面开展环境卫生综合整治**

把开展环境卫生环境综合整治作为城乡环卫一体化工作的一项重要内容，全面宣传发动，整合人力和机械资源，集中清理大街小巷的“三大堆”和村内村外的存量垃圾，营造出全民动手、多级参与的浓厚氛围。

（一）提升整治标准。围绕村内治理，大力提倡“六化”，即村路硬化、路旁绿化、庭院净化、夜间亮化、村容美化、排水畅化；引导杜绝“六乱”，即房屋乱建、门前乱放、垃圾乱倒、车辆乱停、家畜乱养、果蔬乱种。围绕村外治理，坚持做到无盲点、“全覆盖”，全面搞好“三边三底三界”（村边、路边、田边，河底、湾底、沟底，县界、镇界、村界）的积存垃圾和漂浮物清理。整治标准要求垃圾桶设置齐全、摆放合理，保洁员按标准配备、正常上岗，大街小巷、房前屋后无垃圾、柴草、石头等杂物，村内村外积存垃圾清理干净、彻底。

（二）加大清理整治力度。县委、县政府在充分保障环卫作业运行资金的基础上，按照以奖代补方式，划拨专项资金100万元，支持环境卫生整治工作；镇级财政给予资金倾斜，加大环境卫生整治的人力物力投入；村一级按照一事一议等筹资筹劳政策，发动广大村民自觉参与到整治活动当中去。在整治过程中，采取了分类实施的办法，对环境基础条件好的，按照一次成型、压茬推进的思路，一开始就对照问题出重拳、下猛药，逐个片区高标准、高质量的进行整治，突出了工作亮点；对环境基础相对薄弱的，按照先急后缓、先难后易的策略，先对长期积存的垃圾堆进行了集中突击清理，后期循序开展“三大堆”整治，达到了事半功倍的效果；对农业生产垃圾较多的大棚区，以搞好积存垃圾和“三大堆”清理为基础，同步推进农业生产垃圾大清理，整体成效较为明显。据粗略统计，今年全县已投入人力20万余人次、机械4500余台次，清理积存垃圾12.6万吨，累计投资9000余万元。

（三）抓好问题整改。全面开展环境整治“回头看”活动，坚持边整治、边查摆问题、边整改提高。针对保洁水平提升较慢、垃圾清运效率偏低问题，在每100户一名保洁员的基础上，对重要节点、农贸市场等关键部位适当增加人员；对垃圾清运工作实行GPS全程监控，并建立了垃圾清运记录档案，避免了清运人员出工不出力，杜绝了垃圾爆桶现象。加强了转运站运行管理，定期进行维修维护，始终保持了正常运转、及时转运。为完善环卫基础设施，将垃圾桶配备由每15户1个调整为每10户1个，共计增配垃圾桶5000余个，并对垃圾桶整体摆放进行了合理规划布局，保证了群众使用便利。围绕整治标准不高、清理不彻底问题，一律实行推倒重来制度，督促重新返工，直至达到合格标准。为解决好群众环境意识不强，随意倾倒垃圾问题，通过报纸、电视、广播等新闻媒体，以及组装宣传车、悬挂横幅标语、印发《倡议书》等方式，大力宣传城乡环卫一体化的重要意义，引导广大群众共同参与环境治理。同时，采取了进村入户征求意见、开展群众满意度模拟调查等方式，查找当前工作中存在的实际问题，随时抓好问题整改，进一步保证了工作质量。

**三、强化监管，追究问责，建立长效工作机制**

（一）加强日常管理。实行重心下移，明确了农村社区环卫监管责任，同时按每10个村配备一名专职管理员的标准要求，从社会公开招聘了64名环卫管理员，负责各自辖区内的环境卫生管理，形成了环卫所长、专职管理员、管理组长、保洁员层层监管的链条式管理模式。有关部门采取日督查、月普查、季通报的方式，加强对各镇（街、区）城乡环卫一体化工作的检查指导和督促落实；镇（街、区）、环卫所、社区、村（居）层层建立检查管理制度，有效地推动了城乡环卫一体化工作上档升级。

（二）强化督查考核。在搞好日常督查的基础上，县委、县政府成立了以县委组织部、县委宣传部、县委县政府督查局、县环卫局等部门组成的联合督查组，利用两个多月，采取村村到的方式，连续三轮对各镇（街、区）工作进展情况进行现场督查和拍照，列出问题清单，限期进行整改，形成了80余份督查报告，呈报县委、县政府主要领导和分管领导。对工作进度缓慢的，县领导亲自批示，提出明确的要求并亲自进行督办。党（工）委书记、镇长（主任）亲自安排部署，把农村环境综合整治摆到突出位置来抓，经常带队检查工作，实行严格考核验收，并将考核验收结果纳入年度综合考核实绩，增强了工作人员的压力感和紧迫感。

（三）建立通报制度。县城乡环卫一体化工作领导小组按照工作进度量化、查摆问题具体化、提出建议清晰化的原则，将督查情况在全县范围内进行实时通报。县委、县政府对全县农村社区实行定期大排名制度，先后有120名排名靠后的社区书记、主任被实名通报。各镇（街、区）普遍采用倒排工期制度，确定任务完成时限，设立社区环境卫生综合整治进度展板，将每天的进展情况予以公开，并对排名靠后的社区干部进行约谈，建立起强有力地推进机制。

## 昌乐县文化市场综合行政执法局党支部工作概况

党支部书记、局长　刘贵德

2015年，县文化执法局党支部严格按照县里的统一部署，立足职能大胆探索，强化队伍提高素质，严格执法树立形象，认真执行党风廉政建设责任制的要求，在严格自律的同时，注意抓好团队自身和机关干部的党风廉政建设，工作上取得了较好成绩，全县文化市场秩序得到较大改观。我局先后获得全省“扫黄打非”先进单位、全市文化体制改革先进单位等荣誉称号，在全市文化市场执法综合考核中工作考核中名列前茅。

### 一、严格履行职责，开创工作新局面

（一）规范市场巡查，力求监管到位。我县目前共有网吧36家，印刷企业51家，娱乐场所12户，书店音像店17家，这些文化经营单位分布全县城乡，大小不一。我们把搞好市场巡查作为执法工作的首要任务来抓，下大力气，改进措施，探索实施了“四结合”办法，提高了巡查的广度、密度。一是日常巡查和集中检查相结合。不间断搞好巡查，力求到边、到沿、到时、到位，对不同行业规定了最低巡查频率，每次巡查都作详细的巡查记录。同时，对容易出问题的市场实施集中检查，在集会、农闲季节，对演出、音像图书经营业户进行巡查；每年高考和中考时，对学校周边的娱乐场所进行巡查；在重大节会期间对印刷业进行巡查。二是工作时间巡查与错时抽查相结合。工作时间对经营业户的经营行为进行巡查，夜晚对网吧、娱乐场所等需限制营业时间的场所进行错时抽查。为解决个别网吧接纳未成年人问题，我们对全县网吧进行包靠制管理，明确每个网吧都有包靠人员，加强监管，并编印50份《互联网上网服务营业场所经营须知》，规范网吧经营行为，对网吧接纳未成年人的行为进行严厉处罚，2015年以来共立案近13起，查处未成年人上网50多人次，有效地控制了网吧接纳未成年人行为。三是面上巡查与重点检查相结合。面上对所有文化经营业户搞好巡查，不论城里还是乡村，不论小门头还是大企业，不论路近还是路远，不留死角，力求全覆盖。把城乡接合部，以及县城文化经营业户密集的几个市场作为重点检查对象，时刻不放松。四是着装明察与便装暗查相结合。平时对大多数经营业户实行着执法服装

明察，对场所比较隐蔽、警惕性比较高的经营业户实行便装暗查，以便真正发现问题。另外，我们还不断拓宽巡查面，先后开展了户外广告屏、网站、电脑培训、广告设计等市场的巡查，把这些平时管理比较少的行业纳入了执法范围，逐步拓展监管领域。

（二）规范执法流程，确保程序合法。我们在具体工作中制定落实了严格的执法流程，将执法要求通过具体的程序规定落实到每个人、每个执法环节上来，自始至终，落到实处，确保程序合法。首先，严格执法配备。执法检查时执法服装必须穿着整齐，佩戴统一标志。到执法现场必须对执法对象亮执法证，确保执法程序合法。其次，统一检查言行。在检查中要求执法队员要态度温和，用语规范，不说外行话，不讲生硬词，体现文明执法。第三，统一调查取证。我们统一询问笔录等文书，规范取证程序，并对现场检查程序进行了详细规定，让每名执法队员时时事事明白自己该干什么、怎么干，做到事前有数，事中有序，事后有果。

（三）规范案件处理，确保执法公正。对巡查或举报中发现的违规违法现象，我们坚持以解决问题为落脚点，问题轻的教育引导，问题重的依法严肃处理。对每个案件的处理，本着依法、公正的原则，落实好三项制度。一是集体案审制。案件取证完毕后，由局案审会根据案情和证据以及法律依据等事项进行审查，逐个集体讨论作出处罚决定，杜绝个人说了算，搞人情案，确保处罚公正、合理。结案后，由执法人员对案件进行整理，交法规科立卷归档，以备上级业务部门督查或行政复议。二是执法约谈制。在下处罚告知之前先与被处罚业户进行约谈，就已调查清楚的事实及危害、可能受到的行政处罚及处罚依据与当事人进行沟通交流，并了解当事人的基本情况和诉求，尽力体现人性化，确保处罚落到实处，问题得到解决。三是执法回访制。处罚的目的是改正问题。每个月我们都采取抽查的办法，安排非案件处理人员对上月的处罚业户进行跟踪回访，查看违法行为是否改正，问题是否得到解决，从而确保执法效果。

（四）规范队伍建设，提高执法水平。始终加强业务学习，提高执法人员素质，每周两次集中组织学习，既学习政治理论，又学习法律法规；既学习条文知识，又学习实战经验；既案例剖析，又情景模拟。规定每个执法人员抽时间自学，每年组织业务知识考试4次，不断提高执法人员的整体素质和业务技能。同时，加强作风建设，制定《执法人员十不准》《错案责任追究》等一系列规章制度，设立意见箱，主动征求当事人对执法工作的意见和建议，从制度上对执法人员的言行进行规范约束。按照县里部署开展了“责任意识大增强、工作作风大转变、服务效能大提升”学习教育活动，积极查找问题、改进作风，真正使执法人员秉公执法、不徇私情，树立良好形象，为更好地开展文化执法打下坚实基础。2015年来我局共查处各类案件90多起，没有一起引起行政复议和行政诉讼的，市局多次推广我县工作经验。在市局组织的全市扫黄打非考核中名列前茅。

**二、落实廉政责任，提升政治素养**

（一）加强对党风廉政建设的组织领导。认真履行“一岗双责”，把单位的反腐倡廉工作与文化执法业务工作同安排、同部署、同落实、同检查，做到防微杜渐，警钟长鸣，筑牢拒腐防变的防线。每年召开了3次党风廉政建设调度会，专题研究文化执法领域有关党风廉政建设情况，同时，经常在全体执法人员会上加强廉政教育，及时提醒，避免发生问题。按照“一岗双责”的要求，对班子成员党风廉政建设进行了任务分解，明确了责任主体，督促每名班子成员结合党的群众路线教育实践活动，带好头做表率，落实好党风廉政建设各项工作。

（二）认真落实领导班子、领导干部在廉政建设中应承担的领导责任。认真落实“三重一大”制度，坚持每个季度汇报一次单位重大事项、人事变动等事项。在推荐干部时，坚持原则，出以公心，确保推荐的干部德才兼备、清正廉洁、业绩突出、经得起考验，杜绝选人用人上的不正之风和腐败问题。重视信访工作，坚持班子成员接访、包案等工作制度，对来人来信特别是民生网上反应的有关问题，领导干部带队查清问题，分析原因，加大整改，推进问题解决。强化权力运行制约和监督，坚持重大问题集体研究解决，实行案件集体会审制，对每个执法案件都集体研究决定，公开透明，避免人情案、关系案，确保执法工作依纪依法进行。积极支持分管纪检工作的同志开展工作，履行职责，对职责范围内的党风廉政建设和干部职工廉洁从政等情况定期进行监督检查，掌握单位整体廉政建设情况。对党风廉政工作职责进行责任分解，抓好落实。将党风廉政建设任务层层分解，明确文化执法局班子成员抓好责任范围内的党风廉政建设工作，并将责任落实到每个人，建立完善责任考核体系和责任追究制度。加强系统梳理，抓好风险排查，各科室和个人围绕执法工作可能出现的问题，通过多种形式查找在思想道德、岗位职责、业务流程、制度机制和外部环境方面的风险。加强反腐倡廉宣传教育，组织每名执法人员学习廉政理论和党纪法规，结合执法业务工作，从小事做起，确保不发生任何违纪违法行为。

（三）带头改进自身作风。以身作则，防微杜渐，严格按照“三严三实”要求，注重自重、自省、自警、自励。带头精简会议、文件，改进文风会风，腾出更多的时间走基层、解民情、惠群众。发扬艰苦朴素的优良传统，对公款接待、车辆管理、工作纪律形成操作性强的意见和制度，严格把关，不铺张浪费，对发现的铺张浪费行为及时给予制止和纠正。推动本单位贯彻落实改进工作作风有关规定，坚决纠正“四风”。每周一次的集体学习及案件审议会上，基本上都对改进作风工作进行强调，督促每名同志对照相关规定，抓住开展群众路线教育活动的良好契机，认真查摆自身存在的“四风”问题，认真对照检查，按照要求做好整改工作。组织全体人员深入学习党的十八大和十八届三中、四中全会精神，学习习近平总书记系列重要讲话，使广大干部职工深刻认识到“四风”问题是当前群众深恶痛绝、反映最强烈的问题，也是损害党群干群关系的重要根源。要求每名党员干部都要以“刮骨疗毒”的决心，以雷厉风行的作风，从自身做起，迅速开展纠正“四风”工作，坚决不打折扣，不留死角，尤其是解决执法不文明问题。完善落实《执法人员十不准》，要求每名执法人员严以律己，提高自身形象。严格落实党政机关厉行节约反对浪费条例，认真执行领导干部工作生活保障制度。严格执行公务接待规定，在“三公”经费开支方面，严格遵守上级有关规定要求，没有用公款请吃、吃请，没有参加用公款支付的高消费娱乐活动和可能影响公务的宴请。任期内没有因公出国（境）。

## 昌乐县盐务局党支部工作概况

党支部书记、局长　魏　波

2015 年，县盐务局党支部在县委、县政府和市盐务局的正确领导下，在各有关部门的通力配合下，坚持以邓小平理论、“三个代表”重要思想和科学发展观为指导，深入学习贯彻落实党的十八大和十八届三中、四中、五中全会精神，以市局分解的八项工作中所承担的 22 项重点工作和考核指标为奋斗目标。坚持食盐专营地位不动摇，强化舆论宣传引导，依法规范食盐市场秩序，严格各项规章制度的落实，加强党的领导风清气正、清正廉洁。各项工作取得了一定的成绩。共销售食盐 5455 吨，完成年计划的 124%，与去年同期相比降低 6%；其中小包装食盐完成 1540 吨，完成年计划的 80%，与去年同期相比降低 21%；小工业盐完成 4872 吨，完成年计划的 122%，与去年同期相比降低 6%；实现销售收入 992 万元，完成年计划的 83%，实现利润总额 48 万元，完成年计划的 69%。

### 一、加强宣传引导

一是坚持食盐专营地位不动摇，加大食盐专营政策的宣传，特别是针对目前社会上对食盐专营政策和盐业体制改革的各种误读、误判，充分利用市公安局、市盐务局《关于严厉打击涉盐违法犯罪行为保障食盐安全的通告》和省公安厅、省盐务局《关于严厉打击涉盐违法犯罪行为确保食盐安全的通告》加强正面引导，消除负面影响。并将通告在《中国蓝宝石之都·昌乐报》上全文刊登，进行宣传。二是利用“3·15”保护消费者权益日和“5·15”消除碘缺乏病日联合市场监督管理局，县疾控中心进行宣传。三是利用新闻媒体进行宣传，今年关于盐业法律、法规，食盐零售许可证的换发、审验，依法规范食盐市场经营秩序和推广普及“食用低钠盐、防控高血压”等在昌乐新闻中播出8次。四是利用宣传的机会边宣传边推广“食用低钠盐、防控高血压”，宣传销售低钠盐的方法受到分管县长的充分肯定。五是加大宣传资金投入。利用昌乐电视台五个频道的底游字幕对“食用低钠盐、防控高血压”进行宣传，在《中国蓝宝石之都·昌乐报》开辟宣传版面，对盐业法律、法规，食盐专营政策和健康用盐小知识进行宣传。六是发放《致全县小工业盐用户一封信》，向他们讲清、讲透现行小工业盐的政策法规，澄清小工业盐用户对小工业盐经营上的模糊认识，小工业盐只是价格放开，而经营主体和经营渠道不变。全年共发放宣传材料30000余份，张贴“食用低钠盐、防控高血压”宣传画贴5000余张，张贴通告1000余张，制作悬挂宣传画板60余个。

**二、强化盐政执法**

一是不定期开展对盐业市场拉网式大检查。采取主要领导带队，统一指挥，集中稽查中队，后勤人员齐上阵进行检查。全年共进行了三次集中市场稽查，查获小包装3.53吨，主要是假冒海晶盐和海藻盐。二是加强盐政执法队伍建设，充实盐政执法力量，今年8月份根据市场的现实情况，新成立一个盐政执法中队，加强对盐业市场的监管。三是堵源头，挖窝点。清理私盐贩销窝点2个，其中乔官镇北岩村黄氏盐业公司刚挂牌销售2天，被盐政人员查获，没收盐产品19.75吨。四是采取弹性工作法，打破固定上下班时间限制，取得显著成效。仅9月份一个月时间查获电、机动三轮车、面包车8辆。五是加强同公安机关的联合，今年县盐务局与县公安局食药环侦大队召开联席会议4次，互相配合，联勤联动。五是今年查获的潍坊家家味业食品有限公司，临朐县石埧牛村王兴亮涉盐违法案件依法移送公安机关立案侦查，其中取保候审2人。

全年共查获涉盐违法案件318起，其中一般案件105起；没收盐产品55.989吨；罚款87516元；查获电、机动三轮车、面包车16辆；移送公安机关立案侦察2起，取保候审2人。

**三、严格绩效考核**

绩效考核不是空喊口号，而是落实在具体制度的执行中，公司从主要领导到一般职工全员参与绩效考核，具体办法措施是：(1) 小包装销售完成任务数与绩效工资挂钩，上不封顶，下不保底。(2) 拿出工资基数的30%，绩效工资、浮动工资的总和与小包装销售完成比例数挂钩。(3) 年终奖与全年小包装销售完成全年任务比例数挂钩。用绩效工资考核制度的落实来提高工作效率；用绩效工资考核制度的落实来提高经济效益；用绩效工资考核制度的落实来增加职工工资收入。

**四、抓好安全生产工作**

牢固树立安全就是效益，安全生产责任重于泰山的思想。根据市局关于《开展安全生产隐患大排查快整治严执法集中整治活动方案》的通知精神，我们高度重视，多次召开办公会、中层以上人员会、全体人员大会进行动员部署。首先认真学习传达贯彻市局及地方政府的安全会议精神，分片包干，把安全生产责任分解到片、落实到人。其次按照要求建立健全各项规章制度，完善企业安全管理体系，责任体系和制度体系。动员各科、室、队对各个环节进行安全隐患大排查，不留死角和盲区。在检查中做到“五落实，五到位”明确职责，落实责任，加强培训。确保职责落实到位，责任落实到人，做到安全工作有人抓，有人管，确保不发生安全责任事故。

**五、加强党的建设**

一是充分发挥党支部的战斗堡垒作用，围绕中心工作抓好党的建设，将党建工作融入企业中心工作的全过程。二是“一岗双责”党政同责，进一步建立健全惩防并举的反腐机制。三是严格落实中央八项规定和反对“四风”的有关规定要求。建立一个风清气正、清正廉明的领导班子集体。四是认真贯彻《中国共产党廉洁自律准则》《中国共产党纪律处分条例》扎实开展“三严三实”专题教育活动。昌乐县盐务局党支部在2015年7月份被市局党委评为优秀基层党组织。

## 昌乐传媒集团党委工作概况

党委书记、总经理　任瑞成

2015年，昌乐传媒集团党委在县委、县政府正确领导和大力支持下，认真贯彻落实中共十八大

和十八届四中、五中全会精神，紧扣中心，服务大局，创新性地开展工作，在新闻宣传、平台建设、队伍建设、文艺活动开展、广告经营等方面都取得了新成绩，特别是全媒体矩阵建设方面的探索和实践，走在了全省乃至全国同行的前列。2015 年 11 月 13 日，潍坊市新媒体融合暨安全播出工作会议在昌乐县召开，推广我县社区广播“村村响”和公益阅报栏建设的经验做法。2015 年，集团先后荣获全国媒体融合创新先锋品牌奖、山东省青年文明号、山东广播电视台 2015 年度广播宣传先进集体一等奖、山东广播电视台 2015 年度电视宣传先进集体一等奖等 10 多项荣誉称号，《中国蓝宝石之都·昌乐报》被评为“山东省十强县市报”。

**一、加快宣传平台建设**

（一）进一步加快和完善全媒体矩阵建设。坚持传统媒体与新兴媒体的优势互补、一体发展，精心打造拥有“声、屏、报、刊、网、图书、户外、微视频、二维码、客户端、官方微信”等多个类别、形态多样、手段先进、具有竞争力的新型主流全媒体矩阵。该项目在全省属首家，得到了省新闻出版广电局、市文化广电新闻出版局的高度重视，省财政给予了专项资金支持。

昌乐人民广播电台、昌乐社区广播重点在节目质量和设备更新维护上下功夫。昌乐人民广播电台，在投资 150 万元引进德国先进转播设备，投资 30 万元安装进口数字发射机，节目信号实现纯数字化播出和数字化发射，2015 年 1 月 23 日，对电台节目进行全新改版；对社区广播“村村响”形成了《昌乐新闻》《今日说法》《健康之友》《农广天地》《社区新鲜事》《时尚生活》《供需直通车》《三农信息播报》《曲艺精选》等九档日渐成熟的栏目，受到全县干部群众的欢迎。

对昌乐电视台采编录播设备进行更新改造。新引进了专业户外摇臂和高清航拍器材；启用虚拟演播室；对电视节目非编设备进行了更新。对现有电视栏目进行改版调整，新闻综合频道晚间时间段节目播出时间进行调整，着力打造 18 时至 24 时六个小时自办节目时间段。

对《中国蓝宝石之都·昌乐》报进行改版创新，增强可读性和服务性。新开设“出彩昌乐人”“文学作品大赛”“摄影作品大赛”等 5 个新栏目，报纸版面更具吸引力。

加快昌乐传媒网和昌乐民声网建设。昌乐传媒网已与新华网山东频道、大众网、齐鲁网等 100 多家全国知名网媒建立友情链接，被评为全国媒体融合创新先锋品牌奖，获新闻广电系统 2013－2014 年度山东省青年文明号称号。2012 年 4 月成立以来，昌乐民声网共接收帖子 55000 多条，回复及时率 93.3%，群众满意率 95.8%。

2015 年 1 月 1 日，昌乐电台、昌乐电视台、《中国蓝宝石之都·昌乐报》、昌乐传媒网、商贸中心五大平台和中心，同日分别开通官方微信平台，方便了外界更好地了解昌乐。

加快大型公益阅报栏建设。2015 年我县《政府工作报告》中，将建设 200 块大型公益阅报栏列为年度 10 件民生实事之一，由昌乐传媒集团具体负责组织实施。2015 年 11 月 2 日，在昌明花园小区安装完成第一块阅报栏，至 2015 年年底，共安装完成公益阅报栏 103 块。

（二）编辑出版地方历史文化丛书昌乐传媒《金十月丛书》（2015 卷）。丛书包括《昌乐新闻·时政篇》《昌乐新闻·经验篇》《中国蓝宝石之都·昌乐优秀作品选》《我们走在大路上》，内容涉及时政新闻、民生大事、人文历史等。自 2010 年以来，《金十月丛书》已出版六卷，38 本，总计 1000 余万字。

（三）搞好资料的收集保存工作。将《金十月》丛书 2010 卷至 2015 卷、创刊以来的全部《中国蓝宝石之都·昌乐》报、《中国蓝宝石之都·昌乐金周刊》《昌乐传媒月刊》、昌乐县历届春节晚会和反映全县重大活动的画册等六大类珍贵资料移交昌乐县档案馆收藏，并送县图书馆和各学校图书室供借阅。

**二、扎实做好新闻宣传工作**

（一）内宣工作。依托全媒体宣传矩阵优势，加大对县委、县政府中心工作的宣传力度，做好“2121”产业发展、城乡环卫一体化、社区建设、干部力量下沉、大众创业万众创新、“五城同创”“中国（昌乐）国际宝石博览会”“三个昌乐”建设等重点工作宣传，为全县经济社会发展营造了良好舆论氛围。

（二）外宣工作。2015年，在省广播电台发稿总分列全省第4名，实现历史性突破，荣获山东广播电视台2015年度广播宣传先进集体一等奖。在市广播电台发稿列全市第三名，荣获潍坊人民广播电台2015年度广播宣传先进集体一等奖。在省电视台发稿总分列全省第24名，荣获山东广播电视台2015年度电视宣传先进集体一等奖。在市电视台发稿居第三名，荣获潍坊电视台2015年度电视宣传先进集体一等奖。全年在齐鲁网发稿700余篇。

（三）做好专题汇报片制作。在全市观摩交流、上级领导来昌乐检查指导工作等重要节点，先后制作完成了“昌乐党建和社区服务汇报片”“全省双拥模范县创建专题汇报片”“创建全国绿化模范县纪实”，完善修改了“昌乐县2015年经济社会发展汇报片”，协助拍摄制作了“国家园林城市创建汇报片”“昌乐转型发展工作汇报”等重要专题片。

**三、开展丰富多彩的文艺活动和商贸及广告经营活动**

（一）努力办好群众参与性文化娱乐节目，为群众文化活动提供展示舞台。电视台在继续办好《幸福昌乐大家乐》大型电视全民选秀节目、《欢乐大舞台》电视文艺节目的基础上，2015年又新开设《我是昌乐小明星一超级梦想团》《2015向梦想出发》两档全民参与的大型励志娱乐选秀电视节目，全年共举行比赛和演出等活动33场，参与选手3000余人次，现场观众10万人次以上。报纸先后推出了文学创作大赛、摄影大赛两项全民参与的文化活动，组织文学爱好者和摄影爱好者采风创作活动9场，参加人员500余人，推出文学、摄影专版56个，刊登作品400余件。

（二）积极参与和组织全县各类群众性文化活动。派出得力人员对全县“文明之夏”广场文艺演出活动进行服务保障，共出动主持人、灯光音响、剧务人员等120余人次，参与服务保障28场。对县里组织的健身舞大赛、全民健身活动等进行了及时报道。组织承办了2015年昌乐县春节电视文艺晚会、“金秋放歌，为昌乐喝彩”大型文艺晚会等20多场文艺晚会。

（三）积极搞好经营活动。对广告经营模式进行了大刀阔斧的改革，对各平台人员进行统一划分，成立了三个由各平台人员组成的广告经营团队，做到了每个经营团队都能够全方位独立作战，充分调动起了全员广告经营的责任感和积极性。2015年，除了集中安排的65场（次）群众性文化活动以外，集团还先后组织开展了商家联盟展销会、汽车家具展销会等经营性活动8场，并协助高崖水库库区管委会分别于“五一”“十一”假期举办了“山水田园，生态白塔”快乐乡村游活动，成为昌乐县乡村旅游的亮点和群众文化活动的热点。

**四、加强队伍建设，完善考核评价体系**

（一）加强干部职工队伍建设。定期组织开展新闻业务培训，着力提升新闻采编队伍的业务素质和水平。2015年邀请山东省摄影家协会副主席、《山东画报》社高级记者谷永威和中国作协创研部主任彭学明举办了摄影及写作专题培训讲座。派员参加了山东省全媒体时代新闻采编综合业务高级研修班、山东省新闻出版广电管理发展高级研修班等业务培训。同时，适应新形势要求，全面打通记者、编辑、制作、主持人队伍业务交流和考核通道，培养一支全能型新闻采编队伍。

（二）加强绩效考核管理，实行全员劳动合同制。对2014年制定的《全员全程绩效考核办法》进行了充实完善，以考核来评价工作，以考核来评先树优、晋级晋职，以考核来确定工资待遇。12月7日，集团与全体人员签订了劳动合同，自2016年1月1日起执行，实现了全员劳动合同管理。

（三）加强党风廉政建设。组织干部职工认真学习中央《建立健全惩治和预防腐败体系2013－2017年工作规划》《中国共产党廉洁自律准则》和《中国共产党纪律处分条例》以及中央、省、市、县委一系列关于党员廉洁自律的规定，教育和引导党员干部树立共产主义信念，促使全体党员干部廉洁自律。加大警示教育力度，扎紧制度机制“笼子”，强化制约监督，形成不想腐、不能腐、不敢腐的长效机制。

（四）加强工作作风建设。严格执行中央和省、市、县委关于厉行节约、公车配备、办公用房、公务接待、职务消费等规定，深入开展“四风”问题专项整治活动。认真组织开展“守纪律、讲规矩、做表率”主题教育活动和“为官不为”专项整治，对基层干部不作为乱作为等损害群众利益问题进行了专项整治。

**五、认真做好招商引资和包村等工作**

新引进新奥天然气和弱电管网通信设施镇街区续建工程项目，总投资1.3亿元，已到位资金4000万元，超额完成年初县里下达的招商引资任务数。

按照县委的要求，扎实开展部门包靠社区、村工作，实实在在地为群众办实事、办好事。2015年为村里新安装LED路灯25盏，建设文化健身活动场所，为困难群众送去过冬取暖用煤，改善村民的生产生活环境，助推美丽乡村建设。

## 昌乐县园林管理局党支部工作概况

党支部书记、局长　杜海波

2015年，县园林局党支部按照县委、县政府的工作部署，积极开展国家园林县城创建工作，开工建设了宝盈路、旅游路、第二实验小学校区及方山路南段丹河湿地游园等绿化工程，对昌高路路面大修绿化苗木进行了移植，对恒安街、昌盛街、一中街等道路绿化进行了改造提升，新增园林绿地面积21.3万平方米，完成绿化投资3200万元，建成区绿化覆盖率达到41.01%、绿地率达到36.15%，人均公园绿地面积达到12.75平方米。

**一、强化理论和业务学习，提高干部职工素质**

为提高绿化工人专业技术水平，一是利用冬季和阴雨天气分批组织技术管理人员、施工人员、养护工人进行园林绿化建设和养护管护理论知识学习、园林机械使用与维护方面的培训，提高工人的专业技术水平；二是积极参加上级业务部门组织的培训学习。参加了山东省风景园林协会组织的园林植保方面理论培训班，充实植物病虫害防治方面的理论知识。通过培训，使管理和管护人员掌握了园林树木的修剪技术，病虫害的发生规律、防治方法和防治药物，提升园林绿化的管理水平；三是积极开展"守纪律、讲规矩、做表率"主题实践活动，每星期五下午进行政治理论学习，提高管理人员的政治素质。

**二、积极开展国家园林县城创建工作**

一是在全县召开创建国家园林县城动员会议，并印发了昌乐县人民政府办公室《关于印发昌乐县创建国家园林县城实施方案的通知》（乐政办字〔2015〕20号）；二是组织拍摄了时长12分钟的国家园林县城创建工作技术报告片；三是成立创建国家园林县城工作领导小组，对照《国家园林县城城镇标准和申报评审办法》各项指标要求，收集基础资料，并编制完成了《昌乐县创建国家园林县城申报资料汇编》一书，共四本；四是将创建国家园林县城申报资料于6月底提交住建部城建司，年底，住建部下发的（《关于2015年国家生态园林城市、园林城市、县城和城镇的通报》建城〔2016〕16号），公布2015年国家生态园林城市、园林城市、县城和城镇命名名单，昌乐县榜上有名。

**三、全力推进绿化工程建设进度**

（一）城区新建重点绿化工程项目（4个）

1. 宝盈路（宝通街——昌五路）绿化工程。道路全长约2800米，道路两侧绿化带宽度为5米，主要包括绿化土方换填、原有绿化带苗木移植调整、增加行道树及部分地被植物等，新增绿化面积2.8万平方米。

2. 旅游路（大沂路——宝通街）绿化工程。道路全长1723米，主路外侧依次为2米宽绿化分隔带、2米人行道、7.5米宽绿化带。为给市民提供休闲、活动场所，在道路两侧建设部分小游园，绿化总面积约1.2万平方米。

3. 第二实验小学校园绿化工程。绿化面积2万平方米，包括绿化土方、浇灌系统、绿化苗木种植等工程内容。该绿化工程大多使用乡土树种，大部分苗木从城区原有绿化带内移植。

4. 新实验中学绿化工程。绿化面积约为3万平方米，包括绿化土方、浇灌系统、绿化苗木种植等工程内容。该绿化工程大多使用乡土树种，大部分苗木从城区原有绿化带内移植。

5. 昌高路（南寨路口至潍临路段）路面大修绿化苗木移植及后期绿化完善项目。该工程位于大沂路（南寨路口至潍临路段），路面大修需对绿化苗木进行移植，公路大修和排水管网完成后，绿化苗木的恢复工作。已对小龙柏进行移除并栽植到昌乐县第二实验小学等工地，待公路大修和排水管网完成后，及时跟进绿化苗木恢复工作。

6. 2015年城区零星绿化工程

一是南萧北街绿化工程，已完成新昌路至永福路段长约900米，每侧绿化带宽2米，绿化面积约3600平方米，包括绿化土方、绿化苗木种植等。二是东村街绿化工程，已完成新昌路至艺品厂段长约200米，主路外侧建设2米宽绿化分隔带，绿化面积约800平方米。三是妇幼保健院地块绿化工程，绿化面积约600平方米。四是城区行道树等缺失苗木进行补植、对城区道路老路口等零星裸露土地进行绿化、建设部分街头绿地、游园广场以及突击实施部分应急绿化施工等，以满足创建国家园林县城的标准要求，提高城区整体绿化景观效果。

7. 突击施工部分绿化工程

为筹备全市转型发展观摩交流工作，突击施工了大沂路改线、劳教所北道路、青年路（西湖公园桥头一站北街）、永福路（宝通街一流泉街）、流泉街（新昌路一青年路）等绿化工程。

（二）城区续建绿化工程（2个）

1. 市民文化体育公园二期绿化工程。总绿化面积约5万平方米，包括绿化土方、绿化苗木种植、浇灌系统与园路铺装项目。

2. 方山路南端丹河湿地（老水厂地块）绿化工程。为进一步完善城区基础设施建设、改善城市环境，给市民提供一个休闲活动场所对丹河湿地（老水厂地块）进行改造建设，整体改造面积约3万平方米，建设休闲广场、园路、公共卫生间，安装景观灯、草坪灯、坐凳等景观设施。

**四、加强精细化管理，提升绿化养护水平**

（一）加强调度，层层落实责任。每周一召开中层以上干部例会，各科室负责人汇报上周工作进展情况，对未完成的工作说明情况，对下周工作提报计划。通过召开工作调度会，使每项工作做到有计划、有安排、有落实、有回音，从而保证了各项工作落到实处。单位主要负责人同各分管负责人、分管负责人同科室负责人、科室负责人同重点岗位责任人层层签订“岗位目标责任书”“安全责任书”，将岗位目标和责任层层分解，落实到人。通过签订责任书，强化了管理人员的责任意识。对绿化养护进行分片管理，采取定路段、定标准、定人员的“三定”方法，按照每人7000～10000平方米的数量，对绿地养护进行分片管理，绿化工人各自负责个人养护范围内绿地的垃圾、杂草清理、浇水等日常养护工作，提升了绿化养护水平。

（二）强化管理，提升管护水平。一是做好养护工程验收交接及工程量核算。根据县政府的统一协调安排，协同财政单位及开发区管理委员会、宝都街道对相应辖区内的20余条道路进行了管护交接验收，办理交接手续后，对该部分道路开始进场管护，新增养护面积50余万平方米，增加养护工人34人；二是城区零星补植：为加强精细化管理，确保绿化景观效果，对城区道路缺失的行道树及模纹进行了补植，共计栽植乔木2450余株、灌木2.1万平方米。并将大沂路、昌盛街、新昌路等绿化带内老化的三叶草及草坪进行了更换，共计栽植卫矛、麦冬等2万平方米；三是对绿化苗木进行修剪。安排专业人员对城区绿地内的所有模纹高标准高质量进行了修剪，同时对城区主干道两侧1.2万余株行道树进行了修剪、抹芽，提高了绿化美化景观效果；四是加强对病虫害的防治。根据不同季节及路段发生的虫害情况，喷洒杀虫药剂20万公斤，对草履蚧、国槐尺蠖、蚜虫等虫害进行了有效防治。采用生物防治的方法，利用管氏肿腿蜂来防治天牛；五是抗旱保绿。2015年天气干旱，几乎没有形成有效降水，利用近60眼机井、30余台水车进行抗旱保绿，最大限度的确保苗木的成活率。六是节水灌溉。为响应县委、县政府节约用水的号召，对城西、城北两大污水处理厂污水处理后的中水并入绿化灌溉管道，敷设管道1000余米，并在309国道丹河桥东侧设立中水加水口一处；七是树木涂白、保温。进入冬季以后，对容易感染病虫害的绿化树木，如百日红、石榴等进行了树木涂白，共计涂白7.5万余株。对耐寒性较差的树木，如大叶女贞、玉兰、百日红等进行保温，确保苗木安全越冬，共计保温23万余株；八是设施维护保养：对城区绿地内的游园、广场中设置的亭台廊架及各种健身器材安全使用方面进行了认真的检查排查，对查出的不能正常使用和存在安全隐患的设施安排专业人员进行了维修，并对其他设施进行了定期保养。共修缮各种凉亭10余个、廊架100余米、健身器材10余套，确保了广大市民在游园健身时的安全。

（三）加强公园管理，改善人居环境。一是对公园进行动态管理。针对西湖公园、丹河公园、市民文化体育公园是开放式公园，管理难度大，部分设施和绿化存在破坏现象，组织了十多人的管理小组，一百多人的保安、保洁人员，实行动态管理，有效保护了公园设施，为游客提供安全舒适的游园环境；二是对公园内的水系及时进行清理。安排专人对水面垃圾及时进行打捞，确保水面清洁；三是进行苗木补植。补植柳树、玉兰、鹅掌楸、香花槐等乔木118株，补植麦冬、鸢尾、扶芳藤等地被植物1250平方米，补植红叶小檗、金叶女贞、小龙柏等灌木1.2万株，补植混合高羊茅700余平方米；四是对公共设施进行了维护维修。防腐木、座椅、护栏、厕所、雾森、文化长廊立柱等进行了全部刷漆、维护，维护面积达4500多平方米；五是加强对绿化苗木管理。及时清除垃圾、杂草、打药、施肥，定期修剪，从而保证了绿化苗木生长旺盛，提升了公园的绿化品味。

## 昌乐县远古火山群生态林场管理委员会党委工作概况

党委书记　张卫昌

2015年，在县委、县政府的正确领导下，县远古火山群生态林场管委会党委以党的十八大精神为指导，认真贯彻落实县委、县政府任务目标和决策部署，坚决执行四大纪律、八项要求，紧紧围绕单位工作目标，强化措施，狠抓落实，扎实开展“守纪律、讲规矩、做表率”主题教育活动，积极推进远古火山群文化旅游景区建设，严格抓好党风廉政建设工作，圆满完成了林场各项工作任务。

**一、加强政治理论、业务知识学习，努力提高政治素养和工作能力**

一是加强党的政策理论学习。领导班子以“守纪律、讲规矩、做表率”主题教育活动为引领，深入学习党的十八大报告、十八届三中、四中、五中全会精神、习近平总书记系列讲话以及省市县各级会议精神，保证在思想上、政治上、行动上始终同上级保持高度一致。通过学习，班子成员理论水平有了较大提高，思想意识得到进一步升华。

二是加强业务知识学习。围绕远古火山群文化旅游开发，加强旅游相关知识学习，虚心学习和借鉴先进单位的经验和做法，取长补短，自我完善，不断提高业务工作能力。

**二、转变作风，提高效率，圆满完成各项工作任务**

2015年，按照县委《关于进一步加强和改进工作作风密切联系群众的意见》要求，林场领导班子积极转变工作作风，大力践行“一线工作法”，力求做到干部在一线工作，决策在一线落实，问题在一线解决，加大项目建设力度，狠抓重点工作任务落实，圆满完成了各项目标任务。

一是大力推进远古火山群文化旅游景区规划建设。今年以来，林场抓住昌乐火山地质公园成功入选国家地质公园、昌乐远古火山群成功列入国家自然遗产名录这个机遇，多措并举，积极推进远古火山群文化旅游景区开发建设。一是积极搞好景区旅游规划设计，在前期总体规划基本确定的基础上，联系潍坊新兴旅游规划设计研究院对项目核心区域进行了详细规划设计，目前规划已经完成并研究通过。二是积极联系有关镇、部门做好项目施工前土地流转、建设资金、项目立项等准备工作；三是年内着重开展了景区道路、绿化、生态农庄建设等工作。

二是认真开展“守纪律、讲规矩、做表率”主题教育活动。2015年以来，我单位认真贯彻乐纪发〔2015〕8号文件精神，扎实开展林场“守纪律、讲规矩、做表率”主题教育活动。5月份，林场制定了活动实施方案，召开了主题教育活动动员会议。活动开展以来，林场认真组织了“守纪律、讲规矩、做表率”专题教育党课，积极开展守纪律、讲规矩“八个一”活动，认真组织学习新党章、党的十八届四中、五中全会精神、中纪委全会精神、张新强书记“三严三实”党课讲话等学习材料，大大提高了党员干部的纪律规矩观念，增强了自我守纪的意识。

三是扎实开展社区包靠和招商引资等工作。今年以来，我单位按照上级要求部署，积极开展县直部门包靠新型农村社区活动，多次赴乔官镇南音社区走访调研，与社区干部沟通对接了解情况，走访慰问韩家庄村困难群众，征求意见建议，积极筹措资金帮助韩家庄村硬化村内道路，方便群众出行，目前筹备工作正在开展中。利用集中招商月活动和节会活动，积极围绕“火山开发”组织招商队伍外出开展招商活动，宣传昌乐招商优惠政策，已与多个客商达成初步投资意向。

**三、坚决贯彻执行民主集中制，提升班子凝聚力和战斗力**

林场坚持集体领导、分工负责的原则，相互协调、相互配合、相互支持、相互监督，正确行使党和人民赋予的权力，严格规范个人行为。坚持做到重大决策、重要项目、大额资金使用等重要事项一律通过班子会议讨论决定，做到充分听取班子成员的意见，调动班子成员的积极性和主观能动性，集思广益，科学决策，有力地推动了各项工作的顺利开展。建立健全谈心交流机制，班子成员经常与干部谈心交心，沟通思想，在林场上下形成风清、气正、心齐的良好氛围。注重用好的载体推进干部队伍建设，取得了积极的成效。同时，经常开展班子成员之间的谈心交流，通过民主生活会、谈心等方式，加强沟通，增进了解，始终保持班子总体团结向上、奋发有为的共事环境和精神面貌，努力提升凝聚力、战斗力和执行力。

**四、认真抓好党风廉政建设责任制落实**

2015年，林场党委严格按照县委、县政府《2015年度党风廉政建设责任书》要求，坚持把党风廉政建设反腐败工作纳入全年整体工作目标，把党风廉政建设作为本年度党建工作重点，认真安排部署，抓好了党风廉政建设责任制落实。

一是加强党风廉政建设理论学习。结合“三严三实”专题教育活动，认真组织学习贯彻《党员领导干部廉洁从政若干准则》、《中国共产党纪律处分条例》、中共中央“八项规定”、“六项禁令”等相关规定，把学习廉政理论知识作为全体党员干部理论学习的重要内容，全面把握思想精髓，深刻领会精神实质，使廉政文化的精神实质和具体规定，内化为党员干部的思想理念，外化为党员干部的具体行为，切实增强贯彻落实党风廉政建设责任制的自觉性。

二是健全完善单位党风廉政建设制度，抓好党风廉政建设责任制落实。年内把党风廉政建设摆在重要位置，纳入议事日程，班子成员认真抓好责任范围内的党风廉政建设和反腐败工作的落实，层层签订了党风廉政建设责任书，健全完善了一系列廉政规章制度，从制度上保证了党风廉政建设责任制的落实。

三是切实加强领导干部作风建设。积极发挥领导干部表率作用，率先垂范、以身作则，带头做好廉洁自律。领导干部始终严格遵守党员干部廉洁从政的若干规定，严格按照党内生活准则和党章规定办事，自觉遵守党的政治纪律、组织纪律、经济工作纪律和群众工作纪律；始终以优秀共产党员的标准严格要求自己，勤奋工作，冷静处事，注重以身作则，带头遵守各项规章制度，坚持处事公正，维护团结，慎独慎微，拒腐实干，做到耐得住寂寞，管得住小节，挡得住诱惑，清清白白做人，老老实实干事，自觉接受组织的管理和监督。年内从未发生违规违纪违法现象，树立了良好的干部形象。

## 首阳山生态林场管理委员会党委工作概况

管委会主任　高立德

2015年，县首阳山生态林场管委会党委在县委、县政府的正确领导和各级各部门的大力支持下，以邓小平理论和“三个代表”重要思想为指导，深入学习习近平总书记系列讲话精神，认真贯彻落实科学发展观，以扎实开展“三严三实”教育主题活动为契机，以创建生态林场、和谐昌乐为目标，强化措施，狠抓落实，较好的完成了年初制定的工作目标。

**一、狠抓破损山体生态恢复并加强森林防火基础设施建设**

管委会与林业部门和相关镇街密切配合，共同努力，大力开展植树造林和生态恢复工作。完成义务植树 120 万株；新增育苗面积 2300 亩。森林防火能力建设显著提升，林火远程监控、森林防火隔离带、森林防火物资储备库等基础设施建设不断完善，森林防火以水灭火能力建设不断提高。孤山林区基本实现了以水灭火全覆盖，方山林区重点区域也实现了引水上山。

**二、积极开展招商引资工作**

2015 年，林场管委会继续坚持借势借智借力发展，用心尽力全方位加大招商引资力度。结合县委县政府组织的“集中招商月”活动，以高立德主任为队长的招商小分队多次到外地展开招商活动，达成初步投资意向 1 个，2016 年动工项目一个。

**三、积极做好包靠社区工作**

以党的群众路线教育实践活动为契机，林场管委会主任高立德、副主任王晓鲁，多次到包靠的五图街道冯家庄村进行走访调研，和社区干部交流在社区经济发展、“三托管”等方面的问题，一起找思路、想对策，结合林业工作实际，帮助所包靠社区困难群众解决困难。

**四、积极做好机关作风建设**

班子成员始终坚持立党为公、执政为民的党性原则，在工作中能够密切联系群众，积极调查研究，坚决落实中共中央“八项规定”，结合党的群众路线教育实践活动的开展，着力查纠“四风”方面突出问题，清查工作人员兼职取酬、出入私人会所等情况，强化服务意识，严格考勤制度和请销假管理，严格遵守财经纪律，严控“三公经费”开支。能够牢固树立责任意识和全局意识，狠抓各项工作责任制的落实，在工作中能够勇于探索，敢于负责，坚持原则，严格管理；能够自觉维护班子团结，正确处理集体与个人，全局与局部的矛盾，班子成员之间能够坦率开展批评与自我批评，认真找出存在的症结，并积极落实整改；班子成员在工作上能相互支持，形成整体合力。

**五、教育实践活动取得实效**

自今年 5 月以来，组织“守纪律、讲规矩、做表率”和“三严三实”主题教育活动，把握重点，突出特色，着力解决制约管委会发展的突出问题，基层干部群众反映的实际问题，不断健全完善各项规章制度。党组把认真分析检查、找准突出问题作为教育实践活动的重点，通过广泛征求各方意见，认真召开专题民主生活会，开展自我批评和相互批评，列出班子及个人整改清单并抓好贯彻执行，在管委会内部进行通报、公示，接受群众监督，筑牢思想道德的防线、坚守廉洁从政的底线、远离党纪国法的红线。

## 昌乐县检验检测中心党支部工作概况

党支部书记、主任　刘贵明

2015 年，在县委、县政府的正确领导下，县检验检测中心党支部认真贯彻落实中共十八大和十八届五中全会精神，紧紧围绕县委县政府中心工作，立足于检测工作实际，廉洁自律、开拓创新，较好地履行了党和人民赋予的职责，圆满完成了各项工作任务。

**一、检验检测工作**

2015 年，中心累计完成县农业局、市场监管局、畜牧局等部门委托的食品、农产品、畜产品等产品质量安全检测 3267 批次，超额完成 3120 批次的年度任务目标。

（一）例行抽检

2015 年，中心积极配合相关部门圆满完成年度例行抽检计划，累计完成例行抽检 2115 批次。其中，定量检测 1284 批次，同比增长 173.2%，超额完成年度任务目标 78.3%。

（二）专项检测

1. 大姜专项检测。2015 年 6 月，在全县大姜专项整治活动中，中心积极克服仪器设备不足、限定时间短等困难，采取轮岗加班、歇人不歇机的办法，利用一个月的时间完成定量检测 307 批次，保质保量地完成了县里下达的月内检测300批次的任务。

2. 西瓜节专项检测。在首届“鲁盛杯”昌乐西瓜节期间，中心派出检测工作组，现场提供西瓜药残快速检测服务，共检测西瓜样品55批次。

3. 其他专项检测。在宝石节、重要会议、干部培训、高考等大型活动期间，中心累计为党校、宾馆酒店及学校等单位检测蔬菜、水果样品790批次。

（三）检测业务指导和服务

中心全年累计为红河、乔官、五图、高崖等6个镇（街）的检测站（室）提供仪器维护、试剂购置、实验室建设、技术指导等服务8次。

## 二、检测能力提升工作

（一）实验室建设

2015年，中心先后投资2.9万元对液相和气相色谱仪进行了技术维护，投资1.7万元新购置了一套包括氮吹仪、恒温水浴锅在内的前处理设备，投资6千元新购置了一台超声波清洗器。增添新设备后，中心日检测能力由原来每天10批次提高到了20批次，检测效率提升了一倍。

（二）检测资质认证

经认真筹备，2015年8月中心顺利通过了山东省质量技术审查评价中心评审组现场资质认定；9月，获得了省质监局颁发的《昌乐县检验检测中心资质认定—计量认证证书》，认证项目主要包括16类无公害农产品中的部分农药参数和蔬菜水果中的52种农药参数。

（三）业务培训和学习

中心采取多种形式提高实验技术人员的业务素养和能力：一是内部传帮带，固定每周五为内部业务集中学习时间，组织检测人员对采样、试剂配制、样品处理、上机操作、报告编制、实验安全等环节进行系统学习和培训；二是走出去，2015年11月，专门派出两名技术骨干赴北京参加了液相色谱仪LCSolution培训班，系统学习了大仪器操作理论知识和技能。2015年，中心新聘用了6名具有中级职称的专业技术人员。至此，中心已聘用中级及以上专业技术人员12人，占总人数的48%。

## 三、党风廉政建设工作

（一）强化两个责任落实，严格履行一岗双责

1. 加强领导，明确责任。将党风廉政建设和反腐败工作纳入全年重点工作，统筹安排，全面推进，形成了反腐败领导体制和工作机制。在责任落实上做到了两个明确：一是中心党政一把手是党风廉政建设第一责任人；二是班子其他成员对分管工作范围内的党风廉政建设负直接领导责任。

2. 签订责任书，责任到人。中心党支部与班子成员、科室负责人分别签订了《党风廉政建设目标责任书》，做到了党风廉政建设责任到人。

（二）加强制度建设，堵住跑冒滴漏

2015年，中心将制度建设摆在突出位置。通过征求意见、会议讨论等形式，相继建立健全了学习、例会、考勤、工作纪律、公车管理、采购审批等制度。内容涉及人、财、物等各方面，既包括实体性制度，也包括程序性制度，具有较强的针对性和可操作性。中心班子积极发挥表率作用，坚持高标准严要求，一级抓一级，一级带一级，务求各项制度落到实处、取得实效。

（三）开展廉政谈话，促进廉洁自律

中心认真开展了廉政教育谈话和谈心交流活动，班子成员与职工谈心12次，班子成员间互相谈心6次。通过交心谈心，一方面增强了干部职工的廉政意识、大局意识，促进了中心党风廉政建设；另一方面拉近了班子成员与干部职工的距离，增进了解，消除误会，形成了相互理解、相互支持、齐心协力、共创和谐的工作环境。通过廉政谈话，全体干部职工的工作作风明显改进，廉洁自律意识明显增强，有力地推动了中心的政风行风建设。

（四）开展各项活动，践行“三严三实”

1. “守纪律、讲规矩、做表率”主题教育实践活动

2015年9月至10月，中心按照“把纪律和规矩挺在前面”的要求，深入开展了以“八个一”为主要内容的“守纪律、讲规矩、做表率”主题教育实践活动。通过学习《中国共产党章程》、重温入党誓词、签订承诺书，开展“每日一纪”、专题党课、案例剖析、廉政谈话和查摆整改，中心党员干部增强了纪律观念和规矩意识，提高了遵章守纪的自觉性。

2. “不作为乱作为”专项整治活动

2014年11月开始，中心深入开展了基层干部

“不作为乱作为”专项整治活动，按照“四个排查”要求，深入查找“不作为乱作为”方面的问题，制定出台了《昌乐县检验检测中心党支部关于开展“不作为乱作为”问题的专项整治方案》，方案中共列出涉及思想建设、制度建设、工作作风等3方面5项具体整改内容。截至目前，整改工作已全部完成。

**四、其他工作**

（一）“第一书记”履职情况

我中心选派至县经济开发区任疃社区第一书记、中心副主任赵军普同志认真履行第一书记职责，先后联系爱心企业和人士，与社区和村干部一道，为任疃社区图书室捐赠图书5000册；为于建东、赵日兴、郭修章等30余户特困家庭解决门窗、煤、米、面等生活困难；为后于留、邢家河社区更换自来水表、农业灌溉电缆，维修自来水管道和餐饮设施等，得到了群众和上级的肯定和好评。

（二）招商引资工作

2015年，中心招商引资项目—海源塑料包装制品有限公司（总投资3000万元），顺利通过县招商工作委员会认定，圆满完成年度任务目标。

# 重要领导讲话

## 适应新常态　谋求新作为<br>以农村新型社区建设为统领<br>全面做好“三农”工作

——张新强在全县农村（社区）<br>党组织书记培训班开班式上的讲话<br>（2015 年 1 月 24 日）

前期，经过全县广大干部群众的共同努力，我们顺利完成了村“两委”换届，广大群众按照“好人当中选能人”的标准要求，选出了新的党组织书记，成立了新的班子，在座的党组织书记就是“好人”中的“能人”，代表了农村广大党员群众的利益，寄托着他们的期盼。首先，我代表县委，向参加培训班的党组织书记表示热烈的祝贺！并通过你们向广大农村干部表示诚挚的慰问！

这次培训是在经济发展新常态下，深入贯彻党的十八大和十八届三中、四中全会，以及习近平总书记系列重要讲话精神的务实举措，是巩固党的群众路线教育实践活动成果的具体行动，也是全面做好“两委”换届后续工作、推进基层组织建设的现实需要，主要目的是帮助大家在全面建成小康社会、全面深化改革、全面推进依法治国、全面从严治党“四个全面”治国方略指引下，加深对党在农村各项方针政策的理解，进一步提高思想政治素质、政策理论水平和依法治理能力，全面加强服务型党组织建设，动员大家尽快进入角色，立足新起点、适应新常态、谋求新作为，在新的岗位上干出更大的业绩，为“富强昌乐、生态昌乐、幸福昌乐”建设做出更大的贡献。

对村党组织书记集中培训，县委已经连续举办了 3 次，每次我都来与大家交流，大家长期工作在农村、生活在农村，积累了一些好经验、好办法，非常值得学习借鉴，更需要共同交流、相互提高。为了准备好这次培训，前期，我先后 10 多次到镇街、进社区、入农户，带着如何推进社区建设，新形势下如何发挥党组织的战斗堡垒作用、党员的先锋模范作用，如何开展“三农”工作等问题登门调研，听听群众的心里话和基层的声音，获得了第一手素材，也发现了一些问题，看到了农村的发展变化，也听到了广大群众的期盼和心声，这些都将为县委科学决策提供很好的借鉴。下面，我根据调研情况，结合上级要求，以及下步的打算，从五个方面与大家交流。

**一、在回顾基层工作成效、共享改革发展成果中，找准定位、坚定信心**

俗话说，基础不牢，地动山摇。党的十八大和十八届三中、四中全会都对加强基层建设作了明确的阐述，提出了具体的要求。习近平总书记在十八届四中全会上强调，要把全面推进依法治国的重点放在基层，发挥基层党组织在全面推进依法治国中的战斗堡垒作用，努力把依法治国的各项工作任务落到基层、落到实处。这充分体现了党中央对基层工作的高度重视，也为新形势下加强基层工作，提供了新的理论遵循，提出了实践要求。

这几年，不管是从县委决策的角度，还是从我个人的角度，都坚持把强化基层基础作为“三个昌乐”建设的重点来抓，党委、政府的工作重心向“三农”转移，做到了思想上重视、政策上倾斜、行动上落实。2011年初，我们就提出了群众第一、基层第一、弱势群体第一“三个第一”的理念，在全县开展了“固基础、创先进、保稳定、促发展”活动，在此后的工作中，不断地把理念变成支持基层工作、推进基层发展的具体行动。

——我们着眼农村未来发展趋势，2012年11月，在党的十八大之前，结合昌乐实际，明确提出建设农村新型社区，确定不低于10年的时间基本完成社区建设的目标。2013年6月，召开全县社区建设动员大会，启动这项工作。经过多次论证，将全县903个自然村规划为103个农村新型社区，第一批确定27个示范社区率先推进，宝都街道贵和社区、红河镇依水苑社区等17个社区建成投用，陆续搬迁入住，这在全潍坊市也是比较快的。2013年9月，我们以社区为管理服务平台，从镇街和县直部门两个层面，在潍坊市率先实行干部力量下沉，推进社区实体化运行，打通了联系服务群众“最后一公里”、依法治理“最后一公里”，推动了“四化”同步发展。镇街层面，主要是创新实施“三四三”工作机制，就是镇街干部吃住、工作、服务“三在”社区，每个社区都建立了一个发展计划、一套管理制度、一份信息档案、一本问题台账“四个一”机制，履行发展经济、治理社会和建设社区“三项职责”。目前，全县1123名镇街干部吃住、工作、服务在社区，占到了镇街干部的79%，这一比例在全市是最高的。推进干部力量下沉的做法，得到了群众的认可和欢迎，省、市领导都给予了充分肯定，原副省长孙绍骋、潍坊市委杜昌文书记专门作了肯定性批示。县直部门层面，大力推进县直部门联系基层、党员干部联系群众“双联系”机制，选派75名县直部门机关干部担任“第一书记”帮扶重点村，实施了县直机关“干部回家”帮扶发展制度，2158名机关干部带着感情、带着责任、带着任务，利用节假日回村帮发展、解难题，传递信息、交流感情，协调争取资金1600多万元，帮助解决难题1800多件。从县委常委到一般党员干部，都确定了联系对象。我现在还联系着红河镇清泉村的三户群众，力所能及地为他们提供帮助。在党的群众路线教育实践活动开展之前，我们在全县组织开展了3个月的“大走访”活动，全覆盖走访976个村和住宅小区、400多家企业和80多位外来投资商，对征集到的3380条意见建议，全部建立台账，逐一进行反馈，进一步了解了基层情况，加深了与基层干部、广大群众的感情。这一做法，中组部给予充分肯定。

——我们积极推进现代农业发展，大力发展西瓜产业，做大火山特色农业。建成了全国第一家职业农民讲习所，累计培训农民1.2万人次，进一步拓宽了群众的收入渠道。这也得到了郭树清省长的充分肯定。据统计，去年全县农民人均纯收入达到14732元，增长13%。大力发展村级集体经济，80%的村实施“党支部+合作社”模式，五图街道庵上湖村与矿机集团合作，创建了“党支部+合作社+企业”模式，而且搞起了“电商”，利用网络销售产品，带动全县农业多元化、高层次发展。

——我们积极改善农村群众生产生活环境，实施了城管、绿化、环卫“三托管”，在潍坊市各县市区中第一个实现了城乡环卫一体化全覆盖，连续三年获得全市考核第一名。2014年初，县委、县政府组织开展了生产生活垃圾“百日清底”活动，清理生产垃圾300多万吨。引进了投资2亿元的垃圾无害化循环利用项目，日处理垃圾600吨，全县的生产生活垃圾实现了资源化利用。这一做法，郭树清省长给予充分肯定，省委常委、宣传部长孙守刚作出肯定性批示，并在全省推广。全县83%的村达到市级生态村标准，乔官镇、红河镇、鄌郚镇被评为国家级生态镇。实施汶河、白浪河、丹河、浠河、红河、大圩河等“六河”生态修复工程，完成治理205.9公里，建设湿地2140亩，在潍坊市河道生态修复考核中获得第一名。

——我们不断加大民生投入，六成以上的财政支出投向社会事业，在潍坊市率先实施了农村安全饮水工程，完成了255处农村路网改造工程，新建、改建了29处中小学校，对200多处农村卫生室进行了提升，有效解决了看病难、看病贵的问题。这几年，广大群众共享了更多的发展成果，幸福感和满意度进一步提高。在2014年度潍坊市群众满意度测评中，我县获得90.07分，居全市第二名。

这几年，正是我们坚持不懈抓基层、打基础，形成了上下和谐互动、干群共谋发展的良好局面，社会持续和谐稳定，为经济社会发展构筑了坚实的“大后方”，也为县委、县政府科学应对宏观复杂形势、加快转型发展，奋力推进“三个昌乐”建设，提供了坚强保障。

在外部发展形势极为严峻，经济下行压力加大的情况下，2014 年，全县完成地区生产总值 261 亿元、增长 9.6%；实现公共财政预算收入 20.2 亿元、增长 12.3%；完成固定资产投资 252.6 亿元、增长 15.9%。

——经济转型发展取得新成效。我们按照“腾笼换鸟、凤凰涅槃”的思路推进转型，实施“2121”工业主导产业发展规划，重点打造装备制造、黄金珠宝加工交易两个千亿级产业，新能源汽车一个 500 亿级产业，造纸包装、精细化工两个 300 亿级产业，食品加工一个 100 亿级产业，力争 5 年左右的时间实现目标。2014 年，规模以上工业企业实现主营业务收入 888.8 亿元。战略性新兴产业成为新的增长点，总投资 450 亿元的一路、一湖、一山、一城、一区、一体、一校、一院、一园、一中心等“十个一”工程加快推进，除潍坊西部娱乐城外，其余项目全部开工建设，其中方山路贯通工程、城市综合体建成投用，打造全国一流的现代教育名城、健康养老产业基地的目标正在逐步实现。

——生态文明建设取得新成效。我们以壮士断腕的力度狠抓环境治理，扎实开展“386”环保行动，先后关停拆除 152 家环保不达标企业、21 家石料场，规划建设县级生活垃圾转运服务中心和 7 处镇级垃圾中转站、3 处镇级污水处理厂，区域环境空气质量跃居潍坊市前列。其中，潍焦集团拆除了运行 10 年的 40 万吨湿法熄焦项目、关停投资 2.6 亿元的 3 万吨对甲酚项目，腾笼换鸟新上 PBT 工程塑料、苯加氢、苯酐 3 个延伸项目，主营业务收入不降反升，首次突破 100 亿元，实现了经济效益、生态效益的双促进、双提升，成为全市乃至全省的典型。我们治理环境的经验做法，成为中宣部重点宣传的典型，《焦点访谈》、人民日报等媒体作了专题报道。

——党的建设、作风建设取得新成效。我们一心一意谋发展，聚精会神抓党建，坚持从严管党治党，深入推进廉政建设，持之以恒改进作风，先后开展了“庸懒散浮”、“五清一治理”等专项整治活动，整体工作实现提速提效提升，形成风清、气正、人心齐的浓厚氛围。近年来，昌乐先后荣获全国文明县城、全国科技进步先进县、山东省基层党建工作先进县、山东省绿化模范县、山东省国土资源节约集约模范县等 20 多项国家和省级荣誉称号。

我讲这些的目的，一方面，全县的发展成果里面凝聚着大家的辛勤付出和汗水，借此机会与大家一起分享；另一方面，今年是新一届村“两委”班子的开局之年，让大家了解全县的发展大局、大好形势，提振精神、明确目标，给今后的工作一个准确的定位，积极融入全县的发展大局，努力在新的起点上做出新的成绩。

在肯定成绩的同时，还要看到存在的矛盾和问题。通过与部分村党组织书记进行交流，结合到基层了解的情况，矛盾和问题主要表现在 5 个方面：一是村级运转与债务包袱沉重的矛盾。就是大家都想发展，但集体经济相对薄弱，有的甚至是经济“空壳村”，村支部书记还要倒贴工资干事情，出现了确保村级运转与债务包袱沉重的矛盾。二是发展农村经济与农民组织化程度偏低的矛盾。随着农村产业化的不断推进，农民组织化程度较低的矛盾逐步暴露出来，群众对党组织的依赖程度越来越低，过去那种一吹哨子就一呼百应的情景几乎没有了，有的村开个村民大会都组织不起来。三是公益事业建设与一事一议筹资难的矛盾。大家上任以后，肯定都想给村里做点事情，化解矛盾，促农增收，改善村貌，但遇到的第一个问题可能就是资金短缺和筹资难的矛盾。四是群众对美好生活的需求与村集体无能力办事之间的矛盾。现在群众都想改善居住、出行、服务条件，都想有更好的生活环境，但是有些村是有心无力，群众世世代代都生活在穷村陋巷里，觉得一时改变不了。五是加强村级组织建设与农村人才缺乏的矛盾。从这次换届的情况来看，我们这支队伍中，35 岁、40 岁以下的人很少，多数集中在 46 到 59 岁之间，特别是随着年轻人的外出打工，农村出现了选人难的问题，有些村就是通过兼职、选派“第一书记”任职才有了党组织书记。同时，在党员队伍建设上，也表现出了青黄不接的问题。大家走上岗位以后，要敞开思想，积极发展入党积极分子，组织部门要搞好指导。

当然，这些问题是共性的，如果我们解决不了、解决不好，就会成为制约农村发展的瓶颈，今后的工作就难以开展。怎么来解决这些矛盾问题，怎么来打破瓶颈制约，怎么做好“三农”工作，我认为，就是要按照中央和省、市要求，结合昌乐实际，抓好农村新型社区建设，只要抓好了农村新型社区建设，一切问题就迎刃而解了。

**二、在融入和加快推进农村新型社区建设中，积极作为、有大作为**

党的十八大以来，中央明确提出新型工业化、信息化、城镇化、农业现代化“四化同步”的要求，而且把城镇化摆到了重中之重的位置，制定了一系列措施，持续发力，加快推进，为“三农”工作和基层组织建设注入了新动力。十八大报告特别指出，“解决好农业、农村、农民问题是全党工作的重中之重，城乡发展一体化是解决‘三农’问题的根本途径”。这体现了中央对“三农”工作的重视。农村空间巨大，一旦把农村投资、消费等要素活力激发出来，将会产生不可估量的发展动力。对我们来讲，要从宏观上把握好形势和导向，找准城镇化的突破口，摸准城乡一体化的结合点，抓住关键，重点突破。

经过几年的实践，我们可以坚定的认为，这个突破口就是农村新型社区。可以说，抓了社区就抓住了“三农”工作的“牛鼻子”，抓了社区就是抓了农村工作的全部，抓了社区就等于抓了农业发展、抓了民生改善、抓了基层党建、抓了社会稳定。

第一，建设农村新型社区是落实上级要求的具体行动。中央和省、市都把农村新型社区摆到了重要位置来抓，层层出台加快城镇化的意见，对推进农村新型社区建设提出了明确要求，以社区为单位推进基层管理和服务，将是农村发展的必然趋势。前期，李克强总理曾专门召开城镇化工作座谈会，提出“推进新型城镇化要因地制宜、分类实施、试点先行”。这与我们提出的“以人为本、因地制宜”的原则完全一致，我们走在了前面。

第二，建设农村新型社区是满足群众需求的具体行动。当前，群众最期盼的是增加收入，反映最强烈的是改善生活条件，最大的愿望是过上城里人一样的生活。我在调研时，绝大部分群众都支持社区建设，都希望搬到社区里去，住上新房子、享受新服务、过上城里人一样的生活。习近平总书记说，人民对美好生活的向往就是我们的奋斗目标。相同的道理，群众的期盼就是我们工作的重点。为此，我们确定了建设新居所、新设施、新环境、新管理、新生活“五新”社区的思路，就是要让广大农民群众享受城里人的待遇、过上城里人的生活，这完全符合群众的要求，是昌乐的独创。

第三，建设农村新型社区是激发农村发展活力、壮大集体经济的具体行动。习近平总书记在中央经济工作会议上特别指出，经济发展动力正从传统增长点转向新的增长点，要积极发现培育新的增长点。我认为，最大的增长点就是新型城镇化，城镇化潜力很大，一头连着工业化、一头连着农业现代化，对经济发展的拉动作用是巨大的。近年来，我县的综合实力不断增强，但农村实力仍然偏弱，无钱办事的问题还比较突出。中央和省、市都在探索解决问题的办法和措施。要解决这一问题，需要两条腿走路，一是加大财政保障力度；二是进一步强化农村的自身“造血”功能，引导各村盘活资金、资源、资产，在为群众生产生活提供社会化服务中增加集体收入，这是最主要的。我们在社区建设中，推行社区、园区“两区”共建，促进了土地流转，加快了群众合作化进程，为群众创业、创新搭建了平台。现在，全县农民专业合作社达到了1963家，涵盖3万多户群众，带动了10万农民，培植起了一大批种植、养殖特色村，真正推动了农村发展、增加了群众收入、壮大了集体经济。

第四，建设农村新型社区是进一步深化农村改革、建设服务型党组织的具体行动。今年中央一号文件的主题就是进一步深化农村改革，强调要稳步推进农村集体产权制度改革、农村土地制度改革、农村金融体制改革等。前期，我县的农村改革取得了明显成效，走在了潍坊市前列，被推荐为山东省唯一的国家积极发展农民股份合作赋予农民对集体资产股份权能改革试点县，大家要抓住机遇，积极做好试点，创出经验、趟出路子。中央和省、市始终把建设服务型党组织，作为基层党建的重点来抓。建立服务型党组织需要有一个平台，需要有完善的服务设施和服务功能。特别是现在有一些事情，仅靠一个村的力量根本办不了，或者说每一个村都去办，极易造成资源浪费，这就需要我们把资源整合起来，创新组织设置模式，丰富服务群众的手段，打破单打独斗的格局，集中力量为群众搞好服务。现在看，这个平台和载体就是社区，以社区为单位设立党组织，以社区为中心建设服务机构，引导教育、卫生、金融等资源向社区集中，更加全面的为群众服务。这将是今后农村工作的重心和方向。县委将加大对社区建设的考核力度，并建立向基层倾斜的选人用人导向，让更多的年轻干部到基层锻炼成长。

大家都要充分认识建设农村新型社区的重要意义，把社区建设作为当前和今后一个时期工作的重中之重，牢牢把握这根主线，一切工作都要围绕农村新型社区建设来开展，在推进社区建设中开创工作新局面。

**三、在社区规划建设中，组织群众、发动群众、凝聚群众**

现在，我们组织群众的方式很少了，群众在经济上的独立性越来越强，村集体与群众之间原来那种生产组织关系，以及带有行政色彩的联系越来越弱。在这种形式下，怎么来组织、发动、凝聚群众？社区规划建设就是最好的桥梁。大家一定要把社区的意义研究透，把社区规划弄明白，然后宣传灌输到群众中，让群众参与进来，发挥群众的主体作用，依靠群众的智慧、力量和首创精神来推进。

*第一，要把社区规划宣传到群众中，帮群众算明白账。*在前期的走访中，发现普遍存在社区规划宣传不到位的问题，不仅群众对规划不了解，有些村干部也不了解。这次培训结束后，每个社区党组织书记都要对社区规划进行修订完善，重点搞好公共服务设施的规划，确保功能齐全。要进村入户宣传好社区规划、建设的相关政策，及时了解群众的诉求，发动群众参与进来。特别是要帮助群众把账算明白，拿出社区推进计划，让群众有盼头，最大限度争取群众的支持。特别是挂职副书记、社区书记，要在社区规划建设中有所作为、有所建树。近期，要搞一次社区知识集中培训，给基层干部普及一下社区规划建设的有关知识。

*第二，要严格把握社区规划建设的原则。*在建设原则上，坚持以人为本、因地制宜，不搞“大呼隆”“一刀切”“一锅煮”，条件成熟一个、启动一个、建设一个，条件不成熟的，决不盲目蛮干，支部书记要早介入、早着手，有意见建议可以提，但是不能不搞，决不能走过场、吃夹生饭。从两年多的实践来看，社区建设是一个漫长的过程，主要是群众的观念还没有改变，认识还不到位，要靠大家做大量深入细致的工作，循序渐进、稳妥推进。在建设方式上，我们充分尊重群众意愿，宜楼房则楼房，宜平房则平房，一座楼一座楼地建，一户一户地搬。一个社区内愿意到社区集中居住的村民够建设一座楼了，就先启动起来，把楼建起来，让这部分村民先搬进来，把原房屋拆了，由政府收购。在建设过程中，我们坚持“五新”为统领，一步到位配齐路、水、电、气、暖、排污等基础设施，每个社区都规划建设服务大厅、阅览室、警务室、幼儿园、卫生室、农机具存放点、停车场等公共服务设施，为群众生产、生活提供保障。这里强调一点，下步，县委、县政府将把土地、资金、道路以及配套设施等各类资源重点向社区倾斜，社区以外原则上不允许新建房屋，不再搞设施配套，大家要有所把握，积极引导、动员群众到社区居住。

*第三，要在创新社区组织设置中为群众搞好服务。*建设社区很大的一个作用就是管理服务群众。过去的工作片，只有管理职能，没有服务职能，群众办事需要到镇上去办，现在成立社区，干部也沉下来了，服务功能全部延伸到社区，为服务群众搭建了平台。下步，要结合社区建设，建立社区居委会，全部设立党委或党总支，组建更加科学合理的社区组织架构。大家要站在全局的高度，统筹村级事务与社区事务的关系，积极向社区靠拢，借助社区的力量来解决村内的问题。

**四、在推进农村新型社区中，引导群众创业、创新、创造**

对一个村来讲，党组织是不是优秀，村党组织书记是不是优秀，不是靠嘴说，关键是看大家有没有“两把刷子”，能不能把经济抓上去，增加群众的收入。我们经常讲，“为官一任、造福一方”，既然当上了村书记，就一定要有责任感、紧迫感，要实实在在地为全村发展做一些实事，不要等到离任的那一天，回头看看山河依旧，没有什么变化，上对不起组织的重托，下对不起群众的信任。大家要真正为老百姓办事、领着老百姓干事，带着激情、责任心和事业心，把群众的愿望都变成现实，让群众体面、有尊严、受尊重。

*(一)积极推进社区合作化经营，走“以地生财”的路子。*要搞好农村土地整理，把闲置土地资源利用好、开发好、经营好。要引导群众流转土地，推进社区、园区“两区”共建，建设标准化示

范园区，推进合作化经营，使群众由“单打独斗”转向抱团发展。要把产业链、价值链等现代产业组织方式引入到农业中，促进生产、加工、销售等一、二、三产业融合互动，培育新的经济增长点，让农户更多地分享二、三产业的利润。要大力推行“党支部+合作社”模式，组织引导群众通过土地入股、合作、托管等多种方式，推动社区居民合作经营，培育农民专业合作社、家庭农场、专业大户等新型经营主体，在保证土地收益的同时，增加新的收入渠道。要转变观念，带头教育引导农民向新型职业农民迈进，解放思想，积极接受新事物，提高发展的本领。要学习庵上湖村的发展模式，在“党支部+合作社”的基础上，引进企业合作发展，提升经营管理理念，进一步壮大村集体经济，尽快消除集体经济“空壳村”。

（二）*引导广大群众积极寻找发展机遇，尽快形成大众创业、万众创新的局面。*2014年12月，中央农村工作会议提出，要坚持以人为本，激发农民的创造、创新、创业活力，形成大众创业、万众创新的生动局面。对农村来讲，随着农村新型社区的推进，创业平台越来越宽、创新条件越来越多，关键就是要找准路子、瞄准目标。为此，县委、县政府也创造了良好的环境，在每个镇街都规划建设了一处蓝色经济特色产业园和两处以上农业示范园区，承接企业和项目落户。实施权力清单、服务清单和负面清单“三张清单”，大力改善服务环境，压减审批环节。下步，我们还将专门成立全民创业指导中心，专门培训、指导有创业意愿的群众，帮助他们做好土地、政策、资金等方面的协调，全方位营造创业创新的氛围。各镇（街、区）要提早考虑，成立相应组织，广泛宣传发动，对有创业意向的进行梳理、统计、上报。我们常说，井下没水四处淘。随着信息化的加快，利用网络发展“电商”已经成为大趋势，只要不违法、严禁的东西，在网上什么都能卖、什么都能买，足不出户就能买到世界各地的东西，同时也能把东西卖到世界各地。现在，浙江、广东、江苏等一些地方都发展起了“淘宝村”，一些不起眼的“庄户耍”现在都能网上卖大钱。滨州市博兴县有个湾头村，是全国较早的“淘宝村”之一，全村有1000多家淘宝店，其实很简单，就是用芦苇等编筐、编篮子在网上卖，但一年产值就2亿多。很多东西，只要形成了规模、有了特色，就能挣钱。这方面，大家要积极研究、善于探索，力争闯出一条路子。年前，各镇（街、区）都要进行一次村“两委”干部培训，讲一讲相关的政策、做法。

（三）*主动做好群众工作，全力维护农村和谐稳定。*大家长期与群众打交道，可以说是村里的“主心骨”，必须转变观念，提高服务群众的意识和能力。现在群众工作的方式方法发生了变化，原来往往采取行政命令式的工作模式，权力比较大，说话有人听。现在情况不同了，要依法依规开展工作，靠说服教育、带动引导开展工作，变管理为服务，靠服务去推动工作。我们要求下沉社区的干部都要利用一早一晚入户走访，作为村支部书记，更要时时刻刻融入群众中去，对张家长、李家短的事都要心中有数，与群众坐在一条板凳上谈心交心。要主动关心群众的冷暖，对村民的家庭状况、庄稼收成、子女上学等情况都要了解清楚，对存在困难的，帮助他们想办法，村里解决不了的，上报到社区研究解决。大家不要认为事情太小，不值当地做，群众的事再小也是大事，我们与群众的感情就是在一点一滴的小事中、在一言一语的关切中建立起来的。村干部要先从自身找原因、承担责任，然后做群众工作。群众反映对的要帮群众办了，群众反映不对的要耐心的解释，就是犯了错误，也要教育转化。大家要与社区干部、驻村“第一书记”、“回家”干部组成工作网络，及时掌握本村的信息动态，将各类矛盾纠纷和不稳定因素解决在本村、化解在社区，消除在萌芽状态。

（四）*依托农村新型社区，为群众打造优美宜居生活环境。*老百姓过去“盼温饱”，现在“盼环保”，过去“求生存”，现在“求生态”。前几天，习近平总书记在云南考察时提出，经济要发展，但不能以破坏生态环境为代价，要像保护眼睛一样保护生态环境，像对待生命一样对待生态环境。因此，在生产生活中，我们一定要注意保护生态环境。要积极治理农业面源污染，引导群众树立环保意识，科学施肥、规范用药，降低土壤破坏和污染。要重视解决好畜禽养殖污染，建设污水处理设施。要在城乡环卫一体化实现全覆盖的基础上，继续坚持、巩固提高，建立户集、村收、镇运、县处理的模式。要同步搞好生产垃圾清理，一并纳入托管范围，全面实现垃圾日产日清。要大力推进植树造林，抓好荒山绿化、水系绿化、墓地绿化等，全力争创全国绿化模范县。

**五、在落实“三严三实”中，塑造形象、树立威信**

习近平总书记要求，各级领导干部都要既严以修身、严以用权、严以律己，又谋事要实、创业要实、做人要实。农村支部书记也是一级干部，而且是农村广大党员、群众关注的焦点，你们的一举一动，党员、群众都看在眼里、记在心上。因此，大家一定要以身作则，严于律己，认真履行“三严三实”的要求，以自身的模范行动来影响人、带动人，树立形象和威信。

（一）要强化法治意识，严格依法依规办事。十八届四中全会明确提出了依法治国的目标任务。2014年12月31日，县委十三届五次全会也确定了全面推进依法治县、建设法治昌乐的目标任务。这意味着，在今后的工作中，依法依规办事将成为新常态。大家要牢固树立法治意识，既要带头学法、守法、用法，做到依法办事，又要引导群众加强法治教育，营造良好的法治秩序。要严格遵守村规民约，完善村民议事制度，切忌想当然、拍脑袋决策。要依法履行职责，解决问题、处理矛盾要公平、公正，一视同仁，一碗水端平。要从严落实公开公示等制度，特别是要做好财务公开，自觉接受群众监督，保证群众的知情权、参与权、管理权。

（二）要摆正心态，勇于攻坚、敢于担当。一要有敢于争先的信念。面对繁重的任务，作为村支部的领头雁，要正视困难，多想想别人为什么能干好，我们为什么没干好？大家都要有创先进、争一流的信念，脚踏实地、扎实苦干，真正干出一番事业。二要有攻坚克难的韧劲。随着城镇化水平的提高，房屋拆迁、征地赔偿等矛盾增加，农村矛盾呈现出多样化的趋势。对此，村支部书记要坚信“车到山前必有路，办法总比困难多”，勇于面对、不断探索，在与群众的沟通交流中寻找化解问题的办法。三要有敢于担当的魄力。村支部书记是一个岗位，更是一种使命，一般百姓担不起来的责任你就要担起来，一般百姓解决不了的问题你就要想办法解决，特别是在经济发展、化解矛盾、服务群众等方面都要担当起来，面对矛盾迎难而上，面对危机挺身而出，面对失误敢于承担，不当“老好人”，以实际行动树立起村支部书记顶天立地，干大事、敢担当的形象。

（三）要坚守廉洁自律底线，做到身清、身正、身硬。在党的群众路线教育实践活动总结大会上，习近平总书记明确提出了从严治党的要求，而且自十八大以来，中央在治理腐败问题上表现出了零容忍的态度，“老虎”、“苍蝇”一起打的魄力，这一些大家已经有所体会。前几天，习近平总书记在同县委书记座谈时，提出了心中有党、心中有民、心中有责、心中有戒的“四有”要求，这既是对县委书记的要求，也是对各级干部的要求。现在我们的村干部特别是村支部书记，大大小小都掌握着一些权力，也有着一些工作上的便利，但决不能拿这些权力和便利条件来为自己、为亲朋好友谋取私利，不能搞人情关系、搞“小圈子”。作为党在农村的代言人，村支部书记在任何时候、任何场合都要正确把握自己，不该拿的坚决不拿，不该占的坚决不占，决不能把集体资产当成“自留地”。大家一定要坚守底线，当好廉洁自律的表率，以良好的个人形象为党员和群众树立榜样。要抓好班子、带好队伍，管好身边人、身边事，打造为民、务实、清廉的干部队伍。县委将全力争取各级力量支持村（社区）党组织书记开展工作，并尽可能地提高大家的政治待遇、经济待遇，让大家消除后顾之忧，腾出更多的精力抓好基层党建、抓好“三农”工作。

同志们，农村是个大舞台，村支部书记在农村大有可为、大有作为。希望大家始终把责任担子压在肩上，把群众冷暖记在心上，把精力奉献在农村热土上，为加快建设富强昌乐、生态昌乐、幸福昌乐，为全面建成小康社会做出新的更大的贡献。

## 张新强
## 在镇(街、区)党(工)委书记抓基层党建工作述职评议会议上的讲话要点

（2015年2月3日）

今天这次会议，主要是贯彻中央和省、市委部署要求，听取各镇（街、区）党（工）委书记履行基层党建工作责任述职，督促大家进一步强化管党治党意识，落实管党治党责任，推动基层党建工作

各项任务目标落实，为加快富强昌乐、生态昌乐、幸福昌乐建设提供坚强的组织保证。刘太福同志的讲话，对我县基层党建工作给予充分肯定，就下步工作开展提出了要求。我们一定要深刻领会，按照中央和省、市委的部署，全面落实从严治党要求，把基层党建工作提高到一个新水平。

**一、贯彻从严治党要求，切实增强大抓基层、大抓党建的思想自觉和行动自觉**

党的十八大以来，中央对党的建设作出了一系列重大决策部署，核心要求是坚持党要管党、从严治党，鲜明导向是重视基层、抓好基础。作为镇（街、区）来讲，党建是一切工作的总抓手，抓了党建就等于抓了一切工作的“牛鼻子”，就等于抓了经济发展、抓了社会事业、抓了民生。抓党建不是空谈、务虚，而是实实在在的，抓不好党建，就不可能有精力抓项目、抓招商、抓发展，必须更加注重基层组织建设，使基层党组织真正担负起推动发展、服务群众、凝聚人心、促进和谐的重要职责。

习近平总书记提出，“把抓党建作为最大政绩”。镇（街、区）党（工）委书记处在基层组织建设的最前沿，一定要深刻把握新形势、新要求，牢固树立“抓党建是本职、不抓党建是失职、抓不好党建是渎职”的意识，切实把抓基层、强基础的各项要求落到实处。前期，通过开展党的群众路线教育实践活动，全县基层党组织的凝聚力、战斗力进一步增强，但仍存在一些不容忽视的问题：个别后进村转化成果不稳固，有的村“无人服务、无钱服务”；少数基层干部违法违纪问题时有发生，等等。另外，像这次村“两委”换届选举，反映贿选问题的信访不少，说明基层党员干部的法治意识、法治思维不够强。现在，我县正处在转型发展的关键节点，正处在“三个昌乐”建设的重要阶段，必须以法治思维和法治方式，下大力气抓好基层党建工作，实现治理体系和治理能力现代化，为“三个昌乐”建设提供坚强保障。

**二、坚持问题导向，以服务型党组织建设引领基层党建工作**

（一）全面加强农村社区党建工作。我们从2013年开始建设农村新型社区，推动干部力量下沉，实行“干部回家”帮扶发展机制，经过一年多的探索，取得了一些经验，得到了省、市领导的充分肯定。但仍然存在一些问题：一是有的同志认识不到位，没有从思想深处认识到推进干部力量下沉的重要性，个别同志认为是“一阵风”，有应付思想；二是工作不深入、欠扎实，底子不清、方向不明，创造性开展工作不够；三是吃住、工作、服务“三在”社区落实得不扎实，存在“走读”现象；四是社区设施不完善，功能不够齐全。最近，市里也将在全市推行干部力量下沉，这说明我们的工作与上级要求完全吻合。下步，要把农村新型社区建设作为主线，统筹推进服务型党组织建设。一要完善抓社区带村庄机制。要完善提升社区规划，近期搞好有关知识的培训。要摸清底子，扎实推进农民转移、土地流转等工作，创造性推进工作落实。从今年起，每个社区都要启动，首先着手建设社区服务中心，县里将给予扶持，确保全部达标。要完善社区六大功能，建设社区服务中心、医疗中心、教育中心、警务中心、娱乐中心、商业中心。要搞好社区组织建设，依法合村并点，建立科学合理的社区组织架构，破解“选人难”的问题。在安排任务、组织考核时，要把社区作为主体，辐射到各村。二要规范社区管理运行。要继续推进干部力量下沉，实施资金、项目、政策“三个倾斜”，推动工作重心下移、为民服务下沉。健全完善“四个一”工作机制，全面推行“社村集中议事”制度，建立健全“村事民决社区监管”制度，积极推进社区党务、事务、财务“三公开”，促进社区规范化运行。三要创新社区服务方式。把与群众密切相关的计生、民政、社保、警务等服务职能下放到社区，推行即时办理、代为办理、指导办理“三服务”，努力为群众提供便捷、优质的服务。每个社区设立“民情巡访员”，及时了解社情民意，化解矛盾隐患，确保“小事不出社区、大事不出镇”。要积极发展“党支部＋合作社”模式，每个党支部都要领办合作社，确保实现全覆盖，进一步壮大村集体经济。

（二）全面推进村级组织规范化建设。要加快启动以村级班子、党员管理、运转保障、阵地场所、议事决策、服务群众6项基本工作和1个特色党建品牌为主要内容的“6＋1”村级组织规范化建设。要进一步整顿软弱涣散党组织，巩固基层基础。要继续深化完善县直部门包靠社区和重点村、选派“第一书记”到村任职工作，落实党员干部直接联系服务群众、“干部回家”帮扶发展、在职党员到社区报到等制度，在联系服务群众中改进作风、提高能力。1月24日到26日，县里对新当选的村党组织书记进行了集中培训，反响非常好。各镇（街、区）要分期分批对村“两委”干部进行培训，提升履职能力。今年，县里还将提高村党组织书记的补贴报酬，达到人均2万元以上。

（三）全面做好城市社区和非公有制企业党建工作。城市社区党建，主要是健全社区组织体系，配强班子、配齐人员、配套设施、落实经费，把工作开展起来。经济开发区、宝都街道要加大工作力度，实施重点突破，确保城市社区党建工作有新起色。非公有制企业党建，要加大党组织建设力度，凡具备条件的企业都要建立党组织，半年之内全部完成。前期，县里启动了非公有制企业党组织创星信贷工作，对评选为“五星级”党组织的企业、合作社等，协调金融机构发放信用贷款。今年，县里将加大工作力度，推进党建资源支持非公有制企业发展。

（四）全面推进作风建设。要坚持以严的标准要求干部、以严的措施管理干部、以严的纪律约束干部，发现问题该提醒的提醒、该教育的教育、该处理的处理，让干部感到身边有一把戒尺，随时受到监督。要加强党员的教育管理，改进党员特别是流动党员教育管理服务工作，健全党员退出机制，保持党员队伍的生机和活力。要整合党校、农口部门以及职业农民讲习所等培训资源，对全县党员进行新一轮的培训工作，不断提升党员队伍整体素质。要严肃党内政治生活，认真贯彻好民主集中制，用好批评和自我批评的有力武器，使决策更科学、思想更统一、推进更有力。以后每年的领导班子专题民主生活会和党支部、党小组组织生活会，都要按教育实践活动的标准召开，使严格的党内政治生活成为新常态。

**三、带头履职尽责，确保从严治党的任务要求落到实处**

一要以上率下，示范带动。要带头学习领会习近平总书记关于党的建设的重要理论观点，每年确定几项重点工作，作为“书记项目”，在推进理论与实践结合中做出榜样、树起标杆。要坚持党建工作与中心工作同谋划、同部署、同督导、同考核，真正做到“两手抓、两手硬”。要带头在村、企业建立联系点，从一线的实践创造中寻找新思路、新办法，增强创先争优意识，努力把联系点建成示范点，在全县起到标杆作用。

二要攻坚克难，突破重点难点。要善于抓重点，抓主要矛盾，不能“眉毛胡子一把抓”。要坚持以点带面推进工作，把服务型党组织建设作为重点来突破，统筹各方面的资源和力量，支持基层党组织建设，确保基层有人才、有能力、有经费为群众服务。要加大财政投入，落实党组织工作服务经费和场所建设资金。各镇（街、区）党（工）委书记要抓好调度、督查和跟踪落实。

三要有效传递压力，层层落实责任。一分部署，九分落实。要把基层党建工作的目标任务落实到基层，把基层党建工作的指标要求落实到每个党组织，把基层党建工作的压力和动力传导到每个党组织书记，形成“书记抓、抓书记”的工作格局。要在全县党员干部中开展一次“回头看”，实实在在地把决策部署落实到位。我们是基层领导干部，既是指挥员又是战斗员，既是决策者又是实践者，要按照部署要求，亲力亲为抓好工作落实。今天这次述职，要实行整改承诺，各镇（街、区）党（工）委书记要根据县委提出的整改要求，明确整改措施、目标和期限，抓好整改落实，并将整改落实情况作为下一年度述职的规定内容。

同志们，新形势下落实管党治党任务比以往任何时候都更为繁重、更加紧迫。我们要紧密团结在以习近平同志为总书记的党中央周围，一心一意谋发展，聚精会神抓党建，努力把基层党建工作提高到新的水平。

## 张新强<br>在创建全国绿化模范县<br>推进会议暨2015年春季植树<br>造林动员大会上的讲话

（2015年2月9日）

今天，我们召开这次会议，既是创建全国绿化模范县的推进会议，也是2015年春季植树造林的动员大会，主要是对创建全国绿化模范县工作进行再部署，对春季植树造林工作进行全民动员，号召全县上下统一思想、立即行动，迅速掀起造林绿化新高潮，全力以赴做好迎创工作，全面提升造林绿化和生态建设水平。

这次会议，是县委、县政府今年以来召开的规格最高、规模最大的专题会议，充分体现了对这项工作的高度重视。刚才，我们一起观看了创建全国绿化模范县专题汇报片，对这几年全县的造林绿化工作有了一个全面直观的了解。魏林卿同志宣读了《关于对2014年度造林绿化工作落实以奖代补政策的通报》，县林业局、乔官镇和鄌郚镇清风岭村还要表态发言，关键是要抓好落实，确保取得实效。

省林业厅周庆明处长、市林业局韩瑞东副局长百忙之中来参加会议，并讲了重要意见，既充分肯定了我县造林绿化工作取得的成绩，也从生态建设和林业改革发展的高度，对下步工作提出了具体要求，针对性和指导性都很强，我们一定要认真学习领会，切实抓好贯彻落实。下面，我讲四点意见：

**一、创建全国绿化模范县是建设更高水平“三个昌乐”的基本要求，必须放到更加重要、更加突出的位置来认识**

近年来，我们一直把植树造林作为建设“富强昌乐、生态昌乐、幸福昌乐”的重要举措来抓，在2011年就提出“大干三年、绿量翻番，五年创建全国绿化模范县”的目标，大力实施荒山绿化、水系绿化和绿色通道等绿化工程，每年都组织开展春季、冬季两次大规模义务植树活动，并对植树造林进行观摩点评，打分排名，纳入镇（街、区）科学发展综合考核。我们争取到了废弃矿坑修复利用国家试点项目，对低丘缓坡、工矿废弃地进行修复绿化，既拓展了土地利用空间，又增加了绿量，实现了生态效益、经济效益、社会效益的多赢。我们积极引进工商资本，运用市场化手段发展现代林业园区，采取家庭承包、联户承包、股份合作等多种方式营林造林，先后建成了五虎山生态观光园、黑山生态园、仙月湖生态观光带等一大批林业生态园区。目前，全县的省级林业产业龙头企业达到4家，市级以上林业合作社达到24家。

与此同时，大力实施生态文明乡村建设工程，全面推行城管、环卫、绿化“三托管”，83%的村达到市级生态村标准，3个镇被评为国家级生态镇。对全县14条河流进行综合治理，对丹河、涨河等“六河”实施“两清一绿”生态修复工程，完成治理205.9公里，绿化河道3400亩，建设湿地6000多亩，在全市河道生态修复考核中获得第一名。几年来，全县累计完成成片造林15.9万亩，森林覆盖率达到36%，成功创建为山东省园林城市和山东省绿化模范县。在前几天召开的县人大、政协“两会”上，广大代表、委员都反映，这两年来，我县的生态环境发生了翻天覆地的变化，最直接的感受就是，树多了，山绿了，水清了，空气清新了，环境更好了。去年以来，我县的环境空气质量和主要水源地水质均居全市前列，环境空气质量11月份居全市第二名，与过去相比成绩显著、变化很大，其重要原因就是造林绿化。

植树造林不仅是改善生态环境、实现可持续发展的前提和基础，也是转变经济发展方式、促进人与自然和谐相处的重大举措。特别是，我们提出在更高水平上建设“三个昌乐”的奋斗目标，必须有更高的境界、更高的标准来支撑。为此，县委、县政府提出了创建全国绿化模范县的目标。

为了做好这项工作，2013年11月，我们又专门召开了创建全国绿化模范县动员大会，对迎创工作做了全面安排部署。一年多的时间，各级各部门做了大量的准备工作，大搞植树造林，新增造林4.2万亩，森林覆盖率提升了2.5个百分点。目前，全县有林地面积达到4万公顷。虽然我们具备了创建全国绿化模范县的基础和条件，但是还存在一些问题和挑战，主要是有些地方的造林绿化档次不够高，管护不到位，与创建标准要求还有较大差距。特别是各地对创建全国绿化模范县工作都非常重视，仅省内就有17个县市区在争创，所以说竞争非常激烈。我们必须要有清醒的认识，切实增强紧迫感和责任心，突出重点、精准发力，及早主动、全力推进，努力把各项工作做到前面，确保如期实现创建目标，以此带动更高水平“三个昌乐”建设。

**二、创建全国绿化模范县事关昌乐经济社会发展全局，必须以强有力的措施加以推进**

全国绿化模范县是造林绿化工作的最高奖项之一，代表了县一级造林绿化的最高荣誉。全国绿化模范县不仅仅是块牌子、是个称号，而是一个地方硬实力的体现，同时也是全县广大干部群众生态意识、绿化意识的体现，建设生态文明乡村的体现。尤其经济发展进入新常态，各地都在招商引资，都在发现培育新的经济增长点，如果我们成功创建，无形中会增强竞争力、增加吸引力，对全县经济社会发展将会产生深远的、巨大的影响。创建全国绿化模范县是一项实实在在的工作，是一项事关发展全局的大事，决不能干虚了、干假了、干空了，更不能干成“形象工程”，必须以“踏石留印、抓铁有痕”的力度抓实、抓好、抓出成效。

第一，进度必须再加快。上半年，省里将对我县创建全国绿化模范县准备情况进行初审，离现在仅有3个月，时间非常紧，规划不科学、安排不合理，或稍有松懈，就会造成被动。各级各有关部门必须早行动、早谋划，立即部署春季植树造林工作，做好各项准备，确保全年完成造林不少于3万亩的目标。2月4日立春，今天已是2月9日，现在已经进入了春季，并且今年天气不冷，春节前要做好调查摸底等准备工作，提前搞好统筹谋划，气候适宜后第一时间行动起来，立即开展补植补种和规范提升。我们春节前召开这次会议，就是为大家动员发动春季植树造林留出时间、留出空间。要早下手、争主动，不等不靠、立说立行，打破常规，决不能“醒得早起得晚”。各镇（街、区）要结合实际，突出抓好荒山绿化、水系绿化、镇村（企业）绿化、农田林网和义务植树基地建设等重点工程。特别是要搞好绿色通道建设，对道路林带断档的全部进行补植，大沂路、胶王路等省级以上道路，朱孔路、玄马路、荆朱路等8条县内主要道路，以及镇村主要道路的林带，要按照方案要求抓好规范提升，确保道路林带的连续性、完整性，坚决消除“空档”和“盲点”。

第二，档次必须再提升。绿化和美化是相辅相成的。创建全国绿化模范县不仅要多种树，还要种好树，注重整体景观，打造良好的绿化效果、视觉效果。当前，我县森林覆盖率、农田林网化率、建成区绿化率等指标，都达到了全国绿化模范县的要求，但是个别路段和区域的可供观赏景观林相对较少，影响了造林绿化的整体景观效果。会后，各镇（街、区）、有关部门要按照标准要求，对驻地以及主要道路两侧、重点河流沟渠堤岸、农田林网等逐一制定提升方案，特别是要有针对性地对重点线路进行提档升级，确保路域环境整洁美观。

第三，管护必须再加强。要认真执行绿化管护标准，严格落实管护责任，实行包片、包苗、包栽、包活、包管理、包成林“六包”责任制，进一步提高苗木管护的标准化、精细化水平，努力提升绿化质量，巩固绿化效果。要进一步加强对古树名木的保护管理，充分发挥森林资源的生态效益和文化效益。同时，要切实做好森林防火、林业有害生物防控和林政执法工作，进一步健全完善政府主导、部门参与、社会联动的林业有害生物防控机制，开展常态化的巡查，严厉打击各种乱砍滥伐林木、非法占用林地等涉林违法行为，依法保护好植树造林成果。要倾斜政策资源推进植树造林，特别是要结合国家智慧城市试点，优先将植树造林纳入智慧昌乐建设，建立森林资源动态监控、管护系统，全力打造“智慧林业”。

第四，软件必须再完善。规范翔实的档案资料是创建全国绿化模范县的基础性工作，在验收考核中占分很重，65%以上的工作要通过档案资料来展现。对这项工作，《实施方案》进行了详细分工，各镇（街、区）、有关部门单位要安排专人认真梳理、提报各项基础数据、文本图像和档案资料，做到滴水不漏。县绿化委员会办公室要加强与上级部门的沟通联系，统筹做好相关资料的审核汇编，确保档案资料完整、准确、有说服力。

**三、创建全国绿化模范县是一项全民工程，必须发动全社会力量共同参与**

植树造林，人人有责。创建全国绿化模范县不是一个部门、一个单位、一个镇街的事情，而是一项全民工程、系统工程，要发动全社会都参与进来。

要继续做好宣传工作。创建工作越到最后，越要高度重视宣传工作。要充分利用电视、电台、报纸、网站和“村村响”工程等媒体资源，以灵活有效的形式，大力宣传创建全国绿化模范县的重要意义，及时报道春季植树造林和创建工作中的先进典型，曝光毁林毁绿行为，形成电视有画面、电台有声音、报纸有文章、网络有音像的浓厚舆论氛围。

要把创建全国绿化模范县变成发动群众、组织群众、凝聚群众的过程，积极推动绿色进社区、绿色进医院、绿色进学校、绿色进企业、绿色进家庭等系列活动，形成全县动员、全民参与、全社会共同推进的良好局面。尤其是各镇（街、区）要充分发挥下沉社区干部、“第一书记”和“回家”干部的作用，走村入户做好组织动员，引导广大群众积极参与创建工作，确保群众对创建活动的知晓率和支持率达到85%以上，力争家喻户晓、人人参与。

今天，我们专门邀请全县大中型企业、外地驻昌单位负责人参会，目的是让大家对创建全国绿化模范县的重要性有充分的认识，进一步强化社会责任意识，主动参与全国绿化模范县创建工作。特别是外地驻昌单位，要增强大局意识，积极参与进来，为昌乐经济社会发展贡献力量。工会、团委、妇联等群团组织和民兵组织，要充分发挥各自优势，开展多种形式的志愿服务活动，大力发展青年林、国防林等生态公益林，为创建全国绿化模范县做出更大贡献。

**四、创建全国绿化模范县是县委、县政府的郑重承诺，必须全力以赴抓好落实**

创建全国绿化模范县工作已经到了关键节点，开弓没有回头箭，必须按照部署要求抓好落实。

*一要加强组织领导。*县创建全国绿化模范县工作领导小组要发挥牵头抓总的作用，加强组织领导、协调推进，各级各部门要全力做好配合。县级领导要按照包靠职责和分工，深入包靠的镇（街、区）、企业和社区，现场指导调度，帮助解决问题，推动植树造林和创建工作顺利开展。

*二要明确责任分工。*会上，我们下发了《创建全国绿化模范县实施方案》，明确规定了各项任务分工。会后，要组织有关部门对每一项工作再进行梳理，全部以“实名制”的形式把责任明确到人。各级各部门要抓紧制定具体的实施方案，列出时间表、进度表，确保创建工作有人抓、有人落实。各镇（街、区）要抓好镇区、社区、村庄和辖区企业的造林绿化工作，层层分解任务，具体到地块、树种、棵数和责任人。各级各部门各单位都要制定完善造林绿化工作图示，挂图推进。

*三要强化督查问责。*最近，县里拿出近700万元的资金，对去年的奖补政策全部落实，今年还将拿出专项资金实施以奖代补，目的就是要树立奖罚分明的导向。下步，县委县政府督查局和创建工作领导小组办公室要全程跟踪问效，对存在的问题，及时提出整改意见，责令限期整改。对措施不力、行动迟缓、消极应付，影响创建工作的单位和个人，严肃追究责任。

同志们，植树造林、创建全国绿化模范县是一项光荣而艰巨的任务，全县上下都要增强责任意识、荣誉意识，迅速行动、合力推进，确保创建取得圆满成功，为加快“三个昌乐”建设增添新的动力。

## 张新强<br>在调度检查重点城建和社会事业项目时的讲话要点

（2013年3月7日，根据录音整理）

今天，主要是调度推进城建重要节点项目和社会事业项目，进一步明确任务目标和工作重点，动员各方面共同参与，齐心协力加快重点项目建设。

我们实地察看了方山路贯通改造、城市综合体、妇女儿童医院等重点项目的进展情况，听取了有关情况汇报。总的看，项目包靠领导和有关部门、街区做了大量工作，多数项目进展比较顺利，但也存在一些问题，最突出的就是进度太慢，有的项目两年多了没有进展。这其中有客观原因，但更多的还是包靠的力度不够大、推进的办法不够多，有的同志存在畏难发愁情绪，有的部门服务不到位，个别项目拆迁不够彻底，一些制约项目建设的问题没有得到有效解决。对有关项目的推进问题，在检查过程中已经作了安排，要一并抓好落实。

今天调度的项目，都是今年县里确定的重点项目，关系城市的形象和品位，关系民生和社会稳定，对打造数字城市和建设更高水平的“三个昌乐”具有重要意义。大家要进一步统一思想、提高认识，齐心协力、全速推进，全面推动重点项目快出形象、早日建成。下面，我讲几点意见。

**一要明确责任。**不管干什么工作，必须把任务分清楚、责任弄明白。近几年，我们实行重点项目领导包靠制度，效果很好。要继续坚持这一制度，按照关系全县经济社会发展大局的重点项目、关系昌乐今后发展的重点工程、重点城建和社会事业项目三个层面，筛选一批项目落实领导包靠。县委、县政府“两办”要对重点项目进行梳理，调整包靠分工，尽快明确下来，每名县级领导都要包靠项目，我和立伯县长也参与包靠分工。要按照分工要求，组建工作班子，专题研究加快项目建设的办法措施，列出详细的序时进度，定出阶段任务目标，确保工作落到实处。

**二要调动全县力量齐心协力推进。**加快项目建设，推动昌乐发展，不是哪一个人、哪一个部门的事，而是全县上下共同的事情、共同的责任。各级各部门要强化大局意识、服务意识、发展意识，积极参与、主动服务项目建设。包靠项目的领导在调度解决问题时，需要哪个部门配合，就调动哪个部门，相关部门必须无条件服从，全力配合，决不允许推诿扯皮。今天，让有关部门负责同志参加会议，就是要进一步强化部门的主动参与意识，全力服务发展大局。有关部门要认真履行职责，依法打击破坏城市发展、阻碍项目建设的行为，为重点项目建设保驾护航。要创新服务与管理方法，特别是对建设资金的管理，要由县财政局设立专户，统一管理，实行专款专用，集中资金解决问题。要建立对开发商的约束机制，规范开发行为，严格按照合同办事。有关街区要拿出得力人员靠在项目上，积极配合项目包靠领导，共同把项目建成、建好。要整合全县资源抓好城镇建设、农村社区建设等工作，加快推进城乡一体化。对新确定的道路工程，要抓紧规划、尽快实施，力争早日竣工。

**三要真抓、实抓、真包、包实。**项目是发展的载体，也是检验领导干部能力水平、工作作风的载体。项目包靠领导是不是真干事，有没有本领干大事，能不能干成事，作风扎不扎实，品位、境界高不高，通过包靠项目都能检验出来。包靠领导是项目建设的第一责任人。项目建设快不快，很大程度上取决于包靠领导的责任意识强不强，有没有竭尽全力。大家要把项目建设作为分内的事，真抓、实抓、真包、包实，切实将重点项目抓出成效，体现领导干部的责任和担当。要弄清楚、搞明白包靠项目的具体情况，做到心中有数。要认真排查项目进展慢的原因，找出存在的问题，列出单子，现场办公，一个一个地解决。个人解决不了的问题，报告县委、县政府集中会商解决。特别是要加快项目建设进度，我们过去的很多办法已不适应发展要求，必须在现有基础上再创新、再提速、再加快。现在已经是3月份，马上进入建设黄金期。包靠领导要加大调度督促力度，对已开工的项目，督促项目方筹足资金、上足人手，倒排工期，全力加快建设。对不讲诚信、久拖不建的，要依法收回，重新招商，决不能耽误项目建设。

**四要全面提升城市管理水平。**要坚持建管并重，创新城市管理的新办法、新机制，以建带管，以管促建，全面提升城市管理水平。一是搞好城市绿化。绿化工作是一种城建艺术，绿化水平的高低决定城市的品位。近几年，我县的国土绿化、城区绿化增加绿量不小、效果不错，绿化工作整体提高了一个档次。但随着城市发展和群众审美观的变化，有些绿化显得落后了，需要调整提升。要按照园林局制定的绿化方案组织实施，推动绿化工作上档升级。今后，绿化工作一定要立足实际，仔细论证，多采用法桐、白蜡、侧柏、月季等绿化成本低、管理费用小的本地苗木，力求简洁、大方、通透、实际。二是加强道路管护。建设部门要组织力量搞好巡查、修补，及时维护破损的路面、路面砖、路沿石等，确保行走方便、行车畅通。各级各部门要注意抓好平常小事，眼里要有活，善于发现并及时解决问题。三是提高环境卫生管理水平。去年，我县环卫工作取得了全市第一名的成绩，今年要再接再厉。要进一步加大环卫事业投入，充实一线工作力量，提高机械化水平。要加大垃圾桶等环卫工具的管护力度，保持干净整洁，生活垃圾一天一清，着力营造整洁有序的城市环境。四是加强城市综合管理。要加大城建监察管理力度，整治乱搭乱盖、违章占道等行为，规范户外广告，全面规范市容市貌。要结合数字城市建设，抓紧整合公安、建设等部门的监控设施，全面推进数字化管理，实现城市管理精细化、全时段、全覆盖，不断提升管理水平。要加强对市民的文明教育和引导，全面提升广大市民的整体素质和文明程度，形成人人参与城市管理、人人维护城市形象的好局面。

## 张新强<br>在全县经济社会发展情况<br>通报会上的讲话

(2015年2月15日)

再过几天就是春节了。我们召开这次会议，既是全县经济社会发展情况通报会，也是迎春座谈会，主要是向大家通报一下过去一年的工作和下步的打算，听一听大家的意见、建议，帮助我们把各项工作做得更好。首先，我代表县委、县政府，对各位老领导、老同志一直以来的关心、支持，对广大企业家和同志们为全县经济社会发展做出的贡献，表示崇高的敬意和衷心的感谢！并通过你们向全县各行各业、各条战线的干部群众，向关心支持昌乐发展的各界朋友，致以新春的问候！

刚刚过去的一年，在中央和省、市的正确领导下，我们团结带领广大党员干部群众，认真学习贯彻党的十八大、十八届三中、四中全会和习近平总书记系列重要讲话精神，深入开展党的群众路线教育实践活动，主动适应新常态，全面深化改革，持续改进作风，在经济下行压力持续加大的严峻形势下，全力攻坚克难，奋力推进转方式调结构，全县经济运行健康平稳、民生持续改善、社会和谐稳定，“三个昌乐”建设取得新成效。2014年，全县完成地区生产总值260.7亿元、增长9.1%；公共财政预算收入首次突破20亿元大关，达到20.2亿元、增长12.3%，财税考核居潍坊市第四位；完成固定资产投资259.3亿元、增长15.7%。民兵预备役和国防动员、生态文明建设、转型发展、干部力量下沉等20多项创新性工作，分别得到中央军委委员、国务委员兼国防部长常万全同志，省长郭树清同志，市委书记杜昌文同志，市长刘曙光同志等领导的肯定批示。尤其是广大干部群众对我们的工作给予了充分肯定，在2014年潍坊市科学发展综合考核群众满意度测评中，昌乐获得了全市第二名的好成绩。回顾一年来的工作，主要体现在以下几个方面：

**一是坚定不移推进转型发展，经济结构更加优化、发展后劲更加充足。**按照“腾笼换鸟、凤凰涅槃”的思路，完善现代产业体系，全方位转型发展，三次产业结构更加合理。

*在现代农业发展方面*，突出西瓜产业主导地位，大力发展火山特色农业，形成“一主多元”的模式。建成全国第一家职业农民讲习所，创新职业农民培训的做法，得到省长郭树清同志的肯定批示，被评为山东省新型职业农民培育项目示范县。农民人均纯收入达到14575元，年均增长14.4%。可以说，昌乐的现代农业已经走在了全省乃至全国前列，被推荐为山东省唯一的国家积极发展农民股份合作赋予农民对集体资产股份权能改革试点县，这既是一项艰巨而繁重的任务，又是一项光荣而特殊的荣誉，充分体现了上级对我们的肯定和信任。

*在新型工业发展方面*，突出抓好主导产业、骨干企业和重点项目。实施“2121”产业规划，重点打造装备制造、黄金珠宝加工交易两个千亿级产业和新能源汽车一个500亿级产业，造纸包装、精细化工两个300亿级产业和食品加工一个100亿级产业，加快装备制造产业向高端化、造纸包装产业向制造服务化、化工产业向精细化、食品加工产业向品牌化转型。英轩集团、阳光集团、潍焦集团、梦金园珠宝、比德文控股集团等一大批企业发展迅猛，主营业务收入过50亿元的企业达到6家，规模以上工业企业实现主营业务收入890.2亿元。广大企业虽然受市场、价格等外部形势的冲击，但没有一家企业出现大面积停产和产品积压，没有一家企业倒闭，没有逃废债务问题，不良贷款不升反降，发展形势、金融环境是全市乃至全省最好的县市区，这是潍坊市银监局的专家在经过调研后得出的结论。全国人大常委会及省、市有关领导来我县调研农村金融工作时，都对我县的金融生态给予充分肯定。最令人鼓舞的是，广大企业都迎难而上、上新创新，英轩重工、雷丁新能源汽车等项目已经达效，矿机集团无人飞机、西水机器人等新成果、新技术将成为新的增长点，特种汽车、农业机械装备等大项目很快就要落地，5家企业正在运作上市，企业的发展势头非常好。我们规划建设了宝都医药电子等9处蓝色经济特色产业园、昌乐滨海飞地工业园，引进了22名高端人才，为转型发展提供了支撑。

*在服务业发展方面*，重点是培植做大现代教育、健康养老、文化旅游、现代物流和总部经济等五个战略性新兴产业。实施了总投资450亿元的一路、一湖、一山、一城、一区、一体、一校、一院、一园、一中心“十个一”工程，目前，除“一城”潍坊西部娱乐城外，其他项目全部开工建设，力争3—5年左右全部完成，方山路贯通工程、城市综合体等已建成投用，全国一流的现代教育名城、健康养老产业基地、特色旅游名县初具规模。

**二是积极推进新型城镇化，农村新型社区建设不断加快。**把农村新型社区作为新型城镇化的突破口，全县规划103个农村新型社区，其中27个示范社区加快建设，17个社区实现搬迁入住。坚持以人为本、因地制宜的原则，积极稳妥推进社区建设。特别是以社区为平台，推进干部力量下沉，创新实施“三四三”工作机制，就是镇街干部吃住、工作、服务“三在”社区，建立一个发展计划、一套管理制度、一份信息档案、一本问题台账“四个一”管理机制，履行发展经济、治理社会和建设社区“三项职责”，打通了联系服务群众“最后一公里”、依法治理“最后一公里”，推进了“四化”同步发展。目前，下沉社区干部达到1123名，占到79%，这一做法在省委《参阅件》刊发，市委书记杜昌文同志作出肯定批示，并在全市推广。红河镇、鄌郚镇被确定为全国重点镇和“全省百镇建设示范行动”示范镇，镇域综合实力不断增强。加强城区规划建设，推进城市向东、向南发展，拓展宝通街“两翼”，积极融入潍坊市中心城市群。全面推进首阳山旅游度假区开发，强化度假区管委会实体化运行，明确范围、理顺体制、配强人员，加快九龙湖改造暨新型社区、昌乐新二中·美加国际学校等重点项目建设，真正把这块资源用起来，打造新的增长极。

**三是以壮士断腕的决心整治污染，区域环境质量持续改善。**我们在潍坊市率先实施环境综合整治，提前一年完成市里的“386”环保行动任务，区域环境空气质量跃居潍坊市前列。我们先后关停拆除环保不达标企业152家、石料场21家；潍焦集团拆除40万吨湿法熄焦项目，利用腾出的空间新上了PBT工程塑料、苯加氢、苯酐等项目，主营业务收入不降反增，首次突破100亿元，这也是全县第一家过百亿元的企业，实现了经济效益、生态效益的双促进、双提升，成为全省“腾笼换鸟”的典型。“乡村连片治理”工作获得全省考评第一名，城乡环卫一体化连续三年居潍坊市第一名。83%的村达到市级生态村标准，3个镇被评为国家级生态镇。实施丹河、洮河等“六河”生态修复工程，在潍坊市河道生态修复考核中获得第一名。全力推进垃圾资源化利用，开展农村生产垃圾百日集中清理行动，投资2亿元建设垃圾无害化循环利用项目，日处理垃圾600吨，生产生活垃圾实现资源化利用，得到省长郭树清同志的肯定批示，省委常委、宣传部长孙守刚要求在全省推广。

**四是把更多的资金投向民生事业，群众的幸福感不断增强。**坚持“群众第一、基层第一、弱势群体第一”理念，重点社会事业支出占比达到64.3%，保障房建设、“村村响”工程等惠民实事全部落实。完成城乡居民医保整合，新建、改扩建中小学13处，新修、改造道路312.9公里，人口和计划生育工作连续四年获得潍坊市第一名。公安工作成绩优异，在潍坊市社会治安满意度测评中获得第二名，在全省群众安全感满意度测评中连续五年位居前列。民兵预备役和国防动员建设成绩显著，为济南军区国动委第八次全体会议暨国防动员实战化建设会议提供了好的现场，常万全部长现场检查后，给予了“活动组织得好、班子带得好、经济发展得好”的高度评价。

**五是认真开展群众路线教育实践活动，全面改进作风。**县级领导班子带头反“四风”、改作风，组织开展“大走访”活动，全覆盖走访976个自然村和居民小区，400多家企业和80多位外来投资商，收集到的3380条意见建议逐一反馈落实。严格落实中央八项规定，坚持从严管党治党，深入开展庸懒散浮、“五清一治理”、干部“走读”等专项整治行动，整体工作实现提速提效提升，形成风清、气正、人心齐的浓厚氛围。

在经济发展新常态下，这样的成绩来之不易，我们必须倍加珍惜，全力巩固发展成果，努力实现更大突破。今年是全面深化改革的关键之年，是全面推进法治昌乐建设的开局之年，也是全面完成“十二五”规划的收官之年。前期，省里、市里都确定了“走在前列”的目标定位，我们也要跟上步伐，提高定位，但不盲目追求过高的指标，而是要实实在在、没有水分的发展。今年的发展思路是：主动适应经济发展新常态，坚定不移转方式调结构，加快推进新型城镇化，积极发现和培育新的经济增长点，鼓励大众创业、万众创新，保障改善民生，协调推进全面建成小康社会、全面深化改革、全面推进依法治县、全面从严治党，保持经济平稳健康发展、社会和谐稳定，加快建设富强昌乐、生态昌乐、幸福昌乐。主要预期目标是：地区生产总值增长8.5%；公共财政预算收入增长10.5%；固定资产投资增长15%；规模以上工业增加值增长9%；社会消费品零售总额增长12.5%。与去年相比，这些指标都有所调整，在保持经济稳定增长的同时，为结构调整和深化改革腾出空间，有利于更好地提高经济增长质量和效益。

具体工作中，一是全面推进转型发展，重点是壮大"2121"产业，规划建设智能制造产业园，做大智能制造产业，加快推进千亿级产业。二是全面推进新型社区建设，每个镇（街、区）新开工一个社区，重点配套建设好社区服务、医疗、教育、警务、娱乐、商业"六大中心"，扎实做好干部力量下沉，推进社区实体化运行。三是发现培育新的增长点，成立大众创业指导服务中心，鼓励大众创业、万众创新，大力发展电子商务，培植现代教育、健康养老、文化旅游、现代物流和总部经济等战略性新兴产业。四是全面优化生态环境，巩固提升"386"环保行动成果，争创全国绿化模范县、国家园林城市。五是全力改善民生，落实好中小学校舍改造、垃圾无害化循环利用等惠民实事，全力提升群众的幸福感、满意度。六是认真做好党的建设、作风建设和廉政建设，为经济社会发展提供坚强保障。我们将把改革创新、依法治理贯穿工作全过程，加快推进行政审批制度改革，提高服务质量和效率，努力创造更加优越的发展环境。

要圆满完成各项任务目标，需要全县上下心往一处想、劲往一处使、拧成一股绳，全力拼、用力干，需要广大企业和社会各界的积极参与，更需要各位老领导、老同志一如既往地关心、支持。我们相信，有中央和省、市的正确领导，有全县上下的共同努力，确定的任务目标一定能够实现，昌乐的明天一定会更好。

关心爱护老同志，是党的优良传统，也是我们一直秉持的信条。我们一定贯彻落实好老干部工作的各项方针政策，认真落实老干部的各项待遇，搞好各方面的服务，做到政治上尊重老同志、思想上关心老同志、生活上照顾老同志，努力为老领导、老同志更好地参政议政创造条件。

最后，我代表县四个班子，给大家拜个早年，祝大家在新的一年里身体健康、工作顺利、阖家幸福、万事如意！

## 张新强<br>在党政联席会议上的讲话

（2015 年 2 月 25 日）

今天，是春节后上班的第一天。我们召开这次党政联席会，既是收心会，也是叫套会，大家要迅速收拢过节思想，立即进入状态、马上开展工作。特别是广大领导干部，要在抓落实中开好局、起好步，以真抓实干、立说立行的作风，以更加饱满的激情投入到工作中，为广大干部群众作出示范和表率。这次会议扩大到镇（街、区）党（工）委书记，要把会议精神迅速传达到最基层，引导广大干部群众把全部心思和精力转移到工作上来，投入到大众创业、万众创新、加快发展上来。

刚才，田永全同志通报了春节期间面上的工作情况。总的看，全县整体工作正常有序、高效运转，这是广大干部群众团结一心、共同努力的结果，好的势头令人鼓舞。特别是镇（街、区）都不等不靠，提前上班、召开会议、开展工作，开了一个好头。可以说，我们共同度过了一个欢乐、祥和、轻松、健康、文明的新春佳节。春节期间，在看望慰问、调研、与社会各界的接触中，不管是老领导、老同志，还是广大干部群众、回家探亲的昌乐人、在外求学的大学生，都对昌乐的发展给予高度评价，都对我们的工作给予充分肯定，都对昌乐今后更高、更好、更快、更强地发展寄予厚望，这一点大家都深有感受，所有这些更加坚定了我们加快"三个昌乐"建设的信心、决心和恒心。关于去年的工作，在年前召开的有关会议上，已经进行了全面总结，关键是要巩固好来之不易的发展成果，在新的一年里，努力把各项工作干得更好。

春节前，我们连续召开了县委全委会、人大和政协"两会"、基层党建述职会议、创建全国绿化模范县暨 2015 年春季植树造林动员大会、纪委全会、全县经济社会发展情况通报会等一系列会议，对相关的工作进行安排部署。从时间节点上看，今天已经是 2 月 25 日，第一季度仅剩下一个多月的时间，期间全国和潍坊市的"两会"将陆续召开，我们也要召开相关会议安排部署全年工作。特别是我们确定了"2121"产业发展、社区建设、干部力量下沉、大众创业等重点工作，还有争创全国绿化模范县、全国义务教育发展基本均衡县等"五城同创"的目标，时间紧、任务重，必须增强紧迫感和责任感，马上紧起来、动起来，把各项工作启动起来，确保开好局、起好步，为全年工作打好基础。近期，我们将召开全县经济工作会议，对各项工作做全面部署。这里，我重点强调几个具体事情。

**一、要全力保证经济健康有序运行。**推进经济发展是永恒的主题。中央经济工作会议把保持经济稳定增长作为首要任务，摆到最突出的位置来抓，表明了中央在新常态下紧抓发展不放松的决心。去年，我县的经济持续健康运行，发展的质量比较高，但也应当看到，今年的发展形势依然比较严峻，经济下行压力依然很大，要圆满完成确定的任务目标，需要进一步加大力度，甚至付出更大的艰辛。我们必须认识新常态、适应新常态、引领新常态，抓“早”字、争主动，加强对发展形势的研判，搞好经济运行调度和分析，及时处置各种风险，确保各项经济指标保持在合理区间。要坚持“工业立县、工业强县”战略不动摇，坚定不移推进转型升级，发现培育新的增长点，突出抓好“2121”产业发展，加快智能制造产业园建设，壮大骨干企业、培植成长型企业、扶持小微企业，鼓励大众创业、万众创新，为经济发展提供充足的后劲。要抓好现代教育、健康养老、文化旅游、现代物流和总部经济等新兴产业发展，特别是对“十个一”工程要紧抓不放，包靠“十个一”工程的县级领导同志要采取灵活的形式，立即召开会议进行调度，解难题、促进度，已经开工的加快推进，没有开工的尽快开工，确保都有好的形象进度。要高质量推进服务业发展，形成经济发展新的支撑。要继续抓好现代农业发展，提升西瓜产业，大力推行“党支部＋合作社＋企业”模式，唱响昌乐特色农业，增加农民收入。会后，分管的同志要立即召开一次分管领域调度会，抓好相关任务目标的部署和落实，确保工作走在前列。

**二、要持续推进社区建设和干部力量下沉。**这项工作，我们抓得早，现在也形成了一些经验，得到了上级领导的充分肯定、广大群众的一致拥护，但仍需要在探索中前进、摸索中提升。前期，潍坊市委和市委组织部的主要领导都明确提出，基层工作就是要以新型社区为统领，创建服务型党组织，推进干部力量下沉，打通联系服务群众“最后一公里”、依法治理“最后一公里”，推动“四化”同步发展。今年，要继续把这项工作作为重中之重来抓，坚持以社区建设统领基层各项工作，力争有新变化、新成效。一方面，要积极推进农村新型社区建设。要加大社区规划建设宣传力度，将社区建设的原则、方式、内容等基本知识普及到县级领导以及镇街干部、社区干部和村“两委”成员中，让广大干部群众都了解社区到底怎么建、账到底怎么算、政策到底怎么把握，确保家喻户晓、人人明白。今年，各镇（街、区）要新开工建设一个新型社区，大家要及早研究、及早部署、加快推进，不能有畏难发愁、等靠观望思想，这一点体现的既是责任问题、能力问题，更是政治意识问题，联系镇（街、区）的县级领导同志要一块参与研究、抓好落实。社区建设是一项系统工程、长期工程，建设的基本原则不变，成熟一个建设一个，不搞大呼隆、一刀切、一锅煮，更不能刻板化，照着一个模子套下来。要搞好调研，根据村情、社情和人口、规模的不同，逐一定好政策、算好账，确保制定的政策更加科学合理，一个比一个标准更高、设施更齐全、功能更完善。今后，每个社区都要高标准配套建设社区服务中心、医疗中心、教育中心、警务中心、娱乐中心、商业中心“六大中心”，进一步完善基本功能，真正实现社区实体化运行。要把握住建设社区的机会，积极引导土地向企业、向专业大户流转，引导农民向城区、镇区、社区转移。社区建设是“一把手”工程，党（工）委书记要亲自抓，镇（街、区）挂职副书记要靠上抓，特别是挂职副书记，要切实发挥好作用，这项工作抓不好就是不称职。下步，要对挂职副书记进行考核，工作适应、成效明显的就留用，不明显的一律调整，不能让挂职流于形式。要坚持从乡镇来到乡镇去的用人导向，优先提拔干得好、成绩优秀的社区干部。另一方面，要扎扎实实推进干部力量下沉。干部往基层走、从基层来，这是大趋势。春节期间，中央领导同志到基层调研时，也都强调推进干部下基层，到群众中去。各地也都在研究干部下沉的办法，潍坊市也要在全市层面推进干部力量下沉。我们已经先行一步，走在了全市的前列，趟出了路子，为下步工作提供了参考和借鉴。要坚定不移地把“三四三”制度落实好，在实践中不断地完善、提升、提炼，决不能醒的早起的晚，旗杆底下误了操。各镇（街、区）要在思想上转调创，自觉转变工作方式方法，配套好社区干部的居住、生活设施，让社区干部冬天不冷、夏天不热，真正安心沉下去、住下来，全心全力履行好职责。镇（街、区）党（工）委书记、镇长（主任）都要经常到社区住一住、转一转，拿出80%的时间到社区开展工作。推进干部力量下沉，要成为基层工作的新常态，只能抓紧、不能放松，坚决不能应付、搞形式，必须实实在在，真正在联系服务群众、推进社会治理、加快经济发展等方面发挥积极作用，把这项工作打造成品牌，真真切切见到实效。

**三、要严格落实重点项目领导包靠制度。**这项制度我们一直执行着，取得了良好成效，但也存在包靠用力不均、推进不平衡的问题，下步要进一步提高思想觉悟、责任意识，以更高的标准、更高的境界要求自己，真正包出实效。特别是当前，各项工作逐渐步入法治化轨道，按规矩办事成为新常态，靠拼资源、比政策的时期已经过去了，今后比的就是政务服务环境。我们实施领导包靠制度，就是提高政务服务环境的重要举措之一。对今年的重点项目，分管同志要组织有关部门列出单子，明确包靠分工，特别是重点战略性投资项目、重点城市建设项目、重点工业技改项目、重点社会事业项目，要一对一包靠，点对点推进。包靠领导要真包实靠，深下去研究工作、研究问题，提出切实可行的办法，决不能遇到问题不解决，关键时候不见人。要有问题解决不了就吃不下饭、睡不着觉的精神，对问题立说立行、不等不靠，全力以赴解决到位，决不能“失了火钻炕底——捱一会儿是一会儿”。要坚持问题导向，真正沉到一线，既要发现问题，更要解决问题，动用全县的资源协调解决项目建设中的一切问题。这几天，包靠项目的同志，要与项目投资方好好地研究一下今年的打算，一块打打谱气，梳理一下存在的问题，一个一个地彻底解决。要同步抓好大中型企业的包靠工作，认真研究企业运行中的问题，全力帮助企业解难题、渡难关，确保企业健康运行。

**四、要举全县之力抓好“五城同创”工作。**今年，我们确定了争创全国文明县城、全国绿化模范县、国家园林县城、全国义务教育发展基本均衡县、省级生态县五项目标，这其中有四个国家级的，都很有分量，都对昌乐的发展有着深远的影响，我们必须全力以赴，确保成功创建。前期，全国文明县城复审已经结束，结果还没公布，通过了解情况看，问题不大，但需要整改的问题还不少，决不能掉以轻心，必须跟上工作，直到最终确定。创建全国绿化模范县工作，春节前已经召开了专门的推进会议，6月份左右省里要来初审。创建国家园林县城工作，9月份前后要抽查验收。创建全国义务教育发展基本均衡县工作，初步定于3月份来验收。创建省级生态县工作目前还不明确，很有可能上半年也来审查，要借着这个机会，把“三托管”工作再提升一个档次，真正让村里都达到“六化”标准。这几项争创工作，分管的同志要搞好调度推进，自紧自、争主动，加强与上级的对接，把工作做到前头去。各镇（街、区）和各级各部门都要搞好配合，服从调度和协调，齐心协力抓好创建工作，确保实现“五城同创”大丰收。我们实施“五城同创”，不是弄虚的、搞形式，也不是为了创建而创建，目的是让老百姓得到真正的实惠，更重要的是激发全县上下的创先争优意识，鼓舞干事创业的士气，展示良好的精神风貌，借势借力推进各项工作再上新水平。各级各部门、广大党员干部都要有强烈的荣誉意识、责任意识，为荣誉而干、为责任而战，齐心协力推动整体工作更上一层楼。

**五、要不折不扣抓好工作落实。**一分部署，九分落实。今年的重点工作已经非常明确，关键是抓好落实。现在，有的同志存在抓落实点子不多、办法不多、招数不多的现象，遇到问题不是先想办法、迎难而上，而是先畏难发愁、找客观理由。广大领导干部要把解决问题当作一件快乐的事情来对待，在解决问题中增强成就感。要勤研究思考，多想办法措施，善于调动各方面的积极性，努力解决好分管领域的问题，借势借力推动工作落实。要发挥好带头作用，既要抓落实，更要带头落实，确保县委、县政府的部署不折不扣地落到实处。抓落实要实实在在、实事求是，有什么问题就解决什么问题，有喜报喜、有忧报忧，坚决杜绝只报喜不报忧，耽误解决问题的最佳时机，贻误发展。要搞一次“抓落实、回头看”活动，把安排部署的任务从头到尾梳理一下，一项一项列出来，看看是不是都落实了，确保每一项工作都有部署、有推进、有督查、有落实，决不能让安排等同于落实，只有部署没有回音，光开花不结果。要继续解放思想，积极创新办法，明确“法无授权不可为”和“法定职责必须为”的关系，弄明白哪些是“不可为”的、哪些是“必须为”的，在可为的范围内想办法、找出路，大胆探索、勇于创新，以改革的气魄、创新的思路抓好工作落实，开辟新的出路和空间。要加强学习研究，既要学习政策理论，更要学习业务和解决问题的办法，在实践中不断提升思想境界和品位，提高解决问题、推进发展、驾驭全局的能力。尤其是随着改革的不断深化，经济发展进入新常态，发展中会出现许多新问题、新情况，上级会陆续出台一些新政策，我们必须及时跟上学习研究，搞好与实际的衔接，既不要脱节，更不能偏离了方向，更好地领导昌乐的建设与发展。会后，分管的同志要组织发改等有关部门梳理一下上级在经济、金融、农业、科技、创业等方面的政策，印制成小册子，分发到分管领导、县直部门和镇街干部以及广大群众中，让大家对上级的有关政策都有所了解和把握，更加主动自觉地创新、创业、创造。

同志们，新的一年已经开始，希望大家以新的姿态、新的干劲，努力干出新的业绩、取得新的成效，用我们的实际行动，带动全县上下齐心协力推进建设“三个昌乐”的奋斗目标早日实现。

## 张新强<br>在全县经济工作会议上的讲话

（2015 年 3 月 6 日）

这次会议的主要任务是，全面贯彻落实中央和省、市经济工作会议等一系列会议精神，动员全县上下积极适应新常态，坚定不移推进转型升级，着力发现和培育新的经济增长点，鼓励大众创业、万众创新，全力保持经济稳定增长，努力在更高水平上建设富强昌乐、生态昌乐、幸福昌乐。刚才，我们表彰了 2014 年度的先进单位和个人。希望全县上下、各行各业，学先进、争先进，以改革创新、拼搏实干的精神，推动经济社会持续健康发展。待会，几个单位还要表态发言，要抓好落实、见到实效。

刚刚过去的一年，面对严峻的经济形势、艰巨的发展任务，我们在中央和省、市的正确领导下，深入学习贯彻党的十八大和十八届三中、四中全会，以及习近平总书记系列重要讲话精神，扎实开展党的群众路线教育实践活动，全面深化改革，积极凝聚各方智慧和力量，突破了一些长期困扰的难题，化解了一些多年积累的矛盾，“三个昌乐”建设取得新成效，经济运行健康平稳，社会事业繁荣进步，广大群众安居乐业，得到了上级党委、政府的充分肯定和广大群众的高度认可。在去年全市科学发展群众满意度测评中，取得了第 2 名的好成绩。

2014 年，全县完成地区生产总值 260.7 亿元，增长 9.1%；公共财政预算收入首次突破 20 亿元大关，达到 20.2 亿元，增长 12.3%，财税收入考核居潍坊市第 4 名；完成固定资产投资 259.3 亿元，增长 15.7%；农民人均纯收入 14575 元，年均增长 14.4%。特别是按照“腾笼换鸟、凤凰涅槃”的思路加快转型升级，发展质量和效益大幅提升，5 家企业主营业务收入过 50 亿元，其中潍焦集团主营业务收入超过 100 亿元，规模以上工业企业主营业务收入达到 890.2 亿元，高新技术产业产值占比达到 23%。第三产业增加值占地区生产总值的比重提高了 1.6 个百分点。其他各项工作也都实现了新发展、新突破，先后有国防动员和民兵预备役、干部力量下沉等十多项工作得到上级领导的肯定。

最重要的是，几年的发展实践证明，建设“三个昌乐”的思路举措完全符合中央和省、市部署要求，而且已经深入人心，成为全县上下共同的奋斗目标。春节期间，在与社会各界的接触中，大家都对昌乐的发展给予高度评价和充分肯定，都对昌乐今后更好、更快、更高、更强地发展寄予厚望。一致认为，只要坚持不懈地抓下去，建设“三个昌乐”的奋斗目标就一定能够实现。

奋斗充满艰辛，成绩来之不易。取得这样的成绩，是中央和省、市正确领导的结果，是全县上下全力以赴、一以贯之推进“三个昌乐”建设的结果，是社会各界积极参与、大力支持的结果。在此，我代表县委、县政府，向全县广大干部群众，向所有关心支持昌乐发展的社会各界人士，表示崇高的敬意和衷心的感谢!

当然，我们也应当看到工作中存在的一些问题，主要是经济下行压力仍然很大，推进转型升级的任务更加艰巨；生态治理成果还不稳固，仍然需要下大功夫；部分党员干部法治意识比较淡薄，推进部署落实不到位，工作作风需要进一步改进，等等。对此，我们必须高度重视，采取有效措施彻底加以解决。

今年，是全面深化改革的关键之年，是全面推进法治昌乐建设的开局之年，也是全面完成“十二五”规划的收官之年。总的指导思想是：主动适应经济发展新常态，坚定不移转方式调结构，加快推进新型城镇化，积极发现和培育新的经济增长点，鼓励大众创业、万众创新，保障改善民生，协调推进全面建成小康社会、全面深化改革、全面依法治县、全面从严治党，保持经济平稳健康发展、社会和谐稳定，加快建设更高水平的“三个昌乐”。主要预期目标是：地区生产总值增长8.5%；公共财政预算收入增长10.5%；固定资产投资增长15%；规模以上工业增加值增长9%。其他各项工作要继续创先争优，确保走在全市前列。要完成各项任务目标，需要全县上下把思想和行动高度统一到县委、县政府的部署上来，心往一处想、劲往一处使、拧成一股绳，努力在新起点上实现新作为、大发展。做好今年的工作，需要把握好以下几点：

**一、加快产业转型升级，努力推动经济可持续发展**

这是经济工作的主线，必须坚定不移、持续推进，重点加快新型工业和现代农业的转型升级。

*新型工业方面，要着力培植主导产业，扶持重点企业，加快向高端攀升。*一要围绕“2121”主导产业精准发力。坚持“工业立县、工业强县”不动摇，紧紧抓住装备制造、黄金珠宝加工交易两个千亿级产业和新能源汽车一个500亿级产业，造纸包装、精细化工两个300亿级产业和食品加工一个100亿级产业不放松，加快向高端化、服务化、精细化和品牌化“四化”转型，力争5年左右的时间实现这一目标。

二要集中力量推进企业发展。要按照“抓骨干、促成长、扶小微”的思路，筛选20家骨干企业、80家成长型企业、100家小微企业重点培植，切实增强经济支撑力。要加快制定推进工业发展的意见，集中各种资源，以实实在在的措施推动企业做大做强。要积极拓宽融资渠道，加快企业上市步伐，年内再有两家企业在场外市场挂牌，一家企业的上市材料上报证监会。

三要大力实施创新驱动战略。发挥企业创新主体作用，积极引进高端人才，加快创新成果转化。去年，全县新增专利授权290件，发布科技成果190多项，要把这些成果真正利用起来，尽快实现产业化，切实发挥出最大的经济效益。

*现代农业方面，要着力深化农业改革，创新发展模式，激发“三农”活力。*坚持以市场化的理念、工业化的办法，搞好品牌建设，推进现代农业接二产、连三产，“接二连三”、融合发展。

一要优化产业结构，让农业强起来。大力提升西瓜产业，发展火山特色农业，完善“一主多元”的现代农业体系。要加快西瓜科技示范园建设，完善“育、繁、推”体系，真正把西瓜产业打造成富民产业。要做好火山特色农业的宣传，打造独一无二的特色品牌农业。特别是要大力推行“党支部+合作社”模式，年内实现全覆盖。积极引进工商资本发展现代农业，创新“党支部+合作社+企业”模式，多种渠道增加群众和集体收入。

二要创新农业经营体系，让农业活起来。要全面做好全国积极发展农民股份合作赋予农民对集体资产股份权能改革试点，带动提升农业、农村各项工作。要实施好“3个100”工程，着力打造100家农民专业合作社示范社，培植100处种植养殖示范园区，扶持100名创业发展带头人，以典型撬动“三农”活力。要大力发展“电商农业”，推广庵上胡的做法，用好金鹏商城电子平台，实现农业电子商务化。

三要促进农民持续增收，让农民富起来。要积极推进土地流转，引导农村富余劳动力向二三产业有序转移，增加农民的工资性收入。要切实发挥好职业农民讲习所作用，培育更多懂技术、会管理的“白领”农民，把昌乐打造成新型职业农民输出基地。

推进转型升级，要做好淘汰落后产能的“减法”，更要做好新上项目的“加法”，必须抓住招商引资不放松。要转变招商方式，积极做好招才引智、招院引所等工作，实施“投资昌乐”工程，开展“集中招商月”活动，引导外资和社会资金参与产业转型和区域发展。要抓好大项目建设，筛选重点项目，落实好包靠制度，强化金融支持，集中力量推进。

**二、积极发现培育新的经济增长点，全力推进高质高效发展**

要在增强新型工业、现代农业支撑力的基础上，大力发展健康养老、现代教育、现代物流、文化旅游、总部经济和智能制造六大战略性新兴产业，培植新的“动力源”，增强发展新动能，努力打造全国一流的健康养老产业基地、现代教育名城和特色旅游名县。

一要制定好产业发展规划。积极对接国家产业政策要求，准确把握发展导向，一个产业一个产业的研究发展规划，明确今年干什么，明年发展到什么水平，三五年达到什么目标。哪些工作需要企业做，哪些工作需要县里做，哪些工作需要镇（街、区）做，都要研究明白，打出“提前量”。要积极学习借鉴外地先进做法，定出我们的推进措施，确保规划科学合理，政策有吸引力又不违背上级规定。

二要把握好产业发展的原则。健康养老产业，要全部推向市场，政府花钱买服务。同时，积极推进公立医院改革，镇街卫生院全部改制，规划建设新的人民医院，不断提高群众医疗健康水平。现代教育产业，要按照全国义务教育发展基本均衡县的标准要求，加快现有学校资源的整合，推进学校向城区、镇区和社区集中，一两年内全部达到国家标准。积极引进社会资金发展民校，特别是大型企业，要积极投资办学校，也可投资办医院，推进我县教育卫生事业健康发展。现代物流产业，要以“三区”建设物流园为依托，积极搞好铁路专线建设，全力打造区域性货物集散中心。文化旅游产业，要深入挖掘古火山、蓝宝石“两大特色资源”，打好国家自然遗产、国家地质公园“两大优势品牌”，用好高端媒体、互联网络、动车“三大宣传平台”，开展线上线下营销活动，把昌乐的特色旅游推向全国、全世界。总部经济产业，要以企业总部基地公园为依托，坚持硬件建设与软件配套同步，发挥国际商会的作用，积极引进更多的企业总部落户昌乐。智能制造产业，这一产业是我们在原来五大新兴产业的基础上，新增加的一个重中之重的产业。今年，省、市都把发展智能制造产业提到了重要位置，我县在智能制造方面已经破题，像矿机无人飞机发动机、自动化机器人及西水机器人等新技术已经成熟，要扩大规模，实现产业化。要加快智能制造产业园规划建设，落实好有关政策，力争年内引进落户企业5家以上。

除了大力发展六大战略性新兴产业之外，要加快发展电子商务产业，也就是“电商”。发展电商，已成为潮流和趋势，这一产业涵盖了方方面面。虽然现在还处在起步阶段，但已经呈现出“井喷式”的势头，表现出了强大的生命力。前期，省里专门出台意见，计划利用三年左右的时间，在全省重点培育一批电商示范村、电商示范企业和示范平台。据不完全统计，全县已注册电商600多家，要尽快完善电子商务发展的意见，加快特色中国・昌乐馆等平台建设，发挥我县特色产业优势、品牌优势和中国宝石城的平台优势，搞好电商人才培训，提高电商的质量与效益，壮大电子商务产业实力。

三要发挥好项目支撑和基金撬动作用。每一个产业，都确立了重点项目，当务之急是加快九龙湖改造暨新型社区建设、大德・国际医疗中心、企业总部基地公园等“十个一”工程建设，包靠项目的县级领导同志要加强调度推进，以重点项目带促产业发展。县委、县政府决定拿出6000万元作为六大战略性新兴产业的启动扶持基金，每个产业1000万元，发挥抛砖引玉、“四两拨千斤”的作用。各企业要抢抓机遇，积极投资新兴产业，努力把这些产业培植成新的增长点。

**三、鼓励大众创业、万众创新，加速推进全民自主创业发展**

要把大众创业作为今后的一项重点工作来抓，激发社会资本活力，增强发展内动力。从去年开始，我们推进工商注册便利化改革，极大地激发了大众的创业热情，全县新增登记业户1.2万多户。尤其是现在，全县经济秩序稳定，金融生态在全市是最好的，营造了创业发展的大好形势。因此，我们一定要保护好广大群众的创业热情，利用好当前有利的发展环境，因势利导，发动和引导更多的群众自主创业。

推进大众创业、万众创新，需要把握市场导向，更需要政府服务。我们将成立大众创业指导服务中心，摸清大众创业底数，搞好创业培训，协调解决好资金、场所等方面的问题，帮助创业者安全度过“种子期”“初创期”。各级各部门对创业者不仅要“扶上马”，还要“送一程”，依托创业孵化器、培训基地，建立集政策指导、信息发布、项目推介等于一体的创业服务平台，为创业者提供“一站式”服务。要制定支持大众创业的政策，抓好已出台政策的落实，提高服务效率，让更多的“创客”成功创业。要加大宣传力度，倡导鼓励创业、支持创业、投身创业的社会风尚，营造崇尚创造、褒奖成功、宽容失败的社会环境。各企业也要增强社会责任意识，提升发展境界，利用企业的广阔平台，培养和输送更多的想创业、能创业、会创业的优秀人才，把企业打造成创业人才的摇篮，为推动大众创业、经济发展做出更大的贡献。

创业需要勤劳，创新需要智慧。我不止一次地讲，昌乐的广大群众勤劳、智慧，具备创业创新的基因，而且有创业创新的优良传统。希望全县广大群众积极投身创业大潮，人人都创业、家家都挣钱，努力在创业中创造发展的机会，在创业中推动“三个昌乐”建设。

**四、全面搞好农村新型社区建设，深入推进城乡一体发展**

建设农村新型社区是新型城镇化的切入点和突破口，也是最大的增长点，一头连着工业化，一头连着农业现代化。建设农村新型社区是我们工作的重中之重，更是基层工作的“牛鼻子”，抓了社区就等于抓了经济发展，就等于抓了社会事业，就等于抓了党建，就等于抓了稳定。要以新型社区建设为统领，创新服务型党组织，推进干部力量下沉，打通联系服务群众“最后一公里”、依法治理“最后一公里”，推动“四化”同步发展。

*一方面，要抓好社区建设和功能完善。*今年，县委、县政府要求每个镇（街、区）都要新开工建设一个社区，所有已确定规划的社区要先着手建设社区服务中心，县里将给予扶持。要完善提升社区规划，突出抓好社区服务中心、医疗中心、教育中心、警务中心、娱乐中心、商业中心“六大中心”建设，完善社区功能，为实体化运行打好硬件基础。要把握好上级有关政策，整合引导各类资源向社区倾斜。特别是道路、学校、卫生院等设施的建设，都要以社区为平台，合理规划布局，确保既能为群众发挥最大便利，又不重复建设、浪费资源。要进村入户抓好社区规划的宣传，引导群众参与社区的规划和建设，确保社区规划家喻户晓，人人明白。我们的原则就是坚持以人为本、因地制宜，不搞大呼隆、一刀切、一锅煮，一座楼一座楼地建、一户一户地搬，积极稳妥推进。在城中村改造中也是这样，我们提出了整体规划、分片推进，成熟一片、建设一片，就是将一个城中村分为几个片区，一个片区中有一户不同意，就不能拆迁建设。每一个片区选出一名代表，以村为单位成立建设委员会或建设领导小组，在街道党工委的领导下推进工作，确保每一位群众都满意，让群众主动自愿地到社区居住。

*另一方面，要高质量推进社区实体化运行。*重点是以社区为平台推进干部力量下沉，这方面我们已趟出了路子，创出了经验，但从了解的情况看，还存在一些问题，主要是有的同志没有从思想深处认识到干部力量下沉的重要性，认为是“一阵风”，有应付思想；有的工作不深入、欠扎实，底子不清、方向不明，创造性开展工作不够；有的吃住、工作、服务“三在”社区落实得不到位，存在“走读”现象。推进干部力量下沉，是今后工作的常态，我们必须持之以恒地抓下去，只能加强，不能削弱。要不折不扣地落实好“三四三”工作机制，不光镇街干部“三在”社区，镇（街、区）党（工）委书记、镇长（主任）也要拿出80%的时间到社区开展工作。社区建设是“一把手”工程，镇（街、区）党（工）委书记要亲自抓，挂职副书记要靠上抓、专职抓，确保干出成效。要运用好对挂职副书记的考核结果，工作成效明显的就留用，不明显的一律调整。要树立从基层来、到基层去的用人导向，鼓励更多的年轻干部到基层干事创业、锻炼成长，县直部门选人用人要从基层考选，给基层干部创造更多进城、进县直部门单位的机会，形成更具人性化、更加灵活的干部流动机制。要围绕建设服务型党组织，创新社区组织设置模式，社区全部按规定成立居委会，并设立党委或党总支，构建起科学合理的组织架构，为社区运行提供强有力的组织保障。

要加快推进小城镇和县城区提质发展、内涵发展。小城镇建设，要抓好红河镇、鄌郚镇全国重点镇、“全省百镇建设示范行动”示范镇建设，借势借力提升城镇发展水平。要坚持量力而行，完善城镇基础设施配套，增强镇域综合实力和承载力，把小城镇打造成“小城市”。县城区，要加快推进首阳山省级旅游度假区开发建设，加快与潍坊中心城区相向发展，积极融入中心城市群，实现资源共享。要狠抓城市管理，推进“智慧昌乐”建设，打造文明、有序的城市环境。

**五、举全县之力抓好“五城同创”，扎实推进和谐稳定发展**

今年，我们确定了全国文明县城、全国绿化模范县、国家园林县城、全国义务教育发展基本均衡县、省级生态县“五城同创”的目标，这五项工作都对昌乐的发展有着深远的影响，都与民生息息相关。各级各部门要以“五城同创”为抓手，激发全县上下创先争优的意识，鼓舞干事创业的士气，推动各项工作再上新水平。

*一要以更大的力度抓好生态文明建设。*新的《环保法》今年开始实施，这是一部“长牙齿”的法律，被称为史上最严的环保法，各级一定要好好把握，真正从思想上重视起来，强化底线思维，在具体的工作和行动中抓好落实。广大企业要深入系统地学习研究，懂法守法，切实增强行动自觉，坚决消除侥幸心理，坚决不能打“擦边球”，决不允许碰“高压线”。作为企业家，一定要强化社会公德和职业道德意识，既要坚定不移推进企业转型发展，更要自觉搞好环境保护，决不能干违法的事情。特别是人大代表和政协委员企业家，要做到“有语有为”，真正发挥好模范带头作用。要巩固好“386”环保行动成果，坚决淘汰落后产能，抓好技术改造升级，从根本上消除污染源。要继续提升“三托管”和城乡环卫一体化水平，加快垃圾无害化循环利用项目、垃圾处理场建设，确保农村生产生活垃圾日产日清日处理。要加大植树造林力度，坚决完成确定的目标任务，努力打造优美宜居的生活环境。

*二要以更大的力度保障和改善民生。*要继续加大民生投入，推进发展成果共享，让群众有更多的获得感。要抓好中小学校舍改造、垃圾无害化循环利用等10件惠民实事落实。要抓好流泉街西拓、昌五路改线等路网建设，加快实施引黄（江）入昌工程，确保如期完成。要抓好医保体制改革、低保提标等工作，不断提高保障水平。要持之以恒抓好计生工作，确保人口健康均衡发展。

*三要以更大的力度维护社会稳定。*要加快建设“智慧社区”，提升社会治理科学化水平。要依法妥善处理信访工作，引导群众通过法律途径解决合理诉求。要以高度负责的态度抓安全，持续强化“红线意识”和“底线思维”，把责任落实到岗位、落实到人，确保工作一抓到底，坚决杜绝安全生产责任事故。

**六、加强党对经济工作的领导，以过硬的作风狠抓落实**

一分部署，九分落实。做好今年的工作，关键在实干，根本在落实。要把落实作为核心来抓，保障各项部署落到实处、任务目标圆满完成。

*一要解放思想。*要明确“法无授权不可为”和“法定职责必须为”的关系，在可为的范围内想办法、找出路，大胆探索、勇于创新，努力开辟新的出路和空间。要加强学习研究，重点是学习好业务知识，准确把握经济发展新常态的基本特征。要认真研究解决问题的办法，提高领导经济工作的法治化、专业化水平，增强解决问题、推进发展、驾驭全局的能力。

*二要提高效率。*要强化执行力建设，提高工作效率，立说立行，主动落实，坚决杜绝“前紧后松”“不推不动”现象。要在提速提效中推进工作落实，在全县开展一次“抓落实、回头看”活动，把安排部署的任务从头到尾梳理一下，一项一项列出来，确保每一项工作都有部署、有推进、有督查、有落实，做到全力抓落实、全员抓落实、全程抓落实。

*三要真抓实干。*抓工作核心在实，关键靠干。各级领导干部要亲力亲为，甩开膀子领着干，不能当甩手掌柜一边看。要持之以恒践行群众路线，一级带着一级干，以我们的拼搏实干带动全县上下大干快干。要在实干中培养干部、使用干部，真正让实干、苦干、干出成绩的干部有地位、有尊严、受尊重。

*四要敢于担当。*责任比能力更重要。干部之间最大的差别不在能力，而在于是否具有强烈的责任意识，是否具备敢于担当的精神，越是困难多，越需要我们勇敢站出来、顶上去。当前，我们正处在建设“三个昌乐”的关键时期，要大力弘扬敢“啃硬骨头”、敢“打硬仗”的精神，始终保持强烈的激情、责任心和事业心，努力推动各项工作争先进、创一流。

同志们，新常态前景广阔，新目标催人奋进。让我们紧密团结在以习近平同志为总书记的党中央周围，坚定信心，攻坚克难，努力完成各项目标任务，为加快建设“三个昌乐”做出新的更大的贡献。

# 张新强
# 在全县民兵预备役工作暨镇（街、区）党（工）委书记党管武装工作述职会议上的讲话

（2015 年 4 月 30 日）

这次会议，主要是全面贯彻落实党的十八大、十八届三中、四中全会和习近平总书记系列重要讲话精神，以及中央和省、市有关要求，总结工作、部署任务，动员大家进一步强化党管武装观念，更加扎实地做好民兵预备役工作，为在更高水平上建设"三个昌乐"提供坚强保障。今天，郇参谋长在百忙之中出席会议，这是对我们工作的关心和支持。等会儿，郇参谋长还要作指示，各级各部门要认真抓好贯彻落实。刚才，两位同志作了口头述职，镇街区的其他同志作了书面述职，张立俊部长代表县人武部作了报告。总的感到，几位同志总结成绩实事求是、查摆问题准确到位、改进措施科学有效。下步，关键是抓好落实、见到成效。

过去的一年，在中央和省、市委的坚强领导和潍坊军分区的正确指导下，军地各级积极主动、有效作为，抓改革、促发展，抓武装、促融合，经济社会发展和国防后备力量建设呈现出互促共进、协调推进的良好态势。2014 年，全县完成地区生产总值 260.7 亿元、增长 9.1%，公共财政预算收入达到 20.2 亿元，首次突破 20 亿元大关，增长 12.3%，完成固定资产投资 259.3 亿元、增长 15.7%。在 2014 年度潍坊市科学发展综合考核中，我县获得全市第二名的好成绩。我们坚持抓发展不忘强武装，党管武装、民兵预备役等工作，同样取得了显著成绩。去年，我们为济南军区国动委第八次全体会议暨国防动员实战化建设会议提供了好的观摩现场，得到了中央军委领导的高度肯定，济南军区、省军区领导也分别给予肯定性批示。在经济发展普遍下行、改革任务十分艰巨的情况下，我们能够取得这样的成绩，是很不容易的。这是中央和省、市委正确领导以及潍坊军分区大力支持的结果，是全县上下共同努力的结果，其中也凝聚了广大驻昌官兵、民兵预备役人员的辛勤汗水。在此，我代表县委、县政府，向大家表示衷心的感谢！

今年是全面贯彻新形势下军事战略方针和全军政治工作会议精神、持续形成作风建设新常态的关键一年，各级要认真学习习近平总书记关于国防和军队建设的一系列重要论述，深入贯彻落实党中央和中央军委的部署要求，统筹推进经济建设和武装工作协调发展，不断开创军民深度融合发展的新局面。下面，就做好今年的党管武装和民兵预备役工作，我讲几点意见。

**一、牢牢把握党管武装和依法治军、从严治军目标不动摇**

党的十八届四中全会把依法治军、从严治军上升为党的意志，纳入法治中国建设的总布局。这一重大部署为党管武装工作指明了方向，我们必须准确把握，以此来指导工作。

一要强化作风建设。要进一步巩固党的群众路线教育实践活动成果，扎实搞好"三严三实"专题教育整顿，推动党管武装工作干在实处、走在前列。要深入基层广泛调研，围绕民兵组织整顿、兵役登记等重点工作任务征求意见建议，真正把群众对武装工作的需要和期盼了解清楚，进一步改进联系服务群众方式，密切军政、军民关系，为推动武装工作开展提供坚强保证。

二要强化理论学习。要组织广大民兵预备役人员认真学习领会党的十八大和十八届三中、四中全会精神，以及习近平总书记关于国防和军队建设的重要论述，不断夯实思想政治基础。要有针对性地进行坚定理想信念、履行职能任务的思想教育，把强军目标贯彻到建设全过程、各领域，强化民兵预备役人员强军兴武的思想观念、能力素质和行动自觉，确保民兵预备役队伍思想纯洁、政治可靠。

三要强化法治保障。要深刻认识依法治军的内涵，善于运用法治思维和法治方式解决矛盾问题，切实把党管武装工作纳入法治化轨道，提高武装工作的法治化水平。要强化法治信仰和法治思维，形成"党委依法决策、机关依法指导、部队依法行动、官兵依法履职"的良好局面。

**二、以强有力的措施提升民兵预备役队伍的战斗力**

要积极适应新形势下军事战略方针对党管武装工作提出的新要求，特别是按照潍坊市委、市政府和潍坊军分区《关于支持保障部队"打胜仗"的决

定》，牢固树立战斗力这个根本标准，开展多样化的训练活动，着力提高军事训练实战化水平，提高遂行任务能力。

要利用好济南军区“国动委”第八次全体会议成果，突出抓好军地联合应急和上级要求的军事训练任务，扎实开展民兵组织整顿活动，夯实民兵组织基础。县人武部要科学制定训练计划，组织专武干部、民兵信息员集训和应急分队拉动演练，提高训练质量和水平。

要统筹抓好专武干部、民兵干部队伍建设，按照落实基本教育、建强基本队伍、完善基本制度、配套基本设施“四个基本”的要求，全力打造一支懂武装、爱武装、强武装的骨干队伍。要搞好专武干部的选拔、配备、考核与管理，完善激励机制，进一步激发专武干部的工作动力。要切实抓好民兵转型建设，强化针对性训练，全力打造平时服务、急时应急、战时应战的过硬队伍，确保关键时刻拉得出、冲得上。

**三、以强大的合力深入推动军民融合发展**

*一要把国防后备力量建设纳入经济社会发展全局。*3月12日，习近平总书记在出席十二届全国人大三次会议解放军代表团全体会议时强调，要把军民融合发展上升为国家战略。各级各部门要有新的认识，把党管武装工作纳入重要议事日程，纳入经济社会发展统一规划，纳入党政领导班子任期目标责任考核，切实做到抓经济不忘固国防、搞建设不忘兴武装、居平安不忘强战备，形成党管武装的强大合力。

*二要进一步加大支持保障力度。*要积极主动地为武装工作办实事、解难事，对军事机关提出的需求做到特事特办、急事急办、难事快办。特别是大力弘扬拥军优属、拥政爱民的光荣传统，多办稳军心、暖民心、聚人心的实事、好事，真正让现役军人后顾无忧、让军人亲属感到自豪、让参军报国无上光荣。

*三要在融合发展中履职尽责。*要加强对武装工作的指导，真正把武装工作放在心上、抓在手中、干在实处，积极调动班子成员抓好武装工作，进一步动员和组织社会各方面力量支持国防后备力量建设，形成军地齐抓共管、协调发展的良好局面。民兵预备役人员要增强政治责任感和使命感，充分发挥自身优势，积极投身“三个昌乐”建设，带头参与新型社区建设、生态文明建设，全力维护社会和谐稳定，在推进经济社会发展中当先锋、做表率，贡献力量，创造价值。

**四、始终坚持党对民兵预备役的绝对领导**

民兵预备役作为我国武装力量的重要组成部分，必须始终置于党的绝对领导之下。要以习近平总书记讲话精神为指引，引导全县武装工作力量在思想上、政治上、行动上同中央保持高度一致，确保武装工作的正确方向。要积极适应党建工作新形势，创新政治工作的思维理念、运行模式和方法手段，确保党的理论进入官兵思想、在基层落地生根。要完善党委议军、党管武装工作述职等制度，坚持定期议军、现场办公、双向兼职、过军事日等制度，以有效的制度机制推进党管武装工作开展。要加大对党管武装工作的检查督促力度，真正做到议军例会不走过场，定期办公不例行公事，双向兼职不挂虚衔，开展活动不流于形式，不断提升党管武装和民兵预备役工作规范化、科学化水平。

同志们，做好新形势下的党管武装工作，使命光荣、责任重大。我们要更加紧密地团结在以习近平同志为总书记的党中央周围，振奋精神、狠抓落实，不断开创我县党管武装和民兵预备役工作新局面，全力推进建设“三个昌乐”的奋斗目标早日实现。

## 张新强<br>在赴高密市考察学习<br>结束时的讲话提纲

（2015年5月13日）

利用今天上午的时间，我们组织县四大班子主要领导和分管领导同志、23家企业主要负责人，镇（街、区）党（工）委书记以及县直有关部门主要负责人，一起到高密参观了几家企业，学习了他们在工业经济转型发展方面的先进经验和做法。考察学习的目的主要有两个：一是进一步解放思想、转变观念。在当前形势下，看看高密为什么发展得这么快，他们的企业为什么发展得这么好。根本原因是他们在转调创这场攻坚战中，抓得早、抓得好，争取了主动、发挥了作用。二是提振精神、坚定信心。同样是潍坊市的企业，环境是一样的，高密这几个企业能做得这么好，就是因为他们面对疲软的市场和经济下行形势时，信心足，敢投入。所以，我们也一定要坚定信心，脚踏实地、持续用力，全力加快转调创。

通过考察学习，总结他们在推动工业经济转型升级方面的做法，我认为有以下几个特点：**一是以开放带动产业转型升级。**这是高密企业转型升级最突出的特点。他们把“扩大开放”作为理念引领，积极引导企业面向国内外、联姻大企业，参与国际分工、扩大国际合作，形成了“扩大开放、外向带动”的工作格局。目前，有10多家企业与40多家世界500强、行业领军企业建立了深度合作关系，进入了国际高端市场，解决了企业急需的资金、技术、管理问题，促进了企业治理结构、运营模式的创新提升。像我们今天看的豪迈集团，与20多家世界500强企业建立了合作关系，成为全球产能最大、品种最全的轮胎模具制造商；永和精密金属公司的精密铸造技术位居国内行业之首，为康明斯、普利司通等世界知名的发动机制造商提供配件，产品90%以上出口国际市场。在引进外资和技术的同时，不少企业积极走出去，到国外投资建厂，在境外设立了30余处生产基地和研发、营销机构，为企业转型升级注入了新的动力。

**二是以创新驱动企业转型升级。**他们连续三年开展了“百家企业提升行动”，先后实施技改项目800多个，60%以上的骨干企业引进了先进设备。在技术和产品研发方面，累计投入达到了22亿元，开发高端产品120多个。像豪迈集团，投资6亿元新上的高等级子午线轮胎模具项目，是企业自主研发的高新技术产品，2014年产值就突破了6亿元，今年有望超过10亿元。在管理方面，他们还推广豪迈“团队文化”等先进理念，创新开展“扁平化管理”、“二次股改”等工作，有效激发了企业发展活力。

**三是发展成效大、质量高。**高密市经济外向度达到了23%，近五年进出口总额年增幅都在12%以上。今年第一季度，规模以上工业企业主营业务收入467亿元、增长11%，增加值增长10.7%，利税和利润总额分别为39亿元、26亿元，这几项指标都居各县市区第二位。另外重点调度的47家大中型企业利润、利税增幅分别为20.7%和15.8%，发展势头非常猛。他们企业井然有序的管理和奋发向上的氛围，也给我留下了深刻的印象。

通过这次考察学习，不仅让我们学到了高密的成功经验，也看到了我们自身的差距和不足，尤其在推动企业转型发展上，有的同志标准境界不高，思路不开阔，缺少敢想敢干的劲头，不少大中型企业面临传统产业效益下滑，新上项目推进慢、见效慢，上新、创新力度减小等一系列问题。希望大家虚心学习借鉴高密企业的经验做法，认真研究，精心谋划，确保在推动工业经济转型升级方面有新作为、有新突破、有新成效。当然，我县的一些企业也正在积极转调创，像英轩集团由生产柠檬酸转向机械制造与研发；阳光纸业由生产原纸转向概念包装，通过“互联网+”整合优势资源提供制造服务；矿机集团由生产矿山机械转向无人飞机、机器人，发展智能制造业；潍焦集团由原来生产焦炭转向精细化工；铭基中慧由白条鸡转向熟食加工，今年计划投资5亿元，建设高端生态餐厅，转向新业态，等等，这些都是转调创的典型。

4月28日，在全市经济形势分析会议上，杜昌文书记指出，当前，全市经济正在步入内涵式、效益型、可持续发展的轨道，要坚持以“转”促“进”，通过创新驱动、改革带动、开放拉动、环保推动“四轮联动”，加快转方式调结构，培育新的增长点。创新驱动关键是把着力点放在推动产业转型升级上；改革带动就是紧扣影响转型发展的重点问题重点突破，激发发展活力和动力；开放拉动就是抓住国际市场深度调整和“一带一路”战略实施的重大机遇，加快全球布局，更大力度“走出去”，更高质量“引进来”，以开放促转型促发展；环保推动就是发挥环境约束的倒逼作用，推动产业优化升级，把节能环保产业打造成新的增长点。

从我县今年一季度的经济运行情况来看，一季度，我县在全市处于中游水平，全县实现地区生产总值68.7亿元，增长8%；实现公共财政预算收入4.3亿元，增长9.9%；完成固定资产投资38.2亿元，增长14.6%。工业经济运行平稳，全县规模以上工业企业完成总产值189.7亿元，增长11.6%；实现主营业务收入187.6亿元，增长9.4%；实现利润5.4亿元，增长5%；实现利税8.6亿元，下降3.1%，但降幅明显收窄，1—2月份下降7.3%。重点骨干企业企稳回升势头明显，

21家行业重点企业完成工业总产值127.6亿元，增长13.1%；主营业务收入124.9亿元，增长9.9%；利润3.9亿元，增长20.9%。工业产品市场形势进一步好转，规模以上工业产品销售率99.4%，高于全市2.2个百分点。工业转型步伐加快，全县开工工业技改项目35个，实际完成投资9.2亿元，增长11%。

前段时间，杜书记对全市经济运行情况签批了意见，要求刘曙光市长对滑出底线的县、市、区进行调度，直接约谈主要领导，属于懒政、不担当、不作为的要严以追责，对不会干、不真干、干不成事的要果断进行调整，避免潍坊在这场攻坚战中吃败仗。这件事是非常严肃的，体现了市委领导的心情，也充分说明了经济形势的严峻。我们虽然没有滑出底线，但也要看到，当前经济发展也存在一些困难和问题：一是经济下行压力较大。主要指标增速放缓趋势比较明显，与去年同期相比，地区生产总值增幅下降0.5个百分点，规模以上工业利税增幅下降9.9个百分点，固定资产投资增幅下降2.2个百分点。二是工业效益不高。规模以上工业企业实现利税8.6亿元、下降3.1%；二产提供税收3.6亿元、下降12.9%。三是进出口增幅走低。全县完成进出口总额3亿美元、下降6.9%。其中，出口1.9亿美元、下降7.4%，进口1.1亿美元、下降5.9%。

下一步工作中，我们要按照全市经济形势分析会议精神，坚持“四轮联动”，加快以“转”促“进”，全力培植新的经济增长点，全面增强县域发展后劲。

**一要重点突破六大新兴产业。**前期，县里已经成立了领导小组，出台了相关意见，制定了发展规划，要抓紧开展实质性的工作，配套的创投引导基金要尽快到位。这个基金一定要好好研究，充分发挥出作用，一个产业一个用法，不能千篇一律。当前各方面的政策、资源都非常好，关键是以重点项目为抓手，全力推进六大新兴产业发展，培育起新的增长点。智能制造业，重点是加快智能制造产业园建设，积极引进项目落户园区。5月6日，市委杜昌文书记来我县调研时，对我县的智能制造业、矿机集团的无人飞机和自动化机器人的研发，都给予了充分肯定，但也提出了很高的期望和要求。潍坊目前正在全力打造智能装备制造业基地，我们一定要抓住机遇，加快推进智能制造业发展。特别是矿机集团、西水机器人公司，要认真学习高密相关企业的经验，加强开放与合作，加速企业膨胀，起到示范带头作用。现代教育产业，要全力抓好投资10亿元的省重点项目昌乐二中·美加国际学校、4亿元的昌乐一中·英才实验学校、3亿元的北大·公学国际双语学校等5个项目建设，这是我县打造现代教育名城的基础项目，必须规划好、建设好，争取早日建成投用。健康养老产业，要突出抓好投资50亿元的首阳山高档养老产业功能区、15亿元的省重点项目大德·国际医疗中心等12个项目，加快建设全国一流的健康养老产业基地。文化旅游产业，要全力加快投资110亿元的九龙湖改造、48亿元的潍坊西部娱乐城、14.6亿元的省重点项目远古火山口群文化旅游景区等8个项目建设，打造山东省特色旅游名县。现代物流产业，要重点加快投资50亿元的省重点项目“三区”建设物流园、10.6亿元的鲁供农产品物流港等5个项目建设，以及海关综合监管区、铁路专线建设，建成后年吞吐量达到3000万吨以上。总部经济，要重点加快投资50亿元的企业总部基地公园建设，进一步扩大昌乐商会规模，大力引进高端制造、网络科技、金融、商务、文化创业等企业总部落户，力争建成运行后，年实现销售收入300亿元。

**二要加快“2121”产业转型升级。**“2121”产业是我们县工业的核心，必须强化环保倒逼机制，整合社会资源加速转型，确保高质量稳定增长。一是加快骨干企业转型。要引导企业主动转变经营理念，按照工业4.0的要求，积极利用“互联网+”等新模式，充分发挥云计算、物联网、大数据等作用，加快传统产业转型升级。像阳光概念包装产业园，由卖原纸变成了卖包装、卖概念、卖服务，并利用信息化技术组织外协工厂进行生产，成为“绿色包装整体解决方案”的提供者，实现了生产工艺、运营方式和经营业态上的创新。杜书记在调研时也给予了充分肯定。其他企业也要尽快转变经营理念，创新运营模式，立足自身实际，打造最科学、最高效的工艺生产流程，进一步提升自身竞争力。二是强化对外合作。一个地方的发展能力，就是整合利用要素资源的能力。当前，信息化技术的迅猛发展，为我们整合资源实现社会化生产创造了条件。在座的企业家都是昌乐发展的带头人，要进一步提升境界，自觉克服“小成即满、小富即安”思想，主动加强对外交流，积极开展招商引资，舍得拿出优势资产、品牌资源去搞合作，以自身优势为杠杆，撬动整合社会资源，进一步拓宽企业发展空间。要把招商引资放到重要位置来抓，主动走出去，围绕优势产业转型开展挑商选资。各镇（街、区）各相关部门和企业，要开展好集中招商月活动，点对点外出招商，确保实现大的突破。强调一点，企业既要追求高质量、高效益发展，又要大踏步向前走。要质量和速度两者兼顾，坚持两条腿走路，两条腿都要健康，不能因为过分强调一方而束缚了另一方，特别是不能因为只追求稳和高质量贻误发展时机。三是坚决把好环保关口、守住安全底线。生态环保与安全生产是两条底线，决不容许突破。杜书记来我县调研时讲，昌乐在“386 环保行动”中，决心很大、代价很大，但换来的发展成果很大、质效很好，在全市带了好头，起到了标杆作用，是一面旗帜，在全市科学发展考核中取得了非常好的成绩；在加强环保治污和安全生产整治方面，也涌现出了两个典型，就是潍焦集团和铭基中慧。杜书记对我们这两个方面的工作都给予了充分肯定，但我们决不能有丝毫懈怠，不能存有侥幸心理，更不能沾沾自喜。要继续保持壮士断腕的决心，坚决打好环境保护攻坚战，决不能让污染反弹；要加强安全管理，搞好安全排查整治，逐一列出单子，最大限度消除隐患、预防事故，坚决杜绝责任安全事故发生。特别是主管部门和各镇（街、区），要发挥好监管作用。不论谁在这方面出了问题，都要严厉追责。

**三要积极推进创新创业。**创新能力决定企业的生命力，我们要把创新作为加快经济转型的重要突破口。一是树立创新观念。要强化“创新是发展的内动力和源动力”的观念，大力培育创新文化，以积极的姿态去参与创新，主动寻找创新点，在全社会营造鼓励创新、支持创新的良好氛围。高密的豪迈集团提出“改善就是创新”，这一理念激发了职工的创新热情，值得我们学习。二是积极开展多种形式的创新。重点推进科技研发创新，加大与高等院校、科研院所合作力度，积极引进高端人才，加快院士工作站、企业技术中心、研发中心等建设，全面提升自主创新能力。要大力发展电子商务，实施好“企业融网”工程和“电商企业、电商村”培育工程，加快“特色中国·昌乐馆”电商平台和“庵上湖·优厨房”网上生鲜购物等平台建设，选择 100 家有潜力的电商企业重点扶持，力争年内交易额突破 100 亿元。三是鼓励大众创业。要充分发挥大众创业指导服务中心作用，利用好创业园区和孵化平台，健全完善集政策指导、信息发布、项目推介等于一体的创业服务平台，切实做好创业培训、创业资金和场所等服务工作，以优质的服务调动全县人民的创业积极性，形成人人都创业、家家都挣钱的良好局面。

**四要全力搞好新型社区建设运行。**杜书记在昌乐调研时，充分肯定了我县干部力量下沉、农村新型社区规划建设的思路办法和创新举措。我们要继续坚持以新型社区建设统领农村工作的做法，创新完善服务型党组织，深入实施干部力量下沉，切实打通联系服务群众“最后一公里”、依法治理“最后一公里”，推进“五化”同步发展。一是稳步推进新型社区建设。通过这几次调研我了解到，绝大多数群众都愿意到社区居住。建社区集中居住，有的群众不用拿钱，就能住上楼房，光置换出来的土地钱就够了。昨天，我到营丘的几个村去调研，测算了一下，有的村的群众搬迁后，光腾出土地的收益，就能让群众不拿钱住上 120 平方米的新房，大多数户还能剩下钱。全县 99 个社区，每个社区都可以选择这样的一个村，实施整建制搬迁，起到示范带动作用。所以，我们一定要算明白账，切实做好引导工作，通过规划引领、政策引领、服务引领，把群众引导到社区集中居住，有一户、我们就搬一户，够一座楼、我们就建一座楼，做到充分尊重群众意愿，成熟一个、建设一个，今年各镇（街、区）必须新开工一个新型社区。二是完善社区服务设施。要优化整合各类政府资源，今年要首先完成服务大厅、警务室、卫生室“一厅两室”建设，并充分利用社会资源，加快教育中心、娱乐中心、商业中心建设，增强社区服务功能，全面提升公共服务水平。三是推进干部力量下沉常态化、长效化。健全完善“三四三”工作机制，认真落实为民服务事项即时办理、代为办理、指导办理“三个清单”，这一方面提高了服务水平、方便群众，另一方面，也让社区干部住下来有事可做，真正地住下来。

# 适应从严治党新常态 落实“三严三实”新要求 争做积极干事勇于创新敢于担当的高素质干部

——张新强在“三严三实”专题教育党课上的讲话

(2015 年 5 月 16 日)

根据中央和省、市委的部署，从今年四月底开始，在县处级以上领导干部中开展“三严三实”专题教育。4 月 30 日、5 月 11 日，省委姜异康书记、市委杜昌文书记分别给我们上了党课，大家听后都深受鼓舞和教育。今天这次党课，既是对“三严三实”精神的再学习、再吸收，也是对“三严三实”专题教育的动员部署，标志着我县的“三严三实”专题教育正式启动。

昨天，省委姜异康书记来我县调研，对我们的工作给予了充分肯定，并把我县作为他的联系点，这是省、市两级对我们的肯定和支持，是昌乐莫大的荣誉，这是机遇、也是挑战，是鼓励、更是鞭策，是压力、更是动力。无论对我们的工作，还是对我们党员干部，都提出了更高的标准和要求。各级领导干部要以高度的思想自觉和行动自觉，把这次专题教育开展好，持之以恒加强作风建设，立德修身、干事创业，在各方面提高境界、提高标准、提高要求，以更强烈的激情、责任心、事业心推动富强昌乐、生态昌乐、幸福昌乐建设，确保各项工作走在省、市前列，不辜负群众的期望和各级领导的关心。

下面，我结合平时的学习、思考和实践，就适应从严管党治党新常态，认真践行“三严三实”要求，谈几点认识和体会，与大家共勉。

**一、要站在从严管党治党的战略高度，充分认识开展“三严三实”专题教育的重大意义**

党的十八大以来，以习近平同志为总书记的党中央以作风建设开局起步，扎实开展党的群众路线教育实践活动，强力推进反腐败工作，形成了从严管党治党的新常态。2014 年全国“两会”期间，习近平总书记在参加安徽代表团审议时，对党员干部特别是各级领导干部提出“严以修身、严以用权、严以律己，谋事要实、创业要实、做人要实”的“三严三实”要求，此后，又多次在不同场合就践行“三严三实”提出明确要求，充分体现了党中央在抓作风建设问题上，不懈探索、一以贯之，锲而不舍、弛而不息的坚定决心。落实“三严三实”要求，首先要准确把握它的内涵。在这里，我们一起回顾一下“三严三实”的具体阐述：

关于严以修身。习近平总书记高度重视领导干部的修身问题，强调“做人做事第一位的是崇德修身”。严以修身就是要加强党性修养，坚定理想信念，提升道德境界，追求高尚情操，自觉远离低级趣味，自觉抵制歪风邪气。

关于严以用权。习近平总书记反复强调，“我们的权力是党和人民赋予的，是为党和人民做事用的，只能用来为党分忧、为国干事、为民谋利”。严以用权就是要坚持用权为民，按规则、按制度行使权力，把权力关进制度的笼子里，任何时候都不搞特权、不以权谋私。

关于严以律己。习近平总书记对领导干部严格自律多次提出要求，特别强调“自己是党的人，是组织的一员，时刻不忘自己应尽的义务和责任，相信组织、依靠组织、服从组织，自觉接受组织安排和纪律约束，自觉维护党的团结统一。”严以律己就是要心存敬畏、手握戒尺，慎独慎微、勤于自省，遵守党纪国法，做到为政清廉。

关于谋事要实。习近平总书记不管是在地方工作，还是到中央工作，始终强调大力弘扬求真务实的精神，相继提出了“一张蓝图绘到底，久久为功”“决不能以牺牲环境和资源为代价，决不能以增加历史欠账为代价，一味追求快速发展”等论断。谋事要实就是要从实际出发谋划事业和工作，使点子、政策、方案符合实际情况、符合客观规律、符合科学精神、符合群众需求，不好高骛远，不脱离实际。

关于创业要实。习近平总书记多次强调，“空谈误国，实干兴邦”“一分部署，九分落实”。创业要实就是要脚踏实地、真抓实干，敢于担当责任，勇于直面矛盾，善于解决问题，努力创造经得起实践、人民、历史检验的实绩。

关于做人要实。习近平总书记反复强调，“要实实在在做人做事，不能搞假大空，真正的共产党人就应该堂堂正正、光明磊落”。做人要实就是要对党、对组织、对人民、对同志忠诚老实，做老实人、说老实话、干老实事，襟怀坦荡，公道正派。

通过学习和领悟，我们深刻体会到，“三严三实”言简意赅、内涵丰富，是一个完整的思想体系，包含了做人、为官、干事等各个方面。“三严三实”的要义在于“严”“实”二字，体现着共产党人的价值追求和政治品格，明确了领导干部的修身之本、为政之道、成事之要，丰富和发展了党的建设理论，为加强新形势下党的思想政治建设和作风建设提供了重要遵循，具有十分重要的理论意义和实践意义。“三严三实”把“严”和“实”作为作风建设的新标准、新要求，切中了作风之弊的要害，把准了作风建设的命脉，开启了作风建设新的维度，树立了改进作风的更高标杆。

当前，在协调推进全面建成小康社会、全面深化改革、全面依法治国、全面从严治党“四个全面”的关键时期，中央在开展党的群众路线教育实践活动之后，接着部署开展“三严三实”专题教育，有着深刻用意和战略思考，充分体现了对当前形势的准确把握，充分体现了持之以恒推进作风建设的坚定意志，充分体现了对党和人民事业高度负责的政治担当。

去年以来，我们认真开展党的群众路线教育实践活动，狠抓问题整改，不断巩固成果，持续改进作风，党员干部的精神风貌发生了极大转变，在发展下行压力加大的情况下，我县的转型发展、新兴产业培育、新型社区建设、生态文明建设、社会事业等重点工作深入推进，全县经济健康发展、事业繁荣进步、社会和谐稳定、群众安居乐业。在2014年度潍坊市科学发展综合考核、群众满意度测评中，均取得了全市第二名的好成绩。这是上级党委、政府坚强领导的结果，是全县上下拼搏实干的结果，也是我们持续抓作风、改作风的结果。现在，全县上下干事创业的激情空前高涨，开展“三严三实”专题教育，必将起到助推加速的作用，对持之以恒地强化干部队伍作风建设、加快经济社会发展、推进“三个昌乐”建设，具有重大而深远的意义。

第一，开展“三严三实”专题教育，是巩固深化党的群众路线教育实践活动成果、持续加强作风建设的必然要求。抓作风、改作风，是十八大以来从严管党治党的重要突破口。县委坚持以上率下，严格执行中央八项规定，以踏石留印、抓铁有痕的力度反“四风”，干部队伍作风呈现出了新气象、新变化。2014年度群众满意度测评中，广大群众对干部作风满意度提升了9.9个百分点，为历史最高值。这足以说明，我们持续抓干部作风建设，得到广大群众的衷心拥护，社会各界的充分认可。作风建设永无止境、永远在路上。尤其现在，在经历了前期的教育实践活动之后，广大干部正处在“不敢”向“不想”“不愿”转换的“节骨眼”上，违规违纪、改了又犯，以及侵害群众利益的现象还时有发生。广大群众最担心的是问题反弹，最怕的是活动一阵风，最盼望的是形成常态化、常抓不懈、保持长效。开展“三严三实”专题教育，就是要在抓长、抓细、抓常上下足功夫，不断深化、巩固党的群众路线教育实践活动成果，决不给“四风”问题反弹的机会，切实把作风转变的好势头保持下去。

第二，开展“三严三实”专题教育，是严明党的政治纪律和政治规矩、全面落实从严治党要求的重要抓手。习近平总书记强调：“全面从严治党不是一个空洞的口号，必须具体地而不是抽象地、认真地而不是敷衍地落实到位。”从严治党，关键在治，要害在严，“严”是贯穿始终的主线。“三严三实”是党员干部修身、用权、干事的准则和目标，是检验党员干部忠诚、干净、担当的尺子和镜子。从严要求、从严监督和从严管理，是对党员干部最好的保护、最大的关爱，是对组织、对事业的真正负责。“没有监督的权力是腐败的祸水”。那些因违法乱纪被查处的“落马”党员干部，他们的一个通病就是逃避了监督，缺少了平时的自我修正。十八大以来，县委坚持思想建党、制度治党，不断加强党内、党外监督，持续深入学习习近平总书记系列重要讲话精神，坚持正风肃纪，严守政治纪律和政治规矩，巩固风清气正的政治环境，形成了从严管党治党的良好态势。深入开展“三严三实”专题教育，就是要在此基础上，进一步立规矩、严纪律、强约束，实现思想建党和制度治党的紧密结合，推进全面从严治党的各项决策落地生根，加快形成全面从严治党的新常态。

第三，开展“三严三实”专题教育，是协调推进“四个全面”、实现建设“三个昌乐”奋斗目标的坚强保障。当前，我们正处在转型发展的关键时期，面对经济下行压力不断加大的严峻形势，省、市提出了“走在前列、起好带头作用”的目标定位。基于对政治新常态、经济新常态、作风新常态的研判和把握，我们坚定不移推进转调创，加快传统产业转型升级，做大做强“2121”主导产业，积极培育智能制造、健康养老、现代教育、现代物流等六大新兴产业，培植新的经济增长点，加快新型社区建设，推进干部力量下沉，狠抓城乡环卫一体化，持续优化生态环境，等等，可以说，目标明确，任务艰巨。特别是去年取得了综合考核的好成绩以后，在当前形势下，我们能不能巩固这一成绩，能不能继续保持领先，考验的是各级干部的党性觉悟，检验的是各级干部的意志品质，比拼的是各级干部的责任担当。适应新常态，下好先手棋，打好主动仗，实现建设“三个昌乐”的目标，关键是有激情、有责任心、有事业心，关键是有高素质的干部队伍。越是在爬坡、攻关的紧要时刻，越需要以严的精神、实的作风、拼的劲头，勇挑重担、敢于负责，攻坚克难、迎难而上，以新姿态实现新作为。开展“三严三实”专题教育，就是要引导广大干部以严之又严、实之又实的精神，凝聚起敢担当、有作为的强大力量，扎实推进改革发展稳定任务落到实处。

认识是行动的先导，认识到位才能执行到位。全县各级领导干部一定要深刻认识开展“三严三实”专题教育的重大意义，把思想和行动高度统一到中央和省、市、县委的部署要求上来，切实增强责任感、使命感，以饱满的热情、高度的思想自觉和行动自觉，把“三严三实”专题教育抓扎实、抓细致、抓具体，确保取得实实在在的成效。

**二、要自觉对照“三严三实”要求，深入查摆“不严不实”的突出问题和表现**

这次专题教育，将继续坚持问题导向，针对问题展开，照着问题下火，出重拳、下猛药，着力解决不严不实的突出问题。可以说，我们的干部队伍主流是好的，但用“三严三实”的高标准、严尺度来衡量，用“高倍显微镜”来审视，在思想政治建设和作风建设上还存在不少问题和较大差距，特别是一些“隐蔽性”问题没有解决，一些“变异性”问题有所露头，中央和省、市点到的“不严不实”问题，在我们领导干部身上也不同程度地存在，有些问题还比较突出。这里，我和同志们简要作一下分析：

（一）修身不严方面。加强党性锻炼是党员干部的终生必修课。有的干部党性锻炼不严，信仰缺失，在党不信党，理想信念动摇，把党性、理想、信念仅仅写在文件中、挂在口头上，抛到脑后面，根本没有体现在行动上，这样势必会埋下祸根。有的干部政治定力不强，不顾大局，见风就是雨，不顾事实乱议论、瞎猜测。像组织提拔个干部，不去看人家干了多少工作、出了多少力，而是想当然地胡说谁和谁有关系、谁托了谁的门子，信口开河。在提拔干部方面，我们严格执行干部选拔任用条例，严格落实民主集中制，坚持从基层来、到基层去的选人用人导向，从基层培养、锻炼、提拔干部，谁干得好就用谁，充分尊重了大家的意见。另外，有的干部仍然抱着侥幸心理，自认为做得很巧妙，公车私用、公款吃请等问题仍然存在，在吃饭单子下不了账的情况下，又开始想些歪门邪道。没有不透风的墙。要想人不知、除非己莫为。侥幸的后果必然是不幸。我们必须消除侥幸心理，时刻重视自身修养，坚决抵制形形色色的诱惑，争做“信念坚定、为民服务、勤政务实、敢于担当、清正廉洁”的好干部。

（二）用权不严方面。习近平总书记提出，“要把权力关进制度的笼子里”。这就要求广大领导干部树立群众观点，做到心中有戒，坚持权为民所用、情为民所系、利为民所谋，按规则、按制度、按规矩行使好手中的权利，自觉抵制远近亲疏、经济利益等方面的困扰和诱惑。但是，有的干部仍然存在“有权不使，过期无效”的愚昧思想，本来能立即办、立即批的事也要“研究研究”，拖着不办。有的把权力当成谋利的工具，变相插手工程建设、土地征用等，千方百计为自己捞好处。有的利用部门职能与中介机构合伙做买卖，明着脱钩，实际上“藕断丝连”，变着法子谋私利。有的简政放权打小算盘，搞权力寻租、借权营生，明减暗不减，各种证明依然繁多，办事效率低下。在5月12日国务院召开的推进简政放权放管结合职能转变工作电视电话会议上，李克强总理又重申了“大道至简，有权不能任性”。特别强调，要继续在简政上下功夫，着力破除审批“当关”、公章“旅行”、公文“长征”等乱象。同样的道理，各级党员领导干部、有关职能部门用权更不能任性，必须树立正确的权力观，用好权力这把双刃剑，无论权力大小，都要谨慎、冷静、理性地行使，决不能肆意乱为。

（三）律己不严方面。律己需要标尺和准绳。党员干部不仅在公开场合要律己，在其他场合也要律己，8小时之内要律己，8小时之外也要律己，穿上工作服要律己，脱下工作服仍要律己，不管在什么地方、什么时间，都不要忘了自己是一名共产党员。在反腐败问题上，坚持老虎、苍蝇一起打，充分彰显了中央治腐反腐的决心，通过查处的一些高级别干部案例来看，共产党内没有特殊党员。任何人不管你级别有多高、名气有多大，只要处事态度不端，同样会出问题。我们不管在什么场合，必须把持住自己。但是在现实生活中，有的领导干部纪律意识、规矩意识不强，不把纪律当纪律、不把规矩当规矩的现象仍然存在，不按规矩办事，总是上有政策、下有对策，走旁门、搞变通、打折扣。有的管不住自己，见到好处就想拿，什么领域都敢伸手，不管不顾，不考虑后果。我们在廉洁从政方面必须防微杜渐，只有在思想深处严起来、紧起来，筑牢自我约束的堤坝，才能避免"针尖大的窟窿，透过斗大的风"。各级领导干部要本着对家庭、对组织、对事业高度负责的态度，看紧家人、把严家事、树好家风，做到自身清、身边清，避免"一失足成千古恨"。

（四）谋事不实方面。我们多次讲，要实实在在干事、干实实在在的事。当前，个别干部不能坚持一切从实际出发，没有把心思用在全心全意为人民服务、一心一意谋发展上。有的把"平安无事"挂在嘴上，一事当前平安为先，满足于当太平官，对待群众反映的问题一拖再拖，不从根本上解决，让一些本来能立即解决的小问题演变成了遗留问题，小事拖大、大事拖炸，回过头来看看，现在堆着的问题，哪一个不是这样形成的？有的对安排的工作把握不准，对业务工作研究不明白，说不出个"一二三"来，这样怎么能把事情办实、怎么能推动工作？有的谋划工作脱离县委、县政府的部署要求，不调查研究、不科学论证，制定的目标不切实际，与科学发展的要求相差太远。

像我们搞的新型社区，通过调研发现，有的镇街社区规划不切实际、敷衍应付，有的镇街干部、社区干部心中没数、没算明白账，有的领导干部满足于开会布置了就万事大吉了，对工作中遇到的困难和问题束手无策、毫无办法，一拖再拖。我经常讲，有困难不要紧，一个人解决不了的大家一起研究解决，怕就怕发现不了问题，怕就怕有问题藏着掖着。昨天，姜异康书记和杜昌文书记在调研时也提到，有困难不可怕，只要敢于面对，对症下药，就一定能找到解决问题的办法。对县委、县政府确定的重点工作，分管的同志、有关部门和镇街要承担起责任，主动研究，积极想办法、解难题，以雷厉风行的作风抓好落实，决不能等、靠、捱、拖。在这里，我重申一下社区建设工作，这是一项事关群众利益、事关大局、事关长远的大事、实事、好事，中央、省、市有明确要求，广大群众也有强烈的愿望，经过几年的探索实践，我们取得了初步成效，得到了各级领导的充分肯定。社区规划建设必须坚持以人为本、因地制宜，不搞大呼隆、一刀切、一锅煮，成熟一个实施一个，一座楼一座楼地建，一户一户地搬。要以新型社区建设为统领，创新服务型党组织，推进干部力量下沉，打通联系服务群众"最后一公里"、依法治理"最后一公里"，推进"五化"同步发展。要执行好"三四三"工作制度，镇街干部吃住、工作、服务"三在"社区，建立一个发展计划、一套管理制度、一份信息档案、一本问题台账"四个一"管理机制，履行发展经济、治理社会和建设社区"三项职责"，积极稳妥推进，真正将社区运行起来，方便群众。要按照市委建设"一厅两室"的要求，配套规划建设好服务、医疗、教育、警务、娱乐、商业"六大服务中心"。这里强调一点，规划的99个社区都要先建设"一厅两室"，让社区干部入驻，逐步引导群众向社区集中。这项工作，要抓紧研究措施，尽快推进落实，不能只出台文件就没下文了。各级领导干部要站在全局、战略的高度分析研判、科学决策，切实把好事办实、实事办好。

（五）创业不实方面。我们在调研的时候，有的群众就反映说，看着有的党员干部整天无所事事，在这里干了几年了，也没看到干了什么。有的企业家、项目投资商也反映，有的包靠项目的领导没有真心实意地帮着解决问题，有些问题已经上报很长时间了，到现在也没有解决。应当看到，企业家发展企业是在干事创业，我们搞服务也是在干事创业，服务不到位就是创业不实，就是为官不为、就是"懒政"。我们确定的"十个一"工程也好，道路建设工程也好，还是我们研究确定的其他重点工作也好，都对昌乐今后的发展有着巨大的推动作用，包靠领导、分管领导、有关部门都必须像对待家事一样真包实靠、确保实效。尤其在当前经济下行压力持续加大的形势下，我们要实实在在帮着企业、项目解决实际困难和问题，决不能被动应付，甚至不推不动。除此之外，有的干部怕得罪人，信奉多栽花、少栽刺，当老好人。有的借口中央出台八项规定要求严了，为自己不担当、不作为找理由，执行上级决策打折扣，该抓的事不抓、该管的事不管，把自己应担的责任、应尽的职责撇得干干净净，又当起了“甩手掌柜”。有的抓工作不深入、不扎实，安排的工作有部署、没回音，十天半月没有结果。年初，我们安排在今年专门搞一次“抓落实、回头看”活动，这也是“三严三实”专题教育的一个重要方面，有关部门必须把这项工作抓实，决不能“脚踩西瓜皮，滑到哪里算哪里”，更不能“失了火钻炕底——捱一会儿是一会儿”。

这里，我再说说环卫一体化的问题。这项工作从2011年春天就开始抓，搞了第一次观摩后，提出了整治“六乱”、倡导“六化”的要求，群众非常支持、拥护，成效也非常明显，在潍坊市率先实现环卫一体化全覆盖，考核也都是名列前茅，兄弟县市区也来学习。但是就在这样一个好的形势下，产生了放松思想、减小了工作力度，把优势变成了劣势。在全省的群众满意度测评中，是一路下滑，由2013年的全省14名，一下子到了去年的86名，去年竟然因为群众满意度没达标，没有通过全省环卫一体化全覆盖认定。党委书记同志经常去转转看看，村与村之间、镇街与镇街之间很不平衡，为什么有的镇街搞得很好，有的却很差？环卫一体化这件事是大事吗？都说不是大事。为什么连打扫卫生的小事都干不好呢？这就体现了我们的一些干部，没有用责、用心、用力去干。我们要在为群众办好一件一件的小事中，锻炼党性、展示能力、树立形象。这项工作，6月份省里将进行满意度调查，然后现场检查，对我们来说，时间紧、任务重，要合理调配人员，充分发挥社区干部的组织作用，帮助村里搞好相关工作。要更新观念，转变作风，以高标准、高境界、高要求，以强烈的责任心抓好措施落实，确保顺利通过检查验收。同时，也要把这项工作作为检验“三严三实”专题教育的一项措施，看看到底成效如何。我们说，不要在最好的位置上睡觉。各级领导干部一定要珍惜现有的平台，无论是抓经济发展、抓基层党建、抓法治建设，还是抓“四个全面”建设的方方面面，都要坚持一抓到底，确保在各自岗位上有所作为。

（六）做人不实方面。有的领导干部有能力、办事有魄力，但对组织、对人民、对同志不够忠诚，个人重要事项瞒报漏报，对待群众欺瞒哄骗，对待同志空话连篇，该汇报的不汇报，对组织不讲真话、实话，汇报工作只报喜、不报忧，表面看一片大好，实际上问题不少。有的同志信奉“好汉死不了会上”，当面满口答应，过后该怎么办还怎么办。有的表里不一，站在个人立场上评价领导、评价同事、评价下级，处处抬高自己、贬低别人，以为自己最能干，别人都不行，手拿手电筒，只照别人，不照自己。有的阳奉阴违，当面一套、背后一套，做事不够光明磊落，看人下菜单，对上唯唯诺诺，对下官气十足。有的谋人不谋事，一门心思“往上爬”，热衷于“找门路、拉关系、接天线”。这些都是做人不实的表现。作为领导干部，要时刻站在组织大家庭的角度做人做事，不进个人的小圈子，办任何事都要出以公心、心底无私、公开透明，让绝大多数人理解、让绝大多数人信服。

以上列举的这些问题，是党员干部在“不严不实”方面的突出表现，有的是个别现象，有的也比较普遍地存在。各级领导干部都要认真对照、深入查摆，对对号、入入座，看看哪些在自己身上存在，哪些要引以为戒，按照“严”和“实”的要求，深入分析原因，扎实抓好整改，把“三严三实”的要求深深植根于思想和行动深处。

**三、要在践行“三严三实”中发挥表率作用，以实际行动树立标杆、当好榜样**

（一）要对党忠诚，切实做到严以修身、本本分分做人。一要严守政治纪律和政治规矩。守纪律、讲规矩是我们党最基本的规矩。不论在哪个岗位上工作，都要经得起风浪考验，确保在政治方向上不走岔、不走偏。守纪律、讲规矩有两个层次的含义，一是严守包括党章、党纪、国法等规矩，二是坚持和遵循党在长期实践中形成的优良传统和工作惯例等没有明文列入纪律的规矩。习近平总书记在中央纪委五次全会上点到的几种“不成文的纪律”，已经说得明明白白，虽然没有白纸黑字的规定，但经过实践检验，约定俗成、行之有效。对党员干部来说，所有这些都是“硬规矩”，都是刚性的，必须不折不扣地执行。违反了这些“硬规矩”，就是触碰“带电的高压线”，就要付出沉重的代价，这一点任何人都不能含糊，更不能装糊涂、打马虎眼。

二要坚决抓好上级决策部署落实。我已多次讲，作为县级层面，不用去搞宏观规划，主要精力是抓好微观的落实，让工作具体、量化。要坚决贯彻执行党的理论、路线、方针、政策，对上级安排的工作，部署的任务，要坚决照办，不折不扣地落实到位。要认真践行群众第一、基层第一、弱势群体第一“三个第一”的理念，严格执行联系服务群众各项制度，实实在在抓好干部力量下沉工作，尽心竭力为群众谋利益，切实把宗旨要求落到实处。

三要持续不断强化道德修养。党员干部是党的事业的骨干，必须加强自身道德修养，锻造良好的道德品质。特别是领导干部，要虚心向群众学习，恭恭敬敬地学，老老实实地学，学习群众的优良品质和作风，真正把自己的道德修养、人格力量根植于人民群众的美德之中。要身体力行加强自身道德修养，学以致用，知行合一，不断强化孝德、诚德、爱德、仁德“四德”教育，形成孝顺、诚实、实在、实干“一孝三实”新风尚，在弘扬社会正气上作出表率。要强化理想信念教育和思想政治学习，始终坚守政治信仰、政治立场，忠诚于党、忠诚于人民，在大局大事面前敢担当、勇负责，在关键时刻靠得住、信得过。

（二）要干净廉洁，切实做到严以律己、公公正正用权。廉不言贫，勤不道苦。作为领导干部既要勤政更要廉政，既要干事更要干净。个人干净，是领导干部为官从政的底线，是有为、有位的前提条件，核心就是要心存敬畏、严格自律，守住做人、处事、用权、交友的底线，守住党和人民群众交给的责任，守住自己的政治生命线，守住正确的人生价值观，时刻保持清醒的头脑，干干净净做人、踏踏实实做事。要坚持把“三严三实”作为基本标尺，牢固树立正确的权力观，坚持“法无授权不可为、法定职责必须为”，始终在法治的轨道上行权用权。要净化心灵境界，树立正确的世界观、人生观、价值观，正确认识自己、对待群众、行使权力，不被贪欲所困，不被名利所累，想发财就不要当干部，当干部就不要想发财。要树立强烈的道德标杆意识，把干净做人、干净干事内化为一种行为自觉，以自身廉洁为社会增加正能量。要常存敬畏之心，敬畏权力、敬畏法纪、敬畏人民，时刻警醒自己，如履薄冰、如临深渊，在任何情况下都稳得住心神、经得起考验，练就一副“金刚不坏之身”。要严格执行领导干部廉洁自律各项规定，一身正气、两袖清风。要自觉接受监督。我说过多次，监督是对干部的一种保护和关爱，自觉接受监督就是接受保护，是抓早抓小、防患于未然的一剂良方。只有对发现的问题早打招呼、早提醒、早纠正，才能有效预防小毛病演化成大问题。

（三）要敢于担当，切实做到谋事要实、实实在在创业。我们常讲，顺境逆境看胸襟，大事难事看担当。什么是担当？就是不计个人得失，在矛盾面前敢抓敢管、敢于碰硬，敢于唱“黑脸”，不当“老好人”，只要是为了党的事业、人民的利益，应该做的事顶住压力也要干，应该负的责冒着风险也要担。是否具有担当精神，是否能够忠诚履责、尽心尽责、勇于担责，是检验领导干部是否真正体现共产党人先进性和纯洁性的重要方面。越是不得罪人、不批评人的人，越赚不了好人。

一要敢抓敢管、大胆负责。工作没有一帆风顺的，只有逆流前行，敢于负责、敢于管事、敢于得罪人，才能把工作干好，才能赢得组织的认可和群众的赞赏。要以“舍我其谁”的气魄和担当推动工作，改变做“太平官”的思想，敢立“军令状”、敢于担当，坚决完成县委、县政府部署的各项工作。要时刻保持强烈的激情、责任心和事业心，敢为人先、冲在前头，就像我们以壮士断腕的决心抓生态治理一样，别人不敢干的我们干，别人干不成的我们干成了，真正担负起肩上的职责。这几年，我们的干部力量下沉、生态文明建设等 20 多项工作得到上级领导的肯定批示，特别是生态治理和安全生产工作，我们关停了 152 家环保不达标企业，环境空气质量跃居全市前列；铭基中慧公司投资 3600 多万元进行了安全生产改造，累计损失 1.8 亿元，为转调创打下了基础，成为省、市的典型，起到了带头作用。这些工作，靠的正是敢为人先的精神。

二要迎难而上、创新突破。历史选择敢于担当的人。面对困难矛盾和复杂局面，要敢于挺身而出、勇挑重担，有一种“顶着压力也要上，迎着风险也要担，再苦再累也要干”的精神，尤其是要敢“打硬仗”，善于研究创新，探索破解难题的办法，找到打开局面的钥匙。要有一种冲劲、钻劲，在急难险重面前不低头、不退缩，不推诿扯皮、不敷衍塞责，以敢啃硬骨头、敢于涉险滩的勇气开辟新路。在前期召开的项目调度会上，我针对干部下沉社区的“三项职责”说过，“发展经济”是一项重要工作、“治理社会”是个难啃的骨头、“建设社区”是一项艰巨的任务。要完成好这三项工作，都不是容易的事，需要我们创新办法、持续发力，全力以赴把每一项工作都干上去。

三要干事创业、有所作为。为官不为平生耻。习近平总书记在同中央党校第一期县委书记研修班学员座谈交流时指出：“干部不能干一年、两年、三年还是涛声依旧，全县发展面貌没有变化，每年都是重复昨天的故事。”干部不干事是最大的缺点、最不能容忍的缺点，在一个岗位上干了几年没干出成绩，没有什么作为，这是一件很丢人的事情。组织把我们安排到岗位上，就要在其位、谋其政，坚决完成组织交办的任务，带好班子、管好队伍、干好工作。对敷衍应付、急于求成、投机取巧、不负责任、得过且过的，该调整的坚决调整。今天来的都是领导干部，扪心自问，自己的责任担当起来了没有？有没有带着激情、创造性地开展工作？现在，我们干事创业的平台很多、很广，广大领导干部要抓住机会、珍惜平台，把岗位的优势发挥出来，把自身的潜能挖掘出来，真正干出一番经得起历史和人民检验的业绩。

特别是，要抓住机遇、用好政策，想方设法干事。前期，我们根据上级要求调整清理了优惠政策，但不是说原来的承诺就不兑现了，也不能把没有优惠政策当成不干事的借口。可以和大家说，现在的好机遇、好政策又回来了，国务院5月10日下发了《关于税收等优惠政策相关事项的通知》，一共是五条，其中第二条规定：各地区、各部门已经出台的优惠政策，有规定期限的，按规定期限执行；没有规定期限又确需调整的，由地方政府和相关部门按照把握节奏、确保稳妥的原则设立过渡期，在过渡期内继续执行。第三条规定：各地与企业已签订合同中的优惠政策，继续有效；对已兑现的部分，不溯及既往。第四条规定：各地区、各部门今后制定出台新的优惠政策，除法律、行政法规已有规定事项外，涉及税收或中央批准设立的非税收入的，应报国务院批准后执行；其他由地方政府和相关部门批准后执行，其中安排支出一般不得与企业缴纳的税收或非税收入挂钩。第五条规定：《关于清理规范税收等优惠政策的通知》规定的专项清理工作，待今后另行部署后再进行。我们一定要认真领会其中的精神，抓住这一机遇，争取有更大作为。

**四、要认真扎实组织“三严三实”专题教育，确保取得实效**

一要加强组织领导。这次专题教育，县委负全面责任。组织部门要牵好头，加强工作指导，协调各方面抓好落实，及时发现问题，提出解决建议。纪检部门要抓反面典型，及时通报曝光不严不实问题，问题严重的要依法依纪处理。宣传部门要加强宣传引导，及时推广好做法、好典型。其他部门要共同抓好相关工作。

二要突出问题导向。要把中央提出的“三个着力解决”和各级列举的突出问题作为对照检查的重点，使专题教育的过程，成为优化政治生态的过程。要坚持从严要求，组织管理要从严，监督制约要从严，问题查处要从严，使领导干部受到警醒、警示、警戒，在各方面都严起来、实起来。

三要抓住关键环节。要讲好专题党课，县级领导要按要求讲一次党课。要抓好学习研讨，从思想、政治、行动上进行一次深刻的党性教育。要抓严抓实党内生活，认真开好专题民主生活会和组织生活会，以整风精神开展批评和自我批评，使党内政治生活真正起作用、有成效。

同志们，抓好这次专题教育意义深远、责任重大。我们要紧密地团结在以习近平同志为总书记的党中央周围，以高度的政治责任感和扎实的作风，将“三严三实”专题教育组织好、开展好，努力为实现建设“三个昌乐”的奋斗目标提供坚强保障。

# 张新强<br>在县委常委(扩大)会议上的讲话

(2015年5月27日)

这次常委(扩大)会议,主要是深入贯彻省委姜异康书记来昌调研指示精神及市委杜昌文书记对昌乐的指示要求,再次研究确定下步工作的重点和方向。姜书记把昌乐作为联系点后,市委对此高度重视,专门召开市委常委会研究落实意见,并调整市委常委联系县市区分工,杜昌文书记负责联系我县。前几天,杜书记专门对昌乐当前和今后的发展提出了更高、更具体的要求,这充分体现了市委和杜书记对昌乐工作的关心。省委、市委两位主要领导把昌乐作为联系点,对我们来说,既是压力又是动力,既是挑战又是机遇,既是对过去的肯定,更是对未来的希望。广大党员干部一定要充分认识领导的良苦用心,在姜书记、杜书记的指导下,拿出敢啃硬骨头、敢过深水区,敢于负责、敢于担当和积极奉献、勇于牺牲的精气神,凝心聚力、拼搏实干,创新突破、奋勇争先,全力推动昌乐走上更加文明的发展道路,开启昌乐发展新的历程。根据姜书记、杜书记的指示精神,结合昌乐的实际,我讲五个方面的意见:

**一、提高发展定位,提升标准境界,在干事创业中展现新姿态**

党的十八大以来,习近平总书记来山东视察时,以及在对山东省贯彻落实习总书记指示精神汇报的重要批示中,都对山东的发展提出明确要求,特别强调山东要走在全国前列。这是党中央和习总书记对山东的期望和要求。根据习总书记的指示精神,省委、省政府年初提出了“一个定位、三个提升”的要求,“一个定位”就是以“走在前列”为目标定位。“三个提升”,一是提升发展标杆,努力在经济转型发展、提质增效上争当排头兵;二是提升工作标准,努力做到站位高、谋事深、要求严;三是提升精神境界,努力做到敢于担当、锐意进取。这是对全省面上的要求,更是对昌乐的特殊要求。我县作为姜书记、杜书记的联系点,必须在落实“一个定位、三个提升”上走在前列。当前,我们正处在一个新起点上,也是现在和过去的一道“分水岭”,发展定位、标准境界、工作作风必须有一个大的提升转变,决不能再拿过去的眼光看待现在的问题,决不能再拿过去的标准衡量现在的工作。

姜书记、杜书记同时联系我县,从历史的角度看,这是建国以来昌乐没有过的事情。从政治的角度看,这是昌乐很大的荣誉、是很大的“脸”,不仅提高了昌乐的政治地位,也提高了昌乐的知名度。我们必须拿着脸当脸,决不能给脸不当脸、不争脸。要看到,争脸不光关系到昌乐,也关系着全市,丢脸也不光丢我们的脸,还丢全市的脸。这个脸,我们丢不起。大家考虑一下,是不是这回事。从经济发展的角度看,将为昌乐的发展提供更多的资源,这里面既有省里的,也有市里的,昌乐的发展条件、环境将会进一步优化,发展前景将更为广阔。不管从哪个角度分析,都是机遇,能不能用好,能不能让领导放心,关键看怎么干。我们要把两位书记联系昌乐当作荣誉、动力、机遇来对待,在他们的联系指导下,经过全县上下的不懈努力,真正让昌乐大变样、让群众得实惠,也让我们这些人干出点成绩来,在工作过的岗位上留下印记。大家一定要坚定信心和决心,抓住机遇、拼搏实干,以高昂的激情和强烈的责任心、事业心,推动全县经济社会实现大的发展、新的突破,不辜负省、市领导的期望,不辜负全县群众的期盼。

*一要提升境界*。不管谋划哪一项工作,都要跳出昌乐看昌乐,放眼全省、全国看昌乐,不能局限于自己的“一亩三分地”,也不能因为取得一点成绩就沾沾自喜、自我满足。要保持谦虚谨慎、不骄不躁的作风,不说过头话,不办过头事,扎扎实实干好当前和今后的工作。要把昌乐当作全省的标杆来树,把成绩拿到全省、全国来检验、来对比,看看能不能拿出手,是不是走在前列。会后,分管的同志要对分管部门单位的工作重新梳理,确定在全省、全国创先争优的目标,提出针对性要求,积极开展工作、提升水平,开创新局面。

*二要提升标准*。要“走在前列”,就不能随大流、差不多、过得去,无论哪一项工作、哪一个方面都要提升标准。要把发展定位提升到一个新的高度,发展思路着眼“走在前列”来谋划,发展布局围绕“走在前列”来展开,发展举措针对“走在前

列”来制定，发展成果用“走在前列”来衡量。各行各业、各个领域、各级各部门各单位都要高点定位，各项工作不仅要在全市当先进，还要力争走在全省、全国前列。要当标准的制定者，不要当标准的执行者，让全省、全市来学我们，把昌乐打造成全省乃至全国的标杆。

三要提高要求。发展定位、标准境界提高了，广大领导干部特别是在座的同志的自我要求、内在要求也必须提高，这是对前者的保障。要结合“三严三实”专题教育，从提高自身要求开始，带动广大党员干部自我提高、严于要求，坚决抛弃过去那种被动应付、不推不动，只求过得去、不求过得硬的思想。要一岗双责、以身作则，带头遵守上级各项规定，发挥好示范带动作用，管好分管部门、带好干部队伍，出了问题不但要追究当事人的责任，也要追究包靠领导的责任。广大党员干部要消除怕吃苦、怕受累的思想苗头，把干好工作放到第一位，不利于团结、工作、发展的话不说、事不做，凝聚起推进发展的正能量。要自我加压，变被动为主动，切实把走在前列内化为思想自觉，外化为行动自觉。

四要拼搏实干。提升工作定位，实现发展目标，唯一的途径就是干。干在实处，才能走在前列。要把各项工作干得更出色、更有水平，明摆着就要付出更多的艰辛和努力，希望广大党员干部都铺下身子、扎扎实实地干，以干不好就吃不下饭、睡不着觉的姿态，拼上、豁上，努力干出一番新的业绩来。特别强调，对上级的部署要求，必须不打折扣地率先落实，对县委、县政府的部署要求，必须一竿子落实到底，绝对不能讨价还价。

**二、坚持问题导向，全面深化改革，在“转调创”上实现新突破**

习总书记对山东提出两项要求，一项是打好一场攻坚战，就是“转调创”；一项是做好一篇大文章，就是社会治理创新。省里确定的“三个提升”，第一个就是提升发展标杆，努力在经济转型发展、提质增效上争当排头兵。不管是中央还是省里、市里，都强调“转调创”，我们也一直在全力以赴地抓。现在看，昌乐的发展已步入稳定健康的轨道，经济运行质量好，社会大局稳定，群众安居乐业。经过几年的实践，已经形成了清晰的发展思路、相对完善的产业体系，特别是确立了“2121”工业主导产业和六大新兴产业，培植起了英轩、潍焦、阳光、比德文等一批骨干企业，开工建设了“一路、一湖、一山”等“十个一”工程，而且储备了机器人制造、华中数控等一批大项目、好项目。可以说，发展前景好、潜力大、后劲足。更重要的是，在推进转调创方面，已经形成共识，探索出了经验，见到了成效，成为全县上下特别是广大企业的自觉行动。实践证明，我们的思路举措完全符合上级要求、契合昌乐实际、顺应广大群众意愿。下步，要坚定不移地抓好既定思路的落实。

当然，在肯定成绩的同时，也要看到在经济发展上存在的问题，主要是产业结构依然偏重，现代服务业还是短板，三次产业结构仍不尽合理，等等。虽然经过几年的调整优化，三次产业结构比例从2010年底的15.6 ∶ 51.7 ∶ 32.7，调整到了去年的13.9 ∶ 47.2 ∶ 38.9，变成目前的9.4 ∶ 49.8 ∶ 40.8，三产比重增加明显，但二产强于三产的态势仍未改变。另外，高耗能问题、高精尖等核心技术偏少等，一定程度上制约了发展质量的提升。对此，要坚持问题导向，刨根问底，对症下药，定招数、想办法，打赢“转调创”攻坚战，推进高质量的稳定增长和可持续的全面发展。

一要厘清制约发展的难点和问题，借势借力全面突破。当前，我们面临着经济持续下行的巨大压力，辩证地看，现在也是发现问题、解决问题的重要机遇。我们常讲，有问题不可怕，可怕的是发现不了问题，发现了以后解决不了问题。现在，制约发展的瓶颈问题大到宏观政策，小到土地、资金，有的是面上的，有的是我们自身的，都需要一一去破解。分管的同志和有关部门要抓紧梳理，把制约发展的问题、平时解决不了的问题，逐一列出详细的问题清单，借势借力把问题解决了，把事业搞上去。现在就要走出去、向上跑，尽快突破，机不可失、时不再来，过了这村就没这个店了。像争创全国绿化模范县这项工作，分管的同志、部门的同志要积极到有关部门对接，请领导和专家支支招、提提意见，指明工作方向，争取工作主动。

二要整合现有资源，在培植新的增长点上实现新突破。推进经济发展，既要借助外力，还要整合现有资源，充分激活内力，内外结合打开突破口。一方面，要加快推进重点项目建设，包靠的领导要真包实靠，督促尽快投产达效，形成新的增长点。

各级各部门、广大党员干部都要树立“来的都是客”的理念，强化服务意识，不论是对普通群众还是企业家、投资商，都要真心对待、认真服务，全心全意帮着解决问题，坚决不能有“有权不使，过期作废”的愚昧思想，坚决杜绝搪塞应付、吃拿卡要、权力寻租、雁过拔毛的现象，在真情服务中体现为民服务的情怀，营造优质优越的营商环境。另一方面，要加快发展六大新兴产业，努力打造智能制造示范区和全国一流的现代教育名城、健康养老产业基地，培育县域经济新的增长极。

要把握好三点：一是深入挖掘资源。人人都要善于发现资源，在现有资源中挖掘新的资源。我们利用废弃矿坑修复项目引进落户了养老、教育项目，创新了发展方式，趟出了新路子。我们利用环卫一体化，引进了新能源研究所项目，实现了垃圾的无害化处理、资源化利用，变废为宝，取得了多赢效果，将来就可以把昌乐打造成清洁能源基地。因此，大家都要动起来，都下去找找，到处是资源，挖掘出来就是资本，利用起来就是增长点。

二是创新整合资源。要对已有资源整合，实现利用效益最大化。像健康养老产业，在改善民生、吸纳就业、扩大内需等方面具有重要作用。对我们的想法、做法和创新的运营模式，姜书记非常赞赏，省里也一直在探寻发展这一产业的办法。当务之急是建立起相对完善的健康养老服务体系，依托现有的医养平台，充分利用“大数据”，整合体育健身、预防保健、医疗诊治、养老服务等各方面资源建立数据库，构建起全民医疗健康管理体系，让全县人民都有自己的健康档案、家庭医生，生病不用住院在家就能享受远程诊疗，形成一条从生到老的完整产业链，为生命全过程提供健康服务。要积极发展“银龄产业”，围绕老年人需求，大力研发老年人食品、老年人用品，面向社会开办老年大学，开展老年人服务，打造以老年人为目标客户的“银发经济”。这是未来发展的方向，要率先突破、趟出路子。现代教育产业，要充分利用好昌乐教育的知名度，加快推进基础设施建设，提升基础教育水平。前期已经专门搞了调研，制定了中小学校舍调整及建设改造规划，全县中小学由85处减少到48处，其中镇（街、区）义务教育学校由70处整合为33处。对这项工作要高标准推进，只要按照要求全部落实，我县的中小学建设在全国将是一流的。要继续深化教育改革，把链条向两头拉伸，抓好基础教育，搞好职业教育，对接高等教育，构建起从学前教育到职业教育、大学教育的完整体系，为建设全国一流的现代教育名城奠定基础。各镇（街、区）要搞好对合并前原镇区、企业等闲置土地的整合利用，没有处置的，原则上一律拍卖，不再租赁。政府要成立专门机构，对镇（街、区）闲置资产进行登记、归类，拿出意见、分类处置，把资源利用起来，为大众创业创造空间。

三是用好资源。就是利用现有的资源、平台、优势，融入“互联网＋”、“O2O”等模式创新发展业态。例如培训业，这也是现代服务业。德国的职业培训、瑞典的旅游培训世界闻名，带动了当地服务业的迅猛发展。我们发展培训业也有优势、有资源、有平台，要充分利用宝石学院开展珠宝专业技能人才培训，积极与世界上最好的珠宝培训学校对接，打破现有办学模式，面向社会、面向全国开展培训，建立珠宝加工特色培训基地，打造全国知名的珠宝加工培训品牌。同时，鼓励企业和学校联合办学，定向培养技能型人才，既解决招工难的问题，也解决就业难的问题。要宣传引导鼓励大学毕业生到职业学校“回炉”深造，学习一门专业技术，掌握一技之长，增加就业机会，提升创业本领，解决高不成低不就、“一瓶子不满半瓶子咣当”的问题。要充分利用职业农民讲习所这一平台，发挥我县在基地、市场、技术等方面的优势，聘请知名教授，分批做好职业农民知识培训，尤其是搞好西瓜的繁育、推广、种植培训，带动西瓜产业发展，把我县打造成全国新型职业农民培训基地。分管同志要认真研究，拿出近期和中长期发展规划，推进全县培训业发展。

这里我特别强调两点：第一点，推进产业发展，要按照“敲开核桃”的要求，一个产业制定一个切实可行的对策，融入新模式、新理念，逐步完善产业发展思路。各级领导干部要注重学习新知识，研究当前的新思想、新概念，对工业4.0、“互联网＋”、中国制造2025等，都要有所了解，跟上发展的步伐，否则就会失去领导力、号召力，被淘汰出局。5月19日，《中国制造2025》正式公布，提出通过“三步走”实现制造强国的战略目标。明确提出，到2025年迈入制造强国行列，2035年制造业整体达到世界制造强国阵营中等水平，新中国成立一百年时制造业大国地位更加巩固，综合实力进入世界制造强国前列。要紧跟规划的步伐，在制定我县产业发展规划的时候，必须与国家和省、市的政策搞好对接，确保符合国家产业规划，能够跟上趟、占据一席之地。对六大新兴产业，分管的同志都要认真研究，按照创新突破、建立体系的思路，尽快拿出详细的产业发展规划，形成一套完整的体系，成为可复制的“脚本”。

第二点，就是资金保障的问题。投资对经济增长具有关键作用。最近，国家出台了一系列应对经济下行的措施，给地方融资也制定了一些松绑的措施，以此刺激经济发展。我们设立了6000万元的创投引导资金，目的是“四两拨千斤”，撬动更大的投资。要鼓励企业到资本市场直接融资，还要探索推广政府与社会资本合作（PPP）模式，确保投资的可持续性。这方面，国务院常务会议于4月21日通过了《基础设施和公用事业特许经营管理办法》，用制度创新激发民间投资活力。要认真研究、利用好这一模式，吸引更多的资金用于项目建设。另外，文化、体育等项目也可利用这样的模式，撬动民间资本投入项目建设。宣传、体育、文广新、文联等部门单位要积极整合县内资源，尽快把足球、篮球、乒乓球、舞蹈家、摄影家等各个行业协会成立起来，把全民体育健身中心、文化娱乐中心充分利用起来，搞好区域划分，制定相关制度，把群众体育文化娱乐活动组织得丰富多彩、有声有色。要积极搞好足球特色学校的引进和建设，当前可以选取几所学校配套建设标准化足球场地。

*三要搞好产学研联动，在创新成果转化上实现新突破。*无论从国内还是从全球看，总需求收缩的局面短期内很难改变。靠熬是熬不过去的，靠刺激也不可能完全克服。走出困境，化危为机，归根到底要靠创新，靠转方式调结构。中央和省、市就实施创新驱动发展战略作了多项部署，要抓好落实，抓紧推进。创新是推进经济发展的新引擎。去年，全县发布科技成果190多项，有63项实现转化，转化率仅为33.2%。政府要充分发挥作用，给企业和研发者创造一个对接的平台，加速创新成果转化，形成生产力。要实施招才引智和“企业职工素质提升”工程，加快壮大创新型领军人才及团队、企业家、高技能实用型人才三支队伍，推进产学研联动，实现创新发展。

**三、解放思想，创新突破，努力打造更多新亮点**

没有亮点就没有工作。杜书记明确要求我们，至少有两项工作让姜书记向外说出去，就是有拿得出手的工作在全省、全国推广。过去几年，我县有多项工作得到国家和省、市领导的肯定批示，创出了亮点。成绩只能代表过去，不能躺在功劳簿上睡大觉，必须勇往直前，再创新亮点、新经验。要把握好三个层面：第一个层面，县级领导同志要认真研究梳理分管的领域、分管的部门、分管的工作，找准与上级精神的结合点，研究探索创新性做法，每人都要抓出几项亮点工作。第二个层面，各级各部门各单位要结合职能研究分析，确定一项或几项在全省、全国有影响的亮点工作。第三个层面，广大党员干部要积极创先争优，争做岗位先锋、行业排头兵，引导全县上下奋勇争先，在不同行业培育一批在全国叫得响的带头人。

当前，要围绕社区建设、干部力量下沉和六大新兴产业狠下功夫。这几项工作，我们起步早，搞了试点，进行了探索，创出了经验，走在了前头，现在已经进入大力实施阶段，要趁热打铁，再完善、再提升，尽快创出经验。

*第一，关于社区建设。*这是下步姜书记来我县调研的一个重要方面。习总书记指出：“城镇化是一个自然历史过程，涉及面很广，要积极稳妥推进，越是复杂的工作越要抓到点子上，突破一点，带动全局。”新型社区建设不仅是社会主义新农村建设的重要内容，也是夯实党的执政基础、巩固基层政权的重要举措。这项工作从研究论证到全面实施，已经四个年头了，社区规划建设的思路、原则、做法，以及组织架构、社区园区“两区”共建等，都已经形成了比较完善的体系，创出了一套成熟的办法，并且与中央和省、市委的要求高度吻合，不论是省、市领导，还是广大群众，都对我们的做法给予了充分肯定和支持。今年，每个镇（街、区）必须新开工建设一个社区，年内所有社区都必须建好“一厅两室”，必须搬迁一个社区或一个村，这是今年社区建设的“三大任务”。社区建设要处处体现实用、实惠、实际，决不能贪大求洋。要强化部门参与，县公安局要参与警务室规划建设，县卫计局要参与医疗室的规划建设，县行政服务局要参与服务大厅的规划建设，做到硬件软件

一起抓，一次成型，带动和促进社区建设。要强化社区的精细化管理，特别是搞好环卫一体化，电视、报纸不能只报喜不报忧，不要光把好的一面放到电视上，要曝光一些反面例子，尤其对个别工作推进不力的村，要让支部书记上电视说明情况，让他脸上发发热。今天下午，我们将赴浙江桐庐、安吉学习农村新型社区建设方面的先进做法，大家要认真学习、深入思考，充分吸收借鉴他们的好经验、好做法，以此提升社区建设、运行水平。

第二，关于干部力量下沉。这项工作我们搞得早、做得实，现在自上而下都有要求，要持之以恒抓好。组织部要常抓不懈，跟上督查通报，确保真正做到“三在”社区，决不能搞了形式。常委同志要经常到联系镇（街、区）的社区、村调研，多跟群众交流，督查局搞好督查，建好档案。习总书记在多个场合强调，干部要“眼睛向下看”“身子往下沉”“多到群众最需要的地方去解决问题，多到发展最困难的地方去打开局面”。姜书记也要求，各级领导干部要深入基层、深入实际，多到农村去，多到农民家里去，真正了解农民诉求和期盼，真心实意帮助解决生产生活中的实际问题。市委也在全市层面推进干部力量下沉。可以看出，干部力量下沉已经成为大趋势，这既是锻炼培养干部的重要途径，更是推进社会治理创新的有效措施。对这项工作，我们坚持的原则、导向就是以社区建设为统领，创新服务型党组织，推进干部力量下沉，打通联系服务群众“最后一公里”、依法治理“最后一公里”，推进“五化”更顺畅、更顺利地发展。各级各有关部门一定要从严要求党员干部，把“三四三”机制落实到位，激发他们干事创业的激情，不断创出新的经验，确保走在全省乃至全国前列。大家一定要高度重视，不断深化完善提升，不能“醒的早起的晚”，不能“旗杆底下误了操”，要把这项工作推出去、推上去。

第三，关于六大新兴产业，特别是健康养老产业。前面，我已经讲了，这里不再细讲。姜书记对我县健康养老产业发展给予了充分肯定，并提出了具体要求。郭树清省长先后两次主持召开会议，专题研究养老服务业发展问题。潍坊市也出台了构建现代产业体系发展健康养老服务的实施意见，鼓励发展高端养老服务业。要充分利用好政策，整合各类资源，以重点项目为载体，加快首阳山高档养老产业功能区、大德·国际医疗中心等项目建设，构建起“政府引领、社会主办、市场运作”的发展模式，推进养老方式多样化、服务对象公众化、投资主体多元化、运作机制市场化、服务队伍专业化，着力打造全国一流的健康养老产业基地。

**四、把握一个目标，守住三条底线，在社会治理上有新作为**

杜书记要求，昌乐的工作在姜书记的指导下必须有新的起色。同时，提了三条基本要求：一是主要指标增幅高于全市平均水平；二是昌乐要有拿得出手的东西；三是不能出现丢人现眼的事情。我总结了一下，就是“两出、一不出”，即发展出成绩，工作出亮点，社会治理不出问题。在落实上，就是要把握“一个目标”，守住“三条底线”。

一个目标，就是要把发展放到第一位，确保主要经济指标增幅保持两位数，高于全市平均水平。这是我们经济发展的最基本要求。不管年初定的指标是高还是低，现在必须向着这一目标奔。当然，有的指标也就是跳一跳摘桃子的事，只要敢想敢干、全力以赴，是可以做到的。分管的同志要加强调度和研究，对分管领域内的指标、影响因素、下步发展动态趋势等，都要分析清楚，做足提前量。尤其是相对落后的指标，要及早分析，定出赶超的措施和办法。

三条底线，就是安全底线、稳定底线、生态底线，也就是不发生丢人现眼的事。两位领导联系昌乐期间，是关键时期、特殊时期，这个时期在安全、稳定、环保等方面出了问题，哪怕只是芝麻大的小问题也会被无限放大，成为大事。如果在节骨眼上出了问题，不仅仅是自己丢人现眼，还给市里抹了黑，给姜书记、杜书记抹了黑，对这一点都要有清醒的认识。

安全方面，重点抓好生产安全、食品药品和农产品质量安全，这是涉及群众生命和健康安全的事情，社会关注度非常高。大家要始终把安全摆到“高于一切、先于一切、重于一切”的位置，时刻在思想上、工作上绷紧这根弦，决不能出问题。我们的安全生产重点企业多，还有大规模的西瓜等瓜菜种植和经营，工作量大、面也广，哪一个环节出了问题都会产生非常大的影响，特别要认真学习领会县市区委书记会议和全市农产品质量安全紧急会议精神，把农产品质量安全放到重中之重的位置来抓，在全县开展拉网式排查，坚决杜绝问题发生。

稳定方面，总的要求就是确保不发生信访滋事丢丑事件、不发生影响恶劣的政治性案件、不发生重大刑事案件、不发生影响大的群体性事件和舆论安全事件。要把日常的排查化解制度落实到位，确保问题及时发现、及时化解，尤其对群众要求办的事情要提速提效、马上就办。对重点领域、重点部位、重点企业，重点分析研判，制定出有针对性的管理措施。像项目规划问题，从一开始就要监督执行，不能等着违规项目建起来了再去执行，那就晚了，规划监督不到位就追究规划部门的责任。广告牌、乱搭乱建也是一样的道理，要抓早、抓苗头，不能牌子挂上去了、违法建筑建起来再去拆，这就被动了，也容易形成对立。类似问题发现处置不及时，就要追究城管执法部门的责任。公安部门对社会上的不良习气、违法乱纪问题处置要稳、准、狠、快。法院、检察院对群众的司法诉求要快速审理、快速判决，不要久拖不决，形成积案，引发产生新的矛盾。要结合新型社区建设，充分发挥好社区在加强基层社会治理、维护社会稳定方面的作用，只要社区这个“第一关口”工作到位了，稳定工作就不会发生大的问题。

生态方面，主要是搞好环境保护。这项工作，我们是下了大功夫的，也取得了显著成效，但成果还不够稳固、还比较脆弱，决不能有一刻放松，决不能越雷池一步。分管同志要组织有关部门、各镇（街、区）再排查，一个可疑点也不能放过，决不能再出问题。

**五、加强领导，明确责任，确保各项工作见到新成效**

这里再强调一下责任分工问题：

（一）全县工作。主要分为两大块：一块是基层组织建设、干部作风转变、农村新型社区建设等，由我负责；一块是经济工作、环保工作、安全工作、食安工作等，由立伯同志负责。每名常委继续联系一个镇（街、区），联系所在镇（街、区）今年新开工的社区，负责所联系镇（街、区）的社区建设工作。对社区工作，要亲自抓、亲自参加会议、亲自研究、亲自调度、亲自审定方案，帮助解决实际问题，开创工作新局面。其他同志，要按照原来的职责分工，一一对应，根据要求抓好落实。

（二）几项重点工作。1. 新型社区建设由肖建华同志负责；2. 作风建设由田元君、孙春雷同志负责；3. 工业经济、转调创、安全生产、食安工作等由张建伟同志负责；4. 城市建设由高登友同志负责；5. 社会稳定由徐玉山同志负责；6. 舆论宣传、精神文明建设由刘艳芳同志负责。

（三）“十个一”工程、六大新兴产业。要按照原来既定的分工继续抓好包靠。会后，各个工作班子都要认真研究，进一步细化责任、细化任务，抓好工作落实。

同志们，推进昌乐走上更加文明的发展道路，开启发展新的历程，任务艰巨、责任重大、使命光荣。我们要变挑战为机遇，变压力为动力，在中央和省、市委的坚强领导下，在姜书记、杜书记的具体指导下，坚定信心和决心，团结带领全县广大干部群众，推动各项事业再上新水平、新台阶。

## 张新强<br>在赴浙江考察学习结束时的讲话

（2015 年 5 月 29 日，根据录音整理）

我们利用三天的时间，组织大家到浙江桐庐、安吉两县考察学习了新农村建设尤其是新型社区建设方面的先进经验和做法。这次外出学习活动，主要是为了解放思想、开阔思路，提高境界、提升标准，加快推进新型社区和美丽乡村建设。虽然考察点多、时间紧凑，但通过边看边学、边思边议，总的感觉收获很大，开拓了眼界、提升了境界，学到了一些新的理念，达到了预期目的。桐庐、安吉在社区建设、管理和运行等方面，有很多可借鉴的经验，大家要结合实际，认真研究揣摩、学以致用，以此提升我们社区建设的档次和水平。

刚才，部分同志结合考察学习的感受，谈了自己的体会、收获，以及下步推进社区建设的打算，谈得都不错。有的谈到了本质问题，有的谈到了差距和不足，有的谈到了与自己工作的结合点，收获都不小。可以说，这次考察学习让我们认识到了与全国先进的差距，无论是在硬件建设、软件服务上，特别是在思想观念、发展理念、重视程度上，都比人家差很多，这也进一步明确了我们下步的努力方向。总结桐庐、安吉两地特点，我认为主要有六个方面：

**一是“美”。**就是环境美，自然环境优越。桐庐、安吉两县共同的特点就是环境美，这也是他们的优势。在推进发展时，都在充分发挥这一优势，着力做好生态优、环境美的文章。像桐庐以建设中国最美山水型现代化中等城市为目标，提出“风景桐庐、低碳桐庐、人文桐庐、开放桐庐、幸福桐庐”的理念，打造成为“中国最美县”“国家级生态县”“国家园林县城”“国际花园城市”，荣获“中国人居环境范例奖”。安吉全面开展“中国美丽乡村”建设行动，呈现出一村一品、一村一韵、一村一景的格局，成为全国生态文明建设的示范工程、浙江省新农村建设的品牌工程，并参与制定了“美丽乡村”建设的国家标准。

**二是“细”。**主要是管理细、服务细，涵盖方方面面，包括城市建设、村庄管理等。我们的差距比较大，这不是投入的问题，主要是眼光和境界的问题。桐庐、安吉两地在村庄管理上都形成了制度化、条块化，村庄管理比城市管理还要精细，效果比城市还要好，有一些城市居民没有做到的，农村居民就做到了。桐庐的荻浦、环溪两个村，用不同颜色的垃圾桶分别存放可堆肥、不可堆肥的垃圾，每组垃圾桶边上都有块牌子，保洁员是谁，都一目了然，并且垃圾在户里就实现了分类，而我们只是在村一级实现了垃圾入箱。再就是，他们对党员干部管理细。环溪在党员活动室配备了指纹识别签到系统，每个月每个党员必须参加三次集体活动，否则就被认定为不合格党员。安吉的三个村都建立了美丽乡村信息服务平台，包括“村村通”数据光网、“村村看”平安视频、“村村用”信息云台等。通过“村村看”平安视频，监控了村内的每条街道、每个角落；通过“村村用”信息云台，村里发生每一笔账的原始单据、支出原因，老百姓在家就能从电视上看到。有了这种公开的力度，老百姓还会上访吗？越公开越民主，越民主越和谐。充分尊重群众，给他们话语权，让群众苦有处诉，冤有处说，难有人帮，就是真正的践行群众路线。“细”体现的另一个方面就是他们的工作很“接地气”，文化氛围很浓。像环溪村，“干部联系群众”叫“干部走亲”，“宣传栏”叫“文化礼堂、精神家园”等等，别小看这些“接地气”的提法，用这样的语言、阵地反复熏陶，老百姓听了暖心，在无形之中拉近了干部与群众间的距离，这就是文化的力量。

**三是“活”。**就是思路活、理念新。桐庐的两个村，他们搞建设，没有整齐划一，而是立足实际，因地制宜，科学规划，既充分挖掘了村庄特色，融入文化元素，又高效整合了原有的资源，打造了村点出彩、沿线美丽、面上洁净的美丽乡村格局。我们看的几个村，每个村都有自己的模式，这就是“活”。荻浦村充分挖掘古孝义、古戏曲、古树林、古造纸等特色古文化，培育“古风荻浦”，打造“古风民俗第一村”。环溪村是《爱莲说》作者周敦颐后代的集居地，他们深入挖掘“爱莲”文化，打造了“清莲环溪”品牌。环溪村的猪栏茶吧、牛栏咖啡，在我们来看，猪栏、牛栏怎么能当喝茶、喝咖啡的地方，想都不敢想。但人家敢想还敢做，独具特色，效果还非常好。这也是一个理念创新的问题。

**四是“全”。**就是配套全。我们考察的这几个村，几乎都配备了服务大厅、图书馆、警务室、阅览室、互助养老等服务场所，有的还配备了电影院、博物馆以及国际标准的网球场、篮球场等。特别是桐庐的两个村和安吉的横山坞村，还配备了污水处理系统，实行“人工湿地”生活污水处理模式，处理工艺并不复杂，但效果很好，处理后的水能达到三类水质标准，很有借鉴意义。

**五是“强”。**就是产业强、实力强。桐庐、安吉两县都引导村庄立足自身优势发展特色产业，以特色产业支撑村庄建设，促进农村多种业态并进发展。像桐庐，一方面，立足自然生态条件，大力发展乡村旅游业；另一方面，依托“中国快递之乡”的优势，大力发展电商产业，推动农村消费市场、现代农业、农村青年创业与网络互融共进，实现“网货下乡”、“农产品进城（农村产业网上营销）”双向流通。我们看的两个村都有“淘宝便民小屋”。像安吉县的横山坞、荷花塘村，充分利用离城区近的优势，通过合作、合资等方式，建设标准化工业园区，吸引企业入驻，增加村集体收入，横山坞村去年集体经济收入就达到了1000多万元，荷花塘村达到了280多万元。

**六是“高”。**就是标准高、境界高。桐庐县城的绿化，色彩感、层次感、对比感都非常强，植被颜色红绿搭配，并且高低相间，很有立体感，从空间、色彩等多个角度，对视觉形成强大的冲击力，让人赏心悦目。卫生标准也很高，像荻浦村，大街小巷干干净净，没有一片纸屑、一个烟头。

通过这次学习，我们不仅看到了差距，发现了不足，也更加坚定了建设农村新型社区和美丽乡村的决心、信心。我们2012年提出新型社区建设，到现在已经有两年半的时间了，目标也是建设美丽乡村。浙江那边2003年就开始搞了，与他们相比，我们是起步慢了，但与潍坊其他县市区相比，我们还是走在前列的。经过近几年的探索实践，我们摸索了很多经验，虽然也有一些教训，但总体来讲已经破题，进入了实质性推进阶段，并形成了一套比较成熟的体系，包括“五新”统领、“两区”共建的指导理念，“一栋楼一栋楼地建，一户一户地搬，积极稳妥、稳步推进”和“宜楼房则楼房、宜平房则平房”的基本原则，“六大服务中心”的重点设施配套，“镇街干部力量下沉”、“部门包靠社区”、“三四三”机制等社区管理运行制度。这些做法得到了省、市的充分肯定。去年以来，市里下发的新型社区建设、干部力量下沉、健全完善服务型党组织等文件，也借鉴了我们的一些做法。杜书记在上周二召开的县市区委书记会上要求，所有社区建成便民服务大厅、警务室、卫生室“一厅两室”，这实际就是我们“六大服务中心”的服务中心、警务中心和医疗中心，我们的标准要求实际上还早于和高于市里的要求。实践证明，我们的路子是对的，不能再有怀疑、等待、观望和应付的心态，一定要坚定信心，按照既定思路，珍惜发扬已有的成绩，充分借鉴先进经验，持之以恒、全力以赴抓下去，尽快见到好的效果。下步工作中，要从以下几个方面下功夫：

**一要全面完善提升。**要根据这次考察学习发现的差距和不足，有针对性地对社区规划、建设模式、资源整合等进行优化，进一步提升我们的工作标准。重点做好规划完善工作，坚持因地制宜、立足实际、突出特色的原则，注重多样性，不搞千篇一律，宜楼房则楼房、宜平房则平房、宜别墅则别墅，充分尊重群众意愿，在把好统一规划关口的基础上，可以允许自己建设或集体建设，以镇街或社区为单位搞好监理。出于节约土地的考虑，我们不提倡建二层楼，并不是不允许，可以建，但要注意在政策上加强引导，控制好数量。要突出特色性，让新建的社区具有文化内涵和独特风格，根据各自实际，或西式、或中式，真正用心做，让人看着有档次，千万不能搞的既不像城市、又不像农村。要整合资源，规划上坚持村庄建设规划、土地利用规划、农村土地综合整治规划等“多规合一”；建设上充分利用已有的基础设施，像原来的镇驻地，学校、卫生院等，今后的新农村建设投入项目、资金都要向规划的社区倾斜，引导形成各方面资源向社区集中的趋势。

**二要抓好重点工作。**一是摸清底子，算好账。我们很多社区规划之所以缺乏可操作性，主要是因为没有真正摸清底子、算明白账。不客气地讲，现在90%以上的规划虽然很好看，但实施不了，等同于一张废纸。如果基本数据都拿不出来，怎么能作出可行的规划。当务之急，就是先把底子拿出来，这样才能确保规划可行。要本着先急后缓的原则，对确定开工的社区先行摸清底子，弄清群众的需求，像多少人需要80平方米的、多少人需要100平方米的、多少人需要120平方米的，多少人想住别墅、多少人想拿钱走人，等等。根据群众的需求，选好路子，搞好定位，算明白账，拿出具体实施意见。二是抓好三项重点。上次会议我已经讲了，年内每个镇（街、区）新开工一个新型社区，所有社区都建成“一厅两室”，搬迁一个社区或一个村，这是今年的三大任务。“一厅两室”建设要积极推广应用集成房屋等新型材料，进一步提高档次，降低成本。教育中心、娱乐中心、商业中心可以借鉴桐庐、安吉引导企业捐建的做法，充分吸引社会资本参与建设。三是完善标准。要结合《美丽乡村建设指南》国家标准，制定出台我县的社区建设具体标准，并修订完善现有的考核办法、实施意见。要借鉴两地经验，推动社区建设和管理服务精细化。我们与南方的差距，主要在软件上，我们往往分析研究硬件问题多，研究软件问题少。新制定的标准，不仅要包括硬件建设内容，还要包括软件建设内容，形成一个涵盖经济发展、社会治理、社区建设、生态文明建设等各方面在内的大标准体系。要根据这些标准，制定社区干部考核评价标准体系。每个干部到社区干什么、怎么干，都要细化、明确。

**三要创新思路办法。**一是要突出特色优势。每个镇（街、区）要筛选一两个有特点的村落，可以是地域的特色、历史的特色，也可以是生态的特色、产业的特色等，对这些村进行改建。老百姓愿意搬到社区居住的，政府就买下他的房子，不搬也可以。要创新思路，打破村与村、镇与镇之间的界限来建设社区，打破整体搬迁形式的束缚，只要有群众愿意搬，就让他搬，能搬几户就搬几户，一座楼一座楼地建。习总书记讲，城镇化是一个自然的历史过程。我们应该干什么呢？就是搞好规划、引导和服务，不是行政干预、赶鸭子上架、赶着群众上楼。要根据老百姓的意愿去开展工作，逐步实施、稳步推进。二是要把握好政策。建设美丽乡村、新型社区的主体是镇街和社区，不要等靠县里出资，县里主要是采取以奖代补的办法给予奖励。各镇（街、区）要以新开工社区为示范点，立好标杆、树好榜样，其他的社区可以按照这个办法建。三是要强化产业支撑。主要是社区产业发展思路，两个地方在这方面给我们很大的启发和触动。江浙一带的很多工作之所以在全国领先，非常重要的一点就是思路活、善创新。像桐庐县"以景区的理念规划全县，以景点的要求建设镇村"，实现了"乡乡有村落景区、乡乡有民宿经济、乡乡有特色产业"。他们挖掘利用生态资源优势，重点打造乡村旅游，带动形成了"民宿"、"农村淘宝"等新业态，群众不仅住进了新房子，还有了新的收入来源。荻浦村的乡村旅游业，仅停车管理费一年就能收到60万元。这也充分印证了绿水青山就是金山银山的道理。我们在这方面做的还不行，思路还不够活、点子还不够多。要看到，我们也是有资源优势的，像乔官、库区要充分利用传统、特色村落，借鉴人家的思路，搞一些农家乐之类的旅游开发。其他镇街也要分析分析自己的优势在哪里，有什么资源可以开发利用，请个专门的机构来谋划谋划。同时，积极引导农村发展电商，帮助群众出售农副产品，购买日常消费品，以此推动社区经济发展。

**四要狠抓基层组织建设和作风建设。**桐庐、安吉两县都非常注重发挥基层党组织及协会的作用推进美丽乡村建设，特别是村一级，干部都很有自豪感，充满激情。我们一方面，要加强基层党组织建设。加强基层党组织建设是镇（街、区）党（工）委书记的第一责任，也是做好农村工作、推进新型社区建设的关键和核心，必须牢牢抓住。加强基层党组织建设不能光吆喝，要找准突破口，尤其是高度重视基层党员这一群体，全力加强和提升他们的素质和能力，事事发挥党员作用，让群众自发凝聚在党员身边。如果党员还不如普通群众，说话没人听，怎么让人服气，怎么能推进发展？另一方面，要切实转变作风。安吉有一点非常值得我们学习，就是他们干工作的韧劲和扎实程度。他们搞拆迁、做拆迁户的工作，白天去、晚上也去，有时成夜地做工作，不少拆迁协议就是在凌晨四、五点钟签的。我们常讲激情、责任心和事业心，到底指的是什么、应该怎么样做，安吉县的干部为我们树立了榜样。我们哪一个镇（街、区）或部门有这样的态度和精神？有了这样的态度和精神，什么工作干不好？我们应该认认真真、扎扎实实地学一学。关于社区干部配备问题，特别是社区主任的人选，要认真研究，不一定局限于镇街干部，可以尝试从村干部中选择德高望重、有能力的人担任，让他们自己办好自己的事情。

这次学习效果非常好。会后，请立伯县长带领没有去的相关领导和有关部门负责同志再去学一学，各常委同志带领包靠镇（街、区）的党（工）委书记、社区书记再去认真地学一学，仔细地看一看。宣传、民政、建设、环保、卫计、公安等有关部门考察学习后，要结合各自职能，抓紧拿出加强社区配套建设的意见，像宣传部门要制定出社区的标牌、标语口号、社区文化、精神文明建设的意见，卫计局要制定出社区卫生室建设和人员配备的意见，公安局要制定出社区警务室配备的意见，环保局要制定出社区用什么形式进行污水处理的意见等。

各镇（街、区）和相关部门要以这次学习为契机，深入对照、审视、梳理，明确差距和不足，形成压力和动力，以更大的力度、更有效的措施，推动全县新型社区建设等各项工作实现大的突破。

## 张新强<br>在全县领导干部会议上的讲话

（2015年6月2日）

这次全县领导干部会议，主要是深入贯彻省委姜异康书记来昌乐调研指示精神，学习传达市委杜昌文书记对昌乐的指示要求及县市区委书记会议精神，研究部署下步的工作重点，动员全县上下在中央和省、市委的坚强领导下，在姜书记、杜书记的指导下，凝心聚力、创新突破，干在实处、走在前列，推动昌乐走上更加文明的发展道路，开启昌乐发展新的历程。下面，根据姜书记、杜书记的指示精神，结合我县实际，我讲五个方面的意见：

**一、统一思想认识、提升标准境界，以新的姿态、大的气魄谋划发展、干事创业**

按照省委常委会议要求，省委常委每人联系一个县，深入调研指导经济社会发展各项工作。姜异康书记把我县确定为他的联系点。5月15日，姜书记专程来我县进行了一天的实地调研，对我县经济社会发展，尤其是转型升级方面的思路举措和取得的成效，给予了充分肯定，对做好下步工作特别是转调创作出了指示要求。

姜书记把我县作为联系点后，潍坊市委高度重视，专门召开常委会议研究落实意见，并调整了市委常委联系县市区的分工，由市委杜昌文书记负责联系我县。对我县当前和今后的发展，杜书记提出“昌乐的工作在姜书记的指导下必须有新的起色”的总体要求，同时还提出了三条基本要求：一是主要经济指标增幅高于全市平均水平，要达到两位数；二是昌乐要有拿得出手的东西，至少有两项工作能让姜书记说出去；三是不能出现丢人现眼的事情。简单地讲，就是“两出、一不出”，即发展出成绩、工作出亮点，社会治理不出问题。这是我们下步工作的重点和基本遵循，各级各部门必须牢牢把握，切实抓好落实。

省委、市委两位主要领导把昌乐作为联系点，对我们来说，既是压力又是动力，既是挑战又是机遇，既是对昌乐过去的肯定，更是对昌乐未来的期望。从历史的角度看，这是建国以来没有过的事情。从政治的角度看，这是昌乐很大的荣誉、是很大的一张“脸”，不仅提高了昌乐的政治地位，也提高了昌乐的知名度。当然，这也是一把“双刃剑”，干好了都好，干不好就不是小事。对此，我们必须拿着脸当脸，决不能给你脸不当脸、不争脸。要看到，这不光关系着昌乐，也关系到全市，这个脸我们丢不起。从经济发展的角度看，将为昌乐的发展提供更多的资源，这些资源既有省里的，也有市里的，我们面临的发展条件、发展环境将会进一步优化。可以说，我们在“矛盾叠加期”遇上了“机遇叠加期”，能不能用好机遇，能不能让领导放心，关键看我们怎么干。全县各级各部门各单位、广大党员干部群众都要把两位书记联系昌乐当作荣誉、当作动力、当作机遇来对待，把思想和行动高度统一到省、市、县委的部署要求上来，借势发力、奋勇争先，真正让昌乐大变样，让群众得到更大的实惠。

当前，我们正处在一个新的起点上，新起点必须有新姿态、新作为，决不能再拿过去的眼光看待现在的问题，决不能再拿过去的标准衡量现在的工作。要提高标准境界，以省委、市委确定的“走在前列”为定位，面对“全国地图”谋划工作，不仅在全市当先进，还要力争走在全省、全国前列。广大企业家也是一样，要指着“世界地图”谋划发展、开辟市场，引领企业做大做强。全县上下要坚定信心和决心，抓住机遇、拼搏实干，以高昂的激情和强烈的责任心、事业心，在新的起点上推动全县经济社会实现大发展、新突破。

**二、坚持“产业高端”“高端产业”并举，以战略定力推动转调创实现新突破**

当前，经济发展面临着比较艰难的形势，特别是经济进入了新常态，如何来突围、如何来发展，是摆在我们面前的艰巨任务。5月27日，习近平总书记在华东7省市党委主要负责同志座谈会上强调，“要加快改造提升传统产业，深入推进信息化与工业化深度融合，着力培育战略性新兴产业，大力发展服务业特别是现代服务业，积极培育新业态和新商业模式，构建现代产业发展新体系。”这一要求，与我们推进发展的思路完全一致。

近年来，我们按照“腾笼换鸟、凤凰涅槃”的思路，坚定不移推进转调创，保持定力、持续用力、精准发力，推进了经济的健康平稳运行。现在，昌乐的发展已步入稳定健康的轨道，形成了非常清晰的产业体系，培植了一大批龙头骨干企业，尤其在推进转调创方面，达成了共识，积累了经验，见到了成效。下步，要按照“纵向延伸产业链条、横向培育产业集群”的思路，抓好“两个高端”，强化“三个要素”，持之以恒推进，坚决不能“踩一脚油门、踩一脚刹车”，确保高质量的稳定增长和可持续的全面发展。

（一）积极融入新理念、新模式，加快六大传统产业向“产业高端”升级。要按照“敲开核桃”

的要求和“一行业一对策”的思路，融入工业4.0、互联网＋、中国制造2025等新理念、新模式，一个产业制定一个转型路子、扶持壮大一批龙头企业、实施一批实体项目、规划建设一个特色园区，以“组合拳”的方式推进产业转型。要培植壮大六大传统产业，这是我们的主导产业、当家产业，必须紧抓不放。要围绕千亿级装备制造、千亿级黄金珠宝加工交易和500亿级新能源汽车产业，300亿级造纸包装、300亿级精细化工和100亿级食品加工产业发展，全力扶持英轩控股集团、潍焦集团、阳光纸业、比德文控股集团、矿机集团等骨干企业发展，加快英轩重工及配套产业园、阳光概念包装产业园、新能源汽车产业园等项目和园区建设，带促产业转型升级。

（二）明确思路、完善体系，做大做强六大新兴产业，大力培植“高端产业”。要按照创新突破、建立体系的思路，利用现有的资源、平台和优势，融入互联网＋、O2O等模式，加快智能制造、现代教育、健康养老、现代物流、文化旅游和总部经济六大新兴产业发展，培育新的经济增长点。前期，县里已经出台了意见，成立了班子、配套了资金，要用好这些政策资源，每个产业都要健全完善一套发展体系，制定管用、实用的招数，加速推进产业发展。

健康养老产业，要按照省、市发展健康养老服务业的要求，依托医养平台，利用“大数据”，整合体育健身、预防保健、医疗诊治、养老服务等各方面资源建立数据库，构建起全民医疗健康管理体系，让全县人民都有自己的健康档案、家庭医生，在家就能享受远程诊疗，形成一条从生到老的完整产业链，为生命全过程提供健康服务。要积极培育“银龄产业”，围绕老年人需求，研发老年人食品、老年人用品，面向社会开办老年大学，开展老年人服务，发展以老年人为目标客户的“银发经济”。要加快大德·国际医疗中心、首阳山高档养老产业功能区等项目建设，构建起“政府引领、社会主办、市场运作”的发展模式，推进养老方式多样化、服务对象公众化、投资主体多元化、运作机制市场化、服务队伍专业化，着力打造全国一流的健康养老产业基地。

现代教育产业，要利用好昌乐教育的知名度，加快推进基础设施建设，尽快完成中小学校舍调整及建设改造任务，确保达到全国一流水平。要继续深化教育改革，抓好基础教育，搞好职业教育，对接高等教育，构建起从学前教育到职业教育、大学教育的完整体系，为建设全国一流的现代教育名城奠定基础。要积极创新教育延伸产业，大力发展培训业，依托宝石学院，对接国际最好的珠宝培训学校，面向全国开展珠宝专业技能人才培训，打造全国知名的珠宝加工特色培训基地；依托职业农民讲习所，对接国内外知名农业专家，大力开展职业农民知识技能培训，打造全国新型职业农民培训基地。其他产业，分管的同志也要尽快拿出产业发展规划，形成一套完整的体系，成为可复制的“脚本”。

加快传统产业转型升级，培育壮大新兴产业，必须强化项目、创新和资金等要素保障。一是全力加快重点项目建设。项目是发展的“牛鼻子”，抓了项目就等于抓了转型、就等于抓了发展。要强化时间观念，现在已经进入6月份，从了解的情况看，一些新建、续建项目还没有动工。时间不等人，包靠项目的领导和有关部门要对“十个一”工程、重点工业项目、重要城市节点项目和民生项目全面调度，扫清项目建设障碍，推进项目尽快建成达效。广大开发企业、投资商要与政府部门积极配合、达成默契，同步推进，共同解决问题。要强化服务意识，各级各部门、广大党员干部特别是领导干部要树立“来的都是客”的理念，真情服务、认真对待，全心全意帮着解决问题，坚决杜绝敷衍应付、吃拿卡要、权力寻租、雁过拔毛的现象，营造优质优越的营商环境。

二是大力实施创新驱动战略。习总书记指出，综合国力竞争说到底是创新的竞争，要加快形成以创新为主要引领和支撑的经济体系和发展模式。各企业要不断增加创新研发投入，加强创新平台建设，培养创新人才队伍，促进创新链、产业链、市场需求有机衔接，争当创新驱动发展先行军。现在，我县广大企业在上新创新方面已经形成了百花齐放的生动局面，像大德·国际医疗中心，利用俱乐部经济、候鸟经济概念和互联网远程诊疗，创新运营模式；阳光纸业集团借鉴工业4.0，推进企业由造纸、卖原纸向“绿色包装整体解决方案”提供者转型；山东矿机集团实施“机器换人”，研发制造航空发动机和无人飞机、激光成套设备，推进工艺创新、产品创新，等等。这是好势头，企业发展就得有这样的创新意识、创新举措，而不是吃政策、伸手要、等扶持，否则企业就做不大、做不强，甚至被淘汰出局。要大力实施招才引智和“企业职工素质提升”工程，加快壮大创新型领军人才及团队、企业家、高技能实用型人才三支队伍。要加快科技孵化器建设，积极搭建企业和研发者对接平台，加速创新成果转化，推进产学研联动，以创新驱动发展。同时，充分发挥大众创业指导服务中心作用，努力培植更多的市场主体。要积极构建电商平台，大力发展电子商务，在全县营造起大众创业、万众创新的氛围。

三是强化资金保障。投资对经济增长具有关键作用。最近，上级出台了一系列放松融资限制的措施。4月21日，国务院通过了《基础设施和公用事业特许经营管理办法》，5月19日又下发了《关于在公共服务领域推广政府和社会资本合作模式的指导意见》，用政府与社会资本合作（PPP）等制度创新，激发民间投资活力。目前，我县大德·国际医疗中心、昌乐一中英才学校、南寨水库扩建、LNG天然气调峰站4个项目列入国家发改委PPP项目库，这些项目就可以通过PPP模式融资建设。广大企业要拿出好的产品、好的技术，搞好金融政策研究，找准结合点，争取金融支持。要拓宽银行贷款、上市融资、发行债券等融资渠道，尤其要抓住“新三板”降低上市门槛的机遇，克服“小富即满”思想，加快企业上市步伐，到资本市场融集资金推进企业发展和项目建设。金融部门要积极创新金融产品，搞好银企合作，实现双赢发展。分管领导和金融办等部门单位，要主动研究企业上市、发债的政策，帮助企业解决资金难问题，推动企业健康快速发展。

**三、加快社区建设、推进力量下沉，以城镇化的新突破打造工作新亮点**

新型社区建设是城镇化的突破口，更是巩固基层政权的重要平台。这项工作我县从2012年提出，到现在已经抓了两年多了，经过不断地探索、实践、总结，初步形成了一套较为成熟、完善的体系，现在已经进入实质性推进阶段。实践证明，我们在推进社区建设上没有走偏路、没有走弯路，理念、原则、做法与十八大提出的建设美丽乡村的要求高度吻合。5月27日至29日，利用三天时间，我与部分县领导、县直部门和镇（街、区）的主要负责同志，到浙江桐庐、安吉两县考察学习了新农村建设方面的先进经验和做法。这几个地方都是全国的典型，各有各的特点和亮点，他们的美丽乡村建设与我们的新型社区建设是一样的，但他们的标准境界更高、理念更新，很值得学习借鉴。从明天开始，常委同志要带领你联系镇（街、区）的党（工）委书记、社区书记、有关部门负责同志和企业家，再次去这些地方深入学习。通过学习、消化、吸收、创新，提升社区建设运行水平，千万不能一学了之，学回来之后就没事了。

5月31日，中办、国办印发了《关于深入推进农村社区建设试点工作的指导意见》。《意见》提出，要推进农村基层服务型党组织建设，增强乡镇、村党组织服务功能；建立县级以上机关党员、干部到农村社区挂职任职、驻点包户制度；推进农村基层综合性公共服务设施建设，提升农村基层公共服务信息化水平等。这些要求与我们的思路、做法完全一致。我们实施的新型社区建设、干部力量下沉等做法，是切合实际、符合上级要求的，方向是对的。虽然我们已经走在了前面，但是我们的工作还不够，面上发展不平衡，还有很大的空间，绝对不能骄傲自满，更不能停滞不前，广大党员干部特别是镇（街、区）的同志必须坚决克服应付思想，真正铺下身子来真抓实干，确保领先。分管的同志和有关部门要深入研究，及时与上级部门搞好对接，积极争取相关的政策支持，推进我县社区建设。

下一步，社区建设总的思路就是，“坚持一个导向，制定一个标准，抓好四项工作”。

“坚持一个导向”，就是坚持以新型社区建设为统领，创新服务型党组织，推进干部力量下沉，打通联系服务群众“最后一公里”、依法治理“最后一公里”，推进“五化”同步发展。

“制定一个标准”，就是要结合5月27日发布的《美丽乡村建设指南》国家标准，制定出台我县的社区建设具体标准，修订完善现有的考核办法、实施意见。要坚持软件、硬件相结合，综合把握社区规划、建设、运行全过程，形成一个涵盖经济发展、社会治理、社区建设、生态文明建设等各方面在内的大标准体系，把整体工作都纳入新型社区建设，真正发挥统领作用。要根据这些标准，制定社区干部考核评价标准体系。

“抓好四项工作”，第一项，年内每个镇（街、区）要新开工一个新型社区。对新开工的社区，要严格按规定程序推进，让群众能够看得见、摸得着社区建设的过程，打消他们的思想顾虑，让他们安心搬入社区、自愿搬入社区、高高兴兴地搬入社区，在面上起到示范带动作用，把新社区打造成样板。要坚持因地制宜、立足实际、突出特色，注重多样性，不千篇一律，宜楼房则楼房、宜平房则平房、宜别墅则别墅，充分尊重群众意愿。要进行详细摸底，弄清群众的需求，多少人需要多大的房子，多少人想住别墅、多少人想拿钱到城里买房等等，做到心中有数、准确无误，只有把底子搞明白、账算明白了，才能拿出具体可行的意见，更好地推进社区规划建设。要加强政策引导，控制好别墅、二层楼的数量，尽可能节约土地。规划部门和镇（街、区）要抓紧拿出楼房的样板、平房的样板、别墅的样板，让群众有参照、有选择。在把好统一规划关口的基础上，可以允许自己建设或集体建设，以镇街或社区为单位搞好监理。要整合资源，坚持村庄建设规划、土地利用规划、农村土地综合整治规划等“多规合一”，今后的新农村建设投入项目、资金都要向社区倾斜，引导各方面资源向社区集中，真正把物力、财力用在刀刃上。镇（街、区）党（工）委书记要保持清醒头脑，明确工作重点，想办法广开财源、整合资源，借力推进社区建设。县委常委对所联系镇（街、区）的社区工作，要亲自抓、亲自靠，亲自调度、亲自审定规划，确保新建社区起好步、建得好。这是一项政治任务，也是贯彻落实两位书记指示精神的具体体现，必须认真对待。

第二项，年内所有社区都要建成便民服务大厅、卫生室和警务室“一厅两室”。这是市委提出的要求，我们也已经拿出了意见，要尽快行动，加快推进。“一厅两室”建设要体现实用、实惠、实际的原则，积极推广应用集成房屋等新型材料，降低建设成本，加快建设进度。要强化部门参与，县行政服务局、公安局、卫计局、建设局要参与“一厅两室”的规划建设，做到硬件软件一起抓，带动和促进社区建设。同时，要借鉴桐庐、安吉引导企业捐建的做法，探索吸引社会资本参与教育中心、娱乐中心、商业中心等社区公共服务设施建设的路子，推动“六大服务中心”尽快建成。

第三项，年内力争每个镇（街、区）搬迁一个社区或一个村。这项工作，要尽快拿出方案，但又不能急于求成、操之过急，一定要提前做好搬迁准备，搞好入户动员，年内争取搬迁一个村到社区居住。要打破村与村、镇与镇之间的界限，打破整体搬迁形式的束缚，只要群众有意愿搬，就让他搬，能搬几户就搬几户，社区建成后重新对住户登记，成立社区居委会。

上面这三项工作是年内的目标，是硬任务，必须尽全力推进。下一次，姜书记来昌乐将专门调研视察社区工作，所以我们的社区建设不仅要有“讲头”，还要有“看头”，真正发挥作用，形成一套可复制、可推广的经验做法。

第四项，就是干部力量下沉。这项工作是长期的、永不落幕的工程，不是作秀，不是一阵风、不是搞形式，要实打实地、深入持续地推进。通过让干部深入一线、深入基层，真正为老百姓办实事、搞服务，同时在服务群众、推进发展中锻炼培养干部。干部力量下沉，我们搞得早、做得实，现在从中央到地方都有要求，要持之以恒抓实、抓好。要严格落实好“三四三”机制，坚决杜绝“走读”现象。要加大明察暗访力度，发现问题及时通报，并对相关责任人严肃问责。各级领导干部都要经常下基层，经常深入群众，察民情、访民意、解难题，在下沉基层、深入群众中增进感情、密切干群关系。要带促基层组织建设，把夯实基层基础、锤炼坚强的村级组织作为重要职责，帮助村级班子成员提升自身素质和能力，事事发挥党员先锋模范作用，让群众自发地凝聚在党员身边，把软弱涣散的村级班子打造成坚强的战斗堡垒。

**四、实现一个目标、坚守三条底线，以强有力的招数推进发展、维护稳定**

落实好市委杜书记给我们提出的三条基本要求，重点要把握“一个目标”，守住“三条底线”：

一个目标，就是把发展放到第一位，确保主要经济指标增幅保持两位数，高于全市平均水平。可以说，增幅保持两位数是基准线，高于全市平均数是基本线。不管年初定的指标是高还是低，现在必须向着这一目标努力。从目前的数据看，有几项指标与目标还有差距。各级各部门各单位要顾全大局、目标一致，心往一处想、劲往一处使、汗往一处流，服从统一调度，实事求是、科学合理地推进工作，确保完成目标。会后，分管的同志要立即抓好调度，尤其对落后的指标，要定出赶超的措施和办法，确保圆满完成任务。

三条底线，就是安全底线、稳定底线、生态底线。两位书记联系昌乐期间，就是关键时期、特殊时期，出了事情就会无限放大，造成无法挽回的影响。这里重申，这三项工作都是属地管理、部门监管、单位主体，责任明确。咱们把丑话说在前头，谁在这个节骨眼上出了问题，就是不讲政治、不会抓主要矛盾，就要严肃追究谁的责任，毫不客气、决不留情。对这一点大家都要有足够清醒地认识。

安全方面，重点抓好生产安全、交通安全、食品药品和农产品质量安全、舆论安全。要始终把安全摆到“高于一切、先于一切、重于一切”的位置，时刻在思想上、工作上绷紧这根弦，常抓不懈，决不能出问题。最近，杜书记在多个场合强调安全工作，市里专门召开全市农产品质量安全紧急会议，要求把农产品质量安全放到重中之重的位置来抓，要立即行动，在全县开展拉网式排查，对安全不达标的必须下大力气立即整改，确保不发生事故，确保群众生命和健康安全。这里重申，哪个镇（街、区）出了问题，就严肃追究相关人员的责任。

稳定方面，总的要求就是确保不发生信访滋事丢丑事件、不发生影响恶劣的政治性案件、不发生重大刑事案件、不发生影响大的群体性事件。要做到这一点，就要把日常排查化解制度落实到位，确保问题及时发现、及时化解，尤其对群众要求办的事情要提速提效、马上就办，在第一时间解决群众的诉求。要充分发挥好社区在加强基层社会治理、维护社会稳定方面的作用，把好社区这个“第一关口”，确保不发生滋事丢丑事件。

生态方面，重点是搞好环境保护。这项工作，我们是下了大功夫的，也取得了显著成效，但成果还不够稳固，决不能有丝毫懈怠思想。各镇（街、区）、有关部门要组织力量再排查，一个可疑点都不能放过，决不能再出问题。尤其对重点领域、重点行业、重要区域，要制定最严格的环保措施，确保不发生环境污染问题。同时，严格落实环保标准，以此倒逼淘汰落后产能，腾出环境容量发展更加先进、更加环保的产业。

**五、大胆创新、勇于突破，以良好的作风保障各项工作实现大跨越**

一要解放思想。思想解放的程度，决定发展的高度和速度。作为姜书记和杜书记的联系点，要实现走在前列的目标，必须破除安于现状、不思进取的工作状态，打破因循守旧、墨守成规的思维定式，克服畏首畏尾、不敢担当的保守心理，真正让思想活起来、脑筋动起来、劲头鼓起来。特别是要强化“只有想不到、没有办不到”的观念，最大限度地把积极性、主动性、创造性调动和发挥出来，以新思路、新办法解决新问题。要正确把握“法无授权不可为”“法定职责必须为”“法无禁止皆可为”的关系，既要严格按规矩办事，又要在法律允许的范围内大胆创新、积极开展工作，决不能借口“要求严了、规矩多了”，就不想也不做了。

二要加强学习。经济发展进入新常态，各项政策、思路等都有了新变化，尤其是习总书记提出了很多新的论断、新的思想。各级领导干部都要加强学习研究，不断充实自己、提高自己、跟上步伐。要把学习贯穿到工作生活全过程，不仅要把相关的政策弄清楚，对工业4.0、互联网＋、中国制造2025、O2O、PPP、新三板、资质评级等概念也要研究透彻，以便更好地引领推进工作。要抓好业务知识的学习，既要对本部门本单位的业务工作了如指掌，又要研究明白上级的新要求、新政策，用好政策红利，推进工作率先突破，为县委、县政府当好参谋。要善于学习外地经验，把好的理念、好的做法吸收进来，带动提升我们的工作。广大企业家也要认真学习研究新政策、新概念、新模式，从思路、理念、文化的层面来引领企业尽快做大做强。

三要拼搏实干。实现走在前列的目标，关键在落实，关键在实干。要严格落实“三严三实”要求，把工作做细致、做到前头，把矛盾问题消灭在萌芽状态，防止问题久拖不决，演变成大问题。要把立说立行、马上就办真正落实到行动上、体现在成效上，不能光口头上答应得痛快，行动上缓慢，推、拖、靠、捱，这体现的不是能力问题，而是道德品质问题。要消除怕吃苦、怕受累的思想，始终把干好工作放到第一位，有十分力就不出九分九，宁可少睡点觉、少吃顿饭，也要拼上、豁上，努力干出一番新的业绩来。像安吉县的干部，他们在做拆迁工作时，有一种没白没黑的劲头，不少拆迁协议就是在凌晨四五点钟签的，我们要学习他们的这种精神，锲而不舍、不甘落后，敢啃硬骨头，遇到困难不退缩、不逃避，任务没完成、目的没达到就决不罢休，千方百计想办法解决，推动工作落实到位，借这次机遇把工作做得更好，真正让昌乐的干部光彩照人，让昌乐人民扬眉吐气。

同志们，推动昌乐走上更加文明的发展道路，开启发展新的历程，责任重大、使命光荣。我们要在中央和省、市委的坚强领导下，在姜书记、杜书记的关心指导下，团结带领广大干部群众，凝心聚力、拼搏实干，创新突破、奋勇争先，全力推动“三个昌乐”建设的奋斗目标早日实现。

# 张新强、吴海源在全县特殊困难群体关爱救助工作动员大会上的讲话

（2015年8月24日）

## 张新强的讲话

今天我们召开这次会议，主要是贯彻落实党的十八大和十八届三中、四中全会精神，按照“三严三实”要求，动员各级各部门、各行业各领域迅速行动起来，积极主动关爱救助特殊困难群体，坚决兜住民生底线，凝聚起向上、向善的正能量，推动昌乐走上更加文明的发展道路，推进加快“幸福昌乐”建设的目标早日实现。今天，市民政局吴海源局长百忙之中到会指导，这是对我们工作的最大关心和支持。刚才，吴局长讲了很好的意见，对我们的工作给予充分肯定，对下步工作提出了明确的意见建议，具有很强的指导性和针对性；高立伯县长代表县政府与有关单位签订了责任书；丁进全同志宣读了《关于健全完善特殊困难群体关爱救助体系的意见》，大家要按照吴局长的讲话精神和《意见》要求，创造性地抓好贯彻落实。下面，我再讲四点意见。

**一、站在讲党性、讲政治的高度，充分认识关爱救助特殊困难群体的重要意义。**党的十八大以来，以习近平为总书记的党中央坚持以民为本、以人为本的执政理念，把保障和改善民生摆到“四个全面”战略的重要位置，作为践行党的群众路线的重要内容来抓。习总书记指出：“让老百姓过上好日子，是我们一切工作的出发点和落脚点。”特别强调，“对困难群众，我们要格外关注、格外关爱、格外关心，千方百计帮助他们排忧解难，把群众的安危冷暖时刻放在心上，把党和政府的温暖送到千家万户。”近年来，我们在推进“三个昌乐”建设中，始终践行群众第一、基层第一、弱势群体第一“三个第一”的理念，持续加大民生投入，创新“大保障”机制，特殊困难群体得到了有效帮扶救助，广大群众的幸福感满意度大幅提升。在2014年度潍坊市科学发展群众满意度测评中获得第二名的好成绩。

保障和改善民生没有终点，只有连续不断的新起点。我县作为省委姜异康书记、市委杜昌文书记的联系点，我们的标准境界要更高，自我要求要更严。今年7月17日，市委杜书记来我县调研困难群众帮扶工作时，对我县的工作给予了肯定，并要求我县先行探路、走在前列。全县上下一定要站在讲党性、讲政治的高度，按照“三严三实”和“走在前列、起好带头作用”的要求，强化“抓民生也是抓发展”的意识，分类施策、精准救助，深入细致地做好特殊困难群体的关爱救助工作，坚决兜住民生底线，让广大特殊困难群体都能生活得到保障、心灵充满温暖。

**二、健全精准关爱救助长效机制，让特殊困难群体有更多的获得感、幸福感。**我们这次关爱救助的特殊困难群体，主要是那些按规定不能纳入现有社会救助体系的困难群体，也涵盖着已纳入现有社会救助体系，但仍需进行生产帮扶、生活照料、精神慰藉、心理疏导、社会融入等方面关爱救助的特殊困难群体，包括留守儿童、留守老人、病残人员、失独家庭、突陷困境人员、易肇事肇祸精神障碍患者、流浪乞讨人员等。关爱救助特殊困难群体，不是搞活动，不能“三天打鱼、两天晒网”，要建立起“政府主导、民政牵头、部门联动、社会参与、镇街兜底”的关爱救助体系，不间断、全覆盖地开展救助，不让一位困难群众受冷落，不让一个困难家庭掉队。一要建立动态数据监管制度。要深入细致地搞好调查摸底工作，发动社区干部进村入户、逐村逐户进行走访，全面掌握特殊困难群体的真实底子，建立起动态信息库，分门别类建立纸质档案和电子档案，为精准救助打好基础。二要建

立联系服务制度。要按照“因人而异、注重实效”的原则，建立起联系服务、包靠救助的制度，利用好“大数据”，因需施助，精准救助，确保每户困难群众都有单位包靠，取得最大帮扶效果。今天会上，我们印发了《昌乐县特殊困难群体关爱救助工作分工包靠表》，确定了2818位需要关爱救助的对象，各包靠单位、广大党员干部要按照分工要求，针对不同的救助对象，研究不同的救助办法，不搞形式、注重实效，一对一、长期帮、帮到底，形成保障困难群众生活的长效机制。特别是对易肇事肇祸精神障碍患者，要高度重视，由县综治办牵头，有关部门参与，对家庭条件较差的，由政府兜底，进行救助治疗。三要建立联席会议制度。建立县社会救助工作领导小组办公室牵头，工会、团委、妇联、关工委、综治办、公安、教育、人社、卫生计生、房管等部门（单位）和各镇（街、区）参与的联席会议制度，统筹好特殊困难群体的基本信息和救助资源，避免重复救助、交叉救助，确保关爱救助工作精细化、常态化。联席会议成员单位之间要通过“互联网＋”平台，实行信息互通、数据共享，及时掌握困难群体情况，增强救助的针对性、及时性和实效性。四要建立资金保障制度。要加大财政支出结构调整力度，优先确保关爱救助资金拨付落实。要积极引导社会资金进入救助领域，广泛动员社会各界开展捐赠、资助等，拓展救助资金来源渠道。

**三、全社会积极参与，凝聚起关爱救助特殊困难群体的强大合力。**关爱救助困难群体，是全社会的共同责任，必须人人参与、个个出力。行政事业单位要带头参与，特别是工青妇、残联、民政、关工委、综治办、公安、卫生计生、人社等部门，要打破部门界限，整合资源，集中救助，保障救助成效。各级领导干部要发挥好带头作用，积极帮助困难群体协调解决问题。广大机关干部要通过开展“干部回家”帮扶发展、“慈心一日捐”活动等形式，积极出力，为困难群众排忧解难。各镇（街、区）要充分发挥兜底作用，千方百计托住特殊困难群体的生活底线。各企业要主动承担社会责任，通过捐资助学、慈善捐款、志愿服务等方式，积极参与到关爱救助行动中来。要引导广大群众关心关爱特殊困难群体，在精神上给予他们鼓舞和激励，帮助他们渡过难关。县民政部门要积极发展公益慈善社会组织，文明办要培育稳定的志愿者队伍和义工组织，教育部门要引导广大教师和学生利用假期参与进来，发扬“一孝三实”的道德风尚，既力所能及地为困难群众提供帮助，又弘扬“大爱精神”，使自己的思想境界得到升华，在关爱救助困难群体中锻炼成长。宣传部门要广泛宣传对特殊困难群体的关爱救助政策，积极报道各方面涌现出的典型，汇聚形成全社会关心、关爱、帮助困难群体的浓厚氛围。希望广大特殊困难群体自信、自强、自立，不气馁、不放弃，更加勇敢地迎接生活的挑战，更加坚强地实现自己的梦想。

**四、切实加强组织领导，实实在在把工作做到群众心坎里。**能不能把这件好事做好、做实，做到群众心坎里，关键在组织领导，体现的不仅仅是工作作风问题，更是政治态度问题。当前，我们正在开展“三严三实”专题教育，要把关爱救助特殊困难群体作为践行专题教育的重要内容，作为检验专题教育成果的重要依据，以实的态度、实的措施抓好落实。各级各部门各单位主要负责同志是第一责任人，会后要抓紧研究贯彻落实意见，进一步细化实施方案，成立专门工作班子，召开动员会议，尽快把精神传达到广大干部群众中。要加大督查考核力度，以灵活有效的形式，推进工作落实。这里特别指出，对不负责任、弄虚作假、欺上瞒下，工作出问题造成负面影响的，坚决追究有关人员的责任。

最后，我再强调一下安全和稳定问题。最近，天津、淄博等地连续发生火灾爆炸事故，潍坊市区也发生了重大交通事故，造成重大人员伤亡，我县的交通事故量也呈上升趋势。对此，我们要有更加清醒、更加深刻的认识，县级领导同志要严格落实“一岗双责”，立即到包靠的镇（街、区）、联系的企业、分管的部门检查调度安全生产工作；各级各部门各单位要瞪起眼、攥起拳，各负其责抓好生产安全、交通安全、消防安全、食品安全等方方面面的安全；各企业要严格落实安全生产主体责任，在人力、物力、财力、精力等方面加大投入力度，坚决守住安全底线，杜绝安全责任事故发生。特别指出的是，抗战胜利70周年纪念活动9月3日将在北京举行，田径世锦赛、第22届国际历史科学大会已分别在北京和济南开幕，在这些重大活动期间，各级各部门各单位要进一步强化责任意识，发挥职能作用，认真履职尽责。政法、信访等部门和各镇（街、区），要加大矛盾纠纷排查化解力度，确保不发生影响社会安全稳定的事件。

同志们，做好特殊困难群体的关爱救助工作，事关民生福祉，事关“三个昌乐”建设，责任重大，影响深远。全县上下要迅速行动起来，带着感情，带着责任，关爱救助困难群众，让每一名困难群众都感受到党和社会的关怀、都阳光快乐地生活，全力加快“幸福昌乐”建设。

## 吴海源的讲话

今天非常高兴参加这个会议，共同研究特殊困难群体关爱救助工作。昨天晚上，我学习了昌乐县委、县政府《关于健全完善特殊困难群体关爱救助体系的意见》，感到昌乐县委、县政府高度重视特殊困难群体关爱救助工作，这是贯彻“四个全面”战略布局的重大举措，是践行全心全意为人民服务宗旨、为民造福的具体体现，方向正确、计划周密、措施切实可行。我相信通过这次会议，经过大家的共同努力，昌乐的社会救助工作一定会开创新局面、取得新成效。下面，根据会议安排，结合上级要求和民政部门职责，谈几点意见，与大家一起讨论。

**首先，充分肯定昌乐社会救助工作取得的显著成效。**社会救助工作是民政部门承担的11大类40项业务中一项，是最基本的一项。国务院出台了《社会救助暂行办法》，省政府以省长令的形式发布了《山东省社会救助办法》，要求构筑“8＋1＋3”的社会救助体系。全市各级都在探索如何开展这项工作，昌乐在我市做得比较好。去年初，昌乐县委、县政府就出台了《关于深入践行党的群众路线整合社会救助资源进一步加强社会救助工作的意见》，设立了社会救助工作领导小组办公室，实行“一门受理、一口对外”、部门之间信息互通共享、整合救助资源的大救助工作机制。市民政局在昌乐召开了全市社会救助工作现场会议，省民政厅刘同林副厅长专门到昌乐调研推广经验。可以说，昌乐县的社会救助工作在潍坊市带了个好头，为潍坊的民政工作增了光、添了彩。

**其次，市委、市政府对昌乐社会救助工作非常满意。**今年7月中旬，市委书记杜昌文同志带领我们6个市直部门的负责同志，到昌乐调研人民群众的生活保障情况。用一天时间看了好几个地方，接触了十几户困难群众。杜书记对昌乐县践行“群众第一、基层第一、弱势群体第一”理念，结合“干部回家”帮扶和社区力量下沉，整合社会资源，开展帮扶救助的做法，给予了高度评价。昌乐是全省唯一实施了全民民生综合保险工程的县，由县财政出资为全县群众办理了突发自然灾害事故保险。鄌郚镇郑家庄有一户群众，7月5日因为失火造成了财产损失，7月11日保险公司就上门理赔，将5200元理赔款送到这户群众手中。鄌郚镇党委、政府又上门送去了救济款，这位群众非常感动。昌乐人民群众怎么也想不到，县委、县政府利用财政资金给他们投了自然灾害综合保险，目前通过这项保险受益的群众已经有30多户。杜书记看到，昌乐县的失独家庭有计划生育部门的关爱救助，留守儿童有教育、妇联、团委等关爱和帮助，困难群众住房有建设、房管等保障，平时受灾群众有卫生医疗、民政慈善等救助，对昌乐的工作赞不绝口。下一步，市民政局会在政策资源、项目资源、资金资源等方面，尽己所能地给昌乐更大支持。我相信，在县委、县政府的正确领导下，经过各级各部门、全县干部和全社会的共同努力，昌乐县的特殊困难群体关爱救助工作将会一直走在潍坊乃至全省前列，将会创出更多经验，取得更大成效。

**第三，对昌乐社会救助工作提几点建议。**

*一是搞好协调配合，拓展救助服务方式。*在传统观念中，所谓的救助就是进行物质上的救助，这还远远不够，我们要转变思想，给予特殊困难群众精神方面的关爱救助。历史上，帮助困难群众是政府的职责，要由政府来解决。现在，国务院《社会救助暂行办法》明确提出，政府要管，社会力量也要参与。新形势下救助工作的“两个转变”，县委、县政府在会上印发的《关于健全完善特殊困难群体关爱救助体系的意见》中体现得很全面、很具体、很实在，希望大家落实到位。

*二是做好“救急难”工作。*从民政角度讲，要在进一步做好制度保障的同时，进一步加强慈善工作。昌乐县的慈善工作做得很好，去年市里在昌乐开过现场会，总结过昌乐的经验：镇街设慈善工作站，村居有慈善工作机构，企业也有慈善工作站和慈善专款。我认为慈善工作，一方面给需要帮助的

人提供帮助；另一方面为有爱心、想做善事的人提供信息和方法，帮他们找到需要关爱的救助对象、在社会上树立慈善形象。当前，政府的救助需要走严格规范的程序，慈善救助相对比较快捷，群众有什么急难事，经过现场核实，当场就能享受到救助。

*三是高度重视，加快培育公益性社会组织。*在全国乃至全世界，哪个地区发展快，该地区社会组织就发展得好。反过来说，哪个地区社会组织发展得快、发挥得好、管理得规范，该地区经济社会事业发展会更好。我们将来改革的方向是“小政府、大社会”，政府“小”了，有些工作就要通过社会组织、社会力量去办。现在我们政府放权，不是直接放给自然人，而是放给社会组织，有管理、有服务、有秩序地保证社会运转。社会组织承担政府职权转移的功能，政府可以采取购买服务的方式，也可以委托服务。群众有什么事情，都可以从社会组织得到服务，也可以花钱购买服务。与会各位领导要加强对社会组织的研究，加强对关爱救助方面的公益性社会组织的研究，更好地培育发展、规范管理、发挥作用，使社会组织能在昌乐县的发展和社会救助中做出积极贡献。

最后，衷心感谢昌乐各级各部门对民政工作的支持，衷心祝愿各位领导、同志们身体健康、工作顺利！祝愿昌乐人民幸福安康！

## 张新强<br>在昌乐县 2015 年教师节<br>庆祝大会上的讲话

（2015 年 9 月 10 日）

今天，我们在实验中学新校集会，共同庆祝第 31 个教师节，有着特殊的意义。首先，我代表县委、县政府，向全县广大教师和教育工作者，致以节日的问候！向受到表彰的先进个人，表示热烈的祝贺！向长期以来关心支持昌乐教育事业发展的社会各界人士，表示衷心的感谢！

刚才，我们观摩了刚刚建成投用的实验中学新校，它的建成投用，标志着我们在打造现代教育名城的进程中又迈出了坚实的一步。教育是广大人民群众最关心、最直接、最现实的利益问题，也是事关“三个昌乐”奋斗目标能否尽快实现的关键问题。近年来，我们在工作导向上重点把握了以下几点：

*一是始终把教育事业摆在战略位置来谋划。*坚持用战略思维、发展眼光谋划教育，确立了一批事关教育事业长远发展的思路举措。2011 年以来，县委、县政府相继制定了加快教育事业发展、全面实施昌乐二中“271”教育模式、全面加快现代教育产业发展等一系列意见，特别是去年，提出打造全国一流现代教育名城的目标，赋予了教育事业新内涵，提升了教育事业新高度，全县教育事业呈现出蓬勃发展的良好态势。

*二是始终把教育工作摆到优先位置来推进。*坚持教育优先发展战略，教育事业经费优先保证，教师工资待遇优先落实。2011 年以来，全县教育事业经费支出超过了一般公共预算支出的四分之一。其中，投资 20 多亿元新建、改建实验中学新校、新城中学、实验小学等 29 处中小学。广大教师的工资平均增长 217%。

*三是始终把教育改革作为主线来实践。*坚持创新发展、内涵发展、特色发展，鼓励各级各类学校大胆改革、勇于创新，教育教学改革呈现出百花齐放的生动局面。昌乐二中“271”教育模式、昌乐一中“翻转课堂”等教改成果，在全国产生了较大影响。积极改革办学模式，推进公办、民办融合发展，既满足了群众多样化求学需求，也为省、市民办教育发展趟出了路子。

*四是始终把教师队伍建设作为关键来把握。*坚持以人为本、以师为本，高度重视教师的引进、培养和使用，初步形成了结构合理的教师梯队。2011 年以来，全县累计招考年轻优秀教师 254 名，培养道德模范、特级教师、教学能手等 1900 多名，占教师总数的近 1/3，为打造现代教育名城提供了人才支撑。

实践证明，我们的思路举措，完全符合党的十八大和十八届三中、四中全会精神，契合昌乐发展实际，不仅得到了上级领导的高度评价，更得到了广大群众的充分肯定。在 2014 年度潍坊市科学发展群众满意度测评中，我县获得了全市第二名的好成绩。可以说，昌乐的教育进入了大发展、大繁荣的时期。只要坚定不移地沿着这条路子走下去，打造现代教育名城的目标一定能够实现。

当前，我县正处在加快“三个昌乐”建设的关键时期，特别是作为省委姜异康书记、市委杜昌文书记的联系点，各项工作必须创先争优、走在前列。教育工作要当先锋、打头阵，发挥好带头作用。广大教师要积极参与到“三个昌乐”建设中来，关注昌乐，宣传昌乐，共同推动昌乐走上更加文明的发展道路，开启昌乐发展新的历程。下面，我提几点期望和要求：

**一、要以争创全国义务教育发展基本均衡县为抓手，全面加快教育重点项目建设。**打铁还得自身硬，打造现代教育名城，必须要有过硬的招牌。当前和今后一段时间，要着重抓好以下三点：

一要全力做好争创工作。这是县委、县政府确定的“五城同创”目标之一。前期，已顺利通过了省里的验收，下步要全力迎接好10月份国务院教育督导委员会的验收。开弓没有回头箭，现在已经到了冲刺时刻，各级各有关部门要根据省里提出的意见，一项一项抓好整改，确保顺利通过。

二要加快中小学建设改造。前期，我们立足新型城镇化实际，着眼推进教育均衡发展，按照“整合资源、适度集中、集约节约、建设达标”的原则，把全县85所中小学整合为52所。目前已建成24所。今年，我们采取BT模式和社会投资方式，新建和改扩建28所中小学，总投资23.9亿元，占地1860亩，建筑面积57万平方米，可容纳学生39780人，其中24所中小学要在2016年建成投用，昌乐二中·美加国际学校、昌乐一中·英才实验学校、北大公学国际双语学校、金都双语小学4所学校要加快推进，力争2017年建成投用。这些学校全部建成后，全县中小学可容纳学生9万多人，并全部达到省级办学条件和校舍标准化要求。届时，我们的办学条件将是全国一流的。教育、规划、国土、建设、财政等有关部门及各镇（街、区）要协调一致，全力推进，真正把这件好事实事办好办实。

三要切实抓好中小学厨房建设和改造。要把解决好热水热饭和均衡营养问题作为民生工程来抓，全面做好现有食堂、餐厅等场所和设施的改造提升，让师生吃上放心饭、暖心饭。这项工作要作为“校长工程”来实施，切实装在心里、抓在手上，努力为广大师生创造好的生活环境。教育、卫计部门要教育引导学生科学合理饮食，加强体育锻炼，塑造良好的身体素质。

**二、要以培养“四有”教师为目标，全面抓好教师队伍师德建设、能力建设。**教育大计，教师为本。打造现代教育名城，关键要有一支有理想信念、有道德情操、有扎实知识、有仁爱之心的“四有”教师队伍。

一要高度重视师德师风建设。习近平总书记指出：“教师承担着最庄严、最神圣的使命。教师，既是学问之师，又是品行之师”。广大教师要坚持教书与育人并重、治学与立德并重，爱岗敬业、无私奉献，用言行做学生和广大青少年的榜样。特别是要带领在校学生积极响应县委、县政府号召，主动参与到特殊困难群体关爱救助活动中来，凝聚起社会正能量。

二要高度重视农村教师队伍建设。要鼓励引导青年教师到农村学校任教，选派优秀教师到农村支教，充实配强农村教师队伍。要更加关心农村教师的工作和生活，千方百计为他们排忧解难，激发农村教师队伍的活力。

三要高度重视专业素质和创新能力建设。要大力倡树首创精神，引导广大教师尊重自己的职业、钻研自己的专业，努力创出更多的教研成果。要以培养“学习型、创新型、专家型”教师队伍为目标，抓好教师全员培训，打造出一批在全国叫得响的“名师”“名校长”，带动提升教师队伍整体素质。

**三、要围绕打造一流的教育品牌，全面推进教育教学、管理体制和办学模式改革。**教育要发展，根本靠改革。既要总结推广我县的好做法，也要积极借鉴外地的好经验，取长补短、兼容并蓄，打造充满活力、富有特色的教育品牌。

一要深化教育教学改革。重点是围绕提高教学质量、提高学生素质和创新能力，统筹推进学校管理制度、课程建设、课堂教学等综合改革，实现教学成绩和教学改革双促进、双丰收。

二要深化管理体制改革。要遵循“管少、管好、管活”的原则，落实学校办学自主权，形成政事分开、权责分明、统筹协调、规范有序的教育管理体制。特别是要全面落实国务院关于中小学教师职称制度改革要求，制定更加科学的措施办法，让更多教师得到实实在在的好处，让广大教师全心从教、舒心从教，最大限度地调动和保护好广大教师的积极性。

三要深化办学体制改革。要积极鼓励行业、企业等社会力量参与办学，支持发展民办教育，继续实施“十大企业办十大名校”工程，形成以政府办学为主体、全社会积极参与、公办教育和民办教育共同发展的格局。要依托中泰宝石学院，对接国际知名珠宝培训学校，面向全国开展珠宝专业技能人才培训，打造全国知名的珠宝加工特色培训基地。

**四、要大力弘扬尊师重教良好风尚，引导全社会关心教育、重视教育、支持教育。**振兴教育，全民有责。各级各部门和社会各界都要把关心支持教育作为分内的职责，满腔热情关心教育，积极参与教育，为教育事业发展贡献一分力量。县委、县政府将一如既往地支持教育事业发展，进一步提高教师待遇，力所能及改善教师的工作和生活条件，真正让教师成为最幸福、最受尊重的职业。从今年开始，县财政每年安排1000万元作为教育产业专项扶持资金，重点用于学校建设改造和品牌学校、品牌项目奖励，以及教育信息化建设扶持补助。我们还将进一步完善激励和服务机制，为社会力量助学助教创造更加良好的环境。宣传部门要继续加大对全县教育事业发展、打造现代教育名城的宣传，在全社会营造尊师重教、助学强教的浓厚氛围。

安全问题是教育工作的大问题，也是社会高度关注的问题。要按照“党政同责、一岗双责、失职追责”的要求，扎扎实实地抓好校园安全、校车安全以及师生的饮食、饮水等安全工作，坚决杜绝安全责任事故发生。综治、公安、市场监管、卫生、安监、城管执法等部门要依法履行责任，对破坏校园环境、扰乱教学秩序、侵害师生权益的行为重拳打击，为师生创造安全、和谐的工作学习环境。要组织有关部门研究制定加强校外、校内管理的长效机制，校外搞好周边环境整治，对乱搭乱建、乱叫乱卖、乱摆乱放等现象露头就打，坚决不能让影响教学秩序、学校安全的“乱象”存在。校内抓好师生的生活安全，严格把好安全各道关口，杜绝一切安全问题发生。实验中学新校刚刚启用，还有一些不完善的地方，一方面要加快绿化、亮化、美化以及有关项目的扫尾等工作，另一方面要建立完善各种制度，从一开始就抓好学校管理，打造良好的教学秩序。要强化对“午托”“小饭桌”等校外场所的监管，彻底消除管理盲区。要继续加大对幼儿园及各类办学机构的管理力度。前期，我们集中取缔了26家未注册幼儿园、非法民办教育培训机构，消除了问题隐患，赢得了社会的好评。下步，要根据“谁审批、谁负责”的原则，按照“三严三实”要求，继续巩固治理成果，严防问题反弹。教育部门要开展经常性执法检查，设立举报电话，引导社会力量强化对违规办学的监督。要严格办学标准要求，凡是不符合条件的坚决关停整顿，整改不达标的依法取缔，绝不手软，以“拔钉子”精神消除隐患，以“零容忍”态度杜绝问题发生。

各位老师、同志们，加快教育事业发展、打造现代教育名城，是全社会共同的责任。希望全县上下团结一心、拼搏实干，奋力推进目标早日实现，为推动“三个昌乐”建设做出新的更大贡献。

最后，祝全县广大教师和教育工作者节日愉快、身体健康、工作顺利！

## 张新强<br>在全县卫生和计划生育<br>工作会议上的讲话

（2015年9月22日）

今天，我们召开这次会议，专题研究部署人口计生工作，既体现了这项工作的重要，也体现了县委、县政府的重视。目的是动员各级各部门增强定力、精准发力，深处着力、执行有力，推动人口计生工作向更高水平发展，为“三个昌乐”建设创造良好的人口环境。下面，我讲四点意见：

**一、充分肯定成绩，强化底线意识，切实增强工作定力**

近年来，我们在推进“三个昌乐”建设中，始终把人口计生工作摆到重要位置，制定实施了一系列事关人口计生事业长远发展的战略举措，稳定低生育水平、统筹解决人口问题、促进人口长期均衡发展，人口计生事业与经济社会发展实现了互促共进。2011年以来，我县在潍坊市人口目标管理责任书考核、计划生育“三项建设”观摩点评中获得两个“四连冠”，成功创建为“全国计划生育优质服务先进县”，被评为潍坊市唯一的“统筹解决人口问题示范县”。除此之外，计生协会建设等专项领域的工作，也走在了全国前列。可以说，人口计生工作取得的成绩、创造的典型，可圈可点；创先争优、事争一流的精神，值得学习。尤其是当前，应对经济下行压力，推进稳增长调结构，需要的就是这种干劲，弘扬的就是这种精神。

习近平总书记指出：“千难万难，只要重视就不难；大路小路，只有行动才有出路。”一直以来，人口计生工作被称为“天下第一难”，现在来看，我们能把第一难的工作做成品牌，已经用行动证明了这一点。对人口计生工作，县委、县政府是肯定的、满意的。在此，我代表县委、县政府，向辛勤工作在人口计生战线上的广大干部职工，表示崇高的敬意！向关心支持人口计生事业发展的社会各界，表示衷心的感谢！

在肯定成绩的同时，我们也要看到，这几年，虽然我县处于先进行列，但积存的深层次问题还没有从“根子上”解决，微观层面的具体问题也不少。*一是违法生育呈增加趋势*。今年1—8月份，全县违法生育149人，同比增加54人。合法生育率同比下降1.3个百分点。*二是社会抚养费征收不到位*。去年10月份以来，社会抚养费征收到位率仅为61%，低于考核指标9个百分点，有4个镇（街、区）征收到位率低于50%。*三是性别比控制压力大*。主要是镇（街、区）指标不平衡，有的接近107的指标数值，很容易被“一票否决”。四是工作力度弱化。有的同志认为工作干得很好了、不用抓了，思想上产生懈怠情绪，工作上出现脱节断档，导致滑坡。对此，必须引起高度重视，切不可有半点松懈，要采取果断措施，切实加以解决。

党的十八大以来，中央明确提出“三个不变”“四个到位”的要求，就是坚持计划生育基本国策不变、党政一把手负总责不变、计划生育“一票否决”制度不变，确保责任到位、措施到位、投入到位、落实到位。这是计生工作的政策底线，不能动摇。中央将下发坚持和完善计划生育目标管理责任制的意见，把落实计划生育目标管理责任制情况，作为衡量各级党委、政府政绩、兑现奖惩、任用干部的重要依据，对工作渎职失职的追究责任，实行三年追踪奖惩，对工作严重滑坡及出现重大恶性案件的，实行“一票否决”。特别指出的是，今年上半年，中办、国办联合对我省的计划生育工作进行了督查，以中办、国办的名义对计划生育工作进行督查，是多年来少有的，足以体现中央对计划生育工作的高度重视。市里对工作落后的镇（街、区）实行通报批评、重点关注、黄牌警告、重点管理，对出现重大问题的实行“一票否决”，还要追究“五职责任人”的责任。这些都是“紧箍咒”，各级各部门要强化底线思维，不变调、不减势，保持定力，以抓铁有痕的力度把人口计生工作抓实、抓好。

**二、坚持问题导向，制定有效招数，围绕重点工作精准发力**

*一要在计划生育管理问题上使“硬招”*。管理是稳定低生育水平、坚守人口底线的关键举措，要紧抓不放。一是强化生育管理。要实施好“单独两孩”政策，健全出生人口监测和预警机制，对突破指标的坚决“一票否决”。二是狠抓日常管理。要继续坚持一孩生育登记、二孩生育审批和准孕制度，做实透孕查工作，加强特殊人群管理，从源头上防止违法生育。三是严格违法生育治理。要强化社会抚养费征收，特别是加大对党员干部、名人富人等“关键少数人”违反生育政策的惩处力度，坚决杜绝“破窗效应”。这里强调，征收社会抚养费是重要的行政执法，决不能被舆论左右。对拒不缴纳社会抚养费的案件，法院要及时受理、快速执行，维护法律法规的严肃性。今天上午，县法院和县卫计局联合行动，对几例拒缴、抗缴社会抚养费的违法生育户，依法进行了强制征收，这一做法要形成机制，实现常态化。新闻媒体要跟上报道，加大曝光力度，形成强大的震慑力。

*二要在出生人口性别比治理问题上出“实招”*。出生人口性别比偏高，不仅是人口问题，也是社会问题，从长远来看，会影响社会的和谐稳定。要把治理人口性别比作为硬仗来打，标本兼治，确保控制在正常范围内。卫计、公安、市场监管等部门要抽调得力人员组成专门班子，搜集挖掘“两非”案件线索。对重大线索、重点案件实行领导包案督办制度，严查严办、绝不手软。纪检监察、卫计、公安等部门要加强沟通、密切配合，形成综治合力。特别是公安部门要主动参与“两非”案件的调查取证、审理工作，涉及违法犯罪的，依法严格追究刑事责任。

*三要在营造良好舆论环境问题上用“新招”*。

要牢固树立宣传教育的首位意识，提高宣传的信息化水平，第一时间把“第一声音”宣传到最基层。特别是要围绕群众最关注、最疑惑、最容易误解的内容重点宣传，旗帜鲜明地把握舆论方向，形成正面的舆论导向。

**三、全面深化改革，创新思路举措，在打造计生品牌上着力**

一要围绕提升全民健康素质，打造优质服务品牌。要完善妇幼保健和卫生计生服务体系，切实做好优生优育工作。要完善生育关怀制度，深入实施“家庭阳光幸福工程”，开展好“四免”服务，降低人口出生缺陷发生率。特别是要依托医养平台，整合体育健身、预防保健、医疗诊治、养老服务等各方面资源建立数据库，构建起全民医疗健康管理体系，让全县人民都有自己的健康档案、家庭医生，在家就能享受远程诊疗。

二要围绕卫生计生资源整合，打造公共卫生品牌。要完善县、镇、社区（村）卫生计生服务体系，按照“一厅两室三中心”建设要求，全面搞好社区卫生室建设。要把农村社区卫生室纳入新型农村合作医疗门诊统筹和基本药物制度实施范围，推进医学人才、医疗卫生资源“双下沉”，镇（街、区）卫生院和社区乡村医生共同组建“片医团队”，实行签约式服务和“网格化”管理，打造“小病不出社区”的“10分钟就医圈”。

三要围绕提高计生家庭保障水平，打造民生保障品牌。要抓好各级利导政策落实，建立大保障机制，开展集中救助、精准帮扶，切实发挥好导向作用。特别是对企业职工独生子女父母一次性加发30%补助的政策，坚决兑现到位。要高度重视失独家庭救助工作，让他们切实感受到政府的关爱、社会的温暖。

四要围绕提高健康养老水平，打造养老产业品牌。要抓好健康养老产业发展意见的落实，推进“产业”和“事业”同步发展。当前，要加快大德·国际医疗中心、首阳山高档养老产业功能区等项目建设，构建“政府引领、社会主办、市场运作”的发展模式，打造全国一流的健康养老产业基地。

**四、强化责任意识，推进齐抓共管，确保计生政策执行有力**

一要真抓严管。坚持党政一把手“亲自抓、负总责”不动摇，分管同志要具体抓，班子成员要配合抓，全体干部要共同抓，真正挂在心里、抓在手上。刚才，我和立伯县长与镇（街、区）、部门分别签了责任书，责任书就是“军令状”，必须抓好落实。要严格奖惩，对工作滑坡、未完成责任目标或给全县造成负面影响的，坚决追责。

二要齐抓共管。各级各部门都要有统筹思维、大局意识，把自己摆进来，发挥职能优势，构建“党政重视、部门联动、社会支持、群众参与”的综合治理大格局。要落实好经费投入规划，完善以公共财政投入为主体、稳定增长的投入保障机制。要根据卫生计生事业发展需要和重大政策实施，搞好预算，优先拨付，保障卫生计生事业健康发展。

三要善抓敢管。要加快人口计生干部队伍职业化建设，突出抓好专业技能培训和思想作风建设，努力打造一支作风优良、敢于担当的干部队伍。广大人口计生干部要强化主体、主业意识，既要树立法治思维，按规矩办事，又要大胆创新，提高“善抓”的本领，以主动作为的精神，推动人口计生工作继续走在前列。

同志们，做好新时期的人口计生工作，责任重大，任务艰巨，使命光荣。我们要按照“三严三实”要求，坚定信心、真抓实干，努力推动人口计生工作再上新台阶，推进昌乐走上更加文明的发展道路、开启发展新历程。

## 张新强<br>在昌乐县创建国家卫生县城动员大会上的讲话

（2015年11月14日）

在全县各项工作进入年度集中攻坚、收尾的关键时期，我们专门召开创建国家卫生县城动员大会，充分体现了这项工作的重要性，也体现了县委、县政府的高度重视。今天的会议，既是动员会、誓师会，也是培训会、部署会，目的是动员全党、全民、全社会迅速行动起来，以奋发有为、敢于担当的精神，全面打好创卫攻坚战，确保圆满完成创建目标。

待会儿，全国爱卫办创卫评审委员会核心专家、临沂市爱卫办主任杨俊山同志还要作专题讲座。对杨主任的讲话精神，要认真领会把握，切实用以指导工作。对会上印发的《昌乐县创建国家卫生县城工作实施方案》，要一项一项分解，以踏石留印、抓铁有痕的力度迅速抓好落实。下面，我重点强调三点。

**一、凝聚共识，以昂扬向上的斗志担负起创卫重任**

国家卫生城市是评价和反映一座城市整体水平和文明程度的重要标志，也反映着一个地方的“硬实力”。从我县来讲，创建国家卫生县城，是县委、县政府优化人居环境、提升城市品位做出的重要决定，是保障改善民生、提高群众生活质量的重要内容，更是推进富强昌乐、生态昌乐、幸福昌乐建设的重要举措。现在来看，我们创建国家卫生县城主要基于“四个有”：

一是昌乐有基础。近年来，我们在加快“三个昌乐”建设中，统筹推进经济、政治、文化、社会、生态文明和党的建设，综合实力不断增强，先后荣获全国文明县城、全国科技进步先进县等20多项国家和省级荣誉。特别是这几年，我们大力推进城管、环卫、绿化“三托管”，以壮士断腕的决心狠抓生态治理，以满分成绩通过全省城乡环卫一体化全覆盖验收，顺利通过省级卫生县城复审。我们持续推进新型社区建设，群众的居住、生活环境显著改善。社会各界普遍感受到昌乐的环境越来越好，广大群众的满意度也越来越高，广大客商的点赞更是越来越多。更重要的是，我们不仅争来了荣誉，而且促进了工作、锤炼了作风、汇集了力量，形成了“有荣誉就争、有红旗就夺”的创先争优精神。所有这些，都为创卫工作奠定了坚实的物质和精神基础。

二是上级有要求。对提升卫生质量、生活质量、生态质量，中央和省、市都提出了非常明确的要求。特别是刚刚召开的十八届五中全会，响亮提出“创新发展、协调发展、绿色发展、开放发展、共享发展”的理念，这“五个发展”不仅是理念引领，更是标准要求。习近平总书记在全面深化改革领导小组第十八次会议上强调，要让城市成为人民追求更加美好生活的有力依托。创卫这项工作，既涵盖了“五个发展”的理念精神，也将极大地提升城市品位，加快新型城镇化进程。我们现在提出创卫目标，是对十八届五中全会精神和习总书记要求最有力的落实。

三是群众有期盼。当前，我县经济发展、民生改善、社会稳定、政通人和，广大群众对良好的城市环境、生活环境、生态环境的追求比以往任何时候都强烈，创卫已经成为紧迫的战略任务。人民群众对美好生活的向往，就是我们的奋斗目标。开展创卫行动，就是要进一步顺应群众期盼，借势借力让城市更加宜居，让群众的生活环境更加美好。

四是我们有底气。底气来自上级有关部门的大力支持，特别是各级专家、领导的关心和帮助，进一步坚定了我们的决心。底气还来自干部群众强烈的创先争优意识、攻坚克难精神。可以说“天时、地利、人和”，我们都占了，只要全县上下坚决干、加油干、一刻也不停地干，就一定能克服一切困难和挑战，顺利实现创建目标。各级各部门要牢固树立“抓创卫就是抓发展、抓管理、抓民生”的理念，坚持问题导向与目标导向并举，全面提升与重点突破并举，高标准、高质量、高效率抓好工作落实。

**二、突出重点，以敢打必胜的信心坚决打赢创卫攻坚战**

这次会议，标志着创卫工作全面启动。开弓没有回头箭，我们必须精准发力、持续用力，众志成城、奋力攻坚，全力打好这场硬仗。总的要求是，工作必须一步到位，标准必须一流水平，目标必须一举成功。这既是标准要求，也是县委、县政府的鲜明态度。围绕“三个一”，要着力做好以下几点：

（一）要继续提升城乡环境质量。要围绕创卫标准，有什么问题就解决什么问题、什么问题突出就重点解决什么问题、什么部位薄弱就集中强化什么部位，用真功夫，拿硬措施，确保硬件设施全面达标。一要抓好基础设施完善提升。重点是按照标准抓好城区厕所的配套建设，突出城市主次干道、商业区、公园绿地等重点部位的亮化美化，打造优美的城市环境。二要抓好环境卫生整治提升。重点是加快金丝达新能源项目、垃圾中转站、污水处理厂，以及沼气、沼电等设施的建设、改造、提升，巩固城乡环卫一体化成果。要加强对城市出入口、城乡接合部和生活小区等重点部位，以及临街单位、门店和住户的卫生管理，对影响市容市貌的行为要严查、重罚。要加强物业管理，推进物业服务全覆盖。要深入开展“五小行业”专项整治，加强食品安全监管，建立健全卫生监督管理长效机制。三要抓好城市秩序管理提升。实践证明，良好的城市秩序是管出来的。我们要学习借鉴外地的先进经验做法，加大依法治理力度，规范集贸市场和道路交通秩序，加强城区环境噪声治理，维护好井然有序的城市环境。要把握好创建国家卫生县城的机会，借势借力、借势发力，把日常工作中的薄弱环节抓实抓好、抓出成效。

（二）要继续提升生态环境水平。要牢固树立绿色发展理念，做好“绿色＋”文章，全面优化提升生态质量。一方面，要持续增绿。大力开展老旧小区、背街小巷绿化改造工作，推进丹河景观带、生态走廊等景观建设，打造一批民生绿地。要深入推进荒山绿化、绿色廊道等工程，加快公园绿地、城市林荫道、绿化隔离带等设施建设，进一步提高绿化覆盖率。要大力实施全民植树造林活动，抓住冬季造林的有利时机，积极开展义务植树，巩固扩大生态建设成果。要规范园林绿化管理，县城区、镇区内所有已完成绿化并通过验收的企事业单位，要向政府写出申请，将绿化全部交由县园林局统一管理，分管同志要搞好协调推进。另一方面，要铁腕治污。要持续深入推进“386”环保行动，全力抓好大气污染防治，强化重点排放行业监管，加强建筑工地、道路扬尘等规范管理，提升环境空气质量。要认真执行国家“水10条”，落实水源地管理办法，做好治水与节水结合文章，加快九龙湖片区综合开发特别是南寨水库扩容等水利工程建设，切实完善“治、用、保”体系。

（三）要继续提升市民文明素质。市民是城市的主人，是创卫的实践者和受益者，市民的文明程度决定着城市风貌，决定着创卫的成败，必须在提升市民素质上再下功夫。一要狠抓市民素质养成。要大力开展讲文明、讲卫生、讲正气、重品行、知荣辱、树形象主题教育活动，提升市民城市意识，养成人人讲究卫生、爱护环境的良好行为习惯。要发挥好社区“一厅两室”的平台作用，结合干部力量下沉，大力开展“卫生先进社区”“卫生先进楼道”等评比活动，最大限度地发挥群众的主体作用。要抓好正面宣传，做到家喻户晓、人人皆知，引导全体市民都参与进来。要加大反面典型曝光力度，对不文明、破坏环境问题，做到一天一曝光，点名道姓，不留面子。二要强化市民健康教育。要充分发挥市民文化体育公园等场所的作用，完善社区体育健身设施配套，广泛开展全民健身运动。要完善健康教育网络，在报纸、电视、传媒网站等开设专栏，全方位、多角度宣传疾病预防与保健常识。要扎实推进健康教育“五进”行动，加快普及卫生健康知识。三要提升窗口单位服务水平。要持续改进工作作风，加快推进简政放权，全力提升公共服务质量。要针对服务行业开展优质服务大检查，不断优化服务环境，树立良好的城市形象。

**三、强化领导，以勇于担当的精神抓好落实**

创卫既是对城市实力、城市形象的测评，也是对干部能力、干部作风的检验。各级各部门要牢固树立“一盘棋”思想，“一把手”要切实负责、勇于担责，按照“三严三实”要求，全力全速推进工作落实。这里，强调四个具体问题：

一是关于专项资金的问题。创卫不仅需要投入大量的人力、精力，更需要投入大量的财力。有关部门要提前拿出方案、做好经费测算，财政部门要把创卫经费列入预算，搞好资金筹措，保证专项经费及时拨付到位。

二是关于时间节点的问题。《方案》已经对每一步、每一个节点做了非常明确的安排，各部门要尽快制定本单位的实施细则，切实抓好落实。这里特别强调，创卫工作任务必须在明年5月份全部完成，6月份将迎接验收。这一点没有商量、拖延的余地。会后，有关部门要对口学习，以此推进工作。另外，红河镇去年就在全市第一个提出并实施创建国家卫生乡镇，现在正准备迎接省里的验收，成功创建以后，将成为潍坊市第一个国家级卫生乡镇。有关部门要加大对红河镇的支持力度，确保顺利实现创建目标。

三是关于创卫办运行的问题。县里将专门组建创卫办，各级各有关部门要坚决服从协调指挥，确保创卫工作“一路绿灯”。创卫办要抽调工作人员，不管涉及哪个部门单位，必须无条件服从，决不能讨价还价、打折扣，真正选派得力人员、精兵强将组成班子，立即开展工作。人员选调事宜由县委组织部和县人社局负责组织落实。

四是关于责任追究的问题。创卫办公室要加强组织协调，严肃认真地对各部门进行监督指导，确保创建工作的进度和质量。督查局要把创卫工作列入重点督查内容，针对问题整改，跟踪问效。《方案》中专门制定了奖励和责任追究细则，要按照工作实绩，严格兑现奖惩，特别是对工作疲沓、拖了后腿的部门单位，坚决问责追责。

同志们，创建国家卫生县城任务艰巨、使命光荣。各级各部门要迅速行动起来，以志在必得、决战决胜的勇气，扎扎实实推进工作开展，确保成功创建，为推动昌乐走上更加文明的发展道路，早日实现“三个昌乐”建设目标再添新的动力。

## 政府工作报告

——2015年2月5日在昌乐县第十六届人民代表大会第四次会议上

昌乐县县长　高立伯

各位代表：

现在，我代表县人民政府向大会报告工作，请予审议，并请县政协委员提出意见。

**一、2014年工作回顾**

2014年，面对复杂的宏观经济形势和艰巨的改革发展任务，县政府在县委的坚强领导下，在县人大、县政协的监督支持下，团结带领全县人民，主动适应新常态，改革创新，攻坚克难，拼搏实干，较好地完成了年度目标任务。全县实现地区生产总值260.7亿元，增长9.1%；完成公共财政预算收入20.2亿元，增长12.3%；完成固定资产投资259.3亿元，增长15.7%；预计实现社会消费品零售总额120亿元，增长12.4%；农民人均纯收入14575元，增长11.8%；在岗职工平均工资预计达到44000元，增长11%。在全市科学发展综合考核群众满意度测评中获得第二名。

工业发展质量提升。按照“腾笼换鸟、凤凰涅槃”的思路，加快优势产业培育和传统产业升级，重点培植壮大千亿级装备制造、千亿级黄金珠宝加工交易、500亿级新能源汽车产业，推进造纸包装、化工、食品加工产业分别向制造服务化、精细化、品牌化转型，实现工业增加值110.6亿元，增长9.5%；主营业务收入过50亿元的企业5家，其中潍焦集团成为我县首家过百亿元企业；新增纳税过百万元企业20家，达到93家。以园区建设带动特色产业聚集发展，9处蓝色经济特色产业园新落户项目84个；昌乐滨海飞地工业园新开工项目2个，总投资36.5亿元。持续强化创新驱动，“六四一一”公共技术服务平台建成投用，34个项目列入省技术创新项目，新增市级以上企业技术中心和研究中心9家，新获专利授权290件，高新技术产业产值占比达到23%；新创驰名著名商标2件，1家企业获市长质量奖，引进高层次人才256人。

现代农业创新发展。推动西瓜产业向“育繁推”一体化发展，建成西瓜科技示范园和3处种苗基地，育苗能力达到3000万株，西瓜产业产值达到15亿元，获中国国际农产品交易会畅销产品奖。以园区、合作社带动农业规模化、品牌化发展，建设标准化园区52处，2家合作社被评为国家示范社，中国地理标志证明商标达到3件。建成全国首个职业农民教育培训基地，被确定为全省新型职业农民培育示范县。健全网格化监管体系，农产品质量安全得到有效保障。完成农业基础设施项目33个，再次被确定为全国小农水重点县。积极应对有水文记录以来最严重干旱，保障了城乡居民生产生活用水和农业丰收。

服务业提档升级。围绕培育现代教育、健康养老、文化旅游、现代物流、总部经济5个新兴产业，加快实施“十个一”工程，方山路贯通、城市综合体等项目建成投用，九龙湖改造暨新型社区、企业总部基地公园等项目加快建设。昌乐二中新办2所分校，成为拥有9所学校的教育集团。新组建金融机构7家，金融机构存贷款余额分别增加19.1亿元和19.5亿元，不良贷款率继续保持全市最低，降幅居全市第一位；2家企业在场外交易市场挂牌，3家企业实现债券、股权质押融资13.4亿元。推进仙月湖旅游开发等项目建设，编制完成乡村旅游总体规划，清水河公园被评为3A级旅游景区。实现服务业增加值101.4亿元，占比提高1.6个百分点。

新型城镇化步伐加快。启动城市总体规划修编。东部生态新城和重要节点组团建设有序推进，昌五路改线等20多项道路工程加快实施，新建排水、供热、供气管网137公里，集中供热、管道燃气普及率分别达到96%、86%。全面启动智慧城市建设，规范加强城市管理，顺利通过全国文明县城复审。积极推进全省“百镇建设示范行动”，红河镇、鄌郚镇被确定为全国重点镇。城镇基础设施逐步完善，镇街特色产业初具规模，公共财政预算收入过亿元镇（街、区）达到3个。完成农村新型社区总体布局规划及示范社区修建性详细规划，27个示范社区加快建设，17个社区陆续搬迁入住。城市社区网格化管理有序推进。落实“三四三”工作机制，社区运行体系逐步完善。

改革开放取得新成效。深化行政审批制度改革，建立行政审批事项目录和行政权力清单、服务清单。启动新一轮政府机构改革。推进“营改增”，落实小微企业减免税政策，减轻企业负担1300多万元。实施工商登记便利化改革，新登记市场主体增长16%。农村“三项改革”基本完成，被确定为全省唯一的全国发展农民股份合作赋予农民对集体资产股份权能改革试点县。深化教育综合改革，教改经验得到省市肯定和推广。知识产权强县工程等国家级试点加快推进，综合配套改革试点取得新的进展。成功举办2014中国（昌乐）国际宝石博览会。开展“集中招商月”活动和专业小分队招商，市认定到位资金49亿元。完成进出口总额12.1亿美元。

生态文明建设扎实推进。以壮士断腕的决心整治污染，“386”环保行动年度任务圆满完成。关停拆除环保不达标企业152家，淘汰黄标车3894辆，整治自备井476眼，城区10吨以下燃煤锅炉全部拆除或改造。建成3处镇级污水处理厂，完成城区2处污水处理厂升级改造，全县污水处理厂全部达到一级A排放标准。测土配方施肥面积达到110万亩，规模化养殖场减排任务圆满完成。实施“六河”生态修复和河道“两清一绿”治理，治理河道205.9公里，建设湿地2140亩。实施节能技改项目4个，建成循环经济产业园17处，万元GDP能耗下降3.1%。3个镇被评为国家级生态镇，“乡村连片治理”试点获全省考评第一名。扎实推进“三托管”，开展农村生产垃圾集中清理，新建垃圾无害化循环利用项目，加快构建立体化垃圾处理体系。大力开展造林绿化，积极创建全国绿化模范县和国家园林县城，森林覆盖率和建成区绿化覆盖率分别达到36%、40%。加强土地资源保护利用，实施城乡建设用地增减挂钩、低丘缓坡开发利用等项目，工矿废弃地复垦利用项目列入国土资源部试点，耕地总量连续15年保持动态平衡，顺利通过国家土地出让收支和耕地保护审计，被评为全省国土资源节约集约模范县。

民生保障水平持续提高。不断加大民生投入，重点社会事业支出占比达到64.3%。新建、改扩建中小学13处、普惠性标准化幼儿园27所，农村小学全部增配1名音体美专业教师，宝石中专被评为全国职工教育培训优秀示范点。推进公立医院综合改革，实施基本药物制度和公共卫生服务项目，看病难、看病贵问题有效缓解。创新实施“大保障”机制，集中救助困难群众近2万名。提高低保、五保供养标准，获全市考核第一名。新建农村幸福院20处，街道集中供养五保对象实现到县养老中心供养。保障房建设任务超额完成。城乡居民基本医疗保险整合并轨，基本养老保险基础养老金提高到每人每月75元。成功举办首届职业技能大赛，建成省级珠宝产业创业园和县创业孵化中心，新增城镇就业7150人、农村劳动力转移就业13369人。创新实施农村广播电视“村村响、户户通”工程，获全省推广。各镇全部建成图书馆，行政村全部建成文化大院。新修、改造县乡道路、农村公路312.9公里，公路通车里程达到1920公里。物价保持稳定，居民用热、用水、用气价格继续保持全市较低水平。推进统筹解决人口问题，被评为全省计生助福行动项目示范单位，连续4年获全市人口责任目标考核第一名。国防动员和民兵预备役建设成绩显著，为济南军区国动委全体会议暨国防动员实战化建设会议提供观摩现场，国防动员实战化经验得到肯定和推广。深入开展社会秩序整治，在全市社会治安满意度测评中获第二名，在全省群众安全感满意度测评中连续5年位居前列。积极排查化解矛盾纠纷，社会保持和谐稳定。狠抓安全生产，被评为全省安全生产工作先进单位。加强食品药品监管，保障了群众饮食用药安全。双拥共建、妇女儿童、老龄助残、慈善事业稳步发展，统计、政府法制、外事侨务、史志、粮食、档案、气象等工作取得新成绩。

政府自身建设进一步加强。高度重视新常态下政府自身建设，自觉运用法治思维和法治方式推动改革发展，政府履职能力进一步提高。认真执行县人大及其常委会决议，自觉接受人大、政协及各方面监督，办理建议、提案303件。扎实开展群众路线教育实践活动，严格执行“八项规定”，全面整治“四风”，专项治理“庸懒散浮”，深入开展“五清一治理”，对55名责任人进行了党纪政纪处理，政风持续好转。大力精文减会，会议、文件分别减少25%、40%。规范公务支出，“三公”经费支出下降5.5%。推进政务公开，推行政府法律顾问制度，权力运行更加规范透明。

各位代表，过去一年的成绩来之不易。这是上级党委、政府和县委科学决策、正确领导的结果，是县人大、县政协和社会各界有效监督、大力支持的结果，是全县广大干部群众团结一心、拼搏实干的结果。在此，我代表县政府，向所有关心、支持、参与昌乐改革发展的同志们、朋友们，表示衷心的感谢并致以崇高的敬意！

我们也清醒地看到，经济社会发展还存在许多矛盾和问题。主要是：经济总量依然偏小，转型升级任重道远；统筹城乡一体发展任务艰巨，新型城镇化进程有待加快；财政收支矛盾突出，融资难度加大；部分群众生活比较困难，民生保障水平与群众预期还有一定差距；资源、环境等刚性约束增强，要素制约更加突出；面对发展新常态，改革创新力度需进一步加大；政府依法行政能力和服务效能需进一步提高等。对此，我们将采取有力措施，认真加以解决。

**二、2015年工作任务**

2015年是全面深化改革的关键之年，是全面推进依法治国的开局之年，也是全面完成“十二五”规划任务的收官之年，做好今年工作意义重大。当前，我国经济发展已经进入新常态，呈现出增长速度从高速转向中高速，发展方式从规模速度型粗放增长转向质量效益型集约增长，经济结构从增量扩能为主转向调整存量、做优增量并行，发展动力从要素驱动转向效率驱动和创新驱动“四个转向”的新特征。面对经济发展新常态，面对民生改善新期待，面对依法治县新要求，我们将积极抢抓新机遇，迎接新挑战，以务实高效新作为，开创改革发展新局面。

今年政府工作的总体思路是：深入贯彻党的十八大、十八届三中、四中全会和习近平总书记系列重要讲话精神，坚持稳中求进工作总基调和省、市“走在前列”的目标定位，正确认识、主动适应、科学引领新常态，以提高发展质量和效益为中心，科学统筹稳增长、促改革、调结构、惠民生，确保经济平稳健康发展、社会和谐稳定，努力建设更高水平的富强、生态、幸福昌乐。经济社会发展主要目标是：地区生产总值增长8.5%，公共财政预算收入增长10.5%，固定资产投资增长15%，社会消费品零售总额增长12.5%，人口自然增长率控制在6.94‰以内，农民人均纯收入、城镇在岗职工平均工资稳步增长，完成节能减排约束性指标。

（一）加快构建现代产业体系，着力提升发展质量

以构建“165”现代产业体系为抓手，大力推动产业高端高质高效发展，让不断扩量提质的产业成为富民强县的支柱力量。

加快推进工业转型升级。坚持工业立县、工业强县战略不动摇，政府资源优先向工业倾斜，力争规模以上工业增加值增长9%。做强“2121”工业主导产业，重点打造装备制造、黄金珠宝加工交易两个千亿级和新能源汽车一个500亿级产业，造纸包装、精细化工两个300亿级和食品加工一个100亿级产业。加快提升传统产业，推动装备制造、造纸包装、化工、食品加工产业分别向高端化、制造服务化、精细化和品牌化转型。支持现有企业膨胀壮大，重点培植20家骨干企业、80家成长型企业、100家小微企业。规划建设智能制造产业园，设立产业发展专项资金，鼓励企业入园发展，力争引进发展企业5家以上。加快9处蓝色经济特色产业园、昌乐滨海飞地工业园建设，推动特色产业聚集发展。建成县中小企业公共服务平台，整合涉企服务资源，促进小微企业发展。大力发展民营经济，推动大众创业、万众创新，新注册民营企业500家、个体工商户3000户以上。建立企业运行监测预警机制，促进企业良性运行。推进科技创新，完善公共技术服务平台，支持企业开展自主研发、加强产学研合作，新增市级以上企业技术中心和研究中心7家；大力发展高新技术产业，新增高新技术企业4家，产业产值占比达到25%。实施品牌战略，新创驰名商标或地理标志证明商标1件、著名商标2件。

积极转变农业发展方式。以品牌为引领，以优质高效生态安全为目标，进一步提升西瓜产业，壮大火山农业等优势特色农业，构建“一主多元”现代农业发展体系。发挥西瓜科技示范园带动作用，做优做强品牌，推进高端化发展。鼓励引进工商资本发展现代农业，培育发展家庭农场、合作社、农

业企业等新型农业经营主体。引导农村土地经营权有序流转，促进适度规模经营。在7个镇（街、区）新建或提升14处高标准农业科技示范园。加强无规定动物疫病区建设，完善动物疫病防控体系。健全全程网格化监管体系，保障农产品质量安全。实施小农水重点县等基础设施项目，改善农业生产条件。推进职业农民教育培训，打造全国性职业农民教育培训输出基地。

繁荣发展现代服务业。以“十个一”工程为抓手，突出抓好现代教育、健康养老、文化旅游、现代物流和总部经济等现代服务产业，力争服务业占比提高1.5个百分点。促进民办教育发展，加快新二中·美加国际学校、英才实验学校等项目推进，创新优化教育模式，建设现代教育名城。加快大德国际医疗中心等项目建设，探索医养结合养老服务新模式。加快远古火山口群、九龙湖、方山等重点景区规划建设，发展特色乡村旅游，建设特色旅游名县。加快“三区”建设物流园等园区招商发展，提高现代物流业发展规模和质量。加快企业总部基地公园建设招商，促进总部经济发展。健全地方金融监管服务体系，防范金融风险，打造金融生态环境示范区。优化信贷结构，年末银行机构表内信贷规模达到230亿元。编制电子商务发展规划，建设特色中国·昌乐馆等电商平台，培育电商企业和电商人才，促进实体经济与网络经济嫁接，推动电子商务发展。

（二）深化改革开放，着力增强发展活力

积极有序推进改革。深化经济体制改革。支持民营企业进入特许经营领域；推进“营改增”扩围，落实小微企业定向减免税和普遍性降费政策；开展不动产统一登记；完善公共资源交易平台功能；推行重大投资项目模拟审批制度；推进市场监管体系改革。加快收入分配制度改革。落实机关事业单位工资制度改革措施；启动机关事业单位养老保险制度改革；实施公务用车制度改革。深化农村综合改革。开展现代农业综合改革试点；实施发展农民股份合作赋予农民对集体资产股份权能改革试点。推进财政管理体制改革。实施全口径预算，推进政府、部门预决算全面公开；强化政府债务管理，增加偿债后备资源，积极消化存量债务，确保政府债务只减不增；大力推行政府与社会资本合作模式，引进社会资本投资基础设施和公共服务。

全面提升开放水平。积极融入国家“一带一路”战略，找准参与中韩、中澳自贸区建设的切入点，提高参与国际竞争与合作能力。加快转变招商方式，从注重引资转变为引资、引智、引技并重，从“给优惠政策”转变为“搭创业平台”，力争到位资金63亿元以上，新建博士后工作站、院士工作站各1家，引进高层次人才200人以上。发展普惠金融组织，推进企业上市、挂牌，争取1家企业上报证监会、2家企业在场外交易市场挂牌。大力发展新型外贸，新增进出口企业10家，力争实现进出口总额13亿美元。提高利用外资质量和规模。支持企业安全高效走出去，开展投资并购、资源开发、优势产能转移和研发合作。务实办好国际宝石博览会。

（三）突出城乡统筹，着力构建新型城镇化体系

按照城乡一体、产城融合、多点支撑、注重特色的思路，加快构建以县城区为主体、特色城镇为节点、农村新型社区为支撑的新型城镇化发展格局。

加速提升城市品质。完成新一轮城市总体规划修编，开展东部生态新城控制性详细规划编制和主城区控制性详细规划修编。加快东部生态新城开发，完成宝盈路改造，实施供气、排水等基础设施配套工程，推进蓝宝石小镇等项目加快建设。持续提升主城区功能和品位，推进重要节点组团和重点项目建设，实施流泉街西拓等道路建设改造及绿化亮化工程，扩大集中供热、供气覆盖面。调整完善城区村庄改造政策，稳妥推进城中村改造。规范加强城市管理，提升城市管理水平。加快“智慧昌乐”建设，建成智慧城建、智慧公安等应用系统。

加快培育特色小城镇。完善提升城镇整体规划，建设有特色、有实力、有活力的现代化小城镇。深化基层管理改革，推进扩权强镇，延伸县级公共服务功能，拓展镇域发展空间，增强城镇发展内生动力。推进红河镇、鄌郚镇加快建设全国重点镇和全省“百镇建设示范行动”示范镇，提升乔官镇、营丘镇综合实力，促进街区特色化发展。充分保障到城镇落户农民土地承包经营权、宅基地使用权和集体收益分配权，提高城镇常住人口公共服务水平，落实户籍改革措施，促进农民向城镇转移和农业转移人口市民化。

加强社区建设管理。以“五新”为统领，积极稳妥推进农村新型社区建设。以在建社区的建设和提升为重点，推进示范社区建设。加快社区基础设施配套，红河、鄌郚镇区内社区集中供热覆盖率达到75%以上，其他镇达到50%以上，新建社区全部配套建设供热设施。围绕生产发展、农民增收，大力推进“两区”共建，以产业园区建设支撑带动农村新型社区建设。积极推进村企共建，鼓励支持企业和社会资本参与社区建设。深入落实“三四三”工作机制，加快推进干部力量、管理权限、服务事项下沉，深化完善社区管理、运行、服务机制，推进社区实体化运行，提高社区管理服务水平，促进农村居民到社区居住。深入实施城市社区网格化管理，配套建设社区综合服务设施，建立公共服务综合信息平台，推进“智慧社区”建设，实现社会救助、就业等7类24项公共服务向社区服务中心延伸。

（四）加强生态建设，着力增强可持续发展能力

强化环境保护。推进重点区域、重点行业、重点企业污染治理，全面完成“386”环保行动任务。城区3处污水处理厂全部建成应急调节池，建成城北、城西中水回用工程。完善镇级污水管网，尽快实现城镇建成区、社区污水全收集处理。深入推进“煤改气”，建成LNG储气调峰站，尽快完成城区燃煤锅炉改造。加强城市扬尘、汽车尾气治理，完成5家企业异味治理工程。加强污染源监控，对废气、废水排放重点企业全部落实在线监控措施。推进病死畜禽及养殖废弃物无害化处理，完成30家规模化养殖场污染减排项目。全面推广测土配方施肥，实施土壤治理工程。深入贯彻实施新《环境保护法》，严格落实环境污染事件责任追究机制。

加强生态建设。深入实施修山、治水、植绿工程，争创省级生态县。抓好首阳山区域废弃矿坑、南部山区生态恢复治理。巩固提升河道生态修复和“两清一绿”治理成果，实施汶河流域综合整治开发。推进荒山、水系、镇村、城区、道路绿化和农田林网建设，完成成片造林3万亩，争创全国绿化模范县、国家园林县城。将农业生产垃圾纳入“三托管”范围，推进农村环境连片治理，实施“乡村连片治理”项目，提高生态文明乡村建设水平。

推进资源节约和保护。深入推进土地节约集约利用，加快实施城乡建设用地增减挂钩、工矿废弃地复垦利用、低丘缓坡开发利用、土地整治等项目，加强高标准基本农田建设，保持耕地占补平衡和总量动态平衡。严格落实水资源管理“三条红线”，确保用水安全。大力发展循环经济，积极推广清洁生产，实施5个重点支撑项目和2项示范工程。

（五）保障改善民生，着力增进人民福祉

民之所望，施政所向。我们将始终坚持“三个第一”理念，千方百计加大民生投人，竭尽全力保障和改善民生，确保重点社会事业支出占比达到65%以上，办好10件民生实事（附后）。

加强民生保障。推进创业带动就业，成立大众创业指导服务中心，举办职业技能大赛，新增城镇就业6500人、农村劳动力转移就业1.2万人。提高社会保险覆盖范围和统筹层次。完善“大保障”机制，建立困境儿童基本生活保障和低保、五保失能老人护理补贴制度，落实低保、五保供养标准自然增长机制。加强劳动保障监察，强化企业欠薪预防监控。实施保障性安居工程，推进棚户区和农村危房改造。实施总投资8000万元的高崖水库库区移民避险解困项目，改善生产生活条件。

统筹各项社会事业发展。实施309国道西段罩面、大沂路南寨路口至龙泉院段大修等工程，完成村级公路网化示范县项目，大力支持潍日高速建设。加快中小学校舍标准化建设改造，县实验中学新校投入使用，街道和乔官镇初中全部进城。实施第二期学前教育三年行动计划，新建改造标准化幼儿园7所。加快职业教育发展，宝石中专通过省规范化中等职业学校验收。深化公立医院综合改革，实施公共卫生服务项目，加快“国医堂”建设，创建群众满意卫生院。加快县文化中心、大型公益阅报栏、体育健身工程等公共文化体育设施建设，广泛开展群众性文化体育活动。实施引黄（江）入昌工程。配合实施榆横至潍坊交流输变电工程。规划建设县消防应急救援指挥中心、看守所、拘留所和朱刘消防站。推动妇女儿童、老龄、慈善、残疾人事业健康发展。做好国防动员、民兵预备役、双拥、人防、统计、审计、档案、史志、气象等工作。

维护社会和谐稳定。创新社会治安综合治理，完善治安防控体系，提高“平安昌乐”建设水平。

加强和改进信访工作，推进依法治访，积极化解各类社会矛盾。健全应急管理机制，有效预防和及时处置突发性公共事件。牢牢把握安全底线，强化落实安全生产“五个责任”，完善食品药品监管体系，加强防灾减灾能力建设，统筹做好舆情安全、社会安全工作，确保安全发展。深化社会主义核心价值观宣传教育，在全社会形成良好道德风尚。全面完成“六五”普法任务，弘扬法治精神；增强全社会法治意识。

**三、加强政府自身建设**

打铁还需自身硬。面对新常态下复杂艰巨的改革发展任务，我们将全面落实推进法治建设新要求，着力提高政府综合素质，加快推进政府治理体系和治理能力现代化。

（一）全面推进依法行政。认真贯彻县委关于全面推进依法治县的实施意见，推进法治昌乐建设，为全县发展提供坚实法治保障。带头学法尊法守法用法，严格按照法定权限和程序行使权力、履行职责，切实做到“法无授权不可为，法定职责必须为”。强化规矩意识，严格按规矩办事。健全依法科学决策机制，严格规范行政决策程序，完善政府法律顾问制度，进一步提高决策质量。广泛征求各方面意见建议，科学编制“十三五”规划。强化行政执法管理，切实做到严格规范公正文明执法。加强和改进行政复议、行政应诉工作，维护公民、法人和其他组织的合法权益。坚决执行县人大及其常委会决议决定，自觉接受人大依法监督和政协民主监督，主动接受司法、新闻舆论和社会公众监督。高质量办理人大代表建议和政协委员提案。完善政府信息发布制度，推进政务公开和各领域办事公开。

（二）加快转变政府职能。围绕更好地发挥市场在资源配置中的决定性作用，推进简政放权，压减行政审批事项，健全完善以“四张清单、一个平台”为主要架构的行政权力运行体系。推进政府机构改革，优化政务服务，提高行政效能。推行政府购买服务，提升公共服务水平。清理规范税收、土地等各项优惠政策，维护公平的市场竞争环境。加强政府系统干部队伍建设，实行公务员职务职级并行制度，不断增强人员素质和队伍活力。围绕做好新常态下政府工作，加强学习研究，提高解决问题的法治化和专业化能力。

（三）持续改进工作作风。深入落实中央“八项规定”，严防和治理“四风”，巩固和拓展群众路线教育实践活动成果，进一步转变作风。坚持勤俭办一切事业，厉行节约，反对浪费，继续压减一般性支出，降低行政运行成本。健全惩治和预防腐败体系，加强廉政教育，落实廉政制度，强化监察、审计监督和政府内部层级监督，始终保持惩治腐败高压态势，坚决查处各种侵害群众利益的不正之风和腐败行为，切实保障政府清廉。

各位代表，新常态蕴含新机遇，新征程开启新希望。让我们紧密团结在以习近平同志为总书记的党中央周围，在县委的坚强领导下，紧紧依靠全县人民，科学务实，积极作为，团结拼搏，埋头苦干，为谱写富强、生态、幸福昌乐建设新篇章而努力奋斗！

**附件**

## 2015年10件民生实事

1. 实施309国道西段13.7公里罩面工程、大沂路南寨路口至龙泉院段10.4公里大修工程，完成村级公路网化工程示范县项目。

2. 加快中小学校舍标准化建设改造，对11处中小学厨房进行改造提升。

3. 成立大众创业指导服务中心，提供创业培训、政策扶持、资源支持等创业全程服务。

4. 推进垃圾无害化处理和资源化利用，县垃圾无害化循环利用项目力争投产达效，开工建设县生活垃圾无害化处理场、县工业固体废物处理场。

5. 实施公共文化服务设施建设提升工程。建设县文化中心，县文化馆、图书馆达到国家二级以上标准，建成文化信息资源共享工程县级支中心、县非遗综合传习中心、县民俗博物馆，建设县博物馆。所有镇（街道）综合文化站达到国家三级以上标准，所有社区、行政村文化中心达到省二类以上标准，全部建成规模适度、设施配套的文化活动广场，70%以上的社区建成公共电子阅览室。

6. 在城区设立200处大型公益阅报栏，方便群众阅读了解有关信息。

7. 加强全民健身设施建设，新建社区体育健身工程3处、村级体育健身工程20处。

8. 配合国网山东省电力公司实施1000千伏榆横至潍坊交流输变电工程潍坊输变电工程（该工程

在我县境内的总投资额预计50亿元），提高电力保障水平。

9. 建立困境儿童基本生活保障和低保、五保失能老人护理补贴制度，对困境儿童每人每月发放300元基本生活费，对享受低保、五保待遇的失能老人每人每月发放60元护理补贴。

10. 为全县65岁（含）以上老年人进行一次免费健康查体，为13583名35～64岁农村妇女进行乳腺癌、宫颈癌免费筛查，为所有孕前妇女开展免费健康检查。

## 高立伯
## 在全县“三八六”环保行动调度会议上的讲话

（2015年8月7日）

今天这次会议，主要是调度前一阶段全县“三八六”环保行动进展情况，分析工作中存在的问题，研究部署下步的推进措施，动员各级各有关部门更加坚定信心，采取更加有力的措施，确保完成既定任务目标，确保这项工作完美收官。

“三八六”环保行动，市里安排部署开展三年，今年是收官之年，各项任务目标必须全面完成。为此，市委、市政府连续采取一系列有力措施予以强力推进，包括暗访、督导、约谈等，这些措施也倒逼我们必须把这项工作抓实抓好。刚才，县环保局赵业民局长通报了前期“三八六”环保行动进展情况及存在的问题。从通报情况看，虽有一定成绩，但更多的是问题和差距，特别是对照全市目标、对比先进县市区，差距还不小。县建设、水利、公安、农业等部门和朱刘、乔官等镇街汇报了各自牵头工作存在的问题和下步措施，希望切实抓好落实。登友、汝祥、林卿三位同志就各自牵头的工作讲了很好的意见，大家要一并抓好落实。会上还印发了《昌乐县“三八六”环保行动工作进展情况通报》。这个《通报》既通报了前一段的进展情况，也提出了存在的问题和下步的要求，大家要好好研究，认真按照《通报》提出的各项要求抓好落实。下面，我讲三点意见。

**一、认清形势，正视差距**

8月3日下午，市委、市政府召开了全市“三八六”环保行动调度会议。这次会议，是“三八六”环保行动开展以来，除动员会议外，规格最高、讲得最严肃、要求最高的一次会议。会上，杜昌文书记和刘曙光市长分别作了重要讲话，邹庆忠常务副市长通报了全市“三八六”环保行动进展情况，其中几次点到了昌乐。过去，在环保工作上，我们经常沾沾自喜。全市“三八六”环保行动开展之前，我们就率先行动，铁腕治污，行动早、决心大、措施硬、效果好，在一段时间内走在了全市前列。但从现在的情况看，我们已经落在了全市后面，可以说是形势严峻、差距明显、压力很大。对此，大家一定要认清形势，增强压力，不能一讲到环保工作，就是行动早，见效快，为全市“三八六”环保行动现场会议提供现场等，这些都是“老皇历”了，是几年以前的事了，而是要清醒地认识到现在我们这项工作已经落后到了什么程度，而且要把这种压力传导下去。从现在的情况来看，我们的压力主要来自三个方面：

*一是市里调度的压力。*去年以来，市里一直对环境保护的相关指标保持密集调度的高压态势，如果一个地方、一个部门相关指标出现下滑、工作进度达不到序时要求，不仅要在媒体上曝光，还要进行通报、约谈、问责。6月29日，邹庆忠常务副市长约谈了“三八六”环保行动重点任务进度缓慢单位的负责人，我县虽未被约谈，但也处于约谈范围的边缘。

*二是指标上的压力。*主要是水和气两个方面。从水方面看，去年，我县丹河、桂河两个流域因水质连续超标被市里实施了区域限批，不能再上涉水项目。今年以来，这两条河流断面的COD和氨氮浓度仍然呈上升趋势，特别是从3月份以来COD浓度一直超标，6月份COD浓度更是到了70mg/L。根据省里要求，今年年底前丹河、桂河水质必须达到COD≤40mg/L、氨氮≤2mg/L的标准，我们现在的水质已经远远超出这个标准。从气方面看，通过市里每月通报的空气质量情况来看，今年1到6月份，我县空气质量综合排名普遍较低，分别是第11、第11、第8、第9、第14、第8。

*三是考核的压力。*目前，《县市区科学发展综合考核办法》已经下发。今年的办法较往年有了较大调整，一个是“开发区转型升级”指标的比重提

高了，另一个是“生态环境质量改善”指标从去年的100分提高到了200分，指标权重大幅增加，其中“三八六”环保行动及环境保护目标占130分，占考核总分（2000分）的6.5%。2013年、2014年，我县的“三八六”环保行动考核成绩还是相当不错的。但从今年的情况看，如果我们再不努力，这项指标上不去，将会对我县的考核成绩形成非常大的逆向拉动。我县是省委姜异康书记、市委杜昌文书记的联系点，各项工作都要以“走在前列、起好带头作用”为目标定位，争取再上新台阶，环保工作更要这样。

**二、突出重点，加快攻坚**

现在距离“三八六”环保行动结束只有不到五个月的时间，到了最关键的收官阶段。能不能实现预定目标，市委、市政府是高度关注的，全县上下也是拭目以待的。全市“三八六”环保行动调度会议之后，县委专门召开了常委（扩大）会议，对下步的“三八六”环保行动进行了专题研究，提出了明确要求。我们今天的会议，就是贯彻县委常委（扩大）会议要求，把任务落实好。

（一）关于消灭污水直排。现在的突出问题是丹河和桂河水质不达标、朱刘片区雨污混流问题始终没有彻底解决、中水回用工程没有建成。一是关于丹河和桂河水质超标问题。怎么办？首先，是污水处理厂必须稳定达到一级A排放要求，然后是对污水处理厂的外排污水再作深度处理，使出水水质直接达到COD≤40mg/L、氨氮≤2mg/L的标准。这方面没有任何讨价还价的余地，必须达到。其中，①稳定达标排放的问题，由县建设局负责，如果发现污水处理厂超标排放，要扣减相应费用；县环保局要加强执法监管，落实处罚措施，倒逼污水处理厂稳定达标排放；各污水处理厂要严格按照一级A标准排放，严禁超标排放和出现溢流问题。②进一步提标问题，前期建伟同志已经组织进行了多次研究，并邀请专家对污水处理厂提标方案进行了评估。下步，关键是尽快确定最终的设计方案和价格方案，确定下来马上实施。这项工作，总的由县建设局牵头，县财政局、环保局配合，争取下周确定最终方案、完成价格谈判，提交县政府常务会议研究。其中，城北、城东污水处理厂的提标方案，由县建设局具体负责，根据小试、中试结果，结合外地做法，尽快研究确定；城西污水处理厂的提标方案，由县财政局具体负责，县环保局配合，抓紧与齐鲁水务沟通衔接，尽快研究确定。二是关于朱刘片区雨污混流问题。前期，朱刘街道会同县建设、环保等部门对片区内的企业进行了排查，对排查出的问题也进行了整改，但从近期这几场雨看，效果不理想，还是出现了污水处理厂溢流问题，这说明雨污混流的问题依然存在。下步，登友同志要继续牵好头，组织朱刘街道、县建设局、县环保局，对朱刘片区企业内部和外部道路上的混流点进一步排查整改，争取尽快解决。整改过程中，街道确实解决不了的问题，可以提报到县里研究。要注意调动企业主动整改的积极性，对于主动整改的企业，县建设、环保等部门可以向上争取一定的政策给予支持。三是关于中水回用问题。主要是城北污水处理厂中水南调工程，县建设局要加快建设进度，确保8月底前建成投用。另外，城西污水处理厂中水回用工程也要尽快用起来，登友同志要抓紧与英轩实业对接，督促企业尽快将取水口上移。

（二）关于自备井整治。总体来看进展不错，主要存在管理不到位的问题。下步，县水利局必须建立完善长效机制，把管理不到位的问题真正研究解决好，用最严格的制度、最严密的措施、最有效的管理巩固整治成果，保护地下水资源。当前水资源短缺的问题越来越突出，必须引起我们的高度警觉、高度关注。近期尽管连续下了几场雨，但水资源严重短缺的问题并没有从根本上解决。今后，凡是发现非法开采地下水的，要发现一起、查处一起，决不迁就。同时，县水利局要按照县委常委（扩大）会议要求，抓紧组织对洗车行业自备井进行整治，尽快摸出底子、拿出方案、彻底整治。

（三）关于河道生态修复。现在来看，主要存在生态修复工程进展较慢、已建成湿地管理不到位问题。下步，县水利局要继续牵好头，督促有关镇（街、区）具体抓好落实。一是加快工程进度。根据年初确定的任务，今年丹河生态湿地要再扩大300亩，桂河生态湿地要进行补植加密，汶河要完成300亩生态湿地建设和5600米河道除险加固。现在来看，汶河生态湿地建设任务已完成，河道除险加固工程还没完成；丹河生态湿地扩建、桂河生态湿地补植加密都还没开工。下步，县水利局和相关镇（街、区）要加快推进，特别是丹河生态湿地扩建、桂河生态湿地补植加密等工作，要加快扩建或补植加密。现在正是栽植水生植物的最好时期，如果再拖到秋冬季节，栽植水生植物将很难成活，效果就会大打折扣。二是加强湿地管护。县水利局要组织对已建成的湿地进行一次全面检查，提出具体的管护意见，进行高标准管护，切实发挥好作用。

（四）关于推行“煤改气”。这项工作主要存在工程建设较慢的问题，主要涉及拆迁，有关镇（街、区）要加快拆迁进度，县建设局抓好牵头推进。一是加快推进天然气储配调峰站建设前期工作，确保8月底前开工建设。二是加快郚部、红河段中压管线施工进度，争取10月份完成管网铺设。三是推进站前街文化路路口至老建设局路口老旧管网改造，争取年底前完成。四是协调有关镇（街、区）抓紧完成3处CNG加气站的拆迁任务，争取尽快开工建设。

（五）关于整治空气异味污染。主要是市里通报和媒体曝光的乐港、万山、潍焦三家企业的问题。下步，要跟上督导，严格按照市里要求，加快治理进度。乐港公司重点是完成热电厂脱硫、除尘升级和新建脱硝工程；万山集团重点是完成焦炉和制釉厂脱硫脱硝工程建设；潍焦集团重点是完善焦炉废气治理工程。对此，县里已经作了研究，就是给企业10天时间，抓紧启动整改工作。如果这10天内没有实质性进展，也就是施工队伍没有进场、设备没到位，县环保局要根据新《环保法》要求，有计划地对企业实施停产整顿；红河镇、朱刘街道要承担好相应的责任，安排专人靠上，抓好督促。这三家企业，都是市里通报和媒体曝光的，没有任何退路，必须尽快完成。这项工作由县环保局总牵头，红河镇和朱刘街道具体靠上，三家企业要切实负起主体责任，抓紧完成。在环境治理上，县里一直严格要求，但也最大限度地考虑了企业的实际情况，企业不能总是以发展为借口，拖着不办。前期，媒体上一直在讨论临沂铁腕治污的做法，刚开始还有媒体对此持不同观点，但很快环保部、省委省政府和中央媒体都对临沂的做法给予了肯定。我们现在也是这样，乐港、万山、潍焦三家企业的环保问题，都不是今年刚刚出现的，而是以往就有的，之所以一直没有彻底解决，就是因为企业总是以自身困难、市场不好为借口，片面夸大环保治理的成本，影响了工作进展。再就是乔官的板厂、胶厂、膜厂治理问题，也是我们“三八六”环保行动的一项重点任务，虽然没有被通报，但市里一直盯着。这方面，县环保局要负责帮助乔官镇抓紧拿出具体治理方案，彻底治理。对难以达标排放、整改无望的要坚决予以关停。治理过程中，要把环保治理与安全生产、消防安全等治理结合起来，实行综合治理，对达不到要求的，坚决予以关停。

（六）关于淘汰黄标车。刚才，汝祥同志已经讲得很具体了，我县现在的进度与任务目标还有很大差距。下步，一是要责任化。对各镇（街、区）还未淘汰的黄标车，学习借鉴安丘市的经验做法，各镇（街、区）要进一步细化量化任务，落实责任，把任务分解到村（社区），做到任务细化、量化、责任化。对机关事业单位还未淘汰的黄标车，由县财政局负责，从今天开始，一律淘汰。其中，目前还在单位使用的，财政局把单子给我，哪个单位不淘汰，我就约谈哪个单位的主要负责人；已经卖掉的，哪个单位卖的，就哪个单位负责，落实到底。二是要严查。公安、环保、交通等部门要协同配合、联合执法，严厉查处无标车、黑烟车、报废车上路行驶等违法行为，以严管、严查、严罚的高压态势倒逼黄标车淘汰。三是要引导。要像抓城乡环卫一体化工作一样，进村入户做好淘汰黄标车工作的宣传，让老百姓充分知晓政策，赢得群众的支持拥护。

（七）关于城市扬尘污染。总的管理不错，但也存在问题。像我们平时在路上就经常碰到一些渣土车，跑起来风驰电掣，也没有遮挡，风一吹便尘土漫天。下步，要继续抓住建筑工地、城市道路、渣土运输、露天烧烤等重点部位和环节，按照市、县确定的扬尘防治标准，进一步加大治理力度。一是扎实整治建筑工地扬尘污染。县建设局要加大扬尘污染防治专项检查频次，对物料堆放等不符合要求的实行安全文明工地“一票否决”。二是搞好道路扬尘管控。由县环卫局负责，进一步提升道路保洁作业水平，有效解决城区道路扬尘污染问题。三是持续整治渣土运输扬尘污染。县建设、公安、城管、交通等部门要加大联合执法力度，深入推进专项整治，严厉查处野蛮行驶、超量装载、沿途洒漏、乱倾乱倒等违规行为。四是加强露天烧烤整治。露天烧烤污染空气，破坏城市卫生和秩序，舆情反映经常，县城管部门必须执法从严，管理到位。对不在集中经营区内经营、不开油烟净化设施、违规占用人行道及绿化带、污染空气和路面、影响周围居民生活秩序的摊点，坚决予以取缔。

（八）*关于农业面源污染*。总的看，面上情况是好的，但也有问题，比较突出的是畜禽养殖场排污不达标问题。昌乐是养殖大县，畜禽养殖排污不达标问题一直很突出，特别当前正值汛期，个别畜禽养殖场可能会借下雨天外排污水，过去我们有过这方面的教训。对此，要严格管理，严惩不贷。这个问题是属地管理责任，镇（街、区）一旦发现这种情况，要立即处置。

“八大战役”到了最后，剩下的全都是些难啃的“硬骨头”，必须攻坚决战，方能完成。在全市“三八六”环保行动调度会议上，杜昌文书记明确提出，要以深化“三八六”、建立新常态为主题，将“三八六”环保行动延续下去，再搞三年。还是用现在的办法，有目标、有要求、有责任、有督查、有问责。因此，各职能部门和各镇（街、区）决不能有“过关”思想，必须以更加扎实的作风，认真抓好每一项工作。

**三、压实责任，形成合力**

*一要勇于担当，积极作为*。当前，“三八六”环保行动已进入决战决胜的关键阶段，时间紧、任务重，各责任单位必须拿出打攻坚战、啃硬骨头的劲头，盯住目标任务，主攻薄弱环节，集中力量突破，确保全面完成既定目标。“八大战役”牵头部门、相关配合部门要对照目标找差距，倒排工期抢进度，特别是被市里通报的各项工作，要拿出专人靠上，确保尽快取得实质性进展。各相关部门要积极对上沟通汇报，争取最大支持。县环保局要积极向市里汇报，争取将位于寿光丹河纪赵桥断面的监测点移到我县境内，对位于市委党校的空气质量监测点进一步调整优化。

*二要强化执法监管*。今年是新环保法实施的第一年，新法能不能落实到位，关键在于执法监管是不是严格到位。一是基本职责任务要落实到位，做到法定职责必须为。二是对违法单位要执法到位，坚决执行按日计罚、限产停产、查封扣押、行政拘留等处罚措施，用严格的执法为环保工作争出空间，倒逼企业尊法守法。三是对各方力量要协调到位，着重加强联合执法，强化环境违法刑事责任追究，做到发现一起、查处一起、移送一起。公安部门要积极主动搞好配合，对于环保部门移交的案件，要立即介入调查，切实查处几起典型案件，保持打击惩治的高压态势。

*三要严格考核问责*。环境保护，县里负有属地管理责任，镇（街、区）同样也负有属地管理责任。镇（街、区）的属地管理责任和部门的监管责任这“两个责任”是一样的、对等的，出了问题同样问责。下步，县里也要参照市里的办法，综合采用通报、约谈、问责等各种手段推进工作责任落实、促进工作开展。在全市领导干部会议和全市“三八六”环保行动调度会议上，杜昌文书记多次讲到责任追究的问题，要求对完不成任务的，严厉追究责任；对有些问题，监察部门要立即介入，查处失职渎职问题。所有这些，都要求我们必须尽职尽责。县环委会办公室要充分发挥统筹协调的作用，加大通报和督查力度，定期对工作进展情况和环境违法案件进行通报。传媒集团要坚持正面宣传和负面曝光相结合，在媒体设立“红黑榜”，通报落后、表彰先进，营造良好氛围。媒体公开通报曝光是一个重要手段，处罚得再严厉，如果处罚结果只装到档案袋里，也不会起到太多震慑作用。因此，我们不但要处罚，还要在媒体上通报，公开曝光那些以身试法的单位和个人，让全社会都知道他们的违法行为。

总之，我们的任务还是很艰巨的，希望大家回去以后，按照市委、市政府和县委、县政府的要求，切实承担起各自的任务，确保圆满完成各项任务目标。

## 高立伯<br>在全县安全生产工作会议上的讲话

（2015 年 8 月 17 日）

刚才，我们一起收看了全市安全生产工作电视会议，会议分析了当前全市安全生产形势和存在的问题，就以危险化学品为重点的安全生产大检查活动进行了安排部署，讲得非常严肃、非常具体，我们要认真抓好落实。会议专门安排市安监局尹文林局长通报了全市近期安全生产事故处理情况。为什么要作出这样的安排？可以说是用意良苦，目的就是通过通报这几起事故的处置情况，警示我们在座的各位，切实担负起企业的主体责任、镇（街、区）的属地管理责任、部门的监管责任。从通报看，每一起事故处置的对象都是针对这“三个责任”的主体。首先是企业法人代表和相关责任人，一般是经济处罚，严重的追究刑事责任；第二是镇（街、区）的责任人；第三是主管部门的责任人。

天津港“8·12”瑞海公司危险品仓库特别重大火灾爆炸事故发生后，根据张新强书记的安排，县政府紧接着在8月13日下午，就召开了危化品企业安全生产现场调度会议，到部分重点危化品企业进行了现场检查，并在潍焦集团集中召开了会议。15日下午，我们又收看了全国、全省安全生产工作电视会议，马凯副总理、张务锋副省长分别就下步安全生产工作作了专题部署。今天市委、市政府又召开安全生产工作电视会议，杜昌文书记、刘曙光市长专门作了重要批示。从这些连续召开的会议，我们可以看出当前安全生产形势十分严峻，各级对安全生产工作高度重视。下面，围绕贯彻落实好全国、全省、全市会议精神，我再讲三点意见：

**一、认清形势，切实增强抓好安全生产工作的紧迫感和责任感**

今年以来，全县上下认真贯彻落实上级关于安全生产工作的一系列决策部署，深化责任落实，突出重点领域监管，狠抓隐患排查整改，夯实基层基础工作，取得了很大成效。1—7月份，全县共发生各类生产安全事故3起，死亡1人，死亡人数下降33%，未发生较大及以上生产安全事故，安全生产形势总体稳定。工作中主要抓了以下几点：一是加强了工作保障。调整充实了县镇两级政府安委会和13个专业安全生产委员会成员，从县级领导到镇（街、区）、部门，都明确了安全生产“一岗双责”。县编委会专门研究落实了镇（街、区）和部分重点部门的安全监管机构设置、人员充实等问题，并全部通过县编办发文公布，将县直部门的安全生产监管职责明确纳入部门“三定方案”。县财政为5个任务重、基础弱的部门各单列10万元安全生产监管经费，为从事安全生产监管监察工作的人员每人每月发放220元岗位津贴。二是强化了执法监察。对各类非法违法行为及发生生产安全事故的企业，一律按上限处罚，营造了“严管重罚”的强大声势。今年以来，共实施行政处罚72.5万元，行政和刑事拘留11人。三是探索实行了实名制监管。率先在全市实行实名制监管，筛选了360个安全监管重点单位，将其划分为危险化学品、非煤矿山、烟花爆竹、民爆器材等39个行业类别，逐一明确安全监管主管单位、负有安全监管职责的部门及属地管理责任，消除监管盲区，得到了市领导的肯定。四是进一步夯实了基层基础工作。扎实推进标准化创建，全县90%的规模以上企业通过了三级以上考核验收。扎实推进“安全教育培训年”活动，共举办各类安全生产培训班14期、培训人员1800余人，全员培训企业18家、培训人员9000余人。组织英轩实业、元利高科、日科化学、石大昌盛等69家企业开展了应急救援预案演练活动。

成绩应当充分肯定，但我们也要清醒地看到，全县安全生产面临的形势依然严峻，问题仍然不少。特别是3月份以来，我县接连发生了多起生产安全事故。在反复强调部署安全生产工作、不间断组织大检查和各类专项整治行动的情况下，生产安全事故仍然时有发生，这给我们敲响了警钟，也需要我们认真反思。这说明我们在认识上、工作上、措施上还有差距、还有问题，也说明了安全生产工作的复杂性、艰巨性、长期性。大家不要以为安全生产工作抓一阵、促一阵，有效果了，就万事大吉了，抓安全生产不可能一劳永逸，只能是警钟长鸣、坚持不懈，头脑要始终保持清醒，眼里要时刻看着问题。一是隐患排查治理不够彻底。我们安排了很多排查、整治行动，但是这些行动在一些镇街和行业领域落实还不到位，隐患排查治理没有做到责任、措施、资金、时限和预案“五到位”，排查不全面，流于形式，整治不彻底，走了过场。今天全市会议上，于永生副市长对16个县市区7月份挂牌督办、问责的情况逐一进行了通报。从我县情况看，去年以来，国家、省、市、县挂牌督办了一些企业，大多数企业高度重视，认真研究制定整改方案，有关部门跟上督查，大部分问题已按要求整改完毕，但仍有部分企业还未完成整改。二是监管责任不到位。安全生产监管责任十分明确，但个别镇街、个别部门、部分环节总是落不到实处，特别是在一些职能交叉、历史遗留问题较多的领域，推诿扯皮的问题还很严重。三是基层基础不牢固。部分生产经营单位特别是中小企业安全生产主体责任不落实、安全生产投入不到位、隐患治理不彻底、管理控制不严格。特别是在危化品等重点行业领域还存在一些突出问题。问题主要表现在：(1) 个别企业无证非法经营，主要是历史遗留问题，项目建起来了，但手续没办上。(2) 部分企业先“上车”后“买票”，“票”虽买上，但是存在的一些先天性缺陷没从根本上解决，存在硬伤，这需要坚决整改。(3) 少数企业负责人侥幸心理严重，感觉自己问题不大，重效益轻安全，安全设施不舍得投入，隐患整改能拖就拖，能靠就靠。(4) 一些企业安全设施维修保养不及时，安全设施失灵失效，根本起不到应有的保护作用。(5) 一些安全制度形同虚设，没有落到实处，特别是动火作业制度和进入受限空间作业制度落实不好，导致一些事故发生。另外，还有很多企业存在从业人员安全素质低，安全员不懂安全，职工流动性大，特种作业人员无证上岗，职工安全知识缺乏；设备老化；应急救援能力不足、水平不高，企业预案与实际脱节，不经常演练，处置不及时、不果断等问题。问题的存在，归根结底还是认识问题。对于安全生产和环境保护，一讲就是认识问题，但这个问题解决了没有？从大的层面来讲可能解决了，企业、镇（街、区）、部门负责同志都认识到了安全生产的重要性，都知道人命关天，但是把安全生产摆在更高的标准和要求上来认识、来对待、来解决问题，还没有做到。这也是一些隐患没有整改到位的重要原因。对安全生产的认识应该是永无止境的，要在态度上慎之又慎，在措施上严之又严，在标准上高之又高。

**二、深入开展好安全生产大检查、大整改活动**

主要是认真落实好全国、全省、全市安全生产电视会议作出的安排部署。前期，县政府安委会已经安排了开展为期两个月的安全生产大检查、大整改活动。我们要根据上级的最新要求作出调整和优化，确保检查、整改到位。为搞好这次大检查、大整改活动，县政府以购买服务的方式，聘请2家专业公司，正在对全县企业安全生产隐患逐一进行排查，并制定整改方案，帮助搞好整改。对此各镇(街、区)、各企业一定要抓住这次难得的机遇，认真全面搞好隐患排查和整改。一是排查要全面到位。这次大检查继续采取条块结合的方式，各系统负责自上而下开展条条排查，各镇（街、区）负责对辖区内企业开展拉网式全面排查，切实做到不留死角、不存盲区。要坚持监管人员与专家联合检查，充分发挥安全专家的技术优势，确保隐患排查有效。要继续实行排查责任制，谁排查的谁签字。如果有问题没有排查出来，排查人要负责任。二是整改要迅速彻底。对排查出的问题，要抓紧制定整改方案，逐一销号。对能够立即整改的隐患，要立即整改到位；对需要一定时间整改到位的，要落实整改责任人，明确整改措施和进度要求，限期整改到位。如果因整改不到位将来发生事故的，县里将追究整改责任人的责任。在隐患整改上，企业一定要舍得花钱、舍得投入。多数时候大家都知道隐患在哪里，但就是因为不舍得花钱、不舍得停产整改，终将隐患拖成事故。在安全生产上，钱不应当成为羁绊，也不应当成为借口。这几年，县里财力一直非常紧张，但县委、县政府明确提出，在安全生产和环境保护上，要优先保障、优先解决。只要主管部门提出需求，县里就全力给予保障。企业也要这样，不要觉得目前大形势不好，生产经营面临一些困难就减少安全生产投入。安全生产保障不了，一切都是空谈。这方面，我们有正面典型。像铭基中慧，在去年底，就本着“宁可少挣钱，也要保安全”的理念，下定决心，利用三个月的时间实施停产改造，投资1200万元，累计投入和损失1.8亿元。这些钱花得值不值？非常值！一下子就把安全隐患彻底整改了。企业从此放下了包袱，全力发展生产。三是督查要及时跟上。县政府安委会已经作出了安排，今天会上也发了通知，就是从县安监局、公安局、市场监管局、交通局、教育局、水利局等10个单位，抽调15名人员，组成5个督查暗访组，每个组配备1名专家，对大排查、大整改活动进行督查暗访。从国务院和省、市政府的安排看，国务院将派出16个督查暗访组，省、市政府也将派出督查暗访组，因此我们不能有任何侥幸心理，必须扎扎实实抓好工作落实。

下面，我简单强调几个重点行业领域的检查重点：

（一）危险化学品行业领域。这是重中之重。天津“8·12”事故发生后，省政府办公厅连续下发了两个通知，要求加强危险化学品安全管理、立即开展易燃易爆危险品场所专项整治。通知要求，从现在起到10月底，在全省开展易燃易爆危险品场所消防安全专项整治。消防、安监、市场监管、交通部门要抓紧研究部署。专项整治重点突出四个方面，一是检查审核验收情况。重点检查生产、储存、装卸易燃易爆危险物品的单位，是否通过消防审核验收。二是检查单位责任落实情况。重点检查是否落实了消防责任制、消防演练等。三是检查消防设施完好有效情况。重点检查灭火、报警、给水等消防设施运行和保养情况。四是检查消防培训教育情况。同时，要积极开展消防培训教育和消防安全标准化管理，严防泄露、爆炸、火灾等事故发生。对省政府办公厅《关于加强危险化学品安全管理工作的通知》提出的11条意见，特别是危险化学品企业准入和退出机制，县政府安委会办公室要会同有关部门抓紧提出落实意见，下发执行。

昨天晚上，市里下发了全市危险化学品安全生产督查检查的紧急通知，杜昌文书记专门作了批示，要求全市危险化学品生产、经营、储存、使用、运输企业，要全部进行自查，并明确要求企业工会选派职工代表参加自查。自查结束后，企业法人代表和工会主席共同签字上报自查结果。然后，各县市区安委会再组织行业主管部门和负有安全生产监管职责的部门对自查结束的企业进行复查。复查结束后，由企业主管部门和监管部门主要负责人签字并抓好落实。在此基础上，再由各县市区政府、市属各开发区管委会主要领导签字后报市安委会。每一步的责任要求都非常明确，哪一个环节落实不好，就追究哪一个环节的责任。会上，已把通知发给大家了，各镇（街、区）、各有关部门一定要逐个企业进行传达，并组织开展好由工会职工代表参与的自查工作。在座的主要危化品企业和涉氨食品企业，要根据通知要求认真搞好自查工作，决不能出现任何应付、走过场的问题。

（二）建筑施工行业领域。目前，建筑施工处于活跃期。建设部门要全面加强对建设领域、建筑市场的安全监管，坚决消除各类安全隐患。要突出重点环节，对模板支架、深基坑、起重机械等危险性较大的分部、分项工程加强监督检查。对达不到安全要求的，要一律停工整改。

（三）消防安全行业领域。这方面，需要政府做的工作，今天全市会议上，于永生副市长作了重点强调，主要包括消防基础设施建设、消防设备配备、消防队伍建设、消防经费保障等。县政府分管同志要专门研究。需要部门和企业做的工作，主要是组织对人员密集场所、易燃易爆单位、高层地下建筑等火灾高危单位，以及“三合一”、“多合一”场所，进行消防安全大检查。特别是对以农产品、鞋帽、纺织生产加工为主的劳动密集型企业、外来工集中企业，要重点检查堵塞消防疏散通道和安全出口、采用易燃材料装修、擅自关闭自动报警系统等各类消防违法违规行为，发现问题，要立即整改。公安消防部门和相关企业要抓紧行动，抓好落实。

（四）特种设备行业领域。市场监管部门要加强对锅炉、压力容器、压力管道、公共场所电梯和游乐设施等特种设备的排查和整改。特别是电梯，近期各地发生很多事故，成为全社会关注的一个焦点。这方面，要深刻汲取外地事故教训，开展好电梯安全监管大会战行动，摸清底子，逐台评估风险程度，逐台制定整治方案。对无物业管理、无维保单位、无维修资金的电梯和商场等人员密集场所电梯，要定期检查、定期检验。经信部门要加快油气管道、加油站隐患整治工作进度，确保按时完成重点隐患整治工作。

（五）道路交通行业领域。交通、公安、城管、教育等部门要以客货运输安全为重点，突出校车、客车、危化品运输车辆、渣土车等重点车辆，实施联合执法，督促运输企业加强车辆和驾驶人员的管理。要深入开展好超限超载车辆集中整治百日行动，对因超载、超速、疲劳驾驶等造成严重事故的，坚决依法取消或降低其相关资质等级。公安部门要加强对路面的巡查和管控，严厉打击各类交通违法行为。交通部门要严厉打击运输车辆非法营运、资质不全等行为。城管部门要牵头做好渣土车等建筑施工车辆的管理。教育部门要组织专门力量，在秋季开学前对校车进行一次全面排查，消除隐患。

（六）其他行业领域。民爆器材领域，由公安部门牵头开展好安全检查，要全面排查生产、经营、运输、爆破使用等各个环节的隐患，并抓好整改。烟花爆竹、非煤矿山领域，由安监部门牵头开展好安全检查，要严格规范烟花爆竹批发零售经营行为，切实提高非煤矿山本质安全水平。其他领域，各职能部门要按照职责分工，开展好安全检查，并抓住影响安全稳定的关键环节和突出问题进行整治，不断提高各行业领域的安全管理水平。

**三、明确责任，切实抓好各项措施落实**

*一是落实好企业主体责任。*这是最重要、最关键的责任。如果企业主体责任落实不到位，其他责任也难以落实，而且这个责任很沉、很重。新的《安全生产法》我们都学习了，也邀请专家作过专门培训，其中明确规定，企业要承担10个方面责任，企业主要负责人要承担7个方面的职责。这些责任和职责如果落实不到位，不仅经济上要处罚，还有人身罚。刚才，于永生副市长也讲了，安全生产一旦出了问题，对企业来说就是灭顶之灾，对企业家来说也是灭顶之灾，不光是倾家荡产、甚至还会锒铛入狱。这绝不是危言耸听。因为一起起血的教训就发生在我们身边。今天的会议，有些企业主要负责人没来，分管的同志来了。我们企业分管安全的同志，一定要发挥好提醒、参谋作用，因为你们是直接责任人，追究责任，首先是追究你们的责任。企业落实主体责任主要是抓好硬件、软件两个方面。硬件方面，安全生产的设施设备要到位；软件方面，就是制度、方案、人员培训、预案演练等要到位，特别是职工的培训，职工安全生产的意识、知识、能力非常重要。很多事故的发生，硬件是没有问题的，往往都是员工操作失误造成的。因此，这两个方面都不能偏废。今年，县政府安委会在全县开展了“在我身边查隐患、在我身上找不足”的活动，有关部门一定要组织企业真正把这个活动搞到底，搞出成效来。如果这项活动真正做好了，企业每一名职工都在自己身上找到不足、在身边岗位上找到隐患，那么安全隐患还能藏得住吗？有了问题我们的职工还会应对不了吗？这些都是花钱不多但非常有效的工作，一定要组织好。

*二是落实好镇（街、区）属地管理责任。*习近平总书记指出，“要坚决落实安全生产责任制，切实做到党政同责、一岗双责、失职追责”。镇（街、区）的属地管理责任和部门的监管责任是一样的、对等的，出了问题问责是一样的。镇（街、区）千万不要找没有执法手段、没有专家力量这些借口，找了也没用，出了问题一样追究责任。像寿光“11·16”重大火灾事故，处理最重的就是镇街一级。没有执法手段，可以找县直部门联合执法；没有专家力量，可以像县里一样，花钱聘请。总之，要想方设法，履行好辖区的属地管理责任。

*三是落实好部门的监管责任。*安全生产对部门来讲，是“谁主管谁负责、谁审批谁负责、谁执法谁负责”。各部门要真正承担起对本行业领域的安全生产监督管理责任，做到管行业必须管安全、管业务必须管安全、管生产经营必须管安全。过去，我们一些部门说执法力量薄弱，对此，县编委会专门研究作了调整，在所有重要部门都设置了安全生产科，如果再推卸责任，就是不担当、不作为，最终出了问题，就是失职，就要被问责。

我相信，只要“三个责任”落实到位了，基层基础工作做扎实了，隐患大排查大整改做到位了，我县发生事故的概率特别是发生较大事故的概率就会降低很多，就能为昌乐的经济社会发展营造一个更好的环境，希望大家共同向这个目标努力迈进。

## 高立伯<br>在全县创建全省“双拥”模范城工作会议上的讲话

（2015年5月18日）

今天我们召开这次创建全省“双拥”模范城工作会议，主要是动员全县各级各部门进一步做好全省“双拥”模范城创建工作，为迎接上级考评验收作好准备，确保我们再次创建成功。刚才，进全县长传达了全市“双拥”工作会议精神，宣读了县“双拥”工作领导小组《关于做好迎接全省“双拥”模范城考评工作的通知》，对迎评工作的有关内容、标准、责任分工进行了细化分解，提出了明确要求，希望大家认真研究，抓好贯彻落实。下面，我讲三点意见。

**一、切实增强做好创建工作的责任感和紧迫感**

拥军优属、拥政爱民，也就是“双拥”，是我们党、国家、军队的优良传统和政治优势。多年来，我们昌乐县一直高度重视“双拥”工作，特别是2011年以来，连续4次提高重点优抚对象抚恤补助标准，共发放抚恤补助金7800多万元；义务兵家庭优待金目前我们已提高到每年14575元，4年间涨了13倍；接收农村退役士兵1064人，为656名自主就业退役士兵发放一次性自主就业补助金1394万元；部队在我县举行冬季野营训练期间，我们积极提供用地、用水等方面的保障支持，解决了部队在生活训练过程中遇到的一些具体问题；驻昌部队拥政爱民、抢险救灾，为我县经济社会发展贡献了重要力量，等等。可以说，我们昌乐的双拥工作，军地双方都付出了极大努力，开展得有声有色，成绩也是有目共睹。

做了工作，就应该在政治荣誉上体现出来，这是对军地双方进一步做好“双拥”工作的重要激励。所以，县里提出要争创全省双拥模范县。“双拥模范城”是衡量一个地区双拥工作整体水平的标志，也是一个地方政通人和、科学发展的象征，是我们必须努力去争取的一张重要名片。“双拥模范城”每4年评选一次。我们从2008年开始，全县上下和驻昌部队共同努力，到2011年圆满完成创建任务，被评为全省双拥模范城，2012年命名公布。其间付出的艰苦努力，在座的很多同志都切身经历过，都有深刻的体会。成绩来之不易，我们应当倍加珍惜，再接再厉，做好新一届“双拥”模范城的创建工作。而这次创建，关键在今年6月份省考评组组织的一次性考评验收，能不能评上，就取决于这次考评的成绩。我县的基础工作很好，如果因为迎评阶段疏忽大意，导致功亏一篑，我觉得非常不应该。所以，希望大家真正重视起来，落实好应承担的责任，把最后迎评工作做好。否则就对不起几年来军地双方共同付出的艰苦努力，也对不起上届同志们辛辛苦苦的创建工作。

从全省“双拥”工作会议了解的情况，本届省级“双拥”模范城命名数量，将比上届总量削减30%，这就意味着过去是省级“双拥”模范城的，新一届不一定是。而且还有一个情况，我市坊子区和寒亭区这次是首次争创，对这项工作很重视，有关的现场和材料准备得都非常扎实、细致，争创成功的可能性非常大。这样一来，在省级“双拥”模范城总量减少的形势下，原来已创建成功的县（市、区）被挤出的概率就增大了，我们面临的竞争也必将更加激烈。此外，潍坊市也参与本届省级“双拥”模范城的创建，我县的创城分数，将与其他县（市、区）成绩累加后计入全市的成绩，直接影响着潍坊的成绩。也就是说，我们这次创城不仅是昌乐自己的事，而且关系到潍坊能不能争取到这一荣誉，责任格外重大。

从我县的“双拥”具体工作来看，虽然近几年做了很多工作，取得了很大成绩，但并不是完美无缺，也还存在很多问题。比如资料材料不够健全、氛围不够浓厚、有军地纠纷隐患等，对此我们必须引起高度重视。现在，离6月底考评还有一个多月时间，时间紧迫、任务艰巨，希望全县各级各有关部门、单位充分认清做好创建工作的重要意义和面临的严峻形势，切实增强做好迎评工作的责任感和紧迫感，全力以赴做好各项准备工作，确保再次成功创建。

**二、扎扎实实做好迎评各项工作**

从目前了解的情况看，这次考评省里将组织10多个评委，主要分四步进行考评，包括看专题片、听汇报、查资料、看现场。全县各级各部门、单位要围绕这四项考评内容，全面细致地作好各项准备。这里，我再强调一下有关工作。

（一）扎实做好资料材料工作。资料材料是迎评工作的核心，是挣分或失分的关键。今天会上印发了《昌乐县创建全省“双拥”模范城考评标准及责任分工表》，里面包括了考核的内容和分值，还印发了《争创全省“双拥”模范城任务分解明白纸》，任务分的非常细，考评标准共有10大项72小项内容，涵盖了双拥工作的各个方面，但主要任务就是整理补充资料、材料。各责任单位要按照分工要求，搞好资料、材料的整理和提报。一是材料要全。我们2011年以来的工作，主要是通过这些资料、材料展现，如果资料、材料不全，就要被扣分。所以，各部门、单位必须按要求一项不落地整理提报上来，绝不能有缺项、漏项。二是标准要高。各部门、单位在整理提报材料时，绝不能有应付思想，简单地照搬照抄外地的材料，或者把以前的材料找出来凑凑，想蒙混过关，这是不行的。专家一看就看出来了，一定会扣分。所以，必须提高提报材料的质量和标准。另外，根据考评要求，各部门、单位提供的材料要分类装订成册，大家要按照会上发的关于报送材料格式、纸张的要求，严格照办。三是提报要快。6月底省里就来我县考评，留给我们的时间已经不多了。县双拥办收齐资料、材料后，还要进行整理、校对、印刷、装订，各部门、单位要抓紧时间往前赶，按时间要求上报上来，给双拥办留出足够的时间。

（二）精心打造迎评现场。这也是考评时另一个加分扣分的重要因素。县“双拥”办根据考评要求，结合我县实际，一共筛选确定了12个现场。这12个现场，分别代表了我县“双拥”工作的不同方面。所以说，对每个现场，各责任部门、单位都要集中力量精心打造好。县人武部要打造好爱国主义教育基地现场；县经信局要指导石大昌盛公司利用退伍军人创业优势，精心打造企业拥军现场；县教育局要督导新城中学利用学生军训期间的资料，打造好军民共建、军地融合发展现场；县民政局要督导县烈士陵园打造好爱国主义教育基地现场，同时督导养老中心打造好荣军服务工作现场；县人社局要督导中泰宝石学院打造好双拥培训基地现场；县卫计局要督导县人民医院打造好重点优抚对象优先优惠制度落实和“一站式”服务工作现场；宝都街道要督导三和社区打造好社区拥军现场；五图街道、红河镇要积极准备拥军优属政策落实资料，并安排好入户调查事宜；71375部队昌乐营区和消防大队作为拥政爱民窗口单位，要准备好拥政爱民现场。

（三）大力营造创建工作氛围。良好的氛围能给专家留下好的直观印象，有利于在创建中得到更高的分值，必须高标准营造好。一要利用户外广告营造氛围。要打造好“双拥”宣传一条街，对新昌路温泉酒店至流泉街段，要精心打造、造足氛围。对这条街上的所有广告灯箱，以及城区6个LED户外电子屏、出租车广告屏，在考评当天要全部换成双拥内容。同时，要尽快完成2块永久性双拥宣传牌的设计、安装。这项工作由县双拥办牵头，建设局、交通局、宝石城管委会等有关部门、单位要全力搞好配合。二要制作好“双拥”工作专题片和画册。专题片、画册是考评组的必看项目，也是全面展示我县双拥工作成就、亮点的一个窗口。县传媒集团、“双拥”办要拿出专门力量，高标准、高质量地制作完成。三要在媒体开设宣传专栏。县政府门户网站、传媒网等近期要开设“双拥”专栏，刊载“双拥”有关内容。传媒集团还要在县电视台、昌乐报开设“双拥”宣传专栏，集中宣传我县“双拥”工作的成果，为创建工作营造良好的舆论氛围。

（四）抓好两个具体关键事项。一要解决好五党山坦克跑道阻断问题。这是部队反映给我们的问题。重大军地纠纷是创建“双拥”模范城的一票否决事项，2008年，我县就曾因为军地纠纷没有能够申报全省双拥模范城，对此要引以为戒。对这项工作，建伟县长专门进行了现场协调，会后，进全县长要协调督促，组织县财政局、民政局、五图街办等有关单位抓紧落实，把这个问题解决好。二要提前发放优抚安置资金。近几年，我县的优抚安置资金基本都严格按照市里要求及时足额发放。今年，对义务兵优待金、自主就业士兵安置金，市里要求在6月30日前发放。但是考虑到6月底省考评组要入户调查，所以县财政局要提前筹措资金，在考评前足额发放到位。

**三、强化保障措施**

一要加强组织领导。各级各有关部门、单位和驻昌部队，要树立集体荣誉观念，把迎评工作摆上重要位置，纳入重要议事日程。主要领导要亲自抓、负总责，并明确分管同志和具体工作人员，定期调度研究解决问题。凡是本单位上报的资料、材料，主要负责同志要签字确认。同时，要发挥好联络员的作用，为其提供一切便利条件，保障每个单位承担的创建工作任务落实到位。

二要加强协调配合。创建省级“双拥”模范城是一项系统工程，涉及上上下下、方方面面，特别是涉及军地双方。县“双拥”办要做好牵头协调和指导工作，各镇（街、区），有关部门、单位和驻昌部队，都要牢固树立一盘棋思想，在认真履行好各自职责、完成好本单位工作任务的同时，对共同承担的工作，要加强沟通衔接，密切协作配合，形成工作合力。

三要加强调度督查。县委县政府督查局、县“双拥”办要成立联合督导组，加强对各镇（街、区）、各部门（单位）迎评工作情况的督查。对发现的问题要列出清单，督促改进；对进展缓慢、推诿扯皮的，要通报批评。对因工作不力影响全县创建成绩的，县里将追究相关单位主要负责人的责任。

同志们，做好省级“双拥”模范城创建工作责任重大、任务艰巨。全县各级各有关部门、单位一定要按照县委、县政府的部署要求，精心组织，迅速行动，认真、扎实、细致地做好迎评各项工作，确保圆满完成创建任务。

# 高立伯在全县大型企业座谈会上的讲话

（2015 年 3 月 4 日）

这次会议是春节上班后，继参加市“两会”以后，县委、县政府专题召开的加快工业发展的会议，充分体现了县委、县政府对工业发展的重视。刚才，张书记讲了召开这次会议的目的、想法，各位企业家都谈了各自企业的发展思路、目标，所有这些都进一步坚定了我们加快工业发展的决心。

我想，在新的一年里，面对新的形势，我们下一步加快全县工业发展。

**第一，还是要坚定信心。**今年在参加省市县各级“两会”时，代表们议论最多、关注最多的就是宏观形势。其中，开市“两会”时，市人大副主任刘明珂到昌乐代表团看望代表时曾讲到，在当前宏观形势下，很多地方对企业、对未来的发展持悲观态度、有低迷情绪，但是他对昌乐的企业、对昌乐的发展还是充满信心的。所以这个时候首先要确立一条，就是一定要坚定加快工业发展不动摇的决心和信心，这一条至关重要。我想，我们是有资格说我们是有信心的。一是从去年的业绩来看，在宏观经济下行压力加大的情况下，我县工业实现了持续稳定发展。从数据指标看，有些企业是下降了，但是也有很多企业是上升的，总体上效益还是不错的。而且在这种情况下，我们又新增了纳税过百万元企业 20 家，这是了不得的。所以，大家要看到在困难的情况下，我们取得了很大的成绩。二是要看到国家的宏观政策在不断进行微调。我们只要关注国家财政、货币、金融等方面的政策，就会发现国务院对这些政策，是在不断地进行微调的。前几天国务院还专门召开会议对相关政策进行研究，央行也在不断地出台刺激经济发展的利好举措。三是为了应对新常态下的发展，我们已经做了很多工作，而且积累了很多的经验，有了很好的基础。这方面，在今天企业家的发言中可以有深刻的感受，我们一些新的项目、新的措施、新的经验确确实实为下步发展奠定了非常好的基础。四是我们有一支非常好的企业家队伍。这个确实是我们为之自豪的，刚才张书记讲了，我们出去也讲，昌乐的企业为什么好？就是企业家队伍好。我们这支企业家队伍既不故步自封、因循守旧，又不盲目自大、盲目扩张。我们这支企业家队伍是有素质的、有境界的，在把握企业发展上是做得非常好的。

**第二，要深刻把握新常态，积极作为、转型发展。**当然在这方面，我们肯定面临一些问题，这就要求我们一定要深刻把握新常态下的新特征。新常态是不是离我们很远？新常态是不是很宏观的东西？实际上新常态离我们很近，与我们息息相关、密不可分。关于新常态，习总书记在中央经济工作会议上，从九个方面概括了新常态的特征。如果归结一下，对工业企业发展来说，有四个突出特征是必须把握的。一是增长速度从高速转向中高速。过去 GDP 增长速度是百分之十几，两位数以上，山东有时还达到 17%、18%，而现在到了 7%。二是发展方式从规模速度型粗放增长转向质量效益型集约增长。这个我们都能明白，就像种庄稼，过去是大肥大水，而现在不行了，大肥大水投不进去了，再这样增长不可能了。这种发展方式的转变，我们好多企业家都谈到了，下步我们的企业就要向质量效益型方向发展，就要向集约型方向发展。三是经济结构从增量扩能为主转向调整存量、做优增量并行。过去主要是量的增长，扩大产能，扩大增量，而现在要转向存量调整、增量做优。四是发展动力从要素驱动转向效率驱动和创新驱动。要素驱动就是靠土地的投入、资金的投入、人力资源的投入，通过要素投入来实现增长。而现在土地指标越来越紧，而且用地成本越来越高，资金、人力资源也越来越紧张，所以要素驱动势必要转向效率驱动和创新驱动。这是新常态呈现的“四个转向”的特征，都与我们息息相关，我们都应该去深刻把握。那么新常态下企业应该怎么做呢？第一，要努力加快发展，但是不要为发展速度所困惑、所迷茫。就是说企业确实要追求较快的发展速度，尽量发展快一些，但是要看到再追求很快的发展速度太难了，要适应“转向中高速增长”的新常态，不要被暂时的速度所困惑、所迷惑。要坚决克服暴富的心态，迎接这个“微利”的时代。要调整好心态，只要企业站住了，就能盈利，就是胜利者。如果我们的企业还停留在过去那种“暴利”的时代，还想着一夜暴富，绝对不可能把企业搞好。在这种情况下，我们要不浮躁、不急躁、不焦躁，调整好自己的心态，扎扎实实地做好自己的工作。第二，要把重点放在内生增长上，向管理要效益。这个刚才几位企业家都谈到了，转向“质量效益型集约增长”。过去我们发展，就像战争年代的“攻城略地”，就是扩大地盘，现在再简单地去“攻城略地”、外部扩张已经不可能了，而是要放在内部休养生息、内生增长上。这方面我们都有研究，像财务管理、生产经营管理、产品管理、市场管理等，关键是怎么把成本降下来。要眼睛向内，内强素质，这一条非常重要。在过去高速增长、粗放增长的情况下，内部管理差一点，企业可能还有效益，还能过得去，能生存下去，但是在现在这种新的形势下，如果不去在内部管理、内部挖潜、内生动力上做文章，很可能就过不下去。第三，要认真研究调整存量、做优增量的问题。存量怎么调整？实际上我们的企业都做得非常好，像日科化学、阳光纸业存量调整做得就非常好。还有做优增量，新上项目上什么？这个也一定要研究。像矿机集团上无人机、上智能装备，这些都是做优增量的好做法。第四，要在转型创新上下功夫。去年我就讲过，转型发展、创新驱动、效率驱动，不要把它看得高深莫测、高不可及，最关键是要有这种意识、有这种行动。今年在县政协会议参加分组讨论的时候，红河赛特建材公司的贾总讲，他的公司生产石膏板装饰材料，这种装饰材料市场竞争非常激烈，但是他的公司这两年坚持不懈地研究新工艺，最后研究成功了，上了新的生产线，生产效率提高了一倍，用工减少了三分之一。大家可以想象，这个产品成本降低多少？这个产品市场竞争力会有多大？所以说，关键是我们的企业有没有这样的意识，能不能坚持不懈地去追求，这都是我们各个企业家应该充分考虑的，当然各个企业在管理上、在安全生产和环境保护上，都还有很多方式，今天因为时间关系，不多讲了。

**第三，关于优化环境问题。**优化环境主要还是从政府层面来努力。现在来看，国家已经明确规定，过去出台的土地、税收、行政事业性收费等方面的优惠政策，一律清理。那么是不是我们在优化环境上就无所作为了呢？绝对不是。我们优化环境绝对不是仅仅局限在土地、税收等政策上，还有更多方面是有所作为的，这个主要在政府各部门的服务上，今天财税、土地、发改、经信等部门都来了，大家都要在这方面努力。张书记在年前开会的时候也提出来了，发改与有关部门要把国家、省里的有关政策梳理一下，研究怎么能够最大限度地发挥上级已有政策的作用。同时，各部门还要研究在新常态下对企业服务的具体措施，要有实实在在的行动。再就是今天发言的企业提出的问题建议，还有一些企业没有发言，但是材料上也都提了一些建议、写了一些东西，这个由清涛同志负责，把企业的这些意见进行梳理，政府进行专门研究，能解决的全部解决，我们自己解决不了，需要上级和其他方面解决的，帮助做好协调，确实属于解决不了的问题，跟企业做好解释，让企业理解。

最后，借此机会也感谢各位企业家。新常态下企业困难、政府也困难，政府在融资、资金方面面临巨大的困难，我们企业以非常高的姿态，对政府给予了大力支持，确实体现了昌乐企业家的风范，体现了昌乐企业家的责任意识、大局意识，在这里我代表县委、县政府表示衷心的感谢！

# 先进工作经验

## 以壮士断腕的决心实现昌乐发展的凤凰涅槃

中共昌乐县委书记　张新强

走向生态文明新时代，打造生态文明新常态，建设美丽中国，是实现中华民族伟大复兴的中国梦的重要内容。近年来，我们认真贯彻十八大及习近平总书记关于生态文明建设的部署要求，攻坚克难、积极作为，以壮士断腕的决心加快转型发展，建设生态文明，以一年减少主营业务收入80亿元、公共财政预算收入1亿元的代价，换来了环境质量的大幅提升，全县万元GDP能耗下降4.2%，$SO_2$、氮氧化物等主要污染物削减量居潍坊市首位，区域环境空气质量跃居潍坊市前列。尤其是利用腾出的空间新上了潍焦PBT、雷丁新能源汽车等项目，不仅填平补齐了淘汰落后产能造成的损失，而且效益实现翻番增长，实现了经济效益、生态效益的双促进、双提升。

**一、以壮士断腕的决心，坚决关停拆除不达标企业，淘汰落后产能。**习近平总书记要求山东“腾笼换鸟、凤凰涅槃”、转型发展，这是目标，更是过程。没有浴火就实现不了重生。为了保护良好的生态环境，必须有敢于向污染宣战的勇气和壮士断腕的决心。对环境污染决不能有迁就思想，要时刻保持零容忍，对污染项目、污染企业坚决说不，该转的转、该停的停、该拆的拆，容忍、迁就无异于饮鸩止渴。在转型升级、生态环境问题上，长痛不如短痛，没有刮骨疗毒、猛药去疴的决心和力度，实现协调发展、优化发展的目标，达到“山水美”和“百姓富”的统一，就是空谈。

生态环境整治每一步都是攻坚战，必须以决战决胜的心态面对，特别是对技术、设备落后，不符合环保要求的项目和企业既要坚决关停，又不能一关了之，应积极帮助企业利用腾出的空间上新创新，实现更高层次的新发展。2013年，我们专门邀请环保部和省环保厅专家组对重点企业、重点区域进行评估，按照生态建设的最高标准，制定了三年行动方案。实施过程中，引导企业树立生态观念，强化社会责任，主动淘汰落后产能，上新创新，加快转型发展，培育新的增长点。截至目前，已关停拆除不达标企业152家、石料加工场21家。在关停、拆除的同时，帮助企业利用腾出的土地空间、生态空间、资源空间，积极寻求合作伙伴。依托朱刘新能源、宝都医药电子等9个特色产业园，先后新上投资50亿元的英轩重工、投资30亿元的阳光概念包装产业园等一批新项目，全部达效后，全县的工业主营业务收入将翻一番。

山东潍焦集团是昌乐的龙头企业，也是纳税大户，已有40多年的历史。去年以来，关停了投资3.6亿元的3万吨对甲酚项目，这个项目虽然嗅阈值已达到国家标准，但由于厂界以外仍有异味，我们坚决予以关停。同时，坚决拆除运行了10年的40万吨湿法熄焦项目。仅关停拆除这两个项目，潍焦集团一年主营业务收入就损失17亿元。除此之外，潍焦集团还先后关停淘汰焦炉4座，炼铁高炉2座，落后生产装置2套。利用腾出的空间，新上了6万吨PBT、10万吨苯加氢和4万吨苯酐3个项目，已全部投产，效益是原来拆除项目的2.6倍。2014年潍焦集团主营业务收入突破100亿元。

**二、以凤凰涅槃的气魄，全力推进转型升级，加快构建现代产业体系。**推进产业转型升级，既是转变发展方式、推动经济转型的重要途径，也是提升生态文明水平的长久之计，必须坚持生态和经济协调发展这一主线，加快发展方式转变，走科学发展、绿色发展的路子，从根本上推进生态文明建设。

我们从顶层设计入手改革产业架构，全力推进产业转型，以发展质量提升带动环境质量提升，构建起了以千亿级装备制造、千亿级黄金珠宝加工交易、500亿级新能源汽车产业为主导，以造纸包装、精细化工、食品加工产业为主体，以现代教育、文化旅游等五大新兴产业为支撑的现代产业体系。

全力培植千亿级产业，依托英轩控股集团、比德文控股集团、山东梦金园黄金珠宝集团等骨干企业，计划用3—5年的时间，打造装备制造、黄金珠宝加工交易两个千亿级产业和新能源汽车一个500亿级产业。目前，投资50亿元的英轩重工、投资12亿元的雷丁新能源汽车等项目已经投产。

全力推动传统产业转型升级，加快投资30亿元的阳光概念包装产业园、投资2亿元的12万吨葡萄糖酸钠等重点项目建设，推进300亿级造纸包装产业向制造服务化转型、300亿级传统化工产业向精细化转型、100亿级食品加工产业向品牌化转型。大力发展循环经济，积极推行园区大循环、企业小循环模式，充分发挥英轩、潍焦等循环经济园区带动作用，以生态倒逼企业循环发展。

全力发展新兴产业，实施总投资450亿元的方山路贯通及周边开发、九龙湖扩容及综合开发等一路、一湖、一山、一城、一区、一体、一校、一院、一园、一中心“十个一”工程，依托古火山群国家自然遗产、国家级地质公园等优势资源，全力培植做大现代教育、健康养老、文化旅游、现代物流和总部经济五大新兴产业，打造全国一流的健康养老产业基地、现代教育名城和特色旅游名县。

**三、以主动而治的姿态，大力实施生态提升工程，打牢生态文明建设基础。**生态建设，功在当代，利在长远。良好的生态环境是最公平的公共产品，是最普惠的民生福祉。面对人民群众对环境保护的新期待，必须把生态建设作为增强执政能力、巩固执政基础的一项战略任务，一锤接着一锤敲，一个目标干到底。

近年来，我们立足昌乐实际，实施修复山体、治理水系、植树造林工程，打造山青、水秀、林茂的生态空间。对境内1.4万亩废弃矿坑进行水土治理和生态恢复，实现矿区重披绿、荒山变公园，该项目被列入国家试点。利用修复的土地，开工建设了投资50亿元的首阳山养老产业功能区、投资48亿元的潍坊西部娱乐城等项目，原先的“不毛之地”变成了环境优美、产业聚集的发展高地，原来的“包袱”变成了今天的“财富”。昌乐县被评为山东省国土资源节约集约模范县。大力推进水生态治理，实施丹河、桂河、红河、汶河、白浪河、大圩河“六河”生态修复工程，完成治理205.9公里，建设湿地2140亩，打造优美优质的水生态环境。狠抓生产生活污水和垃圾治理，建设7处污水处理厂和垃圾无害化循环利用项目，构建起立体化垃圾处理体系，生产生活垃圾实现日产日清日处理。大力开展植树造林，实施荒山、水系等“五大绿化工程”，森林覆盖率提高1.2个百分点，努力争创全国绿化模范县。

**四、以抓铁有痕的力度，筑牢生态“红线”，健全完善制度保障体系。**按照十八届三中全会提出的“建设生态文明，必须建立系统完整的生态文明制度体系，用制度保护生态环境”的要求，强化生态“红线”的观念，不断深化完善生态文明建设体制机制，进一步巩固生态文明建设成果，保障经济社会可持续发展。

*一是实行严格的项目审批制度。*成立由县长任组长的项目审批委员会，每一个项目都认真过筛、精挑细选。去年以来，先后辞退了13个不符合区域要求的项目，从源头上、机制上防控环境污染。

*二是实行严格的执法检查制度。*增配20名环保执法人员，实行“日巡查、日报告、零报告”制度，重点企业全部派驻特派员，每个企业都落实干部包靠，对环境保护、节能减排全天候、全方位监控。

*三是实行严格的责任追究制度。*对消极应付、超标排放的企业，综合运用法律、经济、行政、舆论等手段进行处罚，坚决推行环境保护“一票否决”制度，以刚性考核传递压力和动力，让绿色发

展成为主导和潮流。两年来，因环保问题，先后对11名党员干部进行问责。

## 齐抓共管　精准帮扶
## 扎实做好特殊困难群体关爱救助工作

中共昌乐县委政研室（改革办）

近年来，昌乐县坚持群众第一、基层第一、弱势群体第一“三个第一”的理念，围绕经济有救助、生产有帮扶、生活有照料、精神有慰藉的目标，狠抓精准帮扶，改革体制机制，着力打造永不落幕的民生工程，建立起了“政府主导、民政牵头、部门联动、全社会参与、镇街兜底”的特殊困难群体全覆盖关爱救助体系。

**一、摸清底子、分类施救，确保关爱救助工作精准有效**

一是全面调查摸底。突出“特殊”二字，对按规定不能纳入现有社会救助体系的困难群体，以及已纳入体系但仍需进行生产帮扶、生活照料、精神慰藉等方面关爱救助的特殊困难群体进行全面调查、逐级确认，确保所有救助对象一个不错、关爱救助一个不漏。镇（街、区）、村和单位逐社区、逐村、逐户进行调查摸底和审核，做到“村不漏户、户不漏人”，全面摸清家庭状况，初步确定救助对象，报县社会救助工作领导小组办公室。对报送的救助名单，由县民政局牵头，按比例入户核查，百分之百进行居民家庭经济状况信息核对，确保救助对象的精准识别。实行全程公示制，镇（街、区）拟上报的救助对象必须在社区、村和单位公示无异议后再上报；对通过初步确定的拟救助对象实行县、镇、村“三榜公示”，确保无异议后形成困难救助最终名单，最大程度保证群众的知情权和监督权，目前已确定救助对象2817名。

二是分类建立台账。对确定的特殊困难群体救助对象，按留守儿童、留守老人、病残人员、失独家庭、突陷困境人员、易肇事肇祸精神障碍患者、生活无着落的流浪乞讨人员7大类分别建立台账和动态数据库，镇（街、区）和单位每月对救助对象家庭的人口、收入和财产状况进行复核，县民政、财政等部门每年联合对城乡救助对象进行入户核查，运用互联网＋、大数据等信息手段，及时对关爱救助对象进行定期复核或抽查核对，对问题解决、困难消除的人员及时转出，对新出现的确需关爱救助人员及时纳入，并更新到数据库，实现了救助标准有升有降、救助对象有进有出的科学动态管理，为精准救助奠定了坚实基础。

三是因需制定措施。我们按照“一户一策、因需施助、应帮尽帮、及时有效”的指导思想，根据困难类型，有针对性地制定救助措施，群众需要什么样的救助就实施什么样的救助，实现困难救助的对症下药、靶向治疗。特别是我们把特殊困难群体关爱救助与精准扶贫相结合，实现关爱救助对象与精准扶贫对象互为补充，真正做到了特殊困难人员“一个不漏”、关爱救助措施“一人一策”、关爱救助对象“一帮到底”，打造了无缝隙全覆盖的救助网络。高崖水库库区等镇（街、区）还对应7大类困难群体，分别成立了由教管办、民政办、残联、卫生院、计生办、派出所主要负责同志任组长的7个关爱救助工作小组，有针对性地进行帮扶救助，进一步提高了救助的实效性和精准性。

**二、整合资源、齐抓共管，形成关爱救助工作合力**

一是充分发挥党员干部作用。我们把特殊困难群体关爱救助作为践行群众路线和“三严三实”要求的重要内容，与锤炼干部作风结合起来，充分发挥党员干部的先锋模范作用，推进特殊困难群体关爱救助工作。县级领导干部示范包靠，全县18名县级领导干部每人至少包靠一名特殊困难群众。县直干部回家帮扶救助，每名回家干部帮扶救助一名困难群众，利用双休日、节假日开展灵活多样的帮扶救助活动，实实在在地为群众办实事、解难题。镇（街、区）、社区干部包靠救助，每名党员干部包靠1—2户特殊困难群众，开展经常性、常态化帮扶对接、关爱救助，第一时间为困难群众解决日常生产生活中的困难和问题，真正用行动打通联系服务群众“最后一公里”。目前，全县2817位特殊困难人员分别落实了包靠单位、包靠人员、关爱救助办法，发放了结对包靠联系卡。

二是充分发挥社会团体、志愿者作用。积极鼓励引导公益慈善社会组织、志愿者队伍和义工组织参与困难群体救助，教育部门也积极引导广大教师和学生利用假期参与进来。同时建立“接力棒”式的爱心传递机制，有针对性、持续不断地为特殊困难群体提供生产帮扶、生活照料、精神慰藉、上门医护等服务，形成了各类志愿者踊跃参与关爱救助活动的浓厚氛围。全县已经组建职工、青年、巾帼、教师、学生、医护6支志愿者队伍，拥有志愿者900多名，联合阳光义工、春雨义工等志愿服务组织，服务特殊困难群体585人次。县卫计志愿者为留守老人、失能病残人员、突陷困境人员、易肇事肇祸精神障碍患者进行免费健康查体和诊疗1029人次，并建立了随访制度。

*三是充分发挥企业作用。*积极引导县内企业履行社会责任，与全县93家大中型企业签订特殊困难群体关爱救助责任书，明确企业工作职责及标准，通过捐资助学、慈善捐款、志愿服务等方式，积极参与到关爱救助行动中来。目前已有梦金园集团、县农商行等十几家企业先后捐款56.3万元用于特殊困难群体关爱救助，成为特殊困难群体关爱救助的重要组成力量，带动形成了全社会关爱救助特殊困难群体的正能量。

**三、完善机制、强化保障，确保关爱救助工作落到实处**

*一是建立联动救助机制。*成立了由县长任组长的社会救助工作领导小组，在县民政局设立办公室，建立由工会、团委、妇联、关工委、综治办、教育、公安、人社、卫生计生、房管等部门（单位）和各镇（街、区）参加的联席会议制度，及时研究、解决关爱救助工作中的困难和问题，集中管理特殊困难群体信息，统筹使用各项救助资金，合理分配各类救助资源，建立了全县社会救助“一盘棋”的联动救助机制。打造各单位之间互通互联的“互联网＋”平台，实行信息互通、数据共享，及时掌握困难群体情况，防止出现重复、交叉救助，形成了救助主体多元化、救助工作制度化、救助行为规范化，覆盖城乡、协调发展的大救助格局。

*二是建立联系服务长效机制。*按照“因人而异、注重实效”的原则，建立联系服务、包靠救助制度，充分利用大走访、特殊困难群体统计、因病致贫家庭统计等途径获得的“大数据”，归类整理、认真分析，因需施助、精准救助，确保每个困难群众都有单位或个人包靠。目前，对确定的2817名特殊困难关爱救助对象，根据所属社区、困难类别进行了统一编号，并制定了《昌乐县特殊困难群体关爱救助工作分工包靠表》，各包靠单位、广大党员干部按照分工要求，针对不同救助对象，研究制定不同的救助办法，不搞形式、注重实效，一对一、长期帮、帮到底，形成了保障困难群众生活的长效机制。

*三是健全资金保障机制。*加大财政支出结构调整力度，将关爱救助工作所需资金分级足额列入县财政预算，镇（街、区）创新设立兜底帮扶资金，确保各项关爱救助措施落实到位。充分发挥慈善事业在关爱救助工作中的重要作用，积极引导社会资金进入救助领域，广泛动员社会各界开展捐赠、资助等形式多样的关爱救助活动。在全省率先将商业保险引入民政救助领域，放大财政资金的救助面和救助力度，每年由县财政出资164万元，为全县居民每人购买2元的自然灾害公众责任保险，为每户购买2元自然灾害家庭房屋保险，全力保障突陷困境群众的基本生活，目前已为遭受自然灾害的83名群众理赔49.87万元，形成了政府资助、社会救济、保险保障“三位一体”的全新自然灾害救助机制。

*四是健全督查考核机制。*由县社会救助工作领导小组办公室牵头，县委县政府督查局、县卫生和计划生育局等部门参与，组成联合督查组，采用明察暗访的形式，加强对特殊困难群体关爱救助工作的监督检查。县委、县政府将特殊困难群体关爱救助工作纳入镇（街、区）科学发展综合考核和县直部门工作实绩综合考核体系，作为镇（街、区）和县直部门领导班子和领导干部综合评价的重要内容。

# 坚持以“转”促“进”加快推进县域经济转型升级

（2015年6月19日）

昌乐县人民政府

昌乐县传统产业比重偏大的问题一直比较突出。近期，我们按照习近平总书记提出的“加减乘除”四则运算和姜异康书记来昌调研期间有关指示精神，把转型升级作为转调的主攻方向，坚持以“转”促“进”、腾笼换鸟、凤凰涅槃，引导传统产业转型升级，发展壮大战略性新兴产业，健全现代产业体系，整体提升县域综合实力。

**一、做大做强“2121”工业主导产业，推动传统产业转型升级、提质增效。**“2121”工业主导产业，就是培植装备制造、黄金珠宝加工交易两个“千亿级”产业和新能源汽车一个500亿级产业，加快造纸包装、精细化工两个300亿级产业和食品加工一个100亿级产业转型升级。按照“敲开核桃”的要求和“一行业一对策”的思路，一个产业制定一个转型路子、一个产业扶持壮大一批龙头企业、一个产业落实一批实体项目、一个产业规划建设一个特色园区，利用“组合拳”来推进传统产业转型升级。①千亿级装备制造产业，着力向高端化转型，突出抓好英轩重工、中铁华盛等10家重点企业，力争5年左右的时间产值达到1000亿元。②千亿级黄金珠宝加工交易产业，重点培植梦金园珠宝首饰、蓝天首饰、金久祥黄金首饰等10家龙头企业，扩大中国宝石城规模，力争3年左右加工交易额突破1000亿元。③500亿级新能源汽车产业，重点发展壮大比德文动力科技、雷丁新能源汽车、喜威电驱车等10家企业，力争5年左右产业产值达到500亿元。④300亿级造纸包装产业，着力向制造服务化转型，突出抓好阳光纸业、乐福纸业等10家企业发展，加快阳光纸业概念包装产业园建设，按照工业4.0模式推动企业由卖原纸向卖包装、卖概念、卖服务和“绿色包装整体解决方案”提供者转变，力争5年内突破300亿元。⑤300亿级化工产业，着力向精细化转型，重点加快潍焦集团、日科化学、元利高科等10家企业发展，抓好PBT工程塑料、苯加氢、苯酐等产业链延伸项目。⑥100亿级食品加工产业，着力向品牌化转型，重点加快铭基中慧等10家企业发展，抓好熟食深加工等项目建设，加快由生冷制品向熟食深加工转型，打造国际品牌，提升国际竞争力。

**二、做大做强六大新兴产业，培育新的经济增长点。**把培育新的增长点作为可持续发展的有效措施，坚持调存量与优增量并举，重点发展智能制造、现代教育、健康养老、现代物流、文化旅游和总部经济六大新兴产业。县委、县政府专门成立领导小组，出台加快六大新兴产业发展的意见，定向推动产业发展，每个产业成立一个工作推进班子，制定一个发展规划，共配套6000万元的创投引导基金，探索PPP投融资机制推动相关基础设施建设。①智能制造业，加快建设占地1000多亩的智能制造产业园，抓好矿机集团、西水机器人、华中数控等企业和项目建设，力争3—5年内产值突破50亿元，打造智能制造示范区。②现代教育产业，重点加快投资10亿元的省重点项目昌乐二中·美加国际学校、4亿元的昌乐一中·英才实验学校、3亿元的北大·公学国际双语学校等5个项目建设，建设一流的现代教育名城。③健康养老产业，重点加快投资50亿元的首阳山高档养老产业功能区、15亿元的省重点项目大德·国际医疗中心等12个项目建设，建设全国一流的健康养老产业基地。④文化旅游产业，重点加快投资110亿元的九龙湖改造、48亿元的潍坊西部娱乐城、14.6亿元的省重点项目远古火山口群文化旅游景区等8个项目建设，打造一流的特色旅游名县。⑤现代物流产业，重点加快投资50亿元的省重点项目“三区”建设物流园、10.6亿元的鲁供农产品物流港等5个项目建设，以及海关综合监管区和一期2.5公里的铁路专线建设，建成后年吞吐量达到3000万吨。⑥总部经济，重点加快投资50亿元的企业总部基地公园建设，扩大昌乐商会规模，大力引进高端制造、网络科技、金融、商务、文化创业等企业总部落户，建成运行后，年可实现销售收入300亿元。

**三、加快实施创新驱动战略，增强发展内生动力。**把创新作为推动产业转型升级的重要引擎，突出“一个主体”、强化“三个支撑”，建设创新型城市，增强发展竞争力。一个主体，就是突出企业创新主体。引导企业从“小改小革”入手，推进原始创新、理念创新、业态创新、工艺创新等“集成创新”。重点推广大德·国际医疗中心利用俱乐部经济、候鸟经济概念和互联网远程诊疗的运营模式，推广阳光纸业集团借鉴工业4.0推进企业由造纸、卖原纸向“绿色包装整体解决方案”提供者转型的生产方式创新做法，推广山东矿机集团“机器换人”、研发制造航空发动机和无人飞机、激光成套设备等颠覆性工艺创新、产品创业的做法。以技术改造推进生产升级，支持企业和科研机构联合攻关，着力突破一批制约发展的关键技术、核心技术，重点抓好66个技改项目，以全领域创新推进工业化、信息化深度融合，加快“昌乐制造”向“昌乐创造”转变。三个支撑，就是人才支撑、载体支撑、资金支撑。大力实施招才引智和“企业职工素质提升”工程，加快壮大创新型领军人才及团队、企业家、高技能实用型人才三支队伍建设，以人的创新因素提升带动企业创新发展。加快科技孵化器建设，搭建人才聚集平台。发挥财政引导作用，设立300万元的创新基金和科技进步奖，全力支持研发平台建设和科技成果转化。加快企业上市步伐，力争年内再有1家企业上报证监会，2家企业在场外市场挂牌。同时，积极鼓励大众创业、万众创新，充分发挥大众创业指导服务中心作用，搞好创业培训、创业资金和场所等服务，力争年内新增市场主体1.3万户。依托特色产业优势、品牌优势和中国宝石城平台优势，构建电商平台，大力发展电子商务，重点扶持100家电商企业，力争年内交易额突破100亿元。

**四、扎实推进生态文明建设，提高可持续发展能力。**将良好生态环境作为最普惠的民生福祉，坚定不移加强生态建设，努力建设更高水平的“生态昌乐”。一是狠抓环境保护。深入实施“386”环保行动，以壮士断腕的决心整治污染，推进重点区域、重点行业、重点企业污染治理，打好消灭污水直排、整治空气异味、防控城市扬尘、治理农业面源污染等八大战役，年内全面完成“386”环保行动任务。按照环保政策要求，对新上项目实行最严格审批把关，坚决防止新增污染源。深入贯彻实施新《环境保护法》，严格落实环境污染事件责任追究机制，提升全社会环保意识。二是大力植树造林。围绕争创全国绿化模范县、国家园林县城，大力推进荒山、水系、镇村、城区、道路绿化和农田林网建设，力争年内完成成片造林3万亩。三是实施生态建设工程。加快工业固废处置场所和生活垃圾处理场所建设，实施好首阳山区域废弃矿坑和南部山区生态恢复治理、“六河”生态修复巩固提升等修山、治水工程，争创省级生态县。四是深入推进城乡环卫一体化。进一步完善城乡环卫一体化运行机制，开展好农村“三大堆”等积存垃圾清理整治，把农业生产垃圾纳入“三托管”范围，推进农村环境连片治理，实施“乡村连片治理”项目，提高城乡环卫一体化全覆盖水平，努力建设生态文明新农村。

# 在全市经济运行调度会议上的发言

（2015年11月6日）

昌乐县人民政府

今年以来，昌乐县认真贯彻上级部署要求，特别是省委姜异康书记来昌乐调研时的指示精神，主动适应发展新常态，坚持绿色引领、创新驱动、安全倒逼、以改促转，全力打好稳增长调结构主动仗，经济保持了平稳较快增长。前三季度，完成地区生产总值209亿元、增长8.3%，主要经济指标增幅高于全市平均水平。

一是工业保持较快增长。规模以上工业增加值增长9.4%，实现总产值650.8亿元、利税35.7亿元、利润21.5亿元，分别增长9.8%、10%和10.7%。

二是三产规模不断壮大。实现社会消费品零售总额91.8亿元、增长13.3%。第三产业增加值占比达到40.5%，同比提高2.8个百分点。

三是固定资产投资扎实推进。完成固定资产投资216.6亿元、增长14.7%，其中二产完成投资129.2亿元、增长22.9%。实际利用外资4750万美元、增长352%。

四是对外贸易运行平稳。完成进出口总额9.4亿美元，与去年同期持平。其中，进口3.5亿美元、增长3.2%。

五是财税金融稳定增长。实现一般公共预算收入18.5亿元、增长10.5%。9月底，金融机构人民币各项存贷款余额达到260.8亿元和213.1亿元，比年初分别增加23.2亿元、17.5亿元。

总的看，我县经济运行总体平稳，但与市委、市政府要求和先进县市区相比，还存在一定差距。如部分指标增幅与全市全年目标值还有差距；工业投入不足，新上工业项目偏少；房地产投资增速放缓，商品房销售持续低迷；财政增收压力较大，质量有待提高，等等。下一步，我们将认真贯彻落实这次会议精神，按照“走在前列，起好带头作用”的总体要求，突出问题导向、目标导向，拿出真办法、落实硬措施，奋力冲刺后两个月，确保主要经济指标增幅高于全市平均水平，圆满完成全年任务目标。重点抓好以下几个方面的工作：

**一、抓好项目。**把抓项目、稳投资作为稳增长调结构的重要举措，狠抓在建、落地、储备、引进四个环节，年内确保完成固定资产投资290亿元。一是加快在建项目建设。以培植智能制造、现代教育、健康养老、现代物流、文化旅游和总部经济六大新兴产业为抓手，充分发挥6000万元产业引导资金作用，重点加快投资160亿元的九龙湖片区综合开发、投资50亿元的企业总部基地、投资15亿元的大德国际医疗中心、投资24亿元的昌乐新二中·美加国际学校、昌乐一中·英才实验学校等28所中小学校以及西水机器人、华中数控等27个新兴产业项目建设，扩大投资总量，培植新的增长点。以培育壮大“2121”工业主导产业为目标，加快实施总投资56亿元的无人飞机发动机、汽车改色膜等41个工业导向计划项目，年内完成投资30亿元以上。同时，加快总投资8亿元的30条道路建设，年底全部建成通车。二是加快新项目落地开工。对正在办理手续的投资30亿元的特种汽车、投资30亿元的雷丁20万辆高速电动汽车等22个工业项目，落实专人包靠，加强协调调度，提高工作效率，力争50%以上的项目年内动工。三是搞好重大项目谋划、包装和储备。抓住国家、省、市“十三五”规划编制机遇，在前期谋划、储备新能源汽车500亿级产业园、远古火山群生态旅游开发等23个现代产业体系项目的基础上，结合十八届五中全会对“十三五”规划提出的新要求，再梳理谋划和包装推进一批能够支撑带动昌乐未来长远发展的大项目、好项目，争取纳入国家和省、市计划盘子。四是持之以恒抓好招商。坚持走出去、引进来，对全县招商信息进行梳理排队，拉出单子，落实专人，有目的、有针对性地外出招商，吸引更多的大项目、好项目落户昌乐。做好在谈、签约项目的跟进工作，安排专人靠上，全程跟踪服务，着力提高招商成效，力争年内到位资金突破65亿元。

**二、抓好外贸。**坚持把发展对外贸易作为拉动经济增长的重要力量，积极应对当前严峻形势，千方百计挖掘增长潜力，确保外贸进出口总额增长6%以上。一方面，加大对外贸进出口企业的扶持力度。通过上门宣传、媒体公告、专题讲座等方式，深入宣传《潍坊市促进外贸稳定增长和转型升级政策措施》，真正把政策向企业说明白、宣传透；制定出台《昌乐县扶持外贸发展的政策措施》，重点从支持企业开拓国际市场、规避出口信用风险、发展服务外包等方面，给予奖励或补助，充分调动企业扩大对外贸易的积极性。另一方面，深入挖掘新的外贸增长点。由分管副县长带队，逐家企业开展走访活动，面对面帮助解决企业遇到的实际困难和问题，争取现有91家外贸企业第四季度完成出口额1.9亿美元，力争还没有外贸实绩的15家企业开展进出口业务，增加出口额3000万美元。支持企业抢抓进口政策调整机遇，扩大燃料油、铁矿石、煤炭等能源资源类商品进口，争取中冶物流、德润化工等进口大户再增加进口额9000万美元。鼓励金土地、鸣泽国际等企业大力发展自营进出口贸易，力争新增进出口额5000万美元。

**三、抓好开发区转型升级。**把加快开发区转型升级作为推动县域经济发展的主动力，按照市委、市政府提出的“四化”定位和“四集”发展要求，强化科技引领、突出特色定位、壮大主导产业，着力推进创新发展、错位发展、集群发展。一是科技引领，创新发展。围绕建设自主创新先导区，加强创新载体和公共平台建设，在建成5家省级技术中心、9家市级研发中心的基础上，争取年内再建成市级以上研发中心3家，新增专利授权60项以上。二是突出特色，错位发展。把发展智能制造、绿色建材、新能源汽车产业作为打造开发区发展新优势的重要抓手，加快千亩智能制造产业园建设，推动弘祥数控、赛普新能源汽车控制器等30多家企业落户；依托矿机集团、通达智能仪表等现有企业，重点开发激光成套设备、3D打印、铸锻造机器人等高端产品。加快绿色建材产业园、新能源汽车产业园规划建设，并以此为平台，抓好招商，着力打造智力密集、特色突出、集聚发展的现代产业体系。三是壮大主导，集群发展。发挥好英轩重工、矿机集团、梦金园珠宝、阳光纸业等大企业拉动作用，带动发展千亿级装备制造、千亿级黄金珠宝加工交易、300亿级造纸包装等主导产业，推动产业规模化、集群化发展。

**四、抓好运行。**把抓好经济运行作为政治任务，强化监测预警，深化为企服务，保障要素支撑，全力以赴稳定增长。一是加强经济运行调度分析。从现在开始，对经济运行情况，变每月调度为每周调度，认真搞好弱势指标分析监测。充分发挥企业运行动态预警机制作用，加强企业运行监控，保证企业健康稳定运行。二是为企业搞好服务。组织开展企业大走访活动，逐个企业了解生产经营状况，及时发现并解决企业发展中遇到的困难和问题。深入落实各级出台的支持经济发展的政策措施，进一步增强企业加快发展的信心和决心。三是综合施治，化解要素制约。当前，制约发展的最突出要素，一是土地供应，二是金融。而制约土地供应的核心问题是拆迁征收问题。下一步，我们一方面，把拆迁征收作为化解土地制约的着力点，认真研究新办法，努力推动拆迁征收工作实现大的突破，破解土地供应难题；另一方面，把强化金融服务作为提高经济运行效益的关键，由县财政出资2亿元组建政策性担保公司，着力解决企业融资难问题；扎实开展规模企业规范化公司制改制，大力推进直接融资，力争2家企业在“新三板”挂牌，2家企业在齐鲁股权交易中心挂牌；对全县企业及个人融资情况开展调查摸底，逐一甄别、分类施策，强化监测预警和防范处置，确保不发生系统性、区域性风险。四是强化作风保障。认真践行担当精神和严实要求，只要有利于发展的事情，果断决策、敢于拍板。在工作中自加压力，大胆探索，破解制约，增强发展活力。加强督查，倒逼工作，确保按时按质完成任务。同时，坚决守住安全发展、环境保护、社会稳定“三条底线”，为经济健康运行提供保障；结合“十三五”规划编制，及早动手，搞好调研，认真谋划好明年经济工作，确保今年目标任务结硬账、重点工作收好尾、明年工作起好步开好局。

# 光 荣 榜

## 2015 年度山东省委表彰的优秀共产党员、先进基层党组织

### 一、山东省优秀共产党员名单

赵丰平　昌乐二中党委书记、校长

王庆华　县卫生和计划生育局党委委员、副局长，县计划生育协会会长

### 二、山东省先进基层党组织名单

红河镇党委

## 2015 年度潍坊市委表彰的优秀共产党员、优秀党务工作者、先进基层党组织

### 一、潍坊市优秀共产党员名单

孔德奎　五图街道党工委书记、九龙湖旅游度假区开发建设办公室党总支书记

黄省阶　宝都街道党工委书记

孟祥晓　县农业局农业技术推广站站长

韩龙吉　县供电公司配电运维班班长

张福涛　昌乐一中党委委员、常务副校长

张福伦　昌乐县鑫桥肉鸭养殖合作社理事长

白立昌　中国石化销售有限公司山东潍坊昌乐石油分公司工会代表

刘义村　县公安局城西派出所所长

朱承山　潍坊振兴焦化有限公司副总经理、党委委员、机关党支部书记

周海刚　县财政局党委委员、副局长

巢贵春　乔官镇响水崖村党支部书记

伦冠洪　县市场监督管理局宝都市场监管所所长

韩国文　红河镇村镇规划建设办公室副主任、宅科社区党总支书记

### 二、潍坊市优秀党务工作者名单

臧西光　县委县直机关工委书记

李克鹏　乔官镇党委副书记、政协工作室主任

刘瑞平　经济开发区党工委委员、政治处主任

梁其坤　县委党员电化教育中心主任、挂职营丘镇党委委员、副镇长

张志伟　鄌郚镇包庄村党总支书记

于　兰（女）　营丘镇党建办副主任、妇联主席

### 三、潍坊市先进基层党组织名单

昌乐农村商业银行股份有限公司党委

县人民检察院机关党总支

县国家税务局机关党委

宝都街道东南村社区党支部

县行政服务局第九党支部（昌乐县地方税务局纳税服务中心窗口）
高崖水库库区东篱湖畔社区党委
县公路局养护路政党支部
英轩重工有限公司党支部
鄌郚镇青上村青上党支部
山东比德文动力科技有限公司党支部
县人力资源和社会保障局党委
首阳山旅游度假区曹西楼村党支部
昌乐育才双语学校党支部

# 2015年度中共昌乐县委表彰的优秀共产党员、优秀党务工作者、先进基层党组织

## 一、昌乐县优秀共产党员名单（100名）

初建军　经济开发区党工委委员、管委会副主任
王春峰（女）　宝城街道宝石城社区党总支副书记、主任
滕传军　县公安局经济开发区派出所所长
张星春　山东矿机集团股份有限公司副总经理、董事会秘书
王　帅（女）　山东世纪阳光纸业集团有限公司办公室副主任
贾经清　首阳山旅游度假区党工委委员、管委会副主任、政协工作室主任
王连奎　首阳山旅游度假区贵和社区党委副书记、主任
路文峰　首阳山旅游度假区首阳山社区党总支副书记、主任
刘永进　县公安局朱刘街道派出所所长
康中泰　朱刘街道怡和苑社区党委副书记、主任
刘东宁　朱刘街道都昌社区党总支副书记、主任
杜介勋　朱刘街道人力资源和社会保障所所长
刘金亮　朱刘街道钱家庄社区党支部书记
周忠文　宝都街道信访办公室主任
李磊宝　都街道月亮湾社区党委副书记、主任
郝际文　宝都街道文秘组组长
刘永春　宝都街道计划生育服务站站长
王庆道　宝都街道第三拆迁办公室主任
贾有义　五图街道九龙湖社区主任
刘立梅（女）　五图街道纪工委副书记
李亚芹（女）　五图街道农村经济管理站站长
王继福　五图街道城南卫生院院长
王福堂　潍坊润海化工有限公司总经理
刘　起　乔官镇党委副书记（挂职）
唐宗武　乔官镇党委组织委员
付永田　乔官镇乔官社区党总支副书记、主任
赵延清　乔官镇农村经济管理站站长
夏春兰（女）　乔官镇北岩小学副校长
白文强　昌乐德润化工有限公司总经理
钟　海　县公安局乔官镇派出所所长
牛光亮　营丘镇社会管理综合治理办公室副主任、马宋社区党总支书记
刘浩然　营丘镇古城村村主任助理
王思强　营丘镇农业综合服务中心主任、河头社区主任
王　成　营丘镇信访助理
徐小林　营丘镇中心小学校长
王　建　营丘镇中心卫生院工作人员
张同良　红河镇人大主席
宋俭军　红河镇党委组织委员
吴党宗　红河镇红河社区党总支副书记、主任
徐一彬　红河镇朱汉社区党总支副书记、主任
秦维敏（女）　红河镇平原社区党总支副书记、主任
孟宪京　红河镇环境卫生管理所所长
赵京祥　红河镇官庄新村党总支书记、村主任
王建书　鄌郚镇党委副书记、政协工作室主任
刘子福　鄌郚镇水利站站长
刘向文　鄌郚镇党政办公室副主任
杜建成　鄌郚镇规划建设办公室主任
侯代凯　县公安局鄌郚镇派出所民警
张秀廷　鄌郚镇中学教导处副主任
秦东礼　鄌郚镇中心卫生院办公室主任
张洪良　鄌郚镇包庄小学教师
杨晓丽（女）　高崖水库库区开发建设管理委员会副主任
曹正国　县公安局高崖水库库区派出所所长

赵成名　高崖水库库区计划生育服务站站长
邵光伟　县传媒集团报网中心主任
赵军普　县检验检测中心党支部委员、副主任
庞文政　县人大常委会办公室宣传科科长
刘世鼎　县纪律检查委员会常委、办公室主任、正科级纪检员
游　伟　县委县直机关工委政工人事科科长
董建涛　县人民政府办公室秘书科副科长
田　青　县人民法院党组成员、副科级审判员
庞春洲　县委县政府信访局副局长
李念柏　山东潍坊烟草有限公司昌乐分公司卷烟营销科科长
杨金刚　县政协办公室综合科科长
赵秋云（女）　县粮食局党委委员、副局长
崔明军　县委宣传部理论科科长，选派五图街道亓家庄子村第一书记
杨恒金　县文化广电新闻出版局党委委员、副局长
丁九振　县维护稳定工作领导小组办公室副主任
李师伟　县委县政府机关事务管理局党支部委员、副局长
臧海光　县气象局科员
宫晓亮　县委农村工作领导小组办公室副主任
崔其友　县文化市场综合行政执法局执法大队大队长
葛春禹　县重点项目建设办公室副主任，选派鄌郚镇苇沟村东山旺第一书记
刘剑光　县经济和信息化局安全科副科长
王成明　县中小企业办办公室主任
赵素芹（女）　昌乐二中教师
孙春华（女）　昌乐育才双语学校党支部委员、副校长
马文玲（女）　昌乐县实验小学教导处主任
刘昆仑　昌乐特师附小教师
刘庆和　县教育局办公室副主任
刘振宇　县卫生和计划生育局基本公共卫生科科长
高明香（女）　县疾控中心党支部委员、副主任
刘海英（女）　县皮肤病防治站财务科科长
齐光军　县城市建设综合开发管理办公室党支部书记、主任
刘小六　县房屋征收与补偿工作办公室党支部委员、副主任
张　良　县燃气供热管理办公室主任
李德明　县公安局纪委副书记、信访科科长
魏丰平　县公安局刑事警察大队一中队中队长
李树文　县公安局交通警察大队副大队长
宋来军　县财政局农村综合改革办公室主任
田清亮　县财政局财政投资评审中心主任
李春红（女）　潍坊市住房公积金管理中心昌乐分中心贷款科科长
王传军　县公务员管理办公室主任、县人力资源和社会保障局机关党支部书记、办公室主任
潘　兴　县大众创业指导服务中心主任，选派营丘镇仓上村南申明亭第一书记
宋建平　县交通运输监察大队副大队长
李　腾　县“三区”建设物流园管理委员会办公室主任
杨伟宾　中国邮政集团公司昌乐分公司办公室副主任
刘晓玉（女）　县商务局办公室主任
王春涛　县商务局安全科科长
管廷江　山东潍焦控股集团有限公司副总工程师、技术中心副主任

## 二、昌乐县优秀党务工作者名单（50名）

张祥平　英轩重工有限公司党支部书记
王延朋　经济开发区艳阳天社区党委委员、四图党支部书记
王　辉（女）　经济开发区政治处副主任
刘振成　首阳山旅游度假区东南庄社区党支部书记、居委会主任
刘修华　山东元利科技有限公司党支部书记
姚振东　朱刘街道社会治安综合治理办公室党支部书记、信访办公室主任
王晓亮　朱刘街道社会事务办公室党支部书记、计划生育服务站站长
刘星刚　宝都街道故城社区党委副书记、主任
刘　宁　宝都街道昌盛社区党委副书记、主任
田清林　宝都街道三和社区党总支委员、居委会主任、申明亭党支部书记
杨建刚　五图街道党工委副书记、政协工作室

主任

柴伟平（女） 五图街道党工委组织委员

姜秀起 五图街道金冯村党支部书记、村主任

李春明 乔官镇永盛村党支部书记、村主任

韩百礼 乔官镇北张庄村党支部书记、村主任

苗新荣 乔官镇玉泉村党支部书记

牛洪明 乔官镇方山官庄村党支部书记、村主任

孙国伟 营丘镇党委副书记、政协工作室主任

刘 倩（女） 营丘镇马宋村党支部副书记

姜继华 营丘镇计划生育服务站党支部副书记

李炳科 营丘镇邢李村党支部书记、村主任

鞠克宝 红河镇成官社区党总支副书记、主任

孙奎淮 红河镇教育管理办公室党总支书记、主任

赵 娜（女） 红河镇党建办工作人员、专职组织员

陶国东 红河镇庄皋村党支部书记、村主任

秦文博 鄌郚镇党委组织委员

闫 卿 鄌郚镇远程教育管理站站长、专职组织员

钟庆国 潍坊龙海民爆有限公司党支部书记、总经理

张立志 高崖水库库区教育管理办公室党支部书记、主任、高崖水库库区中学校长

孙建升 高崖水库库区机关党支部委员、财政所所长

吕 杰 山东广电网络有限公司昌乐分公司党支部书记、经理

周福军 县民政局机关党支部副书记、社会救助站站长，选派乔官镇姬家庄子村第一书记

王宝良 县委办公室机关党支部委员、县委机要局技术科科长

王晓东 县委老干部局机关党支部委员、办公室主任

石文韬 县“两学一做”学习教育协调小组工作人员

王海龙 县经济和信息化局机关党支部副书记、办公室主任、政工科科长

田海英（女） 县供电公司党群工作部主任

高相增 昌乐及第中学党委委员、工会主席

王立坤 县新城中学党总支书记、校长

吴金平 县计划生育服务站党支部委员、副站长

孔祥兆 县卫生和计划生育局团委书记

曹 静（女） 县住房和城乡建设局政工人事科科长

杨玉良 县公安局指挥中心党支部书记、教导员

王 帅 县公安局经济侦查大队党支部书记、大队长

李成善 县国税局人事教育科副科长

吴军源 县地方税务局朱刘中心税务所党支部书记

卢青松 县社会保险事业管理中心党支部书记

王旭东 县交通运输局机关党支部委员、政工科科长

毕英华（女） 县商业家电有限公司党支部委员、副经理

薛培德 潍坊振兴焦化有限公司化产车间党支部书记、车间主任

## 三、昌乐县先进基层党组织名单（50个）

经济开发区东管社区石家庄党支部

山东梦金园珠宝首饰有限公司党支部

宝城街道昌明社区党总支

首阳山旅游度假区贵和社区党委

昌乐屹立化工有限公司党支部

朱刘街道万庄社区党支部

朱刘街道魏家庄社区魏家庄党支部

潍坊东盛市政公路工程有限公司党支部

山东富利特药业有限公司党支部

昌乐县立医院党支部

宝都街道社区卫生服务中心党支部

五图街道马家龙湾社区党支部

五图街道教育党总支

五图街道南郝社区党总支

乔官镇下庄村党支部

乔官镇东河下村党支部

永顺泰（昌乐）麦芽有限公司党支部

营丘镇王俊村党支部

营丘镇古城村姜家河党支部

营丘镇中学党支部

营丘镇红星村郭邵家庄党支部

营丘镇张家庄村党支部
红河镇成官村贾家成官党支部
红河镇朱汉村党支部
红河镇店子村党支部
红河镇湖田村党支部
昌乐宇通服装有限公司联合党支部
鄌郚镇中心卫生院党支部
鄌郚镇鄌郚社区党总支
鄌郚镇漳河社区党总支
高崖水库库区白塔社区党委
高崖水库库区湖东新村池子建新党支部
县水利局机关党支部
县审计局机关党支部
县公证处党支部
县档案局党支部
昌乐外国语学校党总支
县人民政府机关幼儿园党支部
县中医院办公室党支部
县人民医院内科第二党支部
县城市管理行政执法局执法大队党支部
县环境卫生管理局党支部
县园林管理局党支部
县公安局监管大队党支部
县公安局治安管理大队党支部
县财政局机关第一党支部
县劳动保障监察大队党支部
昌乐联运有限公司汽车站党支部
山东省石油集团昌乐公司党支部
山东杰富意振兴化工有限公司党总支

## 2015 年度昌乐县获得的市（厅）级以上表彰奖励情况

### 一、昌乐县获得的市（厅）级以上表彰奖励

1. 昌乐县被住房和城乡建设部评为“国家园林县城”（县园林局组织申报）

2. 昌乐县被国家林业局评为“全国绿化模范县”（县林业局组织申报）

3. 昌乐县县城通过中央文明办复查，继续保留“全国文明村镇”荣誉称号（县委宣传部组织申报）

4. 昌乐县被省委、省政府评为“第四届省级文明县”（县委宣传部组织申报）

5. 昌乐县被国家中医药管理局评为“县级全国基层中医药工作先进单位”（县卫计局组织申报）

### 二、镇（街、区）获得的市（厅）级以上表彰奖励

1. 朱刘街道山坡社区被司法部、民政部评为“全国民主法治示范社区”

2. 宝都街道月亮湾社区被国家减灾委员会、民政部评为“2015 年全国综合减灾示范社区”

3. 红河镇被中国气象局评为“标准化气象为农服务镇”

4. 昌乐县华安瓜菜专业合作社（五图街道）、昌乐县凤凰岭果蔬专业合作社（红河镇）被农业部评为“第一次监测合格国家农民合作社示范社”

5. 宝都街道孤山墓、营丘镇崇山祭祀遗址、红河镇木梁台墓被省政府评为“山东省第五批省级文物保护单位”

6. 首阳山旅游度假区贵和社区、宝都街道小李家庄社区被省减灾委员会、省民政厅评为“第四批全省综合减灾示范社区”

7. 朱刘街道山坡社区、红河镇小阿陀村被省精神文明建设委员会评为“2015 年度省级文明村镇”

8. 宝都街道田老村明楼、乔官镇响水崖村被省委宣传部、省发展和改革委等 9 部门评为“山东省第一批乡村记忆工程文化遗产”

9. 宝都街道三和社区被省反邪教协会评为“2015 年度三星级全省科学·关爱·和谐示范社区”

10. 宝都街道蔡辛村被省农业厅评为“第三批山东省一村一品示范村镇”

11. 五图街道被省妇联评为“幸福进家活动先进单位”

12. 五图街道被省双拥工作领导小组评为“基层双拥创建模范单位”

13. 五图街道庵上胡村、乔官镇响水崖村、高崖水库库区小白塔村被省旅游局评为“山东省旅游

特色村”

14. 乔官镇被省财政厅、省旅游局评为“山东省乡村旅游示范镇”

15. 乔官镇土埠沟村被省住房和城乡建设厅、省文化厅、省文物局、省财政厅评为“山东省第二批省级传统村落”

16. 红河镇红河社区、鄌郚镇鄌郚社区被省住房和城乡建设厅评为“山东省农村新型示范社区”

17. 红河镇理稼庄子村、高泉村、平原村被省环保厅评为“省级生态村”

18. 鄌郚镇被省反邪教协会评为“2015年度三星级全省科学·关爱·和谐示范乡镇”

19. 鄌郚镇被省中小企业局评为“2015年山东中小企业创业互联网+特色产业强镇”

20. 高崖水库库区小白塔农家饭庄被省旅游局评为“山东省好客人家农家乐”

21. 昌乐宝城瓜菜专业合作社（宝都街道）、昌乐县华安瓜菜专业合作社（五图街道）、昌乐县原野蔬菜种植专业合作社（红河镇）被省农业厅评为“山东省农业标准化生产基地（2015年）”

22. 山东绿然瓜菜专业合作社（乔官镇）、昌乐县樱御大樱桃种植专业合作社（乔官镇）、昌乐县凤凰岭果蔬专业合作社（红河镇）、昌乐博轩生猪专业合作社（红河镇）、昌乐县石家河黄烟专业合作社（鄌郚镇）、昌乐县雨罗山彩色地瓜专业合作社（鄌郚镇）、昌乐天顺培义蔬菜专业合作社（鄌郚镇）、昌乐振民果蔬专业合作社（鄌郚镇）、昌乐县全华果蔬专业合作社（高崖水库库区）被省农业厅、省发展和改革委等10部门评为“2015年农民合作社省级示范社”

## 三、县直部门（单位）获得的市（厅）级以上表彰奖励

1. 县农业综合执法大队被农业部评为“2015年度全国农业综合执法示范窗口”

2. 县司法局宝都司法所被司法部评为“全国先进司法所”

3. 县委办公室被省委办公厅评为“2015年度全省党委系统信息工作先进单位”

4. 县委办公室被省人力资源和社会保障厅、省保密局评为“2015年度全省保密系统先进集体”

5. 县档案局被省人力资源和社会保障厅、省档案局、省公务员局评为“全省档案系统先进集体”

6. 团县委被团省委评为“服务青年项目创新工程示范县团委”

7. 县财政局被省人力资源和社会保障厅、省财政厅、省公务员局评为“全省财政系统先进集体”

8. 县农业局被省人力资源和社会保障厅、省农业厅、省公务员局评为“全省农业系统先进集体”

9. 县司法局被省人力资源和社会保障厅、省司法厅、省公务员局评为“全省司法行政系统先进集体”

10. 县司法局被省司法厅评为“全省司法行政系统亮点工作创新先进集体”

11. 县农村经济管理局被省农业厅评为“全省农业宣传暨科学技术普及工作先进集体”

12. 县安监局被省人力资源和社会保障厅、省安监局、省公务员局评为“全省安全生产监督管理系统先进集体”

13. 县委县直机关工委被山东省党的建设研究会评为“2015年度机关党建调查研究与实践创新先进单位”

14. 县传媒集团被山东广播电视台评为“山东广播电视台2015年度山东电视宣传先进集体一等奖”、“山东广播电视台2015年度山东广播宣传先进集体一等奖”

## 四、企业及社会组织获得的市（厅）级以上表彰奖励

1. 山东世纪阳光纸业集团有限公司被全国工商联评为“2015中国民营企业制造业500强”（县工商联组织申报）

2. 昌乐县第二中学、昌乐县外国语学校被教育部评为“2015年全国青少年校园足球特色学校”（县教育局组织申报）

3. 昌乐县肥料协会被中国科协、财政部评为“2015年基层科普行动计划奖补单位”（县科协组织申报）

4. 山东世纪阳光纸业集团有限公司被省工商联评为“2015年山东民营企业百强”（县工商联组织申报）

5. 山东梦金园珠宝首饰有限公司被省工商联评为“2015年山东创新型民营企业”（县工商联组织申报）

6. 昌乐县西瓜科技示范园开发有限公司被省农业厅、省海洋与渔业厅、省财政厅评为“山东省新型职业农民培育实训基地”（县农业局组织申报）

7. 潍坊英轩实业有限公司被省人力资源和社会保障厅评为“山东省首批高校毕业生就业见习省级示范基地”（县人力资源和社会保障局组织申报）

## 2015年度昌乐县委、县政府表彰的科学发展综合考核先进单位

### 一、2015年度镇（街、区）科学发展综合考核奖

1. 一等奖（6个）

五图街道、红河镇、高崖水库库区、经济开发区（宝城街道）、鄌郚镇、宝都街道

2. 二等奖（4个）

乔官镇、营丘镇、朱刘街道、首阳山旅游度假区

### 二、2015年度企业贡献奖

1. 企业突出贡献奖（4家）

英轩控股集团有限公司、山东潍焦控股有限公司、山东世纪阳光纸业集团有限公司、昌乐农村商业银行

2. 企业贡献奖（24家）

山东乐化集团有限公司、山东梦金园珠宝首饰有限公司、山东日科化学股份有限公司、昌乐县供电公司、潍坊烟草有限公司昌乐分公司、山东矿机集团股份有限公司、山东元利科技股份有限公司、昌乐盛世热电有限责任公司、潍坊龙海民爆有限公司、山东万山集团有限公司、潍坊盛泰药业有限公司、中慧农牧股份有限公司、山东鹏业建设集团有限公司、昌乐山水水泥有限公司、山东恒坤煤焦有限公司、比德文控股集团有限公司、山东省福鑫月亮湾投资开发有限公司、工商银行昌乐支行、建设银行昌乐支行、潍坊宝城建筑工程有限公司、潍坊乐港食品股份有限公司、永顺泰（昌乐）麦芽有限公司、潍坊中传拉链配件有限公司、山东金土地农业科技发展有限公司

## 2015年度昌乐县委、县政府表彰的工作实绩综合考核先进单位

### 一、服务经济社会发展“十佳单位”（10个）

县财政局、县卫生和计划生育局、县人力资源和社会保障局、县国税局、县地税局、县公安局、县住房和城乡建设局、县发展和改革局、昌乐农村商业银行、县供电公司

### 二、工作实绩综合考核先进单位（34个）

县纪委（监察局）、县委办公室、县人大常委会机关、县政府办公室、县政协机关、县委组织部、县委宣传部、县委政法委、县人武部、县法院、县检察院、县信访局、县委老干部局、县总工会、县科协、县科技局、县民政局、县国土资源局、县交通运输局、县水利局、县农业局、县统计局、县市场监督管理局、县林业局、县行政服务局、县规划局、县园林局、县环卫局、县畜牧兽医局、县农村经济管理局、县传媒集团、县公路局、人民银行昌乐支行、农发行昌乐支行

## 2015年度中共昌乐县委表彰的“十佳社区党组织书记”、“十佳第一书记”和“十佳农村党组织书记”

### 一、“十佳社区党组织书记”名单

王春峰　经济开发区（宝城街道）宝石城社区党总支副书记、主任

王连奎　首阳山旅游度假区贵和社区党委副书

记、主任

刘东宁　朱刘街道都昌社区党总支副书记、主任

李　磊　宝都街道月亮湾社区党总支副书记、主任

贾有义　五图街道南郝社区党总支副书记、主任

付永田　乔官镇乔官社区党总支副书记、主任

梁　超　营丘镇营邱社区党总支书记、主任

韩国文　红河镇宅科社区党总支书记

王新杰　鄌郚镇漳河社区党总支副书记、主任

李海龙　高崖水库库区东篱湖畔社区党委书记

## 二、"十佳第一书记"名单

梁其坤　县委组织部派驻营丘镇古城店第一书记

惠守鹏　县纪委派驻高崖水库库区克家洼村第一书记

赵军普　县检验检测中心派驻经济开发区（宝城街道）任疃社区第一书记

张晓明　县公安局派驻宝都街道北郭村第一书记

张　博　县规划局派驻鄌郚镇张家庄第一书记

刘　俊　县财政局派驻宝都街道申明亭第一书记

刘　君　县教育局派驻鄌郚镇邢家庄第一书记

刘清河　县档案局派驻营丘镇大尹村第一书记

张洪华　县委宣传部派驻朱刘街道王金第一书记

陈安军　县农业局派驻乔官镇王家槐林第一书记

## 三、"十佳农村党组织书记"名单

赵允安　经济开发区（宝城街道）东管社区石家庄党支部书记

张孟仁　朱刘街道山坡社区党支部书记

杨进增　宝都街道东南村社区党支部书记

赵继斌　五图街道庵上湖村党支部书记

冯长禄　乔官镇乔东村党支部书记

李继信　营丘镇王俊村党支部书记

王江堂　红河镇埠南头村党支部书记

贾富春　红河镇成官村党总支书记

张兆田　鄌郚镇泉头村党总支书记

张纪国　高崖水库库区白塔新村党总支书记

# 2015年度昌乐县委、县政府表彰的全县妇女工作先进集体和先进个人

## 一、昌乐县三八红旗集体名单（30个）

昌乐县妇联

红河镇妇联

昌乐经济开发区经济发展处

首阳山旅游度假区计划生育服务管理中心

朱刘街道计划生育服务站

山东牵手娃服饰股份有限公司

五图街道农村经济管理站

乔官镇妇联

营丘镇计划生育服务站

昌乐县明宇乐器有限公司

高崖水库库区妇联

昌乐县人民法院民一庭

昌乐县人民检察院案件管理中心

昌乐县集中支付中心

山东省昌乐二中

昌乐县公安局指挥中心调度室

昌乐县民政局

昌乐县劳动保障事务代理中心

昌乐县卫计局

潍坊银龙纺织有限公司

昌乐县公路局妇委会

昌乐县国税局信息中心

昌乐县实验中学

中国邮政集团公司山东省昌乐县分公司

昌乐县地税局纳税服务中心

昌乐县烟草专卖局第一烟草专卖管理所

山东省昌乐一中初中部

中国人寿保险股份有限公司昌乐县支公司

昌乐春雨社区义工公益服务中心

昌乐及第中学妇委会

## 二、昌乐县三八红旗手名单（80名）

刘炳珍　朱刘街道万庄社区妇代会主任
王长庚　朱刘街道小学副校长
李晓雷　山东比德文控股集团行政管理部部长
董　丽　宝都街道环卫所所长
孙永妹　活力跆拳道馆馆长
冯素梅　宝都街道馀庆庄园合作社副社长
赵长青　五图街道妇联主席
刘玉梅　五图街道业乐官庄村负责人
李晓强　昌乐县华安瓜菜专业合作社乡村旅游经理
高秀梅　昌乐经济开发区尖庄小学教师
刘玉霞　昌乐县新城中学教师
高秀萍　昌乐县新城中学教师
张　娜　首阳山旅游度假区财政经管统计服务中心主任
张晓涵　首阳山旅游度假区妇联主席
刘玉娟　乔官镇人大主席
杜志梅　乔官中心卫生院医生
时红梅　潍坊亿美佳织带有限公司总经理
张金艳　营丘镇财政经管统计服务中心科员
张　蕾　营丘镇中心幼儿园业务园长
张红玲　营丘镇中心卫生院护师
张　雪　红河镇科协副主任
石　璐　红河镇宅科社区副主任
李凤梅　红河镇中学教师
辛祥荣　鄌郚镇中学教师
张　璇　鄌郚镇中心小学少先队辅导员
唐夕兰　昌乐县社会保险事业管理中心鄌郚工作站站长
张志娟　高崖水库库区魏家沟村村委委员、妇代会主任
王彩梅　高崖水库库区闫家河村村委委员、妇代会主任
王瑞芬　高崖水库库区大沟村村委委员、妇代会主任
张　卉　中共昌乐县委办公室科员
赵　彬　昌乐县人大常委会办公室综合科科长
宋继红　昌乐县人民政府办公室财务科科长
郭彦利　昌乐县政协办公室财务科科长
宋云峰　昌乐县纪委常委、正科级纪检员
田艳霞　昌乐县人民武装部科员
张士杰　中共昌乐县委组织部干部监督科副科长
崔　颖　中共昌乐县委宣传部科员
孟祥丹　中共昌乐县委政法委副主任科员
秦景云　中共昌乐县委县直机关工委主任科员
吴长彩　昌乐县实验中学教师
杨素青　昌乐县总工会保障部部长
王秀臻　共青团昌乐县委副书记
王文静　昌乐县科协办公室主任
刘　环　昌乐县统计局副局长
石从从　昌乐县残联办公室主任
王玉花　昌乐县教育局核算中心科员
刘桂华　山东省昌乐一中教师
薛丽敏　昌乐县科技局办公室主任
刘爱军　昌乐县公安局治安大队四中队指导员
李爱红　昌乐县民政局组织人事科科长
陈萌萌　昌乐县司法局科员
刘卓彦　昌乐县人社局规划财务科科长、妇委会主任
赵爱清　昌乐县规划局村镇规划管理科科长
田清香　昌乐县住建局工程建设科副科长
石云霞　昌乐县西湖小学教师
邓永美　昌乐县交通运输局科员
朱秀芬　昌乐县水利局计财科科长
赵俊梅　昌乐县中医院产二科主任
高明香　昌乐县疾病预防控制中心副主任
张素宁　昌乐县统计局科员
张瑞香　昌乐县实验小学教师
于海华　昌乐县招商局办公室主任
何莹莹　昌乐县文化市场综合行政执法局科员
郄素颖　昌乐传媒集团电台节目总监
吴玉梅　昌乐县体育局党组成员、副局长
吴伟伟　昌乐县房管办商品房预售管理科科长
何　珊　昌乐县市场监管局食品生产科科长
钱秋霞　昌乐及第中学教师
王　伟　昌乐县妇女法律维权服务团副团长
董颖春　昌乐县府机关幼儿园园长、党支部书记
张月华　昌乐矿业酒店北福彩投注站销售员
刘春霞　潍坊远东自动化仪表有限公司董事长
刘春花　昌乐县商业家电海尔专卖店经理

赵艳霞　昌乐县新城中学教师

高祎蔚　昌乐县总工会女工部部长

马　玲　昌乐县新郎西服专卖店经理

牟丽梅　昌乐县疾病预防控制中心学校卫生科副科长

满　娜　昌乐县教育局团委书记

许慧敏　山东世纪阳光纸业集团有限公司主任工程师兼车间副主任

赵光荣　昌乐县市场监管局食品流通科科长

## 三、昌乐县优秀基层妇女组织名单（20个）

昌乐经济开发区任疃社区妇代会

宝都街道新昌社区妇代会

五图街道庵上湖村妇代会

乔官镇下庄村妇代会

营丘镇妇联

红河镇朱汉村妇代会

鄌郚镇良河源村妇代会

高崖水库库区洛村妇代会

昌乐县新城中学妇代会

昌乐县国土资源局妇委会

昌乐县住建局妇委会

昌乐县文广新局妇委会

昌乐县人民医院妇委会

昌乐中国宝石城妇委会

昌乐传媒集团妇委会

中国农业发展银行昌乐县支行妇委会

山东新华书店集团有限公司昌乐分公司妇委会

中国工商银行昌乐县支行妇委会

昌乐县林业局妇委会

昌乐育才双语学校妇代会

## 四、昌乐县优秀妇女干部名单（50名）

韩奉艳　昌乐经济开发区妇联主席

张美芹　昌乐经济开发区艳阳天社区西尖村村委委员

张云清　朱刘街道妇联主席

刘艳萍　朱刘街道魏家庄社区妇代会主任、计生主任

马国强　乔官镇妇联主席

郭秀梅　乔官镇计划生育服务站业务站长

张爱丽　首阳山旅游度假区郭齐村村委委员、计生主任

李春玲　首阳山旅游度假区东南庄社区妇代会主任、计生主任

王彦美　高崖水库库区妇联主席

高雪珍　高崖水库库区刘家沟村村委委员、妇代会主任

孙国香　红河镇红河村妇代会主任

崔成霞　红河镇小阿陀村妇代会主任、计生主任

张大江　鄌郚镇人民政府科员

刘春霞　鄌郚镇漳河北村妇代会主任

张冠梅　宝都街道小李家庄社区主任

杜风华　宝都街道社会事务办公室副主任

李学兰　营丘镇马宋村村委委员、妇代会主任

张丰丽　营丘镇河头村村委委员、妇代会主任

赵秀清　五图街道南郝社区两委委员、妇代会主任

王安利　五图街道五图村村委委员、妇代会主任

黄　健　昌乐县国税局妇委会主任

孙业臻　昌乐县计划生育服务站副站长

黄会萍　中国建设银行股份有限公司昌乐支行委派营运主管

安媛媛　中国人民银行昌乐县支行办公室文秘

唐静鑫　昌乐县西湖小学办公室主任

陶玉荣　中共昌乐县委党校妇委会主任

周瑞玲　昌乐县财政局预算科科长

张玉波　昌乐县中小企业办规划发展科科长

王慧娟　昌乐县发改局妇委会主任

王晓红　昌乐县农业局办公室副主任、妇委会主任

刘文娟　昌乐县经信局政工科副科长

张　莉　昌乐县地税局妇委会负责人

丁香丽　昌乐县市场监管局组织人事科科长

刘　艳　昌乐县环保局副局长

李兆英　昌乐县人民检察院控审科科长

王　静　中国农业银行股份有限公司昌乐县支行副经理

董英杰　昌乐县粮食局办公室副主任、招商办主任

张君萍　昌乐县农机局妇委会主任

刘晓汇　国网昌乐县供电公司工会干事

丛志慧　昌乐县畜牧兽医局副局长

刘江艳　中国联通有限公司昌乐县分公司妇委

会主任

郝　红　山东昌乐农村商业银行股份有限公司

妇委会主任

李素红　昌乐县商务局物流科科长

赵　敏　昌乐县美文艺术教育培训学校校长

张田力　昌乐舍得餐饮管理有限公司总经理

王俊霞　山东昌乐特师附属聋哑学校教师

冯晓琳　潍坊晓琳家政服务有限公司经理

滕　腾　山东滕氏名门经贸有限公司总经理

孟晓莹　昌乐县妇幼保健院副院长

聂军玲　潍坊仟友会电子商务有限公司总经理

## 2015 年度品牌建设成果

### 一、地理标志证明商标（3 件，县市场监督管理局组织申报）

"昌乐火山小米"商标（乔官镇农业综合服务中心）

"朱汉苹果"商标（红河镇朱翰苹果协会）

"昌乐蓝宝石 CHANG LE SAPPHIRE"商标（昌乐珠宝玉石首饰行业协会）

### 二、山东省著名商标（3 件，县市场监督管理局组织申报）

"亚太中慧及图"商标（中慧农牧有限公司）

"双马及图"商标（潍坊现代塑胶有限公司）

散热器"图形"商标（山东开元电子有限公司）

### 三、山东名牌产品（5 个，县市场监督管理局组织申报）

工业机器人（山东矿机集团股份有限公司）

工业机器人（潍坊西水机器人科技有限公司）

丙烯酸酯类抗冲改性剂（山东日科化学股份有限公司）

建筑涂料（山东乐化漆业股份有限公司）

油漆（山东乐化漆业股份有限公司）

### 四、山东省服务品牌（1 个，县市场监督管理局组织申报）

存贷款业务（昌乐农村商业银行）

### 五、山东省优质产品生产基地（1 个，县市场监督管理局组织申报）

山东省优质黄金珠宝产品加工贸易基地（昌乐珠宝玉石首饰行业协会）

## 2015 年度高新技术产业创新发展成果

### 一、高新技术企业发展成果

新认定高新技术企业（3 家，县科技局组织申报）

山东元利科技股份有限公司、潍坊西水机器人科技有限公司、山东海得斯肥业有限公司

### 二、创新平台和服务载体建设成果

1. 新认定国家火炬特色产业基地（1 个，县科技局组织申报）

国家火炬昌乐智能工矿专用成套设备及控制系统特色产业基地

2. 新设立博士后科研工作站（1 个，县人力资源和社会保障局组织申报）

山东日科化学股份有限公司博士后科研工作站

3. 新认定山东省创业示范园区（1 家，县人力资源和社会保障局组织申报）

昌乐县鄌郚乐器创业园

4. 新认定省级农业科技园（1 个，县科技局组织申报）

昌乐省级农业科技园区（设施西瓜种植）

5. 新认定市级科技企业孵化器（1 个，县科技局组织申报）

昌乐县晨凯电声乐器企业孵化中心

6. 新认定市级工程技术研究中心（3 个，县科技局组织申报）

潍坊市工业机器人集成应用工程技术研究中心（潍坊西水机器人科技有限公司）、潍坊市设施西瓜工程技术研究中心（昌乐县西瓜科技示范园开发有限公司）、潍坊市活性肥料工程技术研究中心（山东海得斯肥业有限公司）

7. 新认定市级企业重点实验室（2个，县科技局组织申报）

潍坊市半导体散热技术企业重点实验室（山东开元电子有限公司）、潍坊市PBT复合工程塑料企业重点实验室（潍坊振兴日升化工有限公司）

8. 新认定潍坊市企业技术中心（4个，县经信局组织申报）

山东阳光概念包装有限公司技术中心、潍坊联信增压器制造有限公司技术中心、潍坊市金伟达钢结构工程有限公司技术中心、潍坊瀚星叶绿素有限公司技术中心

9. 新认定潍坊市工业设计中心（4个，县经信局组织申报）

山东梅拉德能源动力科技有限公司工业设计中心、山东蓝天首饰有限公司工业设计中心、山东梦金园珠宝首饰有限公司工业设计中心、潍坊西水机器人科技有限公司工业设计中心

## 三、自主创新发展成果（4项，县科技局组织申报）

1. 潍坊英轩实业有限公司“柠檬酸高效生物制造技术开发与产业化”被评为山东省科学技术进步奖二等奖

2. 山东世纪阳光纸业集团有限公司“彩色瓦楞纸箱纸板关键技术及生产应用”被评为山东省科学技术进步奖三等奖

3. 山东世纪阳光纸业集团有限公司“废纸纤维生产包装纸板关键技术及生产应用”被评为潍坊市科学技术进步奖二等奖

4. 昌乐县人民医院“125I粒子植入及TAI治疗肝癌TACE术后残存病灶的临床对照研究”被评为潍坊市科学技术进步奖二等奖

## 四、招院引所、高层次人才培养引进成果

1. 新认定招院引所项目（2个，县科技局组织申报）

山东理工大学—西水机器人智能装备研究中心（潍坊西水机器人科技有限公司）、中国石油大学（华东）信控学院—东石设计研发中心（潍坊东兴防爆电器有限公司）

2. 高层次人才培养引进（6名）

新引进国家千人计划专家5名，其中山东大北农农牧科技有限公司引进2名，潍坊赛普电气有限公司引进1名，另外2名分别创办潍坊潘多拉生物科技有限公司（县委组织部、县委党校、经济开发区联系）、昌乐华耀技术服务有限公司（鄌郚镇、昌乐晨凯润滑材料有限公司联系）；新引进泰山学者1名，创办昌乐贝斯特纳米材料科技有限公司（营丘镇、潍坊市精华粉体工程设备有限公司联系）

# 2015年度知识产权工作成果

## 一、新获得国家知识产权管理体系认证企业（1家，县知识产权局组织申报）

潍坊市精华粉体工程设备有限公司

## 二、第九届山东省发明创业奖三等奖（1个，县知识产权局组织申报）

潍坊华强特种材料科技有限公司

# 2015年度昌乐县委、县政府表彰的社会投资办学和社会捐资助学先进单位

## 一、昌乐县社会投资办学先进单位（共7个）

山东美佳教育投资管理有限公司
潍坊臻德霖教育投资有限公司
潍坊胜颐教育投资有限公司
山东万山集团有限公司
潍坊育华教育投资有限公司
朱刘街道魏家庄社区居委会
营丘镇孟家栏村村委会

## 二、昌乐县社会捐资助学先进单位（共8个）

潍坊龙海民爆有限公司
山东梦金园珠宝首饰有限公司
山东矿机集团股份有限公司
山东昌乐农村商业银行股份有限公司
昌乐县新昌市政工程有限公司
昌乐县宇通服装有限公司
昌乐县世纪星校车服务中心
深圳市东方富海投资管理股份有限公司